Sabine Appel · Im Feengarten

Sabine Appel

Im Feengarten

Goethe und die Frauen

Deutsche Verlags-Anstalt
Stuttgart

Die Deutsche Bibliothek – CIP-Einheitsaufnahme

Appel, Sabine:
Im Feengarten : Goethe und die Frauen /
Sabine Appel. – Stuttgart : Deutsche Verlags-Anstalt,
1998
ISBN 3-421-05153-4

Satz und Reproduktionen: Typomedia Satztechnik GmbH, Ostfildern
Druck- und Bindearbeiten: Friedrich Pustet, Regensburg
Printed in Germany
ISBN 3-421-05153-4

Ich danke der »Stiftung Weimarer Klassik« sowie der Goethe-Gesellschaft für die Gewährung zweier Forschungsstipendien zu einem ertragreichen und inspirativen Weimar-Aufenthalt im Winter 1995/96.

Inhalt

Vorwort

Eine Biographie über Goethe beginnt und endet mit dem Mythos des Weiblichen. Goethe liebte die Frauen und erhöhte sie in seiner Dichtung auf einzigartige Weise. Als Göttinnen, Heilige und hohe Geliebte siedelte er sie in den höchsten Bezirken an oder verlieh ihnen als Verkörperungen mädchenhafter Unschuld den Status ungebrochener Naturhaftigkeit.

Goethe, der »Augenmensch«, der sich die Welt sinnlich aneignen, der die Natur in den Kunstformen – und nicht nur in der Dichtung – abbilden, ihre Gesetzmäßigkeiten als Naturwissenschaftler erfassen will, empfindet den Eros zeitlebens als die stärkste treibende Kraft. Das erotische Prinzip steht über seiner Weltsicht, seiner Weltaneignung, seinem Leben und Schaffen. Seine Liebesbegegnungen dienen dem Dichten manchmal mehr als dem Leben, sind der *Anlaß* zum Dichten, bewußt gesuchte Inspiration und oft von vornherein auf Abstand, auf Entsagung angelegt. Um ein Bild geht es dem Dichter manchmal mehr als um die konkrete Begegnung, die wirkliche Frau.

Ein Ideal von Weiblichkeit scheint in Goethe vor aller Erfahrung angelegt zu sein, was immer auch Sehnsucht nach existentieller Erlösung heißt. Zu Eckermann hat er als alter Mann gesagt, die Frauen seien »das einzige Gefäß, was uns Neueren noch geblieben ist, um unsere Idealität hinein zu gießen«. Der Zerrissenheit des modernen (männlichen) Menschen wird im Idealbereich des Weiblichen eine scheinbar konfliktfreie Sphäre gegenübergestellt, in der sich die Gegensätze versöhnen und harmonisch zusammenfließen. Es ist das, was vor und über aller Rationalität der Aufklärung liegt, das Naturhafte, Intuitive, »Ahndungsvolle«, wie Goethe wohl sagen würde.

Im Leben des Dichters sind Frauen die stärkste Reizquelle, »Wiedergeburt und neues Leben«, Verjüngung im Alter. In der Dichtung bilden sie ein Ideal des ganzen Menschen und sind das Gegenbild zum ewig zerrissenen Mann, der im Faust besonders einprägsam Gestalt erhält. Daß sie »hinan«-ziehen zu höheren Sphären, die Frauen, das

»Ewig-Weibliche«, ist der Schlußsatz der »Faust«-Dichtung. Er basiert auf der Erfahrung eines langen Lebens und den Sublimationen des Künstlers, auf Dichter-Sinnstiftung und der Schaffung seiner eigenen Welt, in der die Frauen »das andere« sind – die Illusion der Ganzheit, die man auf das Geschlecht projizieren konnte, das im Weltgeschehen noch keine Rolle spielte. Man muß das zusammen betrachten: Die Erhöhung der Frauen hat ihre Kehrseite in der sozialen und politischen Ohnmacht, in der Geschichtslosigkeit.

Die weibliche Sphäre bezeichnet für Goethe einen vorreflexiven mythischen Urgrund, und für ihn als neuzeitlichen Menschen muß sein Weg dorthin zurück verlaufen. Ob die »Vertreibung aus dem Paradies«, die Spaltung des modernen Menschen damit rückgängig zu machen ist, bleibt dahingestellt. Aber Goethe zeigt mit der Identifikation von Weiblichkeit und Natur einen Gesinnungswandel in der abendländischen Kultur an. Der zweite Teil des »Faust« ist die Geschichte einer Heilung, einer Reintegration des gespaltenen modernen Menschen in den göttlichen Kosmos. Das Geschehen ist ein Gang zum Element des Weiblichen, das schlichtweg alles umfaßt, was die Idee einer ungetrennten Einheit des Menschen mit allem Natürlichen bezeichnet: Natur, Schönheit, Liebe, Verwandlung und ewiges Werden. Erst hier, in diesen Sphären, findet die Erlösung statt.

Wen du nicht verlässest, Genius …

Unbedingtheit

Kindheit am »Hirschgraben«

In Frankfurt am Main wurde Goethe geboren. Kaum jemand, der heute die Bankenstadt Frankfurt, die Main-Metropole mit den von Manhattan imitierten Wolkenkratzern besucht, macht sich eine Vorstellung von der fast noch mittelalterlichen Welt, in die Johann Wolfgang Goethe als erstes Kind des Kaiserlichen Rates Johann Caspar Goethe und seiner Frau Katharina Elisabeth am 28. August 1749 hineingeboren wurde.

Frankfurt war Freie Reichsstadt, eine Stadt in kommunaler Selbstverwaltung, nur dem Kaiser untertan. Eine bedeutende Handelsstadt war sie bereits im 14. Jahrhundert geworden, und schon um 1700 hatte sich Frankfurt zum wichtigsten Bankenzentrum im Deutschen Reich entwickelt. Das Stadtbild aber war mittelalterlich, mit engen Häuserreihen und winkligen Straßen. Es gab prächtige Bürgerhäuser und den Römer, das Rathaus mit dem prunkvollen Kaisersaal, wo seit 1562 die deutschen Kaiser gekrönt wurden. Und es gab »Baracken«, »die noch auf der Zeil und andern großen Straßen neben den besten Gebäuden« standen, wie ein topographischer Bericht von 1788 dokumentiert. Es herrschte Zunftzwang in einer mittelalterlich geprägten Ständeordnung. Wieviele Kerzen jemand nach Einbruch der Dunkelheit in seine Laterne stellen durfte, hing von seiner Steuerklasse, seinem Stand ab, auch welche Kleidung er aus welchen Stoffen tragen durfte. Das Stadttor wurde jeden Abend abgeschlossen.

Goethes Vater, Johann Caspar, war promovierter Jurist und Kaiserlicher Rat. Zu Geld waren die Goethes, die von thüringischen Handwerkern abstammten, durch Johann Wolfgangs Großvater gekommen. Dieser war Damenschneider und ging mit seinem eleganten Handwerk nach Frankreich, zuletzt nach Lyon, der Seidenstadt, und schrieb sich seither Göthé. Durch die Aufhebung des Toleranzedikts von Nantes als Protestant aus Frankreich vertrieben, ließ sich Friedrich Georg Göthé in Frankfurt nieder, wo er eine äußerst lukrative Heiratspartie machte. Er heiratete in zweiter Ehe eine reiche Schnei-

Goethe-Haus. Straßenfront mit Familienwappen

derswitwe, die einen florierenden Gasthof, das beste Haus am Ort, in die Ehe einbrachte – den »Weidenhof« im Zentrum der Stadt, auf der Zeil. Seine besten Geschäfte indes hat Großvater Göthé in der Folgezeit mit dem Weinhandel gemacht. Der Enkel, der den Damenschneider kaum erwähnte und lieber von Patriziern abstammen wollte, dankte ihm unausgesprochen, indem er dem Wein zeitlebens sehr zugetan war.

Johann Caspar, der Sohn des Damenschneiders, bekam ein Vermögen von 90000 Gulden vererbt und stieg in die angesehene Juristenschicht auf. Er studierte in Leipzig und Straßburg, wurde »Doktor beider Rechte« nach einer Promotion in Gießen und machte eine Bildungsreise nach Italien. Zurück in Frankfurt aber verwehrte man ihm den Zugang zur Stadtregierung, was der Sohn in »Dichtung und Wahrheit« mit politischen Unstimmigkeiten erklärt. Nach mehreren mißglückten Versuchen, doch noch ein Amt, ein notfalls unbezahltes, zu erhalten, kaufte er sich zuletzt den Titel eines Kaiserlichen Rats und zog sich ins Privatleben zurück. Er blieb zeitlebens ohne Amt, in dem er seine Kenntnisse beruflich hätte einsetzen können. Kein Kaiser hat ihn je um seinen Rat gebeten.

Mit 38 Jahren heiratete Johann Caspar die 17jährige Katharina Elisabeth Textor, die einer Frankfurter Juristenfamilie entstammte. Als Privatgelehrter und Verwalter des Familienvermögens wartete der frustrierte und etwas düster veranlagte Vater nun darauf, seine Familie erziehen zu können. Daß er »des Lebens ernstes Führen« von seinem Vater gelernt habe, markiert als eine der wenigen Aussagen über ihn Johann Wolfgang Goethes Verhältnis zum Vater. »Mein Vater war überhaupt lehrhafter Natur, und bei seiner Entfernung von Geschäften wollte er gern dasjenige, was er wußte und vermochte, auf andere übertragen.« Das sollte dem Lebens- und Bildungsweg des Sohnes von den Anfängen her keineswegs schlecht bekommen. Insgesamt kann man sagen, daß der Vater, wie es aus Goethes Lebensbeschreibung herausklingt, mit seinen brachliegenden Energien, aus denen sich die verschrobensten Interessen und der Hang zum Grüblerischen entwickelten, eine eher bedrückende Atmosphäre in dem großen Bürgerhaus verbreitete.

Es hat kein Biograph bisher danach gefragt, wie sich die junge Elisabeth Textor, Goethes Mutter, in dieser arrangierten Ehe mit dem verschrobenen Rat, der zwanzig Jahre älter war als sie, fühlte. »Stets heiter und froh und andern das gleiche gönnend«, so beschreibt sie Goethe, wenn er an die Mutter denkt. Als sie Frau Rat wurde, war sie ein junges, unbefangenes Mädchen »ohne Schnürbrust«, wie sie ihre Jugend selbst beschreibt. Und frisch, natürlich und unbefangen sollte sie immer bleiben. Sie nahm die Dinge, wie sie waren, die Ehe, den Tod mehrerer Kinder, die meisten im Säuglingsalter, was damals normal war, den Weggang des geliebten Sohnes – und stand mit beiden Beinen auf der Erde.

Mit Mitte fünfzig, falls die wenig bekannte Quelle zuverlässig ist, verliebte sie sich, längst Witwe geworden, in einen Schauspieler, während sie dem Sohn in Weimar zu seinem »Bettschatz« gratulierte. Dieser Bettschatz Christiane, Goethes Lebensgefährtin und die einzige Frau, die er nach langen Jahren des Zusammenlebens heiraten sollte, war dieser unverbildeten und lebenssicheren Mutter auffallend ähnlich – im Kern einfach, mit dem Leben fest verwurzelt, »ohne Schnürbrust«, mit der Fähigkeit zum Leben hier und jetzt und ohne schwere Gedanken. Ihm, Goethe, war das nicht gegeben, doch er sollte es als Ideal behalten.

Die näheren Umstände seiner Geburt beschreibt Bettina Brentano in ihrem Briefwechsel mit Goethe, als er aus deren Verbindung mit der in Frankfurt lebenden Mutter profitiert und Informationen für seine geplanten Memoiren erhält. Das Kind kam »für tot« auf die Welt, »durch Ungeschicklichkeit der Hebamme«, wie Goethe nach den Erzählungen seiner Mutter berichtet. Man massierte das Herz des Kindes mit Wein, und darauf erst schlug er die Augen auf. Da die Mutter offensichtlich keine Milch hatte, wurde der Knabe an die Brust einer Amme gelegt, und es heißt: » An dieser hat er mit rechtem Appetit und Behagen getrunken.«

Er wurde ein Muttersöhnchen, Mutters »Hätschelhans«. Ein Jahr nach ihm wurde Goethes Schwester Cornelia geboren, die, wie es scheint, weit weniger Liebe von der Mutter erhielt als der Sohn. Der unglückliche Lebensweg der Cornelia Goethe, dem zweiten wichtigen weiblichen Wesen in der Kindheit und Jugend des Dichters, ihre frühe Resignation und ihr Selbsthaß, werfen einige Fragen auf und lassen die »Frau Rat« in einem nicht ganz so ungetrübten, warmen Licht erscheinen, wie man sie in bezug auf den Sohn zu sehen gewohnt ist.

Ihre Äußerungen über die bereits erwachsenen Kinder unterschieden sich im Hinblick auf die innere Beteiligung wie Tag und Nacht. Sie lassen den Schluß zu, daß die Mutter einen Großteil ihrer Liebe an Johann Wolfgang wandte, den ersten, nach der schweren Geburt nur knapp am Leben erhaltenen Sohn. Zu ihrer Tochter bekam sie hingegen nie eine rechte Beziehung. Es gab dann noch einen jüngeren Bruder Jacob, der jedoch mit drei Jahren starb.

Prägende Grunderfahrungen für Goethes Entwicklung: Die bedingungslose Liebe seiner Mutter ist für Goethes Entwicklung eine ebenso prägende Grunderfahrung, wie die väterliche Strenge, die das Prinzip der Leistung vorführt, und die Solidarisierung mit der Schwester, zu der er eine tiefe Zuneigung empfindet. Daß er sie allein nähren und pflegen wollte und zornig wurde, wenn ein anderer sie aus der Wiege nahm, berichtet später Bettina Brentano nach den Erzählungen der Mutter.

Bruder und Schwester bildeten fortan eine starke seelische Gemeinschaft. Fast gleichaltrig, wuchsen sie gemeinsam in dem weitläufigen Haus am Großen Hirschgraben auf. Großbürgerlich war dieses Haus und der Lebensraum der Goethes, dem Rang und Vermögen der Familie angemessen. Goethes Großvater Textor war Schultheiß, doch seine politische Gesinnung, die kaisertreu war, brachte ihn während des Siebenjährigen Krieges in Streit mit seinem Schwiegersohn Johann Caspar Goethe, welcher für Friedrich den Großen Partei ergriff. Fortan war die Beziehung zwischen den Familien – für die Kinder hieß das: zu den Großeltern – gespannt.

Vier Stockwerke besaß das Haus, das nach dem großen Umbau Johann Caspars 1754 aus zwei durchbrochenen Häusern bestand. Eine geradezu pompöse Treppe mit schmiedeeisernem Geländer und den Initialien der Familie führte bis zur zweiten Etage, die noch zu den Empfangsräumen gehörte. Schwere Barockmöbel bildeten das Mobiliar der repräsentativen Zimmer. Im zweiten Stock befand sich der Stolz des Vaters, die Bibliothek. Dort wurden Cornelia und Wolfgang gemeinsam unterrichtet, erst vom Vater und dann von Privatlehrern. Hand in Hand bestanden die Geschwister vor den Augen des Vaters, seinem Lehrplan und seinen strengen Erziehungsmethoden. Auch das Mädchen war hochbegabt, und die beiden fanden sich in den Träumen, Ängsten und Spielen der Kindheit und des Erwachsenwerdens.

Und doch scheint es oft, als ob Johann Wolfgang wie ein Einzelkind heranwuchs. Er war das Herzkind seiner Mutter, die ihm, wie er später im Gedicht sagt, »die Lust zu fabulieren«, in die Wiege gelegt hat. Die phantasievollen Märchenerzählungen der Mutter Goethe, mit Anteilnahme an dem Herzkind vorgetragen, haben die Phantasie des Jungen angeregt, wenn er ihr mit großen Augen, wie es heißt, zuhörte und den Fortgang der Geschichten für sich weiterspann. Sie ließ das energische und selbstbewußte Kind meistens gewähren, und wenn er Zornesausbrüche hatte, besänftigte sie ihn. Sein frühes Bewußtsein einer Sonderrolle wäre ohne diese Mutter, die ihm die Sonderrolle gefühlsmäßig zugestand, nicht denkbar.

Eine Szene wie die auf dem Eis – Wolfgang läuft Schlittschuh, und die Mutter sitzt im Wagen, schaut ihm zu, als er sie bittet, ihm ihren schönen roten Mantel zu geben, damit er noch mehr Effekt auf dem Eis bei seinen Pirouetten mache, worauf sie vor Begeisterung in die Hände klatscht – ist ein Beweis für die Selbstliebe, die er an ihrer Seite entwickelt, für die Lust, sich darzustellen, im Mittelpunkt zu stehen. Bei den weiblichen Verwandten speziell scheint er als Junge allgemeines Wohlgefallen erweckt zu haben. Eine Tante, von der er sagt, sie habe eine wahre »Abgötterei« mit ihm getrieben, gibt ihm aber auch zu verstehen, daß er an äußerem Liebreiz verloren habe, nachdem er die Pocken überstanden und ein paar Narben davongetragen hat.

»Dichtung und Wahrheit«, Goethes Autobiographie, ist Literatur, der Roman eines exemplarischen Lebens. Hier wird stilisiert, verkürzt, hinzugedichtet, denn es geht um die Sinngebung dieser repräsentativen Existenz, nicht um ihre faktische Darstellung. Die beschriebenen Ereignisse verweisen wie die Motive in einem Roman auf einen höheren Zusammenhang – und so muß man sie nehmen.

Bei allem gelegentlich verniedlichenden Tonfall der Lebensbeschreibung im Rückblick, der zu Goethes sentenziösem Altersstil gehört – gar zu vieles ist da »glücklich«, »behaglich«, »gemächlich« und »artig« –, wird doch die Selbsterfahrung des Knaben als Kontrast von jugendlicher Phantasie und Illusionswelt auf der einen und der Begegnung mit der rauhen Wirklichkeit auf der anderen Seite deutlich. Zur Illusionswelt gehören die Märchen der Mutter, das Puppenspiel, das die Großmutter den Kindern zu Weihnachten schenkt, die Kupferstiche von Italien, die der Vater von seiner Reise mitgebracht hat und die die Sehnsucht des Jungen ins gelobte Land Italien richten, schließlich die ersten dichterischen Versuche. Was er dagegen draußen erfährt sind die rohen Mitschüler, die ihn peinigen, als er während des Hausumbaus seiner Familie vorübergehend eine öffentliche Schule besuchen muß und der »unreinliche Marktplatz« und die »häßlichen Fleischbänke« nebst anderer Bilder und Szenen auf den Straßen seiner Vaterstadt, die ihm so manche, auch soziale Realität des Lebens nahebringen. Die Erschütterung und die Glaubenszweifel, die, wie er beschreibt, das verheerende Erdbeben von Lissabon im Jahre 1755 auch in dem Knaben ausgelöst haben soll, sind ein Sinnbild für die Störung einer heilen Welt.

Gegen die Mitschüler wehrte er sich, indem er sie nach langem Dulden in einer Kurzschlußreaktion verprügelte. Die unreinen Straßen prägten sein Problembewußtsein, auch später als Minister in Weimar. Die Gotteszweifel schließlich kanalisierte er in einem den kirchlichen Dogmen abgewandelten Gottesbegriff, der sich später im »deus sive natura« Spinozas wiederfinden und endgültig ausdrücken sollte. Der trockene protestantische Religionsunterricht war es auch, den Goethe an seinem Unterricht rückblickend kritisierte. Im Haus seiner Eltern las er lieber die bildhafte Sprache des Alten Testaments, als die lehrhaften Ausführungen des Pfarrers zu hören. Oder er veranstaltete private Gottesdienste mit Kerzen auf einem improvisierten Altar, bei denen er fast das Zimmer in Brand setzte. Einen privaten Natur-Gott mit ganz persönlicher Nähe zu ihm selbst anzunehmen, war Goethe ein frühes Bedürfnis. Er versuchte damit, über den Konfessionen und Orthodoxien zu stehen. Den »alten Heiden« nannte er sich später oft.

Der Unterricht des Kindes und Jugendlichen umfaßte weiterhin: Latein, Griechisch, Hebräisch. Latein und Griechisch trieb er in Form von Parallelübersetzungen. Geschichte lernte er aus alten Chroniken, etwas Naturwissenschaft mit Experimenten. Der Vater, der allenfalls dann ein wenig lebendig werden konnte, wenn er von Italien erzählte, führte die Kinder und anfangs auch die Mutter persönlich ins Italienische ein. Das Französische schien er zu vernachlässigen, dagegen bekamen Wolfgang und Cornelia noch etwas Englisch in einem viermonatigen Schnellkurs von einem durchreisenden Engländer vermittelt. Hinzu kamen Zeichnen und musikalische Grundkenntnisse auf Klavier und Cello, Tanzen und Reiten.

Dem strengen Regiment des Vaters konnte sich Wolfgang im Gegensatz zu Cornelia zumindest gelegentlich entziehen, indem er durch die Straßen Frankfurts streunte. Was er da sah – auch wenn die unreinen Straßen und die Fleischbänke dazugehörten –, beschreibt er, wie mit großen Kinderaugen über die bunte Vielfalt der Welt staunend. Da war das Frankfurter Messetreiben, die Händler, Buden und Waren, Kaufleute, Käufer und fahrendes Volk. Mit Aufträgen des Vaters wurde er zu Handwerkern geschickt, und auch deren Lebenswelt faszinierte ihn. Stundenlang streifte er durch die Stadt, hin und wieder mit Kameraden, und das Gefühl einer offenen Welt als Fluchtstätte vor drängenden Forderungen muß er dabei früh empfunden haben. Cornelia war den Forderungen des strengen und unzufriedenen Vaters indessen ganztägig ausgesetzt.

Der Vater sah bald, daß er begabte Kinder hatte, und umso größer wurde sein pädagogischer Eifer. Daß der Sohn den eigenen Weg gehen, weitergehen sollte, war klar. Er würde die Jurisprudenz studieren und in der Vaterstadt ein Amt annehmen. Bildung, Wissenschaft als Vorbereitung auf die Universität, sodann die Umsetzung in einen praktischen Beruf waren es, worauf der Ehrgeiz des Vaters im Blick auf den Sohn gerichtet war. Wolfgangs dichterische Neigungen fand er erfreulich, aber wenig zukunftsträchtig, das Theater fand er unnütz, und die empfindsamen Werke Klopstocks, in Deutschland zu der Zeit schwärmerisch verehrt, waren im Hause Goethe verboten.

Seine ersten Verse machte Goethe im Wettstreit mit den Nachbarskindern. Er schreibt: »Meine Gedichte, wie sie auch sein mochten, mußte ich immer für die bessern halten.« Er bemerkte jedoch bald, daß auch die anderen ihre Verse für die besseren hielten, und so blieb der dichterische Höhenflug zunächst aus. Die Lektüre wurde wieder spannend. Ovids »Verwandlungen«, Homer, eine illustrierte Chronik der Weltgeschichte und Abenteuerromane. Als Kind hat Goethe »Robinson Crusoe« mit der gleichen Begeisterung gelesen wie Lord Ansons »Reise um die Welt«. Alles regte seine Phantasie an, wurde vor seinen Augen lebendig und bekam auf eigene Weise Gestalt.

Aufregend war für Goethe auch die Zeit der französischen Besetzung Frankfurts 1759–1763. Für den Vater hingegen war die Niederlage Preußens nach dem Siebenjährigen Krieg weniger vergnüglich. So manches kulturelle Durcheinander machte sich da in den Straßen breit, und mit besonderer Begeisterung trieb sich der Knabe bei den Mitgliedern der Schauspieltruppen für die französischen Offiziere herum. Da Johann Wolfgang der Enkel des Schultheißen war, hatte er ein Freibillett für alle Vorstellungen, und er nutzte es täglich. Noch nicht zehn Jahre alt, ist er auch hier zeitweise ganz frei und unbeaufsichtigt seiner Wege gezogen. Er schloß Freundschaft mit den Kindern der Schauspieler und hielt sich zwischen den Vorstellungen in den Garderoben auf – ungeachtet der Tatsache, daß, wie er schreibt, dort beim Wechseln der Theaterroben nicht alles ganz züchtig zuging.

Die Schwester eines kleinen Aufschneiders, mit dem er sich hauptsächlich dieser Schwester wegen angefreundet hatte, bewunderte er und schenkte ihr bei jedem Wiedersehen Blumen und Früchte. Sie war dunkelhaarig, ein paar Jahre älter als er, still und sanft in ihrer Art. Damals war er neun Jahre alt. Als der Vater zu Hause fortfuhr, über das unnütze Theater zu schimpfen, beeilte sich der Junior, ihm zu versichern, daß er bei den Stücken von Corneille, Racine und Molière sehr viel Französisch lerne. Mit seinem Freibillett durfte er im »Proszenium« sitzen. Er empfand diesen Ehrenplatz jedoch als Illusionszerstörung, weil er zu nahe am Geschehen war und zu viel sichtbar machte, sodaß »die Nähe der Schauspieler, ich will nicht sagen jede Illusion, sondern gewissermaßen jedes Gefallen aufhob«. Ein weiterer Unschuldsverlust.

Wie zu Besatzungszeiten üblich, wurden die hohen französischen Militärs in den wohlhabenden Frankfurter Bürgerhäusern einquartiert, und so zog der Königsleutnant Graf von Thoranc am Großen Hirschgraben ein. Goethe beschreibt ihn als einen gebildeten und angenehmen Menschen, der bedacht war, der Familie wenig Umstände zu machen. Kunstbeflissen interessierte er sich für das Gemäldezimmer und gab, als er hörte, Vater Goethe beschäftige einige Frankfurter Maler, ebenfalls Arbeiten in Auftrag. Die Mutter machte das Beste aus der Situation, lief zwischen den Gästen des Grafen hin und her, hob zwischendurch das Kind des Dolmetschers aus der Taufe und nahm heiteren Anteil an dem abwechslungsreichen Geschehen. Sie hatte Freude daran, wenn das Haus voll war und sollte auch später ihre Freude haben, als der durch seinen »Werther«-Roman über Nacht berühmt gewordene Sohn die Besucher aus allen Teilen Deutschlands anzog. Der Vater aber hatte eine andere Sicht auf die Dinge. Er empfand die Anwesenheit der Franzosen in der Stadt und nun auch noch in seinem Haus als Belagerung. Er wurde daher täglich verdrießlicher und legte sich mit dem Grafen mehr als einmal an. »Theater und Bälle, Paraden und Durchmärsche« dagegen bedeutete die Franzosenzeit in Frankfurt für die Kinder, einen Zustand »immerwährender Zerstreuung«.

In mehreren Bildern beschreibt Goethe das pubertäre Erwachen. Im »Wilhelm Meister«-Roman, und zwar in der ersten Fassung »Wilhelm Meisters Theatralische Sendung«, die der Atmosphäre seines bürgerlichen Elternhauses noch ganz nahesteht, spricht er vom »verbotenen Naschwerke«, auf das die Kinder verstohlen und wollüstig lauern wie Ratten und Mäuse auf Löcher und Ritze. Es geht in der folgenden Romanszene wirklich um Naschwerk in bürgerlichen Vorratskammern, doch das Bild greift weiter. Im Zimmer des Grafen Thoranc – das ist die Szene aus dem Leben – entdeckt der elfjährige Goethe ein Kästchen, das er neugierig öffnet und das ein erotisches Kunstwerk erhält. Der Graf tritt hinzu und stellt ihn zur Rede, denn es war ihm nicht erlaubt, es zu öffnen. Dieses Erlebnis wird in den »Wilhelm Meister«-Romanen geradezu zum Leitmotiv ausgebaut. Immer wieder gibt es ein geheimnisvolles Kästchen, das die Runde zwischen den Personen macht, dessen Schlüssel verstohlen weitergereicht wird (der dann sogar abbricht) und dessen Inhalt so geheimnisvoll ist, daß man ihn erst zu gegebener Zeit sehen darf. Felix, Wilhelms Sohn, will vorzeitig hineinsehen, doch der Vater verbietet es, und der Knabe gehorcht. Goethe hat nicht gehorcht und ist der Neugier gefolgt.

Unschuldsverluste in der Welt der Erwachsenen

Goethes Beziehung zu seiner Schwester Cornelia ist ein oft umgangenes und auch ein heikles Thema. Nachdenklichkeit und Befremden sprechen aus Goethes eigenen Umschreibungen dieser Beziehung. Daß sie seine Vertraute von Kindheit an gewesen ist, sein Kamerad in Ermangelung eines männlichen Freundes, ist das eine. Da sie zusammen unterrichtet wurden und das Mädchen dem Bruder an gei-

Cornelia Goethe

stiger Offenheit und Begabung kaum nachstand, wurde sie auch zum Gesprächspartner, später zur Kritikerin seiner Dichtungen. Daß diese enge Bindung aber in der Pubertät bestehen blieb und in Bereiche vordrang, die an der Grenze des Tabus liegen, deutet Goethe in »Dichtung und Wahrheit« nur an, doch es ist ersichtlich genug. »Jenes Interesse der Jugend«, heißt es, »jenes Erstaunen beim Erwachen sinnlicher Triebe, die sich in geistige Formen, geistige Bedürfnisse, die sich in sinnliche Gestalten einkleiden, [...] manche Irrungen und Verwirrungen, die daraus entspringen, teilten und bestanden die Geschwister Hand in Hand und wurden über ihre seltsamen Zustände um desto weniger aufgeklärt, als die heilige Scheu der nahen Verwandtschaft sie, indem sie sich einander mehr nähern, ins klare treten wollten, nur immer gewaltiger auseinanderhielt.«

Cornelias weiteres Schicksal ist so traurig, daß es der Weimarer Goethe lange verdrängt hat, aus Schmerz, aus Ratlosigkeit und aus Scham, denn er mußte sich fast notgedrungen schuldig fühlen. Ging er aus dieser vertraulichen Geschwisterliebe immerhin so hervor, daß er sie als Stufe zu weiteren Beziehungen zu Frauen sehen konnte, so hat sie Cornelia einen unverkennbaren Schaden zugefügt. Denn sie blieb am Bruder haften und war unfähig zur Selbstakzeptanz. Irgendetwas muß in ihrem Wesen früh gebrochen sein. Goethe beschreibt sie als häßlich und daß sie das auch selbst so empfand. Möglicherweise hat sie es empfunden, weil er, der anfing, sich für ihre hübschen Freundinnen zu interessieren, es ihr auf diese Art mitteilte. Cornelia war groß und schlank, ihr Gesicht jedoch hatte unebene Züge – eine hochgewölbte Stirn, eine große Nase und eine unreine Haut. Die Haarmode der Zeit mit ihren stirnfreien, toupierten Frisuren tat ihr übriges, um sie, wie Goethe selbst sah, zu entstellen. Wieviel von dieser angeblichen Häßlichkeit eine aus mangelnder Selbstakzeptanz negative Ausstrahlung war, wäre eine andere Frage.

Es zeigte sich zu dieser Zeit an, was den unterschiedlichen Geschlechterrollen der Geschwister entsprach: Wolfgangs Unterricht diente der Vorbereitung auf die Universität. Er würde das Elternhaus verlassen, um draußen Erfahrungen zu sammeln. Cornelias einzige Aussicht hingegen war die Ehe, und über diese Aussicht schrieb sie mit sechzehn Jahren in ihr Tagebuch: »da ich keinen Reiz besitze, der Zärtlichkeit erwecken könnte, werde ich einen Gatten heiraten, den ich nicht liebe. Dieser Gedanke macht mich schaudern, und doch wird das die einzige Partie sein, die mir bleibt.«

Der Wunsch nach Schönheit wurde in ihrer Jungmädchenzeit zur fixen Idee, und einige Jahre später sollte sie einen Freund ihres Bruders heiraten, um wenigstens den Entwürdigungen des Frankfurter Heiratsmarktes mit der hübschen Konkurrenz zu entfliehen. Auch war keine Rede davon, daß Cornelia ihre Bildung jemals anders als in gepflegten Gesellschaftsplaudereien, als Gattin eines einflußreichen Mannes würde anbringen können.

Wie unterschieden sich Wolfgangs Aussichten, ja schon sein Leben in Frankfurt von dem ihrigen! Zu Hause bei Mutter und Schwester eitel und altklug, das Befehlen gewohnt, dem Vater gegenüber gehorsam und still, suchte er außerhalb des Elternhauses die Konfrontation. Als er vierzehn war, geriet er in eine Gesellschaft junger Burschen, größtenteils älter als er, die aus verschiedenen Ständen zusammengewürfelt waren. Es waren jugendliche Halbstarke, die sich mit allerlei Geschäften durchs Leben schlugen und Wolfgang in dieser glücksritterhaften Unbedenklichkeit nicht wenig imponierten. Sie stellen seine Dichtkunst auf die Probe, lassen ihn aus dem Stegreif Verse machen, sind amüsiert, und ehe er sich's versieht, ist er in einem merkwürdigen Handel. Er soll da einen Liebesbrief fingieren, den ein Mädchen einem leicht beschränkten Jüngling schreibt, der ihr schon lange den Hof macht. Er tut es, mit der Folge allgemeiner Belustigung, denn der Jüngling fällt darauf herein, und bald entsteht noch mehr Auftragsdichtung in Lyrik und Prosa – gegen Bezahlung. Wolfgang schreibt hier ein Leichencarmen, da ein Hochzeitsgedicht – und sitzt schon bald darauf mit den Freunden im Wirtshaus, um den Ertrag zu verjubeln. Er hält sich nun regelmäßig abends in den Schenken auf und bemerkt bald eine junge Kellnerin, die ihm gefällt. »Gretchen« ist ein Kind aus dem Volke und somit ein Frauentyp, wie ihn Goethe noch im hohen Alter verherrlichen sollte. Die rückblickende Beschreibung (fünfzig Jahre später) strotzt vor lauter Niedlichkeiten: eine »zierliche Gestalt« war sie und trug ein »Häubchen [...] auf dem kleinen Kopfe, [...] den ein schlanker Hals gar anmutig mit Nacken und Schulter verband«. Sie hatte »stille treue Augen« wie das dunkelhaarige Schauspielerkind und einen »lieblichen Mund«. Uns über die Farbe ihrer Haare und Augen zu informieren, vergißt Goethe. Vielleicht weiß er es mit sechzig nicht mehr, oder die stereotype Anmut und Zierlichkeit waren wichtiger.

Liebe und Poesie als untrennbare Einheit soll er hier zum erstenmal erfahren, denn er schreibt seine fingierten Liebesbriefe für den beschränkten Jüngling fortan in der Vorstellung, sie seien von Gretchen für ihn. Gretchen, die er in dem Gasthof mit den anderen trifft, nimmt ihn eines Tages zur Seite und will ihn von dem unehrlichen Handel abhalten. Als ein junger Mann aus gutem Hause habe er doch so etwas nicht nötig, und es sei nicht recht damit. Was sie sagen würde, wenn jemand, der sie liebt, solche Dinge für sie schreiben würde, fragt er kühn, und darauf unterschreibt sie das beschriebene Blatt, seine »Liebesepistel«. Als er sie begeistert umarmen will, soll sie ausgerufen haben: »Nicht küssen! Das ist so was Gemeines; aber lieben, wenn's möglich ist.«

Nach dieser ersten Frustration kann Goethe jedenfalls rückblickend zu der Wechselwirkung von Liebe und Dichtung behaupten: »Die ersten Liebesneigungen einer unverdorbenen Jugend nehmen durchaus eine geistige Wendung. Die Natur scheint zu wollen, daß ein Geschlecht in dem andern das Gute und Schöne sinnlich gewahr werde. Und so war auch mir durch den Anblick dieses Mädchens, durch meine Neigung zu ihr eine neue Welt des Schönen und Vortrefflichen aufgegangen. Ich las meine poetische Epistel hundertmal durch, beschaute die Unterschrift, küßte sie, drückte sie an mein Herz und freute mich dieses liebenswürdigen Bekenntnisses.«

Eine »geistige Wendung« nahm dagegen mitnichten der Handel mit den jungen Burschen. Es ging übel aus, und Wolfgang Goethe verlor hier ein weiteres Mal seine Unschuld. Zumindest einige der Burschen hatten sich nämlich von dem Umgang mit dem Enkel des Schultheißen günstige Beziehungen versprochen. Im Laufe der geselligen Zusammenkünfte, der Wasserfahrten, Landpartien und Treffen im Wirtshaus hatte sich einer von ihnen seinem Großvater für ein Amt im Stadtrat empfohlen und dem Enkel eine Bittschrift mitgegeben. Noch ein paar heitere Tage schlossen sich an, die Goethe in »Dichtung und Wahrheit« mit der crescendohaften Beschreibung der Krönungsfeierlichkeiten für Joseph II. verbindet. Mit Gretchen am Arm und anderen Freunden stürzte er sich in den farbenfrohen Trubel. Pylades, wie Goethe den besten Freund dieser Zeit nennt, ist seinem Mädchen schon versprochen. So bilden Wolfgang und Gretchen das zweite junge Paar, und Goethe versucht mit Feuereifer, aber doch sehr zaghaft, ihre Gunst zu gewinnen. Pylades ist da doch weiter als er, so wie die anderen Burschen in den übrigen Belangen des Lebens, das diese sich erkämpfen müssen, während es für den Sohn aus gutem Hause weitgehend eingerichtet ist. Gefragt von den Freunden, wie er sich seine Zukunft vorstelle – gesetzt den Fall, er müsse sich allein durchschlagen –, weiß er nichts Rechtes zu sagen, als daß er weiterhin Auftragsgedichte schreiben und ansonsten dieselben Dinge tun könne wie sie.

Die Ernüchterung kommt nach einem besonders schönen, in Hochstimmung verbrachten »Krönungstag«, an dessen Ende ihn Gretchen sogar angeblich auf die Stirn geküßt hat. Ein Polizeirat kommt in Goethes Elternhaus und verlangt Auskunft über den Umgang des Sohnes, denn einige der Gesellen haben sich als durchtriebene Halbkriminelle erwiesen, und ausgerechnet der, welchen der Enkel nichtsahnend dem Großvater empfohlen hat, scheint einer der Drahtzieher zu sein. Es geht um Unterschriftenfälschungen und nachgemachte Schuldscheine, gefälschte Testamente – kleinere Betrügereien, in die sich der Halbwüchsige ahnungslos verstrickt hat, als er an dem fingierten Liebeshandel teilhatte.

Völlig außer sich, weil er sich keiner Schuld bewußt ist und vor allem Pylades und Gretchen vor Bestrafung schützen will, fällt er in seine erste größere Krise, und wird krank. Einigermaßen beruhigt darüber, daß seinen Freunden, die keinen Leumund durch gute Familien haben wie er, nichts passieren wird, trifft es ihn doch sehr, als er hört, was Gretchen vor Gericht über ihn ausgesagt hat: Sie habe ihn nicht ernstgenommen, er sei ja noch ein Kind. Kurz darauf verläßt sie die Stadt, und Wolfgang ist untröstlich.

Manche Literaturwissenschaftler halten die Gretchenfigur in »Dichtung und Wahrheit« für eine Erfindung des Dichters. Selbst wenn – diese Liebeserschütterung ist eng verknüpft mit ersten Welterfahrungen, und wenn es nicht das Gretchen war, so, wie sie im Text erscheint, dann war es eine andere. Die Funktion der Dichtung als Verwandlung bedrückender Erfahrungen in Bilder, nicht mehr nur als ein Spiel mit Nachbarskindern oder den undurchsichtigen Kumpanen, stammt als Erfahrungswert aus dieser Zeit. Die Pubertät hatte gerade erst begonnen …

Er habe früh geahnt, daß er ausersehen war, Großes zu leisten, sagt Goethe im Rückblick auf sein Leben. Das Motiv der Einsamkeit und der stillen Betrachtung wird in der Lebensgeschichte entsprechend eingesetzt – wenn er zum Beispiel im »Gartenzimmer« des väterlichen Hauses aus dem Fenster schaut und die lustwandelnden oder geschäftigen Menschen unten in den Gärten in einem wundersamen Kontrast zum eigenen Wesen und Schicksal sieht. Dergleichen kommt mehrfach vor.

Der 15–16jährige hat einige altkluge Züge, die sich vollends bemerkbar machen, als er Student in Leipzig ist und schrullig-hochtrabende Briefe nach Hause schreibt. Aber er ist auch auf der Suche nach sich selbst. Die Bewährungsproben im Frankfurter Halbstarkenmilieu haben das ebenso deutlich gemacht, wie die bitteren Tränen des Jungen nach Gretchens Verlust und nach dem herben Ende erster Welterfahrung außerhalb des Elternhauses. Goethe erzählt ebenfalls, daß er vor Erwachsenen – besonders vor den einflußreichen Leuten im Umkreis seines Vaters und Großvaters, denen er sich günstig darstellen sollte – ein unsicheres Auftreten hatte, entweder überdreht-redselig war oder verstockt, und im Ganzen für wunderlich gehalten wurde. Elitäre Geheimbünde mit freimaurerischen Tendenzen, die auch unter Jugendlichen existierten, hatten für den jungen Goethe einen starken Reiz. Das Elitäre war es wohl weniger, was ihn so reizte, sondern vielmehr die Aussicht, irgendwo dazuzugehören, sich auszutauschen, Anerkennung zu finden, und zwar mit jungen Leuten, die sich wie er für die Dichtung interessierten. 1764 versuchte er in einen solchen Bund, zugleich eine literarische Gesellschaft, aufgenommen zu werden, doch der geschwollene Briefwechsel zwischen ihm und dem ebenfalls 15jährigen Ludwig Ysenburg von Buri endete damit, daß Buri Goethes Aufnahme immer wieder hinauszögerte und am Ende ablehnte. Man hatte von der Betrugsgeschichte und Goethes Umgang mit niederen Ständen gehört. Außerdem, fanden sie nach weiteren Erkundigungen, sei er ein »Plappermaul«.

Die Universität war jetzt die einzige hoffnungsvolle Aussicht für den Heranwachsenden, in dem es heftig gärte, und diese rückte schließlich immer näher. Mit sechzehn war Goethe alt genug, um Studiosus zu werden, die Aufnahme hing lediglich von der im Elternhaus vermittelten Vorbildung und dem Leumund des Vaters ab. Dieser

Goethe (1765)

hatte Leipzig ausgesucht, weil er dort selbst schon studiert hatte. Daß Goethe junior lieber in Göttingen studieren wollte, und zwar Altertumswissenschaften, darüber gab es keine Diskussion. Jura in Leipzig also.

Aufregend müssen die Vorbereitungen für Goethe gewesen sein, der Gedanke, jetzt wirklich die Kindheit hinter sich zu lassen, in eine andere Stadt zu gehen, weit weg von zu Hause, um das angeblich lustige Studentenleben zu beginnen. Für zwei Menschen war Wolfgangs bevorstehende Abreise dagegen ein schmerzhafter Einschnitt: für seine Mutter und für die Schwester Cornelia. Goethe schreibt, er habe seiner Schwester versprochen, sie nachzuholen, was – ob sie nun ernsthaft daran glaubte oder nicht – für Cornelia ein wunderbarer Traum sein mußte, der in gehörigem Kontrast zu ihrer Lebenswirklichkeit stand. Er selbst bekennt: »genug, ich sah nur meine gegenwärtigen Verhältnisse düster und stellte mir die übrige unbekannte Welt licht und heiter vor. So bildete ich mir meine Träume, denen ich schließlich nachhing, und versprach mir in der Ferne nichts als Glück und Zufriedenheit.«

Die »große Welt« und der junge Student

Ende September 1765 ging es los. Mutter und Schwester werden ihn mit Tränen verabschiedet haben, der Vater mit Ermahnungen und guten Wünschen. Wolfgang reiste in Begleitung des Buchhändlers Fleischer und seiner Gattin auf der großen Poststraße über Hanau, Fulda, Erfurt, Auerstädt, Naumburg und Rippach nach Leipzig. Obwohl es Deutschlands große Handelsstraße war, waren die Wege verheerend, und die Kutsche blieb in Thüringen im Schlamm stecken, so daß Wolfgang helfen mußte, sie herauszuwuchten. Schmal und schmächtig, wie er noch war, fiel ihm das schwer. Seine erste größere Reise dauerte mehrere Tage und war strapaziös genug für den Anfang.

In Leipzig endlich angekommen, hatte die Herbstmesse gerade begonnen. Die elegante und moderne Handelsstadt wirkte auf den Jungen aus dem mittelalterlich geprägten Frankfurt weltstädtisch, mondän. Die Damen flanierten in Pariser Mode über breite Boulevards und großangelegte Plätze. Alles war offen und großzügig gebaut, ohne gotische Winkel, und das kulturelle Leben von »Klein-Paris«, wie sich Leipzig gern nannte, wurde unter anderem von der nahegelegenen Dresdner Residenz geprägt. Was der etwas verschüchterte Junge gleich merkt, ist, daß er altmodische Kleider trägt. Der Vater zu Hause ließ die Garderobe seiner Familie vom Diener anfertigen, und der neueste Schrei war diese nun nicht gerade, um in Leipzig den Herrn spielen zu können. Seine »Freundinnen«, von denen es also gleich ein paar gab, hätten ihn deswegen geneckt, erzählt Goethe. Darauf brachte er den alten Plunder zum Trödler und kleidete sich neu ein. Das konnte er sich leisten, denn der Vater hatte ihn fürs Studium in Leipzig mit einem großzügigen Unterhalt versehen. »Ein paar artige Zimmer«, eine ganze Wohnung offensichtlich, bewohnte er in einem Gasthof, und die Speisenfolge seiner Mittagstische, die er den Freunden zu Hause beschrieb, würde man auch nicht gerade einem Studenten zuschreiben. Mitunter war sein Aufzug etwas geckenhaft, denn er pflegte in Schnallenschuhen, seidenen Kniehosen und Justaucorps, den Hut unterm Arm, den Degen an der Seite, die dunklen Haare frisch gekräuselt, aus dem Haus zu gehen. Ob er in diesem Aufzug auch zur Vorlesung ging, ist nicht festgehalten. Vom Studium war er ohnehin bald enttäuscht, denn die Juristerei langweilte ihn ungemein. Er faßte sich ein Herz und erzählte seinem Professor von seinen schöngeistigen Neigungen und daß er sich, auch ohne das Wissen seiner Eltern, in die Alten Philologien umschreiben wolle. Sein Professor fegte aber einen Sturm vom Platz und gab von der Schöngeisterei und allem, was damit zusammenhängt, ein vernichtendes Urteil. Der junge Goethe beugte sich der Form und tat so, als ob er die Rechte studierte. Den »Kleinen Hoppe«, ein kompaktes juristisches Repetitorium, hatte er schon in Frankfurt durcharbeiten müssen, und er kam ihm jetzt zugute, so daß er meinte, damit auf manche Lehrveranstaltung verzichten zu können. Wenig ehrfurchtsvoll urteilte er über das akademische Leben, das er in seinen ersten Semestern erfuhr. »Von dem Dinge, von der Welt, von Gott glaubte ich ungefähr so viel zu wissen als der Lehrer selbst, und es schien mir an mehr als einer Stelle gewaltig zu hapern«, was im Blick auf die eigentlich juristischen Kollegien noch vernichtender wird. In der Fastnachtszeit, als auf dem Thomasplan die Krapfen gebacken und verkauft werden, trödelt er mit den Kommilitonen so lange herum, bis man sich einhellig entschließt, das Kolleg zu versäumen. Das noch schlechte Gewissen deswegen sollte sich dann bald verlieren. Als er einem der Frankfurter Freunde, die an anderen Universitäten studieren, die Handvoll Lehrveranstaltungen aufzählte, die er gelegentlich besuchte – darunter Staats- und Rechtsgeschichte –, kommentierte er gleich: »mehr braucht man nicht, das übrige vergißt sich doch«. So sollte er's halten. Schließlich gab es viel Wichtigeres für ihn, der sich folgendermaßen skizziert:

> so wie ein Vogel, der auf einem Ast
> im schönsten Wald, sich, Freiheit atmend wiegt,

und er zählt auf, was da wichtig ist: Gesellschaften, Konzerte, Komödie, Abendessen, Spazierfahrten – alles noch harmlose Freizeitbeschäftigungen für einen jungen Studenten.

Er war auch noch knabenhaft genug, um sich an eine mütterliche Frau anzuschließen. Es ist die Gattin seines Professors Böhme (desselben, der so über die Schöngeisterei gewettert hat), eine kränkliche Dame in mittleren Jahren, die sich um den Jungen kümmerte und ihn nicht zuletzt in die Leipziger Gesellschaft einführte.

Man findet in diesen Jahren bei Goethe beides gleichermaßen ausgeprägt: Die Suche nach Familienanschluß und mütterlichem Halt ist mindestens so groß wie der Wunsch nach Erfahrungen – in der Welt, in der Liebe, mit allem eben, was für einen jungen Burschen so dazugehört, um sich zu beweisen. Doch all das hält sich zunächst noch in Grenzen, denn Goethe erlebt die Studienzeit vor allem auch als Möglichkeit, seinen künstlerischen Neigungen nachzugehen. Er nimmt Zeichenunterricht bei Adam Oeser, lernt Radieren, Stechen und Holzschneiden bei einem Kupferstecher und verkehrt im Hause des Verlegers Breitkopf. Dort erhält er beispielsweise Einblick in eine umfangreiche Gemmensammlung, die er ordnen darf, geschnittene Edelsteine mit erotischen Motiven. Ähnliches bekommt er auch bei Oeser zu sehen, Abdrücke aus dem Katalog von Winckelmann. Auf dem Landgut Adam Oesers hat Goethe Familienanschluß wie in Breitkopfs Haus. Mit Oesers Tochter Friederike unterhält er eine harmlose

Freundschaft, die noch von Frankfurt aus in Briefen fortgesetzt wird.

Er schreibt seiner Schwester, daß er am liebsten Magister in einer Mädchenschule werden wolle ... In seinen Briefen in die Heimat prahlt der junge Goethe etwas mit seinem großstädtischen Leben, seiner Berührung mit der galanten Welt, die so erfolgreich gar nicht ist, weil es ihm noch an Geschmeidigkeit mangelt, entsprechend aufzutreten. Man findet ihn eigenartig und stolz – was er auch ist. Am meisten prahlt er seiner Schwester gegenüber mit seiner gerade begonnen Gelehrtenexistenz. »Wir Gelehrten«, schreibt er im zweiten Monat des ersten Semesters, »wir Gelehrten achten euch andern Mädgen so – so wie Monaden«. Damit bringt er sein gerade erworbenes Wissen über Leibniz' Monadenlehre an, aber nur, um sich gelehrt zu geben und eine gönnerhafte Haltung einzunehmen. Es ist zugleich ein erster Hinweis auf die Abgeschlossenheit weiblicher Existenz, die er hier andeutet und die noch ganz negativ besetzt ist – unbewußt, passiv, unveränderlich. »Ihr andern kleinen Mädgen könnt nicht so weit sehen, wie wir Poeten«, hat er vorher geschrieben, und jetzt also »wir Gelehrten«.

Die ersten Leipziger Briefe an Cornelia sind ungeheuer aufgeblasen. Wechselweise in Deutsch, Französisch und Englisch gibt er ihr zu verstehen, welche Ehre er ihr erweise, daß er sich bei seinem abwechslungsreichen und geschäftigen Leben gleichsam herablasse, ihr Briefe zu schreiben, während sie ja schließlich den ganzen Tag Zeit habe, was impliziert, daß ihr Leben ungleich bedeutungsloser ist als das seine. Alsdann belehrt er sie, verbessert ihre Briefe und zählt ihr auf, was sie zu lesen habe und was nicht. Keine Romane außer Richardson, die anderen verbiete er. Schon Gretchen gegenüber hatte er sich gar zu gerne lehrhaft gegeben, und er schrieb später dazu: »Denn einem jungen Paare, das von der Natur einigermaßen harmonisch gebildet ist, kann nichts zu einer schönern Vereinigung gereichen, als wenn das Mädchen lehrbegierig und der Jüngling lehrhaft ist. Es entsteht daraus ein so gründliches als angenehmes Verhältnis. Sie erblickt in ihm den Schöpfer ihres geistigen Daseins und er in ihr ein Geschöpf, das nicht der Natur, dem Zufall oder einem einseitigen Wollen, sondern einem beiderseitigen Willen seine Vollendung verdankt.« Entsprechend ist ihm jetzt auch die Mademoiselle Breitkopf,

Kätchen Schönkopf

des Verlegers Tochter, zu belesen, und er urteilt leichthin, bei ihr seien »Hopfen und Malz verlohren.« Die unverbildeten, naiven Mädchen gefallen ihm besser, und sie sollen ihm eigentlich zeitlebens besser gefallen. Die eindeutig erotische Anziehungskraft geht bei Goethe immer von den so stilisierten »Mädchen aus dem Volke« aus, die keinen Anspruch auf sein Innenleben machen. So auch hier. Er flirtet, wo er kann, mit den Mädchen, und mit den jungen Damen der besseren Kreise, der »großen Welt«, die er jetzt wie später etwas schüchtern bewundert. Goethes erste Freundin ist die Tochter eines Gastwirts.

Das erste »Mädgen«. Erotische Irren und Wirren

Anna Katharina Schönkopf, »Käthchen« oder auch »Annette« genannt, denn nach diesem Namen stellt er später sein Liederbuch für sie zusammen, ist mit einem Theologen verlobt und neunzehn, also drei Jahre älter als Goethe. Zum Hause der Schönkopfs hat er ungehinderten Zugang und steht auch hier in freundschaftlichem Verkehr mit der ganzen Familie. »Sie ist ein recht gutes Mädgen«, schreibt er der Schwester, »das ich sehr liebe, sie hat die Hauptqualität, daß sie ein gutes Herz hat, das durch keine allzugroße Lecktüre verwirrt ist, und läßt sich ziehen.« Er schreibt das im Oktober 1767 und hat Käthchen zu dem Zeitpunkt schon vor anderthalb Jahren seine Liebe erklärt. Käthchen ist eher durchschnittlich, leidlich hübsch, offenbar vollbusig und ein wenig füllig, und trotz ihrer Verlobung ist sie durchaus offen für eine ihr unschuldig scheinende Liebschaft mit dem jungen Studenten. Die Zeit der erotischen Verwirrungen sollte beginnen …

Von Anfang an kam Goethe bei den Frauen gut an. Er war, besonders in der Jugendzeit, von angenehmem Äußeren und hatte eine leichte und charmante Art des Umgangs mit Mädchen und Frauen. Auf diesen Umgang und seine erfolgreiche Wirkung scheint er sich immer gestützt zu haben, wenn ihm sonst die Anforderungen und Spielregeln der Gesellschaft zu undurchsichtig wurden. Es war der leichteste Weg, und je mehr Dichter er wurde, das heißt, je mehr er sich mit dem Dichterdasein identifizierte, umso mehr war sein Auftreten in der Gesellschaft eine Kombination aus Dichter-Genialität, die aus dem Stegreif Verse machen konnte, und dem Zauber persönlicher Ausstrahlung. Frauen bildeten sein bevorzugtes Publikum, besonders in Zeiten, in denen anderes brachlag – die ungeteilte Anerkennung der literarischen Welt, politisches Wirken oder persönliches Fortkommen. Goethe flirtete gern, und er liebte zu dozieren. Auf diese Weise konnte er beides verbinden.

Der Jugendliche, der er in Leipzig noch war, hatte noch weniger ehrgeizige Träume und Absichten. Da war die »große Welt« – nun ja, sie nahm ihn nicht gerade freudestrahlend auf, und er beherrschte die Spielregeln nicht. Die Leichtigkeit gesellschaftlichen Umgangs in aristokratischen Kreisen sollte Goethe noch als Weimarer Geheimrat bewundern. Seine dichterischen Ambitionen erhielten entscheidende Dämpfer, denn die literarischen Größen und Lehrmeister Leipzigs Gottsched, Gellert und Clodius sprachen ihn entweder nicht an oder entmutigten ihn durch ausführliche Korrekturen seiner Manuskripte mit roter Tinte. Eine solche Kritik hielt ihn ein halbes Jahr davon ab, überhaupt wieder etwas zu dichten.

Die Mädchen also – und »ein gutes Herz«, keine Galanterie, denn die war ihm, besonders für den Anfang, zu schlüpfrig. Er ist stolz darauf, sein Mädchen ohne Geschenke, die er als wohlhabender Sohn ohne weiteres machen könnte, für sich eingenommen zu haben, und er schreibt einem Frankfurter Freund: »Ich liebe ein Mädgen, ohne Stand und ohne Vermögen, und jetzo fühle ich zum aller erstenmahle das Glück das eine wahre Liebe macht.« Zwei Jahre lang geht diese Liebschaft, in deren Schatten immer Goethes Busenfreund Behrisch steht, der dem jüngeren Freund Tips für den Umgang mit Frauen gibt. So, wie die Briefe Goethes an ihn klingen, gehen Behrischs Ratschläge vor allem in die Richtung, »wie man die Frauen herumkriegt«. Der Freund ist zehn Jahre älter als Goethe, ein laxer Hofmeister eines unehelich geborenen Grafen und ein Libertin, der dem Mephisto im »Faust« als Vorbild dienen soll. Wieder hatte sich Goethe einen Freund ausgesucht, der mit weit mehr Wassern gewaschen war als er und an dem er sich messen konnte. Unter Behrischs Einfluß führt er zeitweise eine schamlose Aufreißersprache, die man als jugendliches Imponiergehabe entlarven kann, die aber auch die Ängste und Skrupel des

Jüngeren durchblicken lassen, der keineswegs zum Libertin geboren ist.

Goethe will kein Mädchen unglücklich machen. Er will ihnen wohl, den Jettys, Fritzgen, Lisetten, Augusten und wie sie alle heißen. Er scherzt und schäkert mit ihnen und besorgt ihnen bunte Bänder beim Galanteriewarenhändler wie für die Schwester in Frankfurt. Das andere probiert er offensichtlich spielerisch aus – denn die Rokokowelt auch im Leipzig dieser Zeit bot Raum für diverse erotisch besetzte Spielereien, die völlig gesellschaftsfähig waren: Pfänderspiele, Blindekuh, geraubte Küsse ... Dabei erschrickt er aber über die Eigendynamik des Sexuellen, die vor allem die Mädchen in so große moralische Konflikte brachte. Der Umgang der jungen Leute unterschiedlichen Geschlechts war hier in Leipzig eindeutig freier als in Goethes Heimatstadt. Er war sogar höfisch geprägt und dem galanten Stil nach französischem Vorbild verpflichtet. Das war mit ein Grund dafür, daß Goethe bei seinem Käthchen schließlich, die immerhin verlobt war, relativ weit kommen konnte. Es trug nicht gerade zu seinem Seelenfrieden bei, sondern wühlte ihn entsetzlich auf.

Von einer Jetty, die er eine halbe Stunde allein unterhalten durfte, berichtet er Behrisch noch in der Plänkelphase mit Annette/Käthchen. »Diese Hand, die jetzt das Papier berührt, um Dir zu schreiben, diese glückliche Hand drückte sie an meine Brust. O Behrisch, es ist Gift in diesen Küssen! Warum müssen sie so süße sein. Sieh diese Seligkeit habe ich Dir zu danken, Dir! Deinem Rat, deinen Anschlägen.« Darauf spricht er leicht spöttisch von Fritzgen, die so tugendhaft sei, aber sonntags manchmal allein zu Hause. »Vierzehn Tage Vorbereitung, und so ein Sonntag sollte die Ehrbarkeit von dem Schlosse wegjagen [...] könnte ichs nur ungestraft tun.« Die Schlußbetrachtungen in diesem Brief deuten dann doch auch auf Skrupel hin, so verwegen sie klingen mögen: »Kennst du mich in diesem Ton, Behrisch? Es ist der Ton eines siegenden jungen Herrn. Und der Ton und ich zusammen! Es ist komisch. Aber ohne zu schwören, ich unterstehe mich schon ein Mädchen zu verf – wie Teufel soll ich's nennen. Genug Monsieurs, alles, was Sie von dem gelehrigsten und fleißigsten Ihrer Schüler erwarten können.«

Seine eigentlichen Erfahrungen macht Goethe dann mit Käthchen. Die Lieder und Gedichte aus dem Buch »Annette«, die aus seinem

Erlebnis mit ihr hervorgegangen sind, zwar im Stil der Zeit und nach vorgegebenen Mustern verfaßt (Schäferspiele und Rokoko-Anakreontik), machen doch zweifellos eines zum Thema: berauschende und beunruhigende sexuelle Erlebnisse, die vor dem »Letzten« gerade noch zurückweichen.

Die Verwirrungen und moralischen Skrupel, der Respekt vor der Problematik der »gefallenen Frau« und die Angst vor viel zu früher Bindung sind den Äußerungen des mittlerweile Siebzehnjährigen, der seine erste Freundin hat, deutlich zu entnehmen. Die literarische Verarbeitung des Themas der »gefallenen Frau« in der Gretchen-Tragödie im ersten Teil des »Faust« werden zumindest von einem starken Problembewußtsein in dieser Richtung zeugen. »Gefallen« war eine Frau im 18. Jahrhundert schon durch ein nicht gehaltenes Heiratsversprechen oder suggerierte Hoffnungen, die der Verehrer durchkreuzte. Im Fall der Sesenheimer Friederike sollte das zu großen Peinlichkeiten führen.

Hier dagegen war es klar, denn Käthchen Schönkopf war verlobt, und diese Tatsache setzte natürliche Grenzen, weil ein Versprechen fürs Leben im Grunde nicht in Frage kam. Es ist bestimmt kein Zufall, daß sich Goethe so oft vergebene, verlobte oder verheiratete Frauen aussuchte, in die er sich verliebte. Nur so konnte er verhindern, daß man ihn »in einen Sack steckte« – ein Bild von ihm aus einem Traum in der Leipziger Zeit. Goethe will weder mit siebzehn noch mit zwanzig noch mit fünfundzwanzig heiraten und sich bürgerlich niederlassen, was so ungewöhnlich oder pathologisch nicht ist.

Die gereizten und verwirrten Sinne des Heranwachsenden erfassen hier allerdings auch den Zusammenhang zwischen Produktivität und Sinnlichkeit. »Verzeih' mir und denke daran, daß wir nie so fruchtbar im Ausdruck sind, als wenn unsere Sinne ihn uns liefern«, schreibt er an Behrisch nach einer wollüstigen Schilderung eines mit Käthchen allein verbrachten Nachmittags in ihrem Zimmer (die Familie war in der Komödie, und er kann schreiben: »Oh, was diese vier Stunden uns glücklich gemacht haben!« – ohne doch genau zu sagen, was dort passierte.

Die Gedichte dieser Zeit sind vielleicht Wunschphantasien, angeregt durch das erregende Zusammensein mit Käthchen, vielleicht sind sie auch aus gewissen Szenen ihrer spielerischen Zweisamkeit entstanden.

Im »Triumph der Tugend. Zwote Erzählung« wird folgende Szene geschildert: Das Mädchen zieht sich in seinem Zimmer vor dem Spiegel aus, und ihr im Zimmer versteckter Geliebter springt unverhofft hervor. Nach kurzem schamhaften Erschrecken läßt sie sich seine Liebkosungen gefallen, und wenn die Eingangszene insofern konventionell ist, als sie den Schäferszenen vom gehörnten Waldgott entspricht, der im Wald die Nymphe erschreckt und am Ende berückt, so klingt doch die folgende Schilderung einigermaßen erlebt und läßt sich den »vier Stunden« im Zimmer der Freundin ganz gut zuordnen. Schließlich also: »Die Gelegenheit kömmt nicht so leicht zurück.« Die Freundin sitzt im Sessel, seine »warme Hand« auf ihrem »heißen Busen« wird durch ihre tiefen Atemzüge auf- und abgetragen.

So stand Dianens Jäger mutig da,
Triumph den Himmel hauchend, als er sah,
was ungestraft kein Sterblicher noch sah.
[...]
Mein Arm umschlang mit angestrengten Sehnen
die weiche Hüfte. Fast – fast – doch des Sieges Lauf
hielt schnell ein glüh'nder Strom von Tränen
unwiderstehlich auf.

Da triumphiert die Tugend und die Unschuld des Mädchens. Es ist literarische und gesellschaftliche Form, die gewahrt wird. Dieses und ähnliche schwüle Gedichte aus dem Liederbuch »Annette« haben eigentlich viel mehr als alles andere die zwiespältigen Gefühle der weiblichen Figur zum Thema, die hin- und hergerissen ist zwischen sexuellem Begehren und moralischen Normen im Bewahren ihrer Jungfräulichkeit. So unbedingt konventionell ist das nicht. Es wird nicht davon ausgegangen, daß der Sieg des Mannes, der thematisiert wird, etwas ist, was die Frauen gar nicht wollen und daher natürlicherweise abwehren, am Ende eventuell aus Liebe notgedrungen zugestehen. Goethe bildet hier die Frau wie später auch ganz deutlich das Gretchen im »Faust« als sexuell begehrendes und forderndes Wesen ab, nicht weniger als den Mann, der als Werbender lediglich eine aktivere Rolle spielt. Die sexuelle Vereinigung erscheint im Grunde als natürlicher Endpunkt der Liebesvereinigung, und daß »die Tugend

[...] triumphiert«, ist ein Zugeständnis an die Konvention. In einem Schäferstückchen aus dem Buch »Annette« heißt es:

Konnt' Daphnis wohl dem Reiz des Busens widerstehn?
Bei jedem Kuß durchglüht ihn neues Feuer.
Bei jedem Kusse ward er freier,
Und sie – und sie – ließ es geschehn.
Der Schäfer fühlt ein taumelndes Entzücken,
Und da sie schweigt, da jetzt in ihren Blicken
Anstatt der Munterkeit ein sanfter Kummer liegt,
Glaubt er sie auf dem Grad von feurigem Entzücken,
Wo man die Mädgen leicht besiegt.

Wenn Goethe in seiner eigenen Beziehung auch erfahren hat, daß die Mädchen aufgrund ihrer eigenen Gefühle »leicht besiegt« werden können – er besiegte sie nicht, warum auch immer. Vielleicht war es ihm einfach noch zu früh.

So besonders exzessiv, wie er vorgibt, kann im großen und ganzen Goethes Leipziger Studentenleben nicht gewesen sein. Die feine Lebensart, die er sich angewöhnte und die für die Leipziger Studenten offensichtlich typisch war, stand ziemlich im Gegensatz zur Sauf- und Raufkultur der Studenten in Halle oder Jena. Sie kam ihm weit mehr entgegen, auch wenn er auf seine Weise seine exzessiven Lebensphasen haben sollte. Aber Goethe hatte nichts von einem Wüstling. Den Degen trug er nur als Dekorum. Soweit man weiß, hat er sich nie gerauft oder jemanden »um die Ehre« gefordert, und sein Alkoholkonsum hielt sich wohl damals noch eher in Grenzen als später in Weimar. Umso verwunderlicher scheint es, wie es kommen konnte, daß Goethe in Leipzig einen physischen Zusammenbruch erlitt, den er selbst recht ominös als Folge unregelmäßiger Lebensart ins Feld führt. Er redet von starkem Kaffee, den er nicht vertrug, vom schweren Merseburger Bier, von ungewissen »Ausschweifungen«, kalten Bädern und harten Lagern, die seinem Organismus zusetzten und deren Folge dann ein Blutsturz war. Die nebulösen Krankheitsdiagnosen vergangener Jahrhunderte auf ein heutiges medizinisches Bild zu übertragen, ist schwierig genug. In diesem Fall jedoch soll etwas doppelt suggeriert und gleichzeitig verhüllt werden, was kaum noch gültig dechiffriert werden kann. Die Ausschweifungen stehen für die Einweihung des jungen Mannes in die sinnliche, erwachsene Welt, die ihm aber offenbar aus irgendeinem Grund nicht bekam. »Sachsen«, sollte er zurück in Frankfurt sagen, »das ist starker Tobak«, und was er weiterhin äußert, klingt, als habe er sich in zweifelhaften Kreisen bewegt und sich dabei eine Geschlechtskrankheit zugezogen. Ausgeschlossen ist das freilich nicht. Nicht auszuschließen ist aber auch, daß solche eingestreuten Bemerkungen einem Freund gegenüber Abgeklärtheit suggerieren sollen, eingeweihtes Wissen nach dem Blick ins »Kästchen«. Jedenfalls behält Goethe eine ausgeprägte Angst vor Geschlechtskrankheiten, und irgendetwas von dieser Gefahr galanten Lebens wird er in Leipzig wohl mitbekommen haben. Nach drei Jahren Studentenleben kehrt Goethe etwas angeschlagen ins Elternhaus zurück. Das Studium war keineswegs beendet, er ist darin im Grunde sogar ziemlich gescheitert, was der Vater gleich merkt. Von Käthchen hat er sich, wie er Behrisch am 26. April 1768 schreibt, im Einvernehmen getrennt. »Wir haben mit der Liebe angefangen, und hören mit der Freundschaft auf«, so zieht er Bilanz, aber vorangegangen sind solchen hehren Entschlüssen Gefühlskämpfe, ein Hin- und Hergerissensein und Eifersüchteleien der quälendsten Art. Er faßt die Eifersüchteleien, die allein von seiner Seite ausgehen, in einem Schäferspiel literarisch zusammen: »Die Launen des Verliebten«. Eifersüchtig ist er auf Käthchens Verlobten, gibt aber gleichzeitig sehr deutlich zu erkennen, daß er es ja anders gar nicht will. »Denn wer einem Mädgen Hoffnung macht, der verspricht. Kann sie einen rechtschaffnen Mann kriegen, kann sie ohne mich glücklich leben, wie fröhlich will ich seyn. Ich weiss was ich ihr schuldig bin, meine Hand und mein Vermögen gehört ihr, sie soll alles haben was ich ihr geben kann. Fluch sey auf dem, der sich versorgt eh das Mädgen versorgt ist das er elend gemacht hat.« Wie segensreich für ihn, daß er seine eigenen Gefühlskonflikte so moralisch umbiegen kann und noch zu einer heldenhaften Haltung gelangt! Käthchen war nämlich weder elend durch ihn, noch hat er je daran gedacht, ihr ernsthaft seine Hand anzutragen. Anscheinend ging die Trennung mehr von ihr aus. Von Frankfurt aus sollte er Käthchen noch herzliche Briefe schreiben, und nur das Hochzeitsgedicht, das er ihr anläßlich ihrer Vermählung mit dem Theologen Doktor Kanne schreiben wollte, das gelingt ihm nicht. Verständlich wohl …

Der Rückzug nach Innen

In einem eigentümlichen Dämmerzustand verbringt Goethe die nächsten Monate in Frankfurt. »Gleichsam als ein Schiffbrüchiger« ist er nach eigener Aussage ins Elternhaus zurückgekehrt, auf jeden Fall krank und furchtbar angeschlagen. Die meisten Biographen übergehen Goethes Krankheit nach der Rückkehr aus Leipzig ratlos und mit Stillschweigen, weil man sich die These einer Geschlechtskrankheit nicht aufzustellen wagt und alles andere zu nebulös ist, um sich einen Reim darauf zu machen. Psychische Irritationen sind zumindest ein starkes Element dieses Zusammenbruchs. So läßt der Arzt, der zum Hausbesuch in den Hirschgraben kommt, dann auch als erstes die nackten Frauenbilder des François Boucher von den Wändern überm Bett des Patienten entfernen, um seine Sinne nicht unnötig zu reizen.

Erotische Irritationen und in der Folge unbestimmte Ängste – das wenigstens wird man im Rahmen der körperlichen Krankheit feststellen können. Die Fabel vom »Fuchs, der seinen Schwanz verlor« – dieses Bild hat Goethe seinem Freund Breitkopf gegenüber in dem schon erwähnten Brief nach Leipzig gebraucht – ist jedenfalls Ausdruck seiner Ängste vor dem Verlust seiner Manneskraft. »Nun, nun, das arme Füchslein wird sich nach und nach erholen«, schreibt er. »Nur eins will ich dir sagen: hüte dich ja vor der Lüderlichkeit! Es geht uns Mannsleuten mit unsern Kräften wie den Mädgen mit der Ehre, einmal zum Henker eine Jungfernschaft, fort ist sie. Man kann so etwas wohl wieder quacksalben, aber es will ihm all nicht tun.« Das beinahe leitmotivisch verwendete Bild vom Verlust der Unschuld, das in »Dichtung und Wahrheit« auf geistiges, seelisches und sinnliches Erwachen hinzielt, findet in diesem Brief des Neunzehnjährigen erstmals klaren sexuellen Ausdruck. Dabei ist es weitgehend unerheblich, ob der junge Goethe tatsächlich bei einer »lüderlichen« Dame war und sich eine Geschlechtskrankheit zugezogen hat oder nicht. Die Ängste waren da, und das Grundproblem läßt sich darin zusammenfassen, daß der Sexualtrieb des jungen Mannes nicht mit seinen bürgerlichen Absichten und Möglichkeiten konform ging und nur in der »Lüderlichkeit« ausgelebt werden konnte. Da er nicht heiraten und eine Familie gründen wollte, da er die Liebe aber schon als Lebensgefühl und poetische Inspiration, den Umgang der Frauen und Mädchen gleichsam wie die Luft zum Atmen brauchte, konnte er nur ein Mädchen »unglücklich machen« oder die Dinge, Gefühls- und Sexualleben, trennen. Ersteres wollte er nicht. Es fehlte ihm dazu, wie man sehen wird, die Skrupellosigkeit, und ob er für das Letztere der Typ war, weiß man nicht. Nur daß es da neben den zarten amourösen Gefühlen bei Goethe derb und heftig gärte, wird aus dem Nachlaß der Frankfurter Zeit schon hinreichend deutlich.

Eine angeschlagene Lunge, Probleme mit den Lymphdrüsen und starke Verdauungsbeschwerden führt Goethe zur Begründung seiner langen Krankheit an. Fast anderthalb Jahre dauert der angeschlagene Zustand; Monate verbringt er davon im Bett. Mehr noch als der Körper scheint ihn die Psyche gemartert zu haben, beides in Wechselwirkung, und in einem solchen Zustand wird er anfällig für allerlei metaphysische und religiöse Gedanken. Eine Freundin seiner Mutter, Susanna von Klettenberg, die in Frankfurt einem pietistischen Kreis angehört, redet dem armen Jungen ein, seine aufgewühlten Zustände, seine Unruhe und Niedergeschlagenheit kämen daher, daß er keinen versöhnten Gott habe. Goethe hat die Gestalt der Klettenberg später in der »schönen Seele« des Wilhelm-Meister-Romans gewürdigt. Er ließ auf diese Dame nichts kommen, daß er ihrem pietistischen Einfluß so weit nachgab, führt er später weitgehend auf seine Krankheit und seine wehrlose Verfassung zurück.

An den väterlichen Wertmaßstäben gemessen ein Versager – der Vater ist seit Wolfgangs Rückkehr nur grantig, denn der im Studium gescheiterte kränkelnde Sohn wird nun auch noch hypochondrisch –, läßt sich Goethe in dieser Zeit die Fürsorge von Mutter und Schwester gefallen, die ihn auffangen, ihn hegen und pflegen. In der Klettenberg findet er eine Beichtmutter, die ihm hilft, seine verstörten Gefühle in erbaulichen Gedanken zu kanalisieren. Susanna von Klettenberg kümmert sich um den jungen Goethe wie um einen verlorenen Sohn. Der nonnenhafte Frauentyp, wie ihn Goethe auf seine Art verherrlichen sollte – er verwendet den Begriff der »Äbtissin« und meint auch die »Priesterin« –, hat neben ganz entscheidenden Anteilen der Schwester

Cornelia, so, wie er sie sah (und das sexuelle Tabu trug dazu bei, diese Sicht zu begründen), vieles vom Charakter dieses ältlichen und frommen Fräuleins von Klettenberg. Mystische Tendenzen und eine bis zum Äußersten gehende Gewissensforschung gehen auch aus den Aufzeichnungen der Klettenberg hervor, die Goethe in den »Bekenntnissen einer schönen Seele« nachvollziehen und verdichten, als Einschub in die Entwicklungsgeschichte des Romanhelden Wilhelm literarisch einsetzen sollte. Im Kontrast zu Wilhelms Welterfahrungen, die ihn prägen, initiieren und schließlich zur Mitte des Menschlichen und seiner objektiven Möglichkeiten führen werden, steht am Anfang der Geschichte der »schönen Seele« ein Rückzug aus der Welt. Die Außenwelt mit ihren Verführungen und Unwägsamkeiten wird, genauso wie die schwache menschliche Natur, zutiefst suspekt empfunden. Den inneren Frieden findet diese Seele in pietistischer Frömmigkeit, in der Vermählung mit Christus, und daß die »schöne Seele« weiblich ist, ist bei Goethe kein Zufall. An seiner Wächterin am Krankenbett, einer ihm glaubhaften Verkörperung innerer Ausgeglichenheit, Seelenharmonie und geläuterter Kräfte, wird ihm in diesem religiösen Kontext vorgeführt, was er auch später immer glauben sollte: daß nur die weiblichen Naturen zu einem inneren Frieden gelangen, da sie ihn auf eine sehr einfache Weise von Grund auf besitzen.

Er schmökert, diskutiert und räsonniert mit dem Fräulein. Man liest nicht nur pietistische Erbauungslektüre, sondern Paracelsus und naturwissenschaftliche Schriften, die mystisch angehaucht sind, und man beschäftigt sich mit Medizin und Alchemie. Die Experimente mit Mainkieseln, um »jungfräuliche Erde« herzustellen, stehen neben der Beschäftigung mit den Lebensgeschichten von Märtyrern und dem Wirken und Forschen des schwedischen »Geistersehers« Swedenborg. In dieser trübsinnigen Dämmerphase adaptiert Goethe etliches von dem, was später ins Lebenswerk eingeht, vor allem aber die Atmosphäre des »Faust« aus Alchemie, Naturmystik und mittelalterlichem Forschungsgeist. Religiöse Fragen stellt er sich gründlich und hingebungsvoll, um sich bald darauf souverän von ihnen zu befreien. Goethes naturphilosophische Fragestellungen und sein pantheistisches Gottesbild sind nicht zuletzt auf diese ultra-protestantischen Auswüchse zurückzuführen, die er in Frankfurt kennenlernte und gegen die er sich absetzen mußte. Der Sündenkult der Pietisten und ihre Seelenzergliederung blieben ihm eher bedrückende Bestandteile dieser Begegnungen. Ganz natürlich mußte die »jungfräuliche Erde« dann auch zur Muttererde werden, denn das Experiment mit den Mainkieseln schlug leider fehl.

Erwachen

Der Ausbruch aus dem Dämmer in ein neues Leben stand bevor. Der Vater hatte beschlossen, seinen Sohn zur Fortsetzung des Studiums nach Straßburg zu schicken, und dieser fühlte sich im Frühjahr 1770 gestärkt und frisch genug, um den Aufbruch zu wagen. Er begann sein Studium im Sommersemester. Mitten im Frühjahr kam er ins herrliche Elsaß. Er war zwanzig Jahre alt, ein junger Mann mit einem schmalen Mund und ausdrucksvollen dunklen Augen, groß und schlank und elegant gekleidet. Die Rokokomode, die noch weit in Goethes Weimarer Zeit hineinreichen sollte, mit langer Weste, Kniehose, Seidenstrümpfen, Schnallenschuhen und Zopfperücke, stand dem jungen Goethe ausgezeichnet, wie Ganzkörpersilhouetten zeigen.

Straßburg galt als Tor zu Paris. Sein Französisch zu verbessern und im Kontakt mit der eleganten Welt, französischer Kultur und Lebensart, an Sicherheit zu gewinnen, waren neben der Beendigung des Studiums und der Promotion die Ziele seines Straßburg-Aufenthalts, an den sich vielleicht eine Reise nach Paris anschließen sollte. Es kam aber anders, denn Goethe erlebte seine Zeit in Straßburg aufgrund verschiedener Begegnungen als Erwachen deutschen Kulturbewußtseins und als Absage an die kulturelle Vorherrschaft Frankreichs.

1770 gehörte Straßburg schon seit 90 Jahren zu Frankreich. Es war aber noch weitgehend deutsch geprägt, wie weite Teile des Elsaß. Die Stadt selbst hatte eine reichsstädtische Verfassung mit Ratsherren und Schöffen wie zu Hause in Frankfurt und war eine deutsche, reichsstädtische Insel im absolutistischen französischen Königreich. Goethe hatte wie seine Kommilitonen durchaus das Gefühl, an einer deutschen Universität zu studieren.

Im Gasthof »Zum Geist« steigt er ab. Wieder hat er vornehmen

Goethe-Silhouette. Johann Wolfgang von Goethe mit Degen, um 1780

Mittagstisch, an dem zum Großteil Mediziner sitzen. Wie schon in Leipzig, praktiziert Goethe mehr »Studium Generale« als die Jurisprudenz. Er besucht alle möglichen Vorlesungen, darunter, durch den Einfluß seiner Tischgenossen, Anatomie und Gynäkologie. Das muß ihn von jeher fasziniert haben, Zeugung, Schwangerschaft, Geburt, die Gesetze des Werdens. Aus Goethes Zeit in Italien ist ein Notizbuch erhalten, in dem er alles über Vegetation und Zeugung festhält, auf pflanzlicher Ebene zwar, doch mit geheimem Schauer über dieses größte Wunder der Natur. Die pietistischen Kontakte, die ihm Susanna von Klettenberg in Straßburg vermittelt hat, kommentiert Goethe ziemlich respektlos und geht auch bald nicht mehr hin. »Sie sind so von Herzen langweilig«, schreibt er dem Fräulein, »wenn sie anfangen, daß es meine Lebhafftigkeit nicht aushalten konnte. Lauter Leute von mäßigem Verstand, die mit der ersten Religionsempfindung auch den ersten vernünftigen Gedanken dachten, und nun meynen, das wär alles, weil sie sonst nichts wissen.« Da kann er, Goethe, freilich nicht stehenbleiben. Er schaut sich die Stadt an und das Straßburger Münster – die erste Station des Straßburger Kapitels »Deutschheit emergierend«, wie er sich später ausdrücken sollte. Gegen »französischen« Zierat und Antikisierung ohne Maß und Ziel setzt er »deutsche« Einfachheit und »deutsche« Kraft. Die als Schlagworte verwendeten Motti fallen mit Goethes rekonvaleszentem Befinden zusammen, denn er sammelt Kraft und sucht die Kraftquellen auf, die er immer in der Natur findet. Der Wende nach innen folgt systematische Abhärtung: Er steigt auf die oberste Plattform des Straßburger Münsters, um seine Höhenangst zu überwinden, läuft neben den Trommeln der Musikkapellen her, um seine Geräuschempfindlichkeit zu verlieren, setzt sich dem Anblick der Versehrten und Kranken in den Hospitalen aus, da er gerade davor einen ausgesprochenen Ekel empfindet und dergleichen mehr. Als »Bemühung, mich von dem Drang und Druck des Allzu Ernsten und Mächtigen zu befreien«, bezeichnet Goethe das, was für ihn eine Lebensaufgabe war. Das Ernste und Mächtige hat ihn zeitweise völlig beherrscht. Doch er befreit sich immer wieder davon, im Werk und im Leben, mit großer Kraftanstrengung, eruptiven Wendungen und kathartischen Werken, mit Flucht – und er propagiert dabei die Tüchtigkeit, »gesunden« Lebenssinn. Hier von Frankfurt nach Straßburg wird das zum erstenmal deutlich.

Spaziergänge und Wanderungen in der schönen Jahreszeit sind angesagt, einer der Professoren hat sie sogar seinen Studenten empfohlen. Das sei wichtig als Ausgleich für die Studien. Goethe muß man das nicht zweimal sagen, denn er reitet und wandert auch so hinaus in die freie Natur. Es gibt auch Lustbarkeiten unter freiem Himmel, Tanz – dafür nimmt er sogar etwas Unterricht, denn er ist in dieser Hinsicht noch nicht ganz gesellschaftsfähig. Der Tanzlehrer hat zum Glück auch zwei reizende Töchter.

Für Goethes Dichtung bedeutet Straßburg der Durchbruch zum eigenen Stil. Er hält sich nicht mehr an die vorgegebenen Muster. Alt und abgelebt erscheint ihm das starre französische Drama, die formbezwungene Sprache, die künstlichen Versmaße. Zusammen mit den Kommilitonen spürt er undeutlich, daß etwas Neues kommen muß, eine literarische und geistige Bewegung. Er sollte sie in wenigen Jahren anführen.

Trotz allen bewußt angebahnten gesellschaftlichen Kontakten kommt Goethes bedeutendste Begegnung in Straßburg ganz zufällig zustande: Johann Gottfried Herder, Philosoph und Theologe, befindet sich in der Stadt, weil er ein Augenleiden hat und hofft, in Straßburg von einem Spezialisten behandelt zu werden. Goethe begegnet ihm im Treppenhaus des Gasthofs »Zum Geist« und spricht den priesterlich aussehenden Mann in der schwarzen Soutane zutraulich an. Der junge Goethe nennt sich oft und gerne einen »guten Jungen«. Er wird das mit jungenhaftem Charme gerade vor den Frauen getan haben, um Kritik vorwegzunehmen und sich einen Sympathievorsprung zu sichern. Herder gegenüber, der den jungen Goethe, vielversprechend wie er ist, von nun an als Mentor betreut, verhält er sich wirklich wie ein »guter Junge«, der zu dem nur wenig Älteren aufschaut. Hier kann er sich reiben, hier kann er lernen, das weiß er. Oft vergrämt und »schwarzgallig«, ist Herder gerade während der Tage im Straßburger Krankenzimmer kein einfacher Gesprächspartner, wo ihn Goethe eine Zeitlang fast täglich besucht. Überlegen an Bildung und von ausgeprägtem Urteilsvermögen, packt Herder den Jüngeren am Kragen, der zunächst munter drauflosplappert: was er gelesen habe, welche Dichter er verehre … Daß Goethe nur wie ein Spatz mal hier, mal da am Bildungshorizont gepickt habe, bemerkt Herder mürrisch und entthront alle Götter seines Gegenüber, vor allem Ovid, dann Oesers

Kunstlehren und damit den letzten Rest von Rokoko-Kultur, der noch in ihm herumspukt. Dafür: Shakespeare, Homer, ferner Rousseau, Ossian und Pindar, die müsse er lesen. In einem Schnellkurs vermittelt Herder dem staunenden Goethe seine Denkwelt und seine bisherigen Schriften, seinen Geschichtsbegriff vom organischen Werden, vom Auf und Ab der Völker und Kulturen, seine naturphilosophischen Ansätze, die Theorie von der Aufgabe der Poesie im Spannungsfeld von Natur und Kulturentstehung – bis der Geniebegriff fällt. Die Dichtung ist die Sprache des Volksgeistes, das Dichtergenie seine Stimme. Daß gerade sein Gegenüber zu dieser Aufgabe bestimmt war, wird Herder geahnt haben, und vielleicht hat er ihn deshalb über Jahre so rüde behandelt. Ihm selbst war unverhältnismäßig wenig Ruhm beschieden, denn er regte die Bewegungen nur an, während andere den Erfolg ernten konnten.

Eine neue Welt erschließt sich Goethe bei diesem kranken Nörgler, der ihm das vermittelt, den letzten Anstoß dazu gibt, was geradewegs auf der Strecke seiner geistigen Entwicklung liegt. Die Straßburger Lyrik Goethes ist ohne Herder nicht denkbar. Natur- und Erlebnislyrik entstehen aus sich selbst und sprengen die Vorgaben, und Herder hat den geistigen Rahmen dazu abgesteckt.

Eine Liebe auf dem Lande

Fast zur gleichen Zeit, das heißt im Herbst 1770, findet eine andere Begegnung Goethes statt – ganz anderer Art, doch ähnlich folgenreich. Tanz und Zerstreuungen, eine gelöste Stimmung und die Fahrten aufs Land stimmen ihn auf eine neue Liebe ein. Man möchte meinen, daß er hier bewußt die Richtung bestimmt hat, weil alles so schön zusammenpaßt: die Wendung zur Natur, Herders Aufforderung, er solle aufs Land gehen und Volkslieder sammeln – und schließlich eine Liebe auf dem Lande, Friederike Brion. Hier beginnt die schwierige Verschachtelung von Dichtung und Wahrheit, denn aus seiner Liebesgeschichte mit der Sesenheimer Friederike hat Goethe eine Idylle gemacht, die für sich Literatur ist, ein Bestandteil seiner Werke als Teil der Autobiographie. Vieles ist hinzugedichtet, manches weggelassen, das Ganze ist zum Idyll stilisiert.

Durch einen elsässischen Kommilitonen lernt Goethe auf einem der gemeinsamen Landausflüge die Familie des Pfarrers Brion in dem Dörfchen Sesenheim kennen. Sesenheim liegt etwa sechs Reitstunden von Straßburg entfernt. Der protestantische Pfarrer Brion ist ein aufgeschlossener, sympathischer Mann, der ein offenes Haus hat und Gäste gewohnt ist. Seine drei Töchter sind in der ländlichen Umgebung sehr natürlich aufgewachsen, »in einem heitern und sittlichen Lebensgenuß [...] und demgemäß gebildet«, sagt Goethe und meint damit Friederike, die es ihm angetan hat. Die Mädchen streifen draußen durch die Landschaft, tragen eine altdeutsche Tracht und lange Zöpfe, keine französische Mode wie in der Stadt. »Laßt sie immer gehen, sie kommt schon wieder.«, sagt der Vater gelassen, als sich die Schwester bei der Ankunft der Studenten nach Friederike erkundigt. Als sie dann kommt und das einfache Pfarrhaus betritt, geht Goethe »an diesem ländlichen Himmel ein allerliebster Stern auf. [...] Schlank und leicht, als wenn sie nichts an sich zu tragen hätte, schritt sie, und beinahe schien für die gewaltigen blonden Zöpfe des niedlichen Köpfchens der Hals zu zart. Aus heiteren blauen Augen blickte sie sehr deutlich umher, und das artige Stumpfnäschen forschte so frei in die Luft, als wenn es in der Welt keine Sorge geben könnte; der Strohhut hing ihr am Arm, und so hatte ich das Vergnügen, sie beim ersten Blick auf einmal in ihrer ganzen Anmut und Lieblichkeit zu sehn und zu erkennen.« Wenn man solche Beschreibungen liest, die ein geliebtes Mädchen mit all den Verkleinerungsformen vom »Köpfchen« und »artigen Stumpfnäschen« beinahe wie ein Kind schildern, dann muß man bedenken, daß Goethe über sechzig war, als er es aus der Erinnerung schrieb. Sein Tonfall ist onkelhaft, denn er hat einen anderen Blick und findet alles Weibliche am Schluß, als er nicht alt werden will, hauptsächlich reizend und niedlich. Das nimmt später leicht abstruse Züge an und würde in ein Kapitel »Goethe und die Lolitas« gehören. Als er mit seiner Lebensbeschreibung beginnt, ist es gerade ein paar Jahre her, daß er von einem vierzehnjährigen Schauspielerkind fasziniert war, dessen Züge er auf die ätherische Ottilie in den »Wahlverwandtschaften« übertrug.

Dennoch sucht und findet Goethe auch hier in Sesenheim ein ganz bestimmtes Frauenideal: Natürlichkeit und Heiterkeit, die kleine Welt, in der sie lebt, mit Selbstverständlichkeit bewahrt und angenommen. Solche Mädchen, solche Frauen hinterfragen nicht. Sie bieten Zuflucht vor den Wirren des hierhin und dorthin getriebenen Mannes, als der sich Goethe damals schon empfindet. So hebt er die Eigenschaften Friederikes gesteigert hervor: »besonnene Heiterkeit, Naivität mit Bewußtsein, Frohsinn mit Voraussehn, Eigenschaften, die unverträglich scheinen, die sich aber bei ihr zusammenfanden und ihr Äußeres gar hold bezeichneten.« Die nach seiner Meinung in den Frauen angelegte »Ganzheit« (ein wichtiges Wort bei Goethe, ein erstrebtes, nie erreichtes Lebensideal) klingt hier schon heraus. So einfach das von ihm skizzierte, idealisierte Mädchen auch veranlagt sein mochte, immer sieht und sucht er in ihr eine innere Geschlossenheit, die die Gegensätze auflöst und die Probleme des Daseins, die Komplexitäten des menschlichen Lebens relativiert. Ambivalenzen und Reibungspunkte sucht er nicht in den Frauen, und wo sie auftauchen, ist er ratlos und verstört. Das beste Beispiel ist seine Schwester Cornelia, die er, da sie gar nichts von Geschlossenheit und Harmonie in sich hat, als ein »indefinibles Wesen« bezeichnet. Weich und streng zugleich sei sie gewesen, schreibt er, unselig und liebebedürftig, und von diesen unausgewogenen Gefühlen wendete sie die ganze Liebeskraft an den Bruder, an ihn. Goethe macht den Schritt, ihr die Weiblichkeit und Sinnlichkeit ganz abzusprechen, sie aufgrund ihrer für Frauen der Zeit so untypischen ambivalenten und unausgewogenen Tendenzen gleichsam zu neutralisieren. Auffallend ist dabei auch eine klassisch-stereotype Einteilung. »Meine Schwester«, schreibt Goethe, »hatte [...] eine so entschiedene Anlage zum Verstand« – womit er beweisen will, daß sie sich über ihre mangelnde Schönheit nichts vormachen konnte –, daß sie, wie es durchklingt, schon von vornherein reizlos sein mußte. Verstand, sofern er nicht in eindeutig ästhetische Bereiche geht oder sich mit Bescheidenheit verbindet, ist unweiblich und unattraktiv. Für diese Meinung, die in der Goethezeit allgemein vorherrschte, gibt es viele Beispiele aus dem Munde moralischer ›Autoritäten‹. Der Benimm-Knigge, der schließlich noch heute jedem ein Begriff ist, schreibt 1788 über gebildete Frauen: »Ich muß gestehen, daß mich immer eine Art von Fieberfrost befällt, wenn man mich in Gesellschaft einer Dame gegenüber oder an die Seite setzt, die große Ansprüche auf Schöngeisterei, oder gar auf Gelehrsamkeit macht. – Es erregt wahrlich, wo nicht Ekel, doch Mitleiden, wenn man hört, wie solche arme Geschöpfe sich erkühnen, über die wichtigsten Gegenstände zu sprechen, wenn man hört, wie ein eitles Weib am Thee- oder Nachttische in den entscheidendsten Ausdrücken Machtsprüche wagt [...] Ihre Phantasie lebt in unzüchtiger Gemeinschaft mit der gesunden Vernunft.« Das ist drastisch und deutlich genug: Verstand und »Gelehrsamkeit« erscheinen als Abarten der weiblichen Natur. Die gesellschaftliche Rolle einer Frau, auch einer gebildeten, ist damit klar genug gezeichnet. In der Salonkultur funktionierte sie eigentlich nur, wenn sie mit Raffinesse und Koketterie verbunden war, und für solche erwünschten weiblichen Eigenschaften fehlte der selbstquälerischen Cornelia Goethe jedes Gefallen an sich selbst.

Man hat Cornelia in den Goethe-Biographien oft kurzerhand als frigide veranlagt bezeichnet, und man meinte wohl, mit dieser Kategorisierung alles zu erklären. Es ist offensichtlich, daß Cornelia Züge des Selbsthasses in sich trug, wie ja schon aus dem zitierten Tagebucheintrag hervorgeht. Sie heiratete, wie sie sich prophezeit hatte, tatsächlich einen Mann, den sie nicht liebte. Sie haßte seine sexuelle Nähe und konnte die Kinder emotional nicht annehmen, die sie von ihm empfing. Das alles aber nicht als Folge einer ungünstigen Entwicklung zu betrachten, ist geradezu ignorant im Vergleich zu den Bemühungen, die Psyche und Entwicklung des berühmten Bruders zu erhellen. Wie Sigrid Damm in ihrem Buch über Cornelia Goethe überzeugend darlegt, scheiterte Cornelia daran, daß sie sich den gängigen weiblichen Werten unterwarf und unterwerfen mußte, ohne sie erfüllen zu können und obwohl sie ihnen auf anderer Ebene unendlich überlegen war. Eine alternative Form der Selbstdefinition als Frau fand sie in ihrer Zeit und in ihrem Umfeld nicht.

Ein komplexer Charakter muß dagegen nicht gleich pathologisch sein – wenn er es auch im Fall Cornelias ist. Nie im Leben wäre Goethe auf den Gedanken gekommen, bei Männern, die er kennenlernte, Komplexität und Reibungspunkte zu meiden. Er suchte sie im Gegenteil auf, und es gibt zahlreiche Beispiele von »unbequemen« und ganz anders als er gearteten männlichen Freunden Goethes, die ihn anspornten und geistig befruchteten. Da waren Behrisch, Merck, der Herzog Carl August von Weimar, später Schiller... Bei Frauen aber suchte er das Zyklische, Geschlossene. Sein fast geheiligter Naturbegriff hat viel damit zu tun, zudem eine sehr konventionelle Bequemlichkeit.

»Natur« war's auch hier, in Sesenheim, in den Feldern und Wäldern, die das elsässische Dörfchen umgaben. Die wiedergewonnene Kraft und Gesundheit, vielleicht auch der galante Flirt mit den Tanzmeistertöchtern, gibt Goethe ein neues männliches Bewußtsein, das sicherer und ruhiger als in Leipzig ist. Er freundet sich mit der Familie Friederikes an und kommt bald wieder in das Pfarrhaus, auch ohne den Freund Weyland, der ihn dort eingeführt hat. Familienanschluß ist Goethe sehr wichtig, bei allem losen Leben, das er zeitweise führte. In Sesenheim bei den Brions macht er sich unentwegt nützlich. Er zeichnet dem Pfarrer Pläne für den Umbau seines Hauses, arbeitet sogar in Straßburg daran weiter und läßt sich von fachkundigen Leuten beraten. Einmal streicht er eine Kutsche an, doch leider hält der Lack den nächsten Regen nicht aus, weil er noch nicht getrocknet war. Es scheint, als habe sich stud. jur. Goethe beliebt machen wollen, um mögliche Bedenken der Eltern abzuwehren, wenn er mit dem Töchterchen umherstreifte. Er sagt es selbst, daß sie sehr freien Umgang hatten, zwar oft in größerer Gesellschaft mit den Schwestern und befreundeten jungen Leuten aus der Nachbarschaft, aber, wenn sie wollten, auch allein. Von Zeit zu Zeit freilich mußte der Verehrer zurück nach Straßburg an die Universität, denn er war ja zum Promovieren nach Straßburg gekommen und nicht, um mit Pfarrerstöchtern durch die Wälder zu streifen.

Friederike ist neunzehn, er, als es ernst wird, fast zweiundzwanzig. Nach der ersten Begegnung im Oktober ist Goethe noch etwa viermal in Sesenheim. Von Mitte Mai bis Ende Juni 1771 bleibt er sechs Wochen, und er schreibt dazu: »Die Gewohnheit, zusammen zu sein, befestigte sich immer mehr; man wußte nicht anders, als daß ich diesem Kreis angehöre. Man ließ es geschehen und gehn, ohne gerade zu fragen, was daraus werden sollte. [...] Man glaubte sowohl auf Friederikens Gesinnungen als auch auf meine Rechtlichkeit [...] völlig vertrauen zu können.«

»Jetzt fühlt der Engel, was ich fühle«, jubelt er nach ihrem Liebesgeständnis und dem ersten Kuß. Daß sie aber an ihre kleine Welt gebunden ist, hat er bereits mit unguten Gefühlen registriert, als

Friederike in der Fastnachtszeit mit ihren Schwestern und der Mutter Verwandte in Straßburg besucht. Das Landidyll der Mädchen in ihren Trachtenröckchen und kurzen Miedern paßt nicht in die städtische Umgebung, und wenn Friederike auch Haltung bewahrt, im Gegensatz etwa zu ihrer Schwester, die sich fehl am Platze, provinziell und bieder fühlt und von eleganter Garderobe träumt, so begreift Goethe doch, daß er das Mädchen gerade in und wegen ihrer angestammten Lebenswelt liebt. Sie verkörpert ländliche Naivität und Unverdorbenheit, die schon für sich ein Idyll ist, und das bestimmt nicht verpflanzt werden darf. Friederike ist wie die »beblümte Erde«, wie der »blaue Himmel« – aber sie ist kein Zierrat, sie ist aus Fleisch und Blut. Der berühmteste Ertrag seiner Straßburger Lyrik ist Goethes Lied vom Heideröslein, das so oft und so verschieden vertont worden ist und das als Topos wahrscheinlich einer alten Volksweise entstammt. Es ist ein trauriges, ja ein brutales Lied, und es ist kaum verständlich, daß es in Deutschland als Kinderlied gilt. Es handelt von Entjungferung und von dem Leiden der auf ewig gebrochenen Blume, die der »wilde Knabe« auf der Heide nahm.

Sah ein Knab' ein Röslein stehn,
Röslein auf der Heiden.
War so jung und morgenschön,
lief er schnell, es nah zu sehn,
sah's mit vielen Freuden.

Das Röslein wehrte sich und stach: »daß du ewig denkst an mich« – die Rache der Blume an dem Knaben, der sie brach.

In einer früheren Fassung heißt es in der letzten Strophe:

Aber er vergaß darnach
Beim Genuß das Leiden.

Die Symbolik ist eindeutig. Es gibt keine andere Deutung dieses Liedes.

War Goethe ein »wilder Knabe«? Lange war man es gewohnt, ihn mehr oder weniger so zu sehen, bis die Psychoanalyse das gegenteilige Bild von ihm verbreitete und Goethe als einen Verklemmten hinstellte.

Als Verführer hat Goethe sich selbst gern der Nachwelt dargestellt, vielleicht etwas mehr, als er es wirklich war. Dagegen kommen psychoanalytisch inspirierte Arbeiten oft gar zu aufdringlich im Sinn einer Olympierentthronung daher, und deshalb sind beide Haltungen mit Vorsicht zu betrachten.

Noch an den Ostertagen war Goethe euphorisch und glücklich. Er konnte kaum erwarten, daß die Vorlesungen endeten und er aufs Pferd springen konnte, um nach Sesenheim zu galoppieren. Die aus solchen Stimmungen entstandene Lyrik ist bildhaft, atmosphärisch, voller Kraft und Ausdruck, hier in der früheren Fassung das Gedicht »Willkommen und Abschied«:

Mir schlug das Herz, geschwind zu Pferde!
Und fort! wild, wie ein Held zur Schlacht,
Der Abend wiegte schon die Erde,
Und an den Bergen hing die Nacht;
Schon stund im Nebelkleid die Eiche
Ein aufgetürmter Riese da,
Wo Finsternis aus dem Gesträuche
Mit hundert schwarzen Augen sah.

Es kommt zur Schilderung der letzten Begegnung (gleichsam antizipierend):

Der Abschied, wie bedrängt, wie trübe!
Aus deinen Blicken sprach dein Herz.
In deinen Küssen welche Liebe!
O welche Wonne, welcher Schmerz!
Du gingst, ich stund und sah zur Erden
Und sah dir nach mit nassem Blick;
Und doch, welch Glück! geliebt zu werden,
Und lieben, Götter, welch ein Glück!

Einer von Friederike Brions Hauptvorzügen ist, daß sie »sich immer gleich« bleibt. Friederike gleicht aus, Friederike stiftet Harmonie in dem Kreis junger Leute, sie hat ein ausgleichendes und ruhiges Wesen. Sie ist das Gegenteil von Goethes unruhigem Schwärmertum. Kurz nach dem ersten Besuch in Sesenheim schreibt Goethe an eine mütterliche Freundin: »Es ist nur das schwärmende, zu bedaurende Glück, das uns unsrer selbst vergessen macht, das auch das Andenken an Geliebte verdunckelt; aber wenn man sich ganz fühlt, und still ist und die reinen Freuden der Liebe und Freundschaft geniesst, dann ist durch eine besondere Sympathie, iede unterbrochne Freundschaft, iede halbverschiedne Zärtlichkeit wieder auf einmal lebendig.«

Die Sehnsucht nach »Ganzheit«, den stillen und reinen Freuden, nach Herzensfrieden, Anschluß und Intimität ist das eine. Auf der anderen Seite ist Goethes wandernder Unruhegeist, seine innere Aufgabe, die sich keinen Stillstand leisten kann. Zwischen diesen beiden Polen, der Sehnsucht nach Nähe auf der einen, dem Trieb nach neuen Ufern auf der anderen Seite, ist Goethe in diesen Jahren ständig hin- und hergerissen. Es gibt wohl Tage in Sesenheim, an denen er glaubt, in diesem angenehmen Kreis und mit Friederike das gefunden zu haben, wonach er sich sehnt. Die sechs Wochen im Anschluß an die Pfingsttage sind die erlebnisreichsten und entscheidenden. Man durchstreift die Gegend, die Orte diesseits und jenseits des Rheins, macht Wasserfahrten zu den Rheininseln, fängt Fische, die am Ufer gebraten werden, bis die Mücken zu sehr plagen und die Gesellschaft vertreiben. »Ernsthafter jedoch und herzerhebender war der Genuß der Tags- und Jahreszeiten in diesem herrlichen Lande. Man durfte sich nur der Gegenwart hingeben, um diese Klarheit des reinen Himmels, diesen Glanz der reinen Erde, diese lauen Abende, diese warmen Nächte an der Seite der Geliebten oder in ihrer Nähe zu genießen. Monatelang beglückten uns reine ätherische Morgen, wo der Himmel sich in seiner ganzen Pracht wies, indem er die Erde mit überflüssigem Tau getränkt hatte.«

Auch in den Gedichten verschmilzt wie hier in der prosaischen Erinnerung das Naturerlebnis des Dichters mit dem Liebeserlebnis. Sollte es nicht etwas sein, was ihn bindet, was er nicht mehr missen möchte? Die Phantasie malt es sich aus, sonst wären wohl kaum Verse wie die vom gemalten Blumenband entstanden, in denen es zum Schluß heißt:

Fühle, was dies Herz empfindet,
Reiche frei mir deine Hand,

Und das Band, das uns verbindet,
Sei kein schwaches Rosenband.

Aber die Verse sind nicht das Leben. Wie hin- und hergerissen Goethe schon vor seinem sechswöchigen Aufenthalt in Sesenheim kurz vor der Abreise war, zeigt ein Brief an seinen älteren Freund Salzmann in Straßburg, ein Stimmungsbild, dessen stockend-impulsiver Tonfall an die Briefe an Behrisch in Leipzig erinnert: »Die Augen fallen mir zu, es ist erst neun. Die liebe Ordnung! Gestern nachts geschwärmt, heute früh von Projekten aus dem Bette gepeitscht. O es sieht in meinem Kopfe aus wie in meiner Stube, ich kann nicht einmal ein Stückgen Papier finden als dieses blaue. Doch alles Papier ist gut Ihnen zu sagen dass ich sie liebe und dieses doppelt; sie wissen wozu es bestimmt war. Leben Sie vergnügt biss ich Sie wieder sehe. In meiner Seele ists nicht ganz heiter; ich bin zu sehr wachend, als dass ich nicht fühlen sollte, dass ich nach Schatten greife. Und doch – Morgen um 7 Uhr ist das Pferd gesattelt, und dann Adieu!« Friederike, die, wie es heißt, etwas »schwach auf der Brust« ist, fängt Ende Mai an zu kränkeln, was Goethe plötzlich sehr aus seinen Träumen reißt. Aus Sesenheim schreibt er an Salzmann: »Um mich herum ist's nicht sehr hell, die Kleine fährt fort traurig kranck zu seyn, und das gibt dem Ganzen ein schiefes Ansehn.« Nur eine Woche später ruft er wieder aus: »Die Welt ist so schön! so schön!«, dann aber: »Wer's geniessen könnte!«

Im Grunde macht er sich keinen Moment etwas vor. Er weiß, er wird das Mädchen verlassen, und er weiß zugleich, daß sie sich mehr von diesem Liebesbund erhofft. Es ist möglich, daß der freie Umgang der beiden auch deshalb möglich war, weil man Goethe als Friederikes Verlobten betrachtete. Seine Briefe an sie, die er aus Straßburg geschrieben hat, haben die Brions vernichtet, und die Familie hat noch im 19. Jahrhundert großes Bemühen an den Tag gelegt, um einen Brief verschwinden zu lassen, den Goethe an Salzmann geschrieben hat. Das Unheil ahnend, das er in dem Mädchen angerichtet hat, schildert Goethe, wie er sich plötzlich wünscht, über alle Berge zu sein. Fast wirft er Friederike vor, daß sie sich keine Gedanken über das unweigerliche Ende ihrer Liebe mache, da sie es einfach nicht anspricht. Das sei aber typisch weiblich, denn, so schreibt er am 12. Juni 1771 an Salzmann, »die Mädchen machen weder Komma noch Puncktum, und es ist kein Wunder wenn ich Mädgen Natur annehme.« Schließlich: »Es ist schweer gute Perioden, und Punckte zu seiner Zeit zu machen.«, und das ist also dann an ihm: Er muß den Schlußstrich ziehen. Einem Mädchen, meint er, könne man es verzeihen, wenn sie sich in Träumen wiege, ohne rechtzeitig die Konsequenzen zu ziehen, und ebenso sei es verzeihlich, wenn sich ein Mädchen von einer einmal versprochenen Verbindung zurückziehe. Ein Jüngling aber spiele dabei immer »eine leidige Figur [...] denn von ihm, als einem werdenden Manne, erwartet man schon eine gewisse Übersicht seines Zustandes, und ein entschiedener Leichtsinn will ihn nicht kleiden.«

Als er am 19. Juni von Sesenheim an Salzmann schreibt, ist er noch immer hin- und hergerissen und bezeichnet seinen Zustand als »sonderbaar. [...] Die angenehmste Gegend, Leute, die mich lieben, ein Zirckel von Freunden! Sind nicht die Träume deiner Kindheit alle erfüllt? frag ich mich manchmal, wenn sie mein Aug in diesem Horizont von Glückseeligkeiten herumweidet; Sind das nicht die Feengärten nach denen du dich sehntest? – Sie sinds, Sie sind's! Ich fühl es lieber Freund, *und fühle dass mann um kein Haar glücklicher ist wenn man erlangt was man wünschte.«* »Die Zugabe« sei es nicht wert.

Ist die »Zugabe« die Bindung auf ewig? Goethe hat darunter gelitten, daß nach den Moralvorstellungen seiner Zeit eine Liebe immer auf eine Bindung fürs Leben hinauslaufen mußte. Er wollte keine Bindung fürs Leben, jetzt noch nicht, und er wollte auch nicht den Rest seiner Tage in Sesenheim verbringen oder dieses Landkind verpflanzen. Da man nun aber Erwartungen hegte und die Entscheidung anstand, blieb ihm nichts anderes übrig, als sich zu lösen.

Nachspiele

Der Vater in Frankfurt drängte. Die Promotion müsse endlich angegangen werden. Da nun Goethe bekanntlich bis Ende Juni in Sesenheim weilte und am 6. August 1771 schon die Disputatio stattfand, kann er höchstens fünf Wochen für seine Dissertation aufgewendet haben. Er hatte sich ein Thema aus dem Kirchenrecht gewählt, bei dem es darum ging, daß der Gesetzgeber berechtigt sei, den Kultus festzulegen. Zum Leidwesen des Vaters in Frankfurt, von Goethe junior selbst mit wenig mehr als einem Achselzucken registriert, wurde die Doktorarbeit des Johann Wolfgang Goethe von der juristischen Fakultät in Straßburg nicht angenommen. Die darin entwickelten Gedanken empfand man als zynisch und unorthodox, und der Dekan schrieb am 4./5. Juli 1772: »Herr Goethe hat eine Rolle hier gespielt, die ihn als einen überwitzigen Halbgelehrten und als einen wahnsinnigen Religionsverächter nicht eben nur verdächtig, sondern ziemlich bekannt gemacht.« Um wenigstens den Titel eines Lizentiaten der Rechte zu erwerben, formulierte Goethe bis zum 6. August 56 Thesen, die er vor der Fakultät verteidigte. Als Lizentiat konnte er zumindest eine Anwaltspraxis unterhalten, was ja das mindeste Ziel seiner juristischen Studien war. Da man es damals wohl nicht so genau nahm, nannte sich Goethe fortan trotzdem »Dr. Goethe« – oder ließ sich so nennen.

Er feierte mit den Kommilitonen den gebräuchlichen Doktorschmaus und war damit im Grunde fertig mit Straßburg. Friederike suchte er noch einmal auf, wohl wissend, daß es das letztemal war. Diese letzte Begegnung erhält in der letzten Strophe der späteren Fassung von »Willkommen und Abschied« Gestalt, wo es heißt:

> Ich ging, du standst und sahst zur Erden
> und sahst mir nach mit nassem Blick.

Umgekehrt war es in der früheren Fassung gewesen, denn da hatte er mit nassem Blick gestanden, und sie war gegangen.

In der Lebensbeschreibung heißt es dagegen, er habe ihr die Hand vom Pferd herabgereicht, als ihr die Tränen in den Augen standen und ihm »sehr übel zumute« war. Sie wußte wohl, daß er zunächst nach Frankfurt zurückkehren wollte, sie wußte aber nicht, daß er nicht wiederkommen würde. Er hat ihr erst von Frankfurt aus geschrieben, daß alles vorbei sei. »Die Antwort Friederikens auf einen schriftlichen Abschied zerriß mir das Herz.«

Goethe hat sich selbst genug für dieses schwächliche Verhalten angeklagt. Er sagt auch, der Weislingen im »Götz von Berlichingen« und der Titelheld im »Clavigo« seien in ihrer jeweils schlechten Gestalt die »Resultate solcher reuigen Betrachtungen«. An Salzmann schreibt er zwei Jahre später, er solle auch ein Exemplar des »Götz« nach Sesenheim schicken. Er fügt den zynischen Satz hinzu: »Die arme Friedrike wird einigermassen sich getröstet finden, wenn der Untreue vergiftet wird.« Sein stiller und fleißiger Kommilitone Weyland, der ihn in Sesenheim eingeführt hatte, brach jedenfalls endgültig den Kontakt zu Goethe ab, nachdem dieser Friederike so verlassen hatte.

Über 150 Jahre später war Friederike längst zur Kultfigur geworden, Sesenheim zum Wallfahrtsort. Ende des 19. Jahrhunderts begann ein erbitterter Philologenstreit, bei dem man – mehr oder weniger aufgebracht – in Friederike die Ehre »besten deutschen Frauentums« verteidigte. Das war notwendig geworden, weil der eine oder andere schon nach dem Erscheinen von »Dichtung und Wahrheit« in Sesenheim dem weiteren Lebensweg der Friederike Brion nachgegangen war und manches zutage gefördert hatte, was teilweise im Rahmen einer Anti-Goethe-Kampagne gestanden haben mag: Friederike habe ein Kind von Goethe gehabt und später auch zu anderen Männern intime Beziehungen unterhalten. Tatsache ist, daß Friederike Brion nie geheiratet hat und unter dem Verlust des Freundes, der ihre Hoffnungen enttäuschte, so litt, wie Goethe sich neun Jahre nach dem Bruch erinnern sollte, »daß es ihr fast das Leben kostete«.

Ein besonders schwülstiges Beispiel moralisierender Betrachtung von Friederikes Schicksal im entsprechenden zeitgeschichtlichen Kontext sei hier wiedergegeben. Adolf Metz schreibt 1924 über Friedrikes »Frauenehre«: »Hatte sie schon den Strahl der Dichtung, der sie unsterblich machen sollte, mit dem Glück ihres Herzens bezahlen müssen, so ward vollends die Unsterblichkeit ihr [...] zum ›Leidensweg‹, auf dem ihr das Schicksal drohte, auch noch das ursprünglichste Gut des Weibes, die Ehre der Unbescholtenheit im Andenken der Nachwelt verlieren.«

Ein »gebrochenes Röslein« war sie auch ohne solche Stilisierungen, und noch Raymond Matzen schildert in seiner 1995 erschienenen Monographie Friederike als Dulderin, als Märtyrerin für das Werk eines Großen: »Durch ihre Liebe und Treue verschaffte sie dem angehenden Dichterfürsten die schöpferische Begeisterung, die ihm zum dichterischen Durchbruch verhalf und der deutschen Lyrik neue Quellen und Räume erschloß. Sie hat sich um die Literatur verdient gemacht und so ihr literarisches Denkmal wohl verdient.«

Die prosaische Wirklichkeit war sehr viel einfacher: Eine Studentenliebe wie die Goethes zu der jungen Friederike, aus der keine Bindung fürs Leben hervorging, kam wohl häufiger vor und war nichts gar so Ungewöhnliches. Der Verehrer war zufällig ein Dichter und hat sein Liebeserlebnis – vielfach nachträglich – literarisch aufbereitet und verklärt.

Was davon und von anderen Liebeserlebnissen in die Gretchen-Tragödie eingeht, ist immer auch eine Anklage an die Gesellschaft, eine Klage über die Situation der Frauen, unter der ja auch die Männer litten. Zwischen dem Versprechen »fürs Leben« und der gesellschaftlichen Schande gibt es nichts im Liebesleben der Frauen, und die Grenzen sind haarscharf.

Von 1775 oder 1776 stammt Goethes Gedicht »Vor Gericht«, das revolutionäre Töne spricht, sich jedenfalls der bürgerlichen Moral klar widersetzt.

Von wem ich es habe das sag ich euch nicht,
Das Kind in meinem Leib
›Pfui!‹ speit ihr aus: ›die Hure da!‹
Bin doch ein ehrlich Weib.

Mit wem ich mich traute das sag ich euch nicht.
Mein Schatz ist lieb und gut.
Trägt er eine goldene Kette am Hals,
Trägt er einen strohernen Hut.

Soll Spott und Hohn getragen sein,
Trag ich allein den Hohn.
Ich kenn ihn wohl, er kennt mich wohl,
Und Gott weiß auch davon.

Herr Pfarrer und Herr Amtmann ihr,
Ich bitte, laßt mich in Ruh!
Es ist mein Kind, es bleibt mein Kind,
Ihr gebt mir ja nichts dazu.«

Erste Höhenflüge

Zurück in Frankfurt, ist Goethe mit sich ziemlich uneins, wenn er auch nicht mehr als »Schiffbrüchiger« nach Hause kommt wie beim letzten Mal, sondern gebräunt und gesund und immerhin mit einem abgeschlossenen Studium. Um seine Gefühls- und Gewissensskrupel aufzufangen, treibt er Sport, denn Goethe war sportlich, und Bewegung war für ihn therapeutisch so wirksam wie das Dichten. Reiten, Fechten, lange Wanderungen, im Winter Schlittschuhlaufen waren zuverlässige Mittel, um die Skrupel zu vertreiben. An Salzmann aber schreibt er: »Was ich mache, ist nichts. Desto schlimmer! Wie gewöhnlich mehr gedacht, als gethan! Deßwegen wird auch nicht viel aus mir.« Das war dann nun reichlich untertrieben und muß aus einer besonders trüben Stimmung hervorgegangen sein. Reich an Inspiration war Goethe aus Straßburg heimgekehrt. Er hatte ein Programm für seine dichterischen Pläne und zukunftsweisende Gedanken. Wahrscheinlich im Oktober, zu Shakespeares Namenstag, hielt er in seinem Elternhaus vor einem Kreis junger Leute seine »Rede zum Schäkespeare-Tag«, in dem sich das Programm des jungen Goethe deutlich manifestiert. Goethe spielt Shakespeare wie die »deutsche« Gotik im Aufsatz »Von deutscher Baukunst« gegen die »leichten« Franzosen und ihre Gräzismen, die Natur gegen starre Kunstprinzipien aus, und so kann er ausrufen: »Natur! Natur! Nichts so Natur als Schäkespears Menschen! [...] Seine Stücke drehen sich alle um den geheimen Punkt [...] in dem das Eigentümliche unseres Ichs, die prätendierte Freiheit unseres Wollens, mit dem notwendigen Gang des Ganzen zusammenstößt.«

Daß er etwa zur gleichen Zeit, wie er diese leidenschaftliche Rede verfaßte, in einem offiziellen Brief an das Schöffengericht zu Frankfurt im damals üblichen geschwollenen Amtsdeutsch »treugehorsamst« und »hochgefälligst« um seine Zulassung zur Advokatur ersucht, ist ein Kompromiß mit der Notwendigkeit. Man muß schmunzeln, wenn man etwa liest, es könne ihm »nach vollbrachten mehreren akademischen Jahren, die ich mit möglichstem Fleiss der Rechtsgelehrsamkeit gewiedmet«, nichts angelegener sein, als seine Kenntnisse seinem Vaterland brauchbar zu machen.

Es war nun nichts anderes vorgesehen, als daß Goethe die Existenz seines Vaters fortsetzte. Amt und Heirat, Stand und Laufbahn waren in diesem Lebensplan eng verknüpft; im Ganzen lief alles auf eine bürgerliche Karriere hinaus. Goethe äußert sich dazu in dieser Zeit nicht weiter. Er arrangiert sich, und es läuft zufriedenstellend. Der Vater hat ihm am Hirschgraben eine Anwaltskanzlei eingerichtet, besorgt aber eigentlich das meiste selbst, so daß der Sohn noch Zeit für manches andere hat. Goethe junior schreibt am Anfang hinreißende Plädoyers und engagiert sich stark für seine Fälle, verliert aber am Alltagsgeschäft schnell die Lust. Seine Rechtspraxis ist viel zu emotional, und gleich am Anfang seiner Anwaltstätigkeit verstrickt er sich in persönliche Händel. Der Vater läßt ihm zahlreiche Freiheiten, so daß er genug Zeit zum Dichten und zur Pflege von Freundschaften hat. Soviel zur Korrektur am überlieferten Bild von Goethes Vater, das mitunter zu negativ und ungerecht ausfällt.

Die Erstfassung des »Götz« unter dem Titel »Geschichte Gottfriedens von Berlichingen mit der eisernen Hand« schreibt Goethe im Herbst 1771 in sechs Wochen. In Straßburg bei der Vorbereitung aufs juristische Examen war er in rechtsgeschichtlichen Darstellungen des 16. Jahrhunderts (Faustrecht) auf die Lebensgeschichte Gottfrieds gestoßen. In der Erstfassung nun hatte Goethes Drama 59 Szenen. Der »Götz« ist eine radikale Absage an die Gesetze des klassischen Dramas. Die Regeln der Einheit von Zeit und Ort sind in dem historischen Tableau aus der Zeit der Bauernkriege völlig außer Kraft gesetzt. Wie der Titel der Geschichte schon sagt, war das Stück mehr episch als dramatisch angelegt und daher schwer aufführbar, schon durch die neunundfünfzig Szenen. Goethe hatte immer Schwierigkeiten, die Gattungsgrenzen einzuhalten, und besonders beim Drama schrieb er gerade später vielfach für eine imaginäre Bühne, selten für die Praxis. Der »Faust« wird im Laufe seiner langen Entwicklungsgeschichte mehr und mehr zum gigantischen Epos, das Erzählwerk dagegen ist dramatisch durchsetzt. Nur die reine Lyrik blieb als solche, was sie war.

Die Handlung des »Götz«, die Geschichte des Ritters, der mit dem Bamberger Bischof in Fehde liegt, geächtet und zum Schluß vom Reichsheer gefangengenommen wird, entwickelt sich aus dem Gegensatz von freiem Rittertum, für das nur das ursprüngliche Naturrecht zählt, und dem abstrakten Rechtssystem höfischer Prägung. Das Wort »Freiheit« unter freiem Himmel ist Götzens erstes und letztes Wort. Dagegen verkörpert sein Gegenspieler Weislingen die höfische Intrige und die Verführungen durch weltliche Macht. Auch ist es Weislingen, der den Verführungen der schönen Gräfin Adelheid erliegt und dann von ihr vergiftet wird, als er ihren Plänen im Weg steht. Adelheid ist eine dämonisch schöne Frau, verwegen und kühn und weltlich bis zum Verbrechen. Macht und Liebe sind für sie eins.

Diese Frauenfigur ist die einzige femme fatale in Goethes Werk, und diese Ausnahme ist so augenfällig, daß sie die Regel bestätigt. Goethe hat solche Frauen, im Leben gemieden wie eine gefährliche Krankheit, und in dem Zusammenhang ist ein Ausspruch Goethes in mittleren Jahren zu zitieren, als man ihn auf die Branconi ansprach. Die Marchesa Branconi war die ehemalige Geliebte des Herzogs Carl Wilhelm Ferdinand von Braunschweig und galt als über die Maßen schöne und verführerische wie auch bedeutende Frau. Sie reiste in Europa herum und pflegte zahlreiche Kontakte in der höheren Gesellschaft. Goethe, der sie 1779 in Lausanne getroffen hatte, schrieb an Lavater auf dessen schlüpfrige Anfrage, was denn mit ihr gewesen sei: Gar nichts, nein, eine solche Frau würde ihm »die Seele aus den Gliedern winden. [...] Gott bewahre uns für einem ernstlichen Band.«

Auf Drängen Cornelias hatte Goethe den »Götz« in einem Zug geschrieben. Er schickt ihn dann Herder, der erst lange gar nichts von sich hören läßt und das Stück schließlich ziemlich vernichtend kritisiert, so sehr jedenfalls, daß Goethe ihn erst einige Zeit liegenläßt bevor er ihn umschreibt.

Der Traum von der Freiheit beherrscht das Stück: Die gegenwärtige Situation im Heiligen Römischen Reich deutscher Nation mit mehr als 360 Kleinstaaten war die einer politischen Stagnation. Die Zeit des Humanismus, der Reformation und der Bauernkriege wurde dagegen als letzte große Phase deutscher Geschichte lebendig. Hier hatten große Individuen noch gegen einen morschen und weitgehend funktionslos gewordenen Staatsapparat eine Chance. Die Diskrepanz zwischen Ideal und Wirklichkeit, womit Goethe auch seine eigenen Aussichten einer Karriere im Frankfurter Stadtrat thematisiert, findet Ausdruck im »Götz«. Herman Grimm schildert 1877 in seiner Goethe-

Biographie durchaus humoristisch die Situation der deutschen Reichsstädte in Goethes Jugendzeit: »Immer noch thronten um 1750 die Reichsstädte frei, stolz und unantastbar, mit Mauern, Türmen und Toren. Immer noch zogen ihre Bürger im Pompe des hergebrachten Regierungsapparates einher. [...] Hartgesotten in ihrem eigenen Fette, wie wunderliche Bäckerware, mit Zucker bestreut und mit Rosinen betüpfelt, glaubten diese Herren sich genugsam geschützt, wenn sie in den verwickelten Rechtsverhältnissen, auf denen allein ihre Existenz beruhte, die rechten Wege kannten. Die Magistrate ohne Initiative, die Bewohner ohne das Gefühl, daß etwas geändert werden könne. Die Idee eines politischen Zusammengehens Deutschlands, einer Bewegung im Ganzen unfaßbar. Keine Vetretung der Interessen, keine berechtigten Debatten, keine Parteien im heutigen Sinne, nicht einmal öffentliche Wünsche. Jede Stadt für sich, jedes Haus für sich, jeder Bürger für sich.«

Nur ein Rädchen im Getriebe hätte Goethe dort wie Unzählige vor und neben ihm sein können. Er hatte nicht die geringste Lust auf ein Amt und blieb pro forma zunächst Advokat, um seine eigentlichen Interessen anderweitig zu verfolgen.

Durch Herders Verlobte Karoline Flachsland, die am Darmstädter Hof verkehrte, bekam er Zutritt zu dem empfindsamen Darmstädter Kreis. Die Empfindsamkeit war eine Bewegung, die aus England herübergekommen war und ihren Namen aus der »Sentimental Journey« Sternes erhalten hatte. Sie begriff sich als Gegenbewegung zur Aufklärung und diente der Befreiung des Gefühlslebens aus den Fesseln des Intellektualismus. Der empfindsame Roman von Richardson bis Sophie von Laroche bildete eine beliebte Gesellschaftslektüre. Auch Rousseaus »Nouvelle Heloise«, 1761 erschienen, gehörte zu den populären empfindsamen Romanen. Da geht es um zwei »schöne Seelen«, die sich lieben und von Standes wegen eigentlich getrennt sind – Julie, ein Mädchen von Stand, und ihr bürgerlicher Hauslehrer Saint-Preux. Viele Tränen fließen. Sittliche Selbstüberwindung und Verzicht sowie die gefühlsmäßige Entwicklung der Helden zu ihrer Entscheidung hin bilden die Grundkonstituenten des Romans. Getreu dem Motto »Zurück zur Natur!« Rousseaus wird die kleine Stadt am Fuße der Alpen, in der die Geschichte spielt, die Harmonie ländlichen Lebens gegen die Scheingesellschaft des eleganten Paris abgesetzt.

Mit dem Pietismus hatte die empfindsame Bewegung viele Berührungspunkte. Man wollte sein Inneres erschließen und »unmittelbar« zur Natur wie zu Gott sprechen. Die gefühlsbetonte Wende nach innen war zugleich eine Gegenbewegung zur bürgerlichen Leistungsethik.

Es war kein Selbstzweck, »empfindsam« zu sein, sondern diente der moralischen Vervollkommnung. Im »Sittlichen Erziehungslexicon« von 1773 heißt es: »Beim empfindsamen Menschen herrscht eine vortreffliche und zärtliche Beschaffenheit des Verstandes, des Herzens und der Sinnen«, und in einer anderen zeitgenössischen Enzyklopädie: »Empfindsamkeit [...] bedeutet eine Leichtigkeit, sanfte moralische Empfindungen zu erwecken.« Ein gewisser Grad der Empfindsamkeit für das Schöne und Gute sei zur moralischen Besserung des Menschen unumgänglich.

Eine allgemeine Feminisierung der Kultur zog die empfindsame Bewegung in ihren literarischen Produkten und auch in den Freundschaftszirkeln, die da gepflegt wurden, nach sich. Man umarmte und küßte sich und pflegte einen ausgeprägten Freundschaftskult. Das Weinen galt als Zeichen einer hochgestimmten, empfindsamen Seelenkultur und war im höchsten Grad gesellschaftsfähig. Schon die Klopstock-Jünger bildeten eine Gemeinde »edler Seelen«. Die Auffassung von Liebe und Ehe änderte sich und bewegte sich in Richtung einer gleichberechtigten Beziehung zweier Individuen. Nach dem Vorbild der Romane Richardsons wurde das Ideal der Seelenliebe propagiert, geschwisterlicher Liebe zunächst, die sich zur Partnerliebe und Ehe entwickelt. Solche Auffassungen von Liebe und Ehe standen dem bürgerlichen Konzept einer vorrangigen Zweckgemeinschaft, aus der sich die Liebe schon von selbst entwickeln würde, diametral entgegen. Bedeutende gesellschaftliche Veränderungen bewirkte die Bewegung elitärer Zirkel aber nicht.

Der Darmstädter Kreis rund um die Gräfin Karoline von Hessen-Darmstadt erging sich in Dichterlesungen, Spaziergängen und Mondschein-Romantik. Man weihte Felsen und Bäume und erteilte einander mythologische Namen: Psyche, Lila, Urania. Im Darmstädter Hofgarten hatte man antikisierende Tempel und Eremitenhäuschen errichtet. Am Herrgottsberg im Bessunger Wald hat Goethe im Kreis der Empfindsamen den »Felsweihgesang an Psyche« gedichtet, wovon

Johann Heinrich Merck

noch heute eine Felseninschrift zeugt. Er wurde schnell zum umworbenen Mitglied dieser Gemeinschaft und hatte auch wirklich alle Eigenschaften dazu: Er war ein Improvisator und Gesellschaftsdichter, von sprühendem Charme und unterhaltsamer Art, zudem galant zu den Damen. Man lud ihn immer wieder ein und nahm ihn gleich wie selbstverständlich in die Mitte eines solchen Kreises auf.

Einen kritisch-rationalistischen Gegenpol zum empfindsamen Ton bildet Johann Heinrich Merck, den Goethe im Darmstädter Kreis kennenlernt, der dort aber ziemlich exzentrisch heraussticht. Er ist ein inkommensurabler Geselle, den Goethe wie so oft zur Reibung braucht. Merck war Kriegsrat und stammte aus einer alteingesessenen Darmstädter Apothekerfamilie. Er ist »der Geist, der stets verneint«, das zweite Urbild des Mephisto neben Behrisch in Leipzig, und kauzig-unsentimental äußert sich Merck auch zu Goethes Plänen und Projekten. »Bei Zeit auf die Zäun', so trocknen die Windeln.«, sagt er schön darmstädterisch, als Goethe den »Götz« wieder und wieder korrigiert und umschreibt, um vor Herders kritischem Blick zu bestehen. Er solle dem Stück endlich eine endgültige Form geben, da es durchs Herumfeilen kaum besser werde und nur seinen ursprünglichen Schwung verliere, meint der Freund.

Wenn man Goethes Beschreibungen dieser Zeit in Frankfurt und im Darmstädter Freundeskreis liest, kann man meinen, er habe nur an Lustfahrten und geselligen Zusammenkünften teilgenommen, während der Vater die Anwaltskanzlei besorgte. Die kommenden Jahre sind schöpferisch und erlebnisreich wie später nie wieder. »Wie eine Schlittenfahrt geht mein Leben …«, sollte Goethe einmal sagen, und dieses Bild trifft für keine Zeit so zu wie für die Jahre nach der Rückkehr aus Straßburg. Er nennt sich den »Wanderer«, und auf einem seiner Fußmärsche von Frankfurt nach Darmstadt entsteht »Wandrers Sturmlied«, der erste Ausdruck eines titanischen Lebensgefühls; das Geniewesen, der »Sturm und Drang« einer jungen Generation hatte begonnen:

Wen du nicht verlässest Genius
Nicht der Regen nicht der Sturm
Haucht ihm Schauer übers Herz.
Wen du nicht verlässest Genius,

Wird der Regen Wolke
Wird dem Schloßensturm
Entgegensingen wie die
Lerche du da droben
Wen du nicht verlässest Genius

Werthers und Goethes Leiden

Dann wird Goethe kurzerhand aus seinen Frankfurter und Darmstädter Verhältnissen herausgerissen. Um seine Kenntnisse zu erweitern und berufspraktischen Einblick zu erlangen, wird Goethe von seinem Vater als Praktikant ans Reichskammergericht nach Wetzlar geschickt. Außer daß er hier in den folgenden Wochen vom 9. Juni bis zum 10. September 1772 Erlebnisse hat, die ihn zu »Werthers Leiden« inspirieren, erhält Goethe in Wetzlar einen weiteren Einblick in die schwerfällige und uneffiziente Apparatur des deutschen Reiches und seiner Administration. Das Reichskammergericht war die höchste juristische Zentralstelle für die Prozesse, die in den unzähligen staatlichen Instanzen des Reiches geführt wurden. »Ein ungeheurer Wust von Akten«, schreibt Goethe, »lag aufgeschwollen und wuchs jährlich, da die Assessoren nicht einmal imstande waren, das Laufende wegzuarbeiten.« 16.233 unerledigte Prozesse harrten der Erledigung. Kaiser Joseph hatte daher Visitationen junger Juristen veranlaßt, um die Mißstände in den Griff zu bekommen. Goethe als ein solcher Praktikant empfand das alles offensichtlich bald als hoffnungsloses Unterfangen. Sehr viel mehr als sich in die Liste der Referendare einzutragen, machte er in Wetzlar nicht. Er genoß die schöne Gegend um das oberhessische Städtchen herum und führte ein Leben wie sein Werther im Roman.

Er lernt Charlotte (Lotte) Buff, die Tochter des Amtmanns, kennen, die im Amtshaus mit dem verwitweten Vater und ihren zwölf jüngeren Geschwistern lebt. Lotte spielt im Hause das emsige Hausmütterchen, betreut ihre Geschwister und ist im übrigen, wie Goethe bald erfährt, mit dem Hofrat Kestner aus Hannover so gut wie verlobt. Die Eigen-

Charlotte Buff

schaften der Wetzlarer Lotte gehen wieder in die bewährte Richtung. »Sie gehörte zu denen, die, wenn sie nicht heftige Leidenschaften einflößen, doch ein allgemeines Gefallen zu erregen geschaffen sind. Eine leicht aufgebaute, nett gebildete Gestalt, *eine reine gesunde Natur* und die daraus entspringende frohe Lebenstätigkeit, eine unbefangene Behandlung des täglich Notwendigen, das alles war ihr zusammen gegeben. In der Betrachtung solcher Eigenschaften ward auch mir immer wohl.«

Wie bei Käthchen und bei Friederike hebt Goethe zurückblickend positiv hervor, daß Lotte wenig gelesen hat. Solche Naturen, meint er, seien nicht viel mit sich selbst beschäftigt. Vielmehr seien sie auf ein allgemeines Wohlwollen und weniger auf besondere Neigungen gerichtet. Nur kann seiner Meinung nach auch die Erklärung dafür sein, daß Lotte in der Folge bei ihrem braven Hofrat Kestner, dem sie nun einmal versprochen ist, bleibt, statt angesichts eines schillernden Originalgenies den Boden unter den Füßen zu verlieren. Denn offenbar denkt sich die vernünftige Lotte gar nichts dabei, mit Goethe, der ja immer Zeit hat und die Tage vertändelt, zusammen zu sein, während ihr fleißiger Verlobter häufig verpflichtet und abwesend ist. Goethe, der Kinderfreund, beaufsichtigt Lottes Geschwister, spielt mit ihnen, geht Lotte im Haushalt zur Hand und hilft ihr bei der Himbeerernte. Er setzt sich im doppelten Sinn in ein gemachtes Nest, denn neben dem Familienverband des Amtshauses, in dem er sich einquartiert, ist er bald auch mit Lotte und Kestner gemeinsam befreundet. Diese Merkwürdigkeit findet man bei Goethe noch des öfteren – daß er mit dem Verlobten, dem Ehemann der Frau befreundet ist, die er verehrt, bewundert, anschmachtet, liebt und begehrt. Daß hier System dahintersteckt, ist naheliegend. Goethe sichert sich nach allen Seiten ab, um sich selbst nicht binden zu müssen, und bis zu diesem Zeitpunkt ist das Vermeidungsverhalten, um den Fluß des Lebens und der Dichtung am Fließen zu halten, nirgends so deutlich geworden wie bei der Wetzlarer Lotte. Mit ihrem Verlobten zusammen verkörpert die angebetete Frau ein Ideal bürgerlich-intakten Lebens, dessen Atmosphäre er an ihrer Seite mitgenießen kann, ohne sich ihm doch selbst unterwerfen zu müssen. Er spricht von sich und den beiden rückblickend in zusätzlicher Objektivierung in der dritten Person und schreibt: »Sie hatten sich alle drei aneinander gewöhnt, ohne es zu wollen, und wußten nicht, wie sie dazu kamen, sich nicht enbehren zu können.« Mit einer regelrechten Dreierbeziehung kokettiert Goethe wenig später literarisch in dem Schauspiel »Stella«, aber da bevorzugt er die Konstellation zwei Frauen und ein Mann. Er hat noch mehr solcher gewagter Phantasien literarisch umgesetzt, und sie waren entweder mythologisch gut genug verhüllt, daß sie die Zeitgenossen nicht als das verstanden, was sie waren, oder sie fielen der Zensur zum Opfer. Hier also: »So lebten sie, den herrlichen Sommer hin, eine echt deutsche Idylle, wozu das fruchtbare Land die Prosa und eine reine Neigung die Poesie hergab.«

Nun kann eine unglückliche Liebe ja gleichermaßen für Poesie und Prosa ausgesprochen produktiv und inspirierend sein. »Die Neigung zu einer versagten Braut« nennt Goethe nachträglich in einem Atemzug mit der Aneignung fremder Literatur und der künstlerischen Nachahmung der Natur im Zeichnen und Malen. Und so kann er vierzig Jahre später abgeklärt von seinen jugendlichen Wirren sagen: »Ruht nun, wie man sagt, in der Sehnsucht das größte Glück, und darf die wahre Sehnsucht nur auf ein Unerreichbares gerichtet sein, so traf wohl alles zusammen, um den Jüngling, den wir gegenwärtig auf seinen Irrgängen begleiten, zum glücklichsten Sterblichen zu machen.« Das hat er damals allerdings nicht ganz so empfunden. Er schwelgt noch eine Weile in süßlichem Schmerz, der dadurch nicht gerade gemildert wird. Ansonsten hat er nichts zu tun und kann sich seinem Schmerz so ganz hingeben. In Anlehnung an diesen destruktiven Müßiggang erschafft Goethe in dem jungen Werther einen Dilettanten am Leben, der in allem nur narzißtisch sein eigenes Spiegelbild sieht, keiner Lebensaufgabe gewachsen ist und von der großen Hingabe träumt, während er in Wirklichkeit nur zu den Elementen zurück will. Goethe hat in seinen männlichen Figuren oft seine eigenen Schwächen in völlig übersteigerter Form dargestellt. Er war verliebt in seine Schwächen und in seine »femininen« Züge – Leidensfähigkeit und Hingabe ans Leben mit allen Schattenseiten für die Psyche des Empfänglichen, Züge, die oft sehr für sich standen und ungünstige Formen annahmen.

Mephistopheles Merck, der ihn in Wetzlar besucht und die Lage erkennt, fährt dem Schwärmer dann auch sehr ruppig ins Gewissen: Was das solle, er müsse sich aus der ausweglosen Lage losreißen. Und überhaupt: Eine vergebene Braut anzuschmachten, das sei ja wohl schwächlich und vergeudete Zeit. Er möge sich doch einmal umschauen, selbst hier in Wetzlar. Da sei eine Freundin von Lotte, »von Junonischer Gestalt« (was immer das heißen mag), und die sei frei, um die könne er sich redlich bemühen. Die »junonische Gestalt« als ein äußerliches Gegenstück zu der schlanken, leichten Lotte legt Merck dem Freund ans Herz, weil er, dessen Geschmack bei Frauen etwas anders ist als der seines Freundes, selbst keine Zeit hat, mit ihr ein Verhältnis zustandezubringen, aber offenbar nichts dagegen hat, sie dem Freund zu empfehlen. Im übrigen ist Merck verheiratet.

Gut, also, Goethe reißt sich los und kehrt nach Frankfurt zurück. Von den Gefühlen der Wetzlarer Lotte, die ein halbes Jahr nach Goethes Abreise ihren wackeren Kestner heiraten sollte – dessen Beförderung hatte die Heirat endlich möglich gemacht –, ist nirgendwo die Rede. Die Lotte im Roman verhält sich überwiegend mütterlich, denn der schwärmende Held gibt sich so jungenhaft, wie Goethe damals sicher sein konnte. Außerdem gibt er ein exzentrisches Gegenbild zu ihrem rechtschaffenen Verlobten ab, das sie mütterlich-fürsorglich auf normales Maß zurückführen möchte. Man meint aber auch oft, sie folge ihrer Standfestigkeit nur aus Vernunft, weil ihr Leben eben so geplant ist, und ihre Gefühle gehörten dem schillernden Freund. Doch das ist die Romanfigur. Im wirklichen Leben ging alles viel weniger dramatisch zu.

Nach seinem Erlebnis in Wetzlar fühlt sich Goethe sehr einsam. Von allen Seiten werden ihm trautes Glück, Brautstand und Zweisamkeit vorgelebt. Auch seine Schwester Cornelia wird ihm entrissen, denn sie ist während seiner Abwesenheit in Darmstadt mit dem Juristen Johann Georg Schlosser in ein näheres Verhältnis gekommen, und die beiden wollen sich verloben. Goethe, der die Verbindung des Paares beim Vater vermitteln soll, ist eifersüchtig, und bezeichnend ist es, wenn er schreibt, »daß, wenn der Bruder nicht abwesend gewesen wäre, es mit dem Freunde so weit nicht hätte gedeihen können.« Er vermittelt dann doch und mit Erfolg. Es spielen bestimmt Eifersucht und Selbstmitleid in seine Äußerung hinein, wenn er über Schlosser und Cornelia sagt: »unsere beyden Verliebten sind auf dem Gipfel der Glückseeligkeit«; denn wenn man den Verlauf dieser Beziehung kennt und Cornelias Voraussetzungen für den Entschluß, Schlosser zu heiraten, klingt diese

Äußerung doch reichlich übertrieben. Wahrscheinlich empfindet der verlassene Bruder und glücklose Verehrer der Wetzlarer Lotte alle anderen Menschen als »auf dem Gipfel der Glückseeligkeit«, sich selbst nur davon ausgenommen.

Von äußerster Merkwürdigkeit sind die Briefe, die er Lotte und Kestner in der nächsten Zeit noch schreibt. An Kestner schreibt er, Lottes Silhouette hänge über seinem Bett im Frankfurter Mansardenzimmer, er träume von ihr, und eigentlich sei sie ja doch die seine. Er besorgt dem Paar sogar in Frankfurt die Eheringe, schreibt, nach ihrem Hochzeitstag werde er Lottes Silhouette von der Wand nehmen und sie nicht eher wieder aufhängen, als daß er höre, daß sie in den Wochen liege. Eine Reihe schlüpfriger Anspielungen schließen sich an: »Gott Hymen [der Gott der Eheschließung; S. A.] findet sich durch einen schönen Zufall auf meinem Revers.« Und nach der Hochzeit: »Aber daß ihr, weil euch das Glück die Karten gemischt hat, mit der Spadille stecht, mir ein höhnisch gesicht zieht und euch zu euerm Weibe legt find ich unartig ...« Er frönt einem eigenartigen selbstquälerischen Voyeurismus. Er selbst schließlich habe im Bett nichts zu erwarten als den Bruder Schlaf. »Die Nacht fließt nun in den Abend und der arme Goethe behilft sich wie immer. Es stünde euch wohl zu Gesichte – Doch das will ich nicht sagen, ich würde mich zum Teufel geben wenn ich euch erst drauf bringen sollte. Also Herr Kestner und Madame Kestner Gute Nacht.« Er bittet die beiden, ihren ersten Sohn Wolfgang zu nennen (was zumindest Kestner bizarrerweise auch zu erwägen scheint). »weil er mein ist«, fügt Goethe zur noch bizarreren Begründung seines Wunsches hinzu. Das bewußte Vermischen von Phantasie und Wirklichkeit gerade im erotischen Bereich klingt hier an. Goethe soll daraus Jahrzehnte später eine Romanszene schaffen, die zu den genialsten Szenen seines Werkes gehört.

Merck will den Freund aus seinem Jammer reißen und schlägt ihm im September, gleich nach der Rückkehr aus Wetzlar, eine Ausflugsfahrt vor. Es geht zu den Laroches nach Koblenz. Sophie von Laroche ist seit dem Erscheinen ihres empfindsamen Romans »Geschichte des Fräuleins von Sternheim« zu einer vielbesuchten Gestalt im literarischen Leben geworden. Ganz Gesellschaftsdame, residiert Madame mit ihrer Familie in Ehrenbreitstein bei Koblenz, in einem schönen hellen Haus mit Blick auf den Rhein. In diesem Haus empfängt sie ihre

Besucher. Wieder hat das Wanderleben für Goethe begonnen. Er hat sich mit Merck bei den Laroches verabredet, schickt sein Gepäck die Lahn hinunter und wandert am Ufer des Flusses entlang. Das Erlebnis der Landschaft, der Natur soll wieder einmal seine angeschlagene Seele beruhigen.

Goethe war nie besonders begeistert von Gesellschaftsdamen wie Sophie von Laroche. Frauen als Mittelpunkt großer Gesellschaften, wie es sie nur wenig später in den literarischen Salons geben sollte, waren ihm suspekt, und er wünschte sie sich zurückhaltender. Hier kann er aber sagen: »Mit der Mutter verband mich mein belletristisches und sentimentales Streben, mit dem Vater ein heiterer Weltsinn und mit den Töchtern meine Jugend.« Eine der Töchter, Maximiliane, war gerade recht unsentimental an den ältlichen Kaufmann Brentano verheiratet worden und hatte erhebliche Probleme, sich in ihre Ehe einzufinden. Goethe nimmt sich ihrer an, und bald gibt es neue Gefühlskonflikte. Dabei stellt er fest: »Es ist eine sehr angenehme Empfindung, wenn sich eine neue Leidenschaft in uns zu regen anfängt, ehe die alte noch ganz verklungen ist! So sieht man bei untergehender Sonne gern auf der entgegengesetzten Seite den Mond aufgehen und erfreut sich an dem Doppelglanze der beiden Himmelslichter.« Dergleichen wird noch häufiger vorkommen.

Die Tatsache, daß Goethe so oft und so unbedenklich als Vertrauter von Mädchen und Frauen angenommen wird sowie der Verlauf der Wetzlar-Episode lassen dann doch Zweifel aufkommen, ob Goethe jemals als Verführer auftrat.

»Gestern Abend putzt ich meine Freundinnen auf den Ball«, schreibt er im Januar an Kestner. Es wirkt harmlos, wie er die Federn und Bänder der Freundinnen aussucht, die vergebene Braut anhimmelt, ohne sie doch wirklich zu wollen, und sich mit Maximiliane Brentano über ihre Eheprobleme unterhält. Man könnte meinen, die handfesteren Liebesprobleme in seinen Werken seien reine Wunschphantasien. Denn zu der Zeit muß ihn zum Beispiel die Gretchen-Tragödie im »Faust« schon beschäftigt haben. Die »gefallene« und von der Gesellschaft verstoßene Frau, die zur Kindsmörderin wird, ihr sexuelles Begehren, ihre Verführbarkeit durch soziale Verlockungen haben wenig Vorbilder in der literarischen Welt der Zeit. Die »zartere Sittlichkeit« der bürgerlichen Welt, der »ehrbare Bürger- und Familiensinn«, der, wie Goethe selbst schreibt, in der damaligen Literatur zur Darstellung kam, legte solche drastischen Problemstellungen jedenfalls kaum nahe. Sie kamen von Goethe selbst.

Wieder war es Merck, der Goethe aus den Koblenzer Verhältnissen herausreißt. Man segelt gemächlich den Rhein hinunter über Rheinfels, St. Goar, Bacherach, Bingen, und ersucht den Schiffer, sich ja nicht zu übereilen. Das gibt ein schönes Bild von Goethes damaligem müßigen Leben.

Nach weiteren Umschreibaktionen gibt Goethe den »Götz« schließlich auf Anraten Mercks auf eigene Kosten heraus. Merck ist der Meinung, daß die Buchhändler die Autoren übervorteilen und einen Großteil des Gewinns aus den Veröffentlichungen ziehen. So kümmert er sich selbst um den Druck, während Goethe das Papier besorgt. Der »Götz von Berlichingen« wird ein großer Erfolg, und Goethe ist durch ihn mit einem Schlag berühmt. Ohne daß er zunächst weiß, wie ihm geschieht, wird er durch dieses Werk zum Führer einer Jugendbewegung, die man nach dem gleichnamigen Stück F. M. Klingers »Sturm und Drang« nennen wird. Der »Götz«-Ton wurde der Ton einer Generation. Die derbe, unkonventionelle Sprache und der kühne Stoff beflügelten die Freiheitsphantasien der jungen Leute in dem morschen deutschen Reich. Das Lebensgefühl seiner Generation angesichts der Verhältnisse in einer alten deutschen Reichsstadt beschreibt Goethe wie folgt: »Von außen zu bedeutenden Handlungen keineswegs angeregt, in der einzigen Aussicht, uns in einem schleppenden, geistlosen, bürgerlichen Leben hinhalten zu müssen«. Der »Götz« brannte solche lähmenden Verhältnisse wie Zunder weg. Die Literatur wurde zu einem Ventil für vieles, und sie wurde so intensiv rezipiert wie selten zuvor. Belustigt kann Goethe dabei nur reagieren, als ihn ein Buchhändler aufsucht und ihm ein gutes Honorar dafür verspricht, wenn er ihm noch ein Dutzend solcher Ritterdramen liefere. Mit dem finanziellen Erfolg ist es sowieso ein Kreuz, denn gleich nach Erscheinen des »Götz« ist ein Raubdruck in Umlauf gekommen, so daß Goethe bei allem literarischen Erfolg der finanzielle Verdienst streitig gemacht wird. Die nächsten Jahre weiß er daher kaum, wie er die Schulden für das Papier des Erstdrucks bezahlen soll. Ein Zeichen dafür, daß Goethes Vater für die literarischen Marotten seines Sohnes zwar zeitlichen Freiraum, aber keine finanziellen Zuwendungen bot.

Ebenso ging Goethes Lebensstil in der Frankfurter Zeit meist über seine Verhältnisse. Der Sohn aus reichem Haus mußte sich überall im Freundeskreis Geld leihen.

Nach der Veröffentlichung eines Werkes interessierte sich Goethe meist nicht mehr dafür. Er hakte es ab, es war »Episode«, die erledigt war. Nach dem »Goetz« läuft er bereits mit einer neuen Idee im Kopf herum, die mehr und mehr Gestalt annimmt: »Die Leiden des jungen Werther«, ein empfindsamer Roman. Sein Erlebnis in Wetzlar, das noch nachwirkt, hat sich mit dem Erlebnis seiner Begegnung mit Maximiliane Brentano verbunden. Der zu schildernde Gefühlskonflikt ist der der unerfüllten Liebe. Ein weiteres »Erlebnis«, eine Nachricht tritt hinzu, um aus diesem Konglomerat den geplanten Roman zu beginnen.

Der »Wanderer« Goethe gestattet sich Träume von einer heimischen Hütte; von einer jungen Frau mit einem Knaben auf dem Arm und von einem kleinen Haus, in das er abends heimkehren kann. Das gleichnamige Gedicht schildert die Begegnung des Wanderers mit der Frau, die ihm alles verkörpert, was ihm fehlt, was er aber vielleicht doch in Wirklichkeit gar nicht will. Sie ist ganz

Natur, du ewig keimende,
Schaffst jeden zum Genuß des Lebens,
Süß ist deine Ruh.

Cornelia heiratet Schlosser am 1. November 1773. Am gleichen Tag erhält Goethe von einem Leipziger Verlag die Zusage, den »Werther« herauszubringen. Er hat das Projekt nur skizziert und mit dem Schreiben noch nicht angefangen.

Seine Schwester Cornelia lebt mit ihrem Gatten schon im badischen Emmendingen. Schlosser ist dort Oberamtmann der Markgrafschaft Hochberg geworden. Goethe macht sich Gedanken darüber, daß vier Paare in seinem Umfeld in den letzten Monaten geheiratet haben und noch keine der Frauen guter Hoffnung ist. Lotte Kestner, geborene Buff, erwartet zwar schon ein Kind, aber das Paar hat es dem Freund bislang verschwiegen. Goethe hatte »seiner« Lotte zuvor bereits Nesseltuch zu einem Kleid für die Schwangerschaft geschickt.

Er ist in ziemlich trüber Stimmung, und das ist die lebendige Vorlage für Werthers Lebensüberdruß und seine Todessehnsucht. Angeblich hat Goethe in dieser Zeit einen kostbaren Dolch neben seinem Bett liegen, und er probiert, ehe er das Licht auslöscht, ob es ihm gelinge, »die scharfe Spitze ein paar Zoll tiefer in die Brust zu senken.« Das ist die Vorbereitungsstimmung zum »Werther«. Er schreibt ihn im März 1774 in vier Wochen. Zu den Erlebnissen »Lotte« und »Maximiliane« kam der Selbstmord Karl Wilhelm Jerusalems hinzu, der auch in den Roman mit eingegangen ist. Jerusalem war Sekretär des braunschweigischen Gesandten in Wetzlar und hatte sich im Oktober 1772 aus unglücklicher Liebe erschossen. Goethe wehrt sich später dagegen, das Geheimnis des »Werther« zu lüften und bekanntzugeben, was davon erlebt und was erfunden ist. Für ihn ist der Roman vor allem eine Schilderung bedrückender Erlebnisse, die er erst in literarischer Form, der »Generalbeichte«, wie er sich ausdrückt, verarbeiten kann. Alle Dichtung, sei sie heiter oder ernst, habe den Zweck, Lust und Schmerz zu mäßigen. Sie befreie »von den irdischen Lasten. [...] Wie ein Luftballon hebt sie uns mit dem Ballast, der uns anhängt, in höhere Regionen und läßt die verwirrten Irrgänge der Erde in Vogelperspektive vor uns entwickelt daliegen.«

Werther liebt Lotte, wie Goethe seine Lotte liebte. Er lernt die Tochter des Amtmanns wie der junge Rechtsreferendar in dem kleinen Städtchen mit der schönen Landschaft kennen. Er verliebt sich in sie, erfährt, daß sie mit einem braven Mann namens Albert verlobt ist und schießt sich schließlich eine Kugel in den Kopf. Selbstmord aus unglücklicher Liebe – das bewegte eine Generation und regte fatalerweise zur Nachahmung an. In Goethes Sinn war das nicht, denn er wollte, indem er empfindsame Strömungen aufgriff, diese zugleich überwinden.

Werther ist von vornherein ein problematischer, ein destruktiver Charakter. Die Psychoanalyse sieht seine Geschichte als Geschichte einer Ich-Flucht, als Flucht zum Mütterlich-Weiblichen. Schon vor dem Lotte-Erlebnis will Werther sich immerzu im Unendlichen verlieren – in der Natur, in der Landschaft, im unendlichen Gefühl, in der Liebe wie im Tod. Er will alle Grenzen sprengen, auch die Grenze der Selbsterhaltung, und seine Liebe ist im Grunde eine Krankheit zum Tode. Werthers Ausrufe sind die eines Kranken in der Zivilisation, der eine verlorene Ur-Einheit sucht:

»Dort das Wäldchen! – Ach könntest du dich in seine Schatten mischen! – Dort die Spitze des Berges! – Ach könntest du von da die weite Gegend überschauen! – Die ineinander geketteten Hügel und vertraulichen Täler! – O könnte ich mich in ihnen verlieren! [...] O es ist ist mit der Ferne wie mit der Zukunft! Ein gewisses dämmerndes Ganze ruht vor unserer Seele, unsere Empfindung verschwimmt darin wie unser Auge, und wir sehnen uns, ach! unser ganzes Wesen hinzugeben, uns mit aller Wonne eines einzigen, großen, herrlichen Gefühls ausfüllen zu lassen.«

Was hier beschrieben wird, ist die verlorene Einheit mit der Mutter Natur. Lotte soll den verlorenen Sohn Werther heilen, der wie der junge Goethe an den väterlichen Werten gescheitert ist, den männlichen Leistungswerten, die alles in sich fassen, was zur Erhaltung des äußeren Lebens gehört: Beruf, Fortkommen und Erfolg in der Gesellschaft. Er entlarvt diese Gesellschaft in ihren Scheinwerten und ihrem Selbstbetrug, ihren hierarchischen Normen, ihrem Standesdünkel. Gegen all dies setzt er den Genie- und Gefühlskult, denn: »Ich kehre in mich selbst zurück und finde eine Welt«. Ein solcher Extrem-Charakter, der zum Untergang bestimmt ist und den Gefühlskult bis zur Konsequenz der Selbsttötung treibt, überwindet die empfindsame Bewegung und widerlegt sie in sich selbst. Die empfindsamen Leser, die sich mit dem Romanhelden identifizierten, verstanden das leider sowenig wie die selbsternannten Vertreter der Moral. Die einen begriffen Werthers Schicksal als Aufforderung zum eigenen Selbstmord, und die anderen empfanden die Erzählung und ihr Ende als skandalös, als Verherrlichung lebensverneinender Gefühlsübersteigerung.

Die geliebte Lotte entspricht in weiten Zügen Goethes bisherigem Weiblichkeitsideal. Als »Mutter« tritt sie von Anfang an auf, schon in der berühmten Szene, als sie ihren kleinen Geschwistern das Brot schneidet, was Werther so über die Maßen entzückt. Sie ist tüchtig und aufs Wirkliche gestellt, natürlich und unverbildet. Wenn sie doch einmal eine traurige Stunde hat, dann geht sie tanzen oder spielt einen Contretanz auf dem Klavier, »so ist alles wieder gut«. Sie ist die Ordnende, die Trost und Zuversicht verbreitet, deren Gegenwart wohltuend ist. Sie pflegt die Alten und Kranken im Städtchen, lindert die Schmerzen einer Sterbenden, mit der immer gleichen Liebe, mit der sie auch die Kinder betreut. Sie ist die tätige Liebe, reine Caritas, die große Mutter. Hauptsächlich daher ist sie auch besorgt um Werther, und sie will ihn vor seinen gefährlichen Tendenzen bewahren.

Daß Lotte und Werther aber doch Seelenverwandte sind, zeigt eine einzige Szene. Nach einem Gewitter während des Balls, den sie zusammen besuchen, fällt ein warmer Regen auf die nächtliche Landschaft. Werther und Lotte treten ans Fenster: »Sie stand auf ihren Ellenbogen gestützt, ihr Blick durchdrang die Gegend, sie sah gen Himmel auf mich, ich sah ihr Auge tränenvoll, Sie legte ihre Hand auf die meinige und sagte: ›Klopstock!‹ Ich erinnerte mich sogleich der herrlichen Ode, die ihr in Gedanken lag, und versank in dem Strome von Empfindungen, den sie in dieser Losung über mich ausgoß.«

Aber sie spürt zugleich, daß sie sich auf Werthers haltloses Wesen nicht einlassen darf, wenn sie ihren Seelenfrieden nicht verlieren will. Sein Wesen macht der reinen Seele Angst. Kurz vor dem endgültigen Abschied geht Lotte mit sich ins Gericht, und es heißt: » Sie saß in ihrer Einsamkeit, ihr Herz ward weich, sie sah das Vergangene, fühlte all ihren Wert und ihre Liebe zu ihrem Manne, der nun statt des versprochenen Glückes anfang das Elend ihres Lebens zu machen. Ihre Gedanken fielen auf Werthern. Sie schalt ihn, und konnte ihn nicht hassen. Ein geheimer Zug hatte ihn ihr vom Anfange ihrer Bekanntschaft teuer gemacht, und nun, nach so viel Zeit, nach so manchen durchlebten Situationen, mußte sein Eindruck unauslöschlich in ihrem Herzen sein. Ihr gepreßtes Herz machte sich endlich in Tränen Luft und ging in eine stille Melancholie über, in der sie sich je länger je tiefer verlor.«

Deutlich erkennt Lotte Werthers selbstzerstörerische Züge, auch in dem Verlangen, sie zu »besitzen«, gerade weil sie einem anderen gehört. Mit dem unbeirrbaren Instinkt zum Lebenserhalt verbietet sie sich ihre Gefühle für ihn und bleibt bei ihrem braven Albert.

»Wie froh bin ich, daß ich weg bin«, mit diesem Satz beginnt der Briefroman »Die Leiden des jungen Werther«, worauf der Held seinem Freund Wilhelm seine Ankunft in dem idyllischen Städtchen berichtet. Der Satz soll abgewandelt immer wiederkehren, denn Werthers Lebensgang bis zum Selbstmord ist eine einzige Flucht. Es ist die Flucht vor dem Selbst, dem er sich nicht gewachsen fühlt. Dafür flieht Werther zu den Quellen des Daseins im Reiche der »Mutter« Natur. Die Frau muß den mütterlichen Bereich der Ur-Einheit nicht suchen, weil sie selbst zur Mutter wird und sich von jeher mit den »Elementen« im Einklang befindet. Sie nimmt die von der Natur gesegnetere Position ein.

Werthers Gefühlsentgrenzung, seine Unbedingtheit sind zugleich Ausdruck der Individualitätsproblematik nach der Aufklärung. Werther, der sensible Mensch, leidet stellvertretend alle Qualen des nur noch sich selbst gegebenen Individuums. »Mein Gott! mein Gott! warum hast du mich verlassen?« ruft Werther, der sich als eingekerkerter Halbgott empfindet, der mit dem Sturmwind die Wolken zerreißen, die Fluten fassen will und in diesem entgrenzten Selbstgefühl umso heftiger in die Unzulänglichkeit des Menschlichen zurückgeworfen wird.

»Was ist der Mensch, der gepriesene Halbgott! Ermangeln ihm nicht eben da die Kräfte, wo er sie am nötigsten braucht? Und wenn er in Freude sich aufschwingt oder im Leiden versinkt, wird er nicht in beiden eben da aufgehalten, eben da zu dem stumpfen, kalten Bewußtsein wieder zurückgebracht, da er sich in der Fülle des Unendlichen zu verlieren sehnte?«

Kalt und sachlich, fast zum Tatsachenbericht objektiviert, ist die Schilderung von Werthers Tod. Wie er nach dem Pistolenschuß noch eine Nacht und einen halben Tag in seinem Blut liegt und röchelt, daß der Puls noch schlägt, während die Glieder schon gelähmt sind. Knapp und tonlos, wie Hammerschläge die letzten Sätze: »Um zwölfe mittags starb er. Die Gegenwart des Amtmannes und seine Anstalten tuschten einen Auflauf. Nachts gegen eilfe ließ er ihn an die Stätte begraben, die er sich erwählt hatte. Der Alte folgte der Leiche und die Söhne, Albert vermocht's nicht. Man fürchtete für Lottens Leben. Handwerker trugen ihn. Kein Geistlicher hat ihn begleitet.«

Die Leiden des jungen Goethe spiegeln in dieser Zeit seine allgemeine Stimmungslage, kaum seine unglückliche Liebe zu Charlotte Buff. Dahinter verbarg sich die Sehnsucht nach Normalität und Neid auf das reine, bürgerliche Glück des jungen Paares Lotte und Kestner. Goethes Gemütsverfassung ist starken Schwankungen unterworfen und pendelt stellenweise zwischen Depression und Euphorie, durchsetzt von exaltierten hochproduktiven Phasen, in denen er in acht Tagen ein Trauerspiel namens »Clavigo« oder in vier Wochen den »Werther« schreibt. Da er auf diese Weise seine Problematik fruchtbar macht, ist und bleibt Goethe den Freuden des Lebens gewogen, ein angenehmer

Gesellschafter, der Mittelpunkt eines großen Freundeskreises, ein unternehmungslustiger und allem Neuen aufgeschlossener junger Mann.

Der »Werther«-Roman erschien zur Herbstmesse 1774 und entfachte ein ungeheures Feuer. Innerhalb weniger Wochen wird er zum »Bestseller«. Das »Werther«-Fieber grassiert allenthalben. Die jungen Männer tragen die im Roman beschriebene »Werther«-Kluft, die aus blauem Frack mit gelben Beinkleidern und hohen Stulpenstiefeln als Protest gegen die höfische Mode besteht. Man pilgert zum Grab des unglückseligen Jerusalem und feiert Gedächtnisfeiern ihm zu Ehren. Der Selbstmord aus unglücklicher Liebe wird Mode, und moralisierende Kanzlisten wettern gegen den skandalösen, unheilträchtigen Roman.

Goethe wird zum »Originalgenie« erkoren und genießt in den kommenden Monaten Erfolg und allgemeinen Zuspruch. Wie man ihn einordnete, was man von ihm erwartete, zeigt ein Auszug aus dem Brief eines Kritikers, Heinrich Wilhelm von Gerstenberg, vom 5. Januar 1774. Er charakterisiert Goethe kurzerhand als »deutschen Shakespear(e)«: » Fahren Sie fort, Original Deutscher, wie Sie angefangen haben. Der Beyfall, den Sie allenthalben finden, macht mir Muth zu hoffen, daß Sie der Mann sind, der in Deutschland ein Publikum von Deutschen wircken wird.«

Es ist das stürmende, drängende Lebensgefühl seiner Generation, das Goethe aufgreift und darstellt, wie er zwei Jahre zuvor an Herder geschrieben hat: »Ich mögte beten wie Moses im Koran: Herr mache mir Raum in meiner engen Brust.« In der wohl euphorischsten Zeit seines Lebens herrscht Goethes Elternhaus am Hirschgraben ein unentwegtes Kommen und Gehen, denn jeder will den Autor des »Werther« kennenlernen. Literaturbeflissene junge Leute, Intellektuelle, auch zahllose Neugierige suchen den jungen Autor auf. Der Vater nimmt es hin, anfänglich nicht ohne Stolz und Anteilnahme, die Mutter bewirtet und beherbergt die wechselnden Gäste und ist ganz in ihrem Element.

In kürzester Zeit steht Goethe nun in Verbindung mit den führenden intellektuellen Kreisen in Deutschland. Schon von Darmstadt aus hat er Kontakt zum »Göttinger Hain« rund um die Klopstock-Gemeinde bekommen und für den »Göttinger Musen-Almanach« geschrieben. Jetzt steht er im Briefwechsel mit Klopstock und ebenso mit dem Züricher Theologen Johann Caspar Lavater. Lavater hatte mit seinen physiognomischen Studien bereits Furore gemacht und bittet Goethe um die Mitarbeit an seinen »Physiognomischen Fragmenten«. Er solle ihm die Schattenrisse bedeutender Menschen zukommen lassen, damit er seine Charakterstudien daran betreiben könne. Noch vor Erscheinen des »Werther« treffen Lavater und Goethe in Frankfurt zusammen. Eine Freundschaft entsteht, die nicht ohne Krisen bleibt. Ihr Grundkonflikt liegt in Lavaters theologisch-missionarischem Eifer und Goethes undogmatischem, sehr offenem Gottesbild, überhaupt in Goethes Unwillen, sich ideologisch-programmatisch einordnen zu lassen. Zusammen mit Lavater und dem Pädagogen Basedow begibt er sich im Sommer 1774 auf seine Lahn-Rhein-Reise, und als er sich in einem Gasthof zwischen den beiden eifernden und alle Welt belehrenden Herren sitzen sieht, da dichtet er:

> Und wie nach Emmaus, weiter ging's
> Mit Sturm- und Feuerschritten:
> Prophete rechts, Prophete links
> Das Weltkind in der Mitten.

Das »Weltkind« begegnet auf dieser Reise noch anderen interessanten Persönlichkeiten, denn den Abschluß der Tour bildet ein Aufenthalt in Pempelfort bei Düsseldorf, wo sich auf dem Landgut der Brüder Jacobi ein geistreicher Kreis gebildet hat. Heinse, Forster und Sophie von Laroche verkehren dort, ebenso Lessing und Hemsterhuis. Mit Friedrich Heinrich Jacobi, selbst philosophischer Schriftsteller, verbindet Goethe gleich eine enge Freundschaft, die aber ebenfalls nicht ungetrübt sein wird und sogar zweimal von bissigen Satiren Goethes auf Jacobis sentimentale Dichtungen durchsetzt ist. Die Begegnung in Pempelfort war eigentlich als Versöhnung auf den ersten Angriff Goethes hin gedacht, und die enthusiastische Freundschaft muß durchaus im Zusammenhang mit dem empfindsamen Freundschaftskult dieser Zeit gesehen werden. Goethe schreibt an Jacobi nach ihrer Begegnung im Juli: »Ich träume lieber Fritz den Augenblick, habe deinen Brief und schwebe um dich. Du hast gefühlt dass es mir Wonne war, Gegenstand deiner Liebe zu seyn. – O das ist herrlich dass jeder glaubt mehr vom andern zu empfangen als er giebt!«

Für uns, die wir die empfindsamen Zeitströmungen nicht mehr vor Augen haben, klingt das befremdlich. Die durchaus anklingenden homoerotischen Töne werden von uns leicht in einem allzu engen Sinn interpretiert. Es war eine Zeit allgemeiner Gefühlsexplosionen, die sich auf alle Angelegenheiten des Herzens ausdehnten.

Gerade bei Goethe stehen Freundschaften oft für bestimmte Phasen seines Lebens, für Entwicklungsstufen, die, sobald er sie überwunden hat, in der Bedeutungslosigkeit verschwinden. Darunter hat mancher gelitten. Goethe schließt in dieser Zeit, mit Anfang, Mitte zwanzig, noch schnell und heftig Freundschaften. Er ist begierig darauf, sich anderen mitzuteilen, Seelen- und Geistesverwandte zu finden. Genauso schnell setzt er aber auch Freundschaften aufs Spiel, oder er bricht sie unvermutet ab. Seine »Häutungen« forderten durchaus ihre Opfer.

Sturm und Drang

Von anderen »Stürmern und Drängern« unterschied sich Goethe durch seine wohlhabende Herkunft. Klinger, Lenz, Jung-Stilling und Heinse, die er bis auf Heinse schon in seiner Straßburger Studentenzeit kennengelernt hatte, stammten ausnahmslos aus ärmlichen Verhältnissen und hatten ein ganz anders gelagertes politisches Interesse an den progressiven Bewegungen der Literatur. Goethe liest zur Zeit eine politische Reformschrift, Justus Mösers »Patriotische Phantasien«. Der Autor fordert, die Kleinstaaterei in Deutschland positiv zu nutzen und durch Reformen funktionsfähiger zu machen. Für den Dichter Goethe wird es bald Gelegenheit geben, diese Ideen im Rahmen eines kleinen Fürstentums auszuprobieren.

Noch lebt er aber planlos wie ein Bohémien. Unten im Eßzimmer seines weitläufigen Elternhauses werden noch immer die zuströmenden Gäste bewirtet, zu denen auch eines Tages Klopstock gehört.

Oben in seinem Mansardenzimmer lebt Goethe recht chaotisch zwischen seinen Zeichnungen, Staffeleien und beschriebenen Bögen, wie in einer Künstlerwerkstatt.

1774/75 weisen Goethes Werkskizzen ein unbändiges, jungmännliches Kraftgefühl auf. Nur die größten Gestalten der Literatur und Geschichte hält er für wert, verarbeitet, in Form gegossen zu werden – Mahomet, Prometheus, Cäsar, auch Christus und der Ewige Jude. Titanisch sind dann auch die Prometheus-Phantasien im Gedicht. »Bedecke deinen Himmel, Zeus, Mit Wolkendunst ...«, so fängt es an.

Auffällig ist, daß es bei Goethe in dieser Zeit auch von sexuellen Anspielungen wimmelt, die schon ins Pornographische gehen. Die lose Szenenfolge »Hanswursts Hochzeit« entstand wahrscheinlich parallel zum »Urfaust«. Was von ihr erhalten ist, ist nicht viel mehr als die Besetzungsliste. Die allerdings hat es in sich, denn neben Hanswurst, dem Bräutigam und seiner Braut Ursel Blandine gibt es Hochzeitsgäste namens »Hans Arsch von Rippach«, »Matz Fotz von Dreßden«, die Nichten »Reck-Ärschgen« und »Schnuck-Fötzgen«, die »Ursel mit dem kalten Loch« und »Klingelt's nicht so klapperts doch« (zwei Tanten), des weiteren den »Peter Sauschwanz«, »Scheißmatz« und »Lauszippel«, den Kammerdiener »Schwanz«, den »Lappsack« und das »Nonnenfürzgen«.

Der Eingangsmonolog des Kilian Brustfleck, Hanswursts Mentor, ist formal aufgebaut wie der betrachtende Eingangsmonolog des Faust, denn hier heißt es:

> Hab' ich endlich mit allem Fleiß
> Manchem moralisch politischem Fleiß
> Meinen Mündel Hanswurst erzogen ...

Leider ist er darin nicht weit gediehen, denn sein Mündel bedient sich sämtlicher Unarten in seinem bäurischen Milieu, die der Mentor ihm kurz vor der Hochzeit nicht mehr austreiben kann. Als Kilian dem Hanswurst noch einiges über das Betragen in der Welt und die »vornehmen« Hochzeitsgäste sagen will, antwortet dieser, worauf für ihn die Hochzeit möglichst schnell hinauslaufen soll. »Indes was hab' ich mit den Flegeln, Sie mögen fressen und ich will vögeln.« Am liebsten nähme er seine Ursel gleich mit ins Heu, ungeachtet aller »Sozietät«.

Die Zote in Form eines Fastnachtsspiels, einer Harlekinade, ist eine Verzerrung der literarischen Gesellschaften und der empfindsamen Rezeption, wie sie Goethe an seinem »Werther« erfuhr. Der »Joseph Blackscheißer« zum Beispiel ist der »Poet«. »Quirins Schweinigel« führt den Beinamen »Bel Esprit«. Der Hanswurst selbst ist dann auch das karikierte »Genie«, das die sittliche Welt durch sein derbes Verhalten brüskiert.

Mir ist das liebe Wertherische Blut
Immer zu einem Probierhengst gut.
Den laß ich mit meinem Weib spazieren
Vor ihren Augen sich abbranlieren
Und hinten drein komm ich bei Nacht
Und vögle sie daß alles kracht
Sie schaumelt oben in höhern Sphären
Läßt sich unten mit Marks der Erde nähren
Das gibt Jungs leibselig brav
Allein macht ich wohl ein Schweinisch Schaf.

Solche Verse in Verbindung mit dem »Wertherischen Blut« sind zugleich eine Zurücknahme der »Werther«-Befindlichkeit selbst, ja aller in dieser Zeit so populären exaltierten Gemütszustände, die auf einen gewissen Verlust an Realitätssinn zurückgehen.

Alle erhaltenen Fragmente von »Hanswursts Hochzeit« aus dem handschriftlichen Nachlaß sind eine Aneinanderreihung obszöner Bilder, anläßlich derer man sich überlegen kann, in welch bedrängter Verfassung Goethe diese aus der Feder goß. Peter Sauschwanz bekommt angesichts der nahenden Hochzeitsnacht des Bräutigams seinerseits lüsterne Gedanken. Die geile Phantasie geht mit dem Gast (und mit dem Autor) durch:

Und hinten wo am Arsch die Hoden klunkern
Das Rückgrat sich biegt die Beine sich anziehn
da(s) rote Stücklein aus der Scheide treibt
Und der ganze Kerl herrlicher wird
Beleckt jede ihrer Brüste
Hitzig der Schwanz sich krümmt

das eingreifen der Pfoten
Hächzen Der unendliche ausdruck von Geilheit in
Verbiegen und Verschmiegen der ganzen Natur
Anbiegen und anschmiegen.

Auffällig ist hier, daß die Beschreibungen sehr in die Einzelheiten der weiblichen Anatomie gehen, so daß man den Eindruck gewinnt, Goethe weiß, wovon er spricht. Offensichtlich ist aber, daß Goethe in einer Zeit, in der er zur nationalen Berühmtheit und zum Führer geistig-literarischer Bewegungen wird, im Grunde alles karikiert und satirisch zurücknimmt, was es an mehr oder weniger programmatischen Entwicklungen gibt und auch auf ihn zurückstrahlen kann. Noch bevor es die zahlreichen »Werther«-Imitationen und -Satiren gibt, karikiert Goethe den »Werther« selbst.

Aber bissig-böse karikiert er auch seine schreibenden Kollegen, wie am Beispiel Jacobis bereits angedeutet. 1773 entstand Goethes Satire »Götter, Helden und Wieland«. Christoph Martin Wieland lebte seit 1772 als Prinzenerzieher in Weimar und war als eleganter Rokokoschriftsteller bekannt geworden. Er behandelte antike mythologische Stoffe in galant-schlüpfrigem Ton. Seine Erzählungen wie »Die Geschichte des Agathon«, sein wohl bekanntester Roman, erfreuten sich allgemeiner Beliebtheit und zeugen von Witz und Esprit, von glänzendem Unterhaltungswert bei allem philosophischen Geistesreichtum.

Goethe stellt Wieland in seiner Satire in der Nachtmütze dar, als einen, der nicht versteht, was die gewaltigen Gestalten aus der griechischen Mythologie, die er in seine höfische Welt – in verzärtelt-eleganter Form sozusagen – überführen will, untereinander reden. Der Herkules, so Goethe, sei kein wohlgestalteter Mann von mittlerer Größe, sondern einer, der an Kräften überfließt, sich prügelt und den Weibern fünfzig Kinder in einer Nacht macht. Da muß der Nachtmützen-Wieland weichen, denn die Generation der jungen Kraft-Genies, der Bürgerschrecks mit Stulpenstiefeln, hat die griechischen Helden auf ihre Art in Anspruch genommen.

An der ungenierten Kritik an einem älteren Zeitgenossen wird ein Wesenszug des jungen Goethe deutlich, der in einen allgemeineren Zusammenhang zu stellen ist. Vielleicht meinte Herder auch das mit Goethes »spatzenhaftem« Wesen: seinen noch keineswegs festen Charakter, seine viel zu leichte und unbedachte Art, sich als Mensch großer Talente darzustellen, Kontakte zu knüpfen, mit seiner Umwelt umzugehen. Er schloß schnell Freundschaften, nahm sie aber nicht ernst und setzte sie leichtfertig aufs Spiel. Er stand gern im Mittelpunkt und war ein Verteidiger der Eitelkeit als Voraussetzung großer Verdienste bedeutender Menschen. Er war seinerseits großzügig, ließ andere in ihren Eitelkeiten gewähren und trug selten in seinem Leben einem anderen etwas nach.

Wieland nun gab nach dem Erscheinen der Satire ein seltenes Beispiel menschlicher Größe: In seiner Zeitschrift »Der teutsche Merkur« besprach er Goethes Aufsatz als Meisterwerk der Persiflage und gab im übrigen sehr deutlich zu verstehen, daß man (also er) der jungen Generation Platz machen müsse, die da mit ihren Talenten und ganz anderen Programmen ihr Wirkungsfeld beanspruche. Als Goethe dann nach Weimar kam, sollte er von Wieland, der milde und leutselig inmitten seiner großen Kinderschar zwischen Hof und Hauswesen lebte, mit offenen Armen empfangen werden.

Erste Kontakte Goethes zum Weimarer Hof entstanden im Dezember 1774. Zu dieser Zeit befanden sich Erbprinz Carl August und sein jüngerer Bruder Konstantin auf der Durchreise in Frankfurt zu einer Kavalierstour nach Paris. Der Hauptmann Karl Ludwig von Knebel, der damals in Diensten des Weimarischen Hofes stand, begleitete die Prinzen und suchte den berühmten Schriftsteller in seinem Elternhaus auf. Der angehende Herzog Carl August wolle ihn ebenfalls kennenlernen. Ob Goethe nicht mit ihm zusammentreffen wolle? Dem folgte die erste Begegnung Goethes mit Carl August von Sachsen-Weimar-Eisenach, die mit einem unterhaltsamen mehrtägigen Aufenthalt in Mainz fortgesetzt wurde.

Johann Caspar Goethe ist anfangs gegen die Zusammenkunft, denn er ist dem Adel gegenüber skeptisch eingestellt und warnt den Sohn bei jeder Gelegenheit vor den Kaprizen der fürstlichen Herrschaften. Als Reichsstädter und selbstbewußter freier Bürger bezieht Johann Caspar Goethe da eindeutig Stellung und hätte am liebsten jeden adeligen Umgang des Sohnes von vornherein verhindert. Doch der Sohn ist unvoreingenommen und führt in diesen Tagen eine zwanglose Unterhaltung mit den Weimarer Herren. Nicht die Literatur ist das Thema der ersten Unterredung zwischen Goethe und Carl August, sondern Justus Mösers »Patriotische Phantasien«. Goethe ist es schon leid, als »Originalgenie« wie eine Jahrmarktsattraktion herumgezeigt zu werden und sucht bereits nach fester gegründeten Bewährungsmöglichkeiten und Identifikationen. In der Frankfurter Zeit geht dabei alles noch wild durcheinander: das zerstreute, aufregende Leben und die Sehnsucht nach Stille; Goethes dichterische Bestimmung, die er »ganz als Natur« empfindet, aber zugleich auch das vorerst noch unkonkrete Bedürfnis nach der Tat und dem Wirken nach Außen.

Für sein noch immer wechselhaftes Gefühlsleben, das bald neuen Anstürmen ausgesetzt ist, findet Goethe Beruhigung in der Philosophie eines Mannes, der sein ganzes weiteres Leben begleiten soll: Spinoza. Er liest ihn in Frankfurt auf Empfehlung Herders zum erstenmal und findet darin eine Offenbarung. Die Weltordnung als ewig wirkende Natur und Gott als deren innere Ursache, die Welt als ewiger Zusammenhang, in dem nur die Einzeldinge vergänglich und wandelbar sind, all das gibt seiner Seele Mut und Beruhigung. Der völlig naturalisierte Gottesbegriff durch die Gleichsetzung von Gott und Natur im »Deus sive Natura« entspricht vollkommen seinem Empfinden und seiner ganz eigenen Weltfrömmigkeit.

Im Zeichen dieser beiden Pole – Zerstreuung und Beruhigung, Gefühlsausbruch und Kontemplation, äußeres Leben und Dichter-Rückzug – stehen nun auch zwei Bekanntschaften, deren Parallelität in den nächsten Monaten von äußerstem Interesse ist. Die eine ist ein reizendes sechzehnjähriges Mädchen aus den besten Frankfurter Kreisen, das Goethe im Neujahrstreiben 1775 kennenlernt. »Lili« wird Goethe berücken und verwirren, ihn fast von seinem anti-bürgerlichen Weg abbringen, denn es kommt zwischen den beiden bis zur (gegen den Widerstand beider Familien) trotzig durchgesetzten Verlobung. Heftig und zugleich beunruhigend flammt hier ein Gefühl auf, das zunächst von beiden Seiten als kokettes Spiel beginnt. Doch davon später. Die andere Bekanntschaft ist ein adeliges Fräulein, das als Stiftsdame in einem holsteinischen Kloster lebt. Sie hat Goethe nach dem Erscheinen des »Werther« einen Brief geschrieben, dessen interessierte Anteilnahme sich offenbar deutlich von den Schreiben anderer begeisterter Leser abhebt, so daß Goethe ihn beantwortet. Zwischen Goethe und dem Stiftsfräulein Auguste von Stolberg entsteht daraufhin ein Briefwechsel, der von Goethes Seite starken Beicht- und

Bekenntnischarakter hat. In tagebuchartigen Abrissen und Stimmungsbildern schildert er dem Fräulein sein Leben, sein Befinden, seine »dumpfen« Gemütszustände, seine Zweifel und Pläne. »Meine Teure«, schreibt er nach Erhalt ihres Briefes, »ich will Ihnen keinen Namen geben, denn was sind die Nahmen Freundinn, Schwester, Geliebte, Braut, Gattin, oder ein Wort das einen Complex von all denen Nahmen begriffe, gegen das unmittelbare Gefühl [...] – ich fühle Sie können ihn tragen diesen zerstückten, stammelnden Ausdruck wenn das Bild des Unendlichen in uns wühlt. Und was ist das als Liebe!« Einer anderen Frau, der er ebenfalls keinen Namen geben kann, da sie gleichzeitig Freundin, Schwester, Mutter und Geliebter sein soll, wird er später an einem anderen Ort dem Ton nach ganz ähnliche Briefe schreiben. Deren idealisierte Leserin, eine Idealfigur von rezeptiver Weiblichkeit, soll den »stammelnden Ausdruck«, das »Bild des Unendlichen« abfangen und filtern und die Wogen des dumpfen, irritierenden Strebens und Fühlens geläutert zurückgeben. Je abstrakter dieses Gegenüber gedacht werden kann – und dem Stiftsfräulein wird Goethe nie persönlich begegnen –, desto geeigneter ist es als Projektionsfläche, als Gefäß fürs Ideale in weiblicher Gestalt. Da ihm bei »Gustgen«, wie er Auguste nennt, nun so völlig die Anschauung fehlt, bleiben Goethes Briefe sozusagen Monologe, und der Begriff des Tagebuchs, den er selbst wählt, trifft am besten auf sie zu. Und doch finden sich Züge dieser projizierten Idealfigur, wenn Goethe etwa schreibt: »Liebe! Liebe! Bleiben Sie mir hold – Ich wollt', ich könnt auf Ihrer Hand ruhen, in Ihrem Aug rasten.« Ihr Auge, ihre Hand bedeuten Frieden, Herzensfrieden. Darin liege auch der Sinn und Zweck seiner Briefe an sie: Das Niederschreiben seiner inneren und äußeren Wirren bannt schon die Geister der Unruhe: »Gut' Gustgen ich hab'ihnen beschrieben wie's um mich herum aussieht«, schreibt er einmal, »um die Geister durch den sinnlichen Blick zu vertreiben.«

Das allein ist nichts Neues. Spannungsgeladene Briefe als Momentaufnahmen in ähnlich knapper Form hat Goethe auch schon an Behrisch und Salzmann geschrieben. Hier aber richten sie sich an ein weibliches Wesen, einen »Engel«, der die Dumpfheit läutern kann, der alles Chaos rein zurückstrahlt. Der Mythos des Weiblichen bei Goethe nimmt hier seinen eigentlichen Anfang. Einmal in Goethes Leben wird er eine große Form annehmen; dies ist nur die Antizipation.

Im soeben zitierten Brief unterschreibt Goethe als »Der unruhige«. Alle Unruhe, Wanderschaft, Verworrenheit und Dumpfheit, die noch vorherrschen, treiben auf ein Ziel zu, das er ahnt und noch nicht kennt. Er wird es in Frankfurt nicht finden.

Goethe war grundsätzlich von zwei ganz konträren Frauentypen angezogen: der reizenden Mädchenfrau in der Blüte der Jugend, die sich dem Mann anschmiegt und die Bereitschaft zur bedingungslosen Liebe hat, und der in sich festen und sicheren, seelisch ebenbürtigen oder sogar überlegenen Frau, die »Engel«, Mutter, Schwester und Geliebte zugleich ist, und der er sich als Mann im Grunde bedingungslos hingibt. Die weiblichen Anteile in Goethe bedingten diesen erweiterten Gefühlshorizont, der nach bürgerlichen Maßstäben kaum umzusetzen und zu leben war. Goethe lebt ihn im Werk und schreibt ein »Schauspiel für Liebende«: »Stella«.

Darin geht es um zwei Frauen, die von demselben Mann verlassen worden sind, aber zugleich durch einen Zufall wieder mit ihm zusammentreffen. Die männliche Hauptfigur des Stückes, Fernando, ist vor Weislingen, Clavigo, Werther und später Eduard mit Abstand die »schwächlichste« Männergestalt in Goethes Werk, einer, der von den Frauen hierhin und dorthin getrieben wird, sich nicht entscheiden kann, zwei Frauen verläßt und unglücklich macht und, als er beide wiederfindet, sich wieder nicht entscheiden kann und am liebsten alles dem Zufall anheimstellen möchte. Goethe rechnet schonungslos mit »männlichen« Verhaltensmustern ab. Ihrer Getriebenheit und Blindheit, gerade in menschlichen Belangen, steht die sichere Verwurzelung der Frauen im Leben, ihre feste und geschlossene Art gegenüber. Stella ist die junge, schmiegsame, bedingungslos liebende Frau. Cezilie, mit der Fernando verheiratet ist und die eine Tochter mit ihm hat, ist die Verständige, Gefestigte, ist Zuflucht, Mutter, Freundin, Vertraute, doch auch sie liebt Fernando bedingungslos. Die größere Fähigkeit zur Liebe und Treue, die Goethe den Frauen zuschreibt, steht ebenfalls im Kontrast zum zersplitterten männlichen Wesen. Das »ewig Weibliche« ist das Prinzip der Liebe.

»Bin ich nicht elender, als ihr?« fragt Fernando, »Was habt ihr an mich zu fordern?!« Der Mann, so wird es in dem Schauspiel deutlich, besitzt zwar die äußere Freiheit, ist aber innerlich gefangen. »Welche Seligkeiten vereinigen sich um mich elend zu machen«, jammert der

»Held« zwischen seinen beiden Frauen. »Jede fordert mich ganz. Und ich? Und ich […] bin so kalt?«

Die Lösung für alle Beteiligten findet Cezilie, die sich längst mit ihrer Nebenbuhlerin solidarisiert hat, schließlich in einer Ehe zu dritt. Die großherzige, reife Frau bezieht die jüngere als Tochter und Nebenfrau des Gatten in ihr Leben ein und erfüllt damit dem Mann an ihrer Seite einen phantastischen Traum: Er muß auf keinen Pol des Weiblichen verzichten, er hat die Schmiegsame und die Feste, ihn Bergende. Er hat zwei Frauen im Bett und zudem die eigene Entschlußunfähigkeit, sein Hin- und Hergerissensein gelöst. Das waren Wunschträume des jungen Goethe.

Das Stück, das zu einem beträchtlichen Teil aus tränenreichen Tiraden der Frauen über ihr Schicksal besteht, hat aus heutiger Sicht einiges von einer Seifenoper. Erstaunlich ist vor allem, warum die beiden betrogenen Frauen, die Fernando gleichermaßen »über Nacht«, ohne ein Wort der Erklärung verlassen hat, um genauso plötzlich wieder aufzutauchen, ihm nicht einmal die Leviten lesen. Keine von beiden fragt auch nur, wo er gewesen ist, sondern jede nimmt ihn bedingungslos wieder an. Besonders die junge, unbedarfte Stella seufzt kuhäugig: »Gott verzeih dir's, daß du so ein Bösewicht und so gut bist.« Wenn man das so ungebrochen stehenläßt, läuft es auf folgendes hinaus: Die Männer können kommen und gehen, wie sie wollen, spontanen Impulsen nachgeben, sich auf die Lebensreise machen, während die Frauen abwarten müssen, was mit ihnen passiert. Sie ruhen ja so »ganz« in sich und sind allzeit bereit, den von der großen Lebensschlacht verwundeten Helden, aufzunehmen. Dabei kann von geschlagener Schlacht bei dem lebensuntüchtigen Fernando keine Rede sein, wohl aber bei Cezilie, die sich selbst und die halbwüchsige Tochter seit dem Verschwinden des Vaters mit der Herstellung von Häkeldeckchen, Stickereien und der Verdingung der Tochter als Gesellschafterin reicher Damen durchbringt, genauso wie Stella, die durch ihre Verbindung mit Fernando das Familienerbe und den familiären Beistand verloren hat und allein im Leben steht; sie hat ihr Kind von Fernando im Säuglingsalter verloren und besitzt gewissermaßen nichts mehr außer ihrer treuen Dienerschaft. Die Tochter von Fernando und Cezilie übrigens, die sich wohl im Kindesalter befindet, verkörpert die Unabhängigkeit von den Männern, da sie das Überleben ohne Vater gelernt hat. Sie kann nur unbeteiligte Bemerkungen daransetzen, wenn ihre Mutter seufzt: »Männer...« (worauf Stella eingeht: »Sie machen uns glücklich und elend.« Doch statt einer Vorausschau auf ein anderes, unabhängigeres Weiblichkeitsverständnis gewinnt man den Eindruck, als stehe dem Mädchen früher oder später eine »Zähmung der Widerspenstigen« bevor, und als sei ihre kühne Haltung nur das Vorrecht des Kindes.

Die Untreue der Männer und das Ausgeliefertsein der Frauen ist ein zentrales Thema des Stückes. Ungeachtet der Frage nach dem tatsächlichen Bestehen der geschlechtsspezifischen Polarität: Zerrissenheit – Ganzheit, Untreue – Treue, auch ungeachtet der Tatsache, daß Goethe hier ein deutliches Zeugnis seiner polygamen Neigungen ablegt, wird der Status der Frau in dem Schauspiel »Stella« thematisiert. Sie wird durch den Mann »erschlossen« (emotional und sexuell), darf aufgrund gesellschaftlicher Normen aber keine weiteren Erfahrungen mehr machen – und will es auch gar nicht, wie Goethe anzunehmen scheint. Sie bleibt gefühlsmäßig gebunden und de facto ausgeliefert an den Ersten und Einzigen. Wenn dieser sie verläßt, kommt zu der emotionalen Ausweglosigkeit die gesellschaftliche Schande hinzu. »Liebe, Zutrauen, Ehre, Stand, Vermögen« sind dahin.

Goethe problematisierte die »beklagenswerten« Umstände der Frauen. Es ist die Schuld der untreuen Männer und der scheinheiligen Gesellschaft, wenn eine Frau, verlassen und mit einem unehelichen Kind, im sozialen Abseits steht. Sie trieb nur die Liebe dorthin, und weibliche Liebe ist opferbereit und bedingungslos. Auch das unglückliche Gretchen wird schließlich sagen: »Alles, was mich dazu trieb, Gott! war so gut! ach war so lieb.«

Daß Männer nicht treu sein können, glaubte Goethe damals, denn er selbst konnte es nicht. »Wir glauben den Männern!« sagt Cezilie, »In den Augenblicken der Leidenschaft betrügen sie sich selbst, warum sollten wir nicht betrogen werden?!« Die zahlreichen Aufgaben und Möglichkeiten der Männer in der Welt, der Reiz der bunten Welterscheinungen, steht gegen die kleine geschlossene Welt der Frauen, die von vornherein wenig Wahl läßt.

»Ich bin ein Bösewicht und feig'«, bekennt Fernando, und angesichts solcher wuchtigen Sätze und des Problembewußtseins, das der Autor an den Tag legt, wird ersichtlich, was Goethe als Problem männlicher Identität empfand: das unbefriedigende, ziellose Streben und den tiefen Mangel, sich auf einen Punkt und eine Lebensform, auf eine Frau und ein Gefühl zu konzentrieren und in Übereinstimmung mit seinem gesellschaftlichen Ort zu bringen. Da die Frauen sich schließlich, wie er ja besonders deutlich am Beispiel Friederikes erleben mußte, in einer so grundlegend verschiedenen Situation befinden, wird die Differenz zur moralischen Wegscheide. Sie ist existentiell.

»Was ist der Mensch?« fragt Goethe. Wo sind die Grenzen seines Fühlens und Strebens – und verläßt er mit seinem Anspruch auf Unbedingtheit nicht den natürlichen Wirkungskreis? Die drei prototypischen Unbedingten in Goethes Werk stammen alle noch aus der Frankfurter Zeit: Werther, Prometheus und Faust. Werther, der unbedingt Liebende; Prometheus, der Herausforderer der Götter; und nun Faust, der wissen möchte, »was die Welt im Innersten zusammenhält«. Alle drei verkörpern in ihrem Streben, Drängen und Getriebensein den männlichen Bereich aktiver Weltaneignung, der in seinem unbedingten Anspruch im Grunde zum Scheitern bestimmt ist. Alle drei scheitern an ihrem unbedingten Anspruch, weil ihr Zugang zur Welt ein äußerer ist, dem das integrative Moment des Weiblichen fehlt. Das Ideal von Weiblichkeit, das Goethe dem drängenden Individuum, der Problematik des abendländischen (männlichen) Menschen gegenüberstellt, ist die Einheit der Gegensätze vor ihrer Entzweiung. Es trennt nicht Ich und Welt, Geist und Natur, Ideal und Wirklichkeit, während der männliche Geist gerade aus diesem Spannungsverhältnis seine Antriebskraft bezieht. Aber er reibt sich zugleich daran auf, denn sein ins Unendliche gerichtetes Streben findet weder Ziel noch Beruhigung, weder Gewißheit noch Befriedigung. Gretchen ist dem unbefriedigten Gelehrten Faust die Einheit, Ganzheit, »Natur«, bedingungslose, erlösende Liebe. Gerhard Kaiser deutet: »Was Faust haben will: das extensive Ganze, den Vereinigungs- und Realisationspunkt aller Möglichkeiten, des Fühlens, Tuns, Anschauens, Handelns usw., das hat Gretchen intensiv auf der Stufe einer noch vorbewußten und vorpersonalen Menschheit.« Das ist schon damals die Idee, und mit dieser Vorstellung vom Weiblichen hat Goethe zeitlebens zu tun.

Die junge Dame von Welt

Die Eltern Goethe erwarten langsam eine Schwiegertochter und die Gründung eines Hausstandes von ihrem Sohn. In Goethes Freundeskreis in Frankfurt ist zu dieser Zeit ein »Mariage-Spiel« unter den jungen Leuten populär. Man verbindet sich paarweise, was das Los entscheidet, und spielt so ein paar Wochen Ehepaar. Das Mädchen, mit dem Goethe auf diese Weise verbunden ist, lernen eines Tages auch die Eltern kennen, die schon entzückt sind und die Hochzeitsglocken läuten hören. Eine Tages entdeckt Goethe seine Mutter, als diese die alten Kinderwiegen der Familie vom Boden holt, abstaubt und kritisch begutachtet. Die seien völlig aus der Mode gekommen, zieht sich der Sohn vorerst aus der Affäre und vermeidet fernerhin das Thema Heirat und Familiengründung.

Von dem lieben und gesitteten Bürgermädchen, dem Ideal einer zukünftigen Gattin, treibt es ihn bald darauf in eine ganz neue Welt. Ein Freund führt ihn im Januar 1775 bei den Schönemanns ein, einer Bankiersfamilie aus der Frankfurter Großbourgeoisie. Die reizende und kesse Tochter ist sechzehn Jahre alt, doch trotz ihres jugendlichen Alters schon ganz Dame von Welt. Anna Elisabeth Schönemann, »Lili« genannt, zieht den jungen Dichter, der sich bald selbst nicht mehr kennt, gebieterisch und atemlos in einem Taumel durch die elegante große Welt. Im nahegelegenen Offenbach, wo durch die Regentschaft des Grafen Isenburg eine ungezwungenere Lebensart herrscht, wohnt Lilis Onkel d'Orville, in dessen Haus große Gesellschaften und Vergnügungstreffen aller Art stattfinden. Maskenbälle und die Operetten des Komponisten André im Offenbacher Schauspielhaus vervollständigen das gesellige Treiben. Lili ist schon damals eine starke Persönlichkeit. Sie hat auch etwas von einer kleinen Kokotte, die die Männer am Gängelband führt und sich ihrer Anziehungskraft durchaus bewußt ist. Goethe dürfte sich durch diese junge Dame zunächst in seinem männlichen Ehrgeiz angestachelt gefühlt haben. Er betritt das elegante Haus zum erstenmal, als Lili am Klavier sitzt, umgeben von einem Schwarm von Verehrern. Man will sich gleich sehr tief in die Augen gesehen und »erkannt« haben, auch die Umstehenden sollen das bemerkt haben; denn Goethe war auf einmal in dem Kreis sehr exponiert. Lilis fester Charakter und der tiefe Ernst im Grunde ihres Wesens steht für Goethe konfliktreich neben ihrer leichten, ja oberflächlichen Lebensart, die ihn doch wieder fasziniert. Er beschreibt eine Szene, die bezeichnend für Lili Schönemann ist: Bei Tisch führten einige der Herren »unziemliche« Gespräche oder äußerten etwas, was der jungen Dame mißfiel. Auf unschlagbare Weise drückte sie ihren Protest aus: »Ohne das holde Gesicht zu verändern, strich sie mit ihrer Hand gar lieblich über das Tischtuch weg und schob alles, was sie mit dieser sanften Bewegung erreichte, gelassen auf den Boden. Ich weiß nicht was alles, Messer, Gabel, Brot, Salzfaß …«. Goethe zählt diese »liebliche Unart« zu Lilis »anmutigsten Eigenheiten«.

Die Liebe zwischen Goethe und Lili Schönemann brach heftig und schnell aus. Sie war jedoch von zahlreichen äußeren Hindernissen und widersprüchlichen Gefühlen begleitet, und Goethe scheint hierunter sehr gelitten zu haben. Da ist der nuancenreiche, aber doch unverkennbare gesellschaftliche Unterschied: die Schönemanns als eine der ersten Familien der Stadt, dagegen die Goethes als gemessene Verdienstbürger und fast schon Emporkömmlinge. Zwar zählte Goethes Familie mütterlicherseits zu den obersten Regierungskreisen im Frankfurter Stadtrat, doch der Damenschneider in der väterlichen Seite wurde in der gesellschaftlichen Einordnung durchaus noch negativ berücksichtigt. Dabei sah es finanziell bei den Schönemanns keineswegs rosig aus, was allerdings niemand wußte. Der repräsentative Glanz des Hauses wurde aufrechterhalten, während es in Wahrheit dem Bankrott zustrebte.

Beide Familien waren gegen die Verbindung. Für Vater Johann Caspar Goethe ist Lili die »Staatsdame«, und er denkt mit großem Bedauern an das tüchtige Mädchen, mit dem der Sohn vor kurzem noch liiert war, und das er gerne als Schwiegertochter aufgenommen hätte. Lilis Familie, die das hübsche Mädchen gerade angesichts der angeschlagenen Geschäftssituation als Schachfigur auf dem Heiratsmarkt einsetzen wollte, hat sich der Verbindung der Liebenden geradezu vehement widersetzt. Lilis Brüder hassen Goethe und unterbinden wann immer sie können seine Zusammenkünfte mit Lili, die ohnedies immer nur im Rahmen großer Gesellschaften stattfinden.

Goethe selbst dagegen fühlt sich bei aller Selbstzufriedenheit über die erwiderte Liebe (die zwischen den jungen Leuten viel vom Trotz des Aufbegehrens hat) bald unendlich entfremdet von seiner eigentlichen Natur. Lilis leichtes Leben, das Scheinhafte und Grelle der Gesellschaften stehen seiner schöpferischen Welt, dem wahren Ich, der inneren Selbstbesinnung und dem Wunsch nach Steigerung auf einem steilen, selbstgewählten Weg entgegen, was Ausdruck in den Gedichten der Lili-Zeit findet:

Neue Liebe, neues Leben

Herz mein Herz was soll das geben?
Was bedränget dich so sehr?
Welch ein fremdes, neues Leben!
Ich erkenne dich nicht mehr.
Weg ist alles was du liebtest,
Weg worum du dich betrübtest,
weg dein Fleiß und deine Ruh ,
Ach, wie kamst du nur dazu!

Fesselt dich die Jugendblüte
Diese liebliche Gestalt,
Dieser Blick voll Treu und Güte
Mit unendlicher Gewalt?
Will ich rasch mich ihr entziehen.
Mich ermannen ihr entfliehen;
Führet mich im Augenblick,
Ach, mein Weg zu ihr zurück.

Und an diesem Zauberfädgen,
Das sich nicht zerreißen läßt,
Hält das liebe lose Mädchen
Mich so wider willen fest;
Muß in ihrem Zauberkreise
Leben nun auf ihre Weise.
Die Verändrung ach wie groß!
Liebe. liebe. laß mich los!

Es ist die Liebe in ihrer dämonischen Kraft, die ihn vom Wege abzubringen droht, von dem seinerseits dämonisch bestimmten Pfad. Auch ein anderes Gedicht ist von diesen Kontrasten Schein und Echtheit, Licht und Dämmerung geprägt:

An Belinden

Warum ziehst du mich unwiderstehlich,
Ach, in jene Pracht?
War ich guter Junge nicht so selich
In der öden Nacht?

Heimlich in mein Zimmergen verschlossen
Lag im Mondenschein.
Ganz von seinem Schauerlicht umflossen
Und ich dämmert ein.

Träumte da von vollen, goldnen Stunden
Ungemischter Lust.
Hatte schon dein liebes Bild empfunden
Tief in meiner Brust.

Bin ich's noch den du bei so viel Lichtern
An dem Spieltisch hältst
Oft so unerträglichen Gesichtern
Gegenüber stellst.

Reizender ist mir des Frühlings blüte
Nun nicht auf der Flur;
Wo du, Engel bist ist Lieb und Güte,
Wo du bist Natur.

Das ist dann doch eigentlich das letzte Wort. Aber Goethe spielt weiter den »ungeleckten« Bären in Lilis Menagerie. »An einem Seidenfaden ihr zu Füßen« – das ist aussagekräftig genug.

An Auguste schreibt er am 13. Februar und schildert anschaulich seine beiden Existenzen, die er derzeit lebt: »Wenn Sie sich, meine liebe, einen Goethe vorstellen können, der im galonierten Rock, sonst von Kopf zu Fuse auch in leidlich konsistenter Galanterie, umleuchtet vom unbedeutenden Prachtglanze der Wandleuchter und Kronenleuchter, mitten unter allerley Leuten, von ein paar schönen Augen am Spieltische gehalten wird, der in abwechselnder Zerstreuung aus der Gesellschaft, ins Conzert, und von da auf den Ball getrieben wird, und mit allem Interesse des Leichtsinns, einer niedlichen Blondine den Hof macht, so haben Sie den gegenwärtigen Fassnachts Goethe, der Ihnen neulich einige dumpfe tiefe Gefühle vorstolperte [...] Aber nun giebts noch einen, den im grauen Biber-Frack mit dem braunseidnen Halstuch und Stiefeln, der in der streichenden Februarlufft schon den Frühling ahndet, dem nun bald seine liebe weite Welt wieder geöffnet wird, der immer in sich lebend, strebend und arbeitend, bald die unschuldigen Gefühle der Jugend in kleinen Gedichten, das kräfftige Gewürz des Lebens in mancherley Dramas, die Gestalten seiner Freunde und seiner Gegenden und seines geliebten Hausraths mit Kreide auf grauem Papier, nach seiner Maase auszudrücken sucht, weder rechts noch lincks fragt: was von dem gehalten werde was er machte? weil er arbeitend immer gleich eine Stufe höher steigt, weil er nach keinem Ideale springen, sondern seine Gefühle sich zu Fähigkeiten, kämpfend und spielend, entwickeln lassen will.«

Die Lust am »Fastnachts-Goethe« muß stark genug gewesen sein. Er sagt es noch spät in einem der Eckermann-Gespräche, und auch aus den Erinnerungen Lilis als lebenserfahrene Dame und Baronin von Türckheim, geht hervor, wie heftig und bereit zum letzten Einsatz diese Leidenschaft von beiden Seiten gewesen sein muß. Sie wurde gesteigert durch den Widerstand der Umwelt und durch das Temperament der Beziehung dieser beiden Menschen. Goethes Sinne wurden angesichts der blonden jungen Schönheit genauso gereizt wie durch ihr widerspenstiges, entschiedenes Wesen. »Ich hätte mein Blut Gegeben, um ihre Beete zu begießen«, schreibt er im Gedicht, und es spricht alles dafür, daß auch sie zu allem bereit war. Sie soll im Freundes- und Familienkreis geäußert haben, sie würde alles stehen- und liegenlassen, um mit Goethe nach Amerika zu gehen, falls ihre Familie die Verbindung hintertreiben sollte. Heftig kam das wohl aus ihr heraus; das verwöhnte Mädchen wirft den Kopf zurück: Notfalls leben wir in der Fremde in einer wilden Ehe. War sie dem jungen Goethe nicht zum Greifen nahe?

Dieser ist inzwischen über beide Ohren verschuldet, denn um mit

Lilis Lebensstil nur halbwegs Schritt zu halten, leiht er sich ständig Geld bei Jacobi oder Frau von Laroche. Er muß dauernd seine Garderobe für die Gesellschaften erneuern, um nicht zu sehr gegen die übrige »Welt« abzustechen, und dann braucht er »Galanterie Bijouterie, das neuste, eleganteste« für Lili – alles Marotten, die der Vater gewiß nicht finanziert und von denen er auch gar nichts wissen soll, selbst die Mutter soll nichts davon erfahren.

Durch die Vermittlung einer Hausfreundin, der »Handelsjungfer« Delph aus Heidelberg, werden die beiden zur Ostermesse verlobt. Die Jungfer Delph erkennt die ungelöste Lage, bespricht sich mit den Eltern, ruft die Liebenden eines Abends zusammen und befiehlt ihnen, sich die Hände zu geben: »Ich stand gegen Lili über und reichte meine Hand dar; sie legte die ihre, zwar nicht zaudernd, aber doch langsam hinein. Nach einem tiefen Atemholen fielen wir einander lebhaft bewegt in die Arme.«

Die Ambivalenzen und Widerstände sowie Goethes ruhelose Entschlußunfähigkeit sind durch diesen Beschluß aber keineswegs bereinigt. An Knebel schreibt Goethe am 14. April: »Ich! – falle aus einer Verworrenheit in die andre, und stecke würcklich mit meinem armen Herzen wieder unvermuthet in allem Anteil des Menschen Geschicks, aus dem ich mich erst kaum gerettet hatte.«

»Auf dem Gipfel der Zustände hält man sich nicht lange.«, ist Goethes abgeklärter Kommentar dazu nach 40 Jahren weiterer Lebenserfahrung. Die äußeren Widerstände gegen eine Verbindung mit Lili waren durch die Kuppelei der Delphin formal behoben. Es kann also nur an Goethe selbst gelegen haben, daß er die Aussicht eines solchen Schrittes anzuzweifeln begann. »Denn sobald etwas Ideelles, wie man ein solches Verlöbnis wirklich nennen kann, in die Wirklichkeit eintritt, so entsteht, wenn man völlig abgeschlossen zu haben glaubt, eine Krise.« Goethe hat Angst vor der Endgültigkeit, vor der förmlichen Bindung fürs Leben, bei der er das Gefühl haben muß, sie dämme den natürlichen Lebensfluß ein; denn Leben ist »Gestaltung, Umgestaltung« – Worte, die er später finden sollte, als er imaginär in die tiefsten Bezirke des Daseins, zu den »Müttern« hinabsteigt. So sehr es ihm weh tut, er kann sich Lili nicht fürs Leben versprechen. Er müßte ja auch seine Lebensform festlegen – Bürger in Frankfurt, ein städtisches Amt, Familienvater. An Herder schreibt Goethe schon am

12. Mai: »Dem Hafen häuslicher Glückseeligkeit, und festem Fuse in wahrem Leid u. Freud der Erde wähnt ich vor kurzem näher zu kommen, bin aber auf eine leidige Weise wieder hinaus in's weite Meer geworfen.« Das ist bereits ein Urteil wie aus der Distanz, als ob er die Aussicht auf häusliche Freuden schon aufgegeben hätte.

Im gleichen Monat bricht Goethe zu einer Reise in die Schweiz auf. Er braucht Abstand zu Lili, will mit sich ins reine kommen, nachdenken, wie es weitergeht. Da er mit den Brüdern Stolberg reist, Augustes Brüdern, die im Habitus auch zu den Stürmern und Drängern gehören, wird die Reise eine regelrechte Junggesellen-Tour. Man spielt Bürgerschreck, mit ungekämmten Haaren, Stulpenstiefeln und groben Manieren. Der »ungeleckte Bär am Seidenfaden« kann sich da wieder einmal ausleben: Trinken, Reiten, Nacktbaden in den Schweizer Bergseen. Die jungen Männer nehmen Rousseaus »Zurück zur Natur!« wörtlich und gründen eine neue, »natürliche« Lebensphilosophie. Die Schweizer Bauern und Bürger sehen das ein bißchen anders und sind ebenso empört wie später die Weimarer Bürger. Doch Stürmer und Dränger provozieren gern Skandale.

Auf der Hinreise macht man in Karlsruhe halt, um den Weimarer Erbprinzen zu treffen, der dort Prinzessin Luise von Hessen-Darmstadt heiraten wird. Carl August spricht eine Einladung aus. Wenn Goethe von der Schweizer Reise zurück sei, solle er ihm doch einen Besuch am Weimarer Hof abstatten. Goethe nimmt das Angebot als unbestimmte Aussicht an und zieht weiter seiner Wege, über Mannheim nach Emmendingen zu seiner Schwester Cornelia. Der Zustand, in dem er Cornelia antrifft, ist noch schlimmer, als er befürchtet hat, und so hält er zunächst seine eigenen Herzensangelegenheiten zurück. Cornelia ist in dem badischen Städtchen einsam und ohne Beziehung zu ihrem vielbeschäftigten Mann. Sie ist gerade zum erstenmal schwanger. Der unausgesprochene Vorwurf tritt Goethe angesichts des Zustandes Cornelias entgegen, daß er das innige Geschwisterverhältnis aufgebrochen, sie verlassen habe, und daß sie das Unglück, das sie erfährt, überall erfahren würde. Als er Cornelia von Lili erzählt, bestärkt ihn Cornelia ohne Zögern in dem Vorsatz, Lili zu verlassen, ja sie »befiehlt« es ihm. Sie hätte das wohl bei jeder Braut des Bruders getan, denn sie kennt Lili gar nicht. Nach einigen Tagen des Aufenthalts in Emmendingen ist Goethe froh, diesen traurigen Schauplatz verlassen zu können.

In der Schweiz kann er aufatmen, Kraft sammeln, und das nun im doppelten Sinn. Er hat einen Talisman von Lili dabei – ein Kettchen mit einem goldenen Herzen. Er befragt die Götter, das Schicksal und sein Inneres, was werden soll, was kommen muß – und findet keine Antwort. »Liebe! Liebe! laß mich los!«

Als er mit dem Frankfurter Theologen Passavant, einem Adlatus Lavaters, den er in Zürich getroffen hat, auf dem Gotthard steht und nach Italien hinüberblickt, erwägt er kurz, jetzt seine noch anstehende italienische Reise zu machen. Aber es zieht ihn »heim«, zurück zu Lili, er muß zuerst Klarheit gewinnen.

Lilis Familie indes, die bei aller Voreingenommenheit gegen den Dichter nicht gerade dadurch milder gestimmt wurde, daß dieser in der entscheidungsreichsten Zeit und kaum mit einem Wort des Abschieds zu seiner Schweizer Reise aufgebrochen war, hatte auf Lili während Goethes Abwesenheit entsprechend eingewirkt. Ihre Verbindung mit Goethe sei aussichtslos, und sie solle vernünftig sein. Lili will aber noch keineswegs vernünftig sein. Noch wollen beide alles voneinander abhängig machen. Die Liebenden treffen sich und bekennen erneut ihre Gefühle füreinander. Im September schreibt Goethe an Auguste von Stolberg: »Heut vor acht Tagen war Lili hier. Und in dieser Stunde war ich in der grausamst feyerlichst süsesten Lage meines ganzen Lebens.« Lili bekennt zwanzig Jahre später einer Freundin, Goethe allein habe in ihrem Verhältnis Sorge getragen, daß sie »ohne Schaden ihrer bürgerlichen Ehre daraus hervorgegangen sei.« Das heißt dann auch, daß Goethe die Verlobung mit so viel Takt als möglich löst, ohne Lili zu diskreditieren. Ihr Leben soll sich wie ein Roman fortsetzen. Nicht lange nach Goethes Weggang aus Frankfurt machen die Schönemanns Bankrott, und der prächtige Hausrat wird versteigert. Einer der Brüder Lilis schießt sich eine Kugel in den Kopf, weil er die Bücher gefälscht hat. Glücklicherweise ist Lili noch kurz vor der Katastrophe günstig verheiratet worden – mit dem Baron von Türkheim aus Straßburg.

Aus seinen jammervollen Gefühlen heraus verfertigt Goethe eine von tiefempfundener Erotik getragene Übersetzung des Hohen Liedes Salomons. Weltlich-mystisch ist die liebende Vereinigung der Ehegatten auf dem Weinberg, im Olivenhain. In den Briefen an Gustgen deutet sich indessen ein ferner Ausweg an, das Programm einer ganz neuen Lebensphase, einer Geistes- und Seelenhaltung. Goethe erwartet etwas Unbestimmtes, eine Sammlung, Kontraktion, den nie erreichten Seelenfrieden nach den kaum verwundenen Wirren. Er sucht die Frau, die ihm Frieden gibt, ihn läutert, beruhigt und Klarheit und Reinheit verleiht. Daß er im Dunkeln tappt, ein »Armer verirrter verlohrner« ist, von seinen Gefühlen, »den Wogen der Einbildungskraft und überspannten Sinnlichkeit« wie zwischen Himmel und Hölle hin und her getrieben wird, bekennt er, und diese Bekenntnisse sind quasi-religiöse Seelenergüsse, fast nach dem Vorbild seiner pietistischen Zeitgenossen. An Gustgen schreibt er: »Und doch Liebste, wenn ich wieder so fühle dass mitten in all dem Nichts, sich doch wieder so viel Häute von meinem Herzen lösen, so die convulsiven Spannungen meiner kleinen närrischen Composition nachlassen, mein Blick heitrer über Welt, mein Umgang mit den Menschen sichrer, fester, weiter wird, und doch mein innerstes immer ewig allein der heiligen Liebe gewiedmet bleibt, die nach und nach das Fremde durch den Geist der reinheit der sie selbst ist ausstöst und so endlich lauter werden wird wie gesponnen Gold. – Da lass ich's denn so gehn.« Es ist eine ganz andere Vorstellung der Liebe, »heilige Liebe«, »hinanziehende«, steigernde Liebe. Und wenn er im selben Brief an Gustgen schreibt, sie sei das einzige weibliche Geschöpf, das ihn »aus tiefer Not« retten könne, dann ist das eine Antizipation. Auguste, die im Grunde reine Projektionsfläche ist, noch nicht einmal gleichberechtigte Briefpartnerin, repräsentiert etwas, wovon Goethe in dem Moment schon eine Ahnung hat, etwas, das kommen, das er suchen wird.

Der »Geist der Reinheit« als Ausdruck eines Ideals der Seelenharmonie, der Ausgeglichenheit der Kräfte, steht, unabhängig von Goethes persönlicher Entwicklung, zugleich auch für ein ästhetisches Programm. Der »dumpfe« Selbstausdruck der »Sturm und Drang«-Epoche wandelt sich zur objektivierten Gesetzlichkeit, zu Maß und Stil der Weimarer Klassik. Wie eng auch hier Werk und Leben bei Goethe zusammenhängen, wird noch deutlich werden. Zunächst führen solche Ahnungen Goethe zu einem neuen Lebensabschnitt, zu einem ganz anderen Selbst. Daneben verlangt es ihn nach einem ebenbürtigen und in mancher Hinsicht überlegenen weiblichen Du.

Der angehende Herzog von Weimar, der, von Karlsruhe mit seiner Angetrauten kommend, die Rückreise in die thüringische Heimat antritt, wiederholt seine Einladung, der Dichter möge ihm nach Weimar folgen. Goethe zögert noch immer. Wegen Lili hat er den »Scheideblick nach Italien« am Sankt Gotthard getan und auf die verlockende Reise verzichtet. Wegen Lili möchte er am liebsten wieder fort, gleichgültig wohin, und ein wenig kokettiert er jetzt mit dem Zufall. Ob nach Süden oder »Norden«, Italien oder Weimar, die Götter werden wissen, wohin es ihn treibt, geprüft haben sie ihn vorerst genug.

Ein in Karlsruhe zurückgebliebener Kavalier, so wird vorerst verabredet, werde Goethe in Frankfurt mit dem Wagen abholen und nach Weimar bringen. Goethe hält sich bereit. Noch einmal, abends, schleicht er heimlich zu Lilis Haus und vor ihr Fenster. Er sieht den Schattenriß ihrer Gestalt am Klavier, hört sie spielen und singen. In seinen weiten Mantel gehüllt, schleicht Goethe in der Dunkelheit nach Hause.

Acht Tage vergehen, und noch immer bleibt der versprochene Wagen der Weimarer Hofgesellschaft aus. Johann Caspar Goethe sieht all seine Vorurteile gegen die Aristokratie bestätigt: Sie spielen mit uns, wie's ihnen beliebt. Kein Verlaß ist auf die fürstlichen Herren, und so halte man sich, wo es geht, von ihnen fern. Mit halbem Entschluß stellt sich sein Sohn nun doch auf die Italienreise ein. Er packt seine Sachen und begibt sich nach Heidelberg, weil dies die erste Station auf seiner Reise in den Süden ist, aber auch um in Erinnerung an Lili die »Handelsjungfer« Delph noch einmal zu besuchen und weil er hofft, den weimarischen Kavalier auf der Rückfahrt von Karlsruhe in Heidelberg anzutreffen.

Mit dem Favoritentum an Fürstenhöfen war es damals folgendermaßen bestellt: Die aufgeklärten Fürsten suchten unentwegt nach vielversprechenden Geistern, um Anregung für die Kultur ihres Hoflebens wie für die Regierungsgeschäfte zu finden. Auch der meiningische Herzog interessierte sich damals für Goethe, ebenso wie der kulturbeflissene Kurfürst Carl Theodor von der Pfalz mit seiner Residenz in Mannheim.

Goethe hatte vielleicht noch keine konkreten Vorstellungen, was er an einem Fürstenhof gestalten, wie er sich verwirklichen sollte, denn die Reise nach Weimar war als Besuch vorgesehen, vorerst nichts weiter. Aber seine Aussichten in Frankfurt beurteilte er nicht gerade positiv. Daß er nach Alternativen suchte, ist klar, und ein Leben am Hofe mit Einfluß und Aufgaben und der Möglichkeit, eine Vielzahl von Talenten anzubringen und die eigene Persönlichkeit zu entfalten, war eine zukunftsträchtige und verlockende Aussicht.

Nicht lange nach Goethes Ankunft bei der Jungfer Delph in Heidelberg reißt man ihn nachts aus dem Schlaf. Der Postillon bringt einen Brief aus Frankfurt, wo der Höfling, der ihn abholen sollte, mittlerweile eingetroffen ist. Es hatte sich nur der neue Wagen verspätet, und man bittet ihn zurückzukommen, um nach Weimar weiterzureisen. Die Delphin redet auf den Entschlossenen ein, der sich schon angezogen, schon sein Gepäck auf den Postwagen hat packen lassen. Er solle der Einladung, meint die Jungfer, auf keinen Fall folgen, sondern bleiben, die geplante Reise nach Italien antreten und sich danach ganz ihren weiteren Verfügungen überlassen. Die Jungfer ist emsig und umsichtig, sie kuppelt gern – in Geschäften, Übereinkünften, in Liebesangelegenheiten und Heiraten. Sie denkt zum einen an die zu erwartende Gunst des Mannheimer Kurfürsten und zum anderen an ein Fräulein von W., mit dem Goethe sich vielleicht verbinden könne, dessen aufkeimende Neigungen nach seiner Rückkunft sicher... Nichts da, ruft Goethe, mitten in der Nacht hellwach und entschlossen. Der Postillon wartet und macht schon ein ungeduldiges Zeichen. Kein Kurfürst Carl Theodor und kein Fräulein von W.... Das hier, Weimar, ist der Ruf des Schicksals. An dieser Stelle seiner Lebensbeschreibung zitiert er die Worte Egmonts aus dem gleichnamigen Trauerspiel, das er noch zwischen Lili und Italien, Frankfurt und Heidelberg niedergeschrieben hat (und will sie der Jungfer Delph beim Herausstürmen entgegengerufen haben):

»Kind, Kind! nicht weiter! Wie von unsichtbaren Geistern gepeitscht, gehen die Sonnenpferde der Zeit mit unsers Schicksals leichtem Wagen durch, und uns bleibt nichts, als mutig gefaßt die Zügel festzuhalten und bald rechts, bald links, vom Steine hier, vom Sturze da, die Räder wegzulenken. Wohin es geht, wer weiß es? Erinnert er sich doch kaum, woher er kam.«

Reinheit

Weimar. Vorgeschichte

Goethes Begegnung mit Weimar hat eine lange Vorgeschichte. Sie ist voller Mystifikationen, Vorausdeutungen und rätselhafter Zeichen. So jedenfalls erscheint diese Vorgeschichte, wenn man Goethes rückblickende Betrachtung heranzieht – freilich eine literarisierende Betrachtung, die dem Leben poetische Dichte verleiht. Zufall oder Schicksal, fragt man schon angesichts der abenteuerlichen Wendung der Dinge in Heidelberg, als Goethes weiteres Leben in der Stadt, die für ihn so bedeutsam werden sollte, buchstäblich in letzter Minute entschieden wurde. Für ihn, der einen starken Glauben an geheimnisvolle Zeichen und einen höheren Zusammenhang, auf den sie verweisen, hatte, spricht das Schicksal eine klare Sprache im Hinblick auf die Frau, die ihm in Weimar begegnen und die nächsten zehn Jahre nachhaltig prägen sollte: Charlotte von Stein. Wir, in unserer entmystifizierten Weltsicht, neigen dazu, die Verkettungen anders zu sehen: Goethes unbewußte Suche nach einem Ideal von Weiblichkeit, wie es sich schon in den Briefen an Auguste von Stolberg ankündigt, hatte längst ein Bild entworfen, dessen Manifestation in der Wirklichkeit zu suchen er sich (unbewußt) vornahm. Die Hinweise auf die Frau, die dazu bestimmt war, es auf ganz eigene Art zu verkörpern, kamen dann von seiten eines Dritten. Das weitere ergab sich.

Besonders spektakulär war das Weimarer Herzogtum unter den unzähligen deutschen Kleinstaaten nicht. Es war ein Zwergstaat von politischer Bedeutungslosigkeit und für den freien Reichsstädter Goethe tiefste Provinz. Herzogin Anna Amalia hatte die Grundlage zum späteren Weimarer Musenhof geschaffen. Mit achtzehn Jahren Witwe geworden, hatte sie, allen Ratschlägen zum Trotz, 1758 nach dem Tod ihres Gatten Ernst August Constantin von Sachsen-Weimar-Eisenach die Regentschaft übernommen. Sie hatte Christoph Martin Wieland als Prinzenerzieher nach Weimar geholt und war eine rührige und aufgeklärte Fürstin, die so manchen Bürgerlichen an ihrem Hof förderte und vor allem kulturell aufgeschlossen war. Carl August, der kurz zuvor die Regentschaft übernommen hatte, wurde auch darin ihr Erbe.

Charlotte von Stein, eine geborene von Schardt, lebte seit ihrer Jugend am Weimarer Hof. Sie war mit sechzehn Jahren Hofdame bei Anna Amalia geworden und hatte die höfischen Umgangsformen von der Pike auf gelernt. 1775, als Goethe sie kennenlernte, war sie dreiunddreißig Jahre alt und seit über zehn Jahren mit Josias von Stein verheiratet, der am Weimarer Hof das Amt des Oberstallmeisters innehatte. Nach sieben Geburten in neun Ehejahren war sie körperlich und seelisch geschwächt und fuhr regelmäßig zur Erholung in ein Kurbad, wo sie der berühmte Modearzt Zimmermann 1773 kennengelernt hatte. Johann Georg Zimmermann, der Goethe zwei Jahre später von der Baronin erzählte, war königlicher Leibarzt am Hofe des Kurfürsten von Hannover, aber auch als Schriftsteller erfolgreich. Er machte sich besonders als Vertrauter der Damen aus besseren Kreisen einen Namen, denn er war ein verbindlicher Gesprächspartner, Charmeur und Mann von Welt. »Er bezaubert alle Welt, sonderlich die Weiber«, schrieb Goethe, als er den Siebenundvierzigjährigen in Straßburg traf. Zimmermann also lernte Frau von Stein 1773 bei ihrem ersten Kuraufenthalt in Bad Pyrmont kennen. Er behandelte sie und führte einige ernste Gespräche mit ihr, in deren Verlauf er einerseits die Ursache ihrer gesundheitlichen und seelischen Erschöpfung erfuhr und zudem von ihr als Frau immer mehr fasziniert war. Die letzte Geburt des jüngsten Sohnes Fritz (vier ihrer sieben Kinder waren schon kurz nach der Geburt gestorben) war gerade ein paar Monate her, und Charlotte war seitdem stets kränkelnd und erschöpft. Zimmermann muß es geschafft haben, die Kräfte dieser feinsinnigen und kultivierten Frau wieder zu wecken. Daß sie sich wieder stärker ihren schöngeistigen Interessen zuwenden solle, daß sie sich erholen und sammeln und die Belastungen einer weiteren Schwangerschaft unbedingt vermeiden müsse, etwa diese Ratschläge wird er ihr in ihren Gesprächen gegeben haben, denn genauso verhielt sie sich nun, und mit der Patientin ging es auch nach und nach aufwärts. Der Arzt und die Baronin standen seit ihrem ersten Treffen im Briefwechsel und trafen sich im folgenden Jahr im Kurbad wieder.

Goethe traf Zimmermann auf dem Rückweg seiner Schweizer Reise in Straßburg. Der Arzt zeigte dem Dichter unter vielen anderen Silhouetten einen Schattenriß der Charlotte von Stein, von dem dieser angeblich unmittelbar tief beeindruckt war. Was Zimmermann von der Weimarer Hofdame erzählte, wird in etwa dem entsprochen haben, was er an Lavater schrieb: die Dame sei empfindsam, ernst und seelenhaft, »elegant mit Simplicität«.

In der Zwischenzeit machte er Frau von Stein in beinahe aufdringlicher Weise auf Goethe aufmerksam. Charlotte hatte den »Werther« gelesen und war von der Lektüre wie viele ihrer Zeitgenossen beeindruckt und aufgewühlt. Sie fragte ihren Briefpartner Zimmermann nach seinen Empfindungen bei der Lektüre des Romans und nach dem Autor, über den sie gerne mehr wissen, den sie gern kennenlernen möchte. Zimmermann antwortet darauf: »Sie verlangen, daß ich Ihnen von Goethe rede? Sie möchten ihn sehen? Ich werde sogleich über ihn berichten. Aber, arme Freundin, Sie bedenken es nicht. Sie *wünschen*, ihn zu sehen, und Sie wissen nicht, bis zu welchem Punkte dieser *liebenswürdige* und *bezaubernde* Mann Ihnen *gefährlich* werden könnte! – Ich schneide einen Stich aus Lavaters »Physiognomik« heraus, um Ihnen mit dieser Adlerphysiognomie Geschmack zu machen.« Darauf folgt eine Beschreibung Goethes »Original-Genie«, als das er damals in aller Munde war: jemand, der in allen Künsten und Wissenschaften gewandt, nebenbei Rechtsgelehrter ist, ein Allround-Talent vom Kupferstechen übers Dichten bis zum Gipsgießen und Holzschneiden – »Kurz, er ist ein *großes* Genie, aber ein *furchtbarer* Mensch.« Bei dieser Charakterisierung stützt sich Zimmermann auch auf andere Berichterstatter, hier auf einen »Fremde(n)«, da auf eine »Frau von Welt«, und das zeigt, wie spekulativ, voll von Gesellschaftsklatsch und Indiskretionen, die er schließlich selbst begeht, Zimmermanns Darlegungen sind. »Eine Frau von Welt« also, »die ihn oft gesehen hat, hat mir gesagt, daß Goethe der schönste, lebhafteste, ursprünglichste, feurigste, stürmischste, sanfteste, verführerischste und für ein Frauen*herz gefährlichste* Mann sei, den sie in ihrem Leben gesehen habe.«

Was sollte Charlotte davon halten? Anspielungen wie diese gehören zum halb-erotischen Umgangston des Rokoko. Aber der Arzt forderte sie heraus, er stachelte sie an. Und die Dame hätte wahrlich »von Stein« sein müssen, wenn sie die hier beschriebene Aussicht nicht gereizt hätte. Vierundzwanzig Jahre sei der Dichter alt, so der Fremde nach Zimmermanns Bericht. Tatsächlich war er fünfundzwanzig, Charlotte war sieben Jahre älter. Ihr Leben bewegte sich in festen Bahnen. Sie war innerlich und äußerlich dem Hofleben verpflichtet, Aristokratin durch und durch und am Weimarer Hof geradezu eine Integrationsfigur durch ihre diplomatische Art und die perfekte Beherrschung der höfischen Spielregeln. Nach den Vorstellungen ihrer Zeit war ein Großteil ihrer weiblichen Existenz nach zehnjähriger Ehe und sieben Geburten schon gelebt. Was blieb, war ihre höfische Aufgabe und die durch den Arzt Zimmermann bestärkte Besinnung auf sich selbst und ihre geistigen Interessen. Ihr Ehemann teilte diese kaum. Er war ein höflicher Mensch und stattlicher Kavalier, der seine Stellung und Pflichten am Weimarer Hof ernst nahm und sich darüber hinaus von Amts und Standes wegen für Viehzucht, Ackerbau und Pferde interessierte. Er hielt seine Frau in Ehren, doch ihrem geistigen Feinsinn war er kaum gewachsen. Man erwartete dergleichen nicht in einer Ehe. Diese war ein Arrangement, in aristokratischen Kreisen besonders. Im intellektuellen wie im emotionalen Bereich lag vieles brach in dieser Frau, die der gewitzte Zimmermann für Goethe »entdeckt« zu haben glaubte.

Im »Torquato Tasso« steht der oft zitierte Satz, mit dem Charlotte berechtigterweise in Zusammenhang gebracht wird: »Willst du genau erfahren, was sich ziemt, so frage nur bei edlen Frauen an.« Das klingt für uns vordergründig-gouvernantenhaft, so als ob die beschriebene Frau eine viktorianische Benimm-Dame gewesen wäre. Es war aber weitaus mehr an ihrem Umgang. Die feine Lebensart, die Kultiviertheit zusammen mit gesellschaftlicher Sicherheit, die sie verkörperte, hatte gar nichts Sprödes oder Jüngferliches, sondern etwas durchaus souverän Weltliches, das Goethe immer imponierte; in leisen Tönen – »elegant mit Simplicität«.

Charlotte von Stein war eine elegante Erscheinung. Noch bis ins hohe Alter ging sie meistens weiß gekleidet, stilvoll und ohne Extravaganzen. Ihr angeblich so »mager(er)« Körper (Zimmermanns Beschreibung) wirkt auf Ganzkörpersilhouetten eher reizend geformt und wohl proportioniert. Sie war klein und zierlich, und ihr »zephirhafter Gang« kam unter anderem vom Tanzen, das sie schon als sehr junge Hofdame bei Anna Amalia beinahe professionell praktizierte und das sie in die Lage versetzte, Solopartien zu tanzen oder im

Hofballett einzuspringen. Sie war dunkelhaarig und von eher dunklem Teint, was für ihre Zeit nicht unbedingt dem Ideal entsprach; die »sehr roten Wangen«, die Zimmermann beschreibt, dürften auf Kosmetik zurückzuführen sein.

Mit den Zimmermann'schen Informationen im Kopf also versuchte Goethe, den Schattenriß der Charlotte von Stein zu deuten. Wie der emsige Zimmermann der Frau von Stein dann auch brieflich berichtete, schrieb er angeblich unter ihre Silhouette: »Es wäre ein herrliches Schauspiel zu sehen, wie die Welt sich in dieser Seele spiegelt. Sie sieht die Welt, wie sie ist, und doch durch's Medium der Liebe. So ist auch Sanftheit der allgemeinere Eindruck.« Lavater schließlich muß Goethe entweder während dessen Schweizer Reise oder nach seiner Rückkehr ebenfalls eine Silhouette der Stein und eine der berühmt-berüchtigten Marchesa Branconi übergeben haben, denn Goethe stellt in einem Brief an Lavater vom 31. Juli 1775 die Deutungen der beiden Bildnisse nebeneinander, um ihren Kontrast auszudrücken. Zwei ganz konträre Repräsentantinnen des weiblichen Geschlechts werden hier einander gegenübergestellt, und es ist anzunehmen, daß Goethe sein Urteil mehr auf die jeweilige Reputation der Damen stützt als auf zwei Scherenschnitte. So steht die feinsinnige und gesittete Hofdame gegen die kokette und einflußreiche Mätresse.

Folgendes also schrieb Goethe:

»Hier über die Silhouetten der Fr. v. Stein und Marches. Brankoni. such sie gleich auf, und leg sie hierüber.

Stein	Brankoni
Festigkeit	unternehmende Stärcke
Gefälliges unverändertes Wohnen des Gegenstands	Scharf nicht tiefsinn
Behagen in sich selbst.	Reine Eitelkeit
Liebevolle Gefälligkeit	Feine verlangende Gefällig(kei)t
Naivetät und Güte, selbst-fliesende Rede	Wiz, ausgebildete Sprache, Wahl im Ausdruck.
Nachgiebige Festigkeit.	Widerstand
Wohlwollen.	Gefühl ihrer selbst.
Treubleibend	Fassend und haltend
Siegt mit Netzen	Siegt mit Pfeilen.«

Über Entsprechung oder Nicht-Entsprechung dieser beiden Charakterisierungen mit den lebenden Originalen muß hier nicht diskutiert werden, auch nicht über die Zuverlässigkeit physiognomischer Studien im Sinne von Lavater oder die Frage, inwieweit Goethe in seiner Einschätzung von den Vorab-Informationen geprägt war, die er von den beiden Damen hatte. Dagegen ist es aufschlußreich, die linke und die rechte Seite dieses Katalogs auf zwei gegenläufige Verkörperungen von Weiblichkeit hin zu betrachten, die Goethe hier einander gegenüberstellt. Die Feste und die Kapriziöse, die Liebende und die Kokette, die Bergende und die Widerständige, die Gefällige und die Eitle … Wohlwollen steht gegen Selbstgefühl, das Ruhen in sich selbst gegen Eigendynamik und die Treue gegen das Besitzergreifen. Welchen Typ Goethe bevorzugt, ist leicht zu beantworten. Die Frau, welche weiblich geschickt und »mit Netzen« siegt, welche den Mann aufnehmen, ist der anderen, die »mit Pfeilen« siegt, unendlich überlegen, denn nach der oben angeführten Auflistung von Attributen der Leere und Oberflächlichkeit ist die mit Netzen Siegende schließlich auch das, was der Mann sich auf lange Sicht ersehnt, nicht der kurze, eitle Rausch mit dem offensiv Weiblichen, das im übrigen viel zu gefährlich ist. Eine solche Frau kann einem schließlich auch »die Seele aus dem Leibe winden« – wie Goethe über die Marchesa Branconi sagte. Er ging ihr nach der ersten Begegnung mehrfach aus dem Wege, denn sie war eine, die »mit Pfeilen siegt«, und sie wußte, was sie wollte …

Eine ungeheure Kuppelei jedenfalls, die der mondäne Zimmermann eingefädelt hatte, lief im Vorfeld der ersten Begegnung zwischen Goethe und Charlotte von Stein. Beide hatten ausgiebig Gelegenheit, sich Vorstellungen vom anderen zu machen. Die Informationen hierzu erhielten sie durch gezielte Informationsschübe häppchenweise. Die Richtung bestimmte der Arzt mit psychologischem Spürsinn. Nachdem er der Baronin also berichtet hat, was Goethe unter ihre Silhouette schrieb, erzählte Zimmermann weiter: »Ich habe in Frankfurt bei Herrn Goethe gewohnt, einem der außerordentlichsten und gewaltigsten Genies, die jemals durch die Welt gegangen sind. Er wird sicherlich kommen, Sie in Weimar zu besuchen. Dann erinnern Sie sich daran, daß alles, was ich ihm von Ihnen in Straßburg erzählt habe, ihm drei Nächte lang den Schlaf geraubt hat.«

Beide hatten nun große Erwartungen. Für die Weimarer Hofdame war Goethe nach allem, was sie wußte, das freie Genie, der feurige Mann, reizvoll unkonventionell und daher mit Abstand zu betrachten. Sein gutes Aussehen und seine offenbare Wirkung auf Frauen mußten sie genauso anziehen wie seine geistige Exklusivität. Genies, sagt man – so Zimmermann mit selbstgeschaffener Distanz –, sind »furchtbare Menschen« und also nicht mit normalem Maß zu messen. Er betont Goethes hinreißende Wirkung, bei der Mann und Dichter, das Charisma der Persönlichkeit, Anziehung und Geistesgröße eins sind – und gerade die Betonung der »Gefahr« muß Charlotte bei allem Tändelhaften in Zimmermanns Tonfall erwartungsvoll und fieberhaft gespannt stimmen – trotz ihrer kontrollierten Affekte …

Der Satz, den Goethe unter die Silhouette der Charlotte von Stein schreibt, wird sinnfällig für die ganze Beziehung: »Es wäre ein herrliches Schauspiel zu sehen wie sich die Welt in dieser Seele spiegelt.« Seine Welt sollte sich in ihrer Seele spiegeln, denn für die wiederholten Spiegelungen seines Lebens, seiner Dichtung brauchte er ein weibliches Du.

Die Spannung zwischen diesen beiden Menschen entstand aus dem Kontrast ihrer beider Existenzen und ihres bisherigen Lebensverlaufs: der Dichter, das Original-Genie, ein weitgehend ungezähmter junger Mann, der bisher frei gelebt hatte, zwischen den Ständen und auf der Suche nach sich selbst, der Kunst und seiner Verwirklichung sowie seinen Impulsen gehorchend – und die vollendete Weimarer Hofdame, der Form, dem Stil und ihrer Stellung verpflichtet. Dieser spannungsgeladene Gegensatz wurde die Ausgangsbasis einer großen Liebe.

Goethes Ankunft in Weimar

Am 7. November 1775 um fünf Uhr morgens trifft Goethes Reisewagen in der thüringischen Residenzstadt ein. Er steigt zunächst im Haus des Hofbeamten von Kalb ab und bezieht dann Quartier im Gasthaus »Zum Sächsischen Hof« nahe der Stadtkirche.

Ob ihn der erste Eindruck des Städtchens besonders begeistert hat, ist fraglich. Rund sechstausend Einwohner hatte Weimar zu der Zeit, eine Kleinstadt, welche Herder ein »Mittelding zwischen Hofstadt und Dorf« nannte, denn sie war ärmlich und ländlich geprägt. Auf den ungepflasterten, verwinkelten Straßen lief das Vieh frei herum, es gab keine Straßenbeleuchtung und keine befestigten Wege. Das herzogliche Schloß, das fast ein Drittel der Stadt einnahm, war zwei Jahre zuvor abgebrannt, und die herzogliche Familie hatte ein Interimsquartier im Roten Schloß bezogen. Vier Stadttore gab es innerhalb der mittelalterlichen Stadtbefestigung, die man nur zu bestimmten Zeiten passieren durfte, sonst mußte man ein Bußgeld zahlen. Es gab noch eine Handvoll fürstlicher Gebäude und ansonsten kleine Bürgerhäuschen, die das Stadtbild prägten. Die Hofhaltung selbst war bescheiden, denn der Hof war viel zu arm, um fürstlichen Glanz nach französischem Vorbild zu entfalten.

Daß Goethe überhaupt nach Weimar kam, war der Sympathie zu verdanken, die sich zwischen dem Dichter und dem jungen Fürsten Carl August schon bei der ersten Begegnung eingestellt hatte. Man sah sich damals an den Höfen nach vielversprechenden Leuten um, mit denen man gegenüber den anderen Höfen Furore machen konnte. In aufgeklärten aristokratischen Kreisen herrschte das Ideal der Fürstenerziehung durch moralisch und geistig hochstehende Persönlichkeiten, die auch Goethe übernehmen sollte. Die spontane Sympathie zwischen Goethe und dem Herzog wurde zur lebenslangen Freundschaft. Carl August von Sachsen-Weimar-Eisenach, wie das zerstreute und zusammengewürfelte Mini-Herzogtum hieß, war, obwohl gerade frisch verheiratet und vor der großen Aufgabe der kürzlich angetretenen Regentschaft stehend, ein achtzehnjähriger Jüngling in den stürmischsten Jahren. Er war den Genüssen des Lebens ergeben und wirkte äußerlich eher derb als fürstlich-vornehm: Er war klein und stämmig, und in seinen Zügen, dem breiten Kopf, der kurzen Nase, will Goethe wie in seinem ganzen Wesen etwas Dämonisches gesehen haben. Das Dämonische wird für Goethe stets ein moralisch wertfreier Begriff, zugleich aber ein unverzichtbarer Bestandteil seines Denkens bleiben. Es ist Ausdruck der Gestaltungskraft schlechthin, naturhaft, elementar. Der Herzog war eine »Natur«, wie die Stürmer und Dränger gern sagten, unbändig, wild und auf der Suche nach dem »Echten« jenseits der Hofetikette. Die »lustige Zeit«, wie Goethe sie nennt, nahm in Weimar ihren Anfang.

Das Kuriose ist dabei folgendes: Der gerade volljährige Herzog ergeht sich mit seinem Günstling in einem wilden Treiben, einer verspäteten Pubertät mit ausschweifenden Vergnügungen, Streichen und Provokationen gegen die hilflose etablierte Hofgesellschaft, die doch nichts machen kann, weil der fürstliche Herr selbst in den vordersten Reihen des Geschehens steht. Von etablierter Seite macht man aber vorwiegend Goethe (den Bürgerlichen, von außen Kommenden und Angreifbaren) für das Treiben verantwortlich. Fürst und Gefolgschaft toben sich aus – und Goethe macht mit. Es wird scharf geritten, mit der Peitsche geknallt, getrunken und im Wald kampiert. Daß dabei manche Dorfschöne ins Heu gezogen wird, läuft von herzoglicher Seite durchaus noch unter dem Deckmantel der fürstlichen Privilegien, was »legitim« und gang und gäbe war. Aber man begibt sich auch anonym unters Volk und verkohlt die rechtschaffenen Bürger und Bauern. In einer Meierei landet ein Kater im Butterfaß, des Nachts reiten die »fürstlichen« Herren in weißen Bettlaken über die Felder, so daß die Bauern sich bekreuzigen, im Hause eines Kaufmanns wird in dessen Abwesenheit ein Gelage abgehalten, die Weinfässer einen Berg hinabgerollt, und als der arme Mann in seine gute Stube tritt, grinst ihn Goethe aus einem Bilderrahmen an, aus dem man das Porträt des Kaufmanns herausgeschnitten hat. Doch auch die Hofgesellschaft wird von dem Treiben nicht verschont: Das Fräulein von Göchhausen, eine der Hofdamen, irrt eines Nachts verzweifelt durchs Schloß, um ihr Zimmer zu finden, das die jungen Herren zugemauert haben. Anstoß genommen wird auch an dem lauten Peitschenknallen auf dem Marktplatz des Städtchens zu nachtschlafender Zeit – sicher die harmloseste Vergnügung des jungen Herzogs und seiner Gesellschaft.

Goethe allerdings schwebt für die Zukunft in Weimar etwas ganz anderes vor, obwohl es noch keineswegs sicher ist, daß er hier bleiben wird. Ein neues Lebensprogramm hat er bereits in den Briefen an Auguste angedeutet. Es läuft auf eine innere Sammlung hinaus, Beständigkeit auch im Zusammenhang mit einer Aufgabe, die zu seinem zerstreuten Frankfurter Leben in ziemlichem Gegensatz steht. Die Rolle des Genies im bürgerlichen Umfeld, ohne eine Aufgabe, hat sich totgelaufen. Alles hat er immer nur angefangen, die Advokatur vor allem, die er zum Schluß fast völlig schleifen ließ. Beim Schreiben ist es ähnlich. Unzählige Fragmente schleppt er in großen Papiersäcken mit sich herum und leert sie manchmal aus, um Freunden daraus vorzulesen. Er soll später jüngeren Schriftstellern raten, sich in der Jugend auf Gelegenheitsdichtung zu beschränken und sich die großen Unternehmen für die reiferen Jahre aufzuheben. Vielleicht hat sich bei Goethe die Dichterei in dieser Zeit auch erst einmal totgelaufen. Er sucht etwas anderes – und weiß, daß er es im Umfeld seines Elternhauses und seiner Heimatstadt nicht finden wird. Wie er seine Möglichkeiten dort einschätzte, ist bekannt. Von der Ohnmacht des Bürgertums hat er genug mitbekommen. Der »kranke Körper« des Reiches offenbarte sich ihm besonders deutlich in Wetzlar, als er mit Korruption und bürokratischem Leerlauf konfrontiert wurde.

Die Ideen Justus Mösers in seinen »Patriotischen Phantasien« bieten Goethe andere Aussichten. Er hat sich ja nicht zufällig mit Carl August und seinen Begleitern schon bei ihrer ersten Begegnung darüber unterhalten. Was nun in bezug auf Weimar und Goethes mögliches Wirkungsfeld von Mösers Gedanken von Bedeutung wird, ist die Vorstellung der kulturellen Funktion der kleinen Staaten im Reich als gewachsene Einheiten. Die kleinen Staaten, so Möser, könne man zur Förderung der Kultur nutzen, was entgegen einer Reichsreform im Großen auf eine Kulturausbreitung im Kleinen hinauslaufe, die aber wiederum nach außen und ins Große wirken könne. Für Goethe selbst erwachsen daraus schemenhafte Perspektiven: Sich auf dem weitgehend offenen Terrain eines aufgeklärten Hofes zu verwirklichen, nicht nur als Hofdichter, sondern mit politischen Funktionen, muß ihm reizvoller erscheinen, als in den vorgegebenen Strukturen seiner bürgerlichen Herkunft zu bleiben. Wie man ihn in Weimar einsetzen wird, ist noch offen. Doch man wird seine Talente zu gebrauchen wissen, davon geht auch der Herzog aus. Goethes Neigung zum Universalismus benötigte im Grunde dieses höfische Umfeld, wo er seine zahlreichen Anlagen einsetzen und durch Reformen von oben auch politisch wirken konnte. Vieles ist er in Weimar geworden, und da neigte sein teilweise marottenhafter Universalismus auch zur Zersplitterung seiner eigenen Kräfte und Möglichkeiten: Hofdichter, Unterhaltungskünstler, Minister fünf verschiedener Ressorts, Gartenbauexperte, Botaniker und Zoologe – und Eheberater des herzoglichen Paares, um nur einige von Goethes Funktionen in den ersten zehn Weimarer Jahren zu nennen.

Das Letztere war ein Teilbereich von Goethes staatstragenden Aufgaben, denn das Fürstenpaar, die Grundlage zum Gedeihen des Staates, verstand sich nicht. Die neue Herzogin Luise, eine blasse, hagere und sehr zurückgenommene Person, steht in einem Gegensatz zu ihrem fürstlichen Gatten Carl August, wie man ihn sich größer bei einem Paar kaum vorstellen kann. Der Spruch von den Gegensätzen, die sich anziehen, hat in dieser arrangierten Fürstenehe leider keine Gültigkeit, denn die beiden jungen Leute sind sich völlig fremd, und schwer genug ist es für beide, den Erwartungen, die man an ihre Ehe stellt, gerecht zu werden. Die sensible und wie Cornelia Goethe von den Biographen als »unsinnlich« bezeichnete Luise empfindet – man wird später wissen aus welchen tieferen Gründen – einen ausgeprägten körperlichen Abscheu vor ihrem derben und vitalen Gatten, und nach ihrer Hochzeitsnacht hat sie an ihren Schwager in Sankt Petersburg, den Sohn Katharinas der Großen, geschrieben: »Erlauben Sie, gnädiger Herr, daß ich Ihnen Mitteilung mache von meiner Vermählung mit dem Herzog von Sachsen-Weimar. Sie hätten Mitleid mit mir gehabt, wenn Sie mich an dem Tage gesehen hätten; ich war im heftigsten Zustande. Und ich danke Gott, daß es vorüber ist.« Goethe, der zwischen Carl August und Luise steht, verehrt die Herzogin, die ihm in ihrer feinsinnigen Art eine schwesterliche Seelenverwandte zu sein scheint. Luise indes verhält sich zu Goethe zunächst abwartend und reserviert, solange dieser bürgerliche Neuling am Hofe noch mit ihrem Gatten durch die Wälder prescht und mit der Peitsche knallt.

Ein ganz anderes Naturell als ihre Schwiegertochter hat die Herzoginmutter Anna Amalia. Die energische Frau, die achtzehn Jahre lang Regentin war, nachdem sie sich mit achtzehn Jahren die Kenntnisse einer Regentin »über Nacht« aneignen mußte, ist die pure Lebenslust und noch immer der gesellschaftliche Mittelpunkt am Weimarischen Hof. Der müßige feudale Zeitvertreib entspricht ganz ihrem Wesen: Am Spieltisch und auf großen Festlichkeiten, Maskeraden und Redouten, musizierend und in anderen Künsten durchaus begabt dillettierend, in literarischen Zirkeln und Liebhaberaufführungen des Hofes schart die kleine, nicht sehr hübsche Frau die Gesellschaft um sich. In ihrem »Wittumspalais« findet das statt oder in den Sälen und Parkanlagen der Lustschlösser in der Umgebung von Weimar.

Man hat Goethe keineswegs nur positiv in Weimar aufgenommen.

Den wüsten Lebensstil des Herzogs schreibt man in erster Linie Goethes bürgerlichem Einfluß zu. Und selbst wer nicht so vorurteilsbeladen denkt, wünscht sich einen fürstlichen Günstling, der in der Lage und bemüht ist, den ohnehin schon vergnügungssüchtigen Herzog zu bremsen, nicht aber in seiner Neigung noch zu bestärken. Gerüchte vom skandalösen Treiben breiten sich schnell in Deutschlands intellektuellen Kreisen aus und erreichen auch Klopstock in Hamburg. Der schreibt daraufhin Goethe einen mahnenden Brief, den dieser rüde mit den Worten beantwortet: »Verschonen Sie uns in's Künftige mit solchen Briefen, lieber Klopstock!« Der Bruch mit dem auch von Goethe anfänglich verehrten Dichterfürsten einer ganzen Generation ist endgültig und läßt sich nicht mehr kitten. Was Klopstock entsetzt, ist Goethes Verhalten am Weimarer Hof, das empfindlich an das Dichter-Selbstverständnis des stolzen Mannes rührt. Seiner Meinung nach muß der Dichter weit über dem gewöhnlichen Menschen stehen, Vorbildfunktion haben und seine moralischen Werte gerade auch den fürstlichen Herrschaften vermitteln. Klopstock hat lange und ausdauernd um das Ansehen des Dichters um seiner selbst willen gekämpft. Sein junger und bereits berühmter Nachfolger ist jedoch nach Klopstocks Meinung dabei, den Dichterberuf zu diskreditieren.

Ein anderer Kollege, Voß vom »Göttinger Hain«, berichtet sogar in folgenden Worten, die reichlich skandallüstern klingen: »In Weimar geht es erschröcklich zu. Der Herzog läuft mit Goethen wie ein wilder Pursche auf den Dörfern herum, er besauft sich und genießet brüderlich einerlei Mädchen mit ihm. Ein Minister, der gewagt hat, ihm seiner Gesundheit halber die Ausschweifungen abzuraten, hat zur Antwort gekriegt: Er müßte es tun, sich zu stärken.«

So ganz ernst kann man wohl nicht nehmen, was da vor sich geht: Zwei junge Männer amüsieren sich und feiern etwas späte Pubertät, und daraus wird ein Staatsakt. Jeder fühlt sich verantwortlich für des Herzogs Alkoholexzesse, die ihn vielleicht später einmal das Leben kosten sollen, oder für den Kummer der Herzogin – »Louisens Gram!« Wahrscheinlich denkt man nebenbei daran, daß die Nachfolge des Hauses Sachsen-Weimar-Eisenach nie gesichert wird, solange sich der Herzog unterwegs auf die Dorfmädchen stürzt, statt sich um seine vergrämte Gattin zu bemühen.

Charlotte von Stein, die auch zur etablierten Hofgesellschaft gehört und die Geschichten von den herzoglichen Eskapaden in Begleitung seines Günstlings nachdenklich und besorgt zur Kenntnis nehmen wird, lernt Goethe noch vor den Skandalen, bereits wenige Tage nach seiner Ankunft, im Schardt'schen Palais, dem Haus ihrer Eltern, kennen.

Erste Begegnung

Charlotte war in Eisenach geboren und bereits als kleines Kind mit den Eltern in die Hauptresidenz der herzoglichen Linie nach Weimar gezogen, wo ihr Vater, Johann Wilhelm Christian von Schardt, zunächst Reisemarschall und dann Hofmarschall wurde. Schardt war, was man eine Hofschranze nennt, eine recht lächerliche Gestalt von übertriebenem Repräsentationsbedürfnis und geistiger Leere. Mit seinen privaten Wohnbauten ahmte er den fürstlichen Baustil nach, und sowohl als Privatmann wie in seiner Eigenschaft als Hofmarschall gab er mehr Geld aus, als zur Verfügung stand. Charlottes Mutter hatte ein beachtliches Vermögen in die Ehe eingebracht, das für die Verschönerung des Schardt'schen Anwesens und für die Ausgaben des Hofamtes zugesetzt wurde, so daß bald nichts mehr davon übrig war. Konkordia Elisabeth von Schardt war eine geborene Irving of Drum aus schottischem Adel. Sie war ganz nach innen gewandt, ausgesprochen fromm bis zu puritanischer Strenge und gab so ein deutliches Gegenbild zu der geckenhaften Gestalt von Charlottes Vater ab, der sich noch als Greis die Stirnhaut unter der Perücke hochziehen ließ, um ein faltenloses Gesicht zu präsentieren und einen nicht allzu hoch geachteten Orden an seinen Schlafröcken trug. Der schale Füllsatz: »Straf mer Gott ...« war ein wesentlicher Teil seiner Konversation. Nach dem Regierungsantritt Anna Amalias wurde der noch nicht Fünfzigjährige in den Ruhestand geschickt, worauf er sich kaum weniger geckenhaft gab, aber zudem noch zu Hause seine Familie tyrannisierte. Charlottes Mutter hat in ihrer Ehe mit dem Hofmarschall elf Geburten in siebzehn Ehejahren über sich ergehen lassen und in ihrem vierzigsten

Lebensjahr eine »feierliche Übergebung an Gott« formuliert, ein düsteres Dokument von deprimierender Selbstentäußerung und Gottesfurcht. »Der du auf Siani Deine Schrecken verbreitest«, heißt es da, »Nimm mich, mein versöhnter Vater! Nimm mich zu einem Opfer an, das da lebendig, heilig und Dir wohlgefällig sei!« Man fand dieses Dokument nach dem Tode der Konkordia von Schardt in ihrem Nachlaß, und es ist kaum denkbar, daß Charlotte, die zu ihrer Mutter ein inniges Verhältnis hatte, nicht auch von ihrer düsteren und resignierten Religiosität und Weltabgewandtheit geprägt worden ist. Die schale Oberflächlichkeit des Vaters und die lebensflüchtige Innerlichkeit der Mutter – zwischen diesen Gegensätzen ist sie aufgewachsen. Die Dienste und Pflichten, Formen, Zwänge und Künstlichkeiten des Hoflebens bestimmten von Jugend an ihr Umfeld. Zwischen Sein und Schein zu unterscheiden und zwischen diesen Polen eine Harmonie in der eigenen Persönlichkeit zu erlangen, war ihr ein tiefes Bedürfnis geworden.

Im Pavillon des Schardt'schen Palais in der Scherfgasse also findet noch Anfang November die erste Begegnung Goethes mit Charlotte von Stein statt. Der Herzog stellt den gerade eingetroffenen Dichter der Familie des Oberstallmeisters Stein vor. Ob der Familienvater selbst zugegen war, ist ungewiß. Wahrscheinlich waren die Kinder Charlottes, ihre drei Söhne Karl (zehn), Ernst (acht) und Fritz (drei) in der Nähe, als die Besucher eintraten und allgemeine Neugier erregten. Höfliche Konversation und unverbindliche Fragen und Antworten ... Charlotte ist auf diesem Feld gewandt und wird dem bürgerlichen Dichter, der sich in Weimar auch zum erstenmal auf dem glatten Parkett eines Hofes befindet, manchen Wink und Fingerzeig gegeben haben. Es dauert nicht lange, und Goethe besucht die Freifrau von Stein auf dem Rittergut der Familie, Schloß Kochberg. Das Wasserschloß liegt etwa dreißig Kilometer von Weimar entfernt, nördlich von Rudolstadt, mitten im Thüringer Wald. Die Steins bewohnen dieses Schloß nur sporadisch, für längere Zeit nur in den Sommermonaten, und da der Hausherr als Oberstallmeister häufig abwesend ist, muß Charlotte die Verwaltung des Gutes in Kochberg übernehmen. Beide führen sowieso ein weitgehend voneinander unabhängiges Leben. Bei der Häufigkeit von Steins Abwesenheiten durch Reisen und andere Dienstverpflichtungen sind Charlottes ständige Schwangerschaften in den ersten zehn Jahren ihrer Ehe ohnehin erstaunlich und nur auf ein sehr reges Sexualleben zurückzuführen, wenn der Ehemann dann einmal zu Hause war. Wie dem auch sei, Charlotte haben diese Schwangerschaften große Beschwerden bereitet, und sie klagt noch Jahrzehnte später darüber. Vier Kinder, alles Mädchen, sind bereits wenige Tage nach der Geburt gestorben, nur die drei Jungen haben überlebt. Charlottes letzte Entbindung (auch dieses Kind blieb nur wenige Tage am Leben) war am 13. April 1774, ist also gerade einmal anderthalb Jahre her. Es blieb auch die letzte. Irgendein Übereinkommen muß Charlotte mit ihrem Mann getroffen haben, an dem der Arzt Zimmermann vielleicht nicht ganz unbeteiligt war.

Josias von Stein war ein schöner Mann, und die junge Charlotte dürfte durchaus von seiner Erscheinung angezogen gewesen sein, als dieser erste Kavalier des Weimarer Hofes um sie warb. In adeligen Kreisen waren Liebesheiraten nicht die Norm – und auch dies war keine Liebesheirat, es war zumindest für Charlotte vor allem eine gute Partie. Dennoch wird eine die gegenseitige Anziehung des Paares zur Zeit ihres Kennenlernens wohl bestanden haben. Der dunkelhaarige, gebräunte Mann war groß, schlank und stattlich. Er galt als bester Reiter am Hof, hatte in Jena studiert und eine Bildungsreise nach Frankreich unternommen. Er sprach gut Französisch und war ein amüsanter Unterhalter, überhaupt ein sympathischer und angenehmer Mensch. Die Ehe des Paares entsprach den Konventionen und ließ beiden Partnern entsprechende Freiräume, besonders nach zehn Jahren des Zusammenlebens.

Goethe besucht Schloß Kochberg Anfang Dezember, um Charlotte dort zu sehen. Sie ist allein wie meistens, der Gatte ist auf Reisen, als Goethe kommt, doch zu dieser Zeit nimmt noch niemand daran Anstoß. Goethe ritzt (vielleicht nicht ganz die feine Art für einen Gast) zum Andenken an seinen ersten Besuch auf Kochberg seinen Namen in die Platte von Charlottes Schreibtisch, der dort heute noch zu lesen ist: »Goethe, d. 6. Dez.75«. In der trüben, feuchten Jahreszeit hat das alte Schloß in der hügeligen Landschaft etwas Verwunschenes. Die beiden sitzen im Roten Salon vor dem Kamin und haben zum erstenmal Gelegenheit zu tiefergehenden Gesprächen. Sie sind ganz ungestört. Es zeigt sich bald, daß beide in ihren Erwartungen nicht enttäuscht werden. Zimmermanns Vorarbeit erweist sich als günstig, weil man gewissermaßen gleich zum Kern vorstoßen kann und von den gesellschaftlichen Konventionen nicht abgelenkt und fehlgeleitet wird.

Schon bald nach dem Kennenlernen und dem Besuch in Kochberg schreibt Goethe Charlotte aufgewühlte Briefe. Im Januar klagt er, daß er ihr seine Liebe nie sagen könne. Dabei hat er eben dem Herzog gestanden, daß er noch immer nicht von der Erinnerung an Lili loskomme, flirtet sich aber quer durch die Hofgesellschaft und erzählt auch Charlotte in den ersten Briefen von den »Misels« (Mädchen), von dieser Landjungfer und jenem Milchmädchen, das ihm gefallen habe und das ihm gefährlich werden könne. Er gibt sich wie ein ungebärdiger Junge, dem die Mama die Grenzen weisen muß. Charlotte ordnet ihn entsprechend ein, doch sie empfindet sein Verhalten nur als einen Teil seines Wesens. Auf die Neckereien ihrer Umgebung wegen ihres neuen Verehrers antwortet sie mit ein paar von ihr selbst verfaßten komödienhaften Schauspielszenen, in denen sich einige Frauen über einen bekannten Kavalier unterhalten: »Ich bin ihm zwar gut, doch, Adelheide, glaub'mir's nur, er geht auf aller Frauen Spur,« sagt da die »Gertrud«, die Charlotte darstellt. Sie gibt sich überlegen, souverän und unberührbar, und sie wähnt sich in einem trügerischen Gefühl von Sicherheit.

»Trop de jeunesse et peu d'expérience« (zu viel Jugend und zu wenig Erfahrung) urteilt Charlotte von Stein über Goethe mit überlegener Geste, als sie in einem Brief an eine Freundin in Hannover die Weimarer Verhältnisse schildert – die Ausschweifungen des jungen Herzogs, die Sorgen der Herzoginmutter, den Kummer der Herzogin – und all das mit dem Satz einleitet: »Goethe verursacht hier einen großen Umsturz.«

Wie ambivalent ihre innere Haltung ist, erhellt ein Brief an Zimmermann, in dem sie eigentlich ganz allgemein die Weimarer Verhältnisse beschreiben will, aber unwillentlich verrät, wie nahe ihr Goethe schon steht und wie betroffen sie ist. »Goethe wird hier geliebt und gehaßt«, beginnt sie auf Französisch und wechselt bald darauf ins Deutsche (was, wie sie später zugibt, auf Goethes Einfluß zurückzuführen ist), um eine lebhafte Szene mit dem ungebärdigen Mann zu schildern. »Vor einigen Stunden war er bey mir gab mir vor Sie das beygeschloßne billet und war toll über Ihren Brief den er mir auch vorlas, ich vertheidigte Sie gestund ihm ich wünschte selbst er mögte etwas von seinen wilden Wesen darum ihn die Leute hier so schief beurtheilen, ablegen, daß im Grund zwar nichts ist als daß er jagd, scharff reit, mit der großen Peitsche klatscht, alles in Gesellschaft des Herzogs. Gewiß sind dies seine Neigungen nicht, aber eine Weile muß ers so treiben um den Herzog zu gewinnen und dann gutes zu stifften so denk ich davon; er gab mir den Grund nicht an, vertheidigte sich mit wunderbahren Gründen, mir bliebs als hätt er unrecht. Er war sehr gut gegen mich nennte mich im Vertrauen seines Herzens Du, das verwies ich ihn mit den sanfftesten Ton von der Welt sichs nicht anzugewöhnen weil es nun eben niemand wie ich zu verstehn weis und er ohne dies offt gewiße Verhältniße aus den Augen setz, da springt er wild auf vom Kanape, sagt ich muß fort, läufft ein paar mahl auf und ab um seinen Stock zu suchen, find ihn nicht, rent so zur Thüre hinaus ohne Abschied ohne gute Nacht; Sehen Sie lieber Zimmermann so wars heute mit unsern Freund. Schon einige mahl habe ich bittern Verdruß um ihn gehabt das weis er nicht und sols nie wißen.« Zwei Tage später setzt Charlotte ihren Brief fort. »Ich solte gestern mit der Herzogin Mutter zum Wieland gehn, weil ich aber fürchte Goethen da zu finden that ichs nicht. Ich habe erstaunlich viel auf meinen Hertzen daß ich den Unmenschen sagen muß. Es ist nicht möglich mit seinen Betragen kömt er nicht durch die Welt.«

Sein unanständiges Betragen, seine Flüche und pöbelhaften Ausdrücke prangert sie an – die hätten aber keinen Einfluß auf sein moralisches Handeln. Doch er verderbe andere, den Herzog vor allem. »Das ist nun alles von Goethen von den Menschen der von tausende Kopff, und Hertz hat, der alle Sachen so klar ohne Vorurteile sieht so bald er nur will der über alles kan Herr werden was er will.« Von Standes und Dienstes wegen muß Charlotte Goethe kritisieren, denn sie vertritt den Hof und die etablierte Weimarer Gesellschaft. Sie ist aber nur allzu bereit, ihn zu verteidigen, da sie meint, sein eigentliches Wesen zu begreifen, das die anderen hinter den offenkundigen Stilverletzungen und Unarten nicht sehen können. In einem der letzten Sätze dieses Briefes heißt es dann trotz allem: »Ich fühls Goethe und ich werden niemahls Freunde;«, worauf sie anfügt: »auch seine Art mit unsern Geschlecht umzugehn gefält mir nicht er ist eigendlich was man coquet nent es ist nicht Achtung genug in seinen Umgang.« Und schließlich schreibt sie »Zerreißen Sie meinen Brief, es ist mir als wenn ich eine Undankbarkeit gegen Goethen damit begangen hätte, aber um keine Falschheit zu begehn wil ichs ihm alles sagen sobald ich nur Gelegenheit finde.« Zimmermann hat den Brief nicht zerrissen, sondern sich höchstwahrscheinlich ins Fäustchen gelacht und der Dinge geharrt, die da kommen würden.

Kokett klingen Goethes Briefe an Charlotte in den ersten Monaten des Jahres 1776 tatsächlich, aber auf eine jungenhafte, entwaffnende Art, die sie in ihrem Ansinnen vielleicht deswegen gar nicht besonders ernst genommen hat. In gestammelten Briefabrissen gibt er sich ganz als unausgegorener Jüngling, so daß es harmlos klingt, wenn er ihr mit stürmischem Werben Liebe anträgt. Er lehnt sich an eine verheiratete Frau an, die in einem festen sozialen Gefüge lebt und standesmäßig über ihm steht. Das alles meint sie wohl, wenn sie schreibt, daß er oft »gewisse Verhältnisse aus den Augen setzt«. In der Anrede wechselt er noch häufig zwischen »Du« und »Sie« und nennt sie »Engel«, »Gold« und »goldne Frau« und – sehr bezeichnend – »Besänftigerin«. Das paßt ins neue Bild und zu seiner Suche. Er sehnt sich nach Herzensfrieden nach den großen Kämpfen mit sich selbst. Am Hang des Ettersbergs unweit von Weimar, wo sich eines der Sommerschlößchen des Hofes befindet, dichtet Goethe im Februar

Wandrers Nachtlied

Der du von dem Himmel bist
Alle Freud und Schmerzen stillest,
Den, der doppelt elend ist
Doppelt mit Erquickung füllest.
Ach, ich bin des Treibens müde!
Was soll all die Qual und Lust.
Süßer Friede,
Komm, ach komm in meine Brust!«

In diese Sehnsucht ist Charlotte bald untrennbar eingebunden, denn sie soll diejenige sein, die »alle Schmerzen stillet«. Daß daraus neue Wirren entstehen, ist kaum zu vermeiden, wie schon aus der von Charlotte beschriebenen Szene in ihrem Wohnzimmer hervorgeht. Er läßt da in der Tat »gewisse Verhältnisse aus den Augen«, wenn er eine Dame der obersten Kreise wie ein Landmädchen behandelt, ihr Liebe anträgt, sie mit »Du« anredet und nebenbei recht dreist so tut, als gäbe es keinen Josias von Stein. Während Goethe übrigens Steins Frau anschmachtet, befindet sich der Oberstallmeister in Frankfurt am Main und besucht unter anderem Goethes Eltern, denen er das Neueste aus Weimar berichtet. In einem Brief an seine »Tante« Johanna Fahlmer warnt Goethe die Familie schon einmal vorab, daß aus diesen Berichten auch hervorgehen könne, wie die Öffentlichkeit über Goethes angeblich schlechten Einfluß auf den Herzog denke. Man solle den Herrn von Stein am besten viel reden lassen und selbst möglichst wenig zum Gespräch beitragen. »Du Einzige die ich so lieben kann ohne daß michs plagt«, schreibt er indessen der Frau des Oberstallmeisters. Am Tag zuvor hat er ihr geschrieben: »Ich muss dir's sagen du einzige unter den Weibern, die mir eine Liebe in's Herz gab die mich glücklich macht. Nicht eher als auf der Redoute seh ich dich wieder! Wenn ich meinem Herzen gefolgt hätte – Nein will brav seyn – ich liege zu deinen Füssen, ich küsse deine Hände.« Und am nächsten Tag: »Ich habe nun wieder auf der ganzen Redoute nur deine Augen gesehen.«

Die vertrauliche Nähe in dem kleinen Städtchen, wo zwischen dem herzoglichen Schloß, der Wohnung der Steins in der Teichgasse und Goethes Quartier sowie den meisten anderen Anlaufpunkten nur jeweils ein paar Minuten zu laufen sind, führt dann die fast tägliche Gewohnheit herbei, sich zu sehen. Goethe hat seine Schlittschuhe aus Frankfurt mitgebracht und kann sogar die Weimarer Hofgesellschaft von dieser Vergnügung überzeugen. Einmal in diesem Winter schreibt er ihr: »Hier durch Schnee und Frost eine Blume. Wie durch das Eis und Sturmwetter des Lebens meine Liebe.« Dabei weiß er noch gar nicht, ob er in Weimar bleibt oder nicht, denn offiziell ist er nach wie vor nur auf Besuch da, und der Herzog hat noch nichts weiteres verfügt. Und was will er selbst? Er weiß es nicht und läßt sich treiben. »Es geht mir verflucht durch Kopf und Herz ob ich bleibe oder gehe«, hat er noch im Januar an Charlotte geschrieben.

Die Hofbeamten beginnen schon langsam zu tuscheln und zu rumoren. Goethe wird doch wohl nicht bleiben und ein Staatsamt bekommen? Noch am 22. Januar (also vor dem oben zitierten Brief) schreibt er an Merck: »Ich bin nun ganz in alle Hof- und politische Händel verwickelt und werde fast nicht wieder weg können. Meine Lage ist vortheilhaft genug, und die Herzogthümer Weimar und Eisenach immer ein Schauplatz, um zu versuchen, wie einem die Weltrolle zu Gesichte stünde. Ich übereil mich drum nicht, und Freiheit und Gnüge werden die Hauptconditionen der neuen Einrichtung seyn, ob ich gleich mehr als jemals am Platz bin, das durchaus Scheisige dieser zeitlichen Herrlichkeit zu erkennen.« Das sind offene und illusionslose Worte. Wieland äußert sich zuversichtlich über Goethes Zukunft in Weimar und darüber, daß der Herzog ohne Goethe ja gar nicht mehr auskomme. Was den letzten Anstoß für Goethes Entscheidung gibt, ist offen.

Der Hof hat offensichtlich längst der Frau von Stein ein paar Winke gegeben. Da Goethe sie nun ohnehin zur Vertrauensperson auserkoren hat, möge sie doch versuchen, einen positiven Einfluß auf sein ungehöriges Betragen auszuüben. Im rechten Ton zur rechten Zeit, korrekten Verbeugungen und Tanzschritten erschöpft sich das nicht. Charlottes Aufgabe ist es, den bisher nur sich selbst gehörenden Dichter mit seinem Individualismus der Gesellschaft zuzuführen, damit ein fruchtbares Wechselverhältnis entstehe. Das wurde hoch veranschlagt, denn Goethe, das »Genie«, berühmt-berüchtigt durch ein paar geniale Jugendwerke und einen entsprechenden Habitus, mit dem der Hof über seine Grenzen hinaus schließlich Furore machen wollte, wurde ein bißchen wie ein exotisches Tier mit Neugier und nicht ohne Befremden von dieser Societé betrachtet. Eine Fürstin Hohenlohe schrieb an ihre Schwester nach einem Besuch bei Frau von Stein: »Ich fand den berühmten Goethe bei ihr; er sieht nicht aus wie ein ›Bürger‹, sondern wie ein von Schmeicheleien verwöhnter Gelehrter. Trotz dieses Airs, das mir nicht angenehm ist, habe ich ihn doch ganz liebenswürdig gefunden.«

Hier geht es um die Nation, um die Dichter schlechthin und wie sie sich dort betragen, wo die Kultur nun einmal in dieser Zeit gepflegt wird und wo sie Gelegenheit haben, sich zu verwirklichen: an den Höfen. Von daher ist die sich anbahnende Beziehung nicht nur eine Privatsache zwischen einer verheirateten Hofdame und einem jüngeren Dichter, wenn aus ihrer Bekanntschaft ein allen offenkundiges Techtelmechtel entsteht. Abgesehen von den Sticheleien und den vielsagenden

Anspielungen wird deutlich, daß die Beziehung von den Beobachtern auch als Formung eines Herausragenden, als Erziehung eines Uneingeweihten zum höfischen Betragen gesehen wird. Isabell von Wartensleben war eine Freundin der Charlotte von Stein, eine Bekanntschaft aus dem Badeort Pyrmont. In einem Brief an Charlotte in dieser Zeit, dem Frühjahr 1776, schreibt sie: »Was Sie mir von Ihrem neuen Hofleben erzählen, von Ihren Zerstreuungen und Ihrer erwogenen Rückkehr nach Kochberg, hat mich alles lebhaft interessiert. Ich habe im Stillen ergänzt, was Sie nicht erwähnt haben, und ich habe ungefähr erraten, was Sie mir zu diesem Thema erzählt hätten, wenn wir zusammen gewesen wären, was man aber nicht immer der Feder anvertraut. So schön, also, meine Liebe, [...] haben Sie Ihren Winter verbracht. Komödie spielen ist eine reizende Sache, aber am Hof recht gefährlich. Sagen Sie mir doch nur, ob der Autor des ›Götz von Berlichingen‹ auch mit Ihnen Komödie gespielt hat? Ist er verführerisch? Weiß Gott, ich kann mich irren, aber eigentlich sind unsere deutschen Gelehrten mit mehr Tiefgang als mit Liebenswürdigkeit ausgestattet und eher dazu gemacht, den Geist zu beschäftigen als die Herzen zu rühren. Aber unsere Nation formt sich erst jetzt, und es steht meiner liebenswerten kleinen Stein gut an, zu dem entstehenden Wunderwerk beizutragen, die Gelehrten in empfindsame und liebenswerte Menschen zu verwandeln.« (Freies deutsches Hochstift HS – 12893; Original: Französisch; eigene Überstzg.)

Goethe ergreift bereitwillig Charlottes führende Hand, doch in einem weit umfassenderen Sinn als dem der Erziehung zur Hoffähigkeit. Bei dieser Frau, die er auf eine ihm selbst rätselhafte Weise zu lieben beginnt, findet er seelische Zuflucht vor den eigenen Gefühlsextremen. Das liegt zum Teil daran, daß sie verheiratet ist und damit letztendlich unerreichbar. Der Konflikt einer ihm von außen aufgedrungenen Bindung auf Lebenszeit fällt bei dieser Gefühlsbindung weg – sie muß sich innerhalb klar vorgegebener Grenzen bewegen, die Charlottes Stellung vorgibt. Das eigentliche ist aber doch etwas anderes. Charlotte hat von Anfang an sehr viel von Goethe verstanden. Sie ist eine lebenskluge, erfahrene Frau, die im Grunde nur darauf gewartet hat, ihre Weltklugheit einmal an ein herausragendes Gegenüber wenden zu können. Das zeigen schon ihre Briefe vor der Begegnung mit Goethe. Und da sie nun mit ihm bekannt geworden ist und nach kürzester Zeit sein Vertrauen besitzt, begreift sie viel von seinen intellektuellen und seelischen Tiefen. Im Mai schreibt Charlotte an Zimmermann: »Ich hab zu mancherley Betrachtungen durch Goethen Anlaß bekommen; jemehr ein Mensch faßen kann, daucht mir, je dunckler anstößiger wird ihn das Ganze, je eher fehlt mann den ruhigen Weg, gewiß hatten die gefallnen Engel mehr Verstand wie die übrigen.«

Zu der Zeit, als sie das schreibt, hat es jedoch schon die erste tiefe Krise gegeben. Denn die Ruhe, die aus ihrem klaren Wesen auf ihn strahlt, ist nur die eine Seite der komplizierten Verbindung. Goethe redet von Liebe, in jedem dieser täglichen Briefchen, bei beinahe täglichem Zusammensein, zu jeder Gelegenheit und in nur geringen Variationen. Er liebe sie, er träume von ihr, er wisse, daß er sie plage und sich dazu. Aber: »Ich sehe viel voraus das ich nicht ändern kann.« Charlotte erschrickt, verweist ihm das »Du« und den vertraulichen Tonfall. Da liegt er ihr wieder zu Füßen, mit einer Mischung von emotionaler Verwirrtheit und jungenhafter Koketterie, nennt sie »Engel«, »Gold«, die einzige, die ihn erlösen könne. Solange es um die »Reinheit‹ seiner Seele geht, die er an ihrer Seite erlangen will, die Lösung von all ihren Schlacken und Fesseln, ist es gut. Das wird zum Programm in diesen Tagen und für die kommenden Jahre: »Reinheit« in einem nicht nur moralischen Sinn, sondern in Form einer Harmonisierung der eigenen, noch unausgewogenen Kräfte. Was Charlotte ihm sein kann, weiß sie, obgleich auch sie manchmal lebensmüde ist und nicht mehr an sich glaubt. Sie läßt ihren stürmischen Verehrer weiter von Liebe reden und gibt dieser Liebe sehr sachte eine andere Richtung: Seelenliebe, geschwisterliche Liebe, die unbescholtene Form einer seelischen Gemeinschaft, die über dem Begehren steht. Für die Liebe der anderen Art solle er sich eine junge Ehefrau suchen und so auch sein Bleiben in Weimar sicherstellen. Sie muß das so sehen, weil das Ansinnen, das er ihr anträgt, trotz aller Mäßigungsprogramme und der »Seelenreinheit« wieder ganz ins Unbedingte geht. Ohne sich um irgendetwas zu kümmern, bestürmt Goethe eine Frau mit seiner Liebe, die eben noch klar und fest in ihren vorgegebenen Strukturen gelebt hat. Übertrieben moralistisch sind ihre Vorbehalte nicht. Charlotte beteiligt sich am galanten Plänkelspiel des Weimarer Hofes, in mondänen Badeorten und in den Zusammenkünften der besseren Kreise –

solange es sich im Spielerischen bewegt und klare Grenzen hat. Wenn sie in Gesellschaften geht, trägt sie hochgeschnürte Roben mit Dekolleté, Wespentaille und Reifrock in zarten Pastelltönen oder bevorzugt in Weiß, zierliche Stöckelschuhe und alles Zubehör nach der Mode ihrer Zeit – Hut, Haube, Fächer, einen Sonnenschirm für die Promenade in der schönen Jahreszeit. Die dunklen Locken sind hochtoupiert, Wangen und Lippen gerötet, die Augenbrauen nachgezogen. Goethe wird sie ein Jahr später zeichnen, im Profil, mit schwarzer Kreide auf grauem Papier, wie der berühmten Silhouette nachgearbeitet, die ihm Zimmermann einmal gezeigt hat. Es ist das Gesicht einer klassischen Schönheit, das da festgehalten ist (höchstwahrscheinlich idealisiert), mit klaren, festen Zügen, großen Augen, hohen Wangenknochen, doch ins Seelenhafte stilisiert, so daß man sagen kann, die Abgebildete ist beinahe unberührbar, engelhaft, jenseits dieser Welt. Die Zeichnung sagt mehr über den Zeichner aus als über die Porträtierte. Er stilisierte sie ins Jungfräuliche, Madonnenhafte – eine verheiratete Frau und mehrfache Mutter.

Das Ehepaar von Stein lebte nicht getrennt nach heutigem Verständnis. Charlottes Ehemann war zwar viel auf Reisen, doch das war er auch zu Zeiten ihrer zahlreichen Schwangerschaften gewesen. Von 1774 an wurde Charlotte allerdings nicht mehr schwanger – und das ist beinahe alles, was man zu der Ehe Stein in diesen Jahren sagen kann.

So entkräftet Charlotte anfangs noch war, als Goethe sie kennenlernte, jetzt blüht sie in seiner Gegenwart, in seinem Liebeswerben auf; er schildert diese Erfahrung später im »Tasso«. Sie soll ihm geschrieben haben, daß ihr die Welt wieder lieb werde durch ihn; sie hatte sich schon von ihr losgesagt. Aber die Krise folgt dem Glück auf dem Fuße. Goethe verspricht, sich an die Absprachen zu halten – und dann bestürmt und bedrängt er sie wieder. Er verletzt ständig die Grenzen, wie schon aus den aufgewühlten Briefen hervorgeht. Er verspricht, sie einen Tag nicht zu sehen – und hält es dann doch nicht ein. Die Leute reden schon, er muß seine Besuche reduzieren. Doch er ist längst an diese Frau, wie er sich ausdrückt, »geheftet und genistelt«. Nach der Rückkehr von einer Reise nach Leipzig, die er im Auftrag des Herzogs gemacht hat, bekennt er Wieland im April: »Ich kann mir die Bedeutsamkeit – die Macht, die diese Frau über mich hat, anders nicht erklären als durch die Seelenwanderung. – Ja, wir waren einst Mann und Weib! Nun wissen wir von uns – verhüllt, in Geisterduft. – Ich habe keine Namen für uns – die Vergangenheit – die Zukunft – das All.« In diesen Tagen entsteht ein rätselhaftes Briefgedicht, das Goethe Charlotte widmet und das die Beziehung der beiden von Anfang bis Ende widerspiegelt. Er läßt es ihr durch einen Boten überbringen wie all seine »Zettelgen« und Briefabrisse, seine Blumen und Geschenke. Sie möge sich ihren Teil dazu denken. Das Gedicht gehört ihm und ihr allein. Es ist aus einem Augenblick tiefster Erkenntnis in die Ausweglosigkeit und doch in das Glück dieser Liebe geboren, die sich mit gängigen Mustern nicht fassen und beschreiben läßt.

Warum gabst du uns die tiefen Blicke
Unsre Zukunft ahndungsvoll zu schaun,
Unsrer Liebe, unserm Erdenglücke
Wähnend selig nimmer hinzutraun?
Warum gabst uns, Schicksal, die Gefühle
Uns einander in das Herz zu sehn,
Um durch all die seltenen Gewühle
Unser wahr Verhältnis auszuspähn?

So der Beginn dieses komplexen Gedichts. Während andere Liebende, so heißt es weiter, ohne »Ahndung« und hemmendes Wissen, ihrem »Traumglück« nachgehen können, ist diesen beiden ein solches Glück nicht gegeben. Man fragt sich:

Sag, was will das Schicksal uns bereiten?
Sag, wie band es uns so rein genau?
Ach, du warst in abgelebten Zeiten
Meine Schwester oder meine Frau.

Kanntest jeden Zug in meinem Wesen,
Spähtest wie die reinste Nerve klingt,

Konntest mich mit Einem Blicke lesen
Den so schwer ein sterblich Aug durchdringt.
Tropftest Mäßigung dem heißen Blute,
Richtetest den wilden irren Lauf,

Und in deinen Engelsarmen ruhte
Die zerstörte Brust sich wieder auf.

Beinahe mystisch-religiös wird hier der Vorgang beschrieben, den der Liebende durch die heilsame Kraft dieser Liebe erfährt und beschreibt. Er sagt es stellenweise in der dritten Person: daß »alle seine Sinnen sich erhellen und beruhigen sein brausend Blut«. Doch die Liebe ist ausweglos, sie darf nicht sein. In das Schicksal, das sie quält, da es ihnen solche Schranken auferlegt, wollen die Liebenden dennoch nicht eingreifen.

»Warum gabst du uns die tiefen Blicke ...« Die Blicke sind doppeldeutig, denn sie sind einerseits die Blicke in die Augen der geliebten Frau und andererseits die Blicke in die Fügungen des Schicksals, das mit dem »du« angesprochen ist.

Was er im Brief an Wieland angedeutet hat, führt Goethe hier aus: »In abgelebten Zeiten« war die Geliebte schon einmal seine Schwester oder seine Frau. Die Zusammengehörigkeit ihrer Seelen stammt (symbolisch verstanden) aus einem früheren Leben. Goethe spricht auch nur vom Künftigen oder vom Früheren, von der Vergangenheit oder von der Zukunft, nie von der Gegenwart. Die Gegenwart ist wirr und von düsteren Ahnungen erfüllt, und so schwebt nur noch ein Erinnern um das ungewisse Herz, ein Erinnern an die Hoffnung des Anfangs. Was metaphysisch zusammengehört, so läßt sich die Wiedergeburtspassage deuten, ist in diesem Leben rettungslos getrennt. Was sein könnte, darf nicht sein, und am Ende steht eine dämmernde Verwirrung, deren Ausgang ungewiß ist wie das bangende und doch erfüllte Herz. Was die Liebenden trennt, sind zum einen die äußeren Verhältnisse – das Problem des zumindest geistigen Ehebruchs, das Goethe erst in seinem Roman »Wahlverwandtschaften« ausführt –, und andererseits eben die »tiefen Blicke«, mit denen die Liebenden sich und ihr Schicksal erkennen und die es ihnen von Anfang an unmöglich machen, auf ein »Traumglück auszugehn«. Anders gesagt, es mangelt den beiden an jener »schönen« Naivität, um sich dieser Liebe, ohne nachzudenken, hinzugeben. Die Liebenden wissen zu viel und sind einander, wie es scheint, zu Höherem bestimmt. Was bleibt, ist der in dem Gedicht skizzierte schwebende Traumzustand, in dem der Mann seiner geliebten Frau zu Füßen liegt und aus ihrer Hand den Segen der

Charlotte von Stein

Mäßigung und der Klarheit empfängt, wie Jahre später im Gedicht »Zueignung« »der Dichtung Schleier aus der Hand der Wahrheit«.

Ist das nun Ausdruck von Resignation? Es ist die klare Einsicht in die Verhältnisse und über diesen Illusionsverlust hinaus eine erhöhende Bestimmung der Frau als mäßigende, klärende, steigernde Kraft. Diese Bestimmung entstand aus der Not, wie es aussieht, weil etwas anderes in dem Verhältnis nicht möglich war. Daß »alle seine Sinne sich erhellen«, mag heißen, die geliebte Frau verwandelt seine Sinnlichkeit und sein Begehren in reine Empfindung, die frei von eigennützigem Drängen ist. In ihren »Engelsarmen« ruht er sich aus, sie mäßigt ihn, sie richtet ihm »den wilden irren Lauf«, und doch schafft die Umarmung neue Unruhe, wie die Passage vom »schwellen(den) Herzen« verrät und wie es die Situation nahelegt. Denn er sieht in ihr nicht wirklich die »Schwester«, das ist nur ein Notbehelf und eine Art, die unerklärliche Seelengemeinschaft auf den Punkt zu bringen. Sie aber fordert es, die Dinge so zu sehen: Ich bin und werde niemals deine Frau – versteh' mich als Schwester, es könnte uns helfen. Und so schreibt er dann: »Adieu liebe Schwester weil's denn so sein soll.« In diesen Tagen schreibt er ihr Zeilen, aus denen die ganze Krise des ersten Ausblicks herausklingt: »Warum soll ich dich plagen! Liebstes Geschöpf! [...] Wir können einander nichts seyn und sind einander zu viel. [...] Eben weil ich die Sachen nur seh wie sie sind, das macht mich rasend. Gute Nacht Engel und guten Morgen. Ich will dich nicht wiedersehn – Nur – du weißt alles – Ich hab mein Hertz – Es ist alles dumm was ich sagen könnte – Ich seh dich eben künftig wie man Sterne sieht! – denck das durch.«

Der Ernst der Lage war zu dieser Zeit also beiden bewußt. Es gab grundlegende, tiefgehende Gespräche, Entschlüsse, Halb-Entschlüsse, Einsichten – vielleicht sogar die Trennung? Goethes Impuls in solchen Situationen, wie man aus seinem bisherigen Leben schließen könnte, wäre eigentlich die Flucht gewesen. Ein aussichtsloses Gefühl, unhaltbare Bedingungen, sind das nicht Gründe genug, um zu fliehen? Daß er bleibt, hängt gerade mit den Umständen zusammen, die eine gewaltige Anziehungskraft für ihn haben. In der kurzen Zeit seines Besuchs in der thüringischen Residenzstadt beginnt er Weimar als eine Aufgabe zu sehen, die erste in seinem Leben wahrscheinlich, und darin fallen das Herzogtum, sein zukünftiges Wirken und Charlotte in eins.

Charlotte ist Teil einer Aufgabe, die in diesem neuen Lebensabschnitt vor ihm liegt. An Lavater in Zürich hat er geschrieben: »Verlass dich – Ich bin nun ganz eingeschifft auf der Woge der Welt – voll entschlossen: zu entdecken, gewinnen, streiten, scheitern, oder mich mit aller Ladung in die Lufft zu sprengen.« Das ist dann wieder ganz der jugendlich-geniale Ton und hat mit Charlottes mäßigendem Einfluß wenig zu tun. Wie sie selbst fühlt und denkt, kann man für jetzt und für die nächsten Jahre nur aus seinen Briefen schließen, denn die ihrigen sind nicht erhalten. Sie hat sie nach dem Bruch zurückgefordert und verbrannt. In dieser Zeit der Krisen und schweren Entschlüsse im Frühjahr 1776 aber wird aus den vorliegenden Schriftstücken hinreichend deutlich, was sie forderte und worauf er sich einließ. Am 1. Mai schreibt Goethe an Charlotte: »Du hast recht mich zum heiligen zu machen, das heisst mich von deinem Herzen zu entfernen. *Dich, so heilig du bist kann ich nicht zur heiligen machen*, und hab nichts als mich immer zu quälen dass ich mich nicht quälen will. Siehst du die treffl. Wortspiele. Also auch Morgen. Gut, ich will dich nicht sehen! – Gute Nacht. Hier auch eine Urne, wenn allenfalls einmal vom Heiligen nur Reliquien überbleiben sollten.« Und einen Tag später heißt es: »Guten Morgen. Mir fiel's schweer l. Frau gestern mein Gelübde zu halten, und so wird mir's auch heut mit Ihrem Verlangen gehn. *Doch da meine Liebe für Sie eine anhaltende Resignation ist, mag's denn so hingehn*. Dencken Sie mein.« Er hat sich also wieder zum »Sie« durchgerungen. Dabei bleibt es auch die nächsten Jahre. Das »Gelübde« wird, wie aus dem vorangegangenen Brief gefolgert werden kann, vielleicht nur darin bestanden haben, sie vorübergehend nicht zu besuchen, um Distanz zu bekommen. Charlotte schreibt eine Woche später einen Brief an Zimmermann, in dem sie bekennt: »Mir gehts mit Goethen wunderbar, nach acht Tagen, wie er mich so hefftig verlaßen hat komt er mit einen Übermaas von Liebe wieder.« Da sich die Baronin nun entgegen allen Gepflogenheiten nicht mehr der französischen Hofsprache bedient, äußert sie nachdenklich: »Ich bin durch unßern lieben Goethe ins deutsch schreiben gekommen wie Sie sehen, und ich danks ihm, *was wird er wohl noch mehr aus mir machen*? den wen er hier, lebt er immer um mich herum: jetzt nenn ich ihn meinen Heiligen und darüber ist er mir unsichtbar worden, seit einigen Tagen verschwunden, und lebt in der Erde fünff meilen von hier in Bergwercke.« Zimmermann wird als Vertrauensmann und Briefpartner bald ausscheiden, weil offenbar beide, Charlotte und Goethe, zu ahnen beginnen, daß er indiskret ist und die Herzensbekenntnisse bei ihm nicht immer am besten Platze sind. Angesichts solcher Äußerungen aber, die ihm erlauben, die Entwicklung der Dinge, die er ursprünglich eingeleitet hat, noch mitzubekommen, wird er die Ohren gespitzt und vielleicht ein Lächeln aufgesetzt haben. Die untadelige Hofdame und das Genie – man wird sehen, on verra …!

Eine illegitime Liebe

Auch die Menschen seines nächsten Umfelds sind über Goethes Bindung an Charlotte im Bilde. Wieland ist beiden freundschaftlich verbunden und bittet sie, gemeinsam die Patenschaft für seine gerade geborene Tochter zu übernehmen. Mit dem Herzog, seinem jungen Freund, pflegt Goethe eine plastische und ungeschminkte, nicht selten derbe Sprache, und so schreibt er ihm aus Leipzig, wie ihn die »schwumelende Mägdlein« und die »Hurenhaffte, strozzliche, schwänzliche und finzlich Junge Mägde« anekeln. Dagegen sei ihm hinter Naumburg »die göttliche Sonne« aufgestiegen. Die »Sonne« steht für Charlotte, und er wird sie in seinem Tagebuch, das er in diesen Tagen beginnt und in dem er für die vertrauten Personen seines Umfelds Chiffren verwendet, mit einem kreisförmigen Sonnensymbol bezeichnen. Er sieht den Sonnenaufgang in Naumburg symbolisch und drückt seine Verehrung für Charlotte damit aus. Es sei der Blick der Erfüllung und Verheißung wie aus ihren Augen … Tante Fahlmer, die ihm von Lili berichtet, schreibt er, sie solle das zukünftig lassen, das sei für ihn abgetan. Und Gustchen wiederum wird bald in seine Weimarer Herzensangelegenheiten eingeweiht.

Es ist offensichtlich, daß er bleiben wird. Der Herzog will ihn unbedingt dazu bewegen und sorgt zunächst dafür, daß die äußeren Bedingungen für sein Bleiben gegeben sind. Bei einem seiner Erkundigungsgänge entdeckt Goethe »vor den Toren der Stadt« (nach heutigen Begriffen nur einen Katzensprung von ihr entfernt) ein Häuschen mit

Garten, das es ihm gleich angetan hat. Es liegt mitten im Park an der Ilm und ist eigentlich nur ein Gartenhäuschen von berückender Einfachheit. Der Herzog, der davon erfährt, macht den derzeitigen Besitzer aus und kauft das Haus für sechshundert Taler, um es Goethe zu schenken. Halb verfallen ist das Haus, das steile Dach muß ausgebessert und der verwilderte Garten muß neu angelegt werden, aber Goethe ist glücklich über die Errungenschaft. Der fast vier Morgen große Garten verläuft von den Ilmwiesen aufwärts und geht nahtlos in den Park über, den er später wie den Garten nach eigenen Ideen anlegen läßt. Hier schafft er sich sein Dichter-Refugium, seinen Zufluchtsort vor dem grellen Licht des Hoflebens. Am 21. April nimmt er das Anwesen »in Besitz«, wie er schreibt, und gleich geht auch die Arbeit los: Maurer, Dachdecker, Maler und der Hofgärtner machen sich daran, Haus und Garten instandzusetzen. Im Garten werden Wege angelegt und der Hang mit Steinstufen terrassiert. Im Erdgeschoß des Hauses befindet sich ein Brunnen, der für die Wirtschaftsräume genutzt werden kann. Unten liegen Eßzimmer und Küche, oben die Schlaf- und Arbeitsräume. Der Herzog übernimmt die Kosten für die Instandsetzungsarbeiten und läßt Möbel für das Haus anfertigen, einfachste Holzmöbel vom Hoftischler Mieding. An Tante Fahlmer schreibt Goethe, sie solle den Eltern nichts davon sagen. Insgesamt 1294 Taler und 16 Groschen fließen aus der fürstlichen Schatulle in Goethes neues Domizil. Blumen- und Gemüsebeete entstehen, und Goethe entwirft selbst die Rasenbänke, die noch fehlen. An Gustchen schreibt er im Mai begeistert: »Hab ein liebes Gärtgen vorm Thore an der Ilm schönen Wiesen in einem Thale. ist ein altes Häusgen drinne, das ich mir repariren lasse. Alles blüht alle Vögel singen.« Das ist donnerstags um acht Uhr morgens. Am Samstag, als er das erstemal in seinem Häuschen schläft und sogar seinen Diener weggeschickt hat, weil er allein bleiben will, hält er »gegen eilf« die Stimmung des späten Maiabends im Ilmtal fest und schreibt: »Es ist eine herrliche Empfindung dahausen im Feld allein zu sizzen. Morgen frühe wie schön. Alles ist so still. Ich höre nur meine Uhr tackcken, und den Wind und das Wehr von ferne, gute Nacht.« Sonntag früh dann: »Guten Morgen! ein trüber aber herrlicher Tag. Ich habe lang geschlafen, wachte aber gegen vier auf, wie schön war das grün dem Auge das sich halbtruncken aufthat. Da schlief ich wieder ein.«

Christoph Martin Wieland (1793)

Inzwischen ist es beschlossene Sache: Goethe soll ins Geheime Consilium, den Staatsrat, aufgenommen werden. Der derzeit leitende Minister von Fritsch reicht daraufhin sein Rücktrittsgesuch ein und sagt, er weigere sich, weiter im Consilium zu bleiben, wenn er mit Herrn Doktor Goethe zusammenarbeiten müsse. Fritsch und andere Mitglieder der Regierung empfanden es als äußersten Ausdruck von Günstlingswirtschaft, einen Dichter, der im Staatsdienst keinerlei Erfahrung hatte, in ein hohes Staatsamt zu berufen. Carl Augusts Antwort an Fritsch zeugt von ebensoviel Solidarität und Einsatz für Goethe wie von Reife und Urteilsvermögen des gerade achtzehnjährigen Fürsten. Er möchte den erfahrenen Minister nicht verlieren, aber auch keineswegs darauf verzichten, Goethe einen Sitz im Rat zu geben. »Wäre der Dr. Goethe ein Mann eines zweideutigen Charakters«, antwortet er, »würde ein Jeder Ihren Entschluß billigen. Goethe aber ist rechtschaffen, von einem außerordentlich guten und fühlbaren Herzen; nicht allein ich, sondern einsichtsvolle Männer wünschen mir Glück, diesen Mann zu besitzen. Sein Kopf und Genie ist bekannt. Sie werden selbst einsehen, daß ein Mann wie Dieser nicht würde die langweilige und mechanische Arbeit in einem Landeskollegio von untenauf zu dienen, aushalten. Einen Mann von Genie nicht an dem Ort gebrauchen, wo er seine außerordentlichen Talente gebrauchen kann, heißt Denselben mißbrauchen. Ich hoffe, Sie sind von dieser Wahrheit so wie ich überzeugt.« Anna Amalia schaltet sich ein und erreicht, daß der Minister nachgibt. Goethe sei ein aufrichtiger Mann und krieche nicht um eines Amtes willen, um nur von seiner Moral, gar nicht von seinem Genie zu reden. Fritsch werde doch in solch entscheidungsreichen Zeiten nicht seinen jungen Fürsten im Stich lassen. Es ist schon eine Herausforderung der fürstlichen Autorität, wenn ein leitender Minister, der um seinen Einfluß und um seine Unentbehrlichkeit weiß, dem regierenden Herzog Bedingungen stellt und Vorhaltungen macht, um die Neuordnung des Consiliums bittet und außerdem sein Mißfallen daran kundtut, daß der Herzog die gewissenhafte Arbeit seiner Mitarbeiter, deren Stellen er erhalten will, als langweilig und mechanisch bezeichnet. Was Fritsch erreicht, ist, daß man auf ihn zugeht, ihn beredet zu bleiben und daß man seinen Mitarbeitern Titel zukommen läßt und Zugeständnisse macht. Goethe schließlich wird sehr freundlich und bescheiden auf Fritsch zugehen und zum Ausdruck bringen, daß er kollegial mit ihm zusammenarbeiten und auch von ihm lernen will.

»Regieren!«, schreibt Goethe einmal euphorisch mit Ausrufezeichen in sein Tagebuch. Das klingt etwas vollmundig und bedarf der Korrektur. Goethe weiß, daß er als Minister eines winzigen und armen Herzogtums keine Staatspolitik im großen Stil machen kann. Er will es auch gar nicht, sondern beruft sich bei seiner Arbeit auf die Theorien Justus Mösers. Er bekommt im Laufe der Jahre ein breitgefächertes, ein gewaltiges Aufgabenfeld, und als er nach Italien abreist, läßt er fünf Ministerposten verwaist zurück. Der Leitung der Bergwerkskommission, die er 1777 erhält, schließt sich die Leitung der Kriegskommission an, der Wege- und Wasserbau-Direktion (1779) und der Ilmenauer Steuerkommission (1784). Außerdem wird ihm die Leitung der Kammer im weimarischen Landesteil, der obersten Finanzbehörde, übertragen, wenngleich ohne den Titel eines Kammerpräsidenten. Um es in heutige Begriffe zu fassen, war Goethe Finanz-, Verkehrs-, Sozial-, Arbeits- und Kriegsminister – letzteres auf denkbar unkonventionelle Weise, insofern er das stehende Heer in einer der ersten Amtshandlungen auf eine fast nur noch dekorative Zahl reduzierte, um Gelder für soziale Reformen zu haben. Goethes Ziel als Minister in Weimar war es von Anfang an, sozial zu wirken. Auch das verstand er als Fürstenerziehung und vielleicht mehr als alles andere: den regierenden Herrn von der Schachbrett-Politik, vom großen Machtspiel seiner Standesgenossen weg- und zu einer Reformpolitik zum Wohle des Landes und der Bevölkerung hinzuführen.

Der zersplitterte Kleinstaat Sachsen-Weimar-Eisenach war nicht nur arm, sondern auch nicht sehr modern organisiert. Innerhalb des Staates gab es keine stabilen Preise, die Wege waren schlecht, die Residenzstadt lag abseits der großen Handelsstraße zwischen Frankfurt und Leipzig und besaß nur eine Manufaktur. Es gab viel zu tun. Der armen Bevölkerung die Steuerlasten zu erleichtern war eine von Goethes obersten Zielsetzungen, und nicht zuletzt deshalb engagierte er sich auch gleich lebhaft in dem Wiederaufbau des Ilmenauer Silberbergwerks, von dem Frau von Stein in ihrem Brief an Zimmermann spricht. Er wollte mit dem Bergwerk Arbeitsplätze schaffen und aus den Erträgen die leere Staatskasse füllen. Darüber hinaus gewann er am Bergwerk besonderes persönliches Interesse, und er kroch bald selbst in den Stollen herum und beschäftigte sich ausgiebig mit dem Bergbau. Hieraus entstand seine Liebe zur Mineralogie. Von »Freiheit und Gnüge« als »Hauptconditionen der neuen Einrichtung«, wie er noch im Januar gegenüber Merck sein zukünftiges Leben und Wirken in Weimar beschrieb, kann allerdings bald keine Rede mehr sein. Die amtlichen Tätigkeiten fordern in den folgenden Jahren viel Anpassung, Fleiß und den vollen persönlichen Einsatz.

Ein hereingeschneiter Bürgerlicher, dem gegenüber man die Standesgrenzen bewahren und einhalten muß, ist er noch lange am Weimarer Hof. Die ihm eigentlich gewogene Herzogin Luise weigert sich zum Beispiel strikt, mit Goethe am Spieltisch oder an einer Tafel zu sitzen. Goethe muß, wenn er am Hofe speist, an der Marstallstafel neben den anderen Bürgerlichen Platz nehmen. Carl August mit seiner unprätentiösen, kameradschaftlichen Art überspielt solche Situationen in der Gegenwart seines Favoriten, aber dies steht und fällt mit der persönlichen Freundschaft zwischen beiden.

Bald speist Goethe sowieso regelmäßig bei der Frau des Oberstallmeisters. Josias von Stein nimmt seine Mahlzeiten an der Hoftafel ein, was Goethe sehr entgegenkommt, denn so kann er mit Charlotte allein sein. Sein eigener improvisierter Haushalt in seinem Gartenhäuschen im Park vor der Stadt sieht ohnedies keine geregelten Mahlzeiten vor. Er haust da derzeit noch mit seinem Diener Philipp Seidel, den er aus Frankfurt mitgebracht hat und der für das Nötigste sorgt. Die beiden schlafen in einem Zimmer und schwätzen wohl schön Frankfurterisch über dies und jenes bis in die Nacht.

Nachdem er formal seinen Vater in Frankfurt um dessen Einwilligung gebeten hat, wird Goethe am 11. Juni in den Geheimen Conseil aufgenommen. Man ist darüber in Frankfurt nicht begeistert, doch den Lebensweg des jungen Goethe versucht auch der Vater nicht mehr zu beinflussen. Die väterlichen Bedenken sind dieselben wie damals, bevor Goethe nach Weimar fuhr: Fürstengunst ist wandelbar. Man verlasse sich nicht auf die Begünstigungen eines Hofes, sondern bleibe sein eigener Herr als Bürger einer freien Stadt. Auch der alte Freund Merck denkt so, nicht nur der Vater. Doch Goethes Entscheidung ist bereits gefallen.

Er hat dafür gesorgt, daß Herder einen Ruf nach Weimar bekommt. Herder ist zur Zeit noch Hofprediger in Bückeburg und wird in

Weimar zum Generalsuperintendenten avancieren. In seinem ersten Weimarer Sommer, den er in dem neuen Haus und Garten verbringt, organisiert Goethe Herders Ankunft sowie Haus und Wohnungseinrichtung für Herder und seine schwangere Frau, die in Weimar in die Wochen kommen wird.

Der Zustand seiner Schwester macht Goethe große Sorgen. Ihre hoffnungslosen, verzweifelten Briefe gibt er an Charlotte oder an das ferne Stiftsfräulein Auguste weiter, weil er selbst nicht mehr weiß, was er ihr antworten soll. Aus der Distanz ist er selten zu einem lebendigen Austausch bereit. Wer nicht in seiner Nähe ist, hat wenig Aussicht auf Zuwendung. Und die neuen Verhältnisse, in denen er sich nun befindet, fordern ihn so ganz und gar, daß ihm die Schwester völlig fremd geworden ist, auf jeden Fall ihre Probleme, an denen er nichts ändern kann.

Goethe vergleicht einmal sein »schönes und reines« Verhältnis zu Charlotte mit dem zu seiner Schwester. Bei allen Verhältnissen sei aber die Gegenwart alles und ohne diese gar nichts. Er sieht Charlotte aber doch, wie er sie sehen will. In einem Brief heißt es, Charlotte sei »sich immer gleich, immer die unendliche Lieb und Güte«. Das ist verliebte Stilisierung und gehört wieder deutlich zu Goethes Idee von den Frauen. Charlotte war nicht sanft und mild, sie war eine energische Person. Sie konnte streng und hart zu ihren Kindern sein und war ohne Nachsicht gegenüber ihren Dienstboten. Sie hatte eine vielleicht etwas gespielte Liebenswürdigkeit in der Gesellschaft, die aber zu ihren Pflichten als Hofdame gehörte und Teil einer hart trainierten Disziplin war. Sie hatte sich sehr gut im Griff und war tatsächlich ausgeglichen, überlegen und in sich gefestigt. Aber sie war keineswegs sanft. Goethe gegenüber zeigte sie wohl manchmal eine gewisse Milde und Schwäche, wenn er sich wieder danebenbenahm, wenn er sie bedrängte – aber das war, weil sie verliebt in ihn war. Sie versuchte es noch zu verbergen, doch es ist aus allen Äußerungen über ihn und wohl auch im Spiegel seiner Briefe zu erkennen. »Sich immer gleich« zu sein, ist Goethes Bild von Weiblichkeit. Es geht gar nicht anders, er muß das in jeder Frau sehen, besonders natürlich in der, die er liebt.

Am 25. Juni 1776 fährt Charlotte wieder zur Kur nach Bad Pyrmont. Das bedeutet zunächst einmal Ruhe von den Wirren, eine Atempause, und kommt beiden womöglich nicht ungelegen. Doch als

Charlotte von Stein

sie dann weg ist, empfindet Goethe ihre Abwesenheit gleich als Prüfung. Er streicht in Weimar herum, räsonniert und weiß nichts mit sich anzufangen. Auch die Herzoginmutter bemerkt seine Veränderung und weiß, worauf sie zurückzuführen ist. Morgens geht er in den Conseil und wohnt den Sitzungen bei. Doch die Arbeit hält sich noch in Grenzen; er ist eben erst zum Legationsrat mit 1200 Talern Jahresgehalt vereidigt worden. Mit dem Herzog reitet er von dieser Zeit an viel in die Umgebung, um Land und Leute des Herzogtums kennenzulernen, sich einen Überblick über die Beschaffenheit des Landes, seine Infrastruktur und die Situation der Bewohner zu verschaffen – Kenntnisse, die Goethe für seine verschiedenen Aufgabengebiete unbedingt braucht. Von Zeit zu Zeit begibt er sich zu Wieland und in sein mit reichem Kindersegen bedachtes Haus. Dann hält er sich, weil seine »Liebste« weg ist, an die anderen Damen des Hofes und flirtet unverbindlich herum. Das schreibt er Charlotte auch und teilt ihr mit, wenn sie nicht bald zurückkomme, »mache er dumme Streiche«. Ihre Schwester Sophie sei ein reizendes Geschöpf, und mit der Herzogin Luise habe er einen »lieben Augenblick« gehabt. Beim Vogelschießen in Apolda habe er sich in die Christel von Artern verliebt, und so weiter. Aber eigentlich betrübt ihn seine Situation, und er gerät ins Grübeln über das Wesen der Liebe, über das »Herztheilen«, dessen er überdrüssig ist, über den Sinn von Gefühlsbindungen, die ihm so viele Schmerzen bereiten. An einem warmen Junimittag sitzt er an der Ilm in seinem Park und zeichnet für Charlotte.

»Wenn ich nur leben könnte ohne zu lieben.« Aber er kann es nicht, es ist Teil seiner Künstlerexistenz, auch wenn die Dichtung in diesen Jahren brachliegt wie nie mehr in seinem Leben. Nur für Charlotte schreibt er das eine oder andere Gedicht, um seinem Herzen Luft zu machen. Diese Gedichte sind aber nicht zur Veröffentlichung gedacht und haben mit dem »Dichter« Goethe, der für ein erwartungsvolles Publikum schreibt, nichts mehr zu tun. Die Arbeit in den verschiedenen Ressorts des Herzogtums, die er bald mit vollem Engagement beginnt, frißt viele Kraftreserven auf, und auf der anderen Seite wird seine Liebe zu Charlotte selbst zu gelebter Dichtung, in der sich das Jetzt und Hier in imaginäre Räume erhebt. Die den beiden aufgedrungene Entsagung schafft Raum zu ungeahnten sublimen Entwürfen. Als »heilig sonderbaar« bezeichnet Goethe bald dieses Verhältnis, das ihm doch schon unentbehrlich ist, obwohl es von beiden Seiten immer wieder in die Krise gerät. Da sind ihre Distanznahmen und dann doch wieder ihr Eingehen auf die Nähe, die er wünscht, um die er bettelt wie ein Kind, da sind seine sinnlichen Impulse, die die unausgesprochenen Grenzen verletzen und für Auseinandersetzungen sorgen …

Der Herzog reitet mit seinem Gefolge in sein Jagdrevier in den Thüringer Wald, und Goethe kümmert sich um das Ilmenauer Bergwerk. Die Stadt Ilmenau liegt am Nordrand des Thüringer Waldes, auf 500 Meter Höhe im Ilmtal, von Bergen und Hügeln, dunklem, dichtem Nadelwald umgeben. Das Bergwerk ist nach einem großen Dammbruch 1739 stillgelegt worden. Goethe, der das Bergwerk wieder in Betrieb will, macht sich zunächst mit den Verhältnissen vertraut – den Techniken des Bergbaus, der Finanzierung durch diverse Kapitalträger, den juristischen Problemen … Man hofft, dort Kupfer oder gar Silber abbauen zu können und damit in der Gegend auch weitere Erwerbsmöglichkeiten zu schaffen.

Goethe bewohnt in der Zeit seiner Amtstätigkeit in Ilmenau das Amtshaus am Marktplatz. Nur wenige Meilen von Ilmenau entfernt liegen die Orte Stützerbach und Manebach sowie das Jagdhaus Gabelbach des herzoglichen Jagdreviers. Während sich der Herzog auf der Jagd befindet, zeichnet Goethe die herrliche Landschaft. Da ist der Kickelhahn, der höchste Berg des Reviers, von dessen Spitze aus man bei klarer Sicht über die Wälder und Hügel bis zum Brocken sehen kann. Der Große Hermannstein und seine Höhle liegen einen kurzen Fußmarsch abwärts vom Kickelhahn. Stützerbach, der nächste bewohnte Ort des Reviers, der es Goethe sehr angetan hat, liegt in einem Tal, von Wald umfaßt, und die kleinen Häuser kleben wie Nester an den steilen Gassen. Auch davon gibt es Zeichnungen Goethes, »Stützerbach und die dampfenden Täler«. Das Erlebnis der Natur, der Einsamkeit und Kontemplation im Zeichnen sowie die Liebe zu Charlotte bilden in diesen ersten Weimarer Jahren bei Goethe eine Einheit. Es ist die Zeit eines einmalig gehobenen Seelenzustands, die so untrennbar mit ihr verbunden ist – das Erleben der Natur, der Welt, seiner Liebe und die Bereitschaft, sich darin von innen heraus zu gestalten, die besten Seiten in sich auszubilden. Unzählige Briefe und Gedichte mit den zugehörigen Landschaftszeichnungen entstehen im

Wald, in Hütten, in dampfenden Tälern, und es sind Stimmungsbilder und Kontemplationen zugleich, die da entstehen. Es liegt etwas kindlich Vertrauensseliges in dieser offenen Seele, die sich noch so ganz erfassen, bewegen und im ursprünglichen Sinn des Wortes »bilden« läßt.

Während Carl August seinen feudalen Vergnügungen nachgeht (zu denen die Jagd vor allem gehört), sitzt Goethe und zeichnet. Wie sehr ihm die ganze Gegend schon ans Herz gewachsen ist, beschreibt er von Weimar aus, und aus der Beschreibung wird wie meistens auch eine Billanz seines Zustands. »Gestern als wir nachts von Apolde zurück ritten war ich vorn allein bei den Husaren, die erzählten einander Stückgen, ich hörts, hörts auch nicht, ritt so in Gedanken fort. da fiel mir's auf wie mir die Gegend so lieb ist, das Land! der Ettersberg! die unbedeutenden Hügel! Und mir fuhrs durch die Seele – Wenn du nun auch das einmal verlassen musst! das Land wo du so viel gefunden hast, alle Glückseeligkeit gefunden hast die ein Sterblicher träumen darf, wo du zwischen Behagen und Missbehagen, in ewig klingender Existenz schwebst – wenn du auch das zu verlassen gedrungen würdest mit einem Stab in der Hand, wie du dein Vaterland verlassen hast.« Nein, er wird in dieser neuen Heimat bleiben, er will nicht mehr wandern. Nur was er von seinen Herzensdingen zu erwarten hat, das weiß er nicht. In der Einsamkeit des Thüringer Waldes will er Charlottes Tagebuch lesen. Er möchte wissen, was sie fühlt, wie sie ihrer beider Verhältnis empfindet, und so fordert er noch während ihrer Abwesenheit im Kurbad, sie solle ihm ihr Tagebuch zukommen lassen. Das wird sie auch tun, aber erst am Jahrestag seiner Ankunft in Weimar. Sie deutet es wohl in einem Brief an, aber die Überraschung ist dann doch groß, als sie eines Tages im Ilmenauer Amtshaus vor ihm steht. Auf dem Rückweg von Pyrmont hat Charlotte einen Abstecher über Meiningen nach Ilmenau gemacht. Ihr unerwartetes Erscheinen, allein und ohne Absprache, muß ihm wie ein Liebesbeweis vorkommen. Er beschreibt ihre Ankunft und ihr Erscheinungsbild, um beides in die spätere Fassung des »Werther« einzuarbeiten. Sorgfältig hat sie sich zurechtgemacht für diese Begegnung. Sie trägt ein weißes Kleid mit einem Schleier, rosa Schuhe und ein zahmes Vögelchen auf ihrer Schulter. So tritt sie dem verblüfften Goethe im Amtshaus entgegen. Ohne lange zu warten, nimmt er sie bei der Hand und führt sie an die

Stätten seiner Natureinsamkeit, auf den Kickelhahn, zur Hermannsteiner Höhle ... In der Höhle sitzen sie zusammen, er hält ihre Hand, und da bückt sie sich und malt mit ihrer beider Hände ein geheimes Zeichen in den Sand. Das »S«, das Goethe nach Charlottes Abreise zur Erinnerung an diese Stunde mit Hammer und Meisel in den Felsen haut, ist heute noch an der Felswand zu sehen. 1784 entsteht auch ein Distichon, das Goethe am Eingang der Hermannsteiner Höhle im gleichen Gedenken anbringen läßt:

> Felsen sollten nicht Felsen und Wüsten Wüsten nicht bleiben,
> Drum stieg Amor herab, sieh' und es lebte die Welt,
> Auch belebt' er mir die Höhle mit himmlischem Lichte,
> Zwar der Hoffnung nur, doch ward die Hoffnung erfüllt.

Zwei Abende und einen Tag haben beide zusammen. Am zweiten Abend gibt es noch Tanz, »Illumination« und Musik, dann folgt die Trennung. Goethe begleitet Charlotte in der Kutsche noch eine kurze Strecke des Wegs zurück nach Ilmenau, dann ist auch dieses Zusammensein vorbei. Nach ihrer Abreise nach Weimar ist Goethe wie benommen. Der Tag mit Charlotte in der einsamen Umgebung ist ihm immer gegenwärtig. Auch war ihr Besuch das letzte, was er nach dem turbulenten halben Jahr, das so vom Verzicht getragen war, erwartet hätte. An Herder schreibt er: »Einen ganzen Tag ist mein Aug' nicht aus dem ihrigen kommen«, und an Charlotte selbst: »Deine Gegenwart hat auf mein Herz eine wunderbaare Würckung gehabt, ich kann nicht sagen wie mir ist! mir ist wohl und doch so träumig. [...] Es ist wie in der Geisterwelt, ist mir auch wie in der Geisterwelt. Ein Gefühl ohne Gefühl. Lieber Engel! [...] dein Verhältniss zu mir ist so heilig sonderbaar, dass ich erst recht bey dieser Gelegenheit fühlte: es kann nicht mit Worten ausgedrückt werden, Menschen könnens nicht sehen.« Zwei Tage später folgt das hilflose Bekenntnis: »Adieu Engel ich mag dir nichts weiter sagen, du hast alles was ich gethan habe von dir loszukommen, wieder zu Grunde gerichtet.« Was immer sich Charlotte auch bei diesem Spontan-Besuch gedacht hat, konsequent war er nicht. Sie schüttete Öl ins Feuer, als Goethe sich gerade damit abgefunden hatte, sich von dem Verhältnis zu ihr nichts mehr zu erhoffen. Die verschleierte Dame, die in dem Gebirgsstädtchen abstieg, wird zumindest nicht ganz unbemerkt geblieben sein. Was sagte der Ehemann in Weimar dazu? Wenn Goethe ganz offen an Herder schreibt, daß Charlotte ihn besucht hat, wird auch Josias von Stein davon gewußt haben. War er von Anfang an so gelassen, wie er es in Zukunft bleiben sollte? Der Ehemann der Frau von Stein blieb jedenfalls das geringste Hindernis auf Goethes Weg zu ihr.

Elegische Töne klingen in einem Gedicht aus diesen Tagen an:

Ach wie bist du mir,
Wie bin ich dir geblieben!
Nein an der Wahrheit
Verzweifl ich nicht mehr.

Ach wenn du da bist
Fühl ich, ich soll dich nicht lieben
Ach wenn du fern bist
Fühl ich, ich lieb dich so sehr.

Goethe geht in den Wald zurück und sucht die Hermannsteiner Höhle auf, wo er zusammen mit Charlotte war. Er zeichnet die Höhle, und die erhaltene Zeichnung ist vielsagend, auch für den unvoreingenommenen Betrachter; denn sie weckt deutliche Assoziationen mit der weiblichen Anatomie. Mit der abgebildeten Höhle kann der ganze Komplex von Natur, Frau, Mutterschaft und Vagina assoziiert werden. Goethes Faszination an diesem Komplex der »Mutter« Natur verband sich in der Zeichnung offenkundig mit seinem Begehren und mit der Erinnerung, die er an die schöne Stunde an diesem Ort der Hoffnung hatte. Das Zusammenleben in Weimar machte dies nicht gerade einfacher.

Das Auf und Ab der Gefühle

Gleich nach Goethes Rückkehr aus Ilmenau muß es schon wieder Verstimmungen zwischen ihm und Charlotte gegeben haben. Charlotte scheint es nach Möglichkeit so einzurichten, daß sie sich in Gesellschaft sehen, um keinen Anlaß für weiteres Gerede zu geben. Goethes Garten am Stern ist ein beliebter Treffpunkt geworden, auch für die Herren und Damen des Hofes, ganz besonders in der schönen Jahreszeit. Die Herzogin kommt mit ihrer Hofgesellschaft zum Tee in Goethes Garten, er läßt Musikanten kommen, man geht im Garten und im Park spazieren. Wieland schließt sich an, die Herzoginmutter, Carl August und sein Bruder Konstantin, gelegentlich auch die Familie Stein, also Charlotte mit Gatte und Kindern. In den nächsten Jahren kommt es ziemlich häufig vor, daß Herr und Frau von Stein bei Goethe zu Gast sind. Goethe lädt sogar den Gatten, den er einfach »Stein« nennt (wie dieser offensichtlich auch von seiner Ehefrau genannt wird), ausdrücklich ein, auch wenn er natürlich am liebsten mit Charlotte allein ist. Goethes Verhältnis zu Stein ist höflich, distanziert, aber von beiden Seiten nicht ohne Sympathie. Der Legationsrat und der Oberstallmeister müssen in der nächsten Zeit aufgrund ihrer Aufgaben im Herzogtum so manche Reise mit der herzoglichen Reisetruppe unternehmen, und da kommt es dann schon vor, daß die beiden Männer abends beim Wein zusammen sitzen, während der eine der Ehefrau des anderen Liebesbriefe schreibt. Josias von Stein war nicht eifersüchtig, und er fühlte sich anscheinend auch nicht in seinem »Besitzrecht« gekränkt. Vielleicht vertraute er Charlotte auch so weit, weil er wußte, daß sie keinen faux pas begehen würde. Solange die gesellschaftliche Form gewahrt blieb, lag kein Grund zur Beanstandung vor. Allein die seelische Intimität, die die bereits gewonnen hatte, hat der Baron vielleicht bis zum Schluß nicht verstanden.

In den letzten Augusttagen nach Goethes Geburtstag muß es wieder schwere Auseinandersetzungen und Kämpfe um Nähe und Ferne gegeben haben. Goethe schreibt: »Wenn das so fortgeht beste Frau werden wir warrlich noch zu lebendigen Schatten.« Da ist er dann froh, daß sie wieder nach Kochberg geht, oder er sagt es zumindest, weil er den »Herzensdruck« nicht mehr aushalte. Charlotte gibt ihm zu verstehen, daß er es unterlassen solle, sie in Kochberg zu besuchen. Dann veranlaßt sie jedoch etwas, was ihn unendlich kränkt. Noch Jahre später, als diese Phase der Beziehung längst überwunden ist, erinnert sich Goethe an den Schmerz, den ihr Verhalten in ihm hervorrief. Jakob Michael Reinhold Lenz, ein Freund und Dichterkollege Goethes noch aus Straßburger Zeiten, war gerade in Weimar eingetroffen und wandelte, wie so oft, in Goethes Spuren. Mit dem Dichter Lenz und seiner Psychographie hatte es in der Tat einige Merkwürdigkeiten. Er wurde später geisteskrank und starb, gänzlich verarmt, in geistiger Umnachtung in Moskau. Hochtalentiert wie er war, bildete Lenz schon in dem Straßburger Kreis, dem auch Goethe angehörte, den sozialkritischen Faktor der Sturm und Drang-Bewegung und war ihr rebellischster Geist. In seinen Dramen »Der Hofmeister« (1774) und »Die Soldaten« (1776) verbinden sich Milieustudien mit scharfen Charakterzeichnungen, die wie aus dem Leben gegriffen und fern aller Klischeebildung sind. Das Sujet des unbescholtenen Bürgermädchens, das verführt und entehrt wird, wirkt beispielsweise im Milieu adeliger Offiziere weit glaubhafter als mit einem verschrobenen Gelehrten in der Hauptrolle bei Goethes »Faust«.

Beide Dichter verbanden indes mit ihren Werken auch unterschiedliche Ziele. Lenz befand sich zu Goethe, den er schon so früh erfolgreich sah, in einem sonderbaren Verhältnis innerer Anverwandlung. Wie selbstentäußernd seine Verehrung für den »Bruder Goethe« war, belegt ein Brief vom März 1776, der zugleich das exaltierte Gefühlsleben des Dichters Lenz vor Augen führt: »Als ich den Antikensaal in Mannheim sah Bruder Goethe so durchdrung durchbebte überfiel mich Dein Geist, der Geist alles Deines Tuns und aller deiner Schöpfungen mit einem Entzücken, dem sich nichts vergleichen läßt. Ich sah Dich an meiner Seite stehn, ich sah wie sich Dein Blick an den Zähren letzte die ich vor Laokoon vergoß wie alle die himmlische Begeisterung dieser Gestalten denen ich – o wie gern die Ehre der Anbetung erwiesen hätte auch Dein Herz zu höherer Freundschaft für mich emporhub da ich ihrer nun würdiger war.« Ganz und gar merkwürdige Formen nahm diese Anverwandlung an den zwei Jahre älteren Goethe in Lenz' Verhalten Frauen gegenüber an. Das erste, was er tat, nachdem Goethe Friederike Brion verlassen hatte, war, nach Sesenheim zu reiten, um seinerseits um sie zu werben. Die Gedichte, die er über Friederike und Goethe verfaßte, sind voller Anklage an den Dichter und seine Schuld dem Mädchen gegenüber, wie er schreibt, »von einem Menschen, welcher kam und ihr als Kind das Herze nahm«. Das war zwar richtig, doch es verfehlte den Zweck. Friederike war nicht interessiert an dem exzentrischen Menschen. Daraufhin zog Lenz nach Emmendingen, um Goethes Schwester Cornelia zu »trösten«. Auch hier wieder: die latente Anklage gegen den Dichter, der seine Schwester vernachlässigt, die Verehrung der unglücklichen Cornelia, die sich sehr wundert und plötzlich Gedichte über sich verfaßt sieht. Lenz geht von dannen und erscheint in Weimar. Er besingt Herzogin Luise und Charlotte von Stein. Anscheinend macht er unziemliche Bemerkungen über Goethes Verhältnis zu der Oberstallmeisterin; er gibt Goethe Ratschläge, wie er sich Herrn von Stein gegenüber zu verhalten habe und ähnliches. Das geht so weit, daß er des Hofes verwiesen wird. Doch das geschieht erst später. Jetzt, im September 1776, bietet er Frau von Stein an, ihr in Kochberg Englischstunden zu geben, was ihr genehm ist, denn sie hat bereits mit Goethes Hilfe begonnen, Englisch zu lernen und Shakespeare im Original zu lesen. Charlotte läßt Lenz auf ihren Landsitz kommen, während Goethe in Kochberg Besuchsverbot hat. Und Lenz triumphiert über seinen erfolgreichen »Bruder«. Goethe schreibt erbittert an Charlotte: »O Sie haben eine Art zu peinigen wie das Schicksaal, man kann sich nicht drüber beklagen so weh es tut. Er soll Sie sehn, und die zerstörte Seele soll in Ihrer Gegenwart die Balsamtropfen einschlürpfen um die ich alles beneide.« Er verbitte sich, so schreibt er weiter, alle Nachricht von Charlotte oder Lenz. Wenn etwas zu bestellen sei (es geht wohl um englischsprachige Literatur aus der herzoglichen Bibliothek), so möge Lenz an seinen Diener Philip schreiben. Lenz hingegen schreibt an Goethe zwei Tage später: »Ich bin zu glücklich Lieber als daß ich deine Ordres dir von mir nichts wissen zu lassen nicht brechen sollte; [...] Dir alle die Feerei zu beschreiben in der ich itzt existiere, müßte ich mehr Poet sein als ich bin. [...] Mit dem Englischen gehts vortrefflich. Die Frau von Stein findt meine Methode besser als die deinige.«

Frau von Stein sollte sich nach diesem fünfwöchigen Aufenthalt des jungen Dichters aber genauso von Lenz distanzieren wie der Weimarer Hof. Was im einzelnen später geschah, ist nicht sicher. Lenz benahm sich wohl des öfteren daneben, beging Indiskretionen und verletzte die Form gegenüber dem Hof und der Herzogin. Außerdem hatte Goethe durchaus keine Lust, seine Genierolle in Weimar mit einem Nebenbuhler teilen zu müssen, und so forcierte er entschieden Lenz' Ausweisung, die schließlich im Dezember erfolgte. Auch aus diesem Aufenthalt bei der Angebeteten seines »Bruders« sind von Lenz Gedichte entstanden, die im Stil und Tonfall seinen Sesenheimer Gedichten, in denen er auf Goethe und sein Verhältnis zu der Pfarrerstochter bezugnimmt, sehr ähneln. In »Abschied aus Kochberg« heißt es, wie damals bei der »Liebe auf dem Lande« über Friederike, diesmal über Charlotte, sie sehne sich ja eigentlich nach dem anderen, Entfernten, nicht nach ihm, Lenz.

Es wird deutlich, daß Charlotte Goethe mit diesem Verhalten eifersüchtig machen wollte. Auf seine Vorwürfe, auf seinen Groll antwortet sie, er sei ja der Unbeständige, und seine Liebe nehme ab und zu wie der Mond – ein wichtiges Symbol in ihrer Beziehung. Das ist der Hauptvorwurf Charlottes an Goethe, und um diesen Punkt kreisen die ganzen ersten Jahre ihrer Kommunikation: Goethe muß das Unausgegorene seines Wesens ablegen, um ihrer Liebe wert zu sein. Dem veränderlichen Mond steht die Sonne, der Fixpunkt, die Beständigkeit und Festigkeit gegenüber, die Charlotte in Goethes Augen verkörpert. Zwar sieht sie sich nicht selbst als die Sonne; diese Namensgebung mit all ihren Assoziationen kam allein von ihm. Aber sie fordert Beständigkeit und eine Reinheit des Herzens, die in Goethes Selbsterziehung dieser ersten zehn Weimarer Jahre die Bedeutung von Authentizität und Echtheit gewinnt. Sie stehen dem dumpfen Wühlen der Geniezeit klar entgegen, in der man seine Verworrenheiten kultivierte, damit man sich »wärme an der Hitze, und friere am Frost«; denn und nur in solchen »unmittelbaren« Empfindungen erkannte man Echtheit. Charlotte fordert eine Ausgeglichenheit des ganzen Gemüts, die Übereinstimmung von »Innen« und »Außen«, der Persönlichkeit und ihrer gesellschaftlichen Aufgabe, und dies hängt eng zusammen mit ihrer Forderung nach Treue, mit der sie Goethe das andere erstrebenswert macht. Er könne ja sowieso nicht treu bleiben, sagt sie so dahin, das sei ein Zeichen der Unzuverlässigkeit aller Dichter, die sich nach normalem Maß nicht messen lassen wollten. Mit solchen Äußerungen ruft sie freilich Goethes Ehrgeiz auf den Plan. Die »Göttin der Wahrheit«, zu der er Charlotte acht Jahre später, nach einer spannungsreichen Beziehung im Gedicht stilisiert, schwebt, von Wolken getragen, über ihm und spricht: »Erkenne dich, leb mit der Welt in Frieden!« Diese schlichte Weisheit hat sie ihm vermittelt. Auch das ist mit der »Mäßigung« gemeint, die sie dem »heißen Blute« gab und die Goethe erst lebenstüchtig und für seine zahlreichen Aufgaben in Weimar fähig machte.

Charlotte selbst hat früh gelernt, die Wirklichkeit so zu nehmen, wie sie ist. Das hat sie nicht glücklich gemacht, aber es hat ihr einen festen Boden gegeben und sie für alle Schicksalsschläge, die noch kommen sollten bereit gemacht. Goethe wiederum, der dieses festen Bodens fast völlig entbehrte, konnte sie mit seiner Begeisterung anstecken und ihrem sehr durch Form und Umstände geprägten Dasein den zündenden Impuls geben, der auch für sie einmalig sein und bleiben sollte. Daß Gegensätze sich anziehen, dieses Sprichwort erwies sich – anders als beim Fürstenpaar – bei diesen gegensätzlichen Naturen auf einmalige Art. Charlotte brachte Klarheit in Goethes Verworrenheiten und Gefühlsexzesse, Goethe brachte Begeisterung und Leben in Charlottes von Verzicht und Selbstbescheidung getragenes Wesen, dem Abschiedsgedanken nicht fremd gewesen sind. Sie hat ja auch geschrieben, daß ihr durch ihn die Welt wieder lieb werde, von der sie sich schon losgesagt hatte. Charlotte war eigentlich kein Gefühlsmensch. Sie war, wie ihr Freund Knebel einmal sagen sollte, »eigentlichst im Verstand« beheimatet, war vorsichtig, abwägend, analysierend und fern aller Spontaneität. Das Spontane lag ihr nicht, dazu war sie nicht erzogen worden. Sie hatte hohe Ansprüche an die Menschen ihrer Umgebung, und was ihr über alles ging, waren Eindeutigkeit in Charakter und Haltung. Mit ihrer kühlen Veranlagung war sie keine von Gefühlen leicht ergriffene Frau. Um so erstaunlicher ist jetzt ihr Zustand, den sie kaum begreifen kann und den sie anfangs noch meinte, sehr gut im Griff zu haben. Nur aus diesem Zustand allein ist allerdings ihr manchmal widersprüchliches Verhalten Goethe gegenüber, der Wechsel von Nähe und Distanz, Gewähren und Abwehr, zu erklären, der ihn im Grunde so quälte.

Als Charlotte Anfang Oktober für wenige Tage von Kochberg nach Weimar kommt, um ihren Schwager zu treffen, muß es zwischen ihr und Goethe wieder qualvolle Aussprachen gegeben haben. Goethe schreibt, bevor sie wieder abreist: »Sie kommen mir eine Zeither vor wie Madonna die gen Himmel fährt, vergebens dass ein rückbleibender seine Arme nach ihr ausstreckt, vergebens dass sein scheidender trähnenvoller Blick den ihrigen noch einmal niederwünscht, sie ist nur in den Glanz versuncken der sie umgiebt, nur voll Sehnsucht nach der Krone die ihr überm Haupte schwebt. Adieu doch Liebe!« Charlotte nimmt den Brief nach Kochberg mit und schreibt vier Zeilen auf die Rückseite des Briefes, die das einzige erhaltene Zeugnis ihrer Gefühle für Goethe sowie ihrer Gewissenskämpfe sind:

Obs unrecht ist was ich empfinde – –
und ob ich büßen muß die mir so liebe Sünde
will mein Gewißen mir nicht sagen;
vernicht'es Himmel du! wenn michs je könt anklagen.

Ganz offenkundig ist hier – in seinen wie in ihren Zeilen –, daß sich beide mit der Seelenfreundschaft etwas vormachen, besonders sie, um sich zu schützen vor der »Sünde«, die doch eine »liebe Sünde« ist. Es ist keine Bruderliebe, denn die wäre ganz einfach keine Sünde. Für Goethe wiederum ist Charlotte im Bild von der »Madonna« die hohe Frau, die völlig unerreichbar ist und die er nur in ihrem Eigenglanz verehrt. Ihre wirklichen Gefühle vor dem Geliebten zu verbergen ist ihr immer wieder gelungen.

Bis zum 31. Oktober bleibt Charlotte in Kochberg und kann sich in der herbstlichen Stimmung des Parks und der Wälder um Schloß Kochberg auf das Wiedersehen mit Goethe vorbereiten. Dieser hat inzwischen eine Form gefunden, das Thema »Frau« und »Schwester«, das ihn durchaus grundsätzlich irritiert, aufzuarbeiten. In dem großen Briefgedicht hat es geheißen: »Ach, du warst in abgelebten Zeiten meine Schwester oder meine Frau ...«, und gemeint war Charlotte. Aber die »Schwester« ist als Typus für Goethe der Ausdruck äußerster seelischer Verbundenheit, wie er sie mit seiner tatsächlichen Schwester erlebt hat. Von daher laufen »Frau« und »Schwester« eigenartig ineinander, nicht nur weil Charlotte diese Art der Beziehung als Beschränkung von ihm fordert, sondern weil Goethe durch die Beziehung zu seiner Schwester geprägt ist, die ihn quält, mit der er nicht im reinen ist, und das bei jedem verzweifelten Brief mehr, der aus Emmendingen von Cornelia kommt. Kurz bevor Charlotte aus Kochberg zurückkehrt, schreibt Goethe in wenigen Tagen den Einakter »Die Geschwister«, den er erst Charlotte und anschließend der Herzogin Luise zu lesen gibt, sonst aber niemandem in Weimar. Es geht um ein junges Paar, Wilhelm und Marianne, die sich lieben, aber nicht zusammenkommen können, weil sie als Geschwister aufgewachsen sind. Indessen weiß nur Wilhelm, daß Marianne nicht seine Schwester, sondern die Tochter seiner früheren Geliebten Charlotte ist. Die unvergessene Gestalt der verstorbenen Geliebten tritt ihm in Marianne in verjüngter Form entgegen. Durch Charlotte, so Wilhelm, sei er ein anderer Mensch geworden. Durch sie habe er begonnen, Verantwortung für sein Leben zu entwickeln, so daß er aufhörte, in den Tag hineinzuleben und das väterliche Vermögen zu verschwenden. Aber sie, die »schöne Seele«, starb: »Die Erde war sie nicht wert.« Marianne, das Kind, das sie ihm aus einer früheren Verbindung hinterlassen hat, liebt Wilhelm herzlich, und Marianne spricht es immer wieder aus, daß sie den »Bruder« nie verlassen werde. Sie kann sich diese Liebe zwar nicht recht erklären, doch sie kann sich ein Leben ohne den geliebten Bruder nicht vorstellen, schon gar nicht zu heiraten. Als der gemeinsame Freund Fabrice um Marianne wirbt, klärt Wilhelm alles auf, und er kann sich mit der geliebten Marianne verbinden.

Dem fast schon trivialen »Happy End« des Stückes geht eine nicht gerade tiefsinnige Handlung voraus. Das einzig Interessante daran sind die Figurationen des Weiblichen in bezug auf den männlichen Helden. Die frühere Geliebte Charlotte, die Wilhelm moralisch geläutert hat, muß um einiges älter gewesen sein als Wilhelm, und die Art, wie er über die verehrte Frau spricht, weist auf ihre mütterlichen Komponenten hin. In Marianne dagegen sieht er jahrelang die Schwester, und offenbar nicht nur, weil es die Situation erfordert. Er hätte die Verhältnisse schon früher aufklären können, tat es aber nicht. Dagegen genoß er die Vorstellung von Marianne als einer »Schwester«, die gleichzeitig die verjüngte Wiedergeburt der mütterlichen Freundin ist, also gleichzeitig eine Tochter-Figur. Da laufen alle Männerphantasien durcheinander, ähnlich wie bei »Stella«, nur mit noch mehr Varianten.

Das Inzest-Motiv der schwesterlichen Geliebten, hier erweitert in Mutter und Tochter, ist Ausdruck tiefster seelischer Verbundenheit und deren reinste Form durch das sexuelle Tabu. Die »Bruderliebe« Mariannes wird in aufopfernder Weise beschrieben. Marianne tut alles für Wilhelm und richtet ihr Leben nach ihm aus. »Sie sind ihm auch Mutter«, kommentiert Fabrice, der Marianne gewinnen will. Im Stück löst sich der Inzestcharakter dieser Liebe auf, indem die Familienverhältnisse klargestellt werden. Im wirklichen Leben, bei Cornelia Goethe, tat es das nicht. Goethe schickt das Stück bald nach der Fertigstellung seiner Schwester, ohne es zu kommentieren. Somit haben es drei Goethe seelisch nahestehende Frauen zu lesen bekommen: seine wirkliche Schwester, die kühle, verhaltene, von ihm verehrte Herzogin Luise und die geliebte Charlotte, die er zur Schwester-Frau verklärt. Was diese dazu gesagt hat, den Traum einer verjüngten Wiedergeburt ihrer selbst vom Autor beschworen zu sehen, wäre interessant zu erfahren.

Noch vor Goethes Eintreffen in Weimar hatte sie sich der beiden früh verwaisten Fräulein von Ilten mütterlich angenommen. Caroline und Sophie waren beide um die zwanzig, als Goethe nach Weimar kam und die jungen Frauen nun ständig bei Charlotte sah. Er nannte sie »artige Misels« und besonders Caroline ein »holde(s) Geschöpf«, was Charlotte zumindest nicht unbemerkt blieb. Ganz am Anfang hat sie ihn sogar selbst auf heiratsfähige junge Frauen hingewiesen. Gerade war Goethe die Aufgabe zugefallen, Caroline zu trösten, die mit Prinz Konstantin, Carl Augusts jüngerem Bruder, liiert war, was der herzoglichen Familie aber mißfiel, da Caroline für eine Eheschließung mit dem Bruder des Herzogs nicht standesgemäß war. So kümmerte sich Goethe gemeinsam mit Charlotte um die unglückliche junge Frau, doch die Konstellation war der der Marianne/Charlotte im Stück ziemlich ähnlich, wie schon die Stella/Cezilie-Verbindung. Goethe hatte für seine Phantasien immer lebende Vorbilder, und die des weiblichen Doppelbilds gehörte zu den reizvollsten, zu den verführerischsten.

Seine Schwestern oder Pseudo-Schwestern sucht er indessen miteinander zu verbinden. Er erzählt Gustchen von Charlotte, wie wunderbar sie sei und wie sie seiner Seele Nahrung gebe. Er bittet Charlotte, sich um seine Schwester Cornelia zu kümmern und gibt ihr Cornelias

Briefe zum Beantworten. Das gleiche dann bei Gustchen, die auch an Cornelia schreiben soll. Charlotte läßt sich darauf ein und schreibt nach Emmendingen, worauf Cornelia diesen Halm wie eine Ertrinkende ergreift und zurückschreibt: Ach, hätte sie doch in ihrer Gegend eine Seele wie die ihrige, eine Freundin wie sie, es würde ihr besser gehen. Charlotte deutet an, sie könne sie eventuell besuchen, wenn sie nächsten Sommer ins Kurbad fahre, und Cornelia horcht auf: aber ja, ein Hoffnungsschimmer, nächsten Sommer ganz bestimmt... Sie ist gewiß hauptsächlich deshalb so begeistert, weil die Frau, die ihr schreibt, die Vertraute ihres Bruders ist. Denn daß sie in Emmendingen in dem Kreis ihres vielbeschäftigten Gatten keinen einzigen vertrauten Menschen, keine Freundin findet, hat sicher ein erhebliches Maß an Resignation zur Grundlage. In dieser Zeit veröffentlicht ihr Gatte Schlosser in Heinrich Christian Boies Zeitschrift »Deutsches Museum« in der Oktobernummer 1776 eine »Ehestandsszene«, die Parabel vom Schaf. Bezeichnenderweise fügt Schlosser diese Parabel auch in abgewandelter Form in einen Brief an Goethe ein. Der Erzähler hat ein Schaf von klein auf gehegt und gepflegt. Es hat aber von anderer Hand »höhere Speise« gekostet, und so verschmäht es die Speise seines Herrn, als der es zu sich nimmt. Hätte dieses Schaf von der höheren Speise nie gekostet, dann würde es die Liebe seines Herrn annehmen können. Die Geschichte, so grausam sie ist und so merkwürdig es anmutet, daß Schlosser sie als »Ehestandsszene« in einer Zeitschrift veröffentlicht, ist ein Hilferuf des braven Mannes, der mit seiner depressiven Frau nicht umgehen kann und sich verzweifelt an ihren Bruder wendet, den er instinktiv für die eigentliche Ursache des Unglücks seiner Gattin hält. Goethe wird auf diese Stellen im Brief nicht geantwortet haben, wie er auf alles kaum noch antwortete, was seine Schwester betraf. An Gustchen Stolberg hat er noch im Mai geschrieben: »Eine grose Bitte hab ich! – Meine Schwester der ich so lang geschwiegen habe als dir, plagt mich wieder heute um Nachrichten oder so was von mir. Schick ihr diesen Brief, und schreib ihr! – O dass ihr verbunden wärt! Dass in ihrer Einsamkeit ein Lichtstral von dir auf sie hin leuchtete, und wieder von ihr ein Trostwort zur Stunde der Noth herüber zu dir käme. Lernt euch kennen. *Seyd einander was ich euch nicht seyn kann.«* Und dann schreibt er: *»Was rechte Weiber sind sollten keine Männer lieben, wir sinds nicht werth.«*

Ein hehrer Ausspruch des 27-jährigen Goethe! Charlottes Liebe will er sich so gern wert erweisen, aber er kann diese Liebe nicht vom Sinnlichen freihalten. Am 31. Oktober ist Charlotte aus Kochberg zurückgekommen, und nach der Begrüßung, so innig sie gewesen sein mag, liest Goethe in dem Werk des Neulateiners »Johannes Secundus«, einem Pseudonym des Niederländers Jan Everard (1511–1536), der in lateinischer Sprache ein Werk namens »Basia« (»Küsse«) verfaßt hat. Darin geht es um Kußtechniken vielfacher Art, und wie man durch Küssen unter Vermeidung des Geschlechtsverkehrs Befriedigung erlangt. Das Gedicht, das er Charlotte tags darauf schickt, strotzt vor erotischen Anspielungen und dürfte von ihr allenfalls mit süßsaurem Lächeln quittiert worden sein. Vorwand für das Thema der »gesprungenen Lippe«, die des heilenden Balsams bedarf, sind anscheinend tatsächlich Goethes durch das rauhe Wetter wunde, gesprungene Lippen, für die ihm Charlotte eine Salbe geben will. Er setzt das Motiv jedoch im Gedicht nuancen- und anspielungsreich ein, so daß er den ursprünglichen Anlaß ganz aus den Augen verliert, wenn es heißt:

An den Geist des Johannes Secundus.

Lieber, heiliger, großer Küsser,
Der du mir's in lechzend athmender
Glückseeligkeit fast vorgethan hast!
Wem soll ich's klagen! klagt ich dir's nicht!
Dir, dessen Lieder wie ein warmes Küssen
Heilender Kräuter mir unters Herz sich legten,
Daß es wieder aus dem krampfigen Starren
Erdetreibens klopfend sich erhohlte.
Ach wie klag ich dir's, dass meine Lippe blutet,
Mir gespalten ist, und erbärmlich schmerzet,
Meine Lippe, die so viel gewohnt ist
Von der Liebe süsstem Glück zu schwellen
Und, wie eine goldne Himmelspforte,
Lallende Seeligkeit aus und einzustammeln.

Am nächsten Tag schreibt er an Charlotte: »Ich bitte Sie um das Mittel gegen die Wunde Lippe, nur etwa dass ich's finde heut Abend wenn ich zurückkomme. Muß ich Sie schon wieder um etwas bitten um etwas heilendes.« Er sei gestern abend noch ins Wasser gestiegen und habe »den Alten Adam der Phantaseyen ersäuft«. Ob Charlotte solche Andeutungen kommentiert hat, ist fraglich.

Geselliges Treiben in Weimar

Goethes Freund, der Herzog Carl August, kann solche entsagungsvolle Liebe, die nur reizt, ohne zu beruhigen, und sich ansonsten in sublimen Höhen abspielt, überhaupt nicht verstehen. Sein Liebesverständnis und -verhalten sind feudal wie all seine Vergnügungen. Weiber und Hirsche erlegen, darauf läuft die Lebensphilosophie des jungen Herzogs im Grunde hinaus. Im Sommer schrieb er an seine Mutter Anna Amalia: »Gestern haben zwei Stück Wild die Stärke meines Naturells empfunden.« Jenseits dieses Machismo ist Carl August ein aufgeklärter Fürst, leutselig, eine ehrliche Natur und Goethe aufrichtig zugetan. In vielen Entwicklungen und Orientierungen trafen sich die beiden jungen Männer, in puncto Frauen hatten sie jedoch wenig Gemeinsamkeiten und zum Glück auch nicht den gleichen Geschmack. Carl August und Goethe werden nur einmal wegen einer Frau zu ernsthaften Konkurrenten, aber aus verschiedenen Gründen treten dann beide zurück. Diese Frau ist Corona Schröter, die schöne Schauspielerin und Sängerin aus Leipzig, die Goethe fürs Weimarer Hoftheater engagiert hat. Zunächst ist nur Goethe von ihr angetan, als sie im Herbst 1776 ankommt. Und da Charlotte wieder einmal die Unnahbare spielt, hat Goethe Lust, ein wenig zu »miseln«. Das Wort hat für ihn die Bedeutung von flirten, »Misel« sind im Goethe'schen Wortgebrauch junge hübsche Mädchen, und beides zusammen bedeutet etwa unverbindliche Liebelei. Corona ist schön, begabt, zehn Jahre jünger als Charlotte und frei. An Heirat und Familiengründung ist sie zwar nicht interessiert, aber der zweifelhafte Ruf der Schauspielerinnen trifft auf sie genausowenig zu. In der Öffentlichkeit wird sie sogar von einer Anstandsdame begleitet, ihrer Freundin Minchen, und auch dem Herzog wird es später nicht gelingen, sie zu seiner

Herzog Carl August von Sachsen-Weimar-Eisenach (1791)

Mätresse zu machen. Wie weit Goethes Affäre mit Corona ging, ist nicht bekannt. Es gibt jedenfalls einen undatierten Brief von Goethe an Corona, in dem er, was immer war, für vergangen erklärt und sein Verhältnis mit ihr auf die Ebene einer Freundschaft zurückführen möchte. Er könnte das im Jahr 1781 geschrieben haben, als er mit Charlotte einen festen Bund eingeht und ihre Verbindung auf eine ganz neue Stufe gehoben wird – da muß er schließlich reinen Tisch mit den »Misels« machen. Bis dahin aber kann er sich noch immer der Schauspielerin zuwenden, wenn es mit Charlotte wieder Unfrieden gibt, und er macht Charlotte mit Corona eifersüchtig. Beides ist nicht unwichtig für seinen Gemütshaushalt, denn die Liebe zu Charlotte wird bald zu einer großen Aufgabe und entsprechend kräfteraubend. Wie schließlich soll man die Beziehung gestalten? Was hat Goethe zu erwarten? Nichts als Bruderliebe? Die Inkonsequenz von Charlottes Verhalten, ihre, wenn auch zaghaften und kleinen Zugeständnisse, machen die Forderung nach einer nur geschwisterlichen Liebe für ihn fast unerfüllbar. Aber es ist ihr gelungen, sich mit Takt und Fingerspitzengefühl hindurchzuwinden, als Vertreterin des Hofes, als Vertraute eines komplizierten Dichters, der auch die Aufgabe zufiel, diesen Dichter für den Hof zu erhalten. An all diese Dinge hat sie anfangs noch gedacht.

Charlotte von Stein galt in Weimar als gebildete, ja als gelehrte Frau. Das war nicht unbedingt ein Kompliment und führte nach damaligem Weiblichkeitsverständnis automatisch zu der Einschätzung, daß es ihre weiblichen Reize verminderte. Der Hof selbst und seine bedeutenden Frauen, die Herzoginmutter Anna Amalia, die Herzogin Luise oder die schlagfertige verwachsene Hofdame Luise von Göchhausen mit ihrem messerscharfen Verstand dachten wohl kaum so, auch die anderen »schönen Geister« nicht, wohl aber diejenigen, die sich als die eigentlich mondänen Vertreter des Hoflebens empfanden – vor allem der intrigante Graf Görtz und seine Frau. Wie Wilhelm Bode berichtet, gaben Leute wie Graf Görtz Frau von Stein die wenig schmeichelhafte Bezeichnung »preziös«, womit eine Art kultiviert erlesene Bildung gemeint ist, die die Gemeinte sozusagen über ihr Geschlecht erhob. »Kürzlich hat mir ihr Gatte einen Brief von ihr vorgelesen«, lästert Görtz gegenüber seiner Frau, »in dem vier oder fünf Zitate vorkamen.« Daraufhin erzählt die Gräfin Görtz mit Eifer weiter, welche schönen Geister zur Zeit bei der Stein in Gunst stünden (das war noch vor Goethes Zeit): der junge Friedrich Hildebrand von Einsiedel etwa, der Musik, Dichtkunst und alte Sprachen betrieb oder der Geheime Rat Wilhelm von Rotberg, seines Zeichens Oberhofmeister von Gotha ... In solchen Sticheleien und Antipathien lag ein gutes Stück Neid, denn Frau von Stein war eine geachtete Persönlichkeit und gehörte bis zum Ende ihres Lebens zu den ersten Damen am Weimarer Hof. Die doch sehr einschlägige Charakterisierung Charlottes durch Görtz wird dann besonders prekär, wenn er aus ihrer Gelehrsamkeit gewissermaßen folgert, sie könne ja auch nicht besonders »ehetauglich« sein. Er äußert das im Zusammenhang mit der Ehe des Erbprinzen und der Erbprinzessin von Baden, über die er und seine Frau genauso tuscheln wie über alle anderen. Die Ehe der beiden, so der Graf an seine Frau, sei deshalb so problematisch, weil die Erbprinzessin »von derselben Art wie die Stein« sei. Auch Wilhelm Bode, Biograph aus der wilhelminischen Ära, bläst ins gleiche Horn, wenn er diese Briefstelle des lästerlichen Grafen, der selbst die Promiskuität in Person war, als »Beweis« für Charlottes angeblichen sexuellen Degout anführt und weiter ausführt, daß Frau von Stein sich erhaben über das oberflächliche Gesellschaftstreiben fühlte – und damit, versteht sich, über »die irdischen Gelüste anderer«. Eine merkwürdige Folgerung. Nichts gegen die These. Es möge sie erheben, wer will. Man wollte den Schleier des Geheimnisses lüften, der über Goethes rätselhaftester Beziehung lag, und man suchte nach Erklärungsmodellen. Aber der Zusammenhang mit der belächelten »Gelehrsamkeit« als Abweichung von Weiblichkeit ist hier ja doch nur offenkundig. Charlotte klagte noch Jahrzehnte später über ihre Schwangerschaften, an denen sie sehr schwer getragen hatte. Das ist indessen alles, was von ihr an Äußerungen in diesem Bereich bekannt ist.

Diese Vorstellung, auch ohne ausgesprochene Gelehrsamkeit, trifft dann schon eher auf Herzogin Luise zu, die nachgewiesenermaßen einen sexuellen Degout vor ihrem Gatten hatte. Damit wären, so die bevorzugte Meinung, die drei Schwesterngestalten, die drei »Äbtissinnen« und sexuell tabuisierten weiblichen Figuren Goethes beisammen: Cornelia, Charlotte und die blasse Herzogin Luise. Aber die Herzogin hatte diese Abneigung gegen ihren Mann deshalb, weil sie sich anscheinend mehr zu Frauen hingezogen fühlte, in einigen Jahren auch

Herzogin Luise

einmal zu Charlotte von Stein. Erschwerend kam hinzu, daß Luise, diese ganz verhaltene, zurückgenommene Frau, auch noch mit einem Mann verheiratet war, der ihr in seiner vitalen und manchmal grobschlächtigen Art schon wesensmäßig zuwider war, gerade sexuell aber wie ein Tier vorkommen mußte. So etwas konnte nicht gutgehen. Goethe nahm sich der Herzogin an. Er suchte immer einen Zugang zu ihr und ließ sich durch ihre vorgeschützte Distanziertheit, die nur Verschlossenheit, Verletztheit war, nicht abhalten. Es gelang ihm schließlich, einen seelischen Zugang zu ihr zu finden, und Luise war und blieb für ihn immer der »Engel«, für den es sich lohnte, auf einen guten Augenblick zu warten, in dem sie sich vielleicht einmal kurzzeitig öffnete. Das war tatsächlich eine Verehrung auf der Schwestern-Ebene. Bei allem blieb sie eben auch die Herzogin, vor der man das Knie beugen mußte, und die in der Öffentlichkeit ein streng formelles Auftreten hatte.

Zur Herzoginmutter Anna Amalia, die das Gegenteil ihrer Schwiegertochter war, hatte Goethe dagegen ein beinahe kumpelhaftes Verhältnis. Sie war burschikos und lebenslustig, zwar dominant vom Typus, aber liberal, spontan und offenherzig. Goethe flachste mit ihr wie mit einer nur wenig älteren Tante, natürlich mit dem gebührenden Respekt. Anna Amalia war keine Schönheit, aber sie hatte genügend Temperament und Selbstbewußtsein, um das auszugleichen. Ihr Dilettieren im Bereich der Kunst und Musik, ihr Interesse am Theater und an den literarischen Strömungen ihrer Zeit standen neben der Begeisterung für Bälle und Maskenzüge und der Offenheit gegenüber allem, was ihr begegnete. Leider war für Anna Amalia in Weimar nie genug los, um ihr Temperament auszuleben. In einem sehr frühen Weimarer Brief an die Johanna Fahlmer faßt Goethe die drei unterschiedlichen Beziehungen zusammen, die er in Weimar zu den drei ganz unterschiedlichen Frauen hat: »Eine herrliche Seele ist die Fr(au) von Stein, an die ich so was man sagen mögte geheftet und genistelt bin. Louise und ich leben nur in Blicken und Sylben zusammen. sie ist und bleibt ein Engel. Mit der Herz(oginn)Mutter hab ich sehr gute Zeiten, treiben auch wohl allerley Schwänck und Schabernack.«

Auch nach dem Regierungsantritt ihres Sohnes Carl August blieb die Herzoginmutter der kulturelle und gesellschaftliche Mittelpunkt in Weimar. In Anna Amalias geselligen Zirkeln lockerten sich die Stan-

Tischgesellschaft von Anna Amalia von Sachsen-Weimar

desgrenzen. Über die eigenen Reihen hinaus, in denen sie schließlich selbst von kunstbeflissenen und gelehrten Bürgerlichen an ihrem Hof profitierte, hatte sich Anna Amalia während ihrer Regentschaft bemüht, der Bevölkerung den Zugang zu Bereichen der Bildung und der Wissenschaft zu ermöglichen, die bisher ein Vorrecht der adeligen Hofgesellschaft waren. Im Grünen Schloß hatte sie eine Gemäldegalerie einrichten lassen, die genauso wie die herzogliche Bibliothek der Allgemeinheit zugänglich war und von ihr genutzt werden konnte. Auch das Hoftheater stand der Weimarer Bevölkerung offen; für ein paar Kreuzer konnte jeder die Vorstellungen besuchen. Das war ziemlich revolutionär an einem deutschen Hof. Carl August setzte dies fort, indem er zum Beispiel später den Park und die Schloßgärten öffnen ließ. Die berühmte »Tafelrunde« im Wittumspalais der Herzoginmutter, die auf dem Aquarell von Georg Melchior Kraus verewigt ist, wurde das eigentliche Zentrum des Weimarer »Musenhofes«. Nach Herders Ankunft im Oktober 1776 bildeten dieser, Wieland und Goethe das bekannte »Dreigestirn« der großen Geister, das zwanzig Jahre später durch Schiller ergänzt wurde, dessen Wirken in Weimar aber unvergleichlich kürzer als das seiner Mitstreiter war.

Am 20. Oktober hält Herder in der Stadtkirche zu Weimar seine Antrittspredigt. Goethe und Charlotte verkehren in der Folge viel mit den Herders. Goethe fügt sich allmählich ins Stein'sche Familienleben ein. Da der Familienvater selten zu Hause ist, kümmert sich Goethe um die Kinder, besonders um Charlottes Liebling Fritz, das vierjährige Nesthäkchen. Fritz ist das jüngste Kind, und ihre besondere Liebe zu ihm erklärt Charlotte damit, daß sie ihn als einziges ihrer Kinder selbst gestillt hat. Wahrscheinlich ist sie aber auch damit zu erklären, daß mit diesem letzten Kind die belastende Zeit der Schwangerschaften vorbei war und Charlotte erst mit ihm, mit einigem Abstand zu dem ständigen Leiden, Gebären und Sterbensehen der gerade geborenen Kinder, in der Lage war, mütterliche Gefühle zu entwickeln. Goethe nimmt den Kleinen wie ein eigenes Kind an; später nimmt er ihn sogar in seinem Haus auf, als ein »Pfand« der geliebten Frau. Auch dagegen hat der Vater nichts, der seine Kinder selten sieht. Karl von Lyncker, ein Spielkamerad der Stein'schen Söhne, bezeichnet Goethe in seinen Memoiren als »Hausfreund« der Steins. Lyncker schreibt: »Goethe war bald bei der Frau v. Stein, bei der sich auch der Herzog sehr häufig einfand, als Hausfreund aufgenommen worden. Diese Dame galt für eine geistreiche Frau, und somit sah man ihr Haus als denjenigen Ort an, wo sich der gnädige Herr mit Goethe und seiner übrigen Umgebung am vertraulichsten vernehmen lasse. Hier entspannen sich wohl alle die Pläne für die ernsten Geschäfte, wie für die Belustigungen, welche dann auch so schnell als möglich verwirklicht wurden.« Zum Jahresende 1776/77 findet das Verhältnis zwischen Goethe und Charlotte die Basis einer ruhigen Freundschaft. Goethe nimmt Charlotte so, wie sie ihm sein kann – als Seelenfreundin und Ruhepunkt, und er beklagt sich vorerst nicht mehr. Die gemeinsamen Mahlzeiten von »Hausfreund« Goethe und der Dame des Hauses gehören fast zum Alltag. Vor dem Conseil schaut er bei ihr vorbei, danach kommt er zum Essen, und sie verbringen viele Abende zusammen. Besucher, die Goethe sprechen wollen, setzen sich mit Frau von Stein in Verbindung, wann er denn bei ihr nach den Mahlzeiten abkömmlich sei. Im Tagebuch heißt es da: »Bei ☉ gessen. Abends Hof [...] Conseil mit ☉ zu Tische. [...] Zu ☉ essen vergnügt [...] Nach Tische ☉ gezeichnet« aber auch: »Bei ☉ gessen neuer Streit.« Während Charlotte die Sonne war, war der Herzog Jupiter und wurde im Tagebuch mit dem Zeichen umschrieben. »Conseil. Mit ♃ gessen gutes Gespräch über Leben und Kunst. Zu ♃ gezeichnet, Englisch sehr lebhafter Abend. Mit den Kindern gegessen. Affereien, nachts Regen. Bau und das Portrait von ♃«, heißt es summarisch von den Aktivitäten des 18. März 1777. Charlotte ist der Fixpunkt in seinem Leben, das sich zwischen den Amtstätigkeiten und den leichten Vergnügungen des Hoflebens auf der einen, und seiner Natur-Einsamkeit und dem Dichten auf der anderen Seite abspielt. Charlotte ist das Bindeglied dieser beiden so verschiedenen Welten. Sein Talent muß er zu allen Gelegenheiten – dem Geburtstag der Herzogin, Jubiläen und Namenstagen oder ähnlichem – in den Dienste irgendeiner Festivität stellen, Auftragsstücke und Singspiele verfassen, dann wieder die Planung eines Maskenzugs organisieren und so weiter. Er brauchte Charlotte und ruhte sich, wie er am Ende eines Arbeitsalltags schreibt, an ihren Augen aus. Sie solle aber auch an seine Treue glauben, an seine Liebe. Kurz vor Jahresende 1776 schreibt er: »Sie sind immer gleich und ich wie der Mond in seinen Veränderungen sich auch gleich! Eben hier schrieb ich vor drei vierteljahr an Sie mit eben dem Herzen.«

Sie möge nun also an seine Beständigkeit glauben! In dieser Bescheidung und Einbindung, man könnte sagen angenommener Resignation, verläuft das ganze Jahr 1777, für das sicher der folgende Brieftext repräsentativ ist: »Wenn heute Abend iemand zu haus ist, so komm ich, les den Kindern ein Mährgen, Esse mit euch und ruhe an deinen Augen von mancherley aus.«

Auf Goethes Initiative ist es zurückzuführen, daß die Steins beschließen, von ihrer Wohnung in der Kleinen Teichgasse an die Ackerwand umzuziehen. In dem Haus des ehemaligen Husarenstalls sollen die oberen Stockwerke für die Familie des Oberstallmeisters ausgebaut werden. Goethe selbst kümmert sich begeistert um den Umbau und um die Einrichtung, denn durch die veränderte Wohnlage wird er von seinem Gartenhäuschen aus noch näher bei Charlotte sein. Von ihrer Wohnung und von seinem Schlafzimmerfenster aus können sie sich abends sogar Lichtzeichen geben. »Hab ich doch wieder eine Puppe womit ich spielen kann«, ruft er aus, als er schon dem Baukontrolleur Aufträge erteilt und sich über die Farben Gedanken macht, mit denen er die Wände streichen lassen will. Im Frühjahr und Sommer empfängt er wieder oft Gäste in seinem Garten. Der Spargel, den er gepflanzt hat, wächst, und auch Charlotte ißt davon, als sie im Gartenhäuschen bei Goethe zu Besuch ist. Goethe sticht den Spargel im Garten, wäscht ihn unterm Ziehbrunnen und läßt ihn von Philip anrichten und servieren. Im ersten Stock seines Häuschens hat er einen Altan, eine Art Balkon, anbauen lassen, und so kann er in den milden Nächten unter freiem Himmel schlafen. Mitten in dieser Idylle seines bescheidenen Lebens trifft ihn eine Nachricht: Cornelia ist gestorben. Nach der Geburt ihres zweiten Kindes war sie hoffnungslos depressiv geworden und hatte jeden Lebenswillen aufgegeben. Am 8. Juni 1777 starb sie. Goethe erhält die Nachricht vom Tod seiner Schwester eine gute Woche später, am 16. Juni. Die Mutter hat, wie einem Brief Katharina Elisabeth Goethes an einen Freund zu entnehmen ist, über Lavaters Abreise aus Frankfurt anscheinend mehr Tränen vergossen als über den Tod ihrer Tochter. Sie blieb ihr nach der Heirat immer nur »die Schlossern«, wenn sie von ihr redete, was selten genug vorkam. In dürren Worten schreibt der erschütterte Goethe von Cornelias Tod an Charlotte, die wieder für kurze Zeit in Kochberg ist. Er hat sie dort gerade ein paar Tage besucht und mit dem Abstand zum Weimarer

Alltag in ihrer Gegenwart wieder die alten Schmerzen empfunden. An Gustchen Stolberg schreibt Goethe in diesen Tagen die bekannten Verse, die ihm in einer Mondnacht in den Sinn gekommen sind, als er gerade aus dem Fluß stieg:

Alles gaben die Götter die unendlichen
Ihren Lieblingen ganz
Alle Freuden die unendlichen
Alle Schmerzen die unendlichen ganz.

Charlotte verbringt dieses Jahr ihren Kuraufenthalt in Pyrmont gemeinsam mit ihrem Mann. Goethe bleibt wie jedes Jahr in Weimar zurück, aber von da aus begibt er sich zweimal nach Kochberg, um die Stein'schen Kinder zu besuchen. Er schreibt Charlotte einen Brief von ihrem Kochberger Schlafzimmer aus und berichtet von den Kindern. Auch in dem alten Schloß, dem Landsitz der Steins, wird er wie ein »Hausfreund« aufgenommen. Eines Abends Mitte Juli kommt er zu Fuß von Weimar an, und die Kinder, die teilweise schon zum Schlafengehen fertig sind, begrüßen ihn begeistert. Er setzt sich mit der Köchin und der Dienerschaft an einen Tisch, man trinkt Selzer Wasser und plaudert über die Ereignisse der vergangenen Woche. Goethes Vertrautheit mit Charlottes Haushaltung spricht für sich.

Aber im Spätherbst kommen ihm ein paar Zweifel. Ob er sie denn wirklich liebe oder sich nur ihrer Nähe wie der Gegenwart eines reinen Glases freue, »darin sichs so gut sich bespiegeln läßt«? Das ist aufschlußreich. Ihre Liebe wachse, wie sie sage, mit der Abwesenheit, denn da könne sie auch die Idee von ihm lieben, ohne daß diese durch seine Tor- und Tollheiten gestört werde. Charlottes Bereitschaft zur Liebe ist stark moralisch begründet, und später soll sie einmal sagen, daß sie nicht instinktmäßig lieben könne, daß es sie nach Vollkommenheit verlange in dem Gegenstand, der sie an sich ziehe. Liebe bedeute für sie die Verpflichtung, um des anderen willen immer besser zu werden. Das betrifft von ihrer Seite wohl vor allem Goethe, denn die innere Läuterung und Umgestaltung seines Wesens ist Voraussetzung für ihre Gegenliebe. Mit solchen Forderungen läßt sich von ihrer Seite die Beziehung verantworten, als moralische Aufgabe, als Dienst an der Entwicklung eines »schönen Geistes«, dem nur noch der letzte Schliff fehlt. Für ihn dagegen ist Charlotte das »reine Glas«, in dem sich der läuterungsbedürftige Dichter gern spiegelt. Er spiegelt sich in einem Ideal seiner selbst und richtet seine besten Kräfte nach ihm aus.

Gleichzeitig betreibt er einen bizarren Fetischismus mit Haaren und Handschuhen von ihr, die er als Talismane auf seine Reisen mitnimmt, mit einer Schleife von ihr, die er morgens küßt und ein paar Knöpfen ihres Nachthemds, die er betrachtet und sich vorstellt, wie die »Geschwister« noch an ihrem Busen ruhen. Das klingt wie pubertäres Sexualverhalten und ist vielleicht so einzuordnen. »Mich ärgert dass ich das Messer und ein Paar dicke Strümpfe nicht von Ihnen habe, denn das sind Freunde in der Noth! – Zwar hab ich Ihren Handschuh, aber ich bin so ein ehmännischer Liebhaber dass das nicht recht fruchten will.« Was sollte sie dazu sagen? Er schreibt das von einer geheimnisvollen Reise, deren Verlauf und Ziel er nicht angibt, bis er angekommen ist. Die »Harzreise im Winter«, so heißt das daraus entstandene Gedicht, hat für Goethe gleichnishaften Charakter. Der dienstliche Zweck der Reise liegt darin, die Bergwerke im Harz zu besichtigen, um vor der Wiedereröffnung des Ilmenauer Bergwerks Kenntnis über deren Einrichtungen zu erlangen.

Doch Goethe verbindet zweierlei damit und erhebt die Reise in den Harz zu schicksalhafter Bedeutsamkeit, in mythologische Bezirke: die Anbetung und Anrufung der Götter, ihm den rechten Weg zu zeigen auf den schweren Pfaden seines Lebens, wird damit verbunden. Goethe genießt die Einsamkeit und die Natur auf allen seinen Reisen, und das ist für ihn die Gelegenheit, sich überhaupt von der Doppelbelastung seines gespaltenen Lebens zu erholen, Abstand zum Hof und zu Charlotte zu gewinnen. Er genießt die Anonymität und nennt sich Weber, Maler aus Gotha, studierter Jurist; neben Einsamkeit und Anonymität genießt er unmäßig viel Schlaf. Das alles – Abstandgewinnung, Inkognito, Mystifizierung des Reiseziels und der höhere Zweck dieser Reise – ist Zeichen einer inneren Krise und eine Vorausdeutung auf Goethes Reise nach Italien, die fast zehn Jahre später erfolgt. Zum einen will er in Wernigerode den Theologen Plessing inkognito aufsuchen, einen melancholischen jungen Mann, der ihm schon verzweifelte Briefe geschrieben hat und seit langem um Antwort bittet. Goethe kennt das: Junge Männer seines Alters identifizieren sich mit ihm und suchen Halt und Hilfe. Der Anlaß war, wie schon so oft, der »Werther«, und das, in Verbindung mit dem dunklen Gemütszustand des Adressaten, konfrontiert Goethe wieder mit der »Werther-Krankheit« und mit seinen eigenen problematischen Tendenzen. Er fühlt sich veranlaßt, Plessing aufzusuchen – freilich mehr zu einer Klärung des eigenen Zustands als aus Mitleid mit dem jungen Mann.

Goethe beschreibt seine Begegnung mit Plessing mehr als vierzig Jahre später in der »Kampagne in Frankreich«, einer kleineren autobiographischen Schrift. Nachdem er mit dem jungen Mann bekannt geworden ist, wobei er selbst anonym blieb, und dieser ihm von Goethe erzählt und von den Briefen, die er dem großen Mann geschrieben, ohne jedoch bisher Antwort erhalten zu haben, stellt er in der Erinnerung fest: »Indessen war mir der bedauernswürdige Zustand dieses jungen Mannes immer deutlicher geworden; er hatte nämlich von der Außenwelt niemals Kenntnis genommen, dagegen sich durch Lektüre mannigfaltig ausgebildet, alle seine Kraft und Neigung aber nach innen gewendet und sich auf diese Weise, da er in der Tiefe seines Lebens kein produktives Talent fand, so gut als zugrunde gerichtet.«

Es ist tatsächlich die »Werther-Krankheit«, die da wieder vor ihm steht. Goethe will dem jungen Plessing mit seinem eigenen Lebensprogramm geantwortet haben – freilich, ohne sich zu erkennen zu geben. Arbeit, Außenwelt, die beruhigende Macht der Natur steht gegen Selbstbefangenheit, die Klarheit in der Welt der wirklichen Erscheinungen gegen die »Dumpfheit« der Gefühlszentrierung. Das ist ja genau das, was Charlotte ihn lehrt und was er in ihr zu finden meinte. Es ist auch Teil seiner eigenen, in Weimar erlangten Philosophie des einfachen Lebens. Man werde, schreibt er, »sich aus einem schmerzlichen, selbstquälerischen, düstern Seelenzustande nur durch Naturbeschauung und herzliche Teilnahme an der äußern Welt retten und befreien. Schon die allgemeinste Bekanntschaft mit der Natur, gleichviel von welcher Seite, ein tätiges Eingreifen, sei es als Gärtner oder Landbebauer, als Jäger oder Bergmann, ziehe uns von uns selbst ab; die Richtung geistiger Kräfte auf wirkliche, wahrhafte Erscheinungen gebe nach und nach das größte Behagen, Klarheit und Belehrung.« Aber es ist zwecklos, seinem Gegenüber diese Dinge zu sagen, das merkt er, als er das Wirtshaus verläßt, um am nächsten Morgen seine Reise fortzusetzen. Über Plessing, den er eigentlich nicht wiedersehen möchte, bemerkt er: Die Kraft, die ihn selbst, den »Götterliebling«, in solche Höhen treibt, stürzt den anderen ins Verderben. Der andere kann, was ihm die Natur gab, nicht positiv nutzen.

> Denn ein Gott hat
> Jedem seine Bahn
> Vorgezeichnet,
> Die der Glückliche
> Rasch zum freudigen
> Ziele rennt;
> Wem aber Unglück
> Das Herz zusammenzog,
> Er sträubt vergebens
> Sich gegen die Schranken
> Des ehernen Fadens,
> Den die doch bittre Schere
> Nur einmal löst.

Vielleicht ist mit diesem Unglücklichen, dem es das Herz zusammenzieht und dem weder Götter noch Menschen helfen können, auch Goethes vor einem halben Jahr verstorbene Schwester Cornelia gemeint. Die Trauer über ihren Tod und ihr Schicksal, seine Liebe zu Charlotte und die Bewahrung seines auserwählten Lebenswegs fließen in dieser symbolhaften Reise zusammen. Wie um die Götter noch einmal zu versuchen, nimmt er sich ein abenteuerliches Unternehmen vor: Er will den Brocken besteigen, die höchste Erhebung des Harz, was eigentlich in dieser Jahreszeit (Anfang Dezember) viel zu gefährlich ist. An Charlotte schreibt er – noch immer hat er ihr seinen Aufenthaltsort nicht mitgeteilt –: »Also dass Ihre Liebe bey mir bleibe, und die Liebe der Götter.« Denn das ist ihm das Symbol seiner Reise und seines Lebens überhaupt von nun an. Er macht eine riesige Geheimniskrämerei um seinen Ausflug, redet von geheimen Zeichen, die ihm die Götter bereits gegeben haben, um seine Begünstigung unter Beweis zu stellen. Er wartet auf neue Zeichen, und er bekommt sie, wie er meint. Im Bergwerk von Clausthal ist er nur knapp einem Steinschlag entkommen, während sein Begleiter zu Boden gerissen wurde. Und nun, im Torfhaus, einer Herberge unterhalb des Brockens, ist ihm alles »die übermütterliche Leitung zu meinen Wünschen«. Goethes Schicksalsführung ist mütterlich, er denkt sich seinen guten Genius in weiblicher Form, sich selbst indessen als den bevorzugten, geliebten Sohn der Mutter Schicksal, also »Schicksals Hätschelhans«. »Ich sagte: ich hab einen Wunsch auf den Vollmond! – Nun Liebste tret ich vor die Thüre hinaus da liegt der Brocken im hohen herrlichen Mondschein über den Fichten vor mir und ich war oben heut und habe auf dem Teufels Altar meinem Gott den liebsten Danck geopfert.« Eigentlich hat der Förster aus dem Torfhaus ihn dringend davor gewarnt, den Aufstieg zu wagen. Noch niemand habe das in dieser Jahreszeit versucht; die Berge lägen im Nebel, und wer nicht alle Tritte kenne … Nun hatte sich aber am frühen Morgen des 10. Dezember das Wetter gebessert, und der Förster konnte sich dann sogar selbst entschließen, den hartnäckigen Wanderer auf den Gipfel zu begleiten. Goethe ist stolz auf seinen gelungenen Aufstieg und empfindet dieses Gelingen als letzten Gunstbeweis der Götter, daß sein Weg so glücklich fortgehen wird. Denn schließlich: »Sie wissen wie simbolisch mein Daseyn ist – - Und die Demuth die sich die Götter zu verherrlichen einen Spas machen, und die Hingegebenheit von Augenblick zu Augenblick, die ich habe, und die vollste Erfüllung meiner Hoffnungen.«

Ein wenig hat dieser sportliche Gewaltakt und der maßlose Stolz darüber aber auch die Funktion einer Bestätigung, einer Ersatzbefriedigung für die nicht eroberte Frau. Goethe muß die Entsagung immer in hohe, gleichnishafte Formen kleiden, um diese Form der Beziehung akzeptieren zu können. Er fühlt sich vom Schicksal begünstigt, weil ihn die Liebe und die Götter leiten, seinen Weg zu gehen und weil er diese Liebe als große Aufgabe im Rahmen einer höheren Leitung empfindet. Aber Ausbruch, Flucht und ein Gewaltakt wie die Besteigung des winterlichen Brockens sind Reaktionen auf die angespannte Seelenlage.

Die lösende Kraft des Mondes in dem Gedicht »An den Mond« ist ein weiteres Bild der Besänftigung, wie schon in »Wandrers Nachtlied«, über das Glück und die Nöte dieser Beziehung hinaus. Die erste Fassung des Gedichts entstand in diesem Winter. Hintergrund ist das Ilmtal, aus dem so oft in dieser Jahreszeit die Nebel steigen und den Park in sanfte Wolken hüllen. Goethe sah dieses Bild von seinem Gartenhäuschen aus, vielleicht mit Charlotte zusammen.

An den Mond

Füllest wieder's liebe Tal
Still mit Nebelglanz,
Lösest endlich auch einmal
Meine Seele ganz;

Breitest über mein Gefild
Lindernd deinen Blick,
Wie der Liebsten Auge, mild,
Über mein Geschick.

Ideal-Weibliches

Am 16. Januar 1778 ertränkte sich die junge Christel von Laßberg aus Weimar, Goethes »Werther« in der Tasche, aus Liebeskummer in der Ilm. Man fand die Leiche tags darauf und brachte sie sofort ins Haus der Steins, das sich in unmittelbarer Nachbarschaft zu der Fundstelle befand. Charlotte sollte die Erinnerung an den grausigen Fund nie vergessen – die Leiche des jungen Mädchens, die man zu ihr brachte, den nun mit gespenstischen Vorstellungen verbundenen Fluß, das rauschende Wehr an der Seite der Sternbrücke, wo die junge Frau in den Tod gegangen war. Daß man den »Werther« bei dem Mädchen fand und damit eine weitere tragische Identifikation mit dem literarischen Selbstmörder stattgefunden hatte, riß Goethe recht drastisch aus seinen eigenen Träumen und aus seiner poetischen Ruhe. Er selbst scheint noch am selben Abend mit zu den Eltern von Christel gegangen zu sein, um ihnen die Todesnachricht zu überbringen. Am 18. schreibt er in sein Tagebuch: »Knebel blieb bei mir die Nacht. Viel über der Christel Tod. Dies ganze Wesen dabei ihre letzten Pfade pp. In stiller Trauer einige Tage beschäftigt um die Szene des Tods, nachher wieder gezwungen zu theatralischem Leichtsinn. Verschiedene Proben.«

Der Tod des jungen Mädchens erschütterte Charlotte und Goethe tief. Das Ereignis setzte beiden eine innere Schranke und führte sie zu einer Art Selbstbesinnung über die Grenzen ihrer Beziehung.

Von dem Zeitpunkt an wird eine gewisse Distanz zu Charlotte in Goethes Briefen deutlich, eine Ablösung, die in die Gewohnheit einer Seelenfreundschaft übergeht. Im Mittelpunkt seines Weimarer Lebens stehen immer die Selbsterziehung und Charlotte, die diese begleitet. An ihr und an der Welt zu wachsen, ist sein vornehmstes Ziel. Die minutiöse Selbstwahrnehmung, die dafür die Grundlage ist, kommt in Tagebuch-Äußerungen neben den fast mechanischen Notizen zu den Sitzungen im Geheimen Consilium, seinen Arbeitsbereichen und erledigten Pflichten zum Ausdruck, so im Februar: »Diese Woche viel auf dem Eis, in immer gleicher fast zu reiner Stimmung. Schöne Aufklärungen über mich selbst und unsre Wirtschaft, Stille und Vorahndung der Weisheit. Immer fortwährende Freude an Wirtschaft, Ersparnis, Auskommen. Schöne Ruhe in meinem Hauswesen gegen vorm Jahr. Bestimmteres Gefühl von Einschränkung, und dadurch der wahren Ausbreitung.« Ein vollkommen bürgerliches Ethos wird hier beschworen. Die gleichen Vorsätze, mit denen Goethe die Finanzen des Weimarer Herzogtums angeht und durch kluge Sparmaßnahmen reformieren will, gelten auch für sein eigenes Hauswesen, für die Ruhe und Ordnung, die er darin sucht. Er könnte seinem Vater mit solchen Idealen vor die Augen treten, mit deren gelungener Umsetzung, mit erfüllten Pflichten, und er löst die Schlacken von sich mit Hilfe solcher selbstgestellten Aufgaben, die Schlacken der Jugend. Er kann von »Weisheit« sprechen und meint eine »Ahndung« davon: daß man mit der wahren Beschränkung erst Freiheit erlangt. Das wird der Leitgedanke von Goethes Alterswerk werden, der hier schon anklingt. »Fortdauernde reine Entfremdung von den Menschen.«, heißt es am 12. Februar im Tagebuch hinter dem Eintrag: »Conseil«: »Stille und Bestimmtheit im Leben und Handeln. In mir viel fröhliche bunte Imagination.«

Mit dem folgenden Gedicht schickt Goethe Charlotte im April eine erneute Liebesbeteuerung:

Mit einer Hyazynthe

Aus dem Zauberthal darnieden
Das der Regen still umtrübt,
Aus dem Taumel der Gewässer
Sendet Blume Grus und Frieden
Der dich immer treu und besser
Als du glauben magst geliebt.

Diese Blume die ich pflücke
Neben mir vom Thau genährt
Lässt die Mutter still zurücke
Die sich in sich selbst vermehrt.
Lang entblättert und verborgen
Mit den Kindern an der Brust
Wird am neuen Frühlingsmorgen
Vielfach sie des Gärtners Lust.

So harmlos-tändelnd das klingt (und viele Naturgedichte Goethes klingen vordergründig harmlos-tändelnd), so deutlich werden doch hier wieder Goethes Phantasiebilder vom Mütterlichen in der Natur. Grundmotiv ist die Blume im Naturkreislauf. Werden, Vergehen und Erneuerung werden von ihr symbolisiert. Sie reproduziert sich und schafft Leben, aber auf sublime Weise: »Die sich in sich selbst vermehrt« ist ätherisch, wird »vom Tau genährt«, und sie entspricht dem Faszinosum der jungfräulichen Mutter, ist Doppelbild und wunderbare Wunschvorstellung. Besonders die letzten vier Zeilen enthüllen das deutlich. »Entblättert« und »verborgen« zugleich ist diese Jungfrau-Mutter-Blume, und beide Begriffe können eine doppelte Bedeutung besitzen. »Verborgen« wäre sie, wenn sie noch nicht »entblättert« wäre, also unberührt und unerschlossen. Sie kann aber auch lange im Verborgenen gewesen sein, nicht wahrgenommen, unerkannt oder sich selbst verbergend, und wird erst jetzt vom Gärtner, der sie sieht, »entblättert« – ob erstmalig oder erneut, das bleibt offen, doch der »neue Frühlingsmorgen« spricht für ein Erlebnis der Erneuerung. »Entblättert« kann dagegen auch heißen: verwelkt. Sie hat die »Kinder an der Brust«, sie hat das erste Leben hinter sich. Doch die mütterlichweibliche Fähigkeit zur Reproduktion, »sich in sich selbst« zu vermehren, führt hier zu einem zweiten Leben, für das sie sich bewußt und still entscheidet. Goethe soll mit sechzig Jahren sagen, er habe angefangen, eine Bemerkung zu machen, »die uns in der Jugend lange verborgen bleibt, daß die Männer altern und die Frauen sich verändern.« Vielleicht ist das Gedicht der erste Ausdruck dieser Idee. Sie paßt wiederum ins Bild vom aufstrebenden und daher der Vergänglichkeit anheimgegebenen männlichen Entwicklungscharakter, der sich die Welt aneignet, »tätig« ist, und vom zyklischen weiblichen Wesen, in dem sich das ewige Naturspiel der Erneuerung von Werden und Vergehen ereignet.

Charlotte von Stein hatte sieben Kinder geboren, bevor Goethe sie kennenlernte. Sie hatte auch einen ersten Lebensabschnitt hinter sich, eine komplette weibliche Existenz nach damaligen Begriffen. Sie war Mutter, und sie war und blieb es auch in gewisser Hinsicht für Goethe. Nur war ihr »Garten« ein Bereich, den er nicht betreten durfte, weshalb er sie ja zur Jungfrau-Mutter stilisieren mußte. Goethe spielte später noch gern Gärtner oder vielmehr Gartengott, im immer zugänglichen Garten einer anderen sinnlichen und lebensfrohen Frau: Christiane Vulpius. Aber die »Blume«, die er sich dort zum Pflücken auswählt, hat mit Charlotte von Stein keine Ähnlichkeit. Sie war sogar ihr Gegenbild.

Im April muß Goethe mit dem Herzog zu einer größeren Reise aufbrechen. Es geht über Leipzig und Wörlitz nach Berlin an den Hof Friedrichs des Großen. Das Ziel der Reise wird zunächst geheimgehalten, denn der Herzog will sich im Zuge der Vorbereitungen des bayerischen Erbfolgekrieges zwischen Preußen und Österreich über die veränderte politische Lage kundig machen. Der Konflikt zwischen Preußen und Österreich, der noch bis zur Reichsgründung Bismarcks in Deutschland so bestehen sollte, barg auch für die kleinen Fürstentümer Konsequenzen und Gefahren. Goethe, der Minister, ist für strikte Neutralität Sachsen-Weimars, der Herzog denkt preußenfreundlich, und man will die Lage sondieren. Doch erst Jahre später stürzt sich Carl August in die internationale Politik, was eine gewisse Entfremdung zwischen ihm und Goethe zur Folge hat. Goethe nämlich hat eine grundsätzliche Abneigung gegen die große Staatspolitik, aus der sich ein kleiner Staat wie Sachsen-Weimar seiner Meinung nach sowieso heraushalten sollte, um vielmehr seine Reformen nach innen zu festigen. Eine Weile trägt der Herzog Goethes Haltung mit, dann überwältigt ihn aber sein fürstlicher Ehrgeiz, und er muß sich am Mächtespiel beteiligen, was Goethes Reformpolitik empfindliche Stöße versetzt.

Hier aber, auf dem Weg nach Berlin, sieht Goethe die Erkundigungsreise noch als weitere Möglichkeit zur Erlangung von Weltkenntnis. Er spürt, daß diese Konfrontation mit dem preußischen Hof und mit den Machtverhältnissen der Zeit ihm von Nutzen für seine dramatische Arbeit sei. »Und nun bald in der Pracht der königlichen Städte«, schreibt er von Wörlitz aus an Charlotte, »im Lärm der Welt und der Kriegsrüstungen. Mit den Menschen hab ich, wie ich spüre weit weniger Verkehr als sonst. Und ich scheine dem Ziel dramatischen Wesens immer näher zu kommen, da michs nun immer näher angeht wie die Großen mit den Menschen, und die Götter mit den Großen spielen.« Schon sehr bald ist Goethe allerdings der Meinung, daß ihn das alles gar nicht viel angeht, denn er ist über die Maßen von all der »großen Welt« und ihrem dramatischen Wesen desillusioniert. Der preußische König ist bei seinen Truppen in Schlesien, als man in Berlin eintrifft. Die Reisenden besichtigen Schloß Sanssouci in Potsdam, das Exerzierhaus, das Militär-Waisenhaus und das neue Palais, knüpfen Beziehungen zu preußischen Generalen und speisen an der Tafel des Prinzen Heinrich von Preußen, dem Bruder des Königs. Das bietet hinreichende Gelegenheit, das Schranzenwesen eines großen Hofes kennenzulernen, seine Intrigen und falschen Fassaden, »Gold, Silber, Marmor, Affen, Papageien und zerrissene Vorhänge«, was für Goethe das »Wesen« des Alten Fritz recht treffend bezeichnet. Voll Ekel stellt er fest, daß all die kleinen Lichter im Dunstkreis des Königs hinter seinem Rücken über diesen herziehen. Im Kreis der adeligen Offiziere ist Goethe steif, weiß sich nicht zu bewegen, er will und kann die »Weltrolle« nicht so erfüllen, wie man es erwartet. Aus der Angst heraus, diplomatisch ungeschickte Äußerungen von sich zu geben, aus Verlegenheit und aus angewidertem Trotz bleibt er stumm – was man ihm als Hochmut anlastet. Der Günstling des Weimarer Herzogs beherrsche diesen, er sei stolz und anmaßend, heißt es in Berlin. Daß er an der Tafel des Prinzen Heinrich kein Wort von sich gegeben, das man nicht hätte drucken können, berichtet Goethe seinem Freund Merck in Darmstadt mit einigem Trotz. Graf Heinrich Lehndorff, seines Zeichens Kammerherr bei der Gemahlin Friedrichs des Großen, schreibt dagegen nach dem Besuch des Weimarer Herzogs und seines Ministers in sein Tagebuch: »Im Verlauf des Monats Mai trifft der Herzog von Weimar inkognito unter dem Namen eines Barons von Altenstein hier ein, aber die Königin läßt ihm keine Ruhe, bis er in der Gesellschaft erscheint. [...] Mit ihm ist der berühmte Verfasser des «Werther« und des «Götz von Berlichingen«, den der Herzog zum Geheimen Rat gemacht hat. Dieser beherrscht ihn jetzt, nachdem er den früheren Hofmeister, den Grafen Görtz, der eben jetzt in unsre Dienste getreten ist, verdrängt hat. Dieser Herr Goethe ist bei der Tafel mein Nachbar. Ich tue mein Möglichstes, um ihn zum Sprechen zu bringen, aber er ist sehr lakonisch. Er dünkt sich augenscheinlich zu sehr Grandseigneur, um noch als Dichter zu gelten. Das ist im allgemeinen der Fehler der Deutschen von Bildung, daß sie, sobald sie die Stellung eines Vertrauten erlangen, unerträglich hochmütig werden.« Der Graf beurteilt die Lage der Dinge natürlich nach den Gesetzen seiner Lebenswelt. Der bürgerliche Goethe kann nur durch Intrige zu dieser einflußreichen Stellung bei Hofe gekommen sein, und er nutzt seinen Einfluß als Emporkömmling entsprechend aus. Er hat die Regeln des Hofes gelernt; der »Parvenu« beherrscht den jungen Herzog. Daß die Dinge, besonders was den Grafen Görtz angeht, in Wahrheit ganz anders liegen, muß hier nicht noch einmal gesagt werden. Görtz war selbst ein Intrigant, wie er im Buche steht, und er hat Goethe, den Emporkömmling, gehaßt und falsche Gerüchte verbreitet. Goethe verachtet diese Welt. Er wird nie wieder nach Berlin kommen, auch später nicht, als sein engster Freund Zelter dort lebt und die preußische Hauptstadt längst ein gesellschaftlich reizvoller Anziehungspunkt ist. An Charlotte schreibt er: »So viel kann ich sagen ie größer die Welt desto garstiger wird die farce und ich schwöre, keine Zote und Eseley der Hanswurstiaden ist so eckelhafft als das Wesen der Großen Mittlern und Kleinen durcheinander. Ich habe die Götter gebeten dass sie mir meinen Muth und grad seyn erhalten wollen biss ans Ende, und lieber mögen das Ende vorrücken als mich den letzten theil des Ziels lausig hinkriechen lassen. Aber den Werth, den wieder dieses Abenteuer für mich für uns alle hat, nenne ich nicht mit Nahmen.« – Weltkenntnis also steht auch hier wieder im Vordergrund, er will von allem lernen. In Potsdam kann er dann zwei Tage später sagen: »Durch einen schönen Schlaf hab ich meine Seele gereinigt.« Und nach der Rückkehr: »In meinem Thal ist mirs lieber und wohler als in der weiten Welt.« So kann er sein Berliner Abenteuer erst einmal vergessen und als weitere allgemein-menschliche Erfahrung verbuchen. Politisch bleibt die Reise für das Herzogtum ohne Folgen, denn der Krieg zwischen Preußen und Österreich um die bayerische Erbfolge kommt zwar im Juli tatsächlich zum Ausbruch, wird aber ein Dreivierteljahr später ohne große Kampfhandlungen beigelegt.

Die Erwartungen, die an ihn herangetragen wurden, müssen Goethe auch belastet haben. Man hört von einem Besuch des Schweizer Priesters Oberthür (desselben, den Lenz noch vor seinem Zusammenbruch aufsuchen sollte) bei Goethe, der sich gerade auf der Wartburg aufhält. Er erwartet den Verfasser des »Werther« und des »Götz von Berlichingen« zu erkennen und zudem, entsprechend Goethes öffentlichem Ruf, einen lustigen Gesellschafter kennenzulernem. Beides trifft er nicht an, nur einen zurückgezogenen und stillen Menschen, der auf ihn ernsthaft, sogar »kalt« wirkt. »Ich glaubte einen tiefdenkenden, ernsthaften, kalten Engländer dem Kleide und der Miene nach zu sehen.« Wieland dagegen schwärmt in Weimar wie ein Schuljunge von Goethe. Nach Wielands Aussagen und Versen ist Goethe ein Gott in Weimar, der zu den Menschen herabsteigt, um sie glücklich zu machen. Für die Vertreter des Hofes ist er vor allem ein Emporkömmling, durch des Herzogs Gunst emporgestiegen, der seine Eignung als ein hoher Staatsbeamter erst beweisen muß – durch unmäßigen Fleiß, wie Goethe selbst weiß. Für die nicht-politische Öffentlichkeit ist er dagegen der begnadete, hochbegabte Dichter, und er wird sein Leben lang von den zahllosen Neugierigen, die ihn aufsuchen, mit seinem Frühwerk identifiziert werden – eben mit dem »Götz« und dem »Werther«. Gegen all diese Erwartungen hat Goethe eine Technik stillen Rückzugs entwickelt, die nicht erst in seinen späteren Jahren als »geheimrätlich steif« empfunden wurde. Wenn man zu viel von ihm erwartete, wenn ihn die Öffentlichkeit zu sehr bedrängte, wenn ihm seine Rolle zu lähmend wurde, zog er sich zurück und verstummte. Das konnten die wenigsten einordnen.

Diese unterschiedlichen Identitätskonflikte soll Goethe in seinem »Torquato Tasso« verarbeiten, mit dessen erster Niederschrift er etwa zwei Jahre später, im Jahr 1780, beginnt. Das Drama behandelt die psychischen Konflikte des (authentischen) Hofdichters Torquato Tasso an einem italienischen Renaissance-Fürstenhof. Tasso ist reiner Hofdichter und in die politischen Belange des Fürstentums nicht einbezogen. Er dient dem reinen Schein der Kunst und liefert regelmäßig Werke ab, über die dann der Fürst, sein ihm gewogener Gönner, verfügen kann. Als politische Ratgeber hat der Fürst andere Leute, die dem Hofleben vertrauter, die auch angepaßter und erfahrener sind. Diskutiert wird hier die Rolle der Kunst, besonders der Dichtkunst, im politisch-gesellschaftlichen Leben unter den Bedingungen spätfeudaler Machtverhältnisse (von daher spielt das Drama nicht an einem Renaissancehof, sondern ist in die Verhältnisse von Goethes eigener Zeit verlegt). Die Rolle des Dichters und der Dichtkunst ist die eines Dekorums, um die Fürsten selbst in ihrer Repräsentanzfunktion zu verherrlichen und um ihr Prestige zu erhöhen. Dem steht Tassos Forderung nach Autonomie der Kunst und des Künstlers gegenüber, in der Renaissance wie auch im aufgeklärten Absolutismus eine vorausgreifende Forderung. Tasso ist feinnervig-sensibel; er scheint einer Welt der Hof-Gleisnerei und Berechnung nicht gewachsen zu sein und fühlt sehr deutlich seine Rolle als Lieferant von erwartungsgerechter Dichtung an ein vergnügungssüchtiges Hofpublikum, eine Existenzform, über die er sich erheben möchte und es innerlich in unmäßiger Weise auch tut. Seine Spontaneität und Wahrhaftigkeit, die »Naturwahrheit«, die er für seine Dichtung wie für seine Lebenshaltung fordert, steht gegen höfische Affektkontrolle und regelhaftes Kalkül. Tassos Gegenfigur ist Antonio, der aalglatte Höfling und gewandte Staatssekretär, der das Vertrauen des Fürsten in allen politischen Fragen besitzt. Tasso fordert Antonios Einflußbereich auch für sich und nähert sich dem Nebenbuhler erst vertraulich-offen an, um dann in einem heftigen Impuls des Aufbegehrens – da dieser ihn in seine Schranken weist, ihm mangelnde Weltkenntnis unterstellt und ihn im übrigen mit allen Waffen des höfischen Umgangstons geschliffen zurückweist –, seine Ressentiments herauszuschreien: Er, Tasso, sei Vertreter des seelisch-geistigen Adels, der andere nur von Geburt der Väter, was aber im Weltgeschehen leider das Anerkannte sei, Moral und Geistesgröße ungeachtet. Tasso beansprucht für sich den politischen Einblick und Einfluß, den man ihm nicht zugestehen will, da seine Aufgabe auf die Kunst begrenzt und sein Dichterdasein mit weltlicher Klugheit und weltlichem Einfluß nicht in Einklang zu bringen sei.

Tasso ist als Persönlichkeit völlig zerrissen. Überall vermutet er Intrigen und Falschheit aufgrund seiner Ressentiments, auch bei den wohlwollendsten Menschen seiner Umgebung. Die Autonomie seiner Kunst bleibt ihm Schimäre, denn er dichtet am Ende stets als Diener des Fürsten, so gewogen ihm dieser auch ist. Tassos Werke sind und bleiben die Werke des Fürsten, seines Gönners – an ihn gerichtet, ihm gewidmet, von ihm begünstigt und abgesegnet, und entsprechend steht der Hofdichter in der Pflicht des Fürsten. Die poetische Welt, in der Tasso lebt, hält ihn vom Leben fern, die Selbstbespiegelung als Basis seines Dichtens macht ihn psychisch anfällig und weltfremd, und es fällt niemandem am Hofe ein, ihn in die politischen Belange einzuweihen, so sehr er es will. Er erkennt schließlich seine Grenzen, die nicht aus dem bösen Willen seiner Umwelt resultieren. Er weiß im Innern selbst, daß er sich mit einem Antonio nie wird messen können und daß es ihm auch gar nicht gemäß ist, das zu tun. Goethes Tasso ist eine pathologische Figur wie der Werther. Beide Werke sind indessen für Goethe im gleichen Maße Katharsis, das Drama wie der sentimentale Roman. Er schreibt es zur Abgrenzung – um sagen zu können: Diese Stufe der Innerlichkeit, von Narzißmus und Weltfremdheit habe er überwunden, und wie immer übersteigert er seine eigenen Schwächen, um sich radikal mit ihnen auseinanderzusetzen. Seine eigene Situation ist indes eine ziemlich andere als die seines Helden, denn Goethe ist nicht nur Dichter, der für seinen Mäzen schreibt. Er ist Weimarischer Staatsbeamter und spürt in dieser doppelten Identität die innere Spaltung um so stärker. Auch ist er nicht eigentlich abhängig vom Weimarer Herzog. Es geht Goethe hier in dieser Spiegelung um eine Auseinandersetzung mit allen ihm in dieser Stellung innerlich angelegten Konflikten, nicht um eine Darstellung seiner äußeren Situation. Die Auseinandersetzung mit dem Selbstverständnis als Künstler, das im »Wilhelm Meister« auf anderer Ebene behandelt wird, gerät hier zu der Aussage, Aufgabe des Dichters sei es, die Diskrepanzen im Leben zur Sprache zu bringen. Sein Leiden wird Gestaltung. Er gleicht einer schwankenden Welle, in deren beweglicher Fläche sich die Welt spiegelt. »Und wenn der Mensch in seiner Qual verstummt, Gab mir ein Gott zu sagen, wie ich leide.« Hier liegt das Selbstverständnis der Kunst, und darin ist sie autonom.

Da die erste Niederschrift des »Tasso« aus dieser Zeit Goethes in Weimar nicht erhalten ist, kann man nur spekulieren, was darin so korrekturbedürftig war, daß Goethe sich entschloß, das Drama neu zu schreiben: die zu scharfen Akzente gegen einen dem Dichter gewogenen und ihn fördernden Fürsten, gegen die Stellung des Hofdichters und der feudalen Strukturen überhaupt, gegen das Mäzenatentum, gegen den Absolutismus ...? Oder die zu starke Konzentration der Erstfassung auf eine Liebesbeziehung, in der man viele Parallelen zu Goethes Beziehung zu Charlotte von Stein erkennt, die ihm aber in der Zeit der Neufassung überholt und verstiegen vorkam?! Die Prinzessin Leonore von Este, die der Dichter Tasso liebt, ist Tasso standesmäßig überlegen, ihm unerreichbar. Sie ist die Schwester des Fürsten und war lange krank gewesen, bevor sie den Dichter im Hofgarten zum erstenmal sah (wie damals Charlotte). Das hat ihr Kraft und ein ganz neues Leben gegeben, wie sie selbst bekennt. Aber sie erlegt dem sie anbetenden Dichter strenge Grenzen auf: eine Entsagungsliebe ohne Besitz, eine rein seelisch-geistige Gemeinschaft, da sie dem Leben nach der langen Krankheit abgeschworen hat. In dieser Gemeinschaft nimmt die Kunst, die Dichtung Tassos, als ein von der Prinzessin gefordertes Terrain moralischer Reinheit eine Mittlerstellung ein. Dem »Erlaubt ist, was gefällt« Tassos setzt die Prinzessin ihr »Erlaubt ist, was sich ziemt« entgegen. Die etwas blutleere Gestalt der Prinzessin, die den Dichter-Mann zum hohen Minnesang veranlaßt und die begierdelose, edle Liebe fordert, ist für Tasso ein Spiegel, so wie Charlotte für Goethe ein Spiegel ist. Tasso huldigt ihr:

Wie den Bezauberten von Rausch und Wahn
Der Gottheit Nähe leicht und willig heilt,
So war auch ich von aller Phantasie,
Von jeder Sucht, von jedem falschen Triebe
Mit *einem* Blick in deinen Blick geheilt.
Wenn unerfahren die Begierde sich
Nach tausend Gegenständen sonst verlor,
Trat ich beschämt zuerst in mich zurück
Und lernte nun das Wünschenswerte kennen.

Entsprechend folgen Huldigungen des besänftigenden und moralisierenden weiblichen Wesens. Die Figur der Prinzessin hat ansonsten keine individuellen Eigenschaften. Sie verkörpert vielmehr ein Prinzip: weibliche Ausgewogenheit, den »edlen Sinn«, die Sitte, Maß, Beständigkeit. Tasso soll in ihr die Ruhe finden, die er entbehrt, er soll sich nach ihren Weisungen den Hofgepflogenheiten anpassen und die Lage nehmen, wie sie ist, ohne aufzubegehren. Außerdem soll er sie niemals besitzen wollen, aber sie ein Leben lang verehren und ihr selbstverständlich treu sein. Sie selbst scheint allem Irdischen entsagt zu haben. Tassos Dichtkunst ist ihr das einzige Bindeglied zur Welt, ein Trost, eine Ersatzwelt, in der eine Reinheit und Harmonie beschworen wird, die es im Leben nicht gibt, und von der Abstand genommen wird – denn im Leben »herrscht die Frechheit«. Das sei jedoch nicht das Reich der Frauen. Die Frauen seien moralisch höhere Wesen, eröffnet die hehre Prinzessin mit entwaffnender Bescheidenheit: »Die Schicklichkeit umgibt mit einer Mauer / Das zarte, leicht verletzliche Geschlecht. / Wo Sittlichkeit regiert, regieren sie. / Und wo die Frechheit herrscht, da sind sie nichts.«

Dann schließlich ergänzt sie noch: »Nach Freiheit strebt der Mann, das Weib nach Sitte.«

Tasso fragt sie daraufhin, ob sie alle Männer roh, unbändig und gefühllos finde. Nein, das nicht, antwortet Leonore von Este immerhin nachsichtig. Es sei nur so, daß die Männer nach fernen Gütern streben, und dieses Streben müsse gewaltsam sein. Das liege sozusagen in der Natur der Dinge. »Ihr wagt es, für die Ewigkeit zu handeln, / Wenn wir ein einzig nah beschränktes Gut / Auf dieser Erde nur besitzen möchten / Und wünschen, daß es uns beständig bliebe.«

Das ist der springende Punkt, denn was blieb den Frauen anderes übrig, als sich das Nächste, Naheliegende zu erhalten, da sie ihren kleinen Kreis normalerweise nicht verlassen konnten? In einem Brief äußert Goethe 1820: »Die Frauen jedoch haben den Vorteil, daß sie nicht nach außen getrieben und von außen nicht gezwängt sind. Es hängt von ihnen ab, wenn sie sich mit ihrem häuslichen Kreise abgefunden haben, ganz durchaus ein eigenes Selbst zu sein.« So kann man es auch sehen. Die den Frauen auferlegte Beschränkung in ihrer weiblichen Rolle wird als Naturgegebenheit, als Charakteristikum verstanden. Von dieser Voraussetzung geht alle Stilisierung der weiblichen

Treue und unbedingten Liebe aus. Die Frauen sind verankert in einem festen, unverrückbaren Gefüge. Sie verkörpern das Prinzip des Bewahrens, den Schutz der Gegegebenheiten, so, wie sie sie vorfinden, während die Männer, die »verändern wollen«, vom Glanz der mannigfachen Erscheinungen der Welt geblendet sind und sich nicht sammeln können. Sie sind ruhelose Geschöpfe, kein Besitz macht sie wirklich zufrieden, sondern nur lüstern »nach fremden Gütern«, wie die Prinzessin sagt. So auch, was die Eroberung der Frauen betrifft. Schönheit blendet den Mann, die aber sei schließlich vergänglich. Wenn die Männer in der Lage wären, durch den Schleier der Vergänglichkeit zu blicken, über Alter und Krankheit hinweg, so Leonore, und den reinen Wert einer Frauenseele für alle Zeiten zu erkennen: »*Wir* feierten dann unsre goldne Zeit.« Natürlich meint sie sich selbst mit dieser edlen Seele, und sie fordert mit dieser Hymne auf ihr eigenes Geschlecht den Dichter Tasso zu weiteren Lobpreisungen auf. Tasso bestätigt willig Leonores Herrlichkeit. Sie sei das Urbild jeder Tugend, jeder Schönheit, das er vielfach nachgebildet habe in seinen Dichtungen, und damit sei sie nun von ewigem Wert. Er meint jetzt auch, auf Gegenliebe hoffen zu können, doch da ruft ihn die Frau in bekannter Manier zur Mäßigung auf und spricht: »Nicht weiter, Tasso! Viele Dinge sind's,/Die wir mit Heftigkeit ergreifen sollen:/Doch andre können nur durch Mäßigung/Und durch Entbehren unser eigen werden./So, sagt man, sei die Tugend, sei die Liebe,/Die ihr verwandt ist. Das bedenke wohl!«

»Tropftest Mäßigung dem heißen Blute ...« Hier scheint wieder Charlotte zu sprechen, wie wir sie durch Goethes Briefe zu kennen meinen. Doch es wäre zu einfach, in der Figur der Prinzessin im »Tasso« nur Charlotte abgebildet zu sehen. Manches mag von ihr in dieses Bild eingegangen sein, vor allem bestimmte Prinzipien, die sie vertritt. Hauptsächlich aber drückt sich in der Konfrontation zwischen Tasso und der Prinzessin eine **Seelenhaltung** aus, die für Goethe, als er das Drama konzipierte, bestimmend war. Das wird es auch schwierig gemacht haben, das Manuskript in Italien, als er sich in einem ganz anderen Stadium befand, nach der Vorlage weiterzubearbeiten. Die fragile und weltabgewandte Leonore von Este hat wesensmäßig weit mehr von der Herzogin Luise als von Charlotte von Stein. Goethes Phantasien liefen oft durcheinander und schufen Frauenbilder als Konglomerate verschiedenster Vorbilder. So ist in der taurischen Iphigenie Corona Schröter genauso präsent wie Charlotte (und wer weiß, wer noch). Die Frage nach Urbild und poetischer Gestalt ist kaum mit einer einfachen Zuordnung zu klären.

Wie sehr Goethes Zustand in dieser Zeit Gegenstand einer bewußten Selbsterziehung ist, zeigt das Tagebuch. Alles läuft auf allgemein-menschliche Erfahrungen hinaus, auf Überblick und letzte Weisheit, die er mit knapp dreißig schon erlangen will. Ein allgemeines Räsonnieren über das Wesen der Welt bestimmt seine Aufzeichnungen und seine Selbstwahrnehmung, über die »Händel« und Verwicklungen, die er nicht ändern kann, die er hinnehmen muß und gegen die er sich abhärten will. Er will an seinen Aufgaben wachsen, auch an den sozialen Konfrontationen, die eine Folge seiner Ämter sind. Im gleichen Atemzug mit den Vorsätzen einer physischen Diätetik (er wolle nur noch halb soviel Wein und keinen Kaffee mehr trinken) wird dieses Programm geäußert, und es ist keine Rede davon, daß es ihm eine Frau, Charlotte, auferlegt. Er erlegt es sich selbst und freiwillig auf. Im Dezember 1778 heißt es: »Schrieb einige Szenen an Egmont. War zugefroren gegen alle Menschen.« Dann am 9. Januar: »Conseil leidig Gefühl der Adiaphorie so vieler wichtig sein sollender Sachen. Zu essen. Wenig aber gut nach Tisch gesprochen, sie kommt mir immer liebenswürdig vor, obgleich fremder. Wie die übrigen auch.« Und einige Tage darauf, nachdem Stein aus irgendeinem Grund »gut« zu ihm war und ihn vor irgendetwas warnte (wahrscheinlich in Verbindung mit dem Hof): »Ich bin nicht zu dieser Welt gemacht, wie man aus seinem Haus tritt geht man auf lauter Kot. Und weil ich mich nicht um Lumperei kümmre nicht klatsche und solche Rapporteurs nicht halte, handle ich oft dumm. – Viel Arbeit in mir selbst zu viel Sinnens, daß abends mein ganzes Wesen zwischen den Augenknochen sich zusammen zu drängen scheint. Hoffnung auf Leichtigkeit durch Gewohnheit. Bevorstehende neue Ekel-Verhältn. durch die Kriegs-Komiss. Durch Ruhe und Geradheit geht doch alles durch.« Goethe wurde gerade die Kriegskommission als weiteres Ministeramt vom Herzog übertragen und er muß nun im Zuge der politischen und militärischen Interessenkonflikte zwischen Preußen und Österreich, in deren Spannungsfeld das Herzogtum geraten ist, eine Pflicht wahrnehmen, zu der er keinerlei Neigung verspürt: Rekruten ausheben. Am

9. Februar schreibt er nach einer Sitzung im Geheimen Consilium ein umfangreiches Gutachten und sendet es dem Herzog. Er bezeichnet die Rekrutenaushebung schon in dem offiziellen Brief an den Herzog als »ein unangenehmes verhasstes und schaamvolles Geschäfft« – wie muß er es erst empfinden, als er unterwegs im Dienst des Herzogtums ist, um das »Geschäft« auszuüben. Gegenüber Charlotte schweigt er sich weitgehend aus. Als er am 13. Januar mit der Kriegskommission das ihm fremdeste aller Gebiete übernommen hat, schreibt er in sein Tagebuch: »Die Kriegskommiss. übernommen. Erste Session. Fest und ruhig in meinen Sinnen, und scharf. Allein dies Geschäfte diese Tage her. Mich drin gebadet. Und gute Hoffnung, in Gewißheit des Ausharrens. Der Druck der Geschäfte ist sehr schön der Seele, wenn sie entladen ist spielt sie freier und genießt des Lebens. Elender ist nichts als der behagliche Mensch ohne Arbeit, das schönste der Gaben wird ihm Ekel.« Auch diese Pflicht ist also eine Seelendiät für den Dichter, der in der Einschränkung seine Ausweitung sucht, in der Tätigkeit die Ruhe finden will, die ihm sonst die »Grillen« seines Innern versagen. Die Weimarer Lebensform mit aller harten Konsequenz, die Goethe ihr angedeihen läßt, ist ein Programm, nicht weniger als das.

In dieser rauhen Wirklichkeit muß sich Goethe eine Idealwelt in der Dichtung schaffen. Da anläßlich des ersten Kirchgangs der Herzogin nach der Geburt einer Tochter vom Hof ein Festspiel mit einer weiblichen Titelheldin gewünscht wird, beginnt Goethe mit Vorarbeiten zu seiner »Iphigenie auf Tauris«. Er hat recht wenig Zeit dazu. In den wenigen stillen Stunden im Gartenhäuschen konzipiert er das Drama, beginnt Mitte Februar, es zu diktieren und versucht jede freie Stunde zwischen seinen Pflichten dafür zu erübrigen. Auf Dienstreisen nach Jena, Dornburg, Apolda, Buttstedt, Allstedt und Ilmenau schreibt er sozusagen zwischen Tür und Angel. Den ganzen vierten Akt schreibt er auf dem Schwalbenstein bei Manebach im Thüringer Wald. Bei allen Verpflichtungen befand sich Goethe immer in der privilegierten Situation, sich für einige Tage oder Wochen in die Einsamkeit der Wälder zurückziehen zu können. So selten diese Stunden in dieser Zeit auch sind, so köstlich sind sie doch. Er hat sich Musikanten kommen lassen und kann in Weimar an Charlotte schreiben: »Meine Seele löst sich nach und nach durch die lieblichen Töne aus den Banden der Protokolle und Ackten.« Vom Besuch der »schönen Geister« spricht er, die ihn beflügeln, wenn er in seinem Gartenhaus sitzt und die Akten und Protokolle für kurze Zeit weglegt. Von einer der Dienstreisen in Apolda heißt es aber auch: »Hier will das Drama gar nicht fort, es ist verflucht, der König von Tauris soll reden als wenn kein Strumpfwürcker in Apolda hungerte.« Manchmal ist die Diskrepanz zwischen dem Leben und der Poesie zu groß, als daß er noch in sein Reich der schönen Geister abtauchen könnte. Aber Goethe beendet die Prosafassung seiner »Iphigenie« in sechs Wochen. Er hat sie in Italien genauso umgeschrieben wie seinen »Tasso« und die heute bekannte Versfassung daraus gemacht. Das Stück ist ganz auf die weibliche Titelheldin zugeschnitten. Vorgesehen war von Anfang an, daß Corona Schröter, die schöne und begabte »Star«-Schauspielerin am Weimarer Hof, die Rolle der Iphigenie spielte, und so wird von dieser Frau, zu der Goethe in einem besonderen Verhältnis stand, manches in die Titelheldin eingeflossen sein. Die legendäre Uraufführung in Weimar am 6. April 1779, bei der Goethe persönlich den Orest, Corona die Iphigenie spielte, begleitet ein bemerkenswerter Umstand: Charlotte von Stein blieb der Darbietung fern, obwohl das Stück im engsten Hofkreis aufgeführt und von Mitgliedern des Hofes (Knebel als Thoas, Prinz Konstantin als Pylades) gespielt wurde. Sie boykottierte diese Aufführung, weil sie eifersüchtig auf Corona war. Ganz hinreißend müssen Corona und Goethe als liebendes Geschwisterpaar in griechischen Gewändern auf die Zuschauer gewirkt haben. Ihr Spiel ist sogar als Abbildung erhalten.

Goethe knüpft mit dem Stoff an den antiken Dramatiker Euripides an. Iphigenie ist die Tochter des Königs Agamemnon aus dem Geschlecht des Tantalus, das von blutigen Verbrechen überhäuft ist: Bluttaten, Opfertode, Gattenmord, Muttermord – alles kam in dem Geschlecht des Tantalus vor, das unter dem Fluch der Götter steht. Agamemnon hat seine Tochter Iphigenie der Diana (Artemis) geopfert. Die aber hat Iphigenie verschont und nach Tauris gebracht, um sie zur Priesterin zu machen. Dort rettet der taurische König Thoas der Unbekannten das Leben und begehrt sie zur Ehe. Iphigenie, die jungfräuliche Priesterin, weigert sich, woraufhin der zornige Thoas ihr befiehlt, die Opferhandlung an gerade auf Tauris gestrandeten jungen Fremden zu vollziehen. Unter den beiden Fremden befindet sich Iphigenies Bruder Orest. Um den Willen des Königs zu erfüllen, müßte Iphigenie ihren eigenen Bruder opfern und damit den Fluch ihres Geschlechts fortführen. Das etwa ist die Ausgangssituation. Doch wie schon die Iphigenie-Dramen der französischen Klassik von Racine oder Guillard, greift auch Goethe den antiken Stoff unter modernen humanistischen Gesichtspunkten auf. Die »reine Menschlichkeit« steht im Mittelpunkt, und entsprechend wandelt er den Mythos um. Am Ende läutert Iphigenie den barbarischen König zu »schöner Menschlichkeit«. Nachdem sie Thoas den Fluchtplan des Bruders entdeckt hat, läßt der König die Geschwister großmütig in ihre Heimat ziehen.

Iphigenies Rolle als priesterliche Jungfrau beinhaltet vor allem, sich ihrer weiblichen Bestimmung ganz und gar zu entäußern. Diese Entäußerung ist zugleich ein Ausbruch aus dem Naturkreislauf. Sie baut eine Gegenwelt weiblicher Weltordnung auf, mit der sie die männliche läutern kann. Der bekannte Satz der Versfassung aus Iphigenies erstem Auftritt: »Der Frauen Zustand ist beklagenswert.« leitet eine lebhafte Schilderung ein, wie überall, zu Hause, im Krieg, in der Fremde, der Mann herrsche, woraus Kriege, Verwirrung, Greueltaten, Unordnung und Ruhelosigkeit entstehen. Die Frauen können sich dieser Ordnung nur fügen und müssen sie ertragen, ohne sie ändern zu können. Iphigenie selbst entspringt einem unheilbeladenen Geschlecht, in dem sich ein Verbrechen ans andere reihte. Sie fügt sich der naturgegebenen Weltordnung nicht, sondern durchbricht sie und erlangt so eine Position der Überschau, von der aus sie dem Fluch schließlich ein Ende zu setzen vermag. Die priesterliche Jungfrau erlangt eine höhere Weltsicht, und aus dieser heraus kann sie höhere Prinzipien vermitteln. Sie wird zur Verkörperung moralischer Reinheit, ins Übermenschliche hypostasiert, ähnlich wie Leonore von Este. Sie erlangt indessen diese Hoheit nur, indem sie ihre weibliche Sexualität verleugnet. Eine sonderbare Liebe bindet sie an ihren Bruder und diesen an sie. Goethe hat hier erneut eine inzestuös geprägte Liebe gestaltet, die das Abbild absoluter seelisch-geistiger Gemeinschaft durch das dieser Liebe auferlegte sexuelle Tabu ist. Auch der Topos der schwesterlichen Geliebten, die den Mann aus seinen Verworrenheiten heilt, ist prototypisch, und man weiß, wo er in dieser Lebensphase Goethes herrührt.

Iphigenies Züge gehen teils ins Amazonenhafte. In ihr keimt der Wunsch, mit einem »männlichen Herzen« kühne Vorsätze sogleich in die Tat umsetzen zu können. Das weibliche Gefühl für eine geschlossene, harmonische Naturordnung fällt hier zusammen mit dem Willen zur Einflußnahme, die den Frauen normalerweise verwehrt bleibt. Sie ist nur durch die priesterliche Jungfrau möglich, die der Geschlechterordnung nicht unterworfen ist, und der daher die Weltzusammenhänge offenstehen. Das Motiv ist keine Goethe-Erfindung. In der antik-christlichen Geistesgeschichte taucht es immer wieder auf, und auch Schiller hat einige Jahre später in seiner »Jungfrau von Orleans« diesem Grundmotiv ein Denkmal gesetzt. Da bei Goethe aber Werk und Leben viel enger zusammenfallen, besonders bei der Darstellung des Weiblichen in seinen Werken, ist immer wieder auf die Grunderfahrungen in seinem Leben hinzuweisen, die der Gestaltung zugrunde lagen.

Goethe unterscheidet jetzt noch deutlich zwischen der »weisen Frau«, die ihm nur gewährt, was seiner Fortentwicklung dient, und den »Misels«, mit denen man erotisch spielen kann. Von den Dornburger Schlössern, einem seiner bevorzugten Aufenthaltsorte hoch über dem Saaletal, schreibt Goethe im März an Charlotte, die ihm eine Weste bestickt hat, damit er sie als Talisman auf seine Reise mitnehmen kann: »Wenn Sie ein Misel wären hätt ich Sie gebeten das Westgen erst einmal eine Nacht anzuziehn und es so zu transsubstantiiren, wie Sie aber eine weise Frau sind muss ich mit dem Calvinischen Sakrament vorlieb nehmen.« Die Unterscheidung zwischen den beiden Frauentypen und die Anziehungskraft, die von beiden gleichermaßen ausgeht, ist bei Goethe immer zu beobachten. Als Gegenpol zur priesterlichen Iphigenie oder zur edlen Prinzessin im »Tasso« steht zu dieser Zeit in der Dichtung das Clärchen aus dem Drama »Egmont«. Das Drama hat eine lange und komplizierte Entwicklungsgeschichte, doch zu dieser Zeit, mitten in der Arbeit an der »Iphigenie«, schreibt Goethe wieder einmal ein paar Szenen daran. Die Geschichte vom Grafen Egmont aus der Zeit der niederländischen Befreiungskämpfe hat ihn schon in Frankfurt beschäftigt. Der 1568 als Führer eines Rebellenaufstands gegen den spanischen König enthauptete Statthalter niederländischer Provinzen kämpfte wie Götz von Berlichingen gegen despotische Strukturen. Der hochherzige Graf in Goethes Drama ist getrieben von seinen Idealen einer freiheitlichen Staatsverfassung und einer individuell geprägten Lebensweise, so daß er die Wirklichkeit ganz aus den

Augen verliert und aus verblendetem Idealismus, Leichtsinn und Vertrauensseligkeit seinen Feinden ins offene Messer rennt. Der Herzog von Alba, den der spanische König in die Niederlande geschickt hat, um die Rebellen und ihre Führer unter Kontrolle zu bringen, läßt Egmont verhaften und am Ende hinrichten. Das Bürgermädchen Clärchen, dem Egmonts Liebe gehört, spielt in all den Machtwirren die Rolle der bedingungslos liebenden Frau, die niemals fragt und keine Ansprüche stellt, zu der der große Herr gleichsam herabsteigt, um in ein Reich der Liebe und des bürgerlichen Friedens einzutreten. Clärchen ist das Mädchen aus dem Volk, zu dem es den großen Mann hinzieht, weil er hier das einfache Leben erfährt, Opferbereitschaft und hingebungsvolle Liebe. Clärchens Mutter spricht offen aus, was sie von ihrer Tochter denkt: Sie sei ein »verworfenes Geschöpf«, da sie ehelos die Geliebte dieses Grafen sei, was, wie man sich denken kann, früher oder später Folgen haben wird. Sie warnt ihre Tochter und rät ihr, doch den braven Brackenburg zu heiraten, was sie vor Egmonts Erscheinen wohl auch getan hätte. Clärchen aber will nichts davon wissen: »Glücklich allein ist die Seele, die liebt.« Es ist ihr egal, welche Folgen diese Liebe hat. Auch Egmont sind die Folgen seines Handelns egal. Verfangen in seinem Subjektivismus (wieder einmal ein solcherart gefährdeter Held in einem Goethe-Drama) nimmt er die Gefahr nicht wahr, in der er sich befindet. Alle Warnungen schlägt er in den Wind, auch die seines früheren Nebenbuhlers und jetzigen Gesinnungsgenossen Wilhelm von Oranien, der Egmont vor der Ankunft Albas zur Flucht rät und sie für sich selbst bereits beschlossen hat. Egmont geht jedoch in der Nacht »zum Liebchen«, um in ihren Armen alle Wirren und vermeintlichen Gefahren zu vergessen. Es ist gleichsam eine Flucht ins Private, in die Liebe, in den Eros – einen Bereich, in dem er genauso getrieben und wirklichkeitsblind ist wie in dem der Politik. Als er schließlich gefangengenommen wird (er selbst hat den Herzog Alba auf dessen Geheiß hin vertrauensselig aufgesucht) und seine Hinrichtung im Grunde beschlossene Sache ist, kämpft Clärchen verzweifelt um ihn. Sie versucht die trägen Bürger zum Aufstand und zur Rettung Egmonts zu bewegen – dieselben, die sich zuvor noch um den Volkshelden Egmont geschart haben, jetzt aber an dem, der verloren ist, kein Interesse mehr haben. Als Clärchen diese Ausweglosigkeit erkennt und weiß, daß Egmont verloren ist, vergiftet sie sich. Um des

Geliebten willen nimmt sie alles auf sich: Leiden und Schmach, den Verlust ihres wohlgeordneten bürgerlichen Status und sogar den Tod, denn ohne den Geliebten gibt es auch kein Leben mehr für sie. Eine bedingungslos Liebende und ebenfalls ein Mädchen aus dem Volk ist auch Gretchen im »Faust« – schon durch die Verkleinerungsformen ihrer beider Namen »Gretchen« und »Clärchen« wird das Mädchenhafte wie ihr niederer sozialer Status deutlich. Beide Figuren sind naturhaft-arglose und gänzlich weltunkundige Wesen, blutjung, wie man annehmen darf, kaum der Kinderstube entwachsen, erotisch ganz und gar unerfahren und nicht zuletzt deshalb dem göttergleichen »großen Mann«, der da zu ihnen und in ihre kleine Welt herabsteigt, vollkommen ausgeliefert und von seiner Erscheinung und Liebe so ganz und gar überwältigt. Beide sind in ihrer kaum gekeimten Weiblichkeit ganz selbstverständlich mit dem sinnlichen Element verwoben; ihre Hingabe an den, der sie »erweckte«, ist sexuell so natürlich, wie sie den ganzen Mann betrifft. Da wird nichts in Frage gestellt. Es spricht die »Natur«, die diese Liebende verkörpert. In beiden Fällen, im »Faust« und im »Egmont«, ist die Liebe des Mädchens eine soziale Grenzüberschreitung, die zur Schande führt, aber ihre Liebe ist absolut, und in dieser Hinsicht wird der Typ der Mädchen-Frau bei Goethe genauso zum Mythos wie ihr Gegenbild. Goethe hat in seinen Briefen an Charlotte nicht nur von den »Misels« gesprochen, um sie eifersüchtig zu machen. Er brauchte den anderen weiblichen Pol, zumindest imaginär, um das volle Spektrum des Weiblichen, wie er es sich dachte, für sein Dichten zur Verfügung zu haben. So taucht im Drama »Egmont« auch die Gestalt der Regentin auf, die Schiller in einer späteren Bearbeitung des Stückes für das Weimarer Theater zu Goethes Leidwesen strich. Margarete von Parma ist die Schwester Philipps des Zweiten von Spanien und von diesem als Statthalterin der Niederlande eingesetzt. Sie regiert gut und weise, liberal und duldsam (»nach Frauenart« eben), soweit ihr das als Vertreterin des absolutistisch-katholischen Spanien in einem Land voller Spannungen möglich ist. Sie würde auch den Freigeist Egmont dulden und gewähren lassen, wenn er sich nur nicht ganz so freimütig und respektlos gebärden würde. Unausgesprochen liebt sie ihn, und ihre Besorgnis um ihn tarnt sie als Ärger über sein Betragen. Sie kämpft einen Geschlechterkampf mit ihm, er spürt es, es stachelt ihn an, doch er bleibt in der überlegenen Position, weil er ja mit dieser Frau nur ein halb-politisches Mächtespiel veranstaltet. Er ist hier der Spieler, der er auch in anderen Bereichen des öffentlichen Lebens ist, nicht der Liebende, denn der ist er bei Clärchen. »Fast Liebe« sei die Freundschaft zur Regentin gewesen, gesteht Egmont im Gefängnis vor dem letzten Gang. Als aber Clärchen ihn beim Stelldichein auf die weibliche Konkurrenzfigur, die Frau mit den ganz anderen Eigenschaften, anspricht – die Regentin sei doch eine große, entschlossene und majestätische Frau mit einem »männlichen Geist« –, da antwortet Egmont ausweichend, sie sei im Grunde eine rechte Amazone und habe auch ein Bärtchen auf der Oberlippe. Mit anderen Worten: Sie ist gar keine richtige Frau. Im Gefängnis erscheint Clärchen Egmont zum Schluß als Traum, verklärt zur allegorischen Freiheitsvision. Er hat sie noch kurz vor seinem Tod Albas Sohn, der auf seiner Seite steht, zur Frau empfohlen.

In Goethes eigenem Leben scheint es zu dieser Zeit auch zwei Frauen gegeben zu haben, die damals wohl annähernd die gleiche Bedeutung für ihn hatten, wie die beiden Dramenfiguren für Egmont. Die Schauspielerin Corona Schröter, die begabte Künstlerin und ausnehmend schöne Frau, tritt zu dieser Zeit in Konkurrenz zu Charlotte. Charlottes Rückzüge, ihre vielleicht manchmal nur zur Schau getragene Sprödigkeit legen dies nahe, und das weiß sie. Wie ihr Fernbleiben von der »Iphigenie«-Aufführung zeigte, hat Goethes Zuwendung zu der jüngeren Frau und Künstlerin auch nicht ihre Wirkung verfehlt. Es gibt leider so gut wie keine Quellen über das Verhältnis Goethes zu der schönen Schauspielerin. Ihr Name taucht in seinem Tagebuch in dieser Zeit etwa so häufig auf wie der Charlottes in der Chiffre des astronomischen Sonnenzeichens, doch so gut wie nie erscheinen beide zusammen bei denselben halb-privaten Zusammenkünften, die nicht zum offiziellen Hof-Programm gehören. Er nennt Corona kurz »Crone«, und sie ist wohl auch die Krönung des Hoflebens, was allerdings nicht nur Goethe feststellt. Der Herzog ist mit eindeutigen Absichten an Corona Schröter interessiert, und das macht Carl August und Goethe zu Konkurrenten. Im Januar heißt es in Goethes Aufzeichnungen: »Abends nach dem Konzert eine radikale Erklärung mit über Cr. Meine Vermutungen von bisher teils bestätigt teils vernichtet. Endets gut für uns alle, ihr die ihr uns am Gängelbande führt!« Im Sommer kann er schließlich feststellen: »Auch dünkt mich sei mein Stand mit Cronen fester und besser.« Allerdings schreibt er im April des nächsten Jahres, als unverhofft nach Tisch Corona mit ihrer Freundin Minchen zu Besuch kommt und auch der Herzog hinzustößt: »Kam abends und da wir alle nicht mehr verliebt sind und die Lavaoberfläche verkühlt ist, gings recht munter und artig, nur in die Ritzen darf man noch nicht visitieren. Da brennts noch!« Womöglich ist die Glut bei den Theaterproben zur »Iphigenie« entstanden. Als Orest und Iphigenie auf der Bühne, bewegten sich der Dichter und die Schauspielerin auf der Bühne im imaginären Reich der Kunst. Dies verband sie und machte aus beiden die Vertreter einer Sphäre, die sie über Gesellschaftsnormen jeder Art stellte, auch über die höfische Welt. Eine Liebesverbindung der beiden hätte gewiß niemanden in Weimar überrascht; wahrscheinlich wurde sie sogar fast erwartet. Schauspielerinnen standen damals in einem einschlägigen Ruf, den abzuwehren Corona große Bemühungen an den Tag legte. Im Grunde war und blieb sie eine einsame Frau. Ihrer Erscheinung fehlte keineswegs Exzentrik. In griechisch geschnittenen Gewändern, wie auf der Theaterbühne, schritt sie in Weimar einher; das dunkle, gelockte Haar trug sie offen. Sie erschien auf Gesellschaften, schauspielte, musizierte und beherrschte fünf Sprachen. Letztlich aber blieb sie wohl allein in ihrem Reich der Kunst. Zur Ehe konnte sie sich zeitlebens nicht entschließen, genausowenig wie, die Geliebte eines adeligen Herrn zu werden, was man ihr wohl mehrfach angetragen hat. Etwa ab Mitte der achtziger Jahre befand sie sich in einem unentschiedenen Liebesverhältnis zu Friedrich Hildebrand von Einsiedel, das von beiden Seiten zu nichts führte und irgendwann im Sande verlief. Der erfolgsverwöhnte, selbstbewußte Herzog urteilt über sie, nachdem Corona seine Liebe abgewiesen hatte, sie sei »marmorschön und marmorkalt« – ein bekanntes Urteil abgewiesener Männer. Man darf folgern, daß Goethe und der Herzog nach einer »radikalen Erklärung« sich geeinigt haben, beide auf sie zu verzichten. Bezüglich des Herzogs hatte sich Corona Schröter bereits entschieden, aber sie war sozial in der schlechteren Situation, und bevor sie von sich aus die Grenzen setzen konnte und eventuell ihre Stellung riskierte, mußte Goethe ihr gewissermaßen seinen Schutz zukommen lassen. Er spielte gern den Retter und Beschützer der Frauen. So bettelte er beim Herzog fast um Verständnis für die Herzogin Luise, um Schonung, um ein redliches Bemühen vonseiten seines Freundes, der mit seiner Frau so wenig anfangen konnte; und so wird er Carl August im Fall der Schröter versprochen haben, daß auch er, der Freund, der Konkurrent, der Untergebene, auf die Frau verzichtet, die seine Gefühle vielleicht erwiderte. Goethe hielt sich offenbar daran.

Ein undatierter Brief liegt von Goethe an Corona vor. Darin bittet Goethe sie erneut um ihre Freundschaft und ermahnt zugleich sich und sie, nicht mehr an Saiten zu rühren, »die zwischen uns nicht mehr klingen müssen«. Man ordnet diesen Brief allgemein der Jahreswende 1780/81 zu, und das ist eine Zeit, in der Goethes Verhältnis zu Charlotte auf eine ganz neue Stufe gehoben wird.

Die große Selbstbeschränkung

Die Arbeit und sein Fortkommen machen Goethe Sorge – und immer sein »Werden«, denn das ist der Mittelpunkt von allem Tun und Treiben, der Sinn seines Lebens. Und hier trifft er sich, wie er meint, mit dem Herzog, dessen triebhafte Natur er wohl auch in seinem »Egmont« gestaltet hat. Schwierig genug ist es schließlich für Goethe, den jungen Herzog im Sinne bürgerlich-ökonomischer Ideale zu erziehen und seine Reformideen in täglicher Überzeugungsarbeit durchzusetzen. Es ist indessen eine große Aufgabe, denn der Herzog ist, wie Goethe selbst einmal sagt, noch »im Werden« – bei allen »dunklen« Elementen seiner triebhaften Natur. Goethe glaubt zu diesem Zeitpunkt noch, daß der Weimarer Herzog mit seiner Hilfe zu einem vorbildlichen Landesvater werden kann. Bei allen Unterschieden in Stand, Herkunft und Bestimmung fühlen sich beide wesensverwandt. Und wenn Goethe sich jetzt in Weimar umsieht, stellt er fest: »Aber auch außer dem Herzog ist niemand im Werden, die andern sind fertig wie Dresselpuppen, wo höchstens noch der Anstrich fehlt.«

Goethe nähert sich jetzt seinem dreißigsten Lebensjahr, und er zieht wieder und wieder Bilanz, wie weit er gekommen sei, wohin die Götter ihn geleiten werden. »Ich darf nicht von dem mir vorgeschriebnen Weg abgehn, mein Dasein ist einmal nicht einfach, nur wünsch ich daß nach und nach alles Anmaßliche versiege, mir aber schöne Kraft übrig bleibe die wahren Röhren nebeneinander in gleicher Höhe aufzuplumpen.« Das notiert er im Anschluß an die Feststellung, welche befriedigende Aufgabe der Feldbau sei. Im zweiten, späten Teil der »Wilhelm Meister«-Romane, den »Wanderjahren«, wird diese Haltung prononciert: daß es die Pflicht eines jeden sei, die ihm gemäße Aufgabe im tätigen Leben zu finden. Wie gern wäre er selbst der Feldbauer, von dessen einfacher, begrenzter, aber rechtschaffener Aufgabe er schwärmt, oder der Tischler mit seiner Hobelbank, um die er diesen beneidet! Doch ein Universalgenie darf niemals ruhen. Es muß sich ausweiten, um in alle Bereiche des Lebens vorzudringen. Das ist nicht Anmaßung und Eitelkeit, es ist Pflicht. »Es weiß kein Mensch was ich tue und mit wieviel Feinden ich kämpfe um das Wenige hervorzubringen. Bei meinem Streben und Streiten und Bemühen bitt ich euch nicht zu lachen, zuschauende Götter. Allenfalls lächlen mögt ihr, und mir beistehen.« Hier in Weimar muß Goethe überall an vorderster Front stehen. Das »tätige Leben« kann er hier wirklich unmittelbar kennenlernen. Nachts wird er geweckt: Ein großes Feuer ist in Apolda ausgebrochen – eine immer wiederkehrende Katastrophe, weil die eng beieinanderstehenden Holzhäuschen in den Dörfern und Kleinstädten bei einem einmal ausgebrochenen Brand sich wie von selbst entzünden und in Windeseile ganze Dörfer niederbrennen. Minister Goethe reitet sofort an den Ort des Geschehens und hilft bei den Löscharbeiten, stundenlang, die halbe Nacht. Die Augen brennen ihm, die Fußsohlen schmerzen nach dieser Aktion, er hat kaum Schlaf gehabt, um die Aufgaben des nächsten Tages zu bewältigen. Nach diesem Großbrand unterbreitet er dem Herzog seine Ideen zur Erneuerung der Feuerordnung, wie schon bei anderen Gelegenheiten vorher. Aber alles läuft in kleinen Schritten, zaghaft, allmählich, von unermüdlichem Fleiß getragen und mit Rückschlägen verbunden. Goethes Arbeit am Weimarer Hof ist das Gegenteil seiner genialischen Jugendhaltung. Entsprechend spürt er, wie er sich in den vier Jahren, seit er in Weimar ist, verändert hat. Sein alter Freund Merck aus Darmstadt besucht ihn, und es wird beiden deutlich. In seiner alten Heimat denkt und hofft man schließlich immer noch, Goethes Weimarer Abenteuer sei vorübergehend, und er werde nach Frankfurt zurückkommen. Doch in diesen Tagen läßt der Herzog schon ein Vorhaben durchsickern, das Goethe noch fester an die Residenzstadt und an das Herzogtum binden wird: Er soll zum Geheimrat ernannt werden.

Seinen dreißigsten Geburtstag feiert Goethe »frei und froh«. Er wundert sich ein wenig über diese Stimmung, denn die Grübeleien haben bei ihm in letzter Zeit überhand genommen. Er spricht sich auch nicht mehr wie vorher bei Charlotte aus. Die Beziehung mit ihr scheint zu stagnieren, und er zieht sich in sich selbst zurück. Als er am 22. August bei ihr in Kochberg war, war ihm auf dem alten Ritterschloß zwar wohler als in vergangenen Zeiten, aber das hochherrschaftliche Schloß scheint ihm die Distanz zu dieser Frau zu symbolisieren. Goethe wünscht sich Abstand, eine Reise, die sich auch bald anbieten soll. Vorerst kann er feststellen, daß nun die Hälfte des Lebens vorbei sei (nach damaligen Lebenserwartungen) und daß er sich gewahr werden müsse, wie weit er gekommen sei. Eines Nachmittags sitzt er in seinem Gartenhäuschen und kramt in alten Papieren herum. »Zu Hause aufgeräumt, meine Papiere durchgesehen und alle alten Schalen verbrannt. Andre Zeiten andre Sorgen. Stiller Rückblick aufs Leben, auf die Verworrenheit, Betriebsamkeit Wißbegierde der Jugend, wie sie überall herumschweift um etwas Befriedigndes zu finden. Wie ich besonders in Geheimnissen, dunklen imaginativen Verhältnissen eine Wollust gefunden habe. Wie ich alles Wissenschaftliche nur halb angegriffen und bald wieder habe fahren lassen, wie eine Art von demütiger Selbstgefälligkeit durch alles geht was ich damals schrieb. Wie kurzsinnig in menschlichen und göttlichen Dingen ich mich umgedreht habe. Wie des Tuns, auch des zweckmäßigen Denkens und Dichtens so wenig, wie in zeitverderbender Empfindung und Schatten Leidenschaft gar viel Tage vertan, wie wenig mir davon zu Nutz kommen und da die Hälfte des Lebens vorüber ist, wie nun kein Weg zurückgelegt sondern vielmehr ich nur dastehe wie einer der sich aus dem Wasser rettet und den die Sonne anfängt wohltätig abzutrocknen. Die Zeit daß ich im Treiben der Welt bin seit 75 Oktbr. getrau ich noch nicht zu übersehen. Gott helfe weiter. Und gebe Lichter, daß wir uns nicht selbst so viel im Wege stehn. Lasse uns von Morgen zum Abend das Gehörige tun und gebe uns klare Begriffe von den Folgen der Dinge. Daß man nicht sei wie Menschen die den ganzen Tag über Kopfweh klagen und alle Abend zu viel Wein zu sich nehmen. Möge die Idee des Reinen die sich bis auf den Bissen erstreckt den ich in Mund nehme, immer lichter in mir werden.« Wie Gebete klingen solche Ausführungen! Zu der »Idee des Reinen« wäre so manches zu sagen. Die Vorstellung einer Harmonie von Innen- und Außenwelt, Subjekt und Umwelt, Empfinden und »Tat« klingt darin an. Die Einflüsse auf Goethes Begriff der »Harmonie« erstrecken sich vom Platonismus bis hin zu zeitgenössischen philosophischen Diskussionen. Der Begriff selbst ist bedeutsam im Hinblick auf den Wandel vom »Sturm und Drang«-Goethe zum Weimarer Klassiker, für seine Werkästhetik und für sein Humanitätsideal. Die Läuterung verworrener, »dumpfer« Gefühle (vorher als Ausdruck von Intuition und Instinkthaftigkeit gepriesen) zu klaren und reinen Begriffen, zu einer Ausgeglichenheit des Individuums, bei dem Gefühl und Vernunft in Einklang stehen, ist Goethes Lebensziel in der ersten Weimarer Zeit. Entsprechend schlägt es sich im Werk nieder, wie beim »Tasso« oder bei der »Iphigenie« gezeigt.Goethe strebt nach der gesetzhaften Entfaltung der Persönlichkeit, die eine göttlich vorgeprägte Form besitzt. »Geprägte Form, die lebend sich entwickelt.« Die Entfaltung dieser Form jedoch erfordert schmerzhafte Geburtswehen.

Goethe ist froh, als der Herzog ihm mitteilt, daß eine Reise in die Schweiz geplant sei. Für ihn persönlich ist es wieder einmal an der Zeit für etwas Abstand. Die Reise hat auch einen politischen Zweck: Es geht um Staatskredite, die Goethe in Vorschlag gebracht hat. Ansonsten aber erhofft sich der Fürstenerzieher von der Reise in das Land der freien Bürger in freier Natur (als solches damals stilisiert) wohltuende Eindrücke, die sich zu Hause irgendwie umsetzen lassen sollten. Charlotte verrät Goethe bezeichnenderweise wieder einmal nichts von seinen Reiseplänen. Er will auch zu ihr Abstand schaffen. Sie werden sich fast vier Monate nicht sehen. Als erstes Ziel der Reise ist Kassel vorgesehen, und da die Reisegesellschaft nach dieser Station auch durch Frankfurt kommt, kündigt sich Goethe in seinem Elternhaus an. Er ist gerade zum Geheimrat ernannt worden, und auf der Basis dieses ehrenvollen Standes verscheucht er vor sich und vor anderen sämtliche »Grillen« und »Skrupel«, was seine Aufgaben und seine Entwicklung angeht. Besonders seinen Eltern gegenüber markiert er sehr deutlich, daß er in Weimar nun Fuß gefaßt habe. Es ist wieder das Räsonnieren über die »Hälfte des Lebens«, eine Zäsur und ein Ausblick. »Das erstemal« komme er nun, schreibt Goethe seiner Mutter, »ganz wohl und vergnügt und so ehrenvoll als möglich in mein Vaterland zurück. [...] ich habe alles was ein Mensch verlangen kan, ein Leben in dem ich mich täglich übe und täglich wachse, und komme diesmal gesund, ohne Leidenschafft, ohne Verworrenheit, ohne dumpfes Treiben, sondern wie ein von Gott geliebter, der die Hälfte seines Lebens hingebracht hat, und aus Vergangnem Leide manches Gute für die Zukunft hofft, und auch für künftiges Leiden die Brust bewährt hat.« Ob Charlotte, die Seelenfreundin, mit solchen Ausblicken und Wandlungen zufrieden war? Als er den Geheimratstitel bekam, hat Goethe ihr geschrieben: »es kommt mir wunderbaar vor dass ich so wie im Traum mit dem 30ten Jahre die höchste Ehrenstufe die ein Bürger in Teutschland erreichen kan, betrete.« Daß dies aber nicht ganz so »wie im Traum« geschieht, zeigt gerade in dieser Zeit Goethes Tagebuch. Er kokettiert zu gern mit seiner Rolle als »Götterliebling«, da ihm alles wie im Schlaf gegeben wird. Dagegen erreicht er die »Meisterschaft« seiner irdischen Aufgaben nur mit Mühen und Fleiß. Er trennt die Bereiche und sieht in sich das allgemein Menschliche und eben auch die Ausnahmegestalt.

In einem zweiten Brief an die Mutter gibt Goethe genaue Anweisungen, wie sein Elternhaus für seinen und des Herzogs Besuch vorbereitet werden solle. Dabei herrscht die Tendenz vor, man solle alles nur so lassen, wie es in einem bürgerlichen Haushalt üblich sei, keine großen Umstände machen und die echte bürgerliche Küche auftischen. Sie solle dem Herzog »im kleinen Stübgen« ein Bett bereiten, einen Strohsack mit Leintuch, das Kaminstübchen für seine Bedienung. Nur die Lüster solle sie hinausschaffen, das würde dem Herzog wohl lächerlich vorkommen. Für sich selbst bitte auch einen Strohsack. Der Herr von Wedel dagegen wolle ein Matratzenbett. Essen nachmittags um vier, aber »kein Geköch, sondern eure bürgerlichen Kunststück aufs beste, was ihr frühmorgens von Obst schaffen könnt wird gut seyn.« Man werde ja sowieso meist auf der Messe sein und keine großen Umstände machen. Dann wolle der Herzog nach Darmstadt gehen und auch ansonsten einigen Adel in der Umgebung besuchen.

So sieht »Frau Aja« also endlich ihren geliebten Sohn wieder! Goethe trifft sie unverändert an, »in ihrer alten Krafft und Liebe«, dagegen hat sich der Vater sehr verändert, wahrscheinlich nach einem Schlaganfall.

Die Reise geht weiter nach Speyer, immer den Rhein entlang. Eingehende Beschreibungen der Reiseroute, der Landschaft, sogar mit geographischen Details, sendet er, fast täglich an Charlotte. Die Reise dient der Selbstfindung, der Reinigung, der Objektivierung. »Die Schweiz liegt vor uns und wir hoffen mit Beystand des Himmels in den grosen Gestalten der Welt uns umzutreiben, und unsre Geister im Erhabnen der Natur zu baden.«, schreibt er aus Speyer an die Freundin. Um das Rekapitulieren und Bilanzenziehen zu einem vorläufigen Abschluß zu bringen, macht Goethe drei entscheidende Besuche, »Wallfahrten«, könnte man sagen: nach Emmendingen ans Grab seiner Schwester, zu Friederike nach Sesenheim und zu seiner ehemaligen Verlobten Lili, die inzwischen als Baronin von Türckheim in Straßburg verheiratet ist. Goethe nutzt die Gelegenheit, auch hier »reinen Tisch« zu machen, drei nie ganz verarbeitete Frauenbeziehungen zu klären, vielleicht auch sich Rechenschaft abzulegen. Haben Friederike und Lili seinen Weggang überwunden? Wie leben beide? Sind sie glücklich ohne ihn? Die geknickte Sesenheimer Blume Friederike, dieses »reine Herz«, von dem er noch im Alter schwärmt, hat sich nach der Zeit mit Goethe still nach innen gewandt. Wie man weiß, hat sie nie geheiratet, sich aber in der Gemeinde ihres Heimatorts karitativ betätigt. Goethe schreibt an Charlotte, er sei von Friederike und den Ihrigen freundlich empfangen worden, ohne Harm, ohne Nachklang. »Die Zweite Tochter vom Hause hatte mich ehmals geliebt schöner als ichs verdiente«, erläutert er der Weimarer Freundin – und fügt mit einem Seitenhieb an die Adressatin hinzu: »und mehr als andre an die ich viel Leidenschafft und Treue verwendet habe.« Von Friederike malt er ein Idyll wie später in »Dichtung und Wahrheit«. Er sei in freundlichem Andenken bei ihr geblieben und habe sie versöhnt mit ihm in ihrem Eckchen der Welt gefunden. Alles ist gut. Idyllen und einfache Mädchen verändern sich nicht. Er kann weggehen und wiederkommen, wann er will.

Weit unbeteiligter, ja fast mit einem Anklang von Zynismus ist Goethes Urteil über Lili, die er nach dem Abstecher nach Sesenheim in Straßburg besucht. Die Überlegenheit dieser großbürgerlichen Dame von Welt muß ihm sogar im nachhinein noch Kopfzerbrechen bereitet haben. Er urteilt fast kalt über sie: daß sie ohne ihn sehr glücklich sei (was ihn eventuell wurmt), daß es ihr ja immer schon vor allem um den Erhalt ihres Standes und ihres großzügigen Lebensstils gegangen sei, den sie durch eine Heirat nicht herabsetzen wollte. Das ist ungerecht und verrät sehr deutlich, wo der Stachel dieser Liebe für ihn saß. Goethe berichtet Charlotte: »Sonntags traff ich wieder mit der Gesellschafft zusammen, und gegen Mittag waren wir in Strasburg. Ich ging zu Lili und fand den schönen Grasaffen mit einer Puppe von sieben Wochen spielen, und ihre Mutter bey ihr. Auch da wurde ich mit Verwundrung und Freude empfangen. Erkundigte mich nach allem, und sah in alle Ecken. Da ich denn zu meinem ergözzen fand dass die gute Creatur recht glücklich verheurathet ist. Ihr Mann aus allem was ich höre scheint brav, vernünftig und beschäfftigt zu seyn, er ist wohl habend, ein schönes Haus, ansehnliche Familie, einen stattlichen bürgerlichen Rang pp. alles was sie brauchte pp.« Goethe macht die ehemalige Geliebte zu einer oberflächlichen Larve, zum »schönen Grasaffen« , zur »guten Creatur«, die ganz in ihren stattlichen Verhältnissen aufgeht. Das war seine Art, den Schlußstrich unter ein Kapitel einer weiteren nicht erfüllten Liebe zu ziehen. Aber dieses war eigentlich nicht ganz so einfach abzuhaken. Es waren grundlegende quälende Fragen mit der Liebe zu Lili verbunden: Ob Goethe überhaupt ein eigenständiges weibliches Wesen mit eigenen Ansprüchen und mit Reibungspunkten in der Persönlichkeit an seiner Seite haben wollte und konnte? Leichter als solche Fragen zu stellen war es, ein Idyll zu stilisieren oder die Umstände für das Scheitern der Liebe verantwortlich zu machen, unerreichbar hohe Formen der Liebe anzustreben oder, wie hier, die einst geliebte Frau charakterlich abzuwerten.

Warum erzählt er das alles Charlotte? Aus alter Gewohnheit, der Freundin all das, was ihn bedrückte und beschäftigte, was er erlebte und erfuhr, in Briefen mitzuteilen? Oder auch als kleinen Racheakt, um ihr zu vermitteln: All diese Frauen hätte ich haben können, und nur Du weißt meine Liebe nicht zu schätzen? Die milde Rheinlandschaft auf dieser Reise stimmt ihn sinnlich. Goethe schreibt aus Selz: »Jedes Bauerhaus mit Reben bis unters Dach, ieder Hof mit einer großen vollhangenden Laube. Himmelsluft weich, warm, feuchtlich, man wird auch wie die Trauben reif und süs in der Seele. *Wollte Gott wir wohnten hier zusammen*, mancher würde nicht so schnell im Winter einfrieren und im Sommer austrocknen.«

Nach der Reise an das Grab der Schwester ist zumindest die Bestandsaufnahme zunächst abgeschlossen. Goethe ist nun ganz offen und erlebnisfähig für den weiteren Verlauf der Reise. Im Mittelpunkt steht das Naturerleben. Angesichts der rauhen, imposanten Gebirgswelt erlebt Goethe das Erhabene in der Natur, das seinen eigenen ästhetischen Stellenwert auch für die Kunstanschauung bekommt. Es macht die Seele groß, die sich im Angesicht des Erhabenen auf sich selbst besinnt und sich so wieder sammeln kann, gebändigt, gemäßigt und objektiviert. Diese Distanz auch zu den Seelenwirren und dumpfen Gefühlen ist es, die der Dichter Goethe in diesen Jahren sucht. Auf dem Weg von Basel nach Lauterbrunnen und Thun muß eine Schlucht passiert werden, und Goethe schreibt: »Mir machte der Zug durch diese Enge eine grosse ruhige Empfindung. Das Erhabene giebt der Seele die schöne Ruhe, sie wird ganz dadurch ausgefüllt, fühlt sich so gros als sie seyn kann und giebt ein reines Gefühl, wenn es bis gegen den Rand steigt ohne überzulaufen. Mein Aug und meine Seele konnten die Gegenstände fassen, und da ich *rein war*, diese Empfindung nirgends falsch wiedersties, so würkten sie was sie sollten.« Diese Zeilen sind in die später überarbeiteten »Briefe aus der Schweiz«, veröffentlicht 1796 in Schillers »Horen«, aufgenommen und bilden darin einen zentralen Punkt. Über die Bedeutung des Erhabenen diskutiert Goethe auch gegen Ende der Reise in Zürich mit Lavater, und er schreibt an Charlotte, daß es wohl seine Pflicht sei, dieses Gespräch schriftlich festzuhalten. Weiter heißt es hier noch in Goethes Bericht: »Hätte mich nur das Schicksaal in irgend eine grosse Gegend heissen wohnen, ich wollte mit iedem Morgen Nahrung der Grosheit aus ihr saugen, wie aus meinem lieblichen Thal Geduld und Stille.«

Goethes Haltung zur Natur äußert sich auch in seinen Naturbeobachtungen. Er wendet sich geologischen und mineralogischen Fragen zu – über Gesteinsarten, -schichten und die Entstehung der Erdoberfläche. All das bekommt Charlotte in detailgetreuen, fast enzyklopädischen Reiseberichten zu lesen, und den Berichten sind ebenso detailgetreue Zeichnungen beigefügt. Wenn er ein bestimmtes Tal beschreibt, dann soll sie doch bitte einen Blick in die Karte werfen, die sie nach Möglichkeit immer neben seinen Reisebriefen liegen haben soll. Keine Rede ist in diesen seitenlangen Episteln von der Liebe, von ihr. Nach Dutzenden von Seiten erscheint nach zweimonatiger Abwesenheit zum erstenmal eine persönliche Anrede: »Adieu liebe«, heißt es von Genf aus. Das mag auch daran liegen, daß die Briefe wohl meistens diktiert sind. Philipp Seidel, Goethes Diener und Faktotum, ist mitgefahren und schreibt auf, was der Herr diktiert. Seidel ist mittlerweile zu einer komischen Figur geworden, denn er kopiert den Gang seines Herrn, seine Gestik und Mimik, seine Handschrift – letztere ist mittlerweile manchmal schwer vom Original zu unterscheiden. Wie auch immer – Goethes viermonatige Abwesenheit schafft einen deutlichen Abstand zu den Weimarer Verhältnissen und zu der Frau, mit der er sich verbunden fühlt. Daß ohne Gegenwart für ihn keine Nähe möglich ist, erweist sich ein weiteres Mal. Auf dieser langen Reise mit dem Herzog, die schließlich auch durch lebendige Anschauung der Charakterbildung des Fürsten dienen soll, gibt er sich ganz seinen Eindrücken hin, und das gibt seiner Seele Kraft und neue Nahrung. »Reinheit und Klarheit in der freien Luft« bewirken, daß man, wie er schreibt, jede ›Prätension‹ ans Unendliche aufgibt, »da man nicht einmal mit dem Endlichen im Anschauen und Gedanken fertig werden kann.« Das sind doch andere Töne als zur »Werther«-Zeit oder zur ersten Schweizer Reise vor vier Jahren.

Der Wasserfall des Staubbachs in Lauterbrunnen hat Goethe zu dem bekannten Gedicht »Gesang der Geister über den Wassern« inspiriert, dessen erste Strophe lautet:

Des Menschen Seele
Gleicht dem Wasser:
Vom Himmel kommt es,
Zum Himmel steigt es,
Und wieder nieder
Zur Erde muß es,
Ewig wechselnd.

Weiter geht die Reise über Chamonix, auf den Sankt Gotthard (ein beschwerliches Unterfangen bei Schneefall und »Stöberwetter«), am Vierwaldstätter See vorbei nach Luzern. Dem schließt sich ein mehrwöchiger Aufenthalt in Zürich an, wo man intensiven Kontakt mit Lavater hat. Auch hier soll der junge Herzog einige Bildungsimpulse empfangen. In Lausanne hat Goethe die vielgerühmte Marchesa Branconi kennengelernt, von der die Männer halb Deutschlands schwärmten. Goethe ist beeindruckt, aber auch ein wenig verschreckt und schreibt an die Seelenfreundin in Weimar über die mondäne Dame: »Abends ging ich zu Mad. Branconi. Sie kommt mir so schön und angenehm vor dass ich mich etlichemal in ihrer Gegenwart stille fragte obs auch wahr seyn möchte, dass sie so schön sey. Einen Geist! ein Leben! einen Offenmuth!« – und dann mit einem Ausdruck der Verzagtheit: »dass man eben nicht weis woran man ist.« Das ist das Problem. Goethe bringt Frauen von der Art der Branconi eine Art hilfloser Bewunderung entgegen – vor allem, wenn er ihre selbstverständlichen Gefälligkeiten noch auf sich beziehen muß. Die Marchesa ist es gewohnt, ihre erotische Ausstrahlung in ihr gesellschaftliches Auftreten einzubeziehen, denn darauf hat sie ihr Leben aufgebaut. Die ehemalige Geliebte des Herzogs von Braunschweig gilt als einflußreiche Persönlichkeit die ihre Schönheit als Machtfaktor einsetzt. Goethe aber ergreift geradezu die Flucht und schildert die ihn verwirrenden Vorgänge in mythologischen Bezügen, um sie so von sich abzuwenden. Auch diese Dinge gehen an Charlotte: »[...] und mich führte der Geist wieder zur M. Branconi. [...] Am Ende ist von ihr zu sagen was Ulyss von den Felsen der Scylla erzählt. ›Unverletzt die Flügel streicht kein Vogel vorbey, auch die schnelle Taube nicht die dem Jovi Ambrosia bringt, er muss sich für iedesmal andrer bedienen.‹ Pour la colombe du jour elle a echappé belle doch mag er sich für das nächstemal andrer bedienen. [...] Als Taube des Tages hat sie sich schön entzogen.« Nicht auszuschließen, daß die Marchesa den Dichter verführen wollte! Im August nächsten Jahres macht sie in Weimar Station, um Goethe zu besuchen, und da führt er sie zum Mittagessen in ein Kloster! Als sie am nächsten Tag wieder abreist, scheint er erleichtert zu sein. Sie macht auf der Rückfahrt Halt in seinem Elternhaus in Frankfurt, und Goethe schickt ihr einen ehrerbietigen, aber abstandhaltenden Brief hinterher. Sie scheint etwas Monströses für ihn an sich zu haben, dem man allenfalls huldigen kann, mit ungezählten Superlativen in der Anrede. Nein, da enthält er sich; dieses Terrain ist ihm zu glatt und zu gefährlich!

Eine weitere Erkenntnis dieser Schweizer Reise: Goethe ist froh, wieder nach Hause zu Charlotte in sein Tal zu kommen. Er will keine mondäne Geliebte. Er will lieber weiterhin die gediegene Frau eines anderen anschmachten und in dieser hohen Liebe Ansporn für seine innere Läuterung erhalten. Er will auch nicht in die große Welt, in eine Metropole. Große Städte hat er nie gemocht. Das Erlebnis der Natur in der Schweizer Gebirgswelt war ihm ein größeres Bildungserlebnis. Und angesichts der Höfe in Karlsruhe, Mannheim und Darmstadt, die man auf der Rückreise nach Weimar besucht, kann er sich nur die Frage stellen: »Den sogenannten Weltleuten such ich nun abzupassen worinn es ihnen denn eigentl. sitzt? Was sie guten Ton heisen? Worum sich ihre Ideen drehen, und was sie wollen? und wo ihr Creisgen sich zuschliest? Wenn ich sie einmal in der Tasche habe werd ich auch dieses als Drama verkehren.«

Als er auf dem Sankt Gotthard stand, konnte er Italien schon sehen. Er hätte weiterreisen und sich seinen Jugendtraum erfüllen können: die so oft geplante, nie zur Durchführung gelangte Bildungsreise nach Italien. Der Herzog war reiselustig; man hätte sich vielleicht einigen können, die Fahrt auf diese Weise fortzusetzen, denn auch für ihn wäre es eine zweite »Kavalierstour« geworden. Oder aber der Minister fährt allein … Doch nichts davon. »Gott im Himmel was ist Weimar für ein Paradies!«, ruft er nach seinen Hoferfahrungen von Karlsruhe und Mannheim aus. Dort hat man gefroren, sich gelangweilt und zudem schlecht gegessen und getrunken. Weimar ist anders. Der Herzog ist sein Freund, ein fast konkurrenzlos schneller Aufstieg war ihm hier beschieden, als Dichter ist er sowieso der Gott auf dem Parnaß, und eine Frau, die die letzte Frage niemals stellen, die ihm seine Freiheit nicht nehmen wird, wartet auf ihn. Er konnte dort oben auf dem Gotthard an sie schreiben: »Auch ietzt reizt mich Italien nicht. Dass dem Herzog diese Reise nichts nüzzen würde iezzo, dass es icht gut wäre länger von Hause zu bleiben; dass ich Euch wiedersehen werde, alles wendet mein Aug zum zweitenmal vom gelobten Lande ab, ohne das zu sehen ich hoffentlich nicht sterben werde, und führt meinen Geist wieder nach meinem armen Dache, wo ich vergnügter als iemals Euch an meinem Kamin haben, und einen guten Braten auftischen werde dabey sollen die Erzählungen die Abende kurz machen von braven Unternehmungen Entschlüssen, Freuden und Beschweerden.«

Das ist der Ausblick für die kommende Zeit. Noch während seiner Reise hat Goethe Charlotte einen kostbaren Schreibtisch zukommen lassen. Als er noch in Weimar war, hat er dessen Fertigung persönlich überwacht: ein wahrhaft fürstliches Möbelstück, aus den edelsten Hölzern gearbeitet. Noch heute steht der Sekretär in Kochberg, dem Landsitz der Steins. Charlotte ist gebührend überrascht, als Anfang November der kostbare Schreibtisch geliefert wird – ein besonderes Zeichen der Wertschätzung von dem abwesenden Freund.

Am 14. Januar sehen sich Goethe und Charlotte in Weimar wieder. Der Minnedienst, die Pflichten, auch der Hofdienst gehen weiter. Die beschworene Liebe bleibt eingebunden in einen diätetisch-ökonomischen Lebensplan. Repräsentativ für diese Haltung ist eine Äußerung vom Frühsommer des Jahres 1780: »Was mir die Götter geben ist auch Ihr. Und wenn ich heimlich mit mir nicht zufrieden bin so sind Sie wie die ehrne Schlange zu der ich mich aus meinen Sünd und Fehlern aufrichte und gesund werde. Denn die Götter haben den Menschen Vielerley gegeben das Gute dass sie sich Vorzüglich fühlen und das Böse dass sie sich gleich fühlen. Adieu.«

Zu dieser Zeit aber geschieht etwas: Die ungeklärte Beziehung Goethes zu Corona Schröter läßt Charlotte aufhorchen und ihre Taktik ändern. Sie scheint verlangt zu haben, daß er auf seine »Misels« verzichtet, wenn sie ihm glauben solle, daß er sie ernsthaft liebt. Das Spiel um Nähe und Ferne geht weiter: Charlotte bekommt Besuch von einem Verwandten, und da ist auch ein galanter Vetter dabei, von dem sie sich, wie Goethe verdrießlich schreibt, den Hof machen läßt. Er selbst habe inzwischen aller »Miselei« entsagt, also könne er das gleiche auch von ihr verlangen. »Es ist aber nichts schweerer als die Sachen zu nehmen für das was sie sind.«, sagt er wieder im Juli voller Resignation. Auch: »Ich hab Ihnen artige und unartige Dinge zu vertrauen.« Beide können nicht vollständig auf die Zuneigung des anderen vertrauen, und sie finden auch im Grunde keine Form für sie. Corona steht zu der Zeit zwischen ihnen – in welcher Form, mit welchen Hoffnungen, ist nicht klar. Aber Charlotte von Stein sieht plötzlich die Gefahr, daß man ihr diesen Mann, mit dem sie in einer sonderbaren Bindung steht, auf natürlichem Wege entreißen könne. Sie selbst will und kann den natürlichen Weg nicht gehen. Aber sie will sich die gewohnte Nähe zu Goethe erhalten und hat längst aufgehört, ihm Vorschläge zu einer attraktiven Heirat zu machen. Es liegt nahe, die Frage nach der Heirat zu stellen, denn da Goethe schon daran ist, die Bilanz seines halben Lebens zu ziehen, wird man ihn auch von außen auf den Familienstand hingewiesen haben, den er doch in seinem Alter und in seiner Stellung langsam ändern könne. Die Berliner Volkspoetin Anna Louisa Karsch, eine Dame, die kein Blatt vor den Mund nahm und den Dichter und Minister Goethe bei dessen Reise nach Berlin begeistert aufgesucht hat, schrieb über Goethe: »Man spricht, daß Ihm der Kayser baronisieren wird und daß er alsdann eine Gemahlin auß noblen Hause bekommt, ich frug ihn, ob er nicht auch das Vergnügen kosten wollte, Vater zu sein; Er schien's nicht weitt von sich zu werfen. Er ist ein großer Kinderfreund und eben dieser Zug läßt mich hoffen, daß er auch ein gutter Ehemann werden wird und sicherlich noch ein rechtt gutter Mensch, ders einmal bereuet, was in seinen Werken etwan anstößig gewesen ist.« Ein Kinderfreund war Goethe in der Tat, und das Vatersein wird einer der wenigen Punkte gewesen sein, die ihm eine Ehe wenigstens ansatzweise attraktiv gemacht hätte. Er suchte sich gerade in dieser Zeit Alternativen, um seine Kinderliebe auszuleben. Auf seiner ersten Schweizer Reise hatte er einen Schweizer Buben kennengelernt, der der Schützling des Barons von Lindau war. Der Baron hatte philantropische Bestrebungen und experimentierte mit den damals modernen pädagogischen Modellen. Er nahm den verwahrlosten Jungen zu sich, den man aufgrund seines Fundorts bei den Hirten »Peter im Baumgarten« genannt hatte, und ließ ihm eine Ausbildung zukommen. Peter kam in ein Internat, das nach den neuesten pädagogischen Erkenntnissen arbeitete. Von dort riß er jedoch eines Tages aus, nachdem sein Förderer im nordamerikanischen Unabhängigkeitskrieg gefallen war. Eines Tages stand Peter vor der Tür von Goethes Gartenhaus in Weimar. Was sollte dieser machen? Er nahm ihn auf und gab sich alle Mühe. Doch es war ein schweres Unterfangen mit dem Knaben, der sich zu keiner Tätigkeit, erst recht nicht einer nützlichen, überreden lassen wollte. Peter gammelte nur in den Tag hinein. Philipp Seidel kümmerte sich tagsüber um ihn, wenn Goethe Verplichtungen hatte, Goethe selbst versuchte sein Bestes in seinen seltenen freien Stunden. Doch über Goethes Erziehungsarbeit lag hier wie auch später kein Segen. Nach zwei Jahren gab er den Jungen nach Ilmenau, wo er zum

Jäger ausgebildet werden sollte. Die Jäger hatten ihre liebe Not mit ihm, denn Peter war kaum vor zehn Uhr aus dem Bett zu kriegen. Er rauchte den ganzen Tag die Tabakspfeife und schwängerte ein paar Jahre später die Pfarrerstochter. Als erwachsener Mann verschwand er eines Tages völlig von der Bildfläche und hinterließ eine Frau und neun Kinder.

Etwas mehr Glück sollte Goethe später mit Charlottes Sohn Fritz haben, den er 1782 zu sich nahm. Aber auch hier zeigte sich, daß pädagogische Ideen und ihre Durchführung weit auseinanderlagen.

Lidas Zeit: Der Höhepunkt

Im Frühjahr/Sommer 1780 erbittet sich Goethe von Charlotte einen Ring. Er soll sie als ein Zeichen der Liebe an ihn binden, und er soll seine Liebe und Treue belohnen. Charlotte kommt dem Ansinnen nach – was deutlich zeigt, daß auch in ihr Veränderungen vorgegangen sind, die auf eine Festigung der Beziehung hinauslaufen. Sie solle die Initialen »C. v. S.« hineingravieren lassen und ja auf das trennende »v.« achten, um jede Verwechslung mit den Initialen der Corona Schröter auszuschließen. Diese halb neckende Bemerkung offenbart, daß die Schauspielerin dazu beigetragen hat, daß die Beziehung zwischen Goethe und Charlotte fester wird. »Ihren Ring erhielt ich gestern und dancke Ihnen für das schöne Zeichen«, schreibt er. »Er ist ein Wunderding er wird mir bald zu weit am Finger bald wieder völlig recht.« Etwa zu der Zeit wird Goethe Mitglied in der Freimaurerloge »Anna Amalia«. Er erhält von dem Orden, wie es üblich ist, ein Paar Handschuhe, um sie als Zeichen der Achtung vor dem weiblichen Geschlecht der Frau zu schenken, für die er die größte Wertschätzung empfindet. Von Weimar aus schreibt Goethe an Charlotte, die wieder in Kochberg ist: »Ein geringes Geschenk, dem Ansehn nach, wartet auf Sie wenn Sie wiederkommen. Es hat aber das merckwürdige dass ich's nur Einem Frauenzimmer, ein einzigsmal in meinem Leben schencken kan.« Das sind deutliche Zeichen, die in dieser Zeit gesetzt werden! Sie weisen allerdings auch sehr klar auf den petrarkistischen Charakter dieser Liebe hin. Die angebetete Frau ist ein Denkmal und keine Geliebte im vollen Sinn des Wortes. Als Goethe Anfang September wieder nach Ilmenau fährt und auf den Kickelhahn steigt, danach die Hermannsteiner Höhle besucht, wo er vor vier Jahren mit Charlotte war, hat er Gelegenheit, ein drängendes, inständiges Werben mit der Kraft seiner ganzen Naturmystik und der Beschwörung der Götter zu verbinden. »Auf dem Gickelhahn dem höchsten Berg des Reviers den man in einer klingernden Sprache Alecktrueogallonar nennen könnte hab ich mich gebettet, um dem Wuste des Städtgens, den Klagen, den Verlangen, der Unverbesserlichen Verworrenheit der Menschen auszuweichen. [...] meine beste ich bin in die Hermannsteiner Höhle gestiegen, an den Plaz wo Sie mit mir waren und habe das S, das so frisch noch wie von gestern angezeichnet steht geküsst und wieder geküsst dass der Porphyr seinen ganzen Erdgeruch ausathmete um mir auf seine Art wenigstens zu antworten. Ich bat den hundertköpfigen Gott, der mich so viel vorgerückt und verändert und mir doch Ihre Liebe, und diese Felsen erhalten hat; noch weiter fortzufahren und mich werther zu machen seiner Liebe und der Ihrigen.« Das neuerliche Erlebnis der Natureinsamkeit bestärkt sein Bedürfnis nach einer Ruhe der Seele, die in der Lage wäre, den »Wuste«, das »Verlangen«, alle »Verworrenheit« zu überwinden. Hier auf dem Kickelhahn entsteht in diesen Tagen das Gedicht »Wandrers Nachtlied«. Goethe schrieb es an die Bretterwand der Jagdhütte, in der er auch nach diesem stillen Abend übernachtete.

Über allen Gipfeln
Ist Ruh,
In allen Wipfeln
Spürest du
Kaum einen Hauch;
Die Vöglein schweigen im Walde.
Warte nur, balde
Ruhest du auch.

In dem oben zitierten Brief vergleicht Goethe auch die stille Landschaft auf dem Kickelhahn, den Wald, die Hügel und die aufsteigenden Nebel nach dem Sonnenuntergang, mit der Ruhe und Größe einer

»schönen Seele«, wenn sie sich am wohlsten befinde. Dieser Zustand sei aber nicht nur ruhig und groß, sondern zugleich auch »uninteressant«, denn er sei, wie die ganze Szene und wie die »schöne Seele« in ihrer Art, ganz unbeweglich. Dieser Satz birgt Goethes Weltanschauung: die Welt ist kein In-Sich-Ruhen, sondern der Wechsel von Gegensätzen in den Erscheinungen. Alles ist ewige Bewegung und lebt aus seinem Gegensatz: »Wir und die Gegenstände«, »Licht und Finsternis«, »Zwei Körperhälften« »Ein- und Ausatmen«„ »Rechts und Links«. Der Zustand einer absoluten Ruhe, eines sich-Genügens kann für Goethe nur den Tod bedeuten. Man kann ihn zwar vereinzelt finden, in der stillen Anschauung der sich ewig gleichen Natur. Da gibt er dann der Seele Kraft, versöhnt sie mit den Elementen, den Verworrenheiten. Aber man darf den Zustand nicht zum Lebensprinzip machen. Er ist den Frauen eher gegeben, meint Goethe; denn sie sind das Abbild der Natur und eines Kreislaufs, der keine eigene Dynamik besitzt und nirgendwo hinstrebt, sondern sich nur ewig im eigenen Kreis zusammenschließt. Für den Mann sind solche Momente der kontemplativen Ruhe und Stille eine Erweiterung seines dynamischen Wesens.

»Und wenn du's vollbracht hast, / Wirst du erkennen der Götter und Menschen unänderlich Wesen, / Drinne sich alles bewegt und davon alles umgränzt ist, / Stille schaun die Natur sich gleich in allem und allem / *Nichts unmögliches hoffen, und doch dem Leben genug seyn*«, schreibt Goethe vom Kickelhahn nach Weimar an die Freundin. Diese Verse kann man das Fazit seiner Minneliebe nennen. Damit hätte sie ihren Endpunkt erreicht. Was aber in der stillen Größe der Natur und der »schönen Seele«, die »uninteressant«, da unbeweglich sei, ebenfalls anklingt, ist die Forderung nach einer unablässigen Bewegung in dieser Verbindung, die sich gerade an den Reibungspunkten und an der Ungelöstheit lebendig erhält. Es ist das Wechselspiel von Rückzug und Ausbreitung, Nähe und Ferne damit grundsätzlich der Typus einer Liebe ohne Besitz. Klingt hier die Bewegung ab und wird zur Beschaulichkeit, ist der Liebe der Todesstoß versetzt. So lautet die Frage: Kann sich diese Liebe doch noch steigern? Muß sie ihr Antlitz verändern? Daß er seine hochverehrte Frau genau so haben möchte, wie er sie als Naturbild darstellt – wie ein Glas, wie einen See, ruhig, klar und rein, worin er ganz eintauchen kann, um sich von innen zu reinigen –, beweist ein Satz vom weiteren Verlauf seiner Reise, wo es heißt: »Gute Nacht Gold ich möchte im dreyfachen Feuer geläutert werden um Ihrer Liebe werth zu seyn.« Aber Goethe unterschreibt diesen Brief schon mit dem Titel »G. il penseroso fedele« (der Schweigende), als der er sich in den Jahren vor dem Aufbruch nach Italien bezeichnet. Goethe trägt schweigend ein Los, das ihn bedrückt. Noch hat Goethe Kraft zur Verfügung. Aber die Erträge seines Wirkens, seines Liebesdienstes wohl auch, sind gering, der Aufwand dagegen ist enorm. Gelegentlich gönnt er sich Tagträume, in denen er mit einem Flügelschlag sein Erdenlos und die ihm auferlegten Grenzen überwindet. Es sind lustvolle Traumbilder, die man auf alles mögliche beziehen kann: »Und wenn ich dencke ich sizze auf meinem Klepper und reite meine pflichtmäsige Station ab, auf einmal kriegt die Mähre unter mir eine herrliche Gestalt, unbezwingliche Lust und Flügel und geht mit mir davon. [...] Und so bin ich Reisemarschall und Reisegeheimderath und schicke mich zum einen wie zum andern.«, fügt er prosaisch hinzu. Er ist mit dem Herzog unterwegs und mit dem Oberstallmeister Josais von Stein, Charlottes Mann. Stein hat in Kochberg eine Ochsenmast eingerichtet und nimmt die Reise als Gelegenheit, Ochsen von fränkischer Rasse zu kaufen. So gehen die Interessen der drei Reisenden auf amüsante Weise auseinander: Goethe erforscht den Granit und dichtet in müßigen Stunden, der Herzog jagt, während der Oberstallmeister auf Ochsenschau geht. An Charlotte schreibt Goethe: »Stein entzückt sich über alle Ochsen, wie wir über die Granite. Der Herzog ist ziemlich passiv in beyden Liebhabereyen, dagegen hat ihm der Anblick sovieler Gewehre in der Fabrick wieder Lust gemacht.« An den Abenden sitzen die drei ungleiche Herren zusammen am Kamin, und Goethe berichtet: »Der Herzog liest, Stein raucht mit Arnswalden eine Pfeife, und wenn ich nichts zu thun oder zu beobachten habe, mag ich nur mit Ihnen reden.« Er redet in Briefen mit ihr, während ihr Ehemann dabeisitzt und weiß, daß der Geheimrat Goethe seiner Frau innige Liebesbriefe schreibt. Er wird sogar des öfteren zum »Postillon d'amour«, da er von Amts wegen für die Beförderung der Post zuständig ist. Goethe schreibt an einem solchen Abend an Charlotte: »Der Husar wartet. Es ist schon spät. Stein spricht viel von Ökonomie, und da fast nichts weiter vorkommt ists ihm wohl, übrigens sizzt er und macht Anmerckungen die ich ihm an der Nase ansehe.« Mehr als eine gutmütig-neckende »Anmerkung« wird es indes nicht gewesen sein. Ein überaus bequemer Ehemann! Von dieser Seite sind zumindest keine Probleme zu erwarten.

Im Februar ist ein Maskenspiel im Rahmen einer Redoute geplant, an dem sich Goethe, Frau von Stein und ihr Gatte gemeinsam beteiligen sollen. Der Titel lautet »Aufzug des Winters«. Dabei ist vorgesehen, daß Goethe den Schlaf und Charlotte die Nacht darstellt (welche Rolle Stein spielte, ist nicht bekannt), doch selbst Goethe findet die Konstellation irgendwie verfänglich. Ob es danach nicht wieder Gerede geben werde?, fragt er Charlotte. Er legt es schließlich ganz in ihre Hände, die nichts daran zu beanstanden hat, und so findet die Aufführung statt wie geplant.

Vom 7. bis 15. März 1781 besucht Goethe mit Carl August den Grafen und die Gräfin von Werthern in Neunheiligen. Ursache der Reise ist wohl, daß der Herzog ein Auge auf die mondäne Gräfin geworfen hat, die vom Typus her wieder geeignet ist, Goethe mit Bewunderung und zugleich mit Scheu und Abwehr zu erfüllen. In einem Brief schwärmt er Charlotte von der Gräfin Werthern vor, in die sein Freund, der Herzog, verliebt ist. Die Dame gibt ihm eine lebhafte Anschauung davon, was es heißt, »Welt« zu haben. »Diese hat Welt oder vielmehr sie hat die Welt, sie weis die Welt zu behandeln: la manier: sie ist wie Quecksilber das sich in einem Augenblicke tausendfach theilt und wieder in eine Kugel zusammenläuft. Sicher ihres Werths, ihres Rangs handelt sie zugleich mit einer Delikatesse und Aisance die man sehn muß um sie zu dencken. [...] Was in ieder Kunst das Genie ist, hat sie in der Kunst des Lebens.« Die Schwärmerei von der Weltdame Jeanette von Werthern wird nicht ohne Wirkung auf die Briefempfängerin geblieben sein. Auch dies konnte nur noch einen Prozeß beschleunigen, der schon vor einiger Zeit eingeleitet worden ist. Nach dem Abschied hat Goethe Charlotte geschrieben: «Ihnen danck ich tausendmal für die Nähe Ihrer Liebe, und alles was Sie mir mitgegeben und mich hoffen lassen.« Was hat sie ihm mitgegeben, was ließ ihn hoffen? »Noch nie hab ich Sie so lieb gehabt und noch nie bin ich so nah gewesen Ihrer Liebe werth zu seyn«, schließt er den ersten Brief von dieser Reise. Am nächsten Tag schreibt er: »Gestern auf dem langen Weeg, dacht ich unsrer Geschichte nach, sie ist sonderbar genug. Ich habe mein Herz einem Raubschloss verglichen das Sie nun in Besiz genommen haben, das Gesindel ist draus vertrieben, nun halten Sie es auch der Wache werth; nur durch Eifersucht auf den Besiz erhält man die Besitztühmer. Machen SieÚÚs gut mit mir und schaffen Sie gottseelig den Grimmenstein in Friedenstein um. Sie haben es weder durch Gewalt noch List, mit dem Freywillig sich übergebenden muß man aufs edelste handlen, und sein Zutraun belohnen.« Während Goethe diese hehren Worte an die abwesende geliebte Frau schreibt, macht der Herzog der verheirateten Gräfin von Werthern in Anwesenheit ihres dreizehn Jahre älteren Ehemanns auf eindeutige Weise den Hof. Das schlüpfrige Spiel zweier Vertreter der höfischen Welt und die gebetähnlichen Anrufe, die Goethe gleichzeitig wohl in einem Nebenzimmer an die Frau in Weimar schreibt, können kaum einen größeren Gegensatz darstellen. Vielleicht hat Goethe gerade durch diesen Kontrast und angesichts seines genußfrohen Freundes den letzten Mut gefaßt, ein letztes und einmaliges Bekenntnis von Charlotte. Wenn er ihren Brief erhalte, schreibt er, dann hoffe er, von ihrer Hand zu lesen, »was ich so sehr wünsche.« Und als der Brief kommt, schreibt er umgehend zurück, er habe ihn bereits sechsmal gelesen und lese ihn immer wieder. Er nennt sie nun erstmals »meine Geliebte«. Doch bis zum Wiedersehen wird noch fast eine Woche vergehen. »Ich zähle die Stunden bis Donnerstags Abends: nicht mit Ungeduld. Denn ich habe bis dahin mein Pensum noch vor mir: sondern mit der Stille der gewissen Liebe und des festen Zutrauens daß ich nicht von Ihnen entfernt bin und daß mich zur gesezten Stunde die Gegenwart meines Glückes empfangen wird als wenn ichs nie verlassen hätte.« Sein Tonfall wird zärtlich und leicht: »Adieu süse Unterhaltung meines innersten Herzens. [...] auf das Siegel drück ich einen Kuß und bin dein für ewig.« Was sich indessen um ihn herum abspielt, bekommt Goethe trotz seines Glücks in ausreichendem Maße mit. Anscheinend ist der Herzog bei Jeanette von Werthern ans Ziel gekommen, zumindest tut er so, und seinen Beobachtungen schließt Goethe nun wieder allgemeine Betrachtungen über das Wesen der Liebe, über Liebe und Treue bei Männern und bei Frauen an. Dem herzoglichen Draufgängertum, für den die Liebe offenbar eine andere Form des Jagderfolgs im Wald ist, stellt er die »schönere Liebe« der Frauen entgegen, die er hier auch bei der Gräfin feststellen will. Dabei ist besonders auffällig, wie sehr er sich fast immer auf die Seite der Frauen stellt, denen er die seelisch schönere, die tiefere und ausgewogenere Form der Liebe zuspricht, individueller Unterschiede ungeachtet. Über die Gräfin von Werthern schreibt er: »Sie liebt den Herzog schöner als er sie, und in diesem Spiegel hab ich mich beschaut und erkannt daß auch Sie mich schöner lieben als wir gewöhnlich können. Doch ich geb es nicht auf ich fühle mich zum Streit aufgefordert, und ich bitte die Grazien daß sie meiner Leidenschaft die innre Güte geben und erhalten mögen aus der allein die Schönheit entspringt.«

»Im Spiegel beschaut« hat er sich allenfalls durch den Herzog, eine Art »alter ego« an seiner Seite. So ein Typ Mann war Goethe selbstverständlich nicht. Bei ihm war alles vergeistigter, sublimer, auch die Liebe. Die Gräfin von Werthern war jedoch kein Seelchen. Wie sie zum Herzog gefühlsmäßig stand, ist natürlich schwer zu sagen. Es ist auch möglich, daß Carl August seinem Freund Goethe gegenüber nur so tat, als habe er die Dame voll und ganz erobert. Sie dürfte sich aber auf jeden Fall in diesen Tagen auf seine erotische Jagd eingelassen haben.

Ist also Goethes Überzeugung von der grundsätzlich schöneren und tieferen Liebe der Frauen nicht in erster Linie ein Ideal, mit der er auch das eigene Empfinden in die höchsten Bereiche heben will? Das Ideal vermischt sich mit seiner Liebe zu Charlotte, die jetzt, soviel ist ihm bewußt, an einem Wendepunkt steht. Und während um ihn herum die Vertreter der »Welt« und des Hoflebens nach Menschenart ihrer Leidenschaft frönen, hebt Goethe zu den höchsten Gesängen an, die er in seinem langen Leben als Ausdruck der Liebe niederschreibt. Hier beginnen seine Liebesbriefe an Charlotte. Er sehnt den Donnerstag herbei, an dem er, wie er schreibt, sie hoffentlich allein antreffen wird. Seine Liebe ist ihm heilig genug, sie unter ein Sakrament und eine Vielzahl religiöser Anleihen stellen zu wollen, und heilig genug ist ihm auch die Frau, die er anspricht. »Meine Seele ist fest an die deine angewachsen, ich mag keine Worte machen, du weist daß ich von dir unzertrennlich bin und daß weder hohes noch tiefes mich zu scheiden vermag. Ich wollte daß es irgend ein Gelübde oder Sakrament gäbe, das mich dir auch sichtlich und gesetzlich zu eigen machte, wie werth sollte es mir seyn. Und mein Noviziat war doch lang genug um sich zu bedencken. Adieu. Ich kan nicht mehr *Sie* schreiben wie ich eine ganze Zeit nicht *du* sagen konnte.«

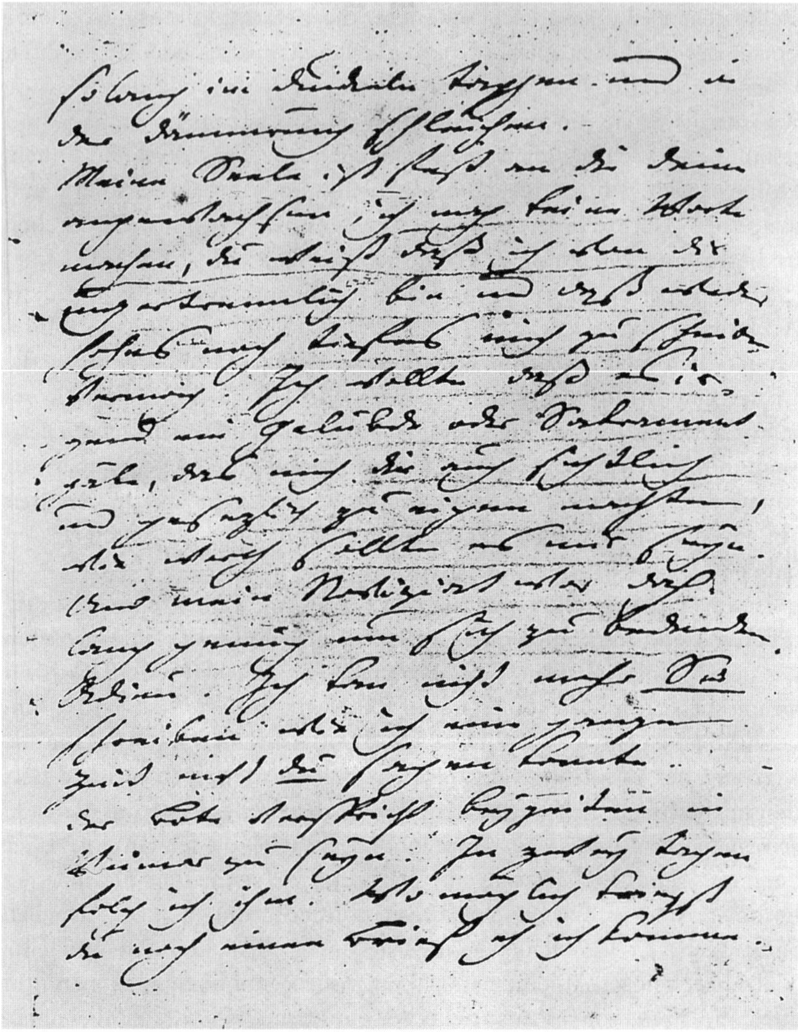

Goethes Bekenntnisbrief an Charlotte von Stein vom 3. März 1781

Goethes Noviziat ist vorbei. Unermüdlich hat er geworben, sich gemäßigt, um zu beweisen, daß es ihm ernst sei. Und was er kaum noch geglaubt hätte, scheint hiermit eingetreten zu sein: Charlotte hat ihm endlich ihre Gegenliebe gestanden. Sie hat das wohl brieflich getan; daher gewinnt die Korrespondenz in diesen Tagen von Neunheiligen nach Weimar so viel an Innigkeit und an vielversprechenden Andeutungen. Sie solle bloß nicht vergessen, was sie ihm noch Gutes zu sagen hätte, beschwört Goethe sie drei Tage vor seiner Rückkehr nach Weimar, in der Angst, sie möge den kaum getanen oder angedeuteten Schritt wieder zurücknehmen. Was hier geschehen ist, ließ Goethe schon seine Prinzessin im »Tasso« aussprechen: daß Tugend und Liebe nicht durch Heftigkeit zu ergreifen seien, sondern nur durch Mäßigung und durch Entbehren »unser eigen« werden können. Goethe wünscht sich »irgendein Gelübde oder Sakrament«, um sich mit ihr auch »sichtlich und gesetzlich« zu vereinigen. Aber das hätte im wirklichen Leben von Johann Wolfgang Goethe und Charlotte von Stein nur eine Ehescheidung der Frau und die erneute Heirat sein können. Niemand weiß, ob darüber je gesprochen wurde und wenn, wer die Idee am Schluß verworfen hat. Nur eine Äußerung gibt es dazu von Charlottes Sohn Fritz, der rückblickend über »das Band der Ehe« spricht, »welches meine Mutter von Goethe entfernt hielt.« Was das aber im einzelnen für die Beziehung bedeutet und wer am Ende die Unlösbarkeit der Lage eingesehen und vertreten hat, weiß man nicht. Nicht zuletzt darum hebt Goethe seine Liebe derart in den Bereich des Symbolhaften. Es sind Gleichnisse, Raum und Zeit enthoben, die er als Liebesbekenntnisse in den schönsten Worten liefert. Die Geliebte möge ihr Werk an ihm vollenden, ihn »recht gut« zu machen; kniefällig bitte er darum. Er sieht sich selbst ganz in der »weiblich« passiven Rolle, sie dagegen als schaffende und schöpferische Figur, unter deren Händen er geformt und vervollkommnet wird. Der Ausdruck der Hingabe und des Empfangens (seiner selbst) klingt dabei ebenfalls »weiblich«, während er ihr die aktive und prägende Rolle zuerkennt. »Ich mögte Ihnen mein Leben, mich ganz hingeben um mich aus Ihren Händen mir selbst wieder zu empfangen.«

Der Herzog indessen, der sich mit seiner schönen Gräfin vergnügt, macht sich lustig über Goethe, der es kaum noch abwarten kann, wieder nach Hause zu kommen. Nach seinem Aufenthalt bei Jeanette

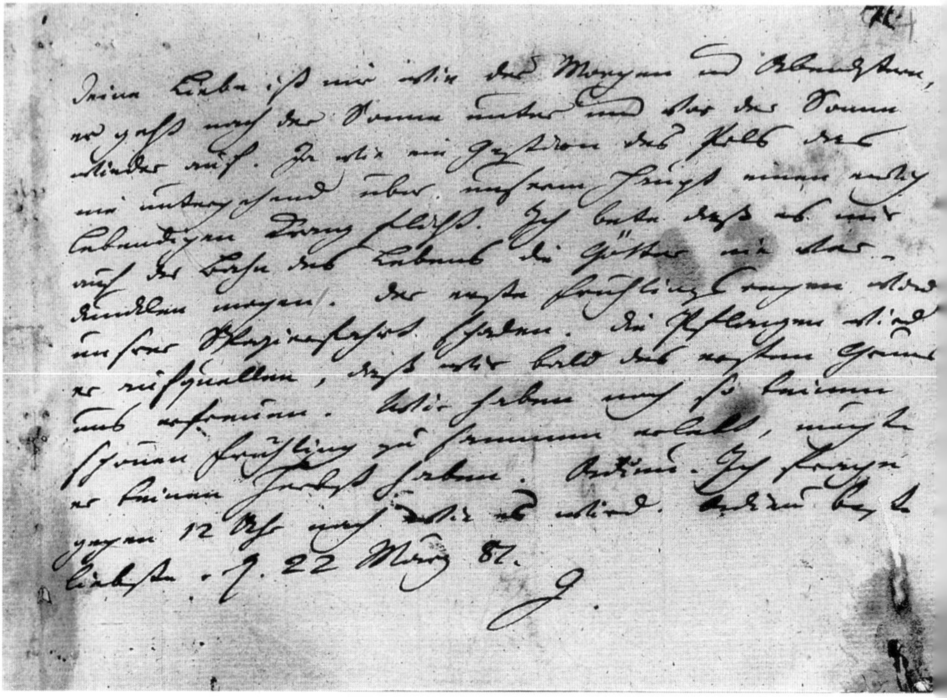

Deine Liebe ist mir wie der Morgen und Abendstern,
er geht nach der Sonne unter und vor der Sonne
wieder auf. Ja wie ein Gestirn des Pols das
nie untergehend über unsrem Haupt einen ewig
lebendigen Kranz flicht. Ich bete dass es mir
auf der Bahn des Lebens die Götter nie ver-
dunklen mögen. Der erste Frühlingsregen wird
unsre Spaziergänge stören. Die Pflanzen wird
er aufschwellen, dass wir bald des ersten Grüns
uns erfreuen. Wir haben noch so keinen
schönen Frühling zusammen erlebt, möchte
er keinen Herbst haben. Adieu. Ich frage
gegen 12 Uhr noch wie es wird. Adieu beste
Liebste. d. 22 März 81.
G.

Goethes Brief an Charlotte von Stein vom 22. März 1781

will Carl August noch für ein paar Tage nach Kassel gehen und ging eigentlich bisher davon aus, daß Goethe mitkäme. Der aber erläutert ihm umständlich die Gründe, warum mit ihm nicht zu rechnen sei, worauf der Herzog, wie Goethe an Charlotte schreibt, antwortet: »Er wirft mir vor daß ich ans Brod gewöhnt sey, und mich deswegen nicht weit verlaufen mögte.« Da dürfte er recht haben – und jetzt ganz bestimmt, was der Herzog nicht weiß, der ohnehin die subtilen Vorgänge dieser Beziehung weder wahrnimmt noch mitgeteilt bekommt und wohl auch nicht verstehen könnte.

Goethes Tagebuch schweigt zu dieser Zeit schon. Es schweigt ein halbes Jahr von jenem Zeitpunkt an, als die geheimnisvolle Wandlung in seinem Verhältnis zu Charlotte einsetzt. Am Donnerstag, den 15. März kommt er von seiner Reise nach Weimar zurück. Als erstes reitet er zu Charlottes Haus, doch er trifft sie dort nicht an. So zieht es ihn zunächst ins Gartenhäuschen, von wo aus er der Geliebten eine kurze Nachricht schickt, sich doch zu melden, sobald sie nach Hause gekommen sei. Womöglich hat sie ihn daraufhin im Gartenhaus besucht; der Brief des nächsten Tages weist zumindest auf ein Treffen dieses Abends hin.

Der Ton der Briefe dieser Tage ist ganz anders als bisher: sehr sicher und erfüllt, kein banges Werben mehr in der ständigen Angst vor Zurückweisung, keine unentwegten Selbstanklagen, worin er sich noch bessern müsse, damit er ihr endlich gefalle. Es sind vielmehr beglückte Ausrufe der Liebe: »Deine Liebe ist mir wie der Morgen und Abendstern, er geht nach der Sonne unter und vor der Sonne wieder auf. Ja wie ein Gestirn des Pols das nie untergehend über unserm Haupt einen ewig lebendigen Kranz flicht. Ich bete daß es mir auf der Bahn des Lebens die Götter nie verduncklen mögen. Der erste Frühlingsregen wird unsrer Spazierfahrt schaden. Die Pflanzen wird er aufquellen, daß wir bald des ersten Grüns uns erfreuen. Wir haben noch so keinen schönen Frühling zu sammen erlebt, mögte er keinen Herbst haben.« Aber schon hier klingt die Angst vor dem Ende durch, in dieser Sehnsucht nach Ewigkeit eines offenbar einzigartigen Glücks. Am nächsten Tag schreibt er: »Sagen kan ich nicht, und darfs nicht begreifen was deine Liebe für ein Umkehrens in meinem innersten würckt. Es ist ein Zustand den ich so alt ich bin noch nicht kenne. Wer lernt aus in der Liebe. Adieu. Gott erhalte dich.« In einem »Zettelgen«

des gleichen Tages nennt Goethe Charlotte »meine neue« und unterstreicht das letztere. Dann: »O könnt ich dir sagen was ich dir schuldig bin. [...] Leb wohl, und wisse wie sehr du mich glücklich machst. [...] Die Offenheit und Ruhe meines Herzens die du mir wiedergegeben hast, sey auch für dich allein, und alles Gute was anderen und mir draus entspringt sey auch dein. [...] Adieu liebste. Du meine Erfüllung vieler tausend Wünsche. [...] Adieu meine Seele ist auf deinen Lippen. [...] Sage mir von heut Abend, denn mit den Abend und Morgenwolcken eilt meine Seele zu dir. [...] Und theile meine Ruhe und mein Glück, da du soviel mit mir ausgestanden hast und wisse wie glücklich ich in deiner Liebe bin.«

Gleichzeitig mit dem Wunsch, mit Charlotte zu leben, entsteht bei Goethe auch der Entschluß, sich von den lästigsten Verpflichtungen des Hofes freizumachen – und das sind die dienstlichen Reisen, die ihn jedesmal über Wochen von der Geliebten entfernen. Charlotte soll beim Herzog vermitteln und in ihrer verbindlichen, gewandten Art erreichen, daß Goethe bis auf weiteres nicht mehr mit dem Herzog auf Reisen gehen muß und sich auch ansonsten etwas mehr zurückziehen darf. »Mach es nach deiner Klugheit und Sanftheit.« Und tatsächlich scheint der Herzog auf die Wünsche seines Freundes eingegangen zu sein.

Ein schönes Bild von der nahrungsspendenden Geliebten entwirft Goethe, wenn er Charlotte schreibt: »Heut ist Conseil doch bitt ich hebe mir etwas zu Essen auf ich will mich von deinen händen nähren«, worauf es dann wieder sehr mythisierend heißt: »Ich bin bey dir bis zur Abenddämmrung der Götter.« Und dann: »Zu Mittage komm ich, empfange mich mit deiner Liebe und hilf mir auch über den dürren Boden der Klarheit, da du mich durch das Land der Nebel begleitet hast.« Wie darf man das verstehen? Als endgültige Einsicht, daß das »Gelübde« oder »Sakrament« ihrer Verbindung nur in symbolischen Bezirken stattfindet und im Grunde keinen Anspruch auf eine Wirklichkeit hat? »Ich küsse dich mit dem Kuß der Gedancken«, schreibt er Ende Mai. Woher aber Begeisterung, der Ausdruck von Erfüllung? In einem Briefgedicht in dieser Zeit taucht erstmals ein Hinweis auf die Abstammung des Namens »Lida« auf, den Goethe als lyrischen Kunstnamen für Charlotte seit dem Jahr 1781 verwendet. Das Gedicht nennt er »Versuchung«, und es spricht von »Lydia« als lieblicher

Büßerin der Erbsünde. Einst habe eine »schädliche Frucht« im Paradies Unheil über die Menschen gebracht, nun aber sei es an Lydia, zur Buße vom »heiligen Leib« zu kosten, der die Seelen »speiset und heilet«. Goethe sendet Charlotte dieses Gedicht zusammen mit einem Korb frischer Erdbeeren und spielt in den Versen auch darauf an, daß Charlotte an diesem Tag das Abendmahl nahm. Die Sprachspiele mit »Leib« und »Speise« kommen in dieser Phase noch sehr häufig in dem Briefwechsel vor, so zum Beispiel bereits einen Tag nach dem ominösen Wiedersehen in Weimar. Da teilt Goethe mit, er werde bei Hof zu Mittag essen und könne also nicht »mein Leib essen und mein Lieb essen«. Wenn diese Einverleibung auch nicht konkret gemeint ist, drückt die Formulierung doch den sehnsüchtigen Wunsch nach etwas aus, worauf man in der Phase des »Tasso«, in der die Einstellung der Leonore bestimmend war, ausdrücklich und einvernehmlich verzichtet hat. Dieser Vergleich bietet sich zumindest an, wenn man die Beziehung im Stück und Goethes Erfahrungen parallel setzen will. Das »Lydia«-Gedicht tändelt mit diesem sinnlichen Element in rokokohafter Manier:

Eine schädliche Frucht reicht unsere Mutter dem Gatten
Und vom törigen Biß kränkelt das ganze Geschlecht.
Von dem heiligen Leib der Seelen speiset und heilet
Kostest du Lydia fromm, liebliches büsendes Kind;
Darum send ich dir schnell die Früchte voll irdischer Süse
Daß der Himmel dich nicht deinem Geliebten entzieh.

Der »heilige Leib« steht gegen die »schädliche Frucht«. Es ist der Leib Christi, der die Seelen speist und sie nach dem Sündenfall heilen kann. Dagegen werden die verlockenden Früchte als Motiv der Versuchung dem »heiligen Leib« entgegengesetzt, doch spielerisch und in einem tändelnden Sinn. Damit die Geliebte nicht zu fromm werde, wird sie auf die »Früchte voll irdischer Süse« aufmerksam gemacht, die den weltlichen, doch nicht weniger frommen Genuß kennzeichnen. Diese Frucht wird nicht »töricht« ergriffen, sondern bewußt, und ebenfalls um zu speisen und zu heilen. Das ist Weltfrömmigkeit mit antiken Reminiszenzen. Die biblische Lydia, Purpurkrämerin aus Thyatira, wird vom Apostel Paulus zum Gottesglauben bekehrt. Darauf lädt sie die Apostel in ihr Haus ein. Sie wird schon vor der Bekehrung durch Paulus als »gottesfürchtige Frau« bezeichnet, und ihre Gottesfürchtigkeit muß nur noch in die richtigen religiösen Bahnen gelenkt werden.

Im Laufe des Jahres überreicht Goethe Charlotte einen Ring mit seinen Initialen als Gegengabe zu dem ihrigen. Damit ist ein Bündnis besiegelt, eine Art Verlobung, die auf Lebenszeit geschlossen wird. Es gibt bei alldem aber keinen Hinweis darauf, daß jemals ernsthaft eine Scheidung Charlottes in Erwägung gezogen worden ist. Die Beziehung bleibt nach außen, wie sie immer war, und selbst die engsten Freunde (zu denen unter anderem die Herders gehören) wissen nichts von dem heimlichen »Du« zwischen den so sonderbar Verbundenen. Dabei ist der gesellschaftliche Umgang der beiden, das beinahe offizielle tägliche Zusammentreffen in Weimar kein Geheimnis, und wenn Charlotte es jemals für nötig befunden hat, Goethes Besuche aus Schicklichkeit einzuschränken, dann tat sie das jetzt schon lange nicht mehr. Wie ein Familienvater kümmert sich Goethe jetzt auch um die Kinder seiner Freundin, wenn er etwa schreibt: »Ernstens husten beunruhigt mich, sorge doch auch für Fritzen, der auch einen Ansaz hat.« Im Anschluß dann wie immer: »Grüse Steinen.« Der war hingegen selten zu Hause. Charlottes Söhne Karl, Ernst und Fritz hatten längst begonnen, in Goethe einen Ersatzvater zu sehen, der auch weit öfter anwesend und ansprechbar war als ihr leiblicher Vater. Wie sie es allerdings empfunden haben, daß sich zwischen ihrer Mutter und dem immerhin beliebten Hausfreund innige Szenen abspielten, während die Eltern sich ganz konventionell gegeneinander verhielten, bleibt dahingestellt. Vielleicht bekamen sie auch wenig davon mit. Kinder adeliger Eltern im 18. Jahrhundert hatten ein ausgesprochen distanziertes Verhältnis zu ihren leiblichen Eltern und waren es gewohnt, sich andere Bezugspersonen zu suchen.

Goethe faßt diese Phase seiner Bindung an Charlotte folgendermaßen zusammen: »Wir sind wohl verheurathet, das heist: durch ein Band verbunden wovon der Eintrag aus Kreuz Kummer und Elend besteht. Adieu grüse Steinen. Hilf mir glauben und hoffen.«

Goethe nimmt Charlottes jüngsten Sohn Fritz erstmals auf eine Reise nach Leipzig mit. Fritz ist das Nesthäkchen, gerade neun Jahre alt, und das Kind, das am meisten zum »Sohn« dieser beiden in ihrer innigsten gemeinsamen Zeit wird. Goethe will für Fritz sorgen, ihn

Goethe mit Fritz von Stein

bilden und erziehen, und dazu soll er auch mit ihm auf Reisen gehen. Begeistert berichtet er der stolzen Mutter von den Fortschritten, die ihr Söhnchen macht. Das Urteil des Jungen über die Menschen sei unglaublich treffsicher. Nur müßten sie gemeinsam dafür sorgen, daß ihn das Glück solcher frühen Erfolge nicht übermütig mache. »Ich hab ihm einige ruhige, sehr wahre Lecktionen gegeben, und er ist sehr geschmeidig. [...] Meine Liebste ich habe mich immer mit dir unterhalten und dir in deinem Knaben gutes und liebes erzeigt. Ich hab ihn gewärmt und weich gelegt, mich an ihm ergötzt und seiner Bildung nachgedacht.« Schon früher hat er einmal gesagt, Fritz sei »das Beste was dir angehört«. So spielen sie behaglich Familie, und Charlotte, die eigentlich nicht sehr zu Illusionen neigt und bei allem Glück auch wohl nie ernsthaft daran denkt, aus romantischer Liebe zu einem jüngeren Dichter ihren Stand und ihre Sicherheit aufs Spiel zu setzen, kann sich kurzzeitig vorstellen, dies sei das zweite Leben der Jungfrau-Mutter-Blume.

Goethe hält dieses neue Liebesglück auf einmalige Weise fest. Die Sterne werden zum Symbol seiner Liebe. Unendlich oft haben beide zusammen in den Nachthimmel geschaut und nachts am Fenster, im Park oder im Garten gestanden – ob in Kochberg, in Goethes Gartenhäuschen oder an der Ackerwand. Die Sterne am nächtlichen Himmel waren immer das Symbol ihrer schicksalhaften Verbundenheit; schützend standen sie über ihnen. Jetzt wird das anders. Die schicksalhafte Verbundenheit bleibt, aber der Dichter bedauert die Sterne, weil sie die Liebe nicht kennen. So wird die Liebeserfüllung als Gegenpol zur Sternenwelt betrachtet, die überirdisch und erhaben, dabei aber doch körperlos und den Leiden und Freuden der Menschen entrückt ist. Wenn bisher der Blick in die Transzendenz erlösend war, weil er sich in einen zeitlosen Raum richtete, in dem die Liebe imaginär gelebt werden konnte, so ist er jetzt nicht mehr notwendig, denn auf der Erde findet die Erfüllung statt.

Nachtgedanken

Euch bedaur ich, unglücksel'ge Sterne,
Die ihr schön seid und so herrlich scheinet,
Dem bedrängten Schiffer gerne leuchtet,

Unbelohnt von Göttern und von Menschen:
Denn ihr liebt nicht, kanntet nie die Liebe!

Uaufhaltsam führen ew'ge Stunden
Eure Reihen durch den weiten Himmel.
Welche Reise habt ihr schon vollendet,
Seit ich, weilend in dem Arm der Liebsten,
Euer und der Mitternacht vergessen!

Die Erfüllung in der Liebe gehört dem irdischen Bereich der Vergänglichkeit an. Die kosmische Welt wird als zeitlos und ewig der vergänglichen gegenübergestellt. Doch sie wird nicht mehr beschworen. Der große Abstand der Sterne zu den Menschen wird herausgestellt, und alles Schöne und Begehrenswerte findet doch nur auf der Erde und im Zeichen der Vergänglichkeit statt.

Goethe hat dieses Gedicht im »Tiefurter Journal« veröffentlicht, einer Zeitschrift für den engsten Freundeskreis des Weimarer Musenhofes. Die Beiträge waren anonym, und man machte sich einen besonderen Spaß daraus, ihre Urheber nach Stil und Tonfall der verfaßten Themen zu erraten. Goethe verschlüsselte die Autorschaft (und damit den Inhalt des Gedichts) noch zusätzlich, indem er so tat, als sei es eine Übersetzung aus dem Griechischen. So konnte niemand die Zusammenhänge mit seinen persönlichen Umständen und der Adressatin ahnen. An Charlotte schreibt er am 20. September, als er ihr dieses Gedicht zusendet: »Was beyliegt ist dein. Wenn du willst so geb ich's in's Tiefurter Journal und sage es sey nach dem Griechischen.« Die Gestalt der »Lida« entsteht nun für ähnliche Gelegenheiten. Niemand weiß, wer gemeint ist, aber Goethe kann in Gedichten die geliebte Frau ansprechen, indem er »Lotte« durch »Lida« ersetzt. Vielleicht steckt auch »Leda« in dem Namen, dessen Herkunft so unbekannt ist. In der antiken Sagenwelt ist sie die Mutter der Dioskuren, vor der Zeus in Gestalt eines Schwans erscheint. Leda vereinigt sich mit dem Schwan, der nicht zuletzt eine Dichtermetapher ist.

Als Goethe mit Fritz in Leipzig ist, kauft er für Charlotte einen geschnittenen Edelstein mit einer Abbildung der Psyche; »selten findet man unter Juwelier Waare ein so artig Steingen. Es stellt Psyche vor mit dem Schmetterling auf der Brust in gelbem Achat. Es ist als wenn ich dich immer meine liebe Seele nenne.« Psyche, Lida, die Sonne seines Lebens … Goethe findet immer neue Namen für Charlotte. Die Gedichte an »Lida« aber, die in dieser Zeit entstehen, bedeuten zweierlei: zum einen immer wieder den Verweis auf die Ewigkeit, die mit der kosmischen Symbolik ausgedrückt wird. »Sterne«, »Nordlicht«, »Wolken« und »Geschick« sind für diese Liebenden ein unveränderlicher Fixpunkt, eine überzeitliche Zusammengehörigkeit deer Seelen, eine innere Notwendigkeit, die immer auf der Grundlage der Illegitimität ihres Verhältnisses zu sehen ist. Ihre Liebe ist wesenhaft rein, in sich legitim, vom Schicksal bestimmt, aber nach außen hin illegitim. Nicht zuletzt daher rührt die Transposition in unbestimmte Zeiträume und die starke Betonung der Seele, die ja ebenfalls unveränderlich und unsterblich ist. In einem zweiten Gedicht neben den »Nachtgedanken« wird aber auch die irdische Liebeserfüllung zum Thema gemacht, gegen die die transzendente Welt der Sterne verblaßt und schal wird angesichts einer wunderbaren Wirklichkeit. Goethe veröffentlicht dieses Gedicht sogar, bevor es Charlotte zu sehen bekommt – wieder im »Tiefurter Journal« und wieder unter der fingierten Überschrift »Aus dem Griechischen«. Griechisch ist hier allenfalls der Liebesgott, der eine sehr galante, wenn nicht gar schlüpfrige Rolle spielt.

Der Becher

Einen wohlgeschnitzten vollen Becher
Hielt ich drückend in den beiden Händen,
Sog begierig süßen Wein vom Rande,
Gram und Sorg auf einmal zu vertrinken.

Amor trat herein und fand mich sitzen,
Und er lächelte bescheiden-weise,
Als den Unverständigen bedauernd.

Freund, ich kenn ein schöneres Gefäße,
Wert, die ganze Seele drein zu senken;
Was gelobst du, wenn ich dir es gönne,
Es mit anderm Nektar dir erfülle?

O wie freundlich hat er Wort gehalten!
Da er, Lida, dich mit sanfter Neigung
Mir, dem lange Sehnenden, geeignet.

Wenn ich deinen lieben Leib umfasse
Und von deinen einzig treuen Lippen
Langbewahrter Liebe Balsam koste,
Selig sprech ich dann zu meinem Geiste:

Nein, ein solch Gefäß hat außer Amorn
Nie ein Gott gebildet noch besessen!
Solche Formen treibet nie Vulcanus
Mit den sinnbegabten, feinen Hämmern!
Auf belaubten Hügeln mag Lyäus
Durch die ältsten, klügsten seiner Faunen
Ausgesuchte Trauben keltern lassen,
Selbst geheimnisvoller Gärung vorstehn:
Solchen Trank verschafft ihm keine Sorgfalt!

Dieses Gedicht ist das sinnlichste aller »Lida«-Gedichte. »Der Becher» und »Nachtgedanken« drücken beide die Liebesvereinigung mit der lang ersehnten Geliebten aus, aber es ist eine ganz besondere. Was hier beschrieben wird, ist eine mythische Hochzeit wie Ledas Vereinigung mit dem Schwan. Das Begehren der Geliebten erscheint als Sehnsucht nach Einheit, als Eintauchen in das Wesen der »Psyche«, mit der Charlotte ja bereits kurz vorher identifiziert worden ist. Und wieder (wie in dem Gedicht »Versuchung« durch die »schädliche Frucht«) wird eine niedere Sphäre, nämlich die des bloßen körperlichen Rausches durch den Wein im Becher, einer hohen entgegengesetzt, die zwar ganz dem seelischen Bereich angehört, den »Leib« aber einbezieht, ihn sozusagen in sich auflöst. So gehört die hier vorgestellte Vereinigung ganz der höheren Sphäre an, in der diese Liebe von Anfang an angesiedelt war.

Es ist schwer zu sagen, welche biographische Grundlage das Gedicht »Der Becher« hat, das (zusammen mit den »Nachtgedanken«) zum ersten und einzigen Mal einen Gegenstand anspricht, den man den erhaltenen Briefen nicht entnehmen kann. Eines aber steht fest: Ob diese Art der Liebeserfüllung nun erlebt oder als Wunschvorstellung der Phantasie entsprungen war, sie besitzt mythischen Charakter und geht weit über das hinaus, was zwischen Liebespaaren gemeinhin stattfindet.

In Gotha verfaßt Goethe ein Gedicht, das unter dem Titel »An Lida« einige Jahre später veröffentlicht wird. Es ist das einzige Zeugnis von der Bedeutung, die diese Liebe für Charlotte hatte, nachdem sie sie wohl jahrelang zurückgehalten und verschwiegen hat. Den Kampf mit sich selbst und mit ihm hat sie aufgegeben. Doch nun kann und muß sie auch Forderungen stellen, um sich nicht dem Ungewissen auszuliefern:

An Lida

Den Einzigen, Lida, welchen du lieben kannst,
Forderst du ganz für dich, und mit Recht.
Auch ist er einzig dein.
Denn seit ich von dir bin,
Scheint mir des schnellsten Lebens
Lärmende Bewegung
Nur ein leichter Flor, durch den ich deine Gestalt
Immerfort wie in Wolken erblicke:
Sie leuchtet mir freundlich und treu,
Wie durch des Nordlichts bewegliche Strahlen
Ewige Sterne schimmern.

Wieder steht die kosmische Symbolik für den Ewigkeitsanspruch einer Bindung, die sich gegen das Treiben der übrigen Welt absetzt. Es soll nun nicht mehr lange dauern, bis Goethe Charlottes Lieblingssohn Fritz in seinem Gartenhaus aufnimmt, ihn gewissermaßen adoptiert, und definitiv davon ausgeht, nie zu heiraten und eigene Nachkommen zu haben. War das alles, was sie wollte? Als Goethe so entscheidet, ist er dreiunddreißig Jahre alt, Charlotte vierzig.

Improvisiertes Familienleben

Während Goethe sich in Weimar nach ihr sehnt, ist Charlotte wieder auf dem Stein'schen Gut in Kochberg. Aber er hat anscheinend auch jetzt die Schlüssel zu ihrer Wohnung an der Ackerwand, und er schreibt ihr: »Manchmal wenn ich Abends die einsamen Treppen hinaufgehe denck ich dich lebhafft als ob du mir entgegen kämst. Ich bin ganz dein und habe ein neu Leben und ein neu betragen gegen die Menschen seit ich weis daß du davon überzeugt bist. Adieu beste liebste. Grüse die deinigen.«

Mutter Goethe in Frankfurt ahnt nichts von solchen Gefühlen ihres Sohnes. Aber sie macht sich Gedanken um den »Hätschelhans«, der noch keine Familie hat, vor allem aber immer noch kein vernünftiges Haus. Wie soll er denn in diesem Gartenhäuschen im Weimarer Ilmpark den Winter überstehen? Die resolute Bürgersfrau schreibt einen drolligen Brief an die Herzoginmutter Anna Amalia, sie möge doch bitte dafür Sorge tragen, daß ihr Sohn ein angemessenes und warmes Winterquartier in Weimar bekommt. Die zum Glück nicht empfindliche Herzoginmutter, die irgendwie vom selben Schrot und Korn ist wie die bürgerliche Frau Goethe, geht auf das Ansinnen ein, und so entsteht eine amüsante Korrespondenz zweier Frauen über den Kopf desjenigen hinweg, der über alles mögliche nachdenkt, nur nicht über sein kommendes Winterquartier. Goethes Mutter an die Herzoginmutter Anna Amalia: »Haben doch Ihro Durchlaucht die Gnade und helfen mit dazu, daß mein Sohn den Winter in der Stadt eine Wohnung bekommt. So oft wir hier schlimme Witterung haben so fällt mir's schwer aufs Herz, daß der Doktor Wolf in seinen Garten gehen muß, daß allerlei Übels draus entstehen kann usw. Ihro Durchlaucht werden Frau Aja unendlich verbinden, wenn Sie ihr diesen Herzensdruck helfen wegnehmen.« Anna-Amalia antwortet: »Liebste Frau Aja, ich kann Ihnen mit viel Vergnügen ankündigen, daß Ihr geliebter Hätschelhans sich in Gnaden resolvieret hat, ein Haus in der Stadt zu mieten! Zwar werden sie erst um Ostern es beziehen, weil der Kontrakt von den jetzigen Bewohnern bis dahin gehet; indessen haben wir doch, liebe Mutter, halb den Sieg davon getragen! Es ist gut, daß es nun so weit gekommen ist. Auch habe ich ihm versprochen, einige Möbl anzuschaffen, weil er so hübsch fein und gut ist. Sie werden also die Güte haben, liebe Mutter, und mir einige Stoffproben von Bezügen zuschicken für Stühle und Kanapee und zugleich die Preise dabei.« Darauf Goethes Mutter an Anna Amalia: »Es hat mich sehr gefreut, daß mein Sohn sich ins künftige wie andere Christenmenschen gebärden und aufführen will. Daß Ihro Durchlaucht die Gnade haben wollen, dem guten Wolf sein neues Heim ausschmücken zu helfen, dafür statte ich den untertänigsten Dank ab.«

Im Leben Goethes gab es also immer Frauen, die sich um ihn sorgten. Schon in den vergangenen Wintern hatte Goethe sein Gartenhäuschen, das schwer heizbar war, in den kalten Monaten verlassen und sich ein paar Zimmer in der Stadt gemietet. Eines dieser »Winterquartiere« und Zweitwohnung bis zum Juni 1781 waren zwei Zimmer im Dachgeschoß eines Hauses in der Seifengasse, das unmittelbar benachbart zum Hause der Steins an der Ackerwand lag. Das Besondere war nun, daß Goethes Wohnräume durch die Küche mit einer Tür zum Stein'schen Haus verbunden waren. Vor kurzem hat man das herausgefunden, als man mit Restaurationsarbeiten an diesem Haus in der Seifengasse 16 begonnen hat. Goethe mußte nicht einmal das Haus verlassen, um von seinem Quartier aus zu Charlotte zu gehen. Durch die Zwischentür war er direkt mit ihren Wohnräumen verbunden. In dem Haus am Frauenplan, das er – zunächst zur Miete – erwirbt, lebt er zwar nicht »Wand an Wand« mit Charlotte, doch er stellt gleich fest, daß der Ausgang durch den Garten, durch den er ihr Haus schnell und unbemerkt erreichen kann, »nicht das geringste von den Annehmlichkeiten dieser Wohnung« sei. Man stellt hier wieder fest (und kann das auch heute noch bei einem Besuch in Weimar bemerken), daß in diesem Städtchen alles eng zusammenlag. Länger als fünf Minuten war keiner der Anziehungspunkte der Residenzstadt vom anderen entfernt, sei es das Gelbe oder das Rote Schloß, in dem die herzogliche Familie nach dem großen Brand des Hauptschlosses wohnte, das Redoutenhaus, das Wittumspalais der Herzoginmutter, die Stadtkirche »St. Peter und Paul« oder die Wohnungen der Hofbeamten. So nimmt es nicht wunder, daß die Lage von Goethes Gartenhaus als abgelegen, »weit vor den Toren der Stadt« empfunden wurde. Heutzutage braucht man keine fünf Minuten von der Ackerwand durch den Park zu Goethes Refugium im stillen Tal. Zu Goethes Zeiten aber war dieser Teil des Parkes nicht zugänglich, und man benötigte gute zwanzig Minuten über die Sternbrücke und um den Park herum. Charlotte von Stein wird diesen Weg wohl kaum zu Fuß gegangen sein. Die Hofdame in eleganter Kleidung und in – wie man auf den Schattenrissen sieht – wahrscheinlich reichlich unbequemen Schuhen legte, wie es für eine Dame ihres Standes üblich war, in Weimar auch sehr kurze Wege in der Kutsche zurück. Goethes Gartenhaus befand sich nun sozusagen in der Wildnis. Befestigte Straßen gab es noch nicht einmal in der Stadt, geschweige denn auf dem Weg dort hinaus. Ein Problem war nun aber, daß man auf der Fahrt mit der Kutsche über die Sternbrücke eines der Stadttore passieren mußte. Man verließ das städtische Terrain und mußte sich auf einer Liste eintragen, die dem Herzog mehrmals im Jahr zur Durchsicht vorgelegt wurde. Es gibt eine Bemerkung in Goethes Briefen an Charlotte, die darauf schließen läßt, daß es ihr unangenehm war, auf diese Weise ihre Besuche bei Goethe zu sehr öffentlich zu machen. Goethe bietet ihr infolgedessen an, sie auf der Brücke abzuholen, um den Eintrag in die Liste zu vermeiden.

Goethes Stellung am Weimarer Hof soll nun eine weitere Fundierung erhalten. Da er häufig in offizieller Mission an die benachbarten Höfe geschickt wird, geht es nicht an, daß er als Bürgerlicher nicht den vollen, offiziellen Zugang zu den Kreisen hat, in denen er doch wirken soll. Er hat noch nicht den vollen Rang, der zu einer derart einflußreichen Tätigkeit gehört. Goethe schreibt an Charlotte: »Die Herzoginn Mutter hat mir gestern eine weitläufige Demonstration gehalten daß mich der Herzog müsse und wolle adlen lassen, ich habe sehr einfach meine Meynung gesagt. und einiges dabey nicht verhehlt, was ich dir auch noch erzählen will.« Angeblich hat Goethe die Nobilitierung »nichts, gar nichts« bedeutet. Die Frankfurter Patrizier hätten sich immer dem Adel für gleich gehalten. Aber er hat zumindest nichts dagegen und sieht ein, daß es für seine politische Funktion von Wichtigkeit ist. Der Zusatz, er habe bei der Unterredung mit der Herzoginmutter »einiges [...] nicht verhehlt«, was er Charlotte noch erzählen wolle, könnte ein Hinweis darauf sein, daß die geplante Rangerhöhung eine Voraussetzung ihrer Verbindung sein konnte.

»Schick mir liebste meine Schlüssel die ich gestern habe liegen lassen. Aber die Schlüssel mit denen du mein ganzes Wesen zuschliesest daß nichts ausser dir Eingang findet bewahre wohl und für dich alleine. Adieu ich hoffe schon wieder auf dich.« Goethes Diener Philipp Seidel und der Diener Schach, Faktotum der Steins, müssen sich gut abgesprochen haben. Diskretion und Verläßlichkeit waren geboten, wenn es galt, mehrmals täglich Nachrichten, Blumen, Früchte und Geschenke zu überbringen, die Treffen da und dort zu verabreden sowie die Voraussetzungen für ein ruhiges Zusammensein zu schaffen. Da Charlotte immer wieder vorübergehend in Kochberg ist, um das verpachtete Gut zu verwalten, und da Goethe dienstlich reisen muß, sind die Begegnungen nicht immer ganz so einfach wie in Weimar einzurichten. Goethe fleht einmal geradezu darum, Charlotte auf der Rückkehr von einer Reise auf halbem Wege treffen zu dürfen. Es solle noch schöner werden als das letztemal. In Dornburg platzt einmal ein geplantes Rendezvous, und Goethe beschreibt seine fieberhafte Unruhe: wie er meint, die Kutsche zu vernehmen, Schachs Stimme zu hören ... bis zur resignierten Einsicht, daß Charlotte nicht mehr kommen werde. Ein andermal wird er selbst vom Sturmwetter davon abgehalten, rechtzeitig bei ihr zu sein, und die klagenden Zeilen darüber, die er ihr schickt, klingen dramatisch.

Das Hofleben, und seine »Narren Rolle«, das ihm immer oberflächlicher erscheinende Treiben, das er in gewissem Sinne mitspielen muß, erträgt er manchmal nur, weil er Charlotte als Zuflucht hat. Wenn er die Narrenrolle heute abend zu Ende gespielt habe, komme er zur ihr, sagt er einmal, und er kehre damit »zu den Wohnungen der Weisheit und Güte« zurück.

Der Hof und seine Ämter dort bleiben für Goethe ein ständiges Thema. Er muß zwar, wie gewünscht, keine weiten und aufwendigen Reisen mehr machen. Aber in Eisenach zum Beispiel ist er wieder der Begleiter des Herzogs auf einer großangelegten Saujagd. Goethe haßt diese feudalen Vergnügungen. Er kann der Jagd selbst wenig abgewinnen und ist außerdem der Meinung, daß solche Vergnügungen zu teuer sind. Was bringen schließlich all seine Sparmaßnahmen, wenn der Herzog bei derartigen Veranstaltungen noch nebenher achtzig Leute durchfüttert, dazu eine Handvoll »schmarutzende« Edelleute von den benachbarten Höfen? »Ich mag nicht immer der Popanz sein«, sagt

Goethe , und er beginnt zu ahnen, daß die Barrieren seines ehrgeizigen Tuns im System liegen. Die Natur des Herzogs ist da nur ein kleines Hindernis auf dem schwierigen Weg, denn eine grundsätzliche Aufgeschlossenheit und Toleranz gehören zu den Vorzügen von Carl Augusts Fürstennatur. An Knebel schreibt Goethe bald die folgenden Sätze: »So steig ich durch alle Stände aufwärts, sehe den Bauersman der Erde das Nothdürftige abfordern, das doch auch ein behäglich auskommen wäre, wenn er nur für sich schwizte. Du weißt aber wenn die Blattläuse auf den Rosenzweigen sitzen und sich hübsch dick und grün gesogen haben, dann kommen die Ameisen und saugen ihnen den filtrirten Safft aus den Leibern. Und so gehts weiter, und wir habens so weit gebracht, daß oben immer in einem Tage mehr verzehrt wird, als unten in einem beygebracht werden kann …« Wegen solcher Äußerungen hat man in Goethe gerne den Sozialreformer, ja den Prä-Marxisten gesehen. In seiner amtlichen Tätigkeit als Minister zahlreicher Ressorts hatte Goethe schier unendliches Anschauungsmaterial, um zu solchen, man kann schon sagen, systemkritischen Beobachtungen zu gelangen. Und dennoch ergibt es sich nicht selbstverständlich, denn Goethe war ja selbst ein Teil der »Oberen«, wie er auch sagt. Die Einschätzung, er könne als Verantwortlicher in realer Reformpolitik bei den Ständen »abwärts« etwas bewirken, um ihre Lage zu verbessern, hat sich zum Schluß kaum erhalten. Goethe bequemt sich im Alter zu einer Art Reformkonservatismus und gibt sich im Großen und Ganzen nicht mit großer Politik ab. Im Kleinen hat er es versucht, und da ist er einigermaßen gescheitert, wußte aber, daß die Ansätze gut waren.

Zum Ausklang des Jahres kann Goethe nur erneut sein Glück mit Charlotte rekapitulieren. Das Jahr hat ihn schon zum Geburtstag im August, der für ihn stets ein erster Jahresausklang ist, sehr nachdenklich gestimmt. Doch man findet auch da nichts außer geheimnisvollen Wendungen. Nach der Feststellung im Tagebuch (er hat seit Januar nichts mehr hineingeschrieben), es tue ihm leid, daß er bisher versäumt habe, etwas aufzuschreiben, heißt es nur: »Dies halbe Jahr war mir sehr merkwürdig.« Mehr konnte er anscheinend nicht äußern, zumindest nicht in monologischer Form. Jetzt aber, zum Ausklang des Jahres, an Charlottes Geburtstag, will er die Liebe zu ihr am liebsten offiziell machen. Fast jubelt er: »Dancke aber und abermal für alles.

Bald seh ich dich, denn ich werde mich in Feyerkleider setzen und dir geputzt und bey Hofe und überall sagen daß ich dich unaussprechlich liebe.« Am Neujahrstag bedankt er sich erneut und schickt ihr einen Gruß fürs neue Jahr. Er sei ihr alles schuldig. Kein Unheil könne ihn nun mehr berühren, die schönsten Aussichten lägen vor ihm. Einen Monat später heißt es, es sei ihm nun in ihrer Liebe, als ob er nicht mehr in Zelten und Hütten wohnte, sondern ein wohlgegründetes Haus zum Geschenk erhalten habe. Doch so sicher scheint er nicht immer zu sein. Quälendes Unbehagen überkommt ihn manchmal, die panische Angst (woher auch immer), daß er sie verlieren könnte. Einmal sei er aufgewacht und habe bitterlich geweint. Ein andermal: »Und dann Lotte ich habe eine Sorge auf dem Herzen eine Grille die mich plagt, und schon lange ängstigt du mußt mir erlauben daß ich dir sie sage, du mußt mich aufrichten. Mit Schmerzen erwart' ich die Stunde da ich dich wiedersehe. Du mußt mir verzeihen. Es sind Vorstellungen die aus meiner Liebe aufsteigen, Gespenster die mir furchtbar sind, und die nur du zerstreuen kannst.« Immer scheint Goethe der Hoffende, Bangende, Befürchtende zu sein. Fühlte sich denn Charlotte seiner Liebe so ganz sicher? Mußte sie nicht auch fürchten – und auf einer gewissen Ebene viel mehr als er? Charlotte ist eine Frau im reifen Alter, eine Scheidung von ihrem Mann scheint undurchführbar und auch nicht gewollt. Was hat sie Goethe zugestanden? Welche Versprechungen hat er ihr umgekehrt gemacht? Sie gehen recht deutlich aus den Briefen hervor und aus seinem Verhalten: Er werde nie heiraten, sie sei die Eine und Einzige, ihr Sohn ist als der seine angenommen. Wenn Charlotte nicht gezweifelt und gefürchtet hätte, wäre sie vermutlich nicht zu solchen Forderungen gekommen, wie sie das Gedicht »An Lida« ausspricht: »Den Einzigen, Lida, welchen du lieben kannst, forderst du ganz für dich und mit Recht.« Aber ist das nicht ein bißchen ungleichgewichtig? Bei offiziellen Hofanlässen treten Herr und Frau von Stein gemeinsam auf. Goethe, der Herr Geheimrat, kommt allein. Eine kuriose Situation findet wieder einmal im Januar bei einer Redoute statt. Da wird ein Ritterspiel mit dem Titel »Die Entführung« veranstaltet, in dem Goethe und Josias von Stein zwei Zauberer und Damenräuber spielen. Charlotte ist in diesen Tagen krank.

Der Herzog würde seinem Freund eine einflußreiche, schöne und bedeutende Geliebte gönnen, damit er stärker am Hof integriert wäre und sich den Spielregeln anpassen würde. Eine von der Art seiner Gräfin von Werthern zum Beispiel. Carl August kann gar nicht verstehen, was Goethe an diese verheiratete, in seinen Augen verblühte und reizlose Dame bindet, mit der sein Freund eine Halb-Ehe unter höchst merkwürdigen Vorzeichen führt. Seiner Meinung nach hat er sich viel zu früh in eine aussichtslose Häuslichkeit zurückgezogen. Aber der Herzog ist gerade 24 Jahre alt und hat noch nichts von seiner burschikosen Art verloren. Noch immer sind bei ihm Parforceritt und Peitschenknall, Inkognito-Besuche bei deftigen Dorffesten und Kampieren im Wald angesagt. Goethe macht das nicht mehr so mit wie am Anfang und entzieht sich auch dadurch seinem fürstlichen Freund. Er will außerdem zwischen Carl August und der Herzogin Luise vermitteln. Luise ist leidend. Wieder hat sie im vergangenen September ein totes Mädchen geboren. Bei dem Widerwillen, den Luise gegen ihren herzoglichen Gatten und physisch wahrscheinlich gegen alle Männer hat, muß schon die Empfängnis schlimm genug gewesen sein. Hinzu kamen sieben Geburten im Laufe ihrer Ehe mit dem Herzog. Die meisten Kinder kamen tot zur Welt, so daß es noch lange dauerte, bis die fürstliche Pflicht, einen männlichen Erben hervorzubringen, erfüllt war und der Herzog sich von seiner Gemahlin zurückziehen durfte. Schadlos hielt er sich von Anfang an bei den Dorfmädchen und wohl auch gelegentlich bei der einen oder anderen Dame der höheren Stände. Luise ist im Grunde froh, ihre Ruhe zu haben, und je mehr sich ihr Gatte anderweitig verausgabt, um so besser für sie. Aber sie verabscheut die mangelnde Delikatesse, mit der er es tut, seine Derbheit, seine Altburschenart.

Die Eheprobleme des Herzogs und der Herzogin werden in Weimar zum Politikum. Goethe muß ständig beraten und vermitteln, und im Grunde steht er mit beiden Parteien gleich gut und kann nicht verstehen, daß ein Arrangement nicht möglich ist. Die Notwendigkeit der Geburt eines fürstlichen Erben ist für den Geheimrat eine ebenso bedeutsame Angelegenheit wie die Fragen der Steuern, des Bergbaus oder der Wegebaudirektion. Goethe war so allerlei in Weimar: Minister zahlreicher Ressorts, Hofdichter, Unterhaltungskünstler, »Popanz«, Fürstenerzieher und Eheberater – war er aber im eigentlichen Sinne noch ein Dichter? Das beginnt er sich nun selbst zu fragen, und er muß feststellen, daß er es nur noch in müßigen Stunden sein kann. Seine Schriftstellerei subordiniere sich dem Leben, resümiert er. Mit einem Stoßseufzer kann er einmal aussprechen, daß er ja eigentlich zum Schriftsteller geboren sei. Die Erwartungen der Deutschen an ihn nach seinen hochfliegenden Jugendwerken hat Goethe enttäuscht. Nie wieder hat er ein derart begeistertes Publikum wie in der Zeit des »Werther« und des »Götz«. Inzwischen schreibt er mehr für sich, oder er verfaßt reine Auftragsstücke zur Unterhaltung für die Weimarer Bühne; alles keine Produkte, die von der breiten Öffentlichkeit aufgenommen werden oder seinen Weg aus deren Sicht weiterführen. Prinz August von Gotha schickt Goethe die dreibändige Ausgabe einer Sammlung neuer deutscher Dramen in französischer Sprache, die auch »Clavigo« und »Stella« enthielt, und Goethe schreibt aus diesem Anlaß in jener Sprache an Charlotte: »Vous y trouveres une tragedie d'un Mr. Goethe, qui s'est acquis une grande Renommee par ses ecrits et qui naquit en 1749 pour Vous aimer en 1782 et toute sa vie. [Sie erhalten hiermit das Schauspiel eines Herrn Goethe, der sich einen großen Ruf durch seine Dichtungen erworben hat und der 1749 geboren wurde, um Sie 1782 und sein ganzes Leben lang zu lieben.]«

Goethe wird am 10. April geadelt. Im Juni erhält er sein Adelsdiplom, das der Kaiser in Wien bewilligt und ausgestellt hat: Johann Wolfgang von Goethe, Staatsminister und Geheimer Rat. Goethes Vater, der dem Sohn immer geraten hat, dem Adel fernzubleiben, hat sich wohl zur Nobilitierung seines Sohnes nicht mehr äußern können. Nach langer Krankheit mit allmählichem geistigen Verfall ist er am 31. Mai 1782 gestorben.

Charlotte von Stein, die Frau aus altem, angestammten Adel, und der frischnobilitierte Dichter gelten längst als Paar der besonderen Art. Man toleriert sie, sie sind ein legendäres Liebespaar, von dem man nichts Niedriges denkt. Die Gräfin von Wartensleben, eine Freundin von Charlotte, flüstert ihr, was Goethe hören kann, bei einem offiziellen Anlaß zu, den Blick auf Goethe gerichtet: »Pour celui-là, on Vous le pardonne. [Den, den verzeiht man Ihnen.]« Allseitiges Lächeln, vielsagende Blicke – es ist die Sprache der »galanten Zeit« …

»O du beste!« ruft Goethe aus. »Ich habe mein ganzes Leben einen idealischen Wunsch gehabt wie ich geliebt seyn mögte, und habe die Erfüllung immer im Traume des Wahns vergebens gesucht, nun da mir die Welt täglich klärer wird, find ichs endlich auf eine Weise daß ichs nie verlieren kann. [...] Leb wohl du liebste Aussicht meines ganzen Lebens.«, heißt es tags darauf. »Leb wohl du einzige in die ich nichts zu legen brauche um alles in dir zu finden.« Das ist aufschlußreich. Der das sagt, ist es gewohnt, »goldene Äpfel« in »silberne Schalen« zu legen. Aber vielleicht übersieht er dabei die tatsächliche Frau. So wenig individuelle Züge, so wenig Problematisches taucht in den 1600 Briefen auf, die Goethe dieser Frau von seinem Eintreffen in Weimar an bis zu seiner Italienreise schreibt. Dafür ein Übermaß an Idealität, die sie so nicht besessen haben kann. Doch es gibt auch das gemeinsame Leben, die Abende, die Zeit in Goethes Garten, wo Charlotte ihren Lieblingsplatz auf einem der Plateaus unter den Kastanienbäumen hat. Hier läßt Goethe in diesem Frühjahr 1782 einen Gedenkstein anbringen, auf dem er die erste zeitlose Liebeserklärung an Charlotte einmeißeln läßt. Der Stein ist noch heute zu sehen; der Schriftzug wurde regelmäßig erneuert, so daß man heute wie vor über 200 Jahren an diesem Ort in Stein gehauen lesen kann:

Erwählter Fels
Hier im stillen gedachte der Liebende seiner Geliebten;
Heiter sprach er zu mir: ›Werde mir Zeuge, du Stein!
Doch erhebe dich nicht, du hast noch viele Gesellen;
Jedem Felsen der Flur, die mich, den Glücklichen, nährt,
Jedem Baume des Walds, um den ich wandernd mich schlinge:
Denkmal bleibe des Glücks!‹ ruf ich ihm weihend und froh.
Doch die Stimme verleih ich nur dir, wie unter der Menge,
Einen die Muse sich wählt, freundlich die Lippen ihm küßt.

Da er wieder fort muß, schreibt er: »Ich dencke gar nichts über unser Scheiden. Noch nie waren wir vor unsrer Trennung so glücklich.« Er könne, er dürfe nicht ohne sie leben. Alle seine Sinne gehören ihr. Er habe nachts von ihr geträumt und sie beim Aufwachen vermißt. Es gibt auch erotische Anklänge: »Die Melone wollen wir zusammen verzehren, und uns zusammen noch einer süseren Kost freuen die Sommer und Winter das schmackhaffteste ist.« Das alles geschieht in einer Zeit, als Stein zunehmend krank wird. Es ist ein Gemütsleiden, dessen Ursache man grob-physiologisch in einem Knochensplitter sah, den sich Josais bei einem Sturz vom Pferd zugezogen hat. Der Splitter ist im Kopf steckengeblieben und hat dem Betroffenen für den Rest seines Lebens unerträgliche Kopfschmerzen bereitet. Josias bekommt etwa von diesem Zeitpunkt an schwere Depressionen. Das könnte ein Grund sein, warum Goethe noch mehr Rücksicht als bisher auf ihn nimmt, ihn oft gemeinsam mit Charlotte einlädt, sich ihm sogar freundschaftlich annähert. Goethes Beziehung zu Charlotte ist möglicherweise auch ein Anlaß für Steins Leiden. Goethe schätzt den Ehemann seiner Geliebten, ja, er mag ihn. All das ist Ausdruck der Verkehrtheit, der Unlösbarkeit der ganzen Situation. Als Goethe im Sommer sein Adelsdiplom erhält, seufzt er: »Wieviel wohler wäre mir's wenn ich von dem Streit der politischen Elemente abgesondert in deiner Nähe meine Liebste, den Wissenschaften und Künsten, wozu ich gebohren bin, meinen Geist zuwenden könnte.« Er sei, sagt er ein Vierteljahr später, zum Privatmenschen erschaffen und könne nicht verstehen, wie ihn das Schicksal in eine Staatsverwaltung und eine fürstliche Familie einflicken konnte.

Im November zieht Goethe endgültig in das Haus am Frauenplan, das ihm der Herzog übereignen wird. Der Geheimrat von Goethe braucht jetzt ein repräsentatives Haus. Als Goethe sein Gartenhäuschen verläßt und durch den Garten streift, um sich beinahe von jeder Blume, jedem Baum und jedem Grashalm einzeln zu verabschieden, und dabei auch den Gedenkstein für Charlotte betrachtet, empfindet er Trauer und die unbestimmte Angst vor einer Zäsur. Ist eine Epoche vorbei? Sein geliebtes kleines Gartenhaus ist Sinnbild für eine Zeit von ganz eigener Prägung. Als Exzellenz aber kann er dort nicht mehr auf Dauer wohnen, das würde seinem Stand nicht anstehen. Goethe behält das Gartenhaus und bezieht es nach wie vor in Mußestunden oder in der schönen Jahreszeit. An Charlotte schreibt er (wahrscheinlich, um sich selbst Mut zu machen), sie solle sich nicht vor dem achten Jahr fürchten. Alles bleibe, wie es sei. Goethe nimmt unentwegt geheimnisvolle Vorzeichen wahr. Nie spricht er von »Gott«, sondern immer nur von den »Göttern«. In der Welt der antiken Götter fühlt er sich heimischer als in der christlichen. Sie führen und leiten sein Leben, und wieder einmal weiß er nicht, was sie fürs Künftige bringen. »Ich strich um mein verlassen Häusgen, wie Melusine um das ihrige wohin sie nicht zurückkehren sollte, und dachte an die Vergangenheit von der ich nichts verstehe, und an die Zukunft von der ich nichts weis. Wie viel hab ich verlohren da ich ienen stillen Aufenthalt verlassen muste! Es war der zweyte Faden der mich hielt, ietzt hänge ich ganz allein an dir, und Gott sey danck ist dies der stärckste.«

Bindungen

Der geadelte Geheimrat ist nun voll und ganz in Amt und Würden. Das bringt noch mehr Pflichten und äußere Rücksichten mit sich. Etwa der Umzug in das stattliche Haus – wie schwer fällt er Goethe, für den doch sein Gartenhaus noch immer eine Zuflucht war, eine nur ihm gehörige Welt! Aus den Briefen an Charlotte wird seine Angst ersichtlich, inwieweit er sich nun noch selbst gehören dürfe. In der Folge geht Goethe immer mehr in sich, und er nimmt Trennungen vor, die auf Dauer sehr ungesund sein müssen: Hier ist sein inneres, auch sein poetisches Dasein, da ist sein äußeres Leben. Eine Verbindung zwischen beiden stellt nur Charlotte dar, die aber eigentlich auch ganz dem inneren Bereich angehört. Goethe zieht sich, soweit möglich, vom Hofleben zurück, und er zieht sich auch immer mehr von den übrigen Freunden zurück. Knebel gegenüber verfaßt er die folgende Bestandsaufnahme: »Ich sehe fast niemand, ausser, wer mich in Geschäfften zu sprechen hat, ich habe mein politisches und gesellschaftliches Leben ganz von meinem moralischen und poetischen getrennt – äusserlich versteht sich – und so befinde ich mich am besten. Alle Woche gebe ich einen grosen Thee wovon niemand ausgeschlossen ist, und entledige mich dadurch meiner Pflichten gegen die Sozietät auf's wohlfeilste. Meine vielen Arbeiten von denen ich dem Publiko noch einen gröseren Begriff erlaube, entschuldigen mich daß ich zu niemand komme. Abends bin ich bey der Stein und habe nichts verborgnes vor ihr. [...] Und so fange ich an mir selber wieder zu leben, und mich wieder zu erkennen. Der Wahn, die schönen Körner die in meinem und meiner Freunde daseyn reifen, müssten auf diesen Boden gesät, und iene himmlische Juwelen könnten in die irdischen Kronen dieser Fürsten gefaßt werden, hat mich ganz verlassen und ich finde mein iugendliches Glück wiederhergestellt. Wie ich mir in meinem Väterlichen Hause nicht einfallen lies die Erscheinungen der Geister und die iuristische Praxis zu verbinden eben so getrennt laß ich iezt den Geheimderath und mein andres selbst, ohne das ein Geh. R. sehr gut bestehen kann. Nur am innersten meiner Plane und Vorsäze, und Unternehmungen bleib ich mir geheimnißvoll selbst getreu und knüpfe so wieder mein gesellschafftliches, politisches, moralisches und poetisches Leben in einen verborgenen Knoten zusammen. Sapienti sat.« Auf Dauer klingt das aber nach einer großen Zerreißprobe! Abgesehen von der Trennung von »Innen« und »Außen« hat Goethes universale Veranlagung ohnehin die Tendenz zur Zersplitterung. Neben den Ministerämtern stehen die zahlreichen Wissenschaften, die ihn alle beschäftigen: Gesteinskunde und Wetterkunde, später Botanik und Zoologie, das alles neben unzähligen Werkfragmenten, die angefangen, umgeschrieben, weggelegt werden und dadurch Epochen durchlaufen, die im Grunde völlig unverträglich sind. Da Goethe aber in seinen Weimarer Ämtern so völlig gefordert wird, geht die Zersplitterung in diesen Jahren bis zum Äußersten. Gegenüber Charlotte bekennt er: »Mein innres Leben ist bey dir, und mein Reich nicht von dieser Welt.« Die Gegensätze und die Verabsolutierung von Charlottes Funktion als Zuflucht für alles andere werden in dieser Zeit einfach zu groß. Am Ostermorgen bricht es aus Goethe hervor: »Der Hof nimmt alle Freude weg und giebt nie Freude.« Vier Tage später stellt er fest, welch ein »sauer Stückgen Brodt« es doch sei, »die Disharmonie der Welt in Harmonie zu bringen.« »Das ganze Jahr sucht mich kein angenehmes Geschäfft auf und man wird von Noth und Ungeschick der Menschen immer hin und wieder gezogen.« Der Umstand, daß Goethe seit seiner Frankfurter Zeit mit solcher Vehemenz nach der Lebenswirklichkeit sucht, um die Alltagsprobleme des täglichen Lebens, die äußere Welt kennenzulernen, und um sich darin praktisch zu betätigen, zeigt doch, welches Bedürfnis er nach einem Ausgleich für seine poetische Innenwelt hat. Nur nicht wieder in die »Werther«-Krankheit fallen, hypochondrisch werden, von den Geistern befallen werden, die einen Tasso so lebensuntüchtig machen! Wenn der Begriff der »Reinheit« bei Goethe in den ersten zehn Weimarer Jahren irgend definiert werden kann, dann geht er dahin, die Harmonie des Individuums zu finden, das in der Welt steht und handelt, Teil eines Ganzen ist und seine seelischen Kräfte wirksam und ausgleichend einsetzen kann. Charlotte ist der Maßstab dieser Ausgeglichenheit und Stimmigkeit, die er für sich erreichen will. Er schreibt: »Ich kann mich keinen Augenblick von dir entfernen, dein Bild ist mir viel lebhaffter als die Gegenstände die mich umgeben, ich bin eingeschränckter als iemals.« Das klingt noch leidlich positiv, denn es bestimmt die Ausschließlichkeit seiner Zuneigung zu ihr. Anders klingt es schon in einem der Folgesätze, wo diese Ausschließlichkeit beängstigend wird und die Gefahr des Selbstverlusts birgt: »Mit Sehnsucht verlang ich wieder bey dir zu seyn, denn ich habe nichts eignes mehr. Manchmal wünsch ich es mögte anders seyn manchmal wünsch ich meinen Gedancken eine andre Richtung zu geben. Es ist und bleibt unmöglich.« Mit Fritz zusammen, der bei Goethe wohnt, und den dieser auf Reisen mitnimmt, konstruiert Goethe ein Familienidyll, das eigentlich keine Grundlage hat. Es ist ein Ausweichen, bestimmt auch für Charlotte, denn sie kann sich vorstellen, wie es wäre, wenn das einzige Kind, das sie von ihren Söhnen lieben kann, der Sohn ihres Geliebten wäre. »Fritz ist gar gut und wird uns gemeinsam Freude machen.«, schreibt Goethe. Von Blankenburg und Halberstadt aus, wohin er Fritz mitgenommen hat, schildert er der Mama die kleinen Unarten des Jungen, daß er mit ihm darüber gesprochen, und daß es »eine reine Würckung [...] gethan« habe. »Ich bin auch einzig glücklich in dir und in ihm, alles andre kann ich mir nicht zueignen.«, stellt Goethe fest. Der Punkt ist aber, daß er gerade sie und ihn sich nicht wirklich zueignen kann.

Weiter geht es bis nach Kassel. Es spricht wenig dagegen, einen Abstecher nach Frankfurt zu machen, worüber sich die Mutter Goethes sicher freuen würde. Aber Goethe zögert und verzichtet. Der Tod des Vaters macht ihm die Rückkehr vielleicht auch nicht erstrebenswert. Goethe verdrängt den Tod, er spricht nicht über die Verstorbenen. Und die Aussöhnung mit seiner Kindheit, mit seinem Vaters und ihrem ambivalenten Verhältnis zueinander wird er auch später nicht versuchen. »Wenn es Fritzen nachginge, so müsste ich nach Franckfurt, er plagt mich und thut alles mich zu bereden. Wenn ich ihm sage seine Mutter sey allein; so versichert er mir die meinige würde ein groses Vergnügen haben uns zu sehn. usw.« Fritz soll Frau Goethe Briefe schreiben, wie ein Enkelkind sie seiner Großmutter schreibt.

Diese Reisen sind unendlich wichtig für Goethe. Nur mit ihrer Hilfe gewinnt er Abstand und damit Klarheit über seine Verhältnisse. Auch der Abstand zu Charlotte ist von Zeit zu Zeit wichtig. Es heißt zwar immer noch: »Laß mich immer deine Zärtlichkeit fühlen«, und im bekannten Familienidyll bei getrennten Wohnungen: »Fritz bringt einen guten Morgen und ich möchte garzugerne recht viel von meiner Geliebten hören, der ich so einzig gehöre und mit Leib und Seele zugethan bin.«, aber die Intimität wird schon manchmal zur Enge, die Kleinstadt, die Pflichten und ganz offensichtlich Charlottes Forderungen nach Ausschließlichkeit, die unter immer noch sehr sonderbaren Vorzeichen stehen. Goethe wünscht sich von seiner »Lotte«, daß sie ihm auf einige Zeit Urlaub geben und ihn nicht immer enger und fester an sich ziehen solle. Solche Sätze sollten ihr ein Warnsignal sein. »Wenn du nicht wärst hätt ich alles lange abgeschüttelt«, heißt es aber auch. Der Fluchtwunsch, der Goethe manchmal überkam, ist nach seinem Empfinden der Wunsch nach Flucht aus Verhältnissen, die Charlotte gerade noch abfangen kann. Die Nobilitierung und der Umzug in das neue Haus haben viel verändert, denn Goethe ist dem Hof jetzt auf eine Weise verpflichtet, die im Grunde nicht mehr rückgängig zu machen ist. Er beginnt sich mit Charlotte in die »freie Welt« hinauszusehnen, immer unter der Voraussetzung, daß es Wunschträume sind und daß es Träume bleiben. Träume schließlich sind unendlich fruchtbar für die Dichtung, für ein schöpferisches Leben, das ganz vom Aktenstaub und von der Geheimratsrolle aufgesogen zu werden droht. Goethe und Charlotte sitzen von nun an häufig in Charlottes Wohnung an der Ackerwand und beugen sich über die Landkarten entfernter Länder, um sich auf imaginierte Reisen zu begeben. Italien ist auch dabei. »Diesen Abend komme ich zu dir«, kündigt Goethe im Dezember auf einem »Zettelgen« an, »wir wollen zusammen in ferne Länder gehn; und zusammen überall glücklich seyn.«

Auch in anderen Zusammenhängen geht Goethe ins Große und Weite. Seine naturwissenschaftlichen Forschungen, die er jetzt immer mehr vertieft, sind ein wichtiges Rückzugsgebiet von seiner Hofrolle und den beengenden Verhältnissen. Es geht ihm um nichts Geringeres als um die Erdentstehung und im organischen Bereich um den Zusammenhang aller Naturphänomene. Goethe geht von einem solchen Zusammenhang aus. Bald wird er einen wichtigen Baustein für den

Zusammenhang zwischen Menschen- und Tierreich finden und nur wenig später wird er seine Idee von der Metamorphose der Pflanzen entwickeln. Im anorganischen Bereich sind es die Gesteinsarten und die Geschichte der Erdentstehung, die ihn fesseln. Durch den Bergbau ist er zur Geologie gekommen. Jetzt plant er, wie er an Charlotte schreibt, einen »Roman über das Weltall«, zu dem er gewissermaßen ein Vorwort verfaßt, den Aufsatz »Über den Granit«. Der Granit sei das Urgestein aller Gebirgsbildung, er sei »das Höchste und das Tiefste«, die Grundfeste, unerschütterlich ruhend in den innersten Eingeweiden der Erde. Weder aus Feuer noch aus Wasser könne man seine Entstehung herleiten. Er besitze bekannte Bestandteile, doch diese seien auf geheimnisvolle Weise zusammengesetzt. So sei er höchst mannigfaltig in der größten Einfachheit, und seine Mischung wechsle ins Unzählige ab. Auch die naturwissenschaftlichen Schriften klingen bei Goethe wie Dichtung. Die Faszination an den Naturphänomenen, ein umfassendes Gefühl des Eingebettetseins in einen natürlichen Zusammenhang atmet in seinen Studien und Betrachtungen. Die Verbindung zwischen seinen Dichtungen und seiner Forschung ist für Goethe ganz natürlich gegeben, und er begründet dies wie folgt im Aufsatz »Über den Granit«: »Ich fürchte den Vorwurf nicht, daß es ein Geist des Widerspruchs sein müsse, der mich von Betrachtung und Schilderung des menschlichen Herzens, des jüngsten, mannigfaltigsten, beweglichsten, veränderlichsten, erschütterlichsten Teiles der Schöpfung, zu der Beobachtung des ältesten, festesten, tiefsten, unerschütterlichsten Sohnes der Natur geführt hat. Denn man wird mir gerne zugeben, daß alle natürlichen Dinge in einem genauen Zusammenhange stehen, daß der forschende Geist sich nicht gerne von etwas Erreichbarem ausschließen läßt. Ja man gönne mir, der ich durch die Abwechselungen der menschlichen Gesinnungen, durch die schnellen Bewegungen derselben in mir selbst und in andern manches gelitten habe und leide, die erhabene Ruhe, die jene einsame stumme Nähe der großen, leise sprechenden Natur gewährt, und wer davon eine Ahndung hat, folge mir.« Der gleiche Anlaß, der Goethe vom losen »Sturm und Drang«-Poeten in das Amt eines Weimarer Staatsministers getrieben hat, treibt ihn in die Naturstudien: Objektivierung, Abstand zu sich selbst, dem unsteten Terrain der Gefühle. Sich in einen großen Zusammenhang eingebettet zu sehen und diesen zu erforschen, bereitet ihm zu Zeiten mehr Lust als die Dichtung, die immer wieder auf Selbstklärung und Selbstbespiegelung hinausläuft und gerade in Weimar noch zusätzlich dem Hofe dienstbar gemacht werden muß (hier ein Singspiel, da ein Maskenzug ...).

Die Natur denkt Goethe sich in weiblicher Gestalt. Eine Abhandlung ist in diesen Jahren erschienen, von der Goethe im Alter sagt, er wisse nicht mehr, ob er sie geschrieben habe. Die in diesem Aufsatz mit dem Titel »Die Natur« vorgebrachte Haltung komme der seinen aus dieser Zeit jedoch sehr nahe. »Natur! Wir sind von ihr umgeben und umschlungen – unvermögend aus ihr herauszutreten, und unvermögend tiefer in sie hineinzukommen. Ungebeten und ungewarnt nimmt sie uns in den Kreislauf ihres Tanzes auf und treibt sich mit uns fort, bis wir ermüdet sind und ihrem Arme entfallen.« Wie ein Hochzeitsfest wird da das Wirken der Natur in bezug auf den Menschen beschrieben! Natur ist der ewig unveränderliche Kreislauf des Werdens. Sie ist unzugänglich und geheimnisvoll. Wir sind von ihr umschlungen, doch als Fremde, denn: »Wir leben mitten in ihr, und sind ihr fremde. Sie spricht unaufhörlich mit uns, und verrät uns ihr Geheimnis nicht. Wir wirken beständig auf sie, und haben doch keine Gewalt über sie.« Die »Natur« wird weiblich gedacht, und die Frauen werden »als Natur« gedacht. Sie ist »das andere« zum Mann, begehrenswert, vertraut und fremd zugleich. Die Dämonie ihrer Anziehungskraft klingt im gleichen Maße an, wie es im Grunde unmöglich erscheint, ihr wirklich anzugehören, sie zu fassen, sie zu begreifen.

Woher stammt diese Gleichsetzung der Frau mit der Natur und deren sonderbarer mythischer Nimbus? Definitionen des Menschen gehen vom Mann und dessen bewegender und verändernder Kraft aus. Mit dieser ist er in die Welt hineingestellt, und seine Beziehung zur Natur ist die Beziehung zu seinem Gegenpol, der Frau. Beide, Natur und Frau, entziehen sich der »männlichen« Rationalität. In seiner Lebenswelt hat sich der Mensch von seinem natürlichen Urgrund entfernt und empfindet diese Trennung als schmerzlich. Wenn Goethe nun das Phänomen Natur zunächst sinnlich betrachtet und seine Forschungen auf Anschauung gründet, dann entwickelt er dafür schon den »weiblichen« Blick. Auch das folgende aus »Die Natur« ist wohl in seinem Sinn: »Ihre Krone ist die Liebe. Nur durch sie kommt man ihr nahe. Sie macht Klüfte zwischen allen Wesen, und alles will sich verschlingen. Sie hat alles isoliert, um alles zusammenzuziehen. Durch ein paar Züge aus dem Becher der Liebe hält sie für ein Leben voll Müh schadlos.« Damit ist die Trennung aufgehoben, die Trennung des Menschen von der Natur wie auch die Trennung zwischen Mann und Frau. Die Züge aus dem »Becher« der Liebe, die für ein ganzes mühevolles Leben schadlos halten, hat Goethe auch in dem gleichnamigen Gedicht an Lida motivisch verwendet.

Goethe ist jetzt häufig in Jena, etwa bei dem Anatomen Loder an der Jenenser Universität, und hat so wieder Kontakt zum akademischen Leben. Er hat Loders Anatomie-Vorlesungen gehört und später in Kassel den Anatomen Sömmering kennengelernt, mit dem er ebenfalls weiter in Verbindung bleibt. In der Weimarer Zeichenschule, in der auch Charlotte Unterricht nimmt, doziert er dann selbst über den Knochenbau des Menschen und betont dessen Bedeutung für eine adäquate Abbildung des menschlichen Körpers. Auch mit Herder hat sich wieder eine engere Zusammenarbeit ergeben. Herder arbeitet an seinem großen Werk »Ideen zur Philosophie der Geschichte der Menschheit«, aus dem er Goethe die Anfänge vorliest. Goethe nimmt regen Anteil an der Entstehung des Werks. Es gibt ihm Anregungen für die eigene Arbeit. Herder beschreibt die organische, natürliche Entwicklung alles Seienden von der unbelebten Materie über die Pflanzen und Tiere bis hin zum Menschengeschlecht als einen prozeßhaften Aufstieg. Endziel dieses Aufstiegs ist nach Herders Stufenbild der Mensch, der im Sinn einer Weiterentwicklung nach Humanität strebt. Goethe geht es nicht um Endziele, »höchste Zwecke« oder Aufstieg, um die Fortschrittsgesetze der Geschichte, die beim Stein anfangen und beim Menschen enden. Er denkt nicht in solchen Hierarchien, sondern ihm geht es vielmehr um den inneren Zusammenhang der gesamten Natur, die nach Spinoza nicht ein Reich der Zwecke, sondern der Gründe ist und damit Vollkommenheit besitzt.

Charlotte nimmt an all diesen Ideen Anteil. Sobald Goethe etwas Neues entdeckt oder erfahren hat, wird es ihr mitgeteilt, und sie vertieft sich stellenweise auch in die entsprechende Literatur, um sich mit Goethe darüber austauschen zu können. Goethes Abhandlungen über bestimmte Probleme schreibt sie ab, sie diskutieren darüber, sie machen Versuche – einmal zum Beispiel mit einem Heißluftballon in Goethes Garten. Mit Loder in Jena vergleicht Goethe Menschen- und

Tierschädel, und da findet er den Zwischenkieferknochen, dessen Fehlen beim Menschen man bisher für sicher angenommen hat. Die Überzeugung, daß es den Zwischenkieferknochen beim Tier, aber nicht beim Menschen gebe, war vor allem von theologischer Bedeutung, denn damit schien die Sonderstellung des Menschen gegenüber dem Tierreich bewiesen. Auch diese Trennung aufheben zu können ist für Goethe eine Lust. Völlig außer sich vor Freude über diese Entdeckung schreibt er zwei Briefe nach Weimar: an Charlotte und an Herder. Der Freundin gegenüber beschränkt er sich noch auf Andeutungen: »Es ist mir ein köstliches Vergnügen geworden, ich habe eine anatomische Entdeckung gemacht die wichtig und schön ist. Du sollst auch dein Theil dran haben. Sage aber niemand ein Wort. Herdern kündigets auch ein Brief unter dem Siegel der Verschwiegenheit an. Ich habe eine solche Freude, daß sich mir alle Eingeweide bewegen.« An Herder dann, wohl wissend, welche theologische Bedeutung die Entdeckung hat, mit der entsprechenden Wendung am Anfang: »Nach Anleitung des Evangelii muß ich dich auf das eiligste mit einem Glücke bekannt machen, das mir zugestoßen ist. Ich habe gefunden – weder Gold noch Silber, aber was mir eine unsägliche Freude macht – das os intermaxillare am Menschen! [...] Es soll dich auch recht herzlich freuen, denn es ist wie der Schlußstein zum Menschen, fehlt nicht, ist auch da! Aber wie! Ich habe mirs auch in Verbindung mit deinem Ganzen gedacht, wie schön es da wird.« Und wie zur historischen Einprägung: »Jena, Sonnabend 27. März 1784 Nachts. G.« Goethe stürzt sich von nun an in ausgiebige Studien. Aus Kassel läßt er sich sogar einen Elefantenschädel von Sömmering kommen, um an der Entdeckung weiterzuarbeiten. Sie war in der Tat von großer Bedeutung und wirklich auf Goethes eigenständige Beobachtung zurückzuführen: Der Zwischenkieferknochen beim Menschen ist nur ganz schwach ausgebildet und verwächst, zwischen äußerstem Schneidezahn und Eckzahn gelegen, mit den umliegenden Knochen. Zu Goethes großer Enttäuschung nahm die Fachwelt kaum Notiz von seiner Entdeckung. Wie sich später herausstellte, hat ein Franzose vier Jahre zuvor die gleiche Entdeckung gemacht. Doch davon wußte Goethe nichts und die Fachleute, die er anschrieb, wahrscheinlich auch nicht. Goethes Abhandlung darüber, die er für den berühmten Anatomen Camper in Holland sogar ins Lateinische übersetzen ließ und mit

Zeichnungen versah, wurde erst vierzig Jahre später veröffentlicht, als sich die Erkenntnis schon auf anderem Wege durchgesetzt hatte. Noch freut Goethe sich aber wie ein Kind über seine Entdeckung, und Charlotte soll auch das Buch eines englischen Wissenschaftlers über die Geschichte der menschlichen Zähne lesen, aus dem er in seiner Abhandlung zitiert. Charlotte liest das englische Original von John Hunter (»Natural history of the human teeth«), so wie sie wenig später mit Goethe die »Ethica« von Spinoza im lateinischen Original lesen soll. Sie ist geistig überaus beweglich und dem Geliebten auch hierin eine vollkommene Gefährtin. An Knebel schreibt sie, selbst »die gehässigen Knochen« und »das öde Steinreich« seien ihr durch Goethe interessant geworden.

Im August / September fährt Goethe mit dem Herzog an den Braunschweiger Hof. Es ist die Zeit, als er Charlotte in der Dichtung ein einmaliges Denkmal errichtet. Sie erscheint als überirdische Gestalt, als Dichter-Muse und Verkörperung der »Wahrheit«, als Göttin aus himmlischen Sphären. Die »Zueignung« ist ein langes Gedicht, fast eine Erzählung. Der Dichter wacht am Morgen auf, verläßt seine Hütte und geht »mit frischer Seele« einen Berg hinauf. Wie er durch die Wiesen läuft und Nebelstreifen aus dem Fluß aufsteigen, meint man, Goethe beschreibe hier seinen allmorgendlichen Gang durch das Ilmtal. Doch er sieht sich bald »von Dämmrung eingeschlossen«, als auf einmal die Sonne durchzudringen scheint (das Charlotte-Symbol). »Im Nebel ließ sich eine Klarheit sehn.« Ein Glanz umgibt den Wanderer mit einem Mal, von dem er fast geblendet ist. Und als er sich dann zwingt, die Augen zu öffnen, schwebt, »mit den Wolken hergetragen«, »ein göttlich Weib« vor seinen Augen hin:

Kein schöner Bild sah ich in meinem Leben,
Sie sah mich an und blieb verweilend schweben.

›Kennst du mich nicht?‹, sprach sie mit einem Munde,
Dem aller Lieb und Treue Ton entfloß:
›Erkennst du mich, die ich in manche Wunde
Des Lebens dir den reinsten Balsam goß?
Du kennst mich wohl, an die zu ew'gem Bunde
Dein strebend Herz sich fest und fester schloß.

Sah ich dich nicht mit heißen Herzenstränen
Als Knabe schon nach mir dich eifrig sehnen?‹

›Ja!‹ rief ich aus, indem ich selig nieder
Zur Erde sank, ›lang hab ich dich gefühlt;
Du gabst mir Ruh, wenn durch die jungen Glieder
Die Leidenschaft sich rastlos durchgewühlt;
Du hast mir wie mit himmlischem Gefieder
Am heißen Tag die Stirn sanft gekühlt;
Du schenktest mir der Erde beste Gaben,
Und jedes Glück will ich durch dich nur haben!‹

Als er noch »irrte«, fährt der Erzähler fort, hatte er viele »Gespielen«. Nun, da er sie kenne, sei er ganz allein. Er muß sein Glück mit der Göttin allein genießen und damit ihr wunderbares Licht verdecken. Daraufhin lächelt die Göttin. Es war am Anfang, sagt sie, notwendig, ihm wenig zu enthüllen, denn er wäre sonst zu übermütig geworden.

Kaum bist du sicher vor dem gröbsten Trug,
Kaum bist du Herr vom ersten Kinderwillen,
So glaubst du dich schon Übermensch genug,
Versäumst, die Pflicht des Mannes zu erfüllen!
Wie viel bist du von andern unterschieden?
Erkenne dich, leb mit der Welt in Frieden!

Der Dichter fragt, warum er das »edle Gut«, das sie verkörpert, nicht auch den Brüdern zeigen dürfe. Da aber sieht ihn die Göttin »mit einem Blick mitleid'ger Nachsicht an; / Ich konnte mich in ihrem Auge lesen, / Was ich verfehlt und was ich recht getan.«

Als sie ihn anlächelt, ist er aber schon von allen Zweifeln genesen. Das Tal wird wieder weit, die Nebel sind nicht mehr. Der Himmel ist hell und hehr, als sie den Schleier hält und ihm überreicht, was sie ihm lange bestimmt hat, ihm, dessen Schwächen und Stärken sie kennt wie niemand sonst.

Empfange hier, was ich dir lang bestimmt,
Dem Glücklichen kann es an nichts gebrechen,

Der dies Geschenk mit stiller Seele nimmt:
Aus Morgnduft gewebt und Sonnenklarheit,
Der Dichtung Schleier aus der Hand der Wahrheit.

Hier ist der Brückenschlag vom frühen Briefgedicht (»Warum gabst du uns die tiefen Blicke«) zu Charlottes symbolischer Funktion für das Leben des Dichters geleistet. Die Parallelen dieser Zeilen zu den Versen »Tropftest Mäßigung dem heißen Blute«, zu den sich erhellenden Sinnen und so weiter ist nur offensichtlich. Die Frau spendet Klarheit, da sie dem strebenden Herzen ein Sehnsuchtsziel ist, das die Nebel auflöst, die Irrtümer aufhebt, die Scheinziele hinfällig macht und hell überstrahlt. So hat es Goethe damals noch gesehen. Und was herausklingt, ist nur die Traurigkeit darüber, daß er sein Glück niemandem mitteilen kann.

Im Juni fährt Goethe an den Hof des Herzogs von Gotha und besucht dessen todkranke Geliebte. Nach menschlichem Ermessen, schreibt er an Charlotte, könne diese, die ein selten gutes Geschöpf sei, kein halbes Jahr mehr leben. »Ich habe es recht lebhafft gefühlt daß ich im Stande wäre in gleichem Falle meiner Geliebten Gift an zu bieten und ihn mit ihr zu nehmen.«

Noch immer träumt er von einem Zusammenleben mit Charlotte, fern vom Hof, fern von den Rücksichten. Er erzählt, daß Freiherr von Fritsch, seines Zeichens Staatsminister und Geheimrat wie Goethe, auf der Reise alles soweit arrangiert, daß er sich so bald wie möglich wieder auf sein Landgut zurückziehen kann. Goethe seufzt: »Ich mag mir gar nicht dencken, wie glücklich ich wäre.« Mit Charlotte auf einem einsamen Landgut zu leben, wie er es Jahrzehnte später in seinen »Wahlverwandtschaften« beschreibt? Aber wäre das jetzt wirklich das richtige? Goethe redet immer stolz von seiner »Gelassenheit«, von seinem »Gleichmut«, die er mehr und mehr gewinne. Sind das Befindlichkeiten eines dynamischen Mannes, der noch keine fünfunddreißig ist? Er gibt Sentenzen von sich, als ob er schon alt und jenseits aller Ziele wäre. Als er in diesen Tagen die Brüder Stolberg, alte Weggenossen seiner Jugend, wiedersieht, spricht er, als ob diese Jugendzeit schon ein Menschenalter vorbei sei und man nur noch in lange zurückliegenden Erinnerungen schwelgen dürfe. »Je älter man wird«, sinniert Goethe, »desto mehr verschwindet das einzelne, die

Seele gewöhnt sich an Resultate und verliert das Detail aus den Augen.[...] Auch ist das Glück und die Frauens für die Jugend, sie bedarf keiner Hülfe und ist Hülfe reich.« Die Ausschließlichkeit, mit der er Charlotte zum Maßstab allen Seins und Handelns gemacht hat, ist im Grunde zum Problem geworden. Goethe hat eigentlich keinen vertrauten Menschen mehr außer ihr. Von den Weggenossen seiner Jugend hat er sich zurückgezogen, und er wird sich allmählich auch von denjenigen zurückziehen, mit denen er jetzt noch in einem losen Briefkontakt steht. Aber auch von den Menschen, mit denen Goethe in Weimar zusammenlebt, zieht er sich mehr und mehr zurück. Charlotte hat alle anderen Vertrauten ersetzt, und was ihn mit ihr verbindet, kann er noch nicht einmal öffentlich machen. »Durch dich habe ich einen Maasstab für alle Frauens ia für alle Menschen, durch deine Liebe ein Maasstab für alles Schicksal.« Wenn er mit anderen Menschen spreche, und seien sie noch so vernünftig, so fehlten immer die »Mitteltöne«, die sie anzuschlagen vermag. Die Trennung der Sphären in ein politisch-gesellschaftliches Dasein auf der einen und eine empfindsame Privatsphäre mit ihr auf der anderen Seite hat ihn unter diesen Umständen innerlich gespalten. Es ist eine vollkommene Hingabe an sie, wenn er schreibt: »Ja liebe Lotte ietzt wird es mir erst deutlich wie du meine eigne Hälfte bist und bleibst. Ich bin kein einzelnes kein selbständiges Wesen. Alle meine Schwächen habe ich an dich angelehnt, meine weichen Seiten durch dich beschützt, meine Lücken durch dich ausgefüllt. Wenn ich nun entfernt von dir bin so wird mein Zustand höchst seltsam. Auf einer Seite bin ich gewaffnet und gestählt, auf der andern wie ein rohes Ey, weil ich da versäumt habe mich zu harnischen wo du mir Schild und Schirm bist.« Im traditionellen Sinne definiert Goethe sich hier weiblich, als Hingebender, Verletzlicher und die Frau als Schutz und Schirm. Er schreibt aber auch: »Wie beneid' ich dich daß du mich so sehr, und so viel ruhiger und glücklicher lieben kannst.« Das beinhaltet nun wieder, daß sie als Frau eben die Treue und Ruhe in der Liebe habe, während der Mann nur strebend glücklich ist, nicht im Besitz. Vielleicht ist es gerade die Angst vor der Dauer oder die Ahnung eines kommenden Endes in der Zukunft, die Goethe veranlaßt, die Bekenntnisse seiner ewigen Liebe in Stein zu meißeln, damit sie hier von Dauer sei. In einer heißt es:

Was ich leugnend gestehe und offenbarend verberge
Ist mir das einzig Wohl, bleibt mir ein reichlicher Schatz.
Ich vertrau es dem Felsen, damit der Einsame rate
Was in der Einsamkeit mich, was in der Welt mich beglückt.

Der Blick in die Ferne

»Sub specie aeternitatis«, »unter dem Blickpunkt der Ewigkeit«, ist unser begrenztes irdisches Streben zu verstehen – so zitiert Goethe Spinoza. Der irdischen Zufälligkeit Dauer verleihen zu wollen, bezeichnet die göttliche Immanenz in uns – trotz aller Notwendigkeit der Dinge, so und nicht anders zu sein, auf diese und keine andere Weise zu wirken. Der Drang nach Verewigung – nach Selbsterhaltung – ist das Ziel allen Strebens, denn alles, was ist, will im Sein beharren. Aber ist das Streben des Menschen im Angesicht des Ewigen nicht lediglich ein *fruchtbarer Irrtum*? In einer späteren Phase soll Goethe dahin kommen, und da wird er dann auch diese Weimarer Zeit, die Zeit der großen Inschriften, wie er sagt, entsprechend abwertend beurteilen. Das Endziel allen Strebens ist der »höchste Augenblick«: »Auch ich war in Arkadien.« Doch es ist der achtzigjährige Goethe, der so spricht.

Im August/September 1782 reist Goethe, wie gesagt, mit dem Herzog nach Braunschweig. Carl August will versuchen, Braunschweig zum Eintritt in den deutschen Fürstenbund zu bewegen. Um sich in der Diplomatensprache zu üben, korrespondiert Goethe auf der Reise mit Charlotte auf Französisch, die mit dieser Sprache aufgewachsen ist und sie flüssiger als Goethe gesprochen haben dürfte. Immer wenn er französische Briefe an Charlotte schreibt, wird Goethe galanter, andeutungsreicher, und zugleich wird seine Sprache eingefaßt in die Gesellschaftsrituale an den Höfen. Und es ist doch *Goethe*, der auf seine Art bekennt, was diese Frau in ihm ausgelöst hat: »Ich fühle meine Existenz nur noch durch dich, du hast mich gelehrt, mich selbst zu lieben, du hast mir eine Heimat, eine Sprache, einen Stil gegeben. [...] Ach, meine einzige Freundin, du liebe Vertraute aller meiner

Gefühle und Gedanken, welches Bedürfnis habe ich, mit dir zu sprechen und dir mitzuteilen, was mir in den Sinn kommt! Du hast mich in der Welt isoliert, und ich habe nun nichts mehr zu sagen, als daß dies so ist, ich rede nur noch, um nicht zu schweigen, und das ist alles.« Seinen Geburtstag möchte Goethe allein auf dem Brocken feiern. Er freut sich schon auf die Einsamkeit der Berge, auf die Stille der Natur, und seine allgemeinen Betrachtungen sind: »Die Erscheinungen der Natur sind groß und schön, und ich behaupte, daß man sie alle entziffern kann. Aber die kleineren Ideen passen besser zur Natur des Menschen, weil er selbst klein ist und seine dürftige Existenz nicht mit den großen Erscheinungen vergleichen will.« Ein Gedicht in deutscher Sprache erlaube ihm, seine Liebe zu ihr in tausend Formen auszudrücken, ohne daß es doch irgendjemand verstehe als sie. Es spricht bezüglich Goethes seelischer Verfassung eine deutliche Sprache:

Gewiß, ich wäre schon so ferne, ferne,
So weit die Welt nur offen liegt, gegangen,
Bezwängen mich nicht übermächt'ge Sterne,
Die mein Geschick an deines angehangen,
Daß ich in dir nun erst mich kennenlerne.
Mein Dichten, Trachten, Hoffen und Verlangen
Allein nach dir und deinem Wesen drängt,
Mein Leben nur an deinem Leben hängt.

Die Sterne über seinem und ihrem Geschick sind plötzlich nicht mehr nur segensreich, die Garanten ihrer Verbundenheit. Sie bergen ein Zwangsmoment, weil sie ihn an Verhältnisse ketten, die ihn unfrei machen und seine Handlungen lähmen. Die Doppeldeutigkeit solcher Empfindungen tritt in diesen Jahren immer stärker hervor. Die Liebeserklärungen an Charlotte sind noch immer dieselben. Aber sie klingen stellenweise wie Beschwörungen, wie, um sich selbst darüber zu beruhigen, daß die Verhältnisse, in denen er lebt, nach wie vor die wünschenswertesten sind. Er dankt ihr für den Ausdruck ihres Herzens im Brief, der ihn wieder belebt habe. Nach und nach, schreibt er, kläre sich sein Wesen innerlich. Dann aber auch: »Nein, meine Liebe für dich ist keine Leidenschaft mehr, sie ist eine Krankheit, eine Krankheit, die mir lieber ist als die vollkommenste Gesundheit, und von der ich nicht genesen will.« Josias von Stein ist wie immer auf der Reise dabei. Stein werde ihr, schreibt Goethe an Charlotte, die Abenteuer ihrer Braunschweiger Reise auf seine Art berichten, und wenn nun er selbst sie ihr auf seine Art mitteile, so habe sie den besseren Vergleich, um alles beurteilen zu können. Das könnte man ein Motto nennen. Von einer Reise beschwert sich Goethe einmal bei Charlotte, Stein habe bereits Briefe von ihr, er dagegen noch nicht. Ein andermal schreibt Charlotte an ihren Sohn Fritz, der mit Goethe auf Reisen ist – Stein gehört natürlich auch zur herzoglichen Reisetruppe – zum Schluß ihres Briefes: »Lebe wohl, gib deinem Vater einen Kuß von mir und laß mich immer hören, daß du wohlgezogen bist.« Wußte der inzwischen Elfjährige da eigentlich noch, wem er den Kuß überbringen sollte?

Zu ihren anderen beiden Söhnen hatte Frau von Stein eine eher kühle Beziehung. Sie hat sie schon früh weggegeben – Karl, den Ältesten, nach Braunschweig auf das Carolinum (die Herzogin von Braunschweig, Schwester des Königs Georg III. von England, hatte Charlotte während der Kur in Bad Pyrmont kennengelernt und ihr aus Zuneigung die Ausbildung ihres Sohnes angeboten), Ernst wiederum in die Pagenschule des Weimarer Herzogs und dann zur Jagdpagenausbildung nach Ilmenau. Seit kurzem ging es Ernst gesundheitlich nicht gut. Er litt an reißenden Gelenkschmerzen und mußte seine Ausbildungsstätte, wo er sich auch bei Wind und Wetter im Freien aufhielt, verlassen. Diese und andere Sorgen kommen zu der wachsenden Gemütskrankheit ihres Mannes für Charlotte hinzu. Doch Josias kann im Gegensatz zu seinem kranken Sohn zumindest noch sein Amt ausfüllen. Fritz, dem Jüngsten, gehört die bevorzugte Liebe der Mutter. Mit Stolz und Interesse verfolgt sie seine geistige und charakterliche Entwicklung und ist froh darüber, daß Goethe, in dessen Haushalt Fritz ja lebt, ihn in seine Alltagsarbeit einbezieht, seine Fertigkeit im Zeichnen, Schönschreiben, Rechnen ausbildet und ihn sogar seine privaten Wirtschaftsbücher führen läßt. Charlottes Gedanken reichen vielleicht in ein früheres Leben, wo alles hätte anders laufen können: »Ich fühle es sehr, daß du wünschst, er sei der meine«, schreibt Goethe in französischer Sprache auf der Braunschweiger Reise, auf dem Rückweg an Charlotte, als er mit Fritz in Jena ist. Nachdem er den Besuch in Braunschweig hinter sich hatte, hat er von Elbingerode aus geschrieben: »von den Fesseln des Hofs entbunden in der Freyheit der Berge«. Ohne solche kurzen Ausflüge in eine Natureinsamkeit wäre dieses Hofleben wohl unerträglich für ihn.

Seit kurzem steht Goethe wieder in Kontakt mit seinem alten Freund Jacobi, den er nach seiner Rückkehr von der Braunschweig-Reise auch in Weimar antreffen wird. Wie in alten empfindsamen Zeiten tauschen beide ihre Seelennöte aus, und Goethe bedauert es sehr, daß er seinem Freund nichts von Charlotte, dem zentralen Punkt seines Lebens, erzählen kann. Jacobi trifft in Weimar ein, während Charlotte in Kochberg ist, und Goethe schreibt an Charlotte vorab: »Ich möchte, daß die ganze Welt dich kennt, um mein Glück nachzufühlen, das ich nicht auszudrücken wage. Es ist wirklich eine Schande, daß ich mit einem Mann wie Jacobi zusammenkomme, einem so wahren Freund, ohne ihn in die Tiefe meiner Seele blicken zu lassen, ohne ihn wissen zu lassen, wo die eigentliche, wahre Quelle liegt, von der ich mich nähre. Ich hoffe, daß die Herder ihm von dir erzählen wird und ihm sagt, was ich mich nicht zu sagen wage.«

Am Kamin lesen beide zusammen im Herbst in Spinozas Hauptwerk, der »Ethica«. Charlotte bekommt wenig später von den Herders ein Exemplar der »Ethica« zum Geburtstag geschenkt. Herder schreibt ein Widmungsgedicht in das Buch und widmet es im Grunde beiden zur gemeinsamen Lektüre: Charlotte und Goethe, denn die Herders wissen sowieso, daß die beiden es zusammen lesen werden. Wenige Tage später gibt Frau von Stein in Weimar ein Diner, zu dem Goethe nur kurz gegen Ende erscheint. Er spricht wenig und erscheint den Gästen, wie es heißt, entsetzlich steif. Da ist wieder das gesellschaftliche Unbehagen in ihm ausgebrochen.

Zu Jahresanfang schreibt Goethe an Charlotte: »Ich habe nur zwei Götter: dich und den Schlaf. Ihr heilet alles an mir, was zu heilen ist und seid die wechselweisen Mittel gegen die bösen Geister.« Böse Geister, gute Götter… Da kommt wieder Goethes heidnisches Denken zum Vorschein. In einem Atemzug mit der heilenden Kraft des Schlafes genannt zu werden, mag zwar für die menschlichen Kompetenzen einer Frau sprechen, ein Kompliment für eine noch immer aufregende Liebe ist es indessen nur bedingt. Das kontemplative und grundsätzlich seelische Wesen der Verbindung kommt in einer solchen Aussage besonders deutlich zum Vorschein. Charlotte ist Goethes

»Schutzgeist«, seine »Seelenführerin«, wie er sie in Anlehnung an den Philosophen Hemsterhuis nennt, der Leitstern über seinem Leben, das ihm ansonsten wieder äußerst schal und problematisch vorkommt, denn die Geheimratsuniform wird ihm allmählich so eng wie das kleinstädtische Weimar. Die einzige frohe Aussicht ist ein geplanter Kuraufenthalt im böhmischen Karlsbad, den er gemeinsam mit Charlotte in diesem Sommer antreten will. Goethe freut sich wie ein Kind auf diesen Aufenthalt. In einem ganz begrenzten Maße kann er in dieser Aussicht an seine langjährigen Träume von gemeinsamen Reisen mit der Geliebten anknüpfen und sie ein bißchen weiterträumen. Aus Ilmenau schreibt er im Frühsommer: »Ich liebe dich mit lebhaffter, innig bleibender Liebe und freue mich immer auf die Tage, da ich am Fuße der alten Granit Berge mit dir wohnen werde, wie auf eine himmlische Aussicht.« Damit kann Karlsbad gemeint sein, aber auch ein imaginärer Ort zu einer unbestimmten Zeit. Goethe kann immer wieder seine Phantasie spielen lassen, in dem Glauben, alles wäre gut, wenn er sich mit seiner Geliebten nur von den Weimarer Verhältnissen losreißen könnte. »Wir waren heute in Elgersburg. Wie wünschte ich daß es deine Wohnung seyn mögte. [...] Täglich und stündlich freu ich mich auf unsre Carlsbader Reise.« Ihre Zweisamkeit wird wieder vom Glück begünstigt, denn der Ehemann Stein begleitet zur selben Zeit die Herzogin Luise zur Kur nach Bad Pyrmont. Goethe bittet Charlotte, dafür Sorge zu tragen, daß ihre Quartiere in Karlsbad nicht zu weit auseinanderliegen und daß sie zusammen essen können. Im selben Haus wohnen können sie natürlich aus Schicklichkeit nicht, denn in dem böhmischen Kurbad ist große Societé aus ganz Europa, eine allseitig neugierige Öffentlichkeit. Wer mit wem erscheint und wer welche Bekanntschaften macht, ist von allgemeinem Interesse. Die Ungestörtheit der beiden ist also sehr begrenzt. Herders sind auch da sowie der Urfreund Knebel. Nach Charlottes Abreise schreibt Goethe, je mehr andere Menschen er kennenlerne, desto mehr sehe er, »daß mir in der Welt nichts mehr zu suchen übrig bleibt, daß ich in dir alles gefunden habe.« Auch daß er niemandem etwas zu sagen habe, niemandem als ihr, bekennt er wenig später. Charlotte ist mittlerweile in Kochberg, und ihre Abwesenheit ist Goethe in Weimar unerträglich. »Deine Entfernung ist mir ein rechter Probstein meiner Selbst. Ich sehe wie wenig ich für mich bestehe und wie nothwendig mir dein

Daseyn bleibt daß aus dem meinigen ein Ganzes werde.« Das klingt nicht positiv, so bekenntnishaft und überzeugend es gemeint ist. »Ich bitte dich liebe mich nicht nur sondern werde auch nicht müde mich es fühlen zu lassen.« Krank werde er vor Sehnsucht nach ihr, zumal auch Fritz nicht da ist, um ihm dessen Mama zu ersetzen. »O komm wieder damit ich wieder mein Daseyn fühle.« Fritz ist nicht da, weil er gerade seine Pseudo-Großmutter in Frankfurt besucht. Während des Kuraufenthalts von Goethe und Charlotte in Karlsbad hat sich Fritz mit einem Kaufmann auf die Fahrt zur Frankfurter Messe begeben, und bei dieser Gelegenheit besucht er auch Frau Aja, Mutter Goethe. Diese soll ihn damals, so Goethe, »die Philosophie des lustigen Lebens« gelehrt haben.

Inzwischen ist es keineswegs so, daß in Weimar nichts geschehen wäre. Illustre Geschichten passieren auch hier und im Weimarer Umfeld. Für besonderen Gesprächsstoff sorgt eine Dame namens Emilie von Werthern (die jedoch nichts mit der vom Herzog so verehrten Gräfin zu tun hat). Sie ist übrigens eine geborene von Münchhausen, was das folgende Abenteuer erklären mag. Diese muntere Dame der Weimarer Hofgesellschaft hat ihren langweiligen Gatten und das langweilige Weimar im Mai 1785 verlassen, um mit ihrem Galan August von Einsiedel nach Afrika auszuwandern. Einsiedel will in Afrika Goldminen ausheben. Da dringt die Nachricht von ihrem plötzlichen Tod nach Weimar, und auf dem Gut ihres Bruders inszeniert man auch ein feierliches Begräbnis. Als man die Gräfin aber kurz darauf mit Einsiedel in Straßburg sieht, öffnet man ihr Grab und entdeckt, daß eine Puppe beerdigt worden ist. Die Afrika-Expedition, zu der die beiden Abenteurer später dann doch noch aufbrechen, wird fehlschlagen, und Emilie kehrt drei Jahre später mit ihrem Liebhaber nach Deutschland zurück. Vom Grafen Werthern wird sie schließlich rechtmäßig geschieden und kann ihren langjährigen Liebhaber heiraten. So kann sie sogar das Familienerbe für sich retten. In Weimar wagt sie jedoch erst 1795 wieder aufzutauchen. Die Geschichte von der Puppe und der Afrika-Expedition erfahren Goethe und Charlotte kurz vor ihrem Karlsbader Kur-Aufenthalt. Welch extravagantes Geschehen! Goethe kommentiert: »Der kleinen Werthern wollt ich auch lieber eine Wohnung bey ihrem Geliebten in Afrika als im Grabe gönnen. Ich glaub es nicht. Zu unsrer Zeit ist ein solcher Entschluß seltner« Ist da ein resignativer Tonfall bezüglich der eigenen Lage enthalten? Er und Charlotte sind zu irgendwelchen heroischen Entschlüssen nicht bereit.

Heimlicher Aufbruch

Goethes Gedanken schweifen in die Ferne. Er flieht in die Dichtung, in die Phantasie. Da ist die Gegenwelt des »Wilhelm Meister«-Romans, der aber unglaublich stockend vorangeht. Ein Kaufmannssohn bricht aus seinem bürgerlichen Umfeld aus und schließt sich einer wandernden Theatertruppe an. Vielfache Abenteuer sind zu bestehen, für Wilhelm eine Welt des Carpe diem, von Bohème und Glücksrittertum, die bunte Welt der konsequent gelebten Kunst gegen alles Bürgerliche, Etablierte. Wilhelms erste Liebe ist die Schauspielerin Mariane, durch die er überhaupt erst zum Theater kommt. Die mannigfachsten Frauenfiguren patrouillieren durch den Roman, bereits in seiner ersten Fassung: die kokette Philine, die der Schauspieltruppe bis zum Ende angehört, eine liebenswerte und bedenkenlose Verführerin und ein Geschöpf des Augenblicks, die schöne Gräfin, die die Truppe in ihrem Schloß auftreten läßt, die geheimnisvolle Amazone ... Aber Goethe kommt mit dem Werk nicht voran. Die fremde Lebenswelt ist viel zu weit entfernt von seinem Weimarer Alltag. Weiter schweift sein Sinn, bis in das Land seiner Sehnsucht. Das »Lied der Mignon«, das in den »Wilhelm Meister« eingefügt wird, ist bereits vor zwei Jahren entstanden, doch jetzt wird es sinnfällig. Es ist Ausdruck der Italien-Sehnsucht einer ganzen Epoche und von Goethes schweifender Sehnsucht schlechthin in diesen Tagen.

Kennst du das Land, wo die Zitronen blühn,
Im dunkeln Laub die Goldorangen glühn,
Ein sanfter Wind vom blauen Himmel weht,
Die Myrte still und hoch der Lorbeer steht,
Kennst du es wohl?
Dahin! Dahin!
Möcht ich mit dir, o mein Geliebter, ziehn.

»Nur wer die Sehnsucht kennt, weiß, was ich leide!« lautet die Wiederholungsstrophe eines anderen Mignon-Liedes.

Mit dem angenommenen »Sohn« Fritz wandert Goethe durch die Berge wie durch die Freiheit. Dieses Motiv wird für den zweiten Teil des »Wilhelm Meister«-Romans aufgegriffen werden, für die »Wanderjahre«. Wilhelms erste Geliebte Mariane, die ihn, wie er geglaubt hatte, mit einem reicheren Kaufmann betrogen haben soll, ist vor Kummer über Wilhelms Weggang gestorben, aber sie hat ihm ein Pfand hinterlassen: Felix, Wilhelms Sohn. Mit diesem tritt Wilhelm nun seine Wanderjahre an, ein glücklicher und engagierter alleinerziehender Vater, und als Goethe diese Szenen schrieb, wird er sich an die Zeit mit dem Sohn der Geliebten erinnert haben, an das freie Umherschweifen in der Natur, an das Gefühl, ganz ungebunden mit dem Kind der Geliebten zu sein, die irgendwo am Fuße der Granitberge wohnt und auf ihn wartet.

Niemand weiß in dieser Zeit, was wirklich in ihm vorgeht. Goethe schweigt, er teilt sich nicht mehr mit, wie Charlotte bekümmert Freunden gegenüber ausdrückt. »Ich glaube, Goethe hat viele Freuden, ernste Freuden, welche die Welt nicht begreift«, äußert sie nachdenklich. Im Januar des neuen Jahres schreibt ihr Goethe zwar noch immer: »Wie vergnügt ich war dich wieder gestern zu besitzen kann ich dir nicht ausdrücken, da ich um dich zeither so viel Unruhe gehabt habe« und: »Mein Herz ist dir zärtlich ergeben, was auch dein Auge für einen Blick haben mag«, aber Ankündigungen, Nachrichten, Absprachen nehmen inzwischen den größeren Raum in seinen Briefen ein. Charlotte hat jetzt zahlreiche Sorgen. Ihr achtzehnjähriger Sohn Ernst wird immer schwächer. Er hatte wohl Knochenkrebs, und schon im Laufe dieses Jahres 1786 rechnet die Mutter offenbar nicht mehr damit, daß er die Krankheit überlebt. Karl, der Älteste, der in braunschweigischen Diensten ist, hat Schulden gemacht, weil die jährlichen Zuwendungen des Vaters nicht ausreichten. Sofort schreibt Goethe einen ermahnenden Brief an den ältesten Sohn seiner Freundin, während Stein, selbst gesundheitlich und vor allem psychisch angeschlagen, den Sohn in Göttingen aufsucht und ihm eine Stelle in Mecklenburg verschafft. Aber auch das ist auf Dauer keine Lösung, weil das Amt zunächst ohne Besoldung ist und die Finanzlage der Steins nicht dazu hinreicht, ihren Söhnen eine sorgenfreie und standesgemäße Existenz zu ermöglichen. Noch immer reichen die Kräfte des Vaters zu solchen Entschlußtaten aus. Ernst siecht währenddessen dahin. Charlotte erträgt das alles, neben Goethes Schweigen, unter dem sie leidet, und äußert gegen Knebel über ihren Sohn am 10. Mai illusionslos und bitter: »Heute werden dem Ernst Krücken angemessen. Dem sind die Übel hübsch bei Zeiten auf den Hals gerückt: Den Vorteil hat es, daß er nicht braucht vom Wahn der Jugend zurückzukommen, da ihn die Natur frühzeitig, wie es scheint, hinausweist.« Will man dieser Frau nicht völlig die Mutterliebe absprechen, dann muß man in Erwägung ziehen, daß solche hartherzig klingenden Äußerungen unter anderem auf Selbstschutz basieren. Hätte die Krankheit den geliebten Fritz betroffen, den sie ihren anderen beiden Söhnen deutlich vorzog, dann wäre sie wahrscheinlich untröstlich gewesen. Man sieht auch hier, wie Charlotte gelernt hat, die Realität anzunehmen und die Illusionen abzulegen. Im selben Brief an Knebel schreibt sie: »Goethe lebt in seinen Betrachtungen, aber er teilt sie nicht mit. Dies ist eine Tugend, die Sie nur besitzen! Aber ich bedauere den armen Goethe: Wem wohl ist, der spricht! Mir versagt leider manchmal die Sprache aus doppelten Ursachen, weil ich nichts weiß und weil ich leide.«

Sieht Goethe denn ihre Situation nicht? Ihre Probleme, ihr Leiden – auch um ihn? Wer ist diese Frau, die er angeblich liebt? Ist sie doch nur »Lida«, eine Idealfigur, und will er die wirkliche Frau gar nicht kennen? Charlotte ist jetzt dreiundvierzig Jahre alt. Sie wird sich immer auch die Frage nach der Zukunft ihres Liebesbundes mit dem sieben Jahre jüngeren Mann gestellt und nicht zuletzt deshalb auf das Wagnis einer festen Bindung verzichtet haben.

Ernsts Krankheit schreitet unerbittlich voran. Ein Arzt nimmt noch eine Operation am Fuß vor: eine wohl furchtbare Tortur! Goethe selbst hat sich mit Fachleuten darüber unterhalten und den Eingriff empfohlen. Immer wieder beteuert er Charlotte, wie er sich auf ihr Zusammenleben in Karlsbad freue, das sie dieses Jahr wieder gemeinsam besuchen wollen. Jede andere Mutter wäre wahrscheinlich in dieser Situation bei ihrem schwerkranken Sohn geblieben. Aber Charlotte setzt Hoffnungen in diese Reise. Sie spürt, wie ihr der Geliebte entgleitet, sie muß alles tun, um dieses Zusammensein möglich zu machen. Goethe schreibt ihr am 25. Juni: »Behalte mich nur lieb und lass uns ein Gut, das wir nie wiederfinden werden, wenigstens bewahren, wenn auch Augenblicke sind wo wir dessen nicht geniessen können.« Ein deutlicher Ausdruck seiner Krisenstimmung sind die folgenden Sätze: »Ich korrigiere am Werther und finde immer daß der Verfasser übel gethan hat sich nicht nach geendigter Schrifft zu erschießen.« Kurz vor Antritt der geplanten Reise schickt er Charlotte eine Umarbeitung eines alten Gedichts aus dem 15. Jahrhundert, worin es heißt:

Woher sind wir gebohren
Aus Lieb.
Wie wären wir verlohren
Ohn Lieb.
Was hilft uns überwinden?
Die Lieb.
Kann man auch Liebe finden?
Durch Lieb.
Was lässt nicht lange weinen?
Die Lieb.
Was soll uns steets vereinen
Die Lieb.

Doch das klingt schon so sentenzenreich und abschließend, daß es (wie so vieles andere) den außenstehenden Betrachter hellhörig macht. »Ich danke, mein bestes Herz!«, schreibt Goethe an Charlotte am 28. Juni. »Die Nacht war schön, der Morgen auch.« Abschlüsse nimmt er jetzt in verschiedener Hinsicht vor. Demnächst soll eine gesammelte Werkausgabe von seinen Schriften herauskommen, eben ein vorläufiger Abschluß. Wieland und Herder helfen bei der Korrektur für diese Werkausgabe. Mit Lavater hat sich Goethe aus theologisch-weltanschaulichen Gründen ein für allemal überworfen, und er schreibt Charlotte, daß er unter seine (Lavaters) Existenz einen dicken Strich gemacht habe. Hartherzig klingt das, radikal und aus der Stimmung des Bewußtseins einer neuanbrechenden Lebensepoche heraus.

Charlotte reist am 1. Juli nach Karlsbad voraus. Goethe muß zunächst in Weimar bleiben, weil er die Niederkunft der Herzogin abwarten muß. Doch die Entbindung verzögert sich, und Goethe wird ungeduldig: »Ich bin nun fast so überreif wie die fürstliche Frucht, und harre eben so meiner Erlösung.« Herder hat, berichtet Goethe der abwesenden Freundin, einen Ruf nach Hamburg bekommen. Er geht davon aus, daß Herder denselben annehmen wird, was Goethe selbst »dunckel« stimmt und ihn viele Gedanken hegen läßt. Während er Charlotte schreibt, setzt sich Fritz neben ihn, gekochte Kirschen »mit einer recht süßen Sauce« essend. »So sitzen wir zusammen, die deinigen.« Und in einem dieser Briefberichte fällt auch der entscheidende Satz: »Denn ich sage immer wer sich mit der Administration abgiebt, ohne regierender Herr zu seyn, der muß entweder ein Philister oder ein Schelm oder ein Narr seyn.« Das drückt den ganzen Überdruß seiner Amtstätigkeit aus, zu der Goethe großen Abstand gewinnen muß, um sein psychisches Gleichgewicht wiederherzustellen und auch seine künstlerischen Kräfte wieder zu reaktivieren.

Er faßt einen Plan und weiht nur den Herzog und den Diener Philipp Seidel ein. Sein Aberglaube verbietet ihm einfach, die große Flucht seines Lebens offen mitzuteilen und als geplantes Unternehmen zu verkünden; denn dann, so fürchtet er, käme nichts davon zustande. Die Vorzeichen sind schon bedenklich genug: Charlotte hat den kranken Ernst in Weimar in Pflege gegeben, um den Aufenthalt mit Goethe zu ermöglichen. Dieser sitzt jetzt dagegen in Weimar und harrt der Entbindung der Herzogin, die endlich mit mehrwöchiger Verspätung vonstatten geht, so daß er fast vier Wochen nach Charlotte in dem Kurbad eintrifft. Ohne ein Wort von seinem längst gefaßten Plan anzudeuten, verbringt Goethe die noch verbleibende Zeit in Karlsbad mit Charlotte. Er begleitet sie auf ihrer Heimreise noch bis ins Erzgebirge und verabschiedet sich dort, als ob er sie bald in Weimar wiedersehe. Die von da an geschriebenen Briefe sind das Crescendo eines großen Abschieds. Goethe geht nach Karlsbad zurück und läßt Charlotte in dem Glauben, er bleibe noch ein paar Wochen in den Bergen, um Gesteinskunde zu treiben.

Am 23. August schreibt er aus Karlsbad: »Auf alle Fälle muß ich noch eine Woche bleiben, dann wird aber auch alles so sanfte endigen und die Früchte reif abfallen.« Wie ein Mysterium klingt das, als handle es sich hier nur um das Geheimnis seines Lebens, für dessen verborgene Gesetze alle Opfer gebracht werden müssen. Noch einmal bäumt sich der Wunsch auf, er könne den geplanten Ausbruch mit Charlotte gemeinsam unternehmen, doch dieser Wunsch ist in seiner

Äußerung schon völlig imaginär: »*Und dann werde ich in der freyen Welt mit dir leben, und in glücklicher Einsamkeit, ohne Nahmen und Stand, der Erde näher kommen aus der wir genommen sind.*« Vier Tage später dann: »Eh ich von hier weg gehe schreib ich dir noch und hoffentlich mit freyer Seele, daß alles abgethan ist. Adieu.« Am 30. August schreibt er: »Nun geht es mit mir zu Ende meine Liebste, Sonntag d. 3ten S. denck ich von hier wegzugehn. [...] Wann werd ich nun wieder von dir hören. Ich bin mit ganzem Gemüthe dein und freue mich des Lebens nur in dir. Von hieraus schreib ich dir noch einmal. Grüse Fritzen und die deinen.« Doch er kann nur wieder und wieder seinen Abschied ausdrücken, den er nicht begründen will und den er so rätselhaft wie möglich formuliert. Zur großen Erklärung wird der Abschiedsgruß von jetzt an noch zweimal: »Nun noch ein Lebewohl von Carlsbad aus, die Waldner soll dir dieses mitbringen; von allem was sie erzählen kann sag ich nichts; das wiederhohl ich dir aber daß ich dich herzlich liebe, daß unsre letzte Fahrt nach Schneeberg mich recht glücklich gemacht hat und daß deine Versicherung: daß dir wieder Freude zu meiner Liebe aufgeht, mir ganz allein Freude ins Leben bringen kann. Ich habe bisher im Stillen gar mancherley getragen, und nichts so sehnlich gewünscht als daß unser Verhältnis sich so herstellen möge, daß keine Gewalt ihm was anhaben könne. Sonst mag ich nicht in deiner Nähe wohnen und ich will lieber in der Einsamkeit der Welt bleiben, in die ich ietzt hinausgehe.« Zum letztenmal nun: »Morgen Sonntags d. 3ten Sept., geh ich von hier ab, niemand weiß es noch, niemand vermuthet meine Abreise so nah. Ich muß machen daß ich fortkomme, es wird sonst zu spät im Jahr. [...] Wenn du ein Packet oder eine Rolle von mir erhältst; so mache sie nicht in Gegenwart andrer auf, sondern verschließ dich in dein Kämmerlein. [...] Nachts eilfe. Endlich, endlich bin ich fertig und doch nicht fertig denn eigentlich hätte ich noch acht Tage hier zu thun, aber ich will fort und sage auch dir noch einmal Adieu! Lebe wohl du süses Herz! Ich bin dein.«

Süß ist jede Verschwendung; o laß mich der schönsten genießen!

Ganzheit

Über die Alpen gen Süden

Goethes Reise nach Italien war ein Abenteuer, Aufbruch, Flucht, der formale Abschluß einer Lebensepoche. Er konnte sie gar nicht im Wissen seiner Umwelt planen, vorbereiten und antreten; denn er hätte sich dafür mitteilen müssen – sich, seine Situation, die ihn bedrückenden Verhältnisse – und all das war ihm wohl viel zu fordernd. Der in diesen Jahren zunehmend Schweigende (so hat ihn Charlotte einmal genannt) zog sich zurück und schmiedete heimliche Pläne des Aufbruchs. Das Ziel und der Reiseplan war alt, von Kindheit an gehegt. Jetzt war er in Goethes Seele reif geworden und duldete keinen Aufschub mehr. »Erneuerung«, das war ein diffuses Wunschbild dieser Reise, Anlaß und Forderung, Sehnsucht und Erwartung. Sie hing zentral mit dem Erlebnis der antiken Kunst zusammen, das Goethe in Italien erwartete, mit einer ein Menschenalter lang gehegten Sehnsucht nach dem Süden, mit einer künstlerischen Wiedergeburt des überforderten Ministers, der nur noch Dichter in Mußestunden war, aber auch mit der Erwartung einer Freiheit, die Goethe sich stehlen mußte, um sie genießen zu können.

An den Herzog hat er noch einen Tag vor der Abreise aus Karlsbad geschrieben: »Verzeihen Sie daß ich beim Abschiede von meinem Reisen und Außenbleiben nur unbestimmt sprach, selbst jetzt weiß ich noch nicht was aus mir werden soll. [...] Sie sind glücklich, Sie gehen einer gewünschten und gewählten Bestimmung entgegen, Ihre häusliche Angelegenheiten sind in guter Ordnung, auf gutem Wege, und ich weiß Sie erlauben mir auch daß ich nun an mich denke, ja Sie haben mich selbst oft dazu aufgefordert. Im allgemeinen bin ich in diesem Augenblicke gewiß entbehrlich, und was die besondern Geschäfte betrifft die mir aufgetragen sind, diese hab ich so gestellt, daß sie eine Zeitlang bequem ohne mich fortgehen können; ja ich dürfte sterben und es würde keinen Ruck tun. Noch viele Zusammenstimmungen dieser Konstellation übergehe ich, und bitte Sie nur um einen unbestimmten Urlaub. Durch den zweijährigen Gebrauch des Bades hat meine Gesundheit viel gewonnen und ich hoffe auch für die Elastizität meines Geistes das Beste, wenn er eine Zeitlang, sich selbst gelassen, der freien Welt genießen kann.« Im Klartext heißt das: Goethe kündigt seinen Urlaub an, er nimmt ihn sich, so daß die implizierte Bitte um Urlaub ein reichlicher Widersinn, reine Formalität ist. Wahrscheinlich wußte der Herzog im Groben sowieso von dem Plan einer Reise. Wie lange sie aber dauern, wie die besonderen Umstände sein würden, wie lange man mit seinem »Außenbleiben« rechnen müsse, das weiß Goethe selbst nicht, als er aufbricht.

Am 3. September stiehlt er sich im Morgengrauen aus Karlsbad davon; Dachsranzen und Mantelsack sind seine einzigen Gepäckstücke. Die erlauchte Gesellschaft in dem böhmischen Kurbad ahnt nichts von seiner Abreise, auch der Weimarer Freundeskreis nicht, der zum Großteil wieder in die Residenzstadt zurückgekehrt ist. Mit den gesellschaftlichen Pflichten, seiner Amtsfunktion und seiner Kleidung, die er in die Obhut seines Dieners gibt, läßt Goethe seine gesamte Geheimratsexistenz in dem Kurbad zurück. So ist der heimliche Aufbruch auch ein Akt der Verweigerung. Vogelfrei am Anfang einer großen Reise, befindet sich Goethe wieder in seinem ureigenen Künstler-Element. Der Aberglaube hat auch seinen Anteil an der Heimlichkeit des Aufbruchs. Nichts soll Goethe diesmal von seinem Entschluß abhalten, keine Zufälle oder Einwände, denn ein drittesmal will er nicht den »Scheideblick nach Italien« werfen, ohne dorthin zu gelangen. Er will seinen Dämon beschwören, indem er den großen Plan in dieser einsamen Entschließung durchführt.

Wie ein großer Bubenstreich kommt ihm das vor. Goethes Aufzeichnungen in diesen Tagen gehen davon aus, daß alle Welt seinen Streich mittragen und mitgenießen müsse, alle jedenfalls, die ihm wohlwollen und seine Persönlichkeitsentwicklung respektieren, sie vielleicht sogar fortbilden helfen. Für Charlotte fertigt Goethe ein Reisetagebuch an und bleibt so seiner Gewohnheit treu, alles, was er sieht, erlebt und was ihn beschäftigt, seiner Freundin mitzuteilen. Indessen ist der Abschiedsbrief aus Karlsbad aber das letzte, was die daheimgebliebene Geliebte über Monate von Goethe hört. Das Tagebuch will er ihr später schicken, wenn er in der ewigen Stadt Rom angelangt ist und von dort die Aufzeichnungen wie einen kompletten Bericht absenden kann. Niemand soll ja vorher wissen, wo er ist, auf

Goethe in der Campagna

welchem Weg, mit welchen Absichten ... In Weimar vermutet man Goethe noch immer in den böhmischen Wäldern, um mineralogische Studien zu treiben, während der Flüchtende sich in einer Woche von Karlsbad über Regensburg, München, Mittenwald und Innsbruck auf den Brenner begibt, von da aus nach Tirol, Bozen, Trient, sodann nach Torbole, Malcesine. Je weiter südlich er kommt, desto hastiger verläuft seine Reise. Bald zieht er sich nachts erst gar nicht mehr aus, sondern schläft in den Kleidern, um schon vor Morgengrauen anspannen zu lassen. »Was laß ich nicht alles liegen? um den Einen Gedanken auszuführen, der fast schon zu alt in meiner Seele geworden ist.« In seinem behaglichen flüchtigen Zustand stellt er fest: »Herder hat wohl recht zu sagen: daß ich ein großes Kind bin und bleibe, und jetzt ist mir es so wohl daß ich ohngestraft meinem kindischen Wesen folgen kann.« Auf dem Brenner wirft er einen kurzen Blick zurück. Es ist ein Abschiedsblick, aber kein schmerzlicher, vielmehr geleitet und bestimmt von all dem Unbekannten auf der anderen Seite des Gebirges. Die Tramontana, jene oberitalienischen Nordwinde, haben gewissermaßen mythologische Bedeutung, die Goethe zum kulturellen Gegensatz von Norden und Süden ausbauen wird: hier die christliche Neuzeit, da die Antike, hier das graue Deutschland, da das sonnige Italien, hier die Zerrissenheit des neuzeitlichen Menschen, da die »Ganzheit« von Alters her, die Restbestände einer großen Kultur, eines besonderen Volkes ...

Auch auf dieser Reise, so emotional sie bestimmt ist, behält Goethe seine Gewohnheiten bei. Er macht akribische Notizen zu seinen Beobachtungen und teilt sie Charlotte im Reisetagebuch mit: »Note a. Gedanken über die Witterung«, »Note b. Über Polhöhe, Klima pp«, »Note c. Über Pflanzen, Früchte pp.«, ein »Verzeichnis der mitgenommenen Steine«... Er versieht seine Berichte mit Zeichnungen: das Posthaus von Zwota, die Donau, der Ausblick vom Brenner, das Castell Malcesina am Garda-See ... Aber in dem Schriftstück taucht kaum ein persönliches Wort an die Geliebte auf. Die ersten Seiten des Reisetagebuchs bestehen nur aus einer Auflistung der Reisestationen, der Ankunft, der Entfernungen, des Aufenthalts und der Abreise. In einem Begleitbrief, der tragischerweise erst ein Vierteljahr später bei ihr ankommt, bittet er die Geliebte, das Tagebuch, das er ihr schicken werde, abzuschreiben, das »Du« der Anrede in das unverfängliche

»Sie« umzuwandeln und ihm somit ein Exemplar seines Reiseberichts vorzubereiten, in das er nach seiner Rückkehr zur Veröffentlichung hineinkorrigieren könne. Sie solle aber niemandem daraus vorlesen, denn sonst habe er nichts zu erzählen, wenn er zurückkomme. Im übrigen, so heißt es im Tagebuch der Reise, solle sie seiner gedenken in dieser »wichtigen Epoche« seines Lebens. »Ich bin wohl, freien Gemüts und aus diesen Blättern wirst du sehn wie ich der Welt genieße.« Charlotte könne sich doch auch den Reiseführer besorgen, den er unterwegs verwende und so seine Reise mitgenießen. Charlotte soll, so lautet das Ansinnen aus dem erwähnten Brief im Oktober, Goethes Abenteuer, das auch eine wortlose Flucht vor ihr ist, auch noch sekretärisch betreuen, sie soll ihm – ohne ein Wort der Erklärung zu den persönlichen Umständen – dabei helfen, diese Flucht zu Literatur zu machen. Das geschieht in einer Zeit, als sich Charlotte in Weimar, noch immer ohne Nachricht von Goethe, schon auf das Schlimmste gefaßt gemacht hat: Goethe habe Weimar (und damit sie) für immer verlassen. Quälend werden die Fragen der Weimarer Gesellschaft gewesen sein, neugierig, zudringlich, indiskret, schadenfroh. Alle Neider dieses einmaligen Liebesbunds haben jetzt ihre Stunde. Schneidend spürt die Baronin nun den Altersunterschied zwischen sich und dem geliebten Mann, der offenbar zu neuen Ufern aufgebrochen ist. Sie selbst befindet sich mit vierundvierzig Jahren in dieser Zeit, im 18. Jahrhundert, auf der ersten Stufe des Alters. »Graue Locke« halte ihn fest, hat Goethe noch vor kurzer Zeit im Gedicht ausgesprochen. In der von Tag zu Tag stärker werdenden Gewißheit, daß der Geliebte sie verlassen hat, belasten Charlotte schwere Probleme: der siechende Sohn, der kranke Ehemann; sie selbst hat gelegentlich furchtbare Migräneanfälle und fällt im Herbst des Jahres, als sie von Goethe noch immer keine Nachricht hat, in eine tiefe Depression. Sie hält sich wieder auf Schloß Kochberg auf, wo in der Hügellandschaft des Thüringer Waldes schon der Winter Einzug hält. Hier schreibt Charlotte Goethes Mond-Gedicht um und gibt diesem Symbol ihrer Verbundenheit aus alten Tagen eine neue, trennende Bedeutung. Charlotte schreibt: »An den Mond – nach meiner Manier«, und nach der ersten Strophe mit dem Nebelglanz des Mondes, der die Seele löst, heißt es bei ihr:

Breitest über mein Gefild
Lindernd deinen Blick,
Da des Freundes Auge mild
Nie mehr kehrt zurück.

Lösch' das Bild aus meinem Herz
Vom geschiednen Freund,
Dem unausgesprochner Schmerz
Stille Thräne weint.

Mischet euch in diesen Fluß!
Nimmer werd ich froh.
So verrauschte Scherz und Kuß
Und die Treue so.

Jeden Nachklang in der Brust
Froh und trüber Zeit,
Wandle ich nun unbewußt
In der Einsamkeit.

Noch ein anderes Gedicht schreibt Charlotte in der Kochberger Einsamkeit. Die Leere in ihr und die quälenden Erinnerungen an den geflohenen Freund werden geschildert, die Schmerzen und die Ruhelosigkeit in all ihrem Tun, denn alles um sie herum scheint an den Freund zu erinnern. Die Schilderungen enden mit dem Ausruf: »alles alles floh mit Dir / ich allein verarmt in mir.«

Die zudringliche Neugier der Nachwelt wohl ahnend, fährt sie aber geheimnisvoll fort: »Was mir seine Liebe gab / hüll ich wie ins tiefste Grab.«

»Seines Bildes letzten Schein« solle ihr Schutzgeist ihr noch einhüllen. Sein Herz, das er ihr sonst ganz geöffnet hatte, hat er ihr letztlich verschlossen. »Stumm und kalt« hat er sich »von ihrer Hand« weggewandt. Solche Zeilen einer ansonsten kühl veranlagten Frau sprechen Bände über ihren Schmerz. Seit seiner Abreise hat sie sich nichts darüber vorgemacht: Die Liebe war vorbei. Goethes wortlose Flucht – und sie begreift die Geste gründlicher und tiefer als er selbst – war eine Katastrophe für ihr Leben.

Goethe ist inzwischen in Tirol, im Tal von Bozen auf dem Weg nach

Trient. Er hat die Berge überwunden, jetzt begegnet ihm die erste Sonne. Die Luft wird schon milder, die Vegetation immer südlicher. Er beschreibt einen Abend in der milden Luft, kurz nach Sonnenuntergang. Wenige Wolken ruhen an den Bergen, die Heuschrecken zirpen. »Es ist mir als wenn ich hier geboren und erzogen wäre und nun von einer Grönlandsfahrt von einem Wallfischfang zurückkäme«, schreibt er. Bei der Fahrt durch das fruchtbare Tal stellt er fest: »Alles was höher hinauf nur zu vegetieren anfängt hat nun hier schon alles mehr Kraft und Leben *man glaubt wieder einmal an einen Gott.*«

In Malcesine, zwischen österreichischem und venezianischem Gebiet, setzt Goethe sich in den alten Schloßhof, um das Castello zu zeichnen. Er macht sich mit dieser Handlung verdächtig und wird beinahe als Spion verhaftet. Man ist auf venezianischem Gebiet wegen möglicher Annexionspläne des Kaisers Joseph besorgt. Wien dagegen fürchtet Konspirationen gegen Kaiser und Reich. Dabei weiß im Grunde niemand, daß hier ein Geheimrat unterwegs ist, dessen regierender Herr massiv für einen deutschen Fürstenbund eintritt; das würde die Verdächtigungen noch erklären. All das ist Goethe aber herzlich gleichgültig; er reist inkognito, als Philipp Möller, Maler aus Deutschland. Um den Spaß komplett zu machen, macht er sich, wenn er sich in Listen und Dokumente eintragen muß, noch fünf Jahre jünger als er ist, zweiunddreißig. Goethe reist vergnügt in sein, wie er selbst sagen wird, »zweites akademisches Freiheitsleben«.

Gelegentlich fügt er im Tagebuch ein, wie schön es wäre, hier mit Charlotte zu sein oder Fritz bei sich zu haben. Doch das ganze Erlebnis ist so sehr sein eigen, es steht so sehr unter einem ganz neuen Motto, daß die Bekenntnisse routinemäßig eingestreut wirken, wie aus alter Gewohnheit. Sehr klar sieht er schon bald, was dieses neue Motto sein wird: sinnliches Erfassen, die plastische Wirklichkeit, und das in einem Sinn, den ihm die antike Welt symbolisiert. Die kontemplativ besetzte Forderung nach »Reinheit« aus den zurückliegenden Weimarer Jahren erscheint Goethe jetzt schon wie ein blasses Gespenst aus nordischen Gefilden. Hier schließlich, in diesem Land, sind die Götter zu Hause, und man muß nur zugreifen, um den Zauber zu fassen. »Die Hügel am Fuß der Berge sind mit Wein bebaut. Über lange niedrige Lauben sind die Stöcke gezogen und die blauen Trauben hängen gar zierlich und reich von der Decke herunter.« Die Beschreibung der

Südfrüchte und mediterranen Vegetation steigert sich zum Crescendo, denn der Überfluß an natürlichen Gaben soll geschildert werden. Hier, sagt Goethe, könne auch der Bettler nicht arm sein, da die Natur so reich sei und für jeden etwas übrig habe. Im Bozener Tal sind es noch Pfirsiche, Birnen und blaue Trauben. Weiter südlich kommen die Feigen, Zitronen, Mimosen und Lorbeer in den Hecken, Kürbisse auf den Dächern zur Schilderung. Die Menschen leben viel auf den Straßen, im Freien, in ständiger Kommunikation, gestikulierend, streitend, singend. Sie inszenieren ihren Alltag und empfinden keinen Bruch zwischen diesem und dem Geschehen auf der Theaterbühne, wie Goethe bei einem Besuch der Komödie feststellt. Da wird geweint, geschimpft und das Bühnengeschehen beeinflußt, gerade, als wär's das Leben selbst. Niemanden sieht Goethe hier abseits stehen oder in düsteren Grübeleien versunken. Die Kunst – eine diesseitige, sinnliche Kunst – konnte auf diesem Boden gedeihen.

Das sind beinahe Winckelmann'sche Töne – Winckelmann, der der klassischen Bewegung in Deutschland anfänglich ihre Programmatik verlieh. In einem bevorzugten Klima, so Winckelmann, konnten vorzügliche Menschen gedeihen, die das Ideal der klassischen Schönheit aus ihrer Umgebung und aus sich selbst bezogen. Winckelmann meinte Griechenland, den Boden antiker Kultur – und alle deutschen Klassiker reisten nach Italien, um dort das Ideal zu suchen. Es wird das sein, was Goethe »Ganzheit« nennt: die Übereinstimmung der sinnlichen und geistigen Kräfte, vor allem aber auch ein ungebrochenes Naturgefühl. In seinem Winckelmann-Aufsatz vom Anfang des nächsten Jahrhunderts faßt Goethe das Wichtigste zusammen, um seine Bemühungen um ein klassisches Kunstprogramm fortzuführen. Goethe spricht von der »Ganzheit« der Alten und setzt diese der modernen Zerrissenheit entgegen. Während der »Neuere« sich in der Betrachtung ins Unendliche werfe und schließlich doch zu einem beschränkten Punkt zurückzukehren genötigt sei, fühlten sich die Alten innerhalb der lieblichen Grenzen ihrer schönen Welt behaglich. »Alle hielten sich am Nächsten, Wahren, Wirklichen fest, und selbst ihre Phantasiebilder haben Knochen und Mark. Der Mensch und das Menschliche wurden am wertesten geachtet und alle seine innern, sein äußern Verhältnisse zur Welt mit so großem Sinne dargestellt als angeschaut. Noch fand sich das Gefühl, die Betrachtung nicht zerstückelt, noch war jene kaum heilbare Trennung in der gesunden Menschenkraft nicht vorgegangen.« Mit der Trennung meint er den Sündenfall als große kulturelle Zäsur. Das christliche Saeculum hat alles Ganze einer diesseitig orientierten Kultur zunichte gemacht. Zum vollkommenen Empfinden der Schönheit gehöre, so Goethe, ein »heidnischer Sinn«, und das bedeutet: das Vertrauen auf sich selbst, das Wirken in der Gegenwart und die Verehrung der Götter als »Ahnherren«, »gleichsam nur als Kunstwerke«. Und so manifestiert sich Goethes Antiken-Erlebnis. Es ist heidnisch, sinnlich und plastisch, reine Wirklichkeit, die Schönheit des Diesseits.

Er will das alles mit der Reise nach Italien nachvollziehen, ohne doch so richtig wahrzuhaben, daß er hier zugleich in das Zentrum der christlichen, der katholischen Welt reist. Auf Goethes Reiseroute durch Oberitalien befinden sich zahlreiche Wallfahrtsstätten, wo alljährlich in aufwendigen, festlichen Riten der Muttergottes gehuldigt wird. Heiligenverehrung und die große christliche Kunst des Mittelalters und der Renaissance, Madonnenbilder, Freskokunst mit Motiven des Sieges der Frömmigkeit über das weltliche Geschehen haben Goethes Wege in Italien mindestens so häufig gekreuzt wie die Reste antiker Plastik oder Baukunst. Aber das tut nichts zur Sache, jetzt, auf der atemlosen Hinfahrt, schon gar nicht. In Venedig sieht Goethe nach den Abgüssen in Mannheim die erste Sammlung echter Antiken, die ihn zu begeisterten Ausrufen veranlaßt. In Vicenza entdeckt er Palladio, einen Meister des 16. Jahrhunderts, der ebenso begeistert die Antike nachgeahmt hat. Nun sei er, schreibt Goethe, das Spitzgebälk der Gotik auf ewig los.

Seine Reise läuft auf eine Tabula rasa hinaus. Dinge loszuwerden, wird ihm zum Programm. Er läßt die Berge hinter sich und eine ganze Existenz, ästhetische Begriffe, Lebensformen, und es tut ihm wohl, dieses Abschütteln auszudrücken. Im Norden«, sagt Goethe, litt er unter einem »bösen Himmel« (und während er das sagt, meint man, er käme vom Polarkreis). Die ständige Erwähnung des »schönen«, »schönsten« Wetters in den Aufzeichnungen für Charlotte verwendet Peter Hacks in seinem Theaterstück (»Ein Gespräch im Hause Stein über den abwesenden Herrn von Goethe«) als Leitmotiv, das durch die Wiederholung zum Klischee wird. Es soll für Goethe eine Abgrenzung zu der ganzen Weimarer Welt ausdrücken, in die auch Charlotte gehört. Wie wohl es ihm gehe, wie schön alles sei, schildert er – implizierend, daß es schön ist, weil es weit von Weimar entfernt liegt. Und er wundert sich am Ende, daß Charlotte sich nicht mitfreuen kann, nachdem sie im übrigen ein Vierteljahr kein Lebenszeichen von ihm erhalten hat und davon ausgehen mußte, daß ihr ehemaliger Geliebter sich ganz aus dem Staube gemacht hat.

Von Verona aus schickt Goethe nach knapp dreiwöchiger Reise einen ersten Brief an Charlotte. Er kommt genausowenig bei ihr an wie der zweite aus Venedig, denn Philipp Seidel, der als einziger die Reiseroute Goethes und sein Vorhaben kennt, gibt ihn nicht umgehend an Frau von Stein weiter, nachdem er die Post erhalten hat. Goethes Anweisungen indessen sind von einer klaren Intention, so daß dem Diener nicht unbedingt ein Vorwurf gemacht werden kann: Man möge ihn von »nordischen« Nachrichten verschonen, wenigstens bis er in Rom angelangt sei, und niemand soll erfahren, wo er sich befindet. So behält Philipp die Briefe an Charlotte vorerst bei sich und wartet auf die Ankunft seines Herrn in Rom. »Du schickst mir nichts nach, es wäre denn höchst nötig, denn ich will Rom ohne Erwartung nordischer Nachrichten betreten. Von Rom schreib ich gleich und dann ist es Zeit«, schreibt Goethe an Seidel mit der gleichen Post aus Verona, und er fügt hinzu: »Diese Reise ist würklich wie ein reifer Apfel der vom Baum fällt. ich hätte sie mir ein halb Jahr früher nicht wünschen mögen.« Alles sei ihm hier wie eine Wiederbegegnung, schreibt Goethe in Venedig ins Reisetagebuch an Charlotte. Und wieder bekräftigt er die Notwendigkeit seines Entschlusses, jetzt diese Reise zu machen. Er wäre sonst »zu Grunde gegangen und zu allem unfähig geworden.« Immerhin eine Woche Zeit genommen hat er sich für Venedig. Dann geht es im Eiltempo weiter: Ferrara, Cento, Bologna. Im Morgengrauen werden die Pferde angespannt. In Florenz bleibt Goethe gerade mal ein paar Stunden. Über Perrugia und Assisi gelangt er am 29. Oktober nach Rom.

Die ewige Stadt

Drei Tage nach seiner Ankunft schickt Goethe einen »ostensiblen« Rundbrief nach Weimar. Er ist für den ganzen Weimarer Freundeskreis bestimmt, so daß sich jeder im allgemeinen davon angesprochen fühlen kann. Auch Charlotte hat noch keine andere Nachricht von Goethe erhalten und erfährt nun auf diesem Weg, als Teil des Kreises, nach einem Vierteljahr ohne Lebenszeichen, daß Goethe in Rom ist. »Endlich bin ich in dieser Hauptstadt der alten Welt angelangt!« beginnt der Brief, worauf enthusiastische Schilderungen folgen. Alle Träume seiner Jugend sehe er nun lebendig; alles sei so, wie er sich's dachte und dennoch neu. Nun sehe er die Motive der Kupferbilder und Prospekte seines Vaterhauses im Original, Paläste, Ruinen und Säulen. Es gehe ihm gut, schließt Goethe den Brief, und er empfehle sich dem herzoglichen Paar, der Herzoginmutter, Knebel, den Herders, »Hrn und Fr. v. Stein« …

Solange man wegen Goethes Fortbleiben noch im Ungewissen war, hat es wohl manches Rätselraten und manchen Austausch darüber gegeben. Weimar war über Nacht ohne seinen ersten Minister, und in den diversen Ämtern mußte man nun die Arbeit entsprechend verteilen. Goethes Zögling Fritz blieb vorerst in Erwartung seines väterlichen Freundes im Gartenhäuschen. Die fragenden Blicke wandten sich zunächst an Charlotte, die keine Auskunft geben konnte. Am Ende wandte sich gar Mutter Goethe aus Frankfurt brieflich an die Familie von Stein. Ob jemand wisse, wo ihr Sohn sei. Niemand wußte es. Darauf schrieb Katharina Elisabeth Goethe noch am 17. Dezember an Fritz, ihren »Zieh-Enkel«, zurück: »Wissen Sie denn immer noch nicht, wo mein Sohn ist? das ist ein irrender Ritter!, nun, er wird schon einmal erscheinen und von seinen Heldentaten Rechenschaft ablegen – wer weiß, wie viele Riesen und Drachen er bekämpft, wie viele gefangene Prinzessinnen er befreit hat. Wollen uns im voraus auf die Erzählung der Abenteuer freuen und in Geduld die Entwickelung abwarten.« Mutter Goethe baute am Ende stets auf ihren »Hätschelhans«. Was er auch tat, es war gut, und irgendwie war es ja doch immer großartig! Ganz anders Charlotte. Sie kann die ihr zugefügte Kränkung durch die als Flucht gestaltete heimliche Abreise Goethes nicht verzeihen. Man muß die Reise selbst mit dem Maßstab der damaligen Zeit messen. Was heutzutage als Wochenend-Trip veranstaltet werden kann und durch die Medien sowieso vertraut ist, war im 18. Jahrhundert eine Reise, vor deren Antritt es dringend geboten schien, sein Testament zu machen. Monate-, jahrelang war man unterwegs. Die Reise war gefährlich, unwägbar, von tausend Risiken getragen, und der glücklich Heimgekehrte konnte seiner früheren Umgebung so verändert erscheinen, als sei er aus einer anderen Welt zurückgekehrt. Sein Erfahrungsvorsprung und die jahrelange Abwesenheit schufen eine Kluft, die kaum zu schließen war. Doch schlimmer war für Charlotte der Vertrauensbruch, der diese Dame der Gesellschaft noch zusätzlich in eine peinliche Lage brachte. Jeder Keim eines Gedankens, eines Gefühls wurde ihr jahrelang mitgeteilt, beinahe tägliche Liebeserklärungen in allen nur denkbaren Wendungen, und dann das große Schweigen vor einer bedeutenden und langen Abwesenheit, die beträchtliche Folgen für ihre Verbindung haben würde ... Keine persönliche Äußerung, kein Brief von der Reise wie früher, ein Vierteljahr in Erwartung des Schlimmsten – und dann eine offizielle Mitteilung an sie als Teil der Gesellschaft wie an ihren Gatten und die Herzoginmutter: Es gehe ihm gut, er sei in Rom, habe schönes Wetter und sehe sich die Ruinen an ... Nun ja. Die Frau hätte viel Humor haben oder sich sehr viel vormachen müssen, um in einem solchen Fall nicht tief gekränkt zu sein. Charlottes Reaktionen waren eigentlich nie heftig. Hier aber überlegt sie nicht lange. Sie läßt Philipp Seidel für die nächste Postsendung nach Rom nur einen hastig geschriebenen Zettel zukommen, auf dem in etwa gestanden haben muß: Sie erkläre ihre Verbindung mit Goethe für beendet. Offenbar folgte dieser Erklärung ihre scharfe Frage: »Was ist mit den Briefen?« Sie fordere ihre Briefe unverzüglich zurück, denn sie könnten sie kompromittieren, und sie haben für sie keine Gültigkeit mehr. Eklatant ist Goethes völliges Unverständnis auf Charlottes Reaktion. Er hat die ganze Zeit nicht einen Augenblick darüber nachgedacht, wie sie seine Abwesenheit, sein Schweigen, den Verlauf der Dinge empfinden könnte. »Das war also alles was du einem Freunde, einem Geliebten zu sagen hattest, der sich so lange nach einem guten Worte von dir sehnt«, schreibt er beleidigt. »Der keinen Tag, ja keine Stunde gelebt hat, seit er dich verließ ohne an dich zu dencken.« Das hat sie gemerkt! Ein paar Tage später wird er immerhin etwas nachdenklicher: »Dein Zettelchen hat mich geschmerzt aber am meisten dadrum daß ich dir Schmerzen verursacht habe. Du willst mir schweigen? du willst die Zeugniße deiner Liebe zurücknehmen? Das kannst du nicht ohne viel zu leiden, und ich bin schuld daran.« Wegen der Briefe kann er sie beruhigen. Er hat sie vor seiner Abreise, zusammen mit anderen Dokumenten, im Weimarer Staatsarchiv deponiert. Die Schlüssel dazu hat er ihr dagelassen. »Die Kasten auf dem Archive gehören dein, liebst du mich noch ein wenig; so eröffne sie nicht eher als biß du Nachricht von meinem Todte hast, so lang ich lebe laß mir die Hoffnung sie in deiner Gegenwart zu eröffnen.« Aber Charlotte bleibt beharrlich. Sie will ihre Briefe zurück haben. Auf Goethes weitere Briefe antwortet sie vorerst nicht mehr. Er beginnt langsam zu begreifen. Er sei doch in der weiten Welt ganz allein und habe ihren Beistand so nötig ... Er bitte sie fußfällig, flehentlich, ihm seine Rückkehr zu ihr zu erleichtern, »daß ich nicht in der weiten Welt verbannt bleibe [...] sieh mich nicht von dir Geschieden an, nichts in der Welt kann mir ersetzen was ich an dir, was ich an meinen Verhältnißen dort verlöhre. [...] Daß du kranck, durch meine Schuld kranck warst, engt mir das Herz so zusammen daß ich dirs nicht ausdrucke. Verzeih mir ich kämpfte selbst mit Todt und Leben und keine Zunge spricht aus was in mir vorging, dieser Sturz hat mich zu mir selbst gebracht. Meine Liebe! meine Liebe!« Ob das nicht auch für Charlotte etwas zu dramatisch und aufgesetzt klang? Sie konnte jedenfalls wohl kaum nachvollziehen, daß jemand meint, sterben zu müssen, wenn er nicht nach Rom kommt und vor diesem Entschluß »mit Tod und Leben« kämpft. In der eleganten und belebten Via Condotti an der Piazza de Espana spielten diese heftigen Szenen vor Goethes innerem Auge, denn dort holte er bei einem griechischen Kaffeesieder seine Post aus Weimar ab. Was muß ihm diese Welt hier schon für einen Abstand zu der verschlafenen thüringischen Kleinstadt im Winter, zu seinen Verhältnissen in Weimar geschaffen haben! Er bummelt durch die Straßen von Rom und hat, was Weimar angeht, nur die Angst, etwas lange Gewohntes, Sicheres in dieser fremden heimischen Enge und Nähe entbehren zu müssen.

Elisabeth Goethe in Frankfurt am Main stößt einen Freudenschrei aus, als sie den Brief ihres Sohnes aus Rom erhält. Fern von Gekränktheit, Eifersucht und Ressentiments sind die Gefühle dieser Mutter für das Abenteuer ihres Wolfgang. »Lieber Sohn!« schreibt sie. »Eine Erscheinung aus der Unterwelt hätte mich nicht mehr in Verwunderung setzen können als dein Brief aus Rom – Jubeliren hätte ich vor Freude mögen daß der Wunsch der von frühester Jugend an in deiner Seele lag, nun in Erfüllung gegangen ist – Einen Menschen wie du bist, mit deinen Kentnüßen, mit dem reinen großen Blick vor alles was gut, groß und schön ist, der so ein Adelauge hat, muß so eine Reiße auf sein gantzes übriges Leben vergnügt und glücklich machen.« Als ein gutes Jahr danach aus Weimar Klagen kommen, und zwar aus dem Umkreis der Charlotte von Stein, Goethe sei gegen seine Freunde kalt geworden, da er so lange in der Ferne bleibe, da antwortet Mutter Goethe zur Verteidigung ihres Sohnes: »Ein Hungriger, der lange gefastet hat, wird an einer gutbesetzten Tafel bis sein Hunger gestillt ist, weder an Vater noch Mutter, weder an Freund noch Geliebte, denken, und Niemand wirds ihm verargen können.« Charlotte kann diese Meinung nicht ganz teilen.

»Laß dich's nicht verdrießen meine Beste daß dein Geliebter in die Ferne gegangen ist, er wird dir beßer und glücklicher wiedergegeben werden.«. So hat Goethe noch kurz nach seiner Ankunft in Rom dieses Abenteuer Charlotte gegenüber kommentiert. Die Schablone ist von alter Gültigkeit: Es geht nur um die Existenz des Mannes. Er zieht aus zu neuen Ufern, muß sich nicht erklären, nicht rechtfertigen, und er erwartet eine Rückkehr in den unverändert-altvertrauten Hafen. Charlotte ist eine entschiedene Frau und macht dieses Spielchen nicht mit. Sie stellt Ansprüche nach elf Jahren des Zusammenlebens und begeht, wie Peter Hacks sie in seinem exzellenten Drama sagen läßt, in dieser Dichter-Liebe voller Erhöhung und Sublimation den Fehler, »mit [ihrer] Person« an dem Geschehen beteiligt zu sein. Um diese Person ist es Goethe aber kaum gegangen. Er liebte ihre Idealgestalt, solange diese eine klärende Funktion in seinem Leben hatte – Lida, Psyche, die Göttin der Wahrheit, alles symbolische Gestalten mit symbolischer Wirkung. Aber die Funktion von »Lida« hat sich abgenutzt, das Bild, der Schleier über ihrer wirklichen Gestalt. Mit welchen radikalen Folgen das verbunden ist, macht sich Goethe nicht klar. Und doch ist

Goethe in seiner Wohnung am Corso in Rom

gerade seine Flucht aus Weimar in den Süden der deutlichste Beweis für diese Abnutzung.

Moralisch heilsam sei es für ihn, schreibt Goethe aus Rom an den Weimarer Freundeskreis, »unter einem ganz sinnlichen Volcke zu leben«. Das Temperament der Italiener erscheint ihm als Naturnähe, ihr freies Leben auf der Straße, ihre Offenheit und Spontaneität als Ausdruck der vielgerühmten Ganzheit. Er habe hier glückliche Menschen kennengelernt, schreibt Goethe einige Zeit später aus Italien an Charlotte, die es nur seien, weil sie »ganz« seien. Diese »Ganzheit« wolle er nun auch erlangen. Der erste Schritt dazu ist eine ungebundene, schweifende Lebensform, die Goethe in Rom aufnimmt und die seine zwei Jahre in Italien kennzeichnen – ein ungebundenes Leben als Künstler, Bohèmien, Betrachter, Empfangender... Der deutsche Maler Johann Heinrich Wilhelm Tischbein, mit dem Goethe schon von Weimar aus brieflichen Kontakt hatte und dem er sogar ein mehrjähriges Stipendium verschaffen konnte, empfängt Goethe in Rom und macht ihn mit dem Kreis junger deutscher Künstler bekannt, die hier leben und arbeiten. Es ist eine kleine Kolonie und eine Art Künstler-Wohngemeinschaft in einem Haus unweit des Corso, in dem Goethe nun auch ein einfaches Zimmer bezieht. Er trägt sich in die Bezirksliste ein, noch immer unter seinem Inkognito: Filippo Miller, tedesco, pittore, 32.

Nach der strapaziösen Reise und der Unterbringung in heruntergekommenen Wirtshäusern kann Goethe hier aufatmen. Das Zimmer ist einfach, nur mit den notwendigsten Möbeln versehen, aber sauber und vorerst sein eigen. Tischbein hat Goethes Zimmer am Corso gezeichnet, und auf dieser Zeichnung springt sofort das monumentale breite Bett in der Mitte des Raumes ins Auge. Goethe beugt sich über dieses Bett und legt ein zweites Kopfkissen darauf. Am Fußende des Bettes steht sein Reisekoffer, rechts vom Bett ein Nachtschränkchen mit einem Kerzenständer und Blumen. Auf einem improvisierten Regal, einem Holzbrett, das auf zwei Bücherstapeln liegt, steht der Gipsabguß des Kopfes der Juno, von der Goethe Charlotte schreibt, sie sei ihre einzige Nebenbuhlerin. Das wird sich bald ändern.

Das Künstlerhaus am Corso wird von einem alten Ehepaar geführt, das seine Gäste bewirtet und sich rührend um sie sorgt. Eine heimische und familiäre Atmosphäre hat das alles, Goethe führt kein anonymes

Wirtshausleben. Tischbein hat auch ein Aquarell Goethes in seiner römischen Wohnung angefertigt. Er ist von hinten abgebildet, wie er am Fenster steht, leger hinausgelehnt, leger gekleidet mit einer bequemen Kniebundhose, einer Weste und Hausschlappen. Wenn er morgens die Läden öffnet, wird er von Licht und Luft des Südens begrüßt. Er wohnt nicht weit vom Capitol. Die mehr als tausendjährige Geschichte der Stadt mit den Resten des römischen Imperiums breitet sich vor seinen Augen aus. Säulen, Triumphbögen, Tempel, Tore, Paläste und Kirchen bieten immer neue Eindrücke, und Goethe erlebt hier, daß man mit der Geschichte lebt, sie in den Alltag, ins moderne Leben integriert, nicht mit Zäunen umgibt oder in Museen unter Verschluß bringt. Die alten Stadtmauern und ihre prächtigen Tore, kleinere Reste des antiken Rom wie Brunnenköpfe, Wandgemälde, Innenhöfe sind umrahmt von neuerer Architektur oder stehen als Erinnerungen an eine vergangene Epoche lose hingeworfen in der städtischen Landschaft. Von den Hügeln des Capitols geht der Blick auf das Forum Romanum, das Herzstück des einstigen römischen Reiches, das von der südlichen Vegetation überwuchert wird und so einen weiteren Eindruck von Vergänglichkeit vermittelt. Es ist der Eindruck von Geschichte, der hier entsteht, lebendiger Geschichte vom Auf und Ab der Völker, kulturellem Höhepunkt und Niedergang, wie Herder sie beschreibt.

Nicht zufällig und nicht nur aus Gründen des Inkognito bezeichnet sich Goethe als Maler, als er nach Italien reist. Er will herausfinden, wie weit er in dieser Kunst kommt, denn auch in diesem Bereich hat er große Ambitionen. Er weiß, daß er von Tischbein viel lernen kann, doch er lernt auch von anderen Künstlern, er arbeitet und diskutiert mit ihnen beim Flanieren durch die Stadt, welche die Möglichkeit einer einmaligen Anschauung bietet und damit die Ideale der Klassik, »edle Einfalt, stille Größe« offenkundig und erlebbar macht. In einem der Bildersäle lernt Goethe den Schweizer Heinrich Meyer kennen, mit dem er sich anfreundet und der als der »Kunschd-Meyer« auch später in Deutschland sein wandelndes Lexikon in Kunstfragen sein wird. Aber Goethes römischer Freundeskreis umfaßt neben Tischbein, Meyer und den Malern, die mit ihm am Corso wohnen, auch eine interessante Frau, die sogar der Mittelpunkt eines geselligen Kreises ist: die Malerin Angelika Kaufmann. Sie stammte wie Meyer aus der

Schweiz, war damals fünfundvierzig Jahre alt und lebte mit ihrem Gatten, dem venezianischen Maler Antonio Zucchi, in Rom. Sie war eine erfolgreiche Porträtistin und hatte in langen Lehrjahren, unter anderem in London, ihren am klassischen Ideal orientierten Stil entwickelt. Auch Winckelmann hat sie in Rom noch kennengelernt. Von ihren römischen Kollegen Tischbein und Meyer wurde sie jedoch als kommerzielle Erfolgsmalerin abgewertet. Ihre weichen Linien gingen bei den Porträts ins Verschönende, was auch Goethe feststellen wird, als sie ihn porträtiert – es sei ein hübscher Bursche, der da abgebildet werde, meint er, habe aber nichts von ihm. Angelika war auch eine bedeutende Historienmalerin und verdiente jedenfalls, im Gegensatz zu so manch anderem Künstler in Rom, mit ihren Arbeiten viel Geld. Mit ihrem Gatten pflegte sie ein offenes Haus, in dem alle willkommen waren. Goethe fühlt sich wohl bei Angelika und ihrem anregenden Kreis. Ein freies Leben, ein Hauch von Bohème, das alles genießt er wie ein zweites Leben, wie eine Wiedergeburt. So gesellig Goethe in Italien ist, wo auch immer er herumkommt und wo man ihn einführt, ob in Rom oder Neapel, eines meidet er immer: die feine Gesellschaft, aristokratische Kreise, denn die hat er in Weimar zur Genüge.

Goethes Frauenbild wandelt sich; es verliert die Schalen einer abstrakten Idealität. Schon im Reisetagebuch an Charlotte ließ sich das deutlich erkennen. Der madonnenhafte, jungfräulich-ideale Typ wird zwar noch beschworen, doch er wird blasser, symbolischer, ein Kunstwerk, ein Kunstbegriff. In einer Gemäldegalerie in Verona sieht er ein Altarbild mit der Abbildung der heiligen Ursula. Ihre Gestalt habe, schreibt er, »was sonderbar jungfräuliches ohne Reiz«. In Venedig betrachtet er ein Madonnenbild und stellt fest, welche »schöne Erfindung« die Muttergottes sei, die heilige Jungfrau, die einen Sohn auf die Welt gebracht hat; man fühle dies nicht eher als mitten im Katholizismus. »Es ist ein Gegenstand, vor dem einem die Sinne so schön stillstehn, der ein gewisse innerliche Grazie der Dichtung hat, über den man sich so freut und bei dem man so ganz und gar nichts denken kann; daß er recht zu einem religiosen Gegenstand gemacht ist.« In Bologna schließlich sieht er die heilige Agatha von Raffael, und er schreibt über die Darstellung Raffaels: »Er hat ihr eine gesunde, sichre Jungfraulichkeit gegeben ohne Reiz, doch ohne Kälte und Roheit. Ich habe mir sie wohl gemerkt und werde diesem Ideal meine Iphigenie vorlesen und meine Heldin nichts sagen lassen was diese Heilige nicht sagen könnte.« Doch hier geht es um das Kunstideal eines weiblichen Typus, der zur symbolischen Darstellung kommt. Indessen hat Goethe wenig Hemmungen, Charlotte die Vorzüge der italienischen Frauen zu schildern. Sie gefallen ihm, er mag den südländischen dunklen Typ. Aber es bleibt nicht bei der stillen Betrachtung äußerer Vorzüge. Er will wissen, wie sie es mit den Männern halten, diese Schönen des Südens, wie es um ihr Liebesleben, um Moral und Sitte steht. In Vicenza stellt er sich (er schildert auch das Charlotte in Weimar) in eine Ecke und blickt den Schönheiten »recht scharf« ins Gesicht, um herauszufinden, ob »ihre Reize feil sind«. Nicht mehr als eine, sagt er, habe er gesehen, von der er dieses behaupten könne. Und auch in der Kunst steigt ihm im Verlauf der Reise nach Rom schon ein Frauenbild auf, das der Madonna und all ihren Implikationen reichlich entgegengesetzt ist. Angesichts der Darstellung einer Szene im Paradies stellt er fest: »Die Eva ist doch das schönste Weibgen auf dem Bilde und noch immer von Alters her ein wenig lüstern.«

Charlotte von Stein hat mittlerweile ihren Fritz wieder zu sich genommen. Goethe war der Meinung, man könne ihn doch im Gartenhäuschen lassen, bis er selbst wiederkomme, und den Diener Seidel zu seiner Aufsicht bestellen. In der gestörten Kommunikation mit der Mutter ist Fritz immer wieder ein Bindeglied, vielleicht auch ein Vorwand, wenn Goethe den klaffenden Abstand mit Verlegenheitsfloskeln zu füllen versucht. Dreimal hintereinander erwähnt er in einem Brief, daß er Fritz schöne Schwefelabdrücke mitbringen will. Dabei weiß er keineswegs zu sagen, wann er wiederkommen wird. Den Weimarer Freundeskreis und auch den Herzog hält er mit dehnbaren Äußerungen hin. Man muß bedenken, daß der Geheimrat für die gesamte Dauer seiner Reise sein volles Gehalt als Minister weiterbezog – ungeachtet der Tatsache seines heimlichen Aufbruchs und eigenmächtiger Abwesenheit. Das muß man sich leisten können! Im Januar des neuen Jahres schreibt er nebulös an den Freundeskreis. »Nach allem diesen muß ich noch von der Unschlüßigkeit reden die mich wegen meines Aufenthaltes in Italien anwandelt. In meinem letzten Brief schrieb ich meinen Vorsatz: gleich nach Ostern von Rom zu gehen und meiner Heimath zuzurücken. Ich werde bis dahin noch einige Schaalen aus dem grosen Ocean gschlürft haben und mein dringendstes Bedürfnis wird befriedigt seyn. *Ich bin von einer ungeheuren Leidenschafft und Krankheit geheilt, wieder zum Lebensgenuß, zum Genuß der Geschichte, der Dichtkunst der Alterthümer geneßen* und habe Vorrath auf Jahrelang auszubilden und zu kompletieren.« Goethe ist eifrig bemüht, seinen Italienaufenthalt als Bildungsurlaub zu charakterisieren, der auch seinen Weimarer Aufgaben zugute kommen werde. Das stimmte wohl zum Teil, besonders, wenn man bedenkt, daß Goethe seine Selbsterziehung und individuelle Entwicklung als bedeutenden Teil seiner Lebensaufgabe betrachtete, von dem alles weitere abhing. Aber der Grundzug dieser Reise, ihr Anlaß und die Erfahrungen hatten etwas anderes zum Zweck: Abstand vor allem zu den Weimarer Verhältnissen, Entspannung und Lösung, das vorwiegend sinnliche Abtauchen in eine südliche Welt unter südlichem Himmel – und dazu gehörte natürlich auch die Kunst. Doch wie nötig dieser Abstand war, konnte er freilich den zurückgebliebenen Freunden so deutlich nicht sagen. Von welcher »ungeheuren Leidenschaft und Krankheit« fühlt er sich aber geheilt? Von den selbstzerstörerischen Zügen seiner Seele, von der »Werther«-Krankheit? Von der Kulturkrankheit des »Nordens«, der Suche nach Unendlichkeit, notwendiger Beschränkung, Zerrissenheit? Von einem fremdbestimmten, überlasteten Leben? Oder auch sehr konkret von seiner Liebe zu Charlotte, die er selbst schließlich einmal als Krankheit bezeichnete und die ihm damals noch lieber war als die vollkommenste Gesundheit? Goethe wird von Rom aus bald sagen: »Wie das Leben der letzten Jahre wollt ich mir eher den Tod gewünscht haben.« Eine verletzende Aussage gegenüber der Frau, die dieses Leben zehn Jahre lang teilte! Die Kommunikationssperre hat Charlotte mittlerweile aufgehoben. Ihren radikalen Bruch mit Goethe hat dieser mühsam gekittet. Sie schreibt ihm wieder, doch sie bittet ihn, ihre Briefe gleich nach Erhalt zu zerreißen. Die folgenden Sätze, die Goethe ihr zur weiteren Rechtfertigung im Januar zukommen läßt, findet sie dem Gegenstand nach entschieden lächerlich, zu hoch gegriffen, und das zeigt, daß sie im Grunde seine Lebenskrise und seinen übermächtigen Individualismus nicht verstanden hat. »Dein Brief vom 1. Jan.«, schreibt Goethe, »ist mir gekommen und hat mir Freude und Schmerzen gebracht. Dazu kann ich nichts weiter sagen als: ich habe nur Eine Existenz, diese hab ich diesmal g a n z gespielt und spiele sie noch.

Komm ich leiblich und geistlich davon, überwältigt meine Natur, mein Geist, mein Glück, diese Krise, so ersetz ich dir tausendfältig was zu ersetzen ist. – Komm ich um, so komm ich um, ich war ohne dies zu nichts mehr nütze.« Manche Interpreten haben gemutmaßt, der Bund dieser beiden hätte sich erhalten lassen, wenn Charlotte mehr Verständnis für die Lebenskrise Goethes und die Notwendigkeit einer Neuordnung aufgebracht hätte. Aber es war doch mehr als das. Was folgen mußte, war eine ganz neue Einstellung, die auch Goethes Verhältnis zu den Frauen betraf, eine neue, verjüngende Lebensform und neue Erfahrungen. Mysteriöse Bemerkungen macht er auch in den Briefen an Charlotte, der er noch an jedem Posttag schreibt. Was er konkret mit solchen Bemerkungen meint, bleibt einigermaßen im Dunkeln. »Meine Existenz hat nun einen Ballast bekommen, der ihr die gehörige Schweere giebt ich fürchte mich nun für denen Gespenstern nicht mehr, die so oft mit mir gespielt haben.« Noch immer durchsetzt von den alten, ewigen Liebesbeteuerungen, schildert er Charlotte die Begeisterung über sein römisches Leben. »Warum nicht früher! Warum nicht wohlfeiler!«, ruft Goethe aus, äußert sich bezüglich seiner weiteren Pläne in allgemeinen Wendungen und reist im Februar weiter nach Neapel.

Sizilien

Als er von Rom abreist, schreibt Goethe an Charlotte: »Ich hoffe es soll alles gut gehn, mein lange mühseliges Leben, soll sich gegen das Ende erheitern.« Was will er mit solchen Phrasen erreichen? Am liebsten wäre ihm, Charlotte würde ihm eine eindeutige Antwort auf seine Frage geben, ob er seiner Reise in den Süden noch Sizilien anschließen soll oder nicht. Die aber hütet sich. Wenn Goethe nicht freiwillig nach Weimar zurückkommt, wird sie auch nicht die Verantwortung für seine Pläne übernehmen. Die klarsichtige, entschlußsichere Frau steht einem zaudernden Mann gegenüber, der sich auf die Flucht begeben hat, verhaltene Treuebekundungen abgibt und dann auch noch sein weiteres Fortgehen in ihre Hände legen möchte. So bleibt er auf weiter unbestimmte Zeit im sonnigen Süden. Die »zweifelhafte Lage«, in der er sich laut eigener Aussage befindet, bleibt indes dadurch bestehen, daß es schließlich, wie er feststellt, letztenendes ganz egal sei, ob er in Rom, in Frankfurt oder in Weimar sitze. Rom sei aber doch »der einzige Ort in der Welt für den Künstler und ich bin doch einmal nichts anders.« Auf die Geheimratsrolle hat er jedenfalls noch keine Lust. Friedrich Schiller, ein damals junger, aufstrebender, doch in schwierigen Umständen lebender Dichter, kommt zu dieser Zeit nach Weimar und kommentiert die Situation der Residenzstadt und des flüchtigen Ministers auf seine Art: »Während er in Italien malt, müssen die Voigts und Schmidts für ihn wie die Lasttiere schwitzen. Er verzehrt in Italien für Nichtstun eine Besoldung von 1800 Thalern, und sie müssen für die Hälfte des Geldes doppelte Lasten tragen.« Mittlerweile bewegt sich in Deutschland so manches. Goethe, der keine Zeitungen liest, wird zugetragen, daß Friedrich der Große gestorben ist. Jetzt kann Carl August sich seinen langgehegten Wunsch erfüllen: als Kommandeur eines Kürassierregiments nach Preußen gehen und sich in die große Politik stürzen. Für Goethe kein Grund, seine Rückkehr zu beschleunigen oder mehr als einen Gedanken an das Schicksal des Reiches oder des Weimarer Herzogtums zu verschwenden. Er ist selig unter seiner südlichen Sonne …

Kurz vor seinem Aufbruch nach Neapel schreibt Goethe an Charlotte einen denkwürdigen Brief. Jahrzehnte später findet er ihn in seinen Unterlagen und schenkt ihn seinem Altersfreund Zelter, mit der Bemerkung, da habe er ein Zeugnis von dem »Wendepunkt des ganzen Abenteuers«. Wieder eine jener zahlreichen, bewußt rätselhaft gehaltenen Bemerkungen über Goethes Beziehung zu Charlotte von Stein. Goethe packt gerade seine Koffer und benutzt den »Augenblick Raum zwischen dem Einpacken«, um der fernen Freundin ein paar Worte zu schreiben. Es folgt der schon erwähnte Satz, daß sich sein lange mühseliges Leben nun erheitern solle. Schließlich heißt es (und eigentlich klingen diese Sätze hier erstmals ganz offen, wie in alten Zeiten, wenngleich inhaltlich so ganz anders): »An dir häng ich mit allen Fasern meines Wesens. Es ist entsetzlich was mich oft Erinnerungen zerreißen. Ach liebe Lotte du weist nicht welche Gewalt ich mir angethan habe und anthue und daß der Gedanke dich nicht zu besitzen mich doch im Grunde, ich mags nehmen und stellen und legen wie ich will aufreibt und aufzehrt. Ich mag meiner Liebe zu dir Formen geben welche ich will, immer immer – Verzeih mir daß ich dir wieder einmal sage was so lange stockt und verstummt. Wenn ich dir meine Gesinnungen meine Gedancken der Tage, der einsamsten Stunden sagen könnte. Leb wohl. Ich bin heute konfus und fast schwach. Leb wohl Liebe mich, ich gehe nun weiter und du hörst bald von mir und sollst durch mich noch ein Stück Welt weiter kennen lernen.« Dies ist der melancholische Rückblick auf eine Liebe, die durch ihre hochgespannte Idealisierung am Allzumenschlichen gescheitert ist. Goethes nachdenkliche Äußerungen umschreiben den prekären Punkt aus der Erinnerung – die hohen Formen, die er dieser Liebe gab, waren ein Notbehelf. Er hat sich »Gewalt« damit angetan, obwohl diese Formen ihn gesteigert haben und vor allem seine dichterische Arbeit dieser Phase auf einen einzigartigen Brennpunkt gerichtet haben. Goethe selbst ist unterwegs zu neuen Formen – daher die heimliche Flucht, die Reise in südliche und sonnige Gefilde, unter ein »sinnliches Volk«. Was mit der Frau wird, der er ewige Liebe geschworen hat, kann er noch nicht sagen. Ihr Bild verblaßt unter südlichem Himmel. Er gesteht es ihr und sich nicht ein, daß »Lidas Zeit« vorbei ist.

Über einen Monat verbringt Goethe in dem bunten, pulsierenden Neapel. Er reist jetzt unter seinem wirklichen Namen und verkehrt unter anderen in dem extravaganten Haus des britischen Botschafters Lord Hamilton. In Hamilton begegnet Goethe ein Kunstkenner, Gesellschaftsmensch und Mann von Welt. Als einer der ersten sammelte Hamilton antike Vasen als Kunstgegenstände. Extravagant ist auch Hamiltons Geliebte Emma Harte. Die spätere Lady Hamilton führt im Hause ihres Geliebten für die Gäste Schleiertänze auf, deren Posen den Motiven antiker Vasen entnommen sind. Goethe ist entzückt von der Schönheit der Dame, aber er nennt sie ein »geistloses Wesen«, deren oberflächliche Antiken-Nachahmung seine Liebe zum Original kränken. In der »Italienischen Reise« heißt es dagegen: »Der Ritter Hamilton, der noch immer als englischer Gesandter hier lebt, hat nun nach so langer Kunstliebhaberei, nach so langem Naturstudium den Gipfel aller Natur- und Kunstfreude in einem schönen Mädchen gefunden.« Das ist ganz antike Daseinsfreude, Winckelmanns Programm, wie Goethe sagt: »das letzte Produkt der sich immer steigernden Natur ist der schöne Mensch.«

Neapel ist ein ständiges Fest. Das bunte Leben hier wirkt auf Goethe so stark, daß er sich einmal beklagt, er komme nicht mehr zu Sinnen. Er ist auch hier in den Gesellschaftskreisen sehr beliebt und schreibt an Charlotte, man wolle ihn überall behalten. Er stellt jedoch wieder fest, daß er eigentlich kein »Weltmensch« sei. Goethe ist ein überaus offener und vorbehaltloser Reisender. Er fürchtet sich vor keiner Unbequemlichkeit, beklagt sich nicht über die schlechten Straßen oder die mangelnde Hygiene der Gasthäuser und bringt dem Land, das er bereist, eine grundsätzliche Sympathie entgegen. Er will lernen, genau hinsehen und beobachten, und da läßt er sich auch von seinem Reiseführer nicht auf falsche Fährten locken. Im »Volkmann« liest er, daß die Neapolitaner lauter Müßiggänger seien – dreißig- bis vierzigtausend gebe es davon in der Stadt. Goethe bemerkt darauf sehr kritisch, das sei ein reines deutsches Vorurteil, die »nordische Ansicht«, »wo man jeden für einen Müßiggänger hält, der sich nicht den ganzen Tag ängstlich abmüht.« Wie aktuell und nachvollziehbar sind doch solche kulturellen Differenzen und Empfindlichkeiten! Goethe hat ein durchaus kritisches Verhältnis zum eigenen Land und zu seiner deutschen Herkunft: »Es kostet mich Aufpaßens biß ich meine kleinliche deutsche Art abschaffe.« Goethe empfindet seine Reise in den Süden auch für seine Lebensart, sein Weltempfinden als gewaltige Bereicherung. Er pflegt hier kein *dolce far niente*, doch er läßt sich treiben, er schaut und fühlt, sucht die sinnlichen Eindrücke und die leichtere Daseinsart. Wie er sagt, wird er nie mehr so glücklich sein wie in Italien. Er nähert sich diesem Volk an und sucht den direkten Kontakt. Er beobachtet den italienischen Alltag, den Alltag der Gewerbetreibenden, der Fischer und Händler. Auch die soziale Not nimmt er wahr, die nicht unbedingt dem schwärmerischen Italien-Bild seiner Landsleute entsprach. Da er die Sprache gut spricht, steht er nicht abseits. Aufgrund seiner Kleidung will er nicht gleich als Reisender wahrgenommen werden, und so paßt er sich den italienischen Gewohnheiten an und besorgt sich die entsprechende Garderobe, um sich zu assimilieren.

Weiter geht es nach Sizilien. Den Vesuv schaut sich Goethe noch an und erlebt hier ein weiteres großes Naturschauspiel. Zu Schiff begibt sich Goethe nach Palermo und von da aus quer über die Insel bis Messina. Im äußersten Süden Italiens will er die kaum bekannten

Gegenden zeichnen und topographisch exakte Landschaftsdarstellungen dieser Gegenden mitbringen. Außerdem reizt ihn die Vegetation, die seine botanischen Studien vorantreibt. Er sei jetzt dem Geheimnis der Pflanzenbildung auf der Spur, schreibt er nach Weimar. Im Garten von Palermo meint er die Ur-Pflanze zu entdecken und damit den Bauplan aller Pflanzen und ihres inneren Gesetzes. Unter der sengenden Sonne Siziliens ergreifen ihn die Erscheinungen des Wandelns und Umwandelns organischer Geschöpfe. Ein Faszinosum wird die pflanzliche Zeugung, zu der Goethe auf der Rückreise von Rom nach Weimar ein Jahr später umfangreiche Notizen macht.

Ein kleines Notizbuch ist erhalten, in dem neben Bemerkungen zu Sehenswürdigkeiten und Kunstgegenständen, Adressen, Werkskizzen, lateinischen Zitaten das Thema der pflanzlichen Zeugung einen besonderen Raum einnimmt. Die bildhaften Darstellungen und Überlegungen entbehren nicht der erotischen Implikationen. »Inseckten die sich an die zarten ausschlagenden Fichtenzweige setzen und durch ihr saugen die Säfte ableiten. Es werden die grünen hervorkeimenden Blätter biß auf weniges verschlungen und es entsteht eine Art von Tannzapfen (Zeichnungen). [...] Die Wurzel ist der gierige Theil der Pflanze Nahrung einzuziehen. In ihrem erste(n) Zustande gierig gegen die Sam(en) Feuchtigkeit. Begriff von Marck. Nämlich des Kernes. Meelich. Milchich. Erläuterndes Beispiel von einem abgeschnittn(en) Zweig (Zeichnungen). [...] Je mehr die Zeugungskraft bey einem Wesen subordiniert ist desto schwerer ist es zu erklären (seine Existenz zu verstehen). Wo die Zeugungskraft und die Existenz einander gleich sind desto erklärbarer ist das Wesen. Pflanzen. [...] Sobald ein Geschöpf vollendet ist entwickeln sich in ihm seines gleichen. Sind die Mänchen immer ausserhalb der Weibchen. [...] Nectarium wenn zwischen den Blumenblättern und den Zeugungstheilen noch andre Veränderungen der Blätte(r) vorhergehen müssen. – Die Zeugung ist eine Determination der schon völlig gebildeten und abgesonderten Pflanze(n). Einheit daß sie marckige Nahrung aus der Pflanze ansich ziehe: diese Determination geschieht durch den Weg der Wurzel.« Leben und Fortpflanzen werden als eines gedacht. Es bleibt ein Faszinosum – und nicht nur im pflanzlichen Bereich, wo die Geheimnisse am größten sind.

Erotica Romana

Anfang Juni kehrt Goethe nach Rom zurück, wo er von nun an noch fast ein weiteres Jahr bleibt. Er hat auf Sizilien noch manches gesehen, zum Beispiel die Ruinen eines griechischen Tempelbaus aus der griechischen Frühzeit. Doch der Anblick hat Goethes an Winckelmann geschulte Antikenvorstellung empfindlich gestört. Schwer, stumpf, massig und enggedrängt wirkt dieser Tempel auf ihn, dessen Auge an die spätrömische Kunst oder Palladios Klassizismus gewöhnt ist. Auf dem Rückweg kann er sich bei einem weiteren Besuch schon eher damit anfreunden, aber es bleibt eine befremdende Wirkung zurück. Nichts würde eigentlich dagegen sprechen, von Sizilien aus nach Griechenland überzusetzen. Goethe erhält sogar ein Angebot, doch er lehnt ab. Er will sich sein Ideal erhalten, zu dem es nicht passen würde, das reale Griechenland als ein historisches Land zu betrachten und zu betreten. Den deutschen Klassikern bleibt Griechenland ein arkadisch-zeitloser Raum, antike Ideallandschaft.

Ideal-zeitlos, aber nicht mehr gegenwärtig war auch Goethes Liebe zu Charlotte in Weimar geworden. Aus Palermo schrieb er ihr: »Leb wohl Geliebteste mein Herz ist bey dir und jetzt da die Weite Ferne, die Abwesenheit alles gleichsam weggeläutert hat was die letzte Zeit über zwischen uns stockte, so brennt und leuchtet die schöne Flamme der Liebe der Treue, des Andenckens wieder fröhlich in meinem Herzen.« Er schwärmt und bekennt aus alter Gewohnheit, während die erwähnte Läuterung in die äußerste Sublimation eines unbeweglichen Bildes übergeht. Das »Andencken« gehört einer unwiederbringlichen Vergangenheit an.

Als er das erstemal zur Karnevalszeit in Rom war, hat Goethe das Treiben als abgeschmackt bezeichnet, womit er nichts zu tun haben wolle. Denkt man an die lebhafte Schilderung des »Römischen Carnevals« auf dreißig Seiten der »Italienischen Reise«, dann glaubt man nicht so recht an Goethes Gleichgültigkeit. Das »ausschweifende [...] Fest« ist ein einziges Schauspiel sinnlich-plastischer Vergegenwärtigung des natürlichen Lebens, und in einer abschließenden »Aschermittwochsbetrachtung« resümiert Goethe: »Wenn uns während des Laufs dieser Torheiten der rohe Pulcinell ungebührlich an die Freuden der Liebe erinnert, denen wir unser Dasein zu danken haben, wenn eine Baubo auf öffentlichem Platze die Geheimnisse der Gebärerin entweiht, wenn so viele nächtlich angezündete Kerzen uns an die letzte Festlichkeit erinnern, so werden wir mitten unter dem Unsinne auf die wichtigsten Szenen unsers Lebens aufmerksam gemacht.«

Goethes Leben in Rom nimmt auf die begonnene Weise seinen Fortgang. Mit seinen Hausgenossen am Corso – den jungen Malern Bury, Lips und Schütz – tauscht er sich über seine künstlerische Arbeit aus. Im November gesellt sich dem Kreis in dem Haus der alten Wirtsleute noch der Komponist Philipp Christoph Kayser hinzu, so daß die Künstlerrunde komplett ist. Da wird auch manchmal ein wenig gefeiert, mal gibt der eine, dann der andere ein Fest. Goethes Zeichenstudium und seine anatomischen Studien gehen weiter. In einem Abendkurs des Baumeisters und Zeichners Maximilian Verschaffelt lernt Goethe Perspektive, Bildaufbau und Farbgebung – alles orientiert am antiken Ideal. Er modelliert auch in Ton und schreibt darüber an Charlotte: »Die menschliche Gestalt tritt in alle ihre Rechte und das übrige fällt mir wie Lumpen vom Leibe. Ich habe ein Prinzip gefunden das mich wie ein Ariadnischer Faden durch die Labyrinthe der Menschen Bildung durchführen wird.« Seine Pläne zur Rückkehr nach Weimar erwähnt Goethe inzwischen nicht mehr. Es fragt ihn niemand, also sagt er auch nichts und bleibt bis auf weiteres. Seine Abende verbringt er oft in der Taverne, und dort gibt es ein sinnliches Anschauen der anderen Art. Die »Osteria alla Campana« wird sein Stammlokal, und hier findet Goethe Geschmack an einer jungen italienischen Schönheit namens Faustina. So jedenfalls nennt er sie in dem erotischen Gedicht-Zyklus, in dem er sein Erlebnis mit der Römerin verarbeitet. Die junge Frau ist bereits Witwe und soweit mittellos, daß sie in der Taverne als Kellnerin arbeiten muß, um sich und ihr Kind durchzubringen. Nach Goethes Erinnerungen ist sie meistens in Begleitung ihres Oheims in der Osteria, und der freundliche Oheim sieht zu, wie Faustina mit dem Fremden am Tisch sitzt, beim Wein, und, bedeutungsvoll blickend, Stunde und Treffpunkt ihrer Verabredungen mit dem in den verschütteten Wein getauchten Finger auf den Tisch schreibt. Da wird nicht lange gefragt und gedichtet. Der Dichter aus Deutschland »beherrscht« ziemlich bald darauf »römischen Busen und Leib«. Wahrscheinlich finden Goethes römische Nächte in seinem Zimmer am Corso statt, wo das zweite Kopfkissen auf dem großen Bett, von bedeutungsvollen Zeilen begleitet, auf Tischbeins Zeichnung ins Zentrum gerückt wird. Die Mutter Faustinas ist der Affäre ihrer Tochter so gewogen wie der Oheim, denn durch den wohlhabenden Reisenden kommen Geschenke und ein wenig Wohlstand ins Haus. Man kann auch sagen, daß Goethe die Römerin aushielt, aber das tut nichts zur Sache. Eine junge, frische und unbedenkliche Sinnlichkeit strömt dem Dichter in Faustina entgegen. Die schöne Italienerin genießt die Stunden mit dem »freien, rüstigen Fremden« wie dieser. Es ist wie in der heroischen Zeit, »da Götter und Göttinnen liebten« –

»Folgte Begierde dem Blick, folgte Genuß der Begier.«

Der Dichter entledigt seine Geliebte ihres einfachen wollenen Kleides und trägt sie scherzend aufs Bett. Kein überflüssiger Tand, Schmuck, Brokatrock und Fischbein, wie er es in der Gesellschaft adeliger Damen gewöhnt ist. Hier ist der »echte nackete [...] Amor« am Werke, und ein brokatener Rock hebt sich am Ende wie ein wollener auf. Leben und Liebe laufen ohne Umweg auf die eine Freude hinaus, die im Gedicht gefeiert wird: die körperliche Liebe. Diese steht im Gegensatz zu den Gepflogenheiten der feinen Gesellschaft, denn sie ist natürlich, frei, ursprünglich und gleich unter den Menschen. Der Dichter huldigt nur ihr und will von den Gesellschaftsformen und ihren Repräsentantinnen fern in der Heimat nichts mehr wissen. Denn: »Tafel, Gesellschaft und Cors und Spiel und Oper und Bälle / Amorn rauben sie nur oft die gelegenste Zeit. [...] Uns ergötzen die Freuden des echten nacketen Amors / Und des geschaukelten Betts lieblicher karrender Ton.«

Ursprünglich wollte Goethe diese Verse unter den Titel »Erotica Romana« stellen. Er bekam Zensurprobleme damit und hat so zunächst den Titel in »Römische Elegien« abgeschwächt. Dann wurden zur Veröffentlichung Teile daraus, zu denen auch der zitierte gehört, ganz gestrichen. Die Elegien nach dem Vorbild der erotischen Elegien der Antike wurden in Weimar, etwa zwei Jahre nach Goethes Begegnung mit Faustina, verfaßt und sind auch in bezug auf ein anderes erotisches Erlebnis zu sehen. Doch die Erinnerung an Goethes römische Geliebte atmet noch die Sinnenfreude als einen Akt des Erwachens. Es hat vorher in Weimar andere Formen der Liebe gegeben, die das Herz auf Jahre kranken ließen. Ihre Wirkung bezeichnet der Dichter im Rückblick als »schleichende(s) Gift«, von dem er nun endlich geheilt ist:

Vielfach wirken die Pfeile des Amor: einige ritzen,
Und vom schleichenden Gift kranket auf Jahre das Herz.
Aber mächtig befiedert, mit frisch geschliffener Schärfe,
Dringen die andern ins Mark, zünden behende das Blut.

Die vollmundige Begeisterung in diesen Versen und Bekenntnissen erweckt leicht die Vermutung, daß hier die volle sexuelle Erfüllung zum erstenmal erlebt wurde. Um diese Vermutung zu bekräftigen, pflegt man einen Brief Goethes an den Weimarer Herzog zu zitieren, in dem er jenen als »doctor longe experimentissimus«, einen Gelehrten mit überaus langer Erfahrung, bezeichnet und seinerseits nun auch »von einigen anmutigen Spaziergängen« erzählen könne. Goethe schreibt: »So viel ist gewiß und haben Sie, als Doctor longe experimentissimus, vollkommen recht, daß eine dergleichen mäßige Bewegung das Gemüt erfrischt und den Körper in ein köstliches Gleichgewicht bringt. Wie ich solches in meinem Leben mehr als einmal erfahren, dagegen auch die Unbequemlichkeit gespürt habe, wenn ich mich von dem breiten Wege auf dem engen Pfad der Enthaltsamkeit und Sicherheit einleiten wollte.« In seiner idealisierten Beziehung zu Charlotte hat Goethe in »Enthaltsamkeit und Sicherheit« gelebt, in einem wenigstens überwiegenden sexuellen Entsagen. Auf jeden Fall wird klar, daß der nun achtunddreißigjährige Goethe in Rom ein sinnliches Erwachen erlebte. Die junge Faustina ist sozusagen die Verkörperung seines Italien-Erlebnisses, nach dem sich alle seine Begriffe verändern. An Charlotte schreibt er unmutig, er könne es nicht mehr hören, wenn sie ihm von ihren Übeln, ihrem Zahnweh und so weiter schreibe. Er selber habe doch hier in Italien keine Empfindung aller der Übel, die ihn »in Norden« peinigten, obwohl er hier mit derselben Konstitution lebe wie »unter dem unglücklichen Hinmmel« in Weimar. »Ich habe manche Anzeigen daß ich dieses Wohlseyn, wie manches andre Gute, in Italien zurücklassen werde.« Das alles klingt überaus feinfühlig …

Noch eine andere Bedeutungsebene haben die »Erotica Romana«; schon das sprachliche Spiel in der Umkehrbarkeit von ROMA und AMOR deutet es an: die Aneignung der kulturellen Welt der Antike durch die Liebe in Gestalt einer Frau. Und so ist die Begegnung des Dichters mit Faustina wie später die Begegnung des nordisch-germanischen Faust mit der griechischen Helena Ausdruck einer Kulturrezeption. Die Repräsentantin der Antike in Gestalt der Schönen erschließt dem nordischen Fremden die geheimen Bezüge der antiken Welt. Die Liebesbegegnung macht die Erschließung, Adaption und Spiegelung erst möglich. Dieser Weg der Erkenntnis verläuft über die Sinne. Äußerst genußvoll und plastisch geschieht das in Rom bei Faustina, denn der Reisende auf klassischem Boden versteht die Werke der Alten, den Marmor, die Skulpturen und die Gesetze der Gestalt erst, als er den Körper Faustinas erlebt. Das reine Studium, Lektüre und Betrachtung haben ihm solche Einsichten nicht vermittelt. Und schließlich – wie es bereits in der ersten Elegie heißt: Ohne die Liebe wäre die Welt nicht die Welt und wäre denn Rom auch nicht Rom.

Froh empfind ich mich nun auf klassischem Boden begeistert;
Vor- und Mitwelt spricht lauter und reizender mir.
Hier befolg ich den Rat, durchblättre die Werke der Alten
Mit geschäftiger Hand, täglich mit neuem Genuß.
Aber die Nächte hindurch hält Amor mich anders beschäftigt;
Werd ich auch halb nur gelehrt, bin ich doch doppelt beglückt.
Und belehr ich mich nicht, indem ich des lieblichen Busens
Formen spähe, die Hand leite die Hüften hinab?
Dann versteh ich den Marmor erst recht; ich denk und vergleiche,
Sehe mit fühlendem Aug, fühle mich sehender Hand.
Raubt die Liebste denn gleich mir einige Stunden des Tages,
Gibt sie Stunden der Nacht mir zur Entschädigung hin.
Wird doch nicht immer geküßt, es wird vernünftig gesprochen;
Überfällt sie der Schlaf, lieg ich und denke mir viel.
Oftmals hab ich auch schon in ihren Armen gedichtet
Und des Hexameters Maß leise mit fingernder Hand

Ihr auf den Rücken gezählt. Sie atmet in lieblichem Schlummer,
Und es durchglühet ihr Hauch mir bis ins Tiefste die Brust.
Amor schüret die Lamp indes und denket der Zeiten,
Da er den nämlichen Dienst seinen Triumvirn getan.«

Da ihn der Herzog allmählich an seine Weimarer Pflichten erinnert, muß Goethe an die Heimreise denken. Zwei Jahre Urlaub im Süden mit vollem Ministergehalt neigen sich dem Ende zu. Goethe zieht ein letztes Resümee seiner Reise und schreibt dem Herzog: »Die Hauptabsicht meiner Reise war: mich von den physisch-moralischen Übeln zu heilen die mich in Deutschland quälten und mich zuletzt unbrauchbar machten; sodann den heißen Durst nach wahrer Kunst zu stillen, das erste ist mir ziemlich das letzte ganz geglückt.«

Bei aller Bemühung um eine Ausbildung als Maler ist Goethe durch das Erlebnis Italien doch wieder zu seinem eigentlichen Metier zurückgekehrt, der Dichtkunst. Er ahnt, daß er sich zumindest in dieser Hinsicht in seinem Universalismus einschränken muß. Auf eine Neuordnung seiner Weimarer Verhältnisse muß alles irgendwie hinauslaufen. Schon von Rom aus beginnt Goethe, die Fäden zu spinnen und sein ministerielles Aufgabenfeld zu beschränken. Für sein neues Lebensgefühl weiß er indessen noch keinen geeigneten Boden.

Seinen Abschied von Rom beschreibt Goethe in wehmütigen Tönen, denn er weiß, er wird hier etwas zurücklassen, was er als unwiederbringlich empfindet. Was er in Weimar zu erwarten hat, das weiß er nicht. Goethe nimmt sich viel Zeit für die Rückreise und schreibt in dem bereits erwähnten Notizbuch seine mannigfachen Reflexionen nieder. Seine Werkausgabe hat er in Italien weitgehend vorbereitet. Goethe tritt seine Rückreise auf anderem Wege an und außerdem bedächtiger, müßiger als bei seiner hektischen Reise von Karlsbad nach Rom: über Mailand und am Comer See vorbei, über die Schweiz nach Konstanz, Biberach, Nördlingen, Nürnberg, Bamberg, Coburg und Jena. Er bleibt fast zwei Wochen in Florenz und sieht in Mailand das berühmte »Abendmahl« von Leonardo da Vinci. Am 18. Juni 1788, »in einer Mondnacht«, trifft der Reisende wieder in Weimar ein.

Ernüchternde Rückkehr

Noch nach Jahrzehnten malt Goethe das Erlebnis seiner Rückkehr nach Weimar in den düstersten Farben. Zwei Jahre Italien, Ungebundenheit und Künstlerleben hatten eine große Kluft geschaffen zu der kleinen Welt, die ihn jetzt wieder erwartete. Auf den ersten Blick hatte sich diese kaum verändert. Das Städtchen lag in seiner verschlafenen Ruhe, die Gesellschaft erging sich gewohnheitsmäßig in ihren halb-aristokratischen Kleinstadt-Vergnügungen, und jeder kannte jeden, jeder wußte, was der andere tat. Goethes Seele war in Rom, dieser Hauptstadt der Kunst, »der alten Welt«, weit geworden. Der Umgang mit den Künstlern in Rom hatte ihn auf unkonventionelle Art lässig-weltmännisch gemacht. Sein sinnliches Italien-Erlebnis, die Landschaft, die italienische Mentalität, die Geliebte Faustina hatten sein Lebensgefühl von Grund auf verändert. Die alte Existenz aus der Zeit vor der Reise war unmöglich wieder aufzunehmen. Die Freunde schließlich: die Herders, der Herzog, Knebel, Charlotte ... Goethe erwartet einen begeisterten Empfang und ist enttäuscht, ja er fühlt sich zurückgestoßen. Will denn niemand von seinen Erlebnissen hören, von all dem, was er in Italien in sich aufgenommen hat? Doch auch in dem Weimarer Kreis, in jedem Einzelnen, ist mittlerweile manches vorgegangen, und Goethes Erwartung einer ungebrochen-begeisterten Aufnahme ist kindlich genug: Er selbst flieht über Nacht, läßt alles stehen und liegen, erklärt aus der Ferne, wie entbehrlich er in Weimar sei und wie froh, von dort wegzukommen; nach zwei Jahren dann kehrt er zurück und erwartet alte Herzlichkeit und alte Treue, als sei nichts geschehen. Nur er schließlich, der Künstler-Genius, hat sich verändert. Seine Wandlung durch die zurückliegende Reise ist ein Ereignis der Steigerung, und darum soll es auch der Mitwelt gehen. Sie soll enthusiastisch daran teilnehmen, ungeachtet des inneren Abstands, der durch seine Flucht entstanden ist.

Vor ihrer ersten Begegnung haben sich Goethe und Charlotte wohl gleichermaßen gefürchtet. Charlotte ist gealtert; sie muß gealtert sein nach den Problemen der vergangenen zwei Jahre und durch den natürlichen Lauf der Zeit. Ihr Sohn Ernst ist im Alter von neunzehn Jahren qualvoll gestorben. Im vergangenen Sommer hat Charlotte noch versucht, ihn nach Karlsbad zu transportieren, doch Ernst starb auf dem Weg dorthin in einem kleinen Dorf im Erzgebirge. Die Gemütskrankheit des Gatten Josias verschlimmerte sich nach dem Tod des Sohnes. Und Charlotte selbst war dem Alter nach mitten in den Wechseljahren, als Goethe nach Italien ging und als er zurückkam.

Von der ersten Begegnung berichtet Goethe in einem späteren Erzählfragment, und noch aus der Erinnerung klingen die kühle Atmosphäre, die Entfremdung und Goethes Enttäuschung heraus. Charlotte gibt sich kühl, um gleich die entsprechenden Zeichen zu setzen. Goethe will von Italien erzählen, im alten und vertrauten Tonfall, doch da wendet sich die Freundin in besonders liebevoller Weise ihrem Hund »Luluchen« zu, einem Spitz, den Goethe nicht leiden kann. Er konnte Hunde grundsätzlich nicht leiden. Hier aber empfindet er die Geste als persönliche Zurückweisung, was sie auch sein sollte. Er verstummt, geht zur Tür, verläßt Charlottes Haus, wandert vielleicht ziellos durch das kleinstädtische Weimar, in den Park, zum Gartenhäuschen ... Die Stille in dem kleinen Tal, das früher so heilsame Naturerlebnis in seinem einsamen Garten am Stern kann ihn jetzt aber auch nicht mehr trösten. Alles kommt ihm nur noch klein und eng vor, provinziell und ohne Reiz. Goethe fühlt sich elend, unverstanden, ohne Heimat. Warum hat er sein wunderbares römisches Leben verlassen, um es gegen dieses hier einzutauschen? Ja, warum eigentlich? Goethe war frei und ungebunden. Seine wirtschaftliche Situation hätte ihm ohne weiteres ein Leben als Künstler in Rom ermöglichen können, auch ohne Ministergehalt und die Bezüge des Herzogs. Er lebte sehr einfach in Rom und glücklich mit wenigen Mitteln. Aber hier in Weimar war sein gesellschaftlicher Stand der letzten zwölf Jahre begründet. Der geadelte Geheimrat war einem Herzog gegenüber, der ihn gefördert hatte, wie wenige Fürsten einen Günstling fördern würden, verpflichtet und dankbar. Die Bedeutung Weimars, einer kleinen, kaum bekannten Residenzstadt, hing in vorzüglicher Weise von der Gegenwart der großen Geister ab. Goethe und Weimar waren inzwischen längst zu einer Einheit verschmolzen. In den »Venezianischen Epigrammen« soll Goethe schließlich seinem Freund und Fürsten aus Dankbarkeit ein Denkmal errichten, »Denn mir hat er gegeben, was Große selten gewähren, / Neigung, Muße, Vertraun, Felder und Garten und Haus.«

Einen solchen Freund und solche Privilegien würde er nirgends mehr finden. Und was noch hinzukommt: Mit fast vierzig Jahren hat Goethe auch nicht mehr den Mut zu einem völlig neuen Anfang, zur Aufgabe seiner befestigten Stellung und Reputation, zu einer eruptiven Wendung ins rein Künstlerische. Sein Künstlertum bezog nämlich gerade auch aus seiner Reibung mit dem Gesellschaftlichen, aus dem Spannungsverhältnis und der Gegenläufigkeit zweier Welten seine Inspiration. So bleibt Goethe Minister und Dichter, Exzellenz und Poet. In seiner amtlichen Tätigkeit konzentriert er sich von nun an hauptsächlich auf kulturpolitische Aufgaben. 1789 wird er in die Schloßbaukommission berufen, 1791 übernimmt Goethe die Leitung des Weimarer Hoftheaters. Das Bibliothekswesen von Weimar und Jena untersteht Goethes Oberaufsicht, und ein besonderes Engagement widmet Goethe in den kommenden Jahren und Jahrzehnten den Einrichtungen der Jenaer Universität. An den Sitzungen des Geheimen Consiliums und der täglichen Verwaltungsarbeit muß sich Goethe seit seiner Rückkehr aus Italien nicht mehr beteiligen.

Charlotte will Klartext sprechen, und sie fordert eine Aussprache mit Goethe. Seine in früheren Zeiten auf ewig geschworene Liebe empfindet sie jetzt als Verrat, und sie drückt das sehr ungeschminkt aus. Doch Goethe windet sich wie eine Schlange und schiebt seine Unschlüssigkeit auf seine mangelnde Akklimatisierung in Weimar, auf die zurückliegende Reise, auf das schlechte Wetter... Das Wetter schließlich ist an allem schuld, jammert der Goethe aus dem Stück von Peter Hacks. Wie ihm in diesem ausnehmend feuchten und kühlen Thüringer Sommer die italienische Sonne und Wärme fehlt, erwähnt der echte Goethe bei jeder Gelegenheit. »Heute früh komm ich auch noch einen Augenblick«, murrt er, als wenn er sagen wollte, er komme, denn er könne es ja doch nicht vermeiden. Und dann heißt es: »Gerne will ich alles hören was du mir zu sagen hast, ich muß nur bitten daß du es nicht zu genau mit meinem jetzt so zerstreuten, ich will nicht sagen zerrißnen Wesen nehmest. Dir darf ich wohl sagen daß mein innres nicht ist wie mein äußres.« Dann geht er im Walde »so für sich hin« und sucht nicht, aber findet ...

Das Blumenmädchen und der Gartengott

Am 12. Juli geht Goethe seinen gewohnten Gang durch den Weimarer Park. Da tritt ihm auf der kleinen Brücke über der Ilm ein junges Mädchen, eine junge Frau entgegen, die artig knickst und ihm mit einigen begleitenden Worten eine Bittschrift überreicht. Sie ist die Tochter des ehemaligen Amtsarchivars Johann Friedrich Vulpius, der vor zwei Jahren an Trunksucht gestorben ist. In finanzielle Not geraten, hatte sich Vulpius in seinem Amt einer Unterschlagung schuldig gemacht, und Goethe selbst hatte 1782 im Geheimen Consilium über den Fall verhandelt. Überhaupt war die Familie Vulpius, eine an sich respektable Familie von Pastoren und Juristen, von Unglück und wirtschaftlicher Not verfolgt. Die Bittschrift der Tochter des Amtsarchivars gilt ihrem Bruder Christian August. Trotz der schlechten finanziellen Lage der Familie hatte er Jura und Geschichte in Jena und Erlangen studiert, war aber aus Geldmangel gezwungen worden, sein Studium abzubrechen. Er schrieb leicht und flüssig und hat eine ganze Menge Ritter- und Abenteuerromane verfaßt, unter anderem den noch heute gelegentlich gedruckten Räuberroman »Rinaldo Rinaldini«. Nach Abbruch seiner Studien ist er als Privatsekretär eines Freiherrn in Nürnberg untergekommen, doch nun droht ihm der Verlust seiner Stelle, weil ein anderer sich erboten hat, den ohnehin schlecht bezahlten Dienst für eine noch geringere Bezahlung zu machen. Mit dem Anliegen, sich doch vielleicht in Weimar für ihn einzusetzen, überreicht nun die dreiundzwanzigjährige Christiane den Bittbrief ihres Bruders dem Geheimrat Goethe. Goethe schaut sie an, mit Wohlgefallen. Dunkle Locken, natürlich fallend, rote Wangen, offene Augen und eine unbefangene Ausstrahlung. Christiane ist klein und etwas pummelig, doch Goethe mag weibliche Rundungen, je mehr, desto besser. Er erkundigt sich nach den Familienumständen, und Christiane erzählt vom Schicksal des Vaters, von ihrem schwierigen Leben mit den vielen Geschwistern, von ihrer eigenen Lohnarbeit in Bertuchs »Blumenfabrik« – junge bedürftige Mädchen nähen dort Blumen aus

Christiane von Goethe, geb. Vulpius

Taft- und Seidenresten zur Galanteriewaare der höheren Stände. Goethe hat davon gehört und Bertuchs Unternehmen sogar schon besichtigt, wie er sich erinnert. Dieser einzige Unternehmer in Weimar, nebenher Jurist, Schriftsteller, Buchhändler und Verleger, behagt Goethe aber irgendwie nicht, trotz oder wegen seiner Erfolge und Vielseitigkeit. Nun denn, es lasse sich wohl schon etwas für den Bruder tun. Er betrachtet Christiane; sie erwidert unbefangen seinen Blick, und gefackelt wird nicht lange, das hat er in Italien gelernt. Noch in derselben Nacht wird Christiane Goethes Geliebte. Unerfahren wird sie wohl nicht gewesen sein, obwohl es eine grobe Unterstellung ist, wenn Karoline Herder sagen wird, sie sei vorher eine »allgemeine H.«, eine Hure gewesen. Das stimmt nicht, aber Christiane ist ein überaus lebenslustiges Wesen, das auf Sinnenfreuden jeder Art nicht verzichtet. Goethe erlebt mit ihr die Fortsetzung seiner römischen Nächte mit Faustina, und im Zusammenklang seiner Erinnerungen an Rom mit dem erotischen Erlebnis »Christiane« dichtet er:

> Laß dich, Geliebte, nicht reun, daß du mir so schnell dich ergeben!
> Glaub es, ich denke nicht frech, denke nicht niedrig von dir.

Dann folgt die oben zitierte Passage von den beiden Formen der Liebe: den ritzenden Pfeilen des Amor, von dessen schleichendem Gift das Herz auf Jahre krankt, und der nunmehr erlebten Form »mit frisch geschliffener Schärfe«, begeistert ins Mark gedrungen, behende das Blut entzündend. Genau das braucht Goethe jetzt, sonst nichts. Seit dieser Nacht vom 12. zum 13. Juli 1788 wohnt Christiane in seinem einsamen Gartenhäuschen und erwartet ihn zu jeder Zeit, bei Tag und Nacht. Vorbei ist die Zeit der sublimen Gefühle, der hohen Bekenntnisse, der diffizilen Beziehung und ewigen Werbung. Hier wird genossen und sich unbedenklich gelabt am ewigen Quell des Lebens, ohne Vergeistigung und hohe Formen, denn Christiane ist ein Geschöpf der Natur. Nur notdürftig kann sie lesen und schreiben, aber ihr unverbildeter Kopf, ihr direkter Zugang zum Leben, ihre natürliche Heiterkeit tun Goethe wohl, gerade in dieser haltlosen Zeit. Er muß manches nachholen, das geht ziemlich deutlich aus seinen Bekenntnissen hervor. In einer der »Römischen Elegien« steht neben der Genußpreisung eine klar vernehmliche Todesangst. »Ehe den fliehenden Fuß schauerlich Lethe dir netzt«, sei es dem Lebendigen gegeben, noch einmal die »lieberwärmete [...] Stätte« aufzusuchen. Ehe »des Orkus Gewalt« über ihn hereinbricht, möge man ihm noch einmal den sinnlichen Rausch zugestehen, einmal und endlich, ehe es zu spät ist.

Die Heimlichkeit seiner Beziehung zu diesem Mädchen von niederem Stande besitzt ihren eigenen Reiz. Es ist bei allem, was es sonst noch ist, ein Akt der Anti-Haltung gegen die Weimarer Gesellschaft, mit der Goethe seit seiner Rückkehr aus Italien nicht mehr recht klarkommt. So unwahrscheinlich es klingt, die Beziehung bleibt in dem kleinen, überschaubaren und stets neugierigen Weimar tatsächlich ein Dreivierteljahr geheim. Goethe »beschleicht« seine Liebste nachts in seinem eigenen Haus, und seine Lust an dieser Heimlichkeit ist so herrlich wie bei seiner heimlichen Flucht nach Italien, in die »freie Welt«. Man hat in Goethe immer den förmlichen Geheimrat oder gar den angepaßten »Fürstenknecht« gesehen. Welch wichtiger Bestandteil aber solche gelebten Gegenreaktionen auf die Rahmenvorgaben seines Lebens und der Sitte seiner Zeit waren, hat man dabei unterschlagen.

»Vergieb mir meine Liebe, wenn mein letzter Brief ein wenig konfus war, es wird sich alles geben und auflösen, man muß nur sich und den Verhältnißen Zeit lassen«, schreibt Goethe am letzten Augusttag an Charlotte, als er sich schon seit etlichen Wochen mit Christiane in seinem Gartenhaus vergnügt. Verschwommen und nichtssagend klingen solche Sätze als Teil einer Hinhalte-Taktik, mit selbstmitleidigen Rückzugsmechanismen der Frau gegenüber, welche Klarheit fordert. Er antwortet: »Ich fürchte mich dergestalt für Himmel und Erde daß ich schwerlich zu dir kommen kann. Die Witterung macht mich ganz unglücklich und ich befinde mich nirgends wohl als in meinen Stübchen, da wird ein Caminfeuer angemacht und es mag regnen wie es will.« In der Tat befindet er sich in dem kühlen, verregneten Sommer in seinem Stübchen am wohlsten, aber eben nicht allein; mehr noch als das Kaminfeuer wärmt ihn der Körper einer jungen Frau. Etwas später im Jahr beschreibt er in den Elegien die wärmende Kraft der Geliebten, die sogar »Flammen aus der Asche« wecken kann, ein erotisches Bild, das für Christianes sexuelle Qualitäten spricht.

»Herbstlich leuchtet die Flamme vom ländlich geselligen Herde,
Knistert und glänzet, wie rasch! sausend vom Reisig empor.

Diesen Abend erfreut sie mich mehr; denn eh noch zur Kohle
Sich das Bündel verzehrt, unter die Asche sich neigt,
Kommt mein liebliches Mädchen. Dann flammen Reisig und Scheite,
Und die erwärmete Nacht wird uns ein glänzendes Fest.
Morgen frühe geschäftig verläßt sie das Lager der Liebe,
Weckt aus der Asche behend Flammen aufs neue hervor.
Denn vor andern verlieh der Schmeichlerin Amor die Gabe,
Freude zu wecken, die kaum still wie zu Asche versank.«

»Freude« gibt ihm sein »Blumenmädchen«, sein »kleines Naturwesen«. Sie ist wie Egmonts Clärchen, ein Ideal von hingebender Weiblichkeit, bedingungslos und ohne Rücksicht auf die Sitte, denn Christiane hat, das muß gesagt werden, auch nichts zu verlieren. Durch ihre Liaison mit dem Geheimrat ist sie unter anderem versorgt, wenn dieser Umstand auch kaum der Anlaß für die Beziehung mit ihm war. Es soll nun auch nicht lange dauern, da versorgt Goethe gleich einen ganzen Familienclan zusammen mit Christiane, eine Menge hungriger Mäuler, die abwechselnd mit im Gartenhaus leben. Er hat sich schon viel zu sehr an das Bett seines »Mädchens« gewöhnt, als daß er ihr ein solches Anliegen ausschlagen würde. Nun ist es bestimmt nicht so, daß unverbildete Mädchen aus niederer sozialer Herkunft automatisch sinnlich sind, während die Damen von Stande dem Bereich der »höheren« Liebe angehören und die Sinnenfreuden geringschätzen. Aber wenn man Goethes Leben und die Verarbeitung seiner weiblichen Bilder betrachtet, könnte man dergleichen meinen. Das reine sexuelle Begehren gehört bei ihm immer dem einfachen Mädchen-Typ, während die Symbolkraft des weiblichen Mythos, welcher steigernd wirkt, dem Nimbus des Adels, der sozialen Überlegenheit, in der Dichtung der literarisch-geschichtlichen Welt oder der Mythologie entstammt – Iphigenie, Tassos Prinzessin, Helena, Pandora … In diese symbolische Welt gehört natürlich auch Charlotte von Stein, die mehr als zehnjährige Geliebte unter idealen Vorzeichen, Charlotte in ihrer erhöhten Gestalt als Lida und Psyche. Die wirkliche Frau mit ihren Ansprüchen, Leiden und Ängsten, Fragen und Forderungen wurde ihm schon vor der Italienreise zu unbequem. Das Bild von ihr hatte sich abgenutzt, und es gibt kaum ein einprägsameres Beispiel der Diskrepanz von Bild und Wirklichkeit als dieses Umkippen Goethes von der jahrelangen Stilisierung einer hohen Ideal-Geliebten zu den Ausschweifungen mit dem Mädchen Christiane. Schon seit »Faustina« sieht Goethe Charlotte von Stein ohne rosarote Brille, ohne Gefühlsschleier und ohne Idealität. Er wird hart und herzlos gegen sie, sie stürzt vom Sockel und startet von dort aus wenig hohe Angriffe aus ihrem unermeßlichen Schmerz heraus. Goethe fühlt sich positiv und produktiv aus jahrelangem Traum erwacht – Charlotte ist das auch, für den Rest ihres Lebens, nur ist dieses Erwachen weder positiv noch produktiv. Daß sie die Klarheit will und er sich treiben läßt, liegt nicht nur an ihren unterschiedlichen Voraussetzungen und Interessen. Charlotte ist eine klare Natur wie ihre Namensvetterin in den »Wahlverwandtschaften«. Sie kann und will nicht im Ungewissen leben, über ihr Leben legt sie sich umgehend Rechenschaft ab, und entsprechend setzt sie die Zeichen. Goethe dagegen, dessen Frauenbild, wie aus der Autobiographie sehr deutlich zu entnehmen ist, von der intuitiven, eher treibenden, auf jeden Fall bewahrenden Natur der Frauen ausgeht, und der im Mann traditionsgemäß die Entschiedenheit sieht, zumindest fordert, weiß, daß das bei ihm ganz anders ist. Gemäß der inneren Gesetzlichkeit seines eigenen Lebens vertraut er sich intuitiv den geheimen Wandlungen seines Inneren an. Die Häutungen seiner Existenz verlaufen nach ihren eigenen Gesetzen, allmählich, abrupt, stetig, eruptiv – je nach der Zusammenstimmung von Innen und Außen und den entsprechenden Impulsen. Eine Klarheit und Entschiedenheit, wie sie der Mann der Vorstellung nach aufbringen sollte, steht einem solchen Selbst- und Weltgefühl entgegen. Es ist weiblich-intuitiv, undeutlich, mitunter egoistisch und gegebenenfalls inkonsequent. Jetzt zum Beispiel will er immer noch beides: die höhere Gemeinschaft mit der Seelenfreundin (ohne sich indessen darum zu bemühen) und die rein körperliche Beziehung zu der jungen Geliebten. Er äußert dann, daß er darin keinen Widerspruch sehe – was bedeutet, daß er beiden Frauen zumutet, den jeweils anderen Part zu akzeptieren. Aber er denkt darüber letztlich nicht nach, er zieht keine Schlüsse und scheut sogar die klar im Raum stehende Aussprache, auf die Charlotte mindestens ein Anrecht hat. Am liebsten hätte er, wenn alles irgendwie im Sande verliefe, wenn das so oft beschworene Schicksal, sein innerer Dämon ihm den Lauf bestimmte und das Gesetz seines Lebens so fortwaltete, ohne Entscheidungen, ohne Entschlüsse. Die so lange entbehrte, niemals voll ausgelebte Sinnlichkeit fordert jetzt ihr Recht. Die erotischen Gedichte dieser Zeit sind von der eindeutigsten Symbolik erfüllt: vom »Garten«, der »Muschel« und »Perle«. Goethe selbst sieht sich als Priapus, als phallischer Gartengott, der dort gärtnert, wo das üppigste Pflanzenreich wuchert. Christiane, die sich in Haus, Bett, Küche und Garten bald eingerichtet hat, besitzt auch eine lebendige Beziehung zum Pflanzenreich. Sie arbeitet viel im Garten, wenn Goethe nicht da ist, sät, pflanzt, gräbt und erntet. Auch haben beide, wie sich im späteren Briefwechsel herausstellt, eine besondere Vorliebe für ein »Schlampampsstündchen« im Freien, was offenbar meist im hinteren Teil des Gartens stattfindet. Die Stelle dürfte gar nicht weit vom Lieblingsplatz Charlottes unter den Kastanien entfernt sein, wo Goethe vor wenigen Jahren die ewigen Verse für sie anbringen ließ.

Charlotte von Stein ahnt bitter das Ende ihrer Verbindung mit Goethe. Noch weiß sie nichts von dem »Blumenmädchen« im Bett ihres Freundes, aber auch ohne dieses ist ihre Rolle im Leben des Freundes zu Ende gespielt. Am 30. Juli schreibt sie an Charlotte von Lengefeld, eine jüngere Freundin: »Vorgestern war ich mit der Herzogin und Herders bei Goethe, als auch Knebel hereintrat, und so war denn unser altes Häufchen zusammen; mit dem alten Geist, glaub ich schwerlich. [...] Ich war acht Tage so kraftlos, daß ich nichts getan als schlafen.« An ihre Schwägerin schreibt sie vierzehn Tage später: »Die Ahnung, daß der Kreis der Lieben zerrissen wird und das Häuflein zerstreut, schwebt auch mir im Herzen. Goethe hat auf seinem Gewissen, den ersten Schritt dazu gemacht zu haben, doch hoff' ich, wir bleiben uns. – Ich habe sehr unrecht gehabt, Goethens wegen meine schöne Zeit in Kochberg zu versäumen; denn um ihn schob ich meine Abreise auf: aber er hat mich auf völlig fremden Fuß entlassen und ist nichts als Langweile zwischen uns ausgewechselt worden.«

Nach Goethes Italienreise ist ein regelrechtes Italien-Fieber in Weimar ausgebrochen. Schon auf der Rückreise hat Goethe in der Zeitung gelesen, daß Herder sich auf dem Weg nach Italien befinde, und er hat ihm einen Brief nach Rom an die Adresse der Angelika Kaufmann geschickt, worin es auch hieß: »Reise glücklich und erbrich den Brief gesund, da wo ich in meinem Leben das erstemal unbedingt glücklich war.« Tatsächlich ist Herder erst am 6. August nach Italien aufgebrochen, und zwar in Begleitung eines reichen katholischen Domherrn und dessen Mätresse. Weder der protestantische Generalsuperintendent Herder noch sonst jemand in Weimar scheint das anstößig gefunden zu haben. Im September schließlich bricht auch die Herzoginmutter Anna Amalia nach Italien auf. Man bietet Goethe sogar an mitzukommen, aber er will vorerst nicht, er ist an einen Garten der besonderen Art gebunden. Das sagt er freilich nicht, aber irgendwie merkt es der Weimarer Freundeskreis, in welche Richtung Goethes Interessen zur Zeit gehen. Karoline Herder beobachtet auch Goethes Entfremdung von Charlotte, von dem ganzen früheren Kreis, und sie schreibt an ihren Mann: »Goethe besucht mich fleißig – Im ganzen will es mir nicht wohl mit ihm werden. Er lebt jetzt, ohne seinem Herzen Nahrung zu geben. Die Stein meint, er sei sinnlich geworden, und sie hat nicht ganz unrecht. Das Hofgehen und Hofessen hat etwas für ihn bekommen. Er will sich diesen Winter ganz an die Herzogin halten; das sei die einzige, die ihm geblieben. Mitunter sollte ich und die Imhoff zu ihm zum Tee kommen. Ich sagte ja, wenn die Stein mitkäme ... ›Ach, mit der ist nicht viel anzufangen‹, sagte er, ›sie ist verstimmt, und es scheint nicht, daß etwas werden will.‹ Ich nahm ihre Partie, so gut ich konnte; ich glaube aber nicht, daß er ihr entgegengeht.« Schließlich gibt es noch eine letzte, traurige Zusammenkunft in Kochberg. Karoline Herder berichtet auch davon: Sie selbst, Goethe, Sophie von Schardt und Fritz von Stein fahren am 5. September von Weimar aus nach Kochberg. Im Schloßhof, wo die Kutsche angekommen ist, erscheint zunächst Charlotte von Lengefeld, Schillers spätere Frau, zur Begrüßung, dann Frau von Stein, »die uns alle freundlich empfing, doch ihn ohne Herz. Das verstimmte ihn den ganzen Tag.« Man betrachtet Goethes Zeichnungen aus Italien und hört Auszüge aus Goethes Reisejournal, dazu Stellen aus Herders Briefen von der Reise. Man spricht über Kunst und Wetterbeobachtungen; alles in der gewohnten Art gesellschaftlicher Unterhaltung. Goethe langweilt sich. Er wird etwas lebhafter, sobald er selbst über Kunst und über Italien sprechen kann. Aber er wird sich künftig noch häufig in dem Zirkel langweilen, der früher seine Lebenswelt darstellte. Der Kontrast zu der einfachen, freud- und lustvollen Wirklichkeit mit seinem »Christelchen« ist der zwischen dem prallen Leben und einer blassen Staffage. Immerhin verbringt man den Sonntag noch in Rudolstadt, wo Goethe im Haus der Familie von Lengefeld auch mit dem Dichter Friedrich Schiller zusammentrifft. Es ist die erste Begegnung zwischen Goethe und Schiller. Sie verläuft verhalten, aber freundlich. Schiller schreibt seinem Freund Körner über seinen ersten Eindruck von Goethe: »Er ist von mittlerer Größe, trägt sich steif und geht auch so. Sein Gesicht ist verschlossen, aber sein Auge sehr ausdrucksvoll, lebhaft, und man hängt mit Vergnügen an seinem Blicke.« Das Gespräch über Italien bildet immer noch ein Bindeglied Goethes zur Gesellschaft, denn damit kann er die Konversation bestreiten. Daß er ansonsten mittlerweile in anderen Welten und Begriffen lebt, fällt dann nicht so auf. Nach dieser unerquicklichen und kühlen Begegnung mit Charlotte kommt Goethe jedenfalls nie wieder nach Kochberg.

Der Bruch

Charlotte von Stein hat die bewährten Mittel eingesetzt, um Goethe zur Reue und Umkehr zu bewegen: Distanz, kühle Zurückhaltung. In früheren Zeiten funktionierte das immer, wie man an den zahlreichen Bekenntnis- und Entschuldigungsbriefen Goethes ablesen kann. Seine angebetete hohe Geliebte bestimmte die Begriffe, unter denen die Beziehung stand. Ein kritischer Blick von ihr »verdüstert(e) [...] die ganze Atmosphäre« um ihn, und Goethe tat alles, um ihren Ansprüchen genüge zu tun. Das war von dem Moment an vorbei, als Goethe sexuelle Beziehungen zu anderen Frauen hatte. Wie Staub zerfiel ein lange Jahre aufrechterhaltenes, erhöhtes Bild und löste sich beinahe in Nichts auf. Goethes Desillusionierung läßt sich fast an einem bestimmten Datum festmachen. Nachdem er Faustina getroffen hat, hört die hohe Liebe zu Charlotte auf. Ihre kühle Reaktion darauf kann nur die Verstimmung zusätzlich vertiefen, aber nichts mehr zurechtrücken. Ohne jede Wärme, ohne Mitgefühl und ohne Sensibilität schneidet Goethe einen Knoten durch, doch erst, als sie ihn förmlich bedrängt und die Entscheidung nicht mehr zu verhindern ist.

Anfang März 1789 will Charlottes Sohn Fritz Goethe im Gartenhaus besuchen. Er trifft dort eine junge Frau im Garten des Hauses und fragt, wer sie sei, was sie hier mache. Sie wohne beim Geheimrat, ist Christianes Antwort. Das überbringt der Sechzehnjährige natürlich umgehend der Mutter, was ein Ende und ein Anfang ist. Karoline Herder schreibt an ihren Mann, der sich noch immer in Italien aufhält: »Ich habe nun das Geheimnis von der Stein selbst, warum sie mit Goethe nicht mehr recht gut sein will. Er hat die junge Vulpius zu seinem Klärchen und läßt sie oft zu sich kommen usw. Sie verdenkt ihm dies sehr. Da er ein so vorzüglicher Mensch ist, auch schon 40 Jahre alt, so sollte er nichts tun, wodurch er sich zu den andern so herabwürdigt. – – – Was meinst Du hierüber?« Charlotte selbst schreibt drei Wochen später an Charlotte von Lengefeld: »Ich war den Winter immer nicht wohl, und da wird man geneigter zum Nachdenken, das einen im Leben nicht glücklicher macht. Der andere mir mühsame Begriff von meinem ehemaligen, vierzehn Jahre lang gewesenen Freund liegt mir auch manches Mal wie eine Krankheit auf und ist mir nun wie ein schöner Stern, der mir vom Himmel gefallen. Wenn ich Sie sehen werde, will ich Ihnen mancherlei darüber erzählen, das ich nicht schreiben mag.« Wie man in diesen und anderen Zeilen Charlottes erfährt, ist es nicht nur reine Eifersucht, die sie beherrscht und sie schließlich den Bruch vollziehen läßt. Ihrem aristokratischen Empfinden nach ist Goethe von einer großen Höhe hinabgestürzt ins gemein Menschliche. Er sei in Italien sinnlich geworden, hat sie geäußert, und diese Äußerung ist keine wertfreie Feststellung. Daß er sich nun ausgerechnet mit einem »Klärchen« aus gesellschaftlich niederen Sphären vergnügt und ansonsten der Gesellschaft gegenüber einen mürrischen Individualismus zur Schau trägt, ist für Charlotte beispielhaft für seine Wandlung. Für sie ist dieser Mann genauso vom Sockel gestürzt wie sie in anderer Beziehung für ihn. Doch das liegt in erster Linie an den hohen, den allzu hohen Begriffen, von denen diese Verbindung ausgegangen ist. Sie hat sich eigentlich von Anfang an in symbolischen Bereichen abgespielt und ist im wirklichen Leben am Erotischen in einem tieferen Sinne gescheitert. Goethe weiß sehr genau, daß er an diesem Scheitern nicht unschuldig ist, vielleicht daran die Hauptschuld trägt, da der »Irrtum« in der Stilisierung Charlottes von ihm ausgegangen ist. Die übriggebliebenen Fetzen seines einstigen

Seelenideals sieht er kühl und illusionslos, und das kann er, weil das Ideal von damals in seinem jetzigen Leben keine Relevanz mehr besitzt. Die Beziehung, die jetzt mit Charlotte noch möglich wäre, würde keinem von beiden wirklich erstrebenswert sein. Ihr wäre völlig der Boden entzogen. Und so schreibt er Charlotte im April auf ihre Vorwürfe: »Wenn du es hören magst; so mag ich dir gerne sagen, daß deine Vorwürfe, wenn sie mir auch im Augenblicke empfindlich sind keinen Verdruß und Groll im Herzen zurücklaßen. Auch *sie* weiß ich zurecht zu legen und wenn du manches an mir dulden mußt; so ist es billig daß ich auch wieder von dir leide. Es ist auch so viel besser daß man freundlich abrechnet, als daß man sich immer einander anähnlichen will und wenn das nicht reüssiert, einander aus dem Wege geht. [...] Mit dir kann ich am wenigsten rechnen, weil ich bey jeder Rechnung dein Schuldner bleibe ...« Dieses Schuldeingeständnis Goethes kann sich nur auf Versprechungen fürs Leben beziehen, die er Charlotte in Stunden der Seligkeit gemacht hat – er werde nie heiraten, er werde ihren Sohn adoptieren –, während er nun genau weiß, er kann die Versprechen nicht halten. Wie er damit umgehen soll, was ihm Charlotte noch sein kann, weiß er indes nicht. Karoline Herder schreibt im Mai an ihren Mann, er solle Charlotte mit ein paar tröstenden Zeilen bedenken. »Sie ist sehr, sehr unglücklich, und Goethe beträgt sich nicht hübsch [...] und ich fürchte, der Kummer verkürzt ihr Leben. [...] Er hat sein Herz, wie sie glaubt, ganz von ihr gewendet und sich ganz dem Mädchen, die eine allgemeine H- vorher gewesen, geschenkt.« Über Christianes Vorleben weiß man im Grunde nichts. Sie war kein »Mädchen« mehr, als Goethe die Dreiundzwanzigjährige zu seiner Geliebten machte, sondern als heiratsfähige Frau fast über dem Altersdurchschnitt. Der Begriff »Mädchen« soll aber bereits ihren niederen sozialen (und vielleicht auch moralischen) Stand kennzeichnen.

Am 5. Mai reist Frau von Stein zur Kur nach Bad Ems. Sie hinterläßt Goethe einen vorwurfsvollen Brief, in dem sie unter anderem auch sein Verhältnis zu Christiane anspricht und eine klare Stellungnahme fordert. Die Briefe, die Goethe Charlotte in die Kur nachschickt, bedeuten den endgültigen Bruch. Goethe macht reinen Tisch, und zwar auf denkbar plumpe, unsensible Weise. Der erste Brief läuft darauf hinaus, daß Charlotte sich mit dem gewissen Verhältnis zu dem Mädchen eben abfinden müsse. Er reduziere damit nicht seine Mitteilsamkeit ihr gegenüber, die sie ihm aber durch schlechte Laune in der letzten Zeit erstickt habe. Wenn sie nicht so viel Kaffee trinken würde, hätte sie auch nicht so melancholische Gedanken. Er selbst habe seine Liebe und Verpflichtung ihr und Fritz gegenüber (der Pflichtbegriff tritt bei weitem deutlicher hervor als die Liebe) auch in der jüngsten Vergangenheit bewiesen. Offenbar wolle ihn aber in Weimar sowieso keiner haben, seit er aus Italien zurück sei, und er könne eigentlich genausogut gehen. Wörtlich heißt es nun: »Leider warst du, als ich ankam, in einer sonderbaren Stimmung und ich gestehe aufrichtig: daß die Art wie du mich empfingst, wie mich andre nahmen, für mich äusserst empfindlich war. Ich sah Herdern, die Herzoginn verreisen, einen mir dringend angebotnen Platz im Wagen leer, ich blieb um der Freunde willen, wie ich um ihretwillen gekommen war und mußte mir in demselben Augenblick hartnäckig wiederhohlen laßen, ich hätte nur wegbleiben können, ich nehme doch keinen Theil an den Menschen u.s.w. Und das alles eh von einem Verhältniß die Rede seyn konnte das dich so sehr zu kräncken scheint. [...] Und welch ein Verhältniß ist es? Wer wird dadurch verkürzt? wer macht Anspruch an die Empfindungen die ich dem armen Geschöpf gönne? Wer an die Stunden die ich mit ihr zubringe? [...] Frage Fritzen, die Herdern, jeden der mir näher ist, ob ich untheilnehmender, weniger mittheilend, unthätiger für meine Freunde bin als vorher? Ob ich nicht vielmehr ihnen und der Gesellschaft erst recht angehöre. [...] Und es müßte durch ein Wunder geschehen, wenn ich allein zu dir, das beste, innigste Verhältniß verlohren haben sollte. [...] Wie lebhafft hab ich empfunden daß es noch da ist, wenn ich dich einmal gestimmt fand mit mir über interessante Gegenstände zu sprechen. [...] Aber das gestehe ich gern, die Art wie du mich bißher behandelt hast, kann ich nicht erdulden. Wenn ich gesprächig war hast du mir die Lippen verschloßen, wenn ich mittheilend war hast du mich der Gleichgültigkeit, wenn ich für Freunde thätig war, der Kälte und Nachläßigkeit beschuldigt. Jede meiner Minen hast du kontrolliert, meine Bewegungen, meine Art zu seyn getadelt und mich immer *malà monaise* gesezt. Wo sollte da Vertrauen und Offenheit gedeihen, wenn du mich mit vorsäzlicher Laune von dir stießest. [...] Ich möchte gern noch manches hinzufügen, wenn ich nicht befürchtete daß es dich bey deiner Gemüthsverfassung eher beleidigen als versöhnen könnte. [...] Unglücklicher Weise hast du schon lange meinen Rath in Absicht des Caffees verachtet und eine Diät eingeführt, die deiner Gesundheit höchst schädlich ist. Es ist nicht genug daß es schon schwer hält manche Eindrücke moralisch zu überwinden, du verstärckst die hypochondrische quälende Kraft der traurigen Vorstellungen durch ein physisches Mittel, dessen Schädlichkeit du eine Zeitlang wohl eingesehn und das du, aus Liebe zu mir, auf eine Weile vermieden und dich wohl befunden hattest. Möge dir die Cur, die Reise recht wohl bekommen. Ich gebe die Hoffnung nicht auf daß du mich wieder erkennen werdest.« Charlotte solle also das »arme Geschöpf«, mit dem er seine sinnlichen Bedürfnisse befriedigt, gefälligst akzeptieren und sich ansonsten zusammenreißen. Seine Offenheit und Teilnahme seien wie immer (da solle sie zum Beispiel nur die Herderin fragen), und es liege nur an ihr, ihn wieder »zu erkennen«. Wenn man nicht wüßte, daß Goethe diese Wesensart ganz fremd ist, dann würde man manche Stelle dieses Briefes als blanken Zynismus bezeichnen. Eine klar gewandelte Tendenz, die Goethe fürs künftige in sein Zusammenleben mit Christiane einbezieht, läßt sich in diesem vorletzten Brief an Charlotte auch ablesen: Wenn er sonst jahrelang in der Beziehung zu ihr jede kleinste Regung an ihr wahrgenommen, die geringste Trübung ihrer Stimmung ihn erschreckt hat, worauf er jedesmal vollkommen eingegangen ist, so verlangt er jetzt hauptsächlich, daß eine Frau ihm nur heitere Stunden beschert, ganz einfach eine positive Grundstimmung, auf der er seine komplizierte Existenz aufbauen kann. Mit ihren eigenen Sorgen und Nöten soll sie ihn möglichst verschonen. All diese Wandlungen des ehemaligen Geliebten (nicht unbedingt zum Besseren) sind in der so geäußerten Form für Charlotte von Stein beinahe seelische Peitschenhiebe. Sie weiß noch nicht, was Goethe längst weiß: daß Christiane schwanger ist. Aber sie empfindet auch so die Äußerungen uneingeschränkten Vertrauens und zukünftiger Verbundenheit Goethes als Lüge. Das werden sie auch gewesen sein, besonders in dem nächsten und letzten Brief Goethes, den Charlotte nicht mehr beantwortet. In den vorigen hat sie an der Stelle mit dem Kaffee ein »Oh« mit mehreren Ausrufezeichen an den Rand geschrieben. Hier nun wird der harte Ton fast vollständig zurückgenommen. Goethes Beteuerungen aber klingen noch unglaubwürdiger, das Lamentieren über seinen unglücklichen Zustand scheint unangebracht, und was er in puncto des »Verhältnisses« zu Christiane von Charlotte fordert, scheint geradezu abstrus: Sie soll ihm helfen, daß es nicht »ausarte, sondern stehen bleibe wie es steht.« Charlotte schweigt darauf und zieht sich kommentarlos zurück. Der Brief nach Ems endet folgendermaßen: »Zu meiner Entschuldigung will ich nichts sagen. Nur mag ich dich gern bitten: Hilf mir selbst, daß das Verhältniß das dir zuwider ist, nicht ausarte, sondern stehen bleibe wie es steht. [...] Schencke mir dein Vertrauen wieder, sieh die Sache aus einem natürlichen Gesichtspunkte an, erlaube mir dir ein gelaßnes wahres Wort darüber zu sagen und ich kann hoffen es soll sich alles zwischen uns rein und gut herstellen.« Charlotte schreibt in diesem Sommer an ihren Sohn Fritz, der während der Abwesenheit seiner Mutter offenbar Veränderungen in ihren Wohnräumen vorgenommen hat: »Das Bild von Goethe häng' nicht wieder in meine Stube; es ist zu tief in mein Herz gegraben, als daß ichs auf der Tapete brauchte.«

Heim und Herd und der »echte nackete Amor«

Wie man an den letzten Briefen Goethes an Charlotte erkennen kann, ist er von einer lähmenden Entschlußunfähigkeit befangen. Er will die Seelenfreundin nicht verlieren, obwohl sich ein weiteres Zusammenleben als unmöglich erweist. Auf sein »Erotico«, wie er sagen wird, will er aber erst recht nicht verzichten, doch er spürt, daß er mit Christiane ganz ins rein Erotische abzugleiten droht. Da Goethe so lange ein befriedigendes, regelmäßiges Sexualleben entbehrt hat, ist er da anfällig, und in einer späteren Ballade wird allzu ersichtlich, welche erotische Präsenz, ja Macht Christiane Vulpius über Goethe hatte. Beide Pole braucht er, beide Formen von Weiblichkeit: die sinnliche Mädchen-Frau und die ebenbürtige Freundin. Mit dem Verlust Charlottes würde er einen Halt verlieren, eine seelisch-geistig gemeinsame Welt, für die es einfach keinen Ersatz geben kann. Nur so ist die unerhörte Forderung zu erklären, Charlotte solle ihm doch dabei helfen, daß seine sinnliche Verbindung mit Christiane nicht ausartet, sondern sich in angemessenen Bahnen bewegt.

Goethe spürt schon sehr deutlich – so wenig er diese Tatsache anerkennt und mit Charlotte bespricht –, daß der Verlust dieser Freundin eine große Lücke zurücklassen wird. Er werde ohne ihr Vertrauen ein anderer Mensch und müsse sich »in der Folge [...] noch mehr verändern«. Die Aufarbeitung dieses Umwandlungsprozesses findet aber erst Jahre später statt.

Goethes Verhältnis mit der jungen Vulpius ist fortan das Stadtgespräch in Weimar. Goethe hat sich – sicherlich nicht ohne Vorsatz – mit diesem Verhältnis von der Gesellschaft abgesetzt und ihre unausgesprochenen Regeln mit Füßen getreten. Dabei ist es noch nicht einmal das Verhältnis an sich, das skandalträchtig ist. Liaisons durch alle Stände, von der Gräfin bis zum Bauernmädchen, sind gerade dem Herzog nicht fremd. Was aber bei Goethe als Affront empfunden wird, ist das mehr oder weniger offizielle Zusammenleben mit der jungen Frau, die er bald ebenso mehr oder weniger offiziell zu seiner Lebensgefährtin erklärt. Die Weimarer geben es auch in den nächsten Jahren und Jahrzehnten nicht auf, Goethe mit einer gesellschaftlich adäquaten Frau verheiratet sehen zu wollen, und als man ihn 1790 fragt, ob er nicht heiraten wolle, antwortet er: »Ich *bin* verheiratet, nur nicht mit Zeremonie.« Man nimmt Goethe in Weimar nicht übel, daß er sich vergnügte Stunden mit Christiane macht, sondern daß er bei ihr bleibt und sie als seine Partnerin versteht: eine Arbeiterin, die kaum lesen und schreiben kann, ein Naturgeschöpf mit unfrisiertem Lockenkopf, roten Backen und einem einfachen Leinenkittel um die üppigen Formen ... Jeder, der sie im Garten am Stern oder beim Jägerhaus, wohin sich das Paar aus Schicklichkeitsgründen zurückziehen muß, sieht, kommt zu dem Schluß: dégouttant! Aber Goethe will sie gerade so haben. Er dichtet wenig später:

Arm und kleiderlos war, als ich sie geworben, das Mädchen;
Damals gefiel sie mir nackt, wie sie mir jetzt noch gefällt.

So etwas konnte man nun freilich zu Goethes Zeit kaum veröffentlichen, so harmlos uns diese Verse auch erscheinen. Dabei war es auch hier nicht das erotische Sujet an sich, das in Goethes Dichtung dieser Jahre Anstoß erregte. Auf verspielte Weise hat zum Beispiel Christoph Martin Wieland mancherlei Anzüglichkeiten in seine Erzählungen gestreut. Die Rokoko-Kultur war alles andere als prüde. Aber auf ihre Manier entsprach sie auch in diesem Punkt dem filigranen Zug der Zeit. Die erotische Anzüglichkeit war ein Spiel, ein Kunstgriff, Ornament. In den Goethe'schen Versen hingegen war alles frei und offen ausgesprochen; zudem wurden, wie allen Eingeweihten klar war und wie er es selbst kaum verbarg, persönliche Erfahrungen darin verarbeitet. Als 1795 in Schillers »Horen« die »Römischen Elegien« erschienen, war man in Weimar schockiert, nicht zuletzt, weil man schließlich auch wußte, daß diese Verse unter anderem den Ausschweifungen des Dichters mit der »Dame Vulpius« zu verdanken waren. Charlotte von Stein schließlich sollte zu diesem Thema Stellung nehmen, und zwar auf sehr zeittypische Weise, in den moralisch-ästhetischen Begriffen ihrer Epoche, die deshalb hier zitiert sein mögen: »Weimar, 27. Juli 1795. Herders Urteil über die ›Elegien‹ ist mir nicht bekannt geworden [...] Das meinige ist zu unbedeutend darüber, denn ich habe für diese Art Gedichte keinen Sinn. In einer einzigen, der sechsten, war etwas von einem innigeren Gefühl. Ich glaube, daß sie schön sind; sie tun mir aber nicht wohl. Wenn Wieland üppige Schilderungen machte, so lief es doch zuletzt auf Moral hinaus, oder er verband es mit Ridicules – soviel ich davon gelesen habe. Auch schrieb er diese Szenen nicht von sich selbst.« Das einschränkende »soviel ich davon gelesen habe« soll natürlich jeden Verdacht entkräften, eine Freifrau von Stein lese gezielt erotische Literatur. Nein, gewiß nicht. Daß hingegen die Verse, die der Dichter offensichtlich von sich selbst, einer römischen Geliebten und einem Blumenmädchen schreibt, ihr »nicht wohl tun«, wird man verstehen. Dabei sind die üppigsten Stellen, die anstößigsten, wie man empfand, schon herausgestrichen. Doch auch so kann man noch lesen, wie auf antik-heidnische Weise die Freuden des Körpers geschildert werden – vom Dichter etwa, der die Hexameter in sinnlichen Nächten seiner Geliebten aufs Hinterteil klopft; auch in Weimars Hofkreisen wird man das durchaus richtig und plastisch verstanden haben.

Der Herzog Carl August (sonst seinem Freund Goethe im Ausleben sexueller Exzesse weit überlegen) ist, wie man nicht unbedingt meinen würde, von Goethes Beziehung zu Christiane brüskiert. Er hätte Verständnis dafür, wenn sie als Liaison ihren üblichen Verlauf nehmen und zum richtigen Zeitpunkt mit einer finanziellen Abfindung beendet würde. Seine eigenen »natürlichen Söhne«, die meist als Jägerburschen im Ilmenauer Jagdrevier untergebracht wurden, erkannte man daran, daß der Herzog sie nicht mit »Er«, sondern mit »Du« anredete. Aber das waren herzogliche Privilegien, und der ursprünglich bürgerliche Günstling mag sich hier in der Wahl seiner unstandesgemäßen Geliebten etwas viel Eigenmächtigkeit herausgenommen haben. Jedenfalls gibt Carl August Goethe deutliche Winke: Er diskreditiere sich und damit auch das Herzogtum. Im Gartenhaus kann er mit Christiane nicht wohnen, im großen Haus am Frauenplan erst recht nicht, und so zieht das Paar zunächst in das am Stadtrand gelegene »Jägerhaus« um. Selbst diese Einsamkeit, wenn sie auch etwas Exilhaftes hat, kann Goethe genießen. Seit er weiß, daß Christiane schwanger ist, richtet er sich ganz auf den häuslichen Segen ein. Viele Jahre später schreibt er ein Gedicht, in dem seine Beziehung zu Christiane auf sehr schöne Art veranschaulicht wird: Darin taucht das Bild von der Blume auf, die der Dichter im Wald findet, aber nicht pflückt, sondern sorgsam und liebevoll mit allen Wurzeln ausgräbt, um sie im eigenen Garten wieder einzupflanzen, wo sie daraufhin wächst und gedeiht. Es ist das Gedicht »Gefunden«, welches die bekannten Eingangsverse hat: »Ich ging im Walde so für mich hin …« Es war letztlich doch eine unbewußte Suche nach genau der Frau und der Lebensform, die Goethe jetzt brauchte. Er empfindet schon jetzt eine tiefe Bindung zu ihr. Goethe fühlt sich verantwortlich, ihm ist so ganz nach Heim und Herd, einer wartenden Frau vor dem wärmenden Ofen, und so ist es für ihn keine Frage, daß er sich zu diesem Kind bekennt und für die Mutter sorgt, mit ihr zusammenlebt. Aus einer anfangs rein körperlichen Bindung wird eine liebevolle Beziehung.

Die Bemerkungen des Herzogs, der im Grunde nur wie viele andere der Meinung ist, daß Goethe zu schwach sei, um sich aus der immer enger werdenden Beziehung zu lösen, nimmt Goethe nur insoweit zur Kenntnis, als er die gesellschaftlichen Formen im öffentlichen Leben wahrt. In seinem Privatleben aber, das ihm eine nie gekannte Behaglichkeit bietet, spannt er aus. Er genießt es, »mein Mädchen« zu sagen und es nicht mehr mit den Launen und Kaprizen von Damen höherer Stände zu tun zu haben, von denen ihn eine nie zu überbrückende Grenzlinie trennt. Keine Launen und Kaprizen, keine Ansprüche und selbstgesetzten Normen, Grenzen, Standesdünkel – nur Behagen; eine anspruchslose, anschmiegsame, natürliche und sinnliche Frau. Wenn die Gesellschaft ihn deswegen angreift, weil er in ihren Augen seine Dichter-Reinheit eingebüßt hat, dann ist das Goethe egal.

Oftmals hab ich geirrt und habe mich wieder gefunden.
Aber glücklicher nie; nun ist dies Mädchen mein Glück!
Ist auch dieses ein Irrtum, so schont mich, ihr klügeren Götter,
Und benehmt mir ihn erst drüben am kalten Gestad.

Endlich kann Goethe nun auch miterleben, was ihn schon immer fasziniert hat: das beginnende, keimende Leben. Voller Zärtlichkeit sind Goethes Verse über Christianes Schwangerschaft, über die Veränderungen ihres Körpers, an denen er Anteil nimmt, über die freudige Erwartung der »lieblichen Frucht«. Für Goethe, den werdenden Vater, ist das alles eine einzigartige Erfahrung:

Wonniglich ist's, die Geliebte verlangend im Arme zu halten,
Wenn ihr klopfendes Herz Liebe zuerst dir gesteht.
Wonniglicher, das Pochen des Neulebendigen fühlen,
Das in dem lieblichen Schoß immer sich nährend bewegt.
Schon versucht es die Sprünge der raschen Jugend; es klopfet
Ungeduldig schon an, sehnt sich nach himmlischem Licht.
Harre noch wenige Tage! Auf allen Pfaden des Lebens
Führen die Horen dich streng, wie es das Schicksal gebeut.
Widerfahre dir, was dir auch will, du wachsender Liebling –
Liebe bildete dich; werde dir Liebe zuteil!

Christiane bringt am 25. Dezember 1789 einen Jungen zur Welt. Er wird auf den Namen »August« getauft, und der Herzog tritt sogar als Taufpate ein, läßt sich allerdings aus Formgründen bei der Zeremonie vertreten. Am Ende, »in privatim«, steht Carl August schließlich doch zu seinem Freund und nimmt Anteil an dessen persönlichen Belangen; da kann man auch einmal über die Mutter des Kindes hinwegsehen. Goethe ist glücklich mit seiner kleinen Familie, gekrönt durch das neugeborene Kind.

Ein prekärer Umstand in dem ganzen Geschehen: Das Kind von Goethe und Christiane Vulpius ist genau am Geburtstag der Frau geboren, die sowieso schon schmerzvoll auf die Ereignisse sieht: Charlotte von Stein. Zwei Monate vorher hat Karoline von Beulwitz an Schiller geschrieben: »Die Stein sprach mir heute lange über Goethe. Es sind böse Reminiszenzen in ihr geblieben.« Und eine Woche später: »Ich stimmte die letzten Tage unseres Zusammenseins besser mit der Stein. Sie war in eine stille Trauer über ihr Verhältnis mit Goethe gesunken, und da schien sie mir wahrer und harmonischer als in der widernatürlichen von Gleichgültigkeit oder Verachtung.« Die Frau, die nur noch einem ereignislosen Alter entgegensieht, treibt der Schmerz zu ungeahnten Tiefschlägen bis zum Verlust an Format. In die hämischen Nachreden der Weimarer gegen Goethe und die Jungfer Vulpius fällt sie nicht nur ein, sondern sie begründet sogar manche selbst. Charlotte ist unaussprechlich verletzt und schlägt wenig damenhaft um sich, zuletzt sogar mit einem Goethe vollends diskreditierenden Theaterstück – Goethe schweigt. Im Sommer des folgenden Jahres, wieder in der Ferne, diesmal aber unfreiwillig, schreibt er allerdings die Verse:

> Eine Liebe hatt ich, sie war mir lieber als alles!
> Aber ich hab sie nicht mehr! Schweig und ertrag den Verlust!

Diese Wort sind der einzige Nachweis für Goethes Reminiszenzen an eine verlorene Liebe, die auf ihre Art ganz einzig in seinem Leben dasteht. Aber er kann diese Empfindung kaum noch nachvollziehen. Nicht nur Charlotte, sondern mit ihr eine ganze Epoche, eine Gedanken- und Gefühlswelt gehören der Vergangenheit an.

Goethe frönt jetzt – so kann man seit der Italienreise sagen – einem derben Realismus, der anfangs noch viel von sinnenfroher Nachhol-Begeisterung hat, bei dem später aber ein anderes Element überwiegt: Illusionslosigkeit, betäubende Genußsucht. Das kommt zu dieser Zeit noch nicht so heraus. Goethe ist glücklich mit der natürlichen Frau, die ihm das Leben so angenehm macht. Aber eine ganze Daseinssphäre ist einfach dahin, die Charlotte repräsentierte, da sie um sie herum gelebt und gedichtet worden war: alle Hochgestimmtheit einer offenen Seele, alle Idealität. Goethe will nichts mehr von alledem wissen. Das äußert er oft abschätzig, und auch, wenn die Gesprächspartner nicht wissen, welchen Veränderungen in seinem Privatleben solche Äußerungen zu verdanken sind, können sie sich wohl denken, daß es nicht nur Kunstprogramme sind.

Frech wohl bin ich geworden; es ist kein Wunder. Ihr Götter
Wißt, und wißt nicht allein, daß ich auch fromm bin und treu.

Goethe fühlt sich scheinbar gemüßigt, das zu betonen, weil man ansonsten einen anderen Eindruck von ihm bekommen könnte. Kinder zeugen und nähren, darauf laufe am Ende alles hinaus, dichtet er. »Weiter bringt es kein Mensch, stell er sich, wie er auch will.« Goethe hat schon einmal anders gesprochen; als Künstler und als Liebender ging er von höher angesetzten Idealen aus. Ist die vielbeschworene »Ganzheit« nur eine Bescheidung ins bürgerliche »Halb-Glück«, ins rein Kreatürliche? Sie sieht in diesen Jahren mehr wie »Halbheit« aus denn je.

Um ihn von seiner unstandesgemäßen Liaison zu lösen, schickt der Herzog Goethe im Frühjahr 1790 nach Venedig, damit er die Herzoginmutter Anna Amalia von dort abholt. Goethe reist ohne große Begeisterung, denn anders als vor vier Jahren spürt er jetzt keinerlei Antrieb, sein frischgegründetes Heim und seine Familie (»welches nicht eben eine heilige Familie ist«) zu verlassen. Entsprechend wandelt sich auch sein Italien-Bild von enthusiastischer Verklärung zu deutlicher Ernüchterung. Die leichtere Lebensart der Italiener hat Goethe bei seiner ersten Reise nach Italien beschworen. Jetzt vermißt er plötzlich »deutsche Redlichkeit«, »Ordnung« und »Zucht«. Die staubigen Straßen moniert er und die kleinen Gaunereien des italienischen Alltags, die Übervorteilung der Reisenden, die jetzt sicher auch nicht anders ist als vor zwei Jahren, die er damals aber nicht veranschlagt hat. »Schön ist das Land; doch ach! Faustinen find ich nicht wieder./Das ist Italien nicht mehr, das ich mit Schmerzen verließ.«

Das Land kann sich in den zwei Jahren nicht bedeutend verändert haben. Goethe aber hat sich verändert; seine offene, idealistische Aufnahmefähigkeit zur Zeit seiner ersten Italienreise hat einem Extremrealismus um jeden Preis Platz gemacht, der zur allgemeinen Desillusionierung führte. Zudem haben die Weltgeschicke dafür gesorgt, ein anderes Licht auf Kultur und Geschichte zu werfen. Die Ereignisse der Französischen Revolution im Sommer 1789 haben Europa erschüttert.

Goethes Haltung zu diesen Ereignissen ist und bleibt ambivalent. Er begrüßt den Grundgedanken der Revolution, doch er verachtet die revolutionären Wirren und Erschütterungen. Auch sie werden zum Thema in seinen »Venezianischen Epigrammen«, die auch aus Langeweile entstehen, denn Goethe sitzt wochenlang in Venedig fest und wartet vergebens auf die Herzoginmutter.

Die Epigramme sind frech, respektlos, provozierend und unkonventionell. Sie bewegen sich in den unterschiedlichsten Themenbereichen: Politik, Geschichte, Mythologie, Religion und Gesellschaft. Es sind kurze, spitze Aperçus darunter, Reisebeobachtungen, die Schilderung der Prostituierten in Venedig, wie sie in den Ecken stehen und die Passanten anlocken, Äußerungen über Könige und Demagogen, die Beschwerde darüber, daß der deutsche Dichter kein adäquates Wort für das männliche Genital besitze, die lyrisch-leichte Beschreibung von Sexualpraktiken, (wobei man erfährt, daß Goethe keinen Analverkehr mochte), Ausrufe, daß der Dichter den Kaffee hasse und Hunde (beides liebte Charlotte von Stein) und daß das Christentum letztendlich nichts für freie Menschen sei. Da finden Wertumkehrungen statt, die den Menschen dieser Zeit, vor allem den braven und gottesfürchtigen Bürgern, wie Versündigungen vorkommen müssen. Neben Tabakrauch, Wanzen und Knoblauch sei dem Dichter vor allem das heilige Kreuz zuwider. Genau wie Jesus umgebe er sich am liebsten mit Sündern. Die sogenannte gute Gesellschaft sei langweilig und nur dem Namen nach gut; auch gebe sie, anders als Gaukler und niederes Volk, die viel interessanter seien, keine Inspiration zum Gedicht. Zwischen der Dirne und der treuen Gattin bestehe im Grunde kaum ein Unterschied. Die Dirne sei nur, was die Not aus ihr gemacht habe und sehne sich wie jede andere Frau nach einem treuen Gatten. Freie Liebe, heidnischer Frohsinn, ein ungebundenes Leben im Vertrauen auf sich selbst – ohne »Pfaffen«, Sittenlehrer und den Glauben an alleinseligmachende Religionen und korrupte Staatsmänner –, ein gewissermaßen freudiger und genußbetonter Nihilismus wird in diesen Epigrammen beschworen. Friedrich Nietzsche sagt hundert Jahre später über Goethe: »Ein solcher freigewordner Geist steht mit einem freudigen und vertrauenden Fatalismus mitten im All.«

Daß Goethe just in dieser Zeit an solche Grenzen geht, alle möglichen Tabuthemen anspricht, geschmackliche und sittliche Normen mißachtet und einem beinahe hemmungslosen Lebensgefühl Ausdruck verleiht, liegt an der von ihm exemplifizierten »Ganzheit« nach der Italienreise, die als eine Gegenreaktion auf die ersten zehn Weimarer Jahre anzusehen ist. Zu viel Anpassung, Pflichtbeschneidung, höfisches Korsett und edle Gefühle haben einem Bedürfnis nach unbegrenztem sinnlichen Erleben und dichterischer Freiheit Platz gemacht. Seine Form der Grenzübertretung ist der Griff ins volle, ganze Leben, dessen Erscheinungen dem Dichter zur Verfügung stehen, um sie poetisch zu versinnbildlichen. Es läuft auf den Satz seines Alters hinaus: »Nichts Menschliches wäre mir fremd« und meint, daß gerade dem Künstler das Ganze des Lebens offenbar werden müsse. So gibt sich Goethe ganz als »freier Geist« in seiner venezianischen Lyrik. Zu den Versen, die für Goethes Zeit hart an der Grenze des guten Geschmacks liegen und auch damals nicht vollständig veröffentlicht worden sind, gehören die zahlreichen Szenen im Prostituierten-Milieu. Zwei »Lazerten« ziehen den Reisenden in eine dunkle Spelunke, lassen sich zunächst reichlich beschenken, und beim Kaffee fühlt er »sogleich ihre geschäftige Hand«. »Drauf bezeichneten sie mir die entferntere Wohnung/Und zu dem wärmeren Spiel spätere Stunden der Nacht.«

Aber bei aller Faszination an dieser verlockenden Halbwelt der Dirnen, dunklen Straßenecken und Spelunken klingt immer wieder Goethes Angst vor Geschlechtskrankheiten durch, die er zeitlebens hat. Sie stellen im 18. Jahrhundert eine echte Gefahr dar, und so wird Goethe sich der entsprechenden Abenteuer eher enthalten haben. Er kokettiert hier nur mit der Halbwelt, um dann die derzeit entbehrten Freuden mit seinem Mädchen in Weimar zu besingen oder sehr allgemein zu den Freuden der Liebe aufzufordern. So etwa im Epigramm über Hymen, den Gott der Eheschließung. Hymen sei, spricht der Dichter, »zu ernsthaft für mich«. »Aus dem Ehbett darf man nicht schwätzen, und Dichter sind schwatzhaft;/Freie Liebe, sie läßt frei uns die Zunge, den Mut.«

Ein ausgeprägtes erotisches Vokabular weisen die Verse auf. Vom »Züngelchen« ist ganz besonders oft die Rede. Außerdem von den erwähnten Bildern der Muschel und Perle, und schließlich komplettiert den erotischen Wortschatz die eindeutige Metapher des »zierlichen Gärtchen(s)«, das der arme Reisende zur Zeit nicht versorgen kann, weil er es zu Hause lassen mußte:

Weit und schön ist die Welt, doch o wie dank ich dem Himmel,
Daß ein Gärtchen, beschränkt, zierlich, mein eigen gehört.
Bringet mich wieder nach Hause! was hat ein Gärtner zu reisen?
Ehr bringt's ihm und Glück, wenn er sein Gärtchen
versorgt.

Diese Verse zitiert Goethe auch in einem Brief an Karoline Herder, und er schickt ihnen den Satz voraus: »Meine Gesinnungen sind häuslicher, als Sie denken.« So geht es also doch nicht nur um Lustgewinn und freie Liebe. Der »Besitz« des eigenen Gärtchens ist so wichtig für das häusliche Glück wie in einer bürgerlichen Ehe. Zudem wird der anti-bürgerliche Zug dadurch gewahrt, daß es eben keine bürgerliche Ehe ist, sondern ein freies Zusammenleben, nach den Begriffen der Gesellschaft eine Mésalliance.

Daß er nicht mehr allein schlafen könne, klagt Goethe in einem Epigramm. Und in einem Brief an den Herzog spricht Goethe von dem »zurückgelaßnen Erotico« und dem »kleinen Geschöpf in den Windeln [...] die ich Ihnen beide, wie alles das Meinige, bestens empfehle.« Goethe ist häuslich geworden. Aber er kann diese Häuslichkeit nur mit einem anti-gesellschaftlichen Zug leben, den sie durch seine wilde Ehe mit Christiane Vulpius bekommt. Auf diese Weise hat er seine Dichter-Freiheit nicht verloren und kann trotzdem das genießen, was ihm andere schon vor Jahrzehnten ans Herz gelegt haben, was er aber im Grunde nie wollte: Heim und Herd. So wird die Atmosphäre der käuflichen Liebe in den Gassen Venedigs mit dem Lobpreis seines trefflichen Mädchens und seiner Freuden mit ihr in den Versen zusammengebracht. Die Positionen verschieben sich, und alles wird eins, zum Lobpreis des Lebendigen. »Lange sucht ich ein Weib mir, ich suchte, da fand ich nur Dirnen; Endlich erhascht ich dich mir, Dirnchen, da fand ich ein Weib.«

Kaum aus Venedig zum »zierlichen Gärtchen« Christianes zurückgekehrt, muß Goethe allerdings im Sommer desselben Jahres schon wieder verreisen: nach Schlesien. Carl August befindet sich dort bei seinem preußischen Regiment und wünscht Goethes Anwesenheit in einer prekären militärischen und politischen Situation. Sein behaglich-bürgerliches Lebensgefühl dieser Zeit drückt Goethe in einem Brief an

Herder aus, den er von Breslau aus schreibt: »Auch bei mir hat sich die vis centripeta als die vis centrifuga vermehrt. Es ist all und überall Lumperei und Lauserei und ich habe gewiß keine eigentlich vergnügte Stunde, bis ich mit Euch zu Nacht gegessen und bei meinem Mädchen geschlafen habe. Wenn Ihr mich lieb behaltet, wenige Gute mir geneigt bleiben, mein Mädchen treu ist, mein Kind lebt, mein großer Ofen gut heizt, so hab'ich vorerst nichts weiter zu wünschen.«

»Frech und Froh« – Wandlungen eines Genius

In einem »Schema« zum Jahre 1792 schildert Goethe seine innere Wandlung zu einem überaus betonten Realismus wie folgt: »Zerstörte alle Sentimentalität in mir und litt also Schaden am nahverwandten Sittlich-Ideellen.« Der Gewaltakt einer solchen Wandlung wird in den wenigen Zeilen hinreichend deutlich. Es liegt hier kein organisches Wachstum vor, als das Goethe den Verlauf seines Lebens so gern sehen möchte. Goethe hat sich gewaltsam von einer Gefühlswelt verabschiedet, deren Verlust es ihm notwendig macht, einen derben, krassen Realismus an den Tag zu legen. Die innere Unstimmigkeit in ihm bemerken nicht nur die weniger wohlwollenden Zeitgenossen. Ihr liegt nun freilich eine Wechselwirkung zugrunde, denn Goethes eigensinniger und unleidlicher Rückzug aus gesellschaftlichen Selbstverständlichkeiten macht ihn anfechtbar, suspekt und fremd; er stellt ihn ins Kreuzfeuer kritischer Beobachtung, die dann leicht von Vorbehalten ausgeht und ungerecht wird. Aber es ist auffällig zu sehen, wie Goethe in diesen Jahren gleichsam von außen betrachtet wird. »Die Gesellschaft« als eine feste Größe beobachtet seine Veränderungen, seine Art, zu leben, sich zu geben; sie betrachtet Goethe sozusagen diagnostisch, als sei er längst kein Teil mehr von ihr. Dabei besteht ein allgemeiner Konsens darüber, daß Goethe nun, da er angeblich die von ihm gelobte »freie Liebe« lebt, erst recht zum steifen, unzugänglichen Geheimrat wird und sich in dieser Rolle manchmal wie ein Fremdkörper unter den Menschen verhält. Man hält ihn für unglücklich, für einsam. Isoliert ist er tatsächlich in der kleinen, aber festgefügten Welt, in der er lebt. Der Herzog Carl August soll im Alter sagen, Goethe hätte in Weimar mehr der Gesellschaft leben sollen. »Die Vulpius« habe alles verdorben und ihn der Gesellschaft entfremdet. Carl August hatte da ähnliche Vorstellungen wie viele Weimarer und andere Zeitgenossen Goethes: Eine Dame der Gesellschaft zur Geliebten oder Ehefrau hätte einen adäquaten Brückenschlag zu einer Goethe im Grunde immer fremden Sphäre bedeutet. Schiller heiratete eine geborene von Lengefeld. Aber schon vor seiner Heirat im Februar 1790 erhielt er Eintritt in Weimars aristokratische Kreise durch seine Geliebte Charlotte von Kalb, mit der er, wie er triumphierend feststellte, überall empfangen wurde. Schiller, ein aufstrebender junger Dichter und Dramatiker, dessen Werdegang von schweren Kämpfen geprägt war, empfindet anfangs eine Art Haßliebe dem großen, älteren und gefeierten Goethe gegenüber, der in Weimars Herzogtum in wohlsituierten Verhältnissen lebt. Über Goethes »häusliches Verhältnis« äußert er in einem Brief an seinen Freund Körner: »Übrigens ergeht's ihm närrisch genug. Er fängt an alt zu werden, und die so oft von ihm gelästerte Weiberliebe scheint sich an ihm rächen zu wollen. Er wird, wie ich fürchte, eine Torheit begehen und das gewöhnliche Schicksal eines alten Hagestolzen haben. Sein Mädchen ist eine Mamsell Vulpius, die ein Kind von ihm hat und sich nun in seinem Hause fast so gut als etabliert hat. Es ist sehr wahrscheinlich, daß er sie in wenigen Jahren heiratet. Sein Kind soll er sehr lieb haben, und er wird sich bereden, daß, wenn er das Mädchen heiratet, es dem Kinde zuliebe geschehe, und daß dieses wenigstens das Lächerliche dabei vermindern könnte.« Daß seine Züge an Feinheit verloren haben, meinen vor allem die Damen, bei Goethe feststellen zu können. Man führt das selbstverständlich auf Goethes Zusammenleben mit der ungebildeten Christiane zurück sowie auf seine veränderte Lebenseinstellung, also die bei ihm nun häufige Betonung von Tisch und Bett und wärmendem Ofen. Carl August berichtet seiner Mutter aus Schlesien: »Goethe isset und trinket stark«, und das sieht man ihm bald »mehr als billig« an. Es dauert nicht mehr lange, da spricht Charlotte von Stein gehässig vom »dicken Geheimrat« und seiner »dickeren Hälfte«, denn Christiane hatte von jeher schon einen Hang zur Korpulenz. Die überlieferten Portraits lassen tatsächlich eine eklatante physiognomische Veränderung auf beinahe erschreckende Weise erkennen. Zwischen den Portraits der späten achtziger und der mittleren bis späten neunziger Jahre liegen solche Welten, daß man sich fragt, ob hier derselbe Mann abgebildet ist. Daß sich Goethe äußerlich verändert hat, ist nicht nur üble Nachrede aristokratischer Damen, die die edlen Züge in dem ehemaligen apollinischen Geist vermissen, welcher sich zu ihrer offenen Beleidigung ein einfaches »Liebchen« zur Frau genommen hat. Man sehe sich nur das Aquarell von Johann Heinrich Meyer an, das zwischen 1792 und 1795 entstand und vergleiche es mit dem Goethe der italienischen Zeit: ein fleischiges Gesicht mit mürrischem, illusionslosem Ausdruck, schütteres Haar und ein massiger Körper, der in einen viel zu engen Gehrock gepreßt ist. Fast meint man, dem Gewand springen die Knöpfe ab. Johann David Falk schreibt nach einer ersten Begegnung mit Goethe: »Ich hätte ihn eher für einen biederherzigen Amtmann, als für den großen Schriftsteller gehalten.« Viele Menschen, die Goethe in dieser Zeit kennenlernen und von seinem Ruf angelockt worden sind, sind enttäuscht. Der gefeierte Dichter mit seiner einstmals so charismatischen Wirkung hält sich im Hintergrund. In den Vordergrund tritt der biedere Minister. Auch redet er meistenteils lieber über seine naturwissenschaftlichen Forschungen oder über langweilige Amtsgeschäfte, also ob er sein Dichtertum ganz verleugnen wollte.

Nur einige feinsinnige Leute, Frauen zumeist, erkennen, daß Goethes Steifheit und zurückweisender Kälte eine besondere Sensibilität zugrunde liegt, die auch zu einer Disproportionalität zwischen dem Dichter und der »kurrenten« Gesellschaft führt. Caroline von Dacheröden, die spätere Frau Wilhelm von Humboldts, schreibt an diesen nach einem Zusammentreffen mit Goethe: »Er (Goethe) ging mir fast nicht von der Seite, sprach so offen, so geistvoll und herzlich, aber wenn ein Dritter dazu kam, sprach er das fadeste Zeug, das man denken mag. [...] Die Weimaraner plagen und verschrauben ihn auch.« Oder Charlotte von Lengefeld in ihrer Verlobungszeit mit Schiller, die an diesen über Goethe schreibt: »Daß er sich ein Ideal von Egoismus gebildet hat, und daher sich an nichts recht innig zu seinen eignen Glück anschließen kann; er kann denen Menschen viel für sie selbst geben, aber andre ihm nichts, dies habe ich schon oft bemerkt. Er kommt sich daher oft so einsam vor, weil er sich zu groß fühlt, und ich glaube, dies kann ihm trübe Augenblicke machen, deren er viele hat.«

Goethes Portrait um 1795

So lebt Goethe in diesen Jahren die größte Halbheit, die sich denken läßt: Er propagiert die freie Liebe und lebt im Grunde eine allzu bürgerliche, eheähnliche Beziehung mit Bett, Tisch und Ofen in einer nach wie vor provinziellen Kleinstadt. Seit 1792 wohnt er wieder am Frauenplan in einem geschenkten Haus des Souveräns, er arrangiert sich geheimrätlich und steif mit der Gesellschaft, über die er sich in Versen mokiert, er gibt sich wie ein Libertin und labt sich vorzüglich an Speis' und Trank und spießiger Behaglichkeit. Der Realismus, dem er frönt, wirkt gezwungen, gewaltsam, betäubend. »Frech und froh«, so gibt er sich, und so will er sich sehen.

Liebesqual verschmäht mein Herz,
Sanften Jammer, süßen Schmerz;
Nur vom Tücht'gen will ich wissen,
Heißem Äugeln, derben Küssen.
Sei ein armer Hund erfrischt
Von der Lust, mit Pein gemischt!
Mädchen, gib der frischen Brust
Nichts von Pein und alle Lust!

Das ist das neue Lebensmotto, das man Goethe nicht ganz abnehmen mag. Die Zeilen des Gedichts erklären und ergänzen Goethes »Schema« von 1792: Zerstörung aller »Sentimentalität«. Das »Tüchtige«, Sinnliche, der Rausch sind ein Bollwerk gegen die Gefahren der Empfindsamkeit, gegen die Hypochondrie. Goethes weibliches Ideal ändert sich nun auch entsprechend. Die Göttinnen und Idealgestalten läßt er erst einmal ruhen. Er hat jetzt anspruchslosere Bedürfnisse. So heißt es in den »Zahmen Xenien«:

Ich wünsche mir eine hübsche Frau,
Die nicht alles nähme gar zu genau,
Doch aber zugleich am besten verstände,
Wie ich mich selbst am besten befände.

Von da aus ist es nicht mehr weit zum Ideal der »würdigen Hausfrau« am heimischen Herd, die Goethe in dem bürgerlichen Versepos »Herrmann und Dorothea« besingt. Charlotte von Stein kommentiert diese

Szene: »Nur schade, daß bei der Gattin, die am reinlichen Herd kocht, immer die Jungfer Vulpius die Illusion verdirbt.«

Im Winter 1794/95 schreibt Charlotte von Stein ein Trauerspiel namens »Dido«. Sie greift den antiken Stoff der verwitweten Königin von Karthago auf, die von dem gewaltbereiten Afrikanerkönig Jarbas bedrängt wird, er falle mit Krieg in ihrem blühenden Land ein, wenn sie es ablehne, ihn zum Mann zu nehmen. In Frau von Steins Version wird vor allem die Trauer und Treue der vereinsamten Frau behandelt, die ihrem Gelübde – in Erinnerung an ihre Ehe nie wieder zu heiraten – über den Tod hinaus treu bleibt. Doch die Bedrängungen des Afrikanerkönigs werden zu stark, so daß sich Dido zuletzt auf dem Scheiterhaufen ersticht. Die literarische Qualität dieses Werks läßt erheblich zu wünschen übrig: Die auftretenden Personen sind eindimensional in Gut/Böse-Kategorien gezeichnet; es gibt keinerlei dramatische Entwicklung der Handlung oder der Personen, keinen Wendepunkt, keine Erkenntnisse. Die Sprache ist indessen nicht so holperig wie in Charlottes Gedichten, sondern in den Dialogen sogar von einigen witzigen Bonmots getragen. Aber außer der so delikaten Goethe/Dichter-Karikatur, die in dem Stück enthalten ist und von der noch zu sprechen sein wird, sowie der Zeichnung eines weiblichen Treueideals, um das es der Autorin wohl hauptsächlich ging, ist doch einiges in diesem Werk nicht ganz uninteressant, das Charlotte von Stein als kritische und weiblich-selbstbewußte Zeitzeugin ausweist.

Die Karthagerkönigin Dido regiert ihr Land gewaltfrei, aufbauend, zivilisations- und kulturfördernd. Seit sie Karthago regiert, gedeiht das Land wirtschaftlich und in den Künsten und Wissenschaften. Die Königin besitzt neben ihrer weltlichen Macht, die sie nicht ausspielt, sondern zum Aufbau nutzt, eine hohe moralische Größe, die sie als unverheiratete, verwitwete Frau zu einer Art Priesterin macht. Auf der anderen Seite dieser »weiblichen«, friedliebenden und konstruktiven Regierungsart steht die männliche Macht- und Eroberungsgier, besonders in Jarbas verkörpert, eine gewaltbereite Politik und militärische Größe. Gegen sie kann die humane Königin am Ende nicht bestehen – anders als zum Beispiel bei der »Iphigenie« Goethes, deren Grundkonflikt beinahe identisch, deren Ausgang aber entgegengesetzt ist. Bei Charlotte von Stein wird der Konflikt nicht auf klassische Weise gelöst: Die Humanität unterliegt hier der Gewalt. Diese Vertraute des klassischen Weimar hat auf beachtliche Weise den Widerspruch erkannt, der zwischen den Humanitätsidealen ihrer Epoche und der historischen Wirklichkeit herrscht: Die Gewaltszenen der Revolution von Paris, wie diese eingefleischte Aristokratin sie noch viel stärker empfinden mußte als Goethe, stehen in eklatantem Widerspruch zu den Werten der Aufklärung und führen die Ideale, um die angeblich gekämpft wird, ad absurdum. Die moralische Größe der Königin Dido, zugleich ein erlösungsfähiges Weiblichkeitsideal und Verkörperung humanitärer Ideale, hat in einer Welt archaischer Gesetze keine Stimme, das heißt innerhalb einer männlich geprägten Realität auch keine soziale Präsenz. Den aus Unzulänglichkeiten hinausprojizierten Besetzungen des Ideal-Weiblichen (Friedfertigkeit, Sanftmut, moralische Integrität ...) bleibt Charlotte hier allerdings unhinterfragt treu. Die Gegenüberstellungen von männlich-weiblich als negativ-positiv sind sogar außerordentlich klischeehaft und einseitig.

Ein persönlicheres Anliegen war es der Freifrau von Stein, ihre gescheiterte Liebe mit dem Dichter Goethe, ihre Enttäuschung über seine nicht gehaltenen Versprechen und seinen für ihre Begriffe moralischen Fall zum Ausdruck zu bringen. Aus dieser Darstellung wird eine von haßerfüllten Emotionen getragene Karikatur des Dichters schlechthin, der als windige und unsolide, nur dem Augenblick und der guten Gelegenheit lebende Figur geschildert wird, eine ästhetische Existenz fern aller moralischen Normen und bindenden Zusagen. In Ogon und Elissa, dem Hofdichter des Jarbas und der Vertrauten der Königin Dido, begegnen uns Goethe und Charlotte von Stein aus der Sicht der verlassenen Frau, die hier die letzten Briefe Goethes sowie Briefpassagen aus Italien paraphrasiert, seine Entwicklung vom gefeierten Genius zu einem sinnlichen Schlendrian in schlechter Gesellschaft karikiert sowie sich selbst wie die Königin Dido in weihevolle moralische Höhe stellt. In einer Szene will der Dichter Ogon Elissa davon überzeugen, daß sie die Königin der Katharger zur Ehe mit Jarbas bewegen müsse. Deutlich wird, daß zwischen Elissa und Ogon einmal ein Liebesverhältnis bestanden hat:

OGON: Höre mich einmal, Elissa, mit dem Vertrauen, das du mir vormals gönntest, und willige ein dich eine Weile unsrer Führung zu überlassen, und durch unsre Führung leite alsdann die Königin. Sie muß die Vermählte des Gätulischen Königs werden.

Elissa: Sie muß? Hast du das Gelübde vergessen, das sie den Göttern that, als wir aus Thyros flohn?

Ogon: Gelübde thun wir uns selber, und können uns auch wieder selbst davon entbinden.

Elissa: Wer sich nicht treu bleibt, bleibt's auch den Göttern nicht.

Ogon (der sich im Zimmer überall umsieht) Du bist ein gleichförmiges Wesen. Jahre lang sah ich dies Zimmer nicht, und noch ist alles auf dem alten Fleck. Es ist doch wahr, die Frauen können eine langweilige Existenz ertragen.

Elissa: Sag lieber eine ruhige, für die uns die Götter zum Ersatz dessen, was sie den Männern vorausgaben, einen geschickteren Sinn schenkten.

Ogon: Und was machst du wohl zur Tugend?

Elissa: Nicht so wie du, der sich zur Tugend anmaßt, was ihm am gemütlichsten ist.

Ogon: Du betrügst dich.

Elissa: Einmal betrog ich mich in dir, jetzt aber sehe ich allzugut, ohnegeachtet des schönen Kammstrichs deiner Haare und deiner wohlgeformten Schuhe, dennoch die Bockshörnerchen, Hüfchen und dergleichen Attribute des Waldbewohners, und diesen ist kein Gelübde heilig.

Ogon: Diese falschen Vorstellungen kommen von einem dir ungesunden Trank her, den ich dir immer verwies. Gönne dir nur von dem rechten Erdensaft, und du wirst dich bald mit dem schönen Bild, das du dir von mir machst, vertragen lernen.

Elissa (lachend): Ich möchte meine Sicherheit nicht in deine Hände legen, da deine Moral von deiner Küche abhängt.

Ogon: Dies gehört nicht zur Sache, die ich mit dir abhandeln wollte. Du weißt, daß ich dich einmal liebte. Es ist schwer die Wahrheit zu sagen, ohne zu beleidigen; aber echte menschliche Natur ist schlangenartig, eine alte Haut muß sich nach Jahren einmal wieder abwerfen; diese wäre nun bei mir herunter. Laß uns jetzt in ein politisches Verhältniß zusammen treten! arbeite mit mir zum Besten der Königin!

Elissa: Es ist vergeblich, daß du mich um deiner Nichtliebe willen zu

> etwas bringen willst, das ich nicht einmal um deiner Liebe willen gethan hätte. Nach der Ehre, in deinem politischen Verhältnisse zu stehen, strebe ich nicht, und ich verehre die Grundsätze der Königin. Lebe wohl!

Der Schlagabtausch der beiden Figuren dient Charlottes Positionsbestimmung, nach, wie man annehmen darf, einem letzten vermeintlich klärenden Gespräch mit Goethe – entweder rückblickend 1789 oder in diesem Sommer 1794, bevor Charlotte sich zum Schreiben des Dramas entschloß. Der Dialog ist voller Spitzen gegen Goethe, gegen die Dichter, gegen die Männer. Männer können nicht treu sein; Goethe hat es oft genug und nicht zuletzt in seinen Werken behauptet, daß die Treue eine Eigenschaft der Frauen sei. Nun, gut, Charlotte hat den Beweis durch ihn erfahren, also greift sie diese These auf. Die Szene, in der Ogon sich im Zimmer der Elissa umsieht und moniert, sie sei ein gleichförmiges Wesen, und Frauen könnten wohl eine langweilige Existenz besser ertragen, gibt möglicherweise die wirklichen Äußerungen Goethes nach der Rückkehr aus Italien ziemlich genau wieder. Was er vorher als weibliche Tugend gepriesen hat, sich »immer gleich« zu sein, wird nun zur Langeweile, weil die Liebe vorbei ist. In Wirklichkeit meint er – zumindest der Ogon in Charlottes Trauerspiel –, daß er als Mann eben die Abwechslung mit anderen Frauen brauche, daß mit ihr, Elissa, eine Epoche vorbei, daß eine Schlangenhaut abgestreift ist, denn so sei's im Leben »echter menschliche(r) Natur«. So sei's im Leben der Dichter, die sich ewig wandeln müssen, um einem höheren Lebensplan zu gehorchen – sagt der Dichter. Elissa, die tugendhafte Frau, erwidert: Er mache sich zur Tugend, was ihm gerade am gemütlichsten sei. Er bleibe sich selbst und den Göttern nicht treu. Schließlich wird noch das Motiv des »schädlichen« Kaffeetrinkens aufgegriffen, dessen Erwähnung in Goethes vorletztem Brief nach Italien Frau von Stein hier noch gesondert karikiert. Ogon bezichtigt Elissa, durch Genuß eines »ungesunden Trank(s)« »falsche Vorstellungen« zu bekommen – eine Paraphrase aus Goethes Brief, wo es hieß, Charlotte verstärke »die hypochondrische quälende Kraft der traurigen Vorstellungen durch ein physisches Mittel«, den Kaffee , und so sei der Kaffee eine der Ursachen für Charlottes gewandeltes Verhältnis zu Goethe und ihr daraus resultierendes Befinden. Ogon verweist nun auf den »rechten geistigen Erdensaft«, durch den Elissa Ogons veränderte Erscheinung mit dem schönen Bild, das sie sich von ihm mache, das aber der Vergangenheit angehört, zu vereinbaren lerne. Anders gesagt: Sie solle nur viel Wein trinken, und die Welt sehe anders aus; man ertrage dann auch eine illusionslose Wirklichkeit und einen gefallenen Dichter. Auch das ist eine Spitze gegen Goethe, der tatsächlich Kaffee und Schokolade für schädlich, Wein aber, von dem er täglich große Mengen genoß, für vollkommen unschädlich, für ein heilsames Naturprodukt hielt. Zu dem Zeitpunkt, als Charlotte dieses Drama schrieb, fiel Goethes erhöhter Weinkonsum mit seinen sinnlichen Ausschweifungen und ebenso verstärkter Nahrungsaufnahme zusammen; man könnte auch sagen: Er betrank sich regelmäßig mit Christiane, bevor oder während er mit ihr ins Bett ging. Champagner und Wein war in diesem Haushalt jedenfalls allgegenwärtig, und zum Alltag ihrer Beziehung gehörte eine kräftige, »tüchtige« und reichhaltige Nahrungsaufnahme, die Christiane gut zubereiten konnte.

Noch massiver wird Charlottes Dichter-Karikatur in einer anderen Passage, als es erneut darum geht, den Dichter-Genius in seiner Erhabenheit als in Wahrheit niederes Sinnenwesen zu entlarven, das sich nicht nur am liebsten mit »Gewürme« abgibt, sondern sich sogar selbst schon dazu zählt. Ogon sagt:

»Die Natur hat es zu wenigen einzelnen Wesen ihres Ideals bringen können, diese waren ihr Zweck, und in diese Gattung gehören wir Poeten und Philosophen, von denen sie sichs eigentlich noch recht vorsagen läßt, was sie gemacht hat; das übrige ist das Gewürme, das unbemerkt zertreten wird [...] Ich will dir nur die Wahrheit gestehen, ich war einmal ganz im Ernst an die Tugend in die Höhe geklettert, ich glaubte oder wollte das erlesene Wesen der Götter sein, aber es bekam meiner Natur nicht, ich wurde so mager dabei: jetzt, seht mein Unterkinn, meinen wohlgerundeten Bauch, meine Waden, sieh ich will dir freimütig ein Geheimnis offenbaren; erhabene Empfindungen kommen von einem zusammengeschrumpften Magen; also was ich dir vorher sagte, paßt nicht auf mich, ich zähle mich jetzt auch unters Gewürme, lebe auch am liebsten mit ihnen, und bin ein rechter, guter Narr.«

Das ist Charlottes Art, mit dem Schmerz ihrer verlorenen Liebe umzugehen. Sie schreibt das Stück und zeigt es im Freundeskreis herum, und irgendwie wird auch Goethe davon erfahren und vielleicht Teile daraus gelesen haben. Aber er schweigt.

Die Frauen von Weimar

Mit der hochherzigen Königin Dido entwirft Charlotte auch ein Bild ihrer eigenen Herrin, zu der sie in den Jahren der Entfremdung von Goethe nun eine innigere Beziehung unterhält: der Herzogin Luise. Die Verbindung soll sie aber bald in Schwierigkeiten bringen, weil Luise diese Freundschaft mißversteht und mit für Charlotte befremdlicher Bedeutung versieht. Charlottes Trennung von Goethe im Jahre 1789 ist für Luise die willkommene Gelegenheit, ihre ältere Freundin auf die eindringlichste Art und Weise zu umwerben. Luises körperliche Abneigung gegen ihren Mann, den Herzog, richtet sich letztendlich sexuell gegen alle Männer. Luise liebt Frauen.

Schon seit Jahren liebt sie die Hofdame Charlotte von Stein, doch deren enge Verbindung mit Goethe hat sie bislang davon abgehalten, den vertraulichen Kontakt zu forcieren. Bereits in den Jahren vorher hat sie in französisch geschriebenen Briefen an Charlotte immer wieder ihre Liebe zu ihr durchklingen lassen, was an sich in empfindsamen Zeiten nichts besonderes war. So heißt es etwa schon im November 1778, als Luise ihren Unwillen darüber ausdrückt, daß Charlotte sich immer noch in Kochberg befinde und nicht zurückkehren wolle, ob sie ihre Freundinnen vergessen habe, ob sie gleichgültig gegen sie geworden sei, »Adieu, meine liebe, gute Stein, denken Sie manchmal an mich und lieben Sie mich, die ich Sie von ganzem Herzen liebe: Luise.« Im Sommer, wenn Charlotte sich in Kochberg aufhielt, beschwerte sich die Herzogin regelmäßig über Charlottes Abwesenheit, wie sie sich langweile, wie sie sich nach ihr sehne und ob ihre Liebe denn so einseitig sei, da die Freundin so lange von ihr fernbleiben könne. Für Charlotte war diese Situation prekär. Drei Gefahrenherde kapriziöser Art gab es im höfischen Leben der Charlotte von Stein: die Zeit vor ihrer Ehe, als sie den Avancen der Höflinge ausgesetzt war, die Beziehung zu Goethe sowie zuletzt die Annäherungsversuche einer Frau, die ihre Herrin war.

1793 schreibt die dreiunddreißigjährige Luise an die fünfzehn Jahre ältere Charlotte von Stein: »Nennen Sie mir ein Mittel, daß ich Sie weniger liebe! Denn von närrischer Liebe quäle und beunruhige ich Sie. – Ich weiß, daß ich Ihnen oft wunderlich und seltsam erscheinen muß, aber ich gebe Ihnen mein Wort, daß dieses sich ändern wird und daß, wenn mit Ihrer Ankunft mein Mißtrauen verschwunden ist, ich ganz geheilt sein werde.« Sie sei doch soviel älter als sie, redet sich Charlotte heraus, und dazu von verschiedenem Stande, doch Luise schrecken diese Einwände keineswegs zurück. »Sie sprechen in Ihrem letzten Brief wieder von der Verschiedenheit unseres Alters, aber diese ist doch nicht so groß, daß sie ein Hindernis der Freundschaft sein könnte. Wäre ich noch mißtrauisch, was ich nicht mehr bin, so würde ich glauben, dies sei nur ein Vorwand, dessen Sie sich bedienen, um mich nicht mehr zu lieben, denn es scheint mir, daß wenn man wahrhaftig liebt, weder Alter noch Gesundheit ein Hindernis der Freundschaft sei.« Im September versucht die Herzogin Luise Charlotte gar in die Stimmung einer Mondschein-Romantik zu ziehen, wenn sie schreibt: »Ich wohne noch unten, da meine Zimmer oben noch nicht in Ordnung sind. Das gefällt mir wegen meiner einsamen Spaziergänge bei Mond- und Sternenschein, aber noch lieber würde ich sie mit Ihnen machen, meine liebe und sehr liebe Stein. Hören Sie nie auf, mich zu lieben.« An ihren Sohn Fritz schreibt Charlotte in diesen Jahren einmal, es sei den Fürsten schwer verständlich zu machen, daß man nicht nur für sie, sondern auch um seiner selbst willen auf der Welt sei. Der Preis einer adeligen Existenz.

Im Dezember 1793 wird Charlotte Witwe. Josias von Stein stirbt nach langer Krankheit. Dies hatte nun auch zur Folge, daß der älteste Sohn Karl das Erbe antritt und das väterliche Stammschloß Kochberg verwaltet. Charlotte lebt seit 1796 ständig in Weimar und wird die Sorge um Kochberg in späteren Jahren ganz ihrem Sohn und dessen Frau Amélie überlassen, die Karl im Jahre 1798 heiratet. Amélie, eine geborene von Seebach, ist zwar mittellos, doch schön und angenehm, eine würdige Repräsentantin des Hauses. Doch nicht erst seit der Heirat ihres Sohnes und der Übergabe von Schloß Kochberg wird Charlotte bewußt, daß eine neue Generation angetreten ist. Die sanftmütige Charlotte Schiller, mit der sie sich seit deren Verheiratung mit dem Dichter 1790 mehr und mehr angefreundet hat, ist fast zwanzig

Jahre jünger als sie selbst, und die Freundschaft hat etwas von einem Mutter/Tochter-Verhältnis. Mit ihr zusammen, manchmal wohl auch mit der Herderin, lästert sie über Goethe, den gefallenen Stern. Im Juli 1793 schreibt sie an ihren Sohn Fritz: »Von unserm Humanus habe ich die Nacht geträumt. Er sagte mir, das letzte Feldgeschrei sei gewesen: ›Ist die Harmonie wieder hergestellt?‹ Und da ich das Wort ›Harmonie‹ nicht verstand und einigemal fragte, so ging er zu seiner Demoiselle und streichelte ihr die Backen. Noch mehr närrisch Zeug habe ich von diesem ausgelöschten Stern geträumt.«

Das »Feldgeschrei« hat biographische Bezüge. In diesem Sommer 1793 wird Goethe bereits zum zweitenmal vom Herzog als eine Art Kriegsberichterstatter herangezogen und befindet sich mit diesem im preußischen Hauptquartier des von französischen Truppen belagerten Mainz. Im Jahr zuvor ist er mit Carl August zu einem Interventionsfeldzug gegen die revolutionären französischen Truppen aufgebrochen, bei dem der Herzog von Weimar als preußischer Regimentskommandeur eingesetzt war. An seinen alten Freund Jacobi hat Goethe zwar schon anläßlich des ersten Feldzugs geschrieben, es sei ihm »weder am Tode der aristokratischen noch demokratischen Sünder im mindesten etwas gelegen«, aber er läßt sich doch für die Sache des Herzogs einspannen, die, wie er am Vorabend der berühmten Kanonade von Valmy äußert, von weltgeschichtlicher Bedeutung sein wird. Der gegenrevolutionäre Feldzug der preußisch-österreichischen Koalitionsarmee endet mit einer Niederlage. Aus den Wochen dieses ersten Feldzugs, der »Kampagne in Frankreich«, stammen auch die ersten erhaltenen Briefe Goethes an Christiane. Er grüßt sehr herzlich die Daheimgebliebene, spricht viel von seiner Liebe zu ihr und dem Söhnchen, nennt sie »meine liebe Kleine« oder auch »mein liebes Kind« und hält sie an, das Haus hübsch in Ordnung zu halten. In Frankfurt, wo er zum erstenmal nach dreizehn Jahren seine Mutter wiedersieht, habe er »zuviel [...] essen und trinken müssen.« (von »Müssen« konnte wohl kaum ein Rede sein.) »Es wird mir aber noch besser schmecken wenn mein lieber Küchenschatz die Speisen zubereiten wird.« Er hat Christiane in die Obhut des Künstlers Heinrich Meyer gegeben. Der Freund aus italienischen Zeiten ist mittlerweile Leiter der Mal- und Zeichenschule Weimars und zu einem echten Hausgenossen der »Goethes« geworden. Entgegen anderer Weimarer hat Meyer keine Vorbehalte gegen Goethes Lebensgefährtin und fügt sich freundschaftlich in Goethes und Christianes Hauswesen. Zur Zeit sind Christiane und Meyer mit dem Umbau des Hauses am Frauenplan beschäftigt, der fertig sein soll, wenn Goethe aus Frankreich zurückkommt. Aus Verdun schreibt Goethe an Christiane: »Eh wir hier abreisen wird ein Körbchen abgehen mit Liqueur und Zuckerwerk, davon genieße was mit Herrn Meyer, das übrige hebe auf, ich schicke dir noch allerlei in die Haushaltung. Wenn dieser Brief ankommt bist du vielleicht schon im vordern Quartier. Richte nur alles wohl ein und bereite dich eine liebe kleine Köchin zu werden. Es ist doch nichts besser als wenn man sich liebt und zusammen ist. Lebe recht wohl und bleibe mein. Ich habe dich recht herzlich lieb. Bei Verdun d. 8. Sept. 1792« Ganz nahe an der Champagne muß Goethe leider feststellen, daß sie kein gutes Glas Wein im Feldlager haben. Das solle aber demnächst am Frauenplan besser werden, »wenn nur erst mein Liebchen Küche und Keller besorgt.«

Goethe liebt Christiane, wie sie ist. Er will nicht, daß sie sich seinetwegen verändert. Sie in seine geistige Welt einzubeziehen, ist ihm kein Bedürfnis, zumal das sowieso ganz aussichtslos wäre. Von Goethes Werken hat sie zeitlebens nur sehr rudimentäre und naive Begriffe. Dafür besitzt sie einen ursprünglichen und unbekümmerten Zugang zum Leben, was ein wunderbarer Ausgleich für Goethes komplizierte Innenwelt ist. Sie ist in der Lage, Behaglichkeit und Heiterkeit um sich zu verbreiten und Goethe ein entsprechendes heimisches Wohlbefinden zu sichern. Dabei scheint ihr jedoch eines gleich zum ungeschriebenen Gesetz geworden zu sein: Christiane darf nicht von eigenem Unbehagen sprechen und auf Verständnis hoffen, denn Goethe will zu Hause von Problemen ferngehalten werden. Ob es nun die Gesundheit seines Kindes betrifft, Christianes eigenes Befinden, etwaige trübe Stimmungen – von alldem will Goethe nichts hören. Christiane weiß das und lernt früh, Probleme für sich zu behalten. Wie schwer das für sie ist – gerade angesichts ihrer isolierten Stellung in Weimar und der Tatsache, daß Goethe sie in den kommenden Jahren oft für viele Monate allein läßt –, belegen nur ein paar Briefe an eine Handvoll Vertraute, denen sie ihren Kummer gesteht, aber sogleich ihrem schlechten Gewissen darüber Ausdruck verleiht, dieses ohne das Wissen des »Geheimrats« überhaupt erwähnt zu haben. Da sie selbst eine so unverbildete Natur ist und die entsprechenden Maßstäbe hat, empfindet Christiane keine übertriebene Ehrfurcht vor dem Dichter Goethe oder dem »Wirklichen Geheimen Rat« in seinen amtlichen Funktionen. Aber sie weiß sehr wohl, wie abhängig sie von ihm ist und daß sie keine Forderungen stellen darf. In ihrer beider Umgang bleibt eine gesellschaftliche Grenze bestehen, auch wenn Goethes Briefe an Christiane liebevoll, besorgt und zärtlich klingen. Man denkt jedoch manchmal, er spreche hier zu einem Kind. Schon die Anreden seiner Briefe an Christiane sind bezeichnend: »meine liebe Kleine«, »liebes Kind«, »mein Liebchen«, »Hausschatz« und »Küchenschatz« und immer wieder »mein liebes Kind«. Die Krönung stellt in diesem Sinn jedoch sicher der Anfang eines Briefes aus dem Mainzer Feldlager dar, wo es heißt: »Du bist ein recht liebes Kind daß Du mir so viel schreibst dagegen sollst Du auch wieder gleich von mir einen Brief haben.« Zärtliche Nachlässigkeit, wie angesichts der Kapriolen eines Töchterchens, zeichnen sich in Goethes Verhalten gegenüber Christiane ab, wenn er ihr etwa schreibt, er habe ihr Briefchen mit dem Tintenklecks erhalten, wenn er ihr Zuckerwerk mitbringt oder wenn er vielleicht lächelnd den Kopf schüttelt angesichts ihrer verhehrenden Orthographie. Ihre Thüringer Mundart setzt Christiane in Buchstaben um, und diese Schreibart zeitigt Ergebnisse wie »Biebeldäck« (Bibliothek), »Idaligen« (Italien), »konsdannigen« (Kastanien), »Ecks Sembelar « (Exemplar), »browieren« (probieren), »Grüdick« (Kritik) und »förichen« (Ferien). Daß » Efijenige« »Iphigenie« heißen soll und mit »liedratdur« die »Literatur« gemeint ist, kann man nur mühsam erraten. In keiner Briefausgabe des Goethe-Umfelds ist so viel orthographisch berichtigt worden, ganz einfach aus massiven Verständnisschwierigkeiten, wie in den Briefen von Goethes Lebensgefährtin. Das Argument für eine Beibehaltung der zur Goethezeit noch keineswegs bindenden, für Goethe und seine Zeitgenossen sehr frei gehandhabten Rechtschreibung aus Gründen der Authentizität und individuellen Note in den Briefausgaben kann hier nicht zur Geltung kommen, denn als Nicht-Thüringer wird man kaum verstehen, was Christiane sagen will. Goethe hat auch in diesem Bereich Christianes frische Spontaneität nie korrigiert, sondern sich über ihre Briefe mit den lebhaften Schilderungen ihres häuslichen Alltags gefreut. (Seine Mutter beherrschte die Rechtschreibung auch nicht viel besser als Christiane.)

Wie unmittelbar diese Schilderungen sein können und wieviel Herzlichkeit zwischen den Partnern auch nach fast zehn Jahren des Zusammenlebens noch immer aus den Zeilen hervorgeht, zeige ein Brief Christianes an Goethe aus dem Jahre 1798. Darin heißt es: »Nun, mein allerbester, superber, geliebter Schatz, muß mich ein bißchen mit Dir unterhalten, sonsten will es gar nicht gehen. Erstens muß ich Dir sagen, daß ich Dich ganz höllisch lieb habe und heute sehr hasig bin; zweitens, daß ich am Montag meine Wäsche aufgeschoben habe wegen des übeln Wetter, und erst heute Nacht gewaschen wird, und ich sehe zu meinem größten Vergnügen, daß das Wetterglas steiget. Drittens habe ich mit Fischer gesprochen. Der will, sobald der Herr Geheimer Rath Voigt wiederkömmt, gleich das Geld hinbringen. Viertens war die Frau Pastorin von Rossel bei mir, welche ich sehr gut gefüttert habe und welche sich es für eine große Genade schätzt und sehr glückselig ist, wenn mein Vortrefflicher bei ihr logieren will. Fünftens sind die Hochzeiten sehr mit Pracht und Herrlichkeit begangen worden; es ist das ganze Komödien-Hauß mit Guirlanden von lebendigen Blumen ausgeschmücket gewesen und soll alles außerordentlich schön gewesen sein. Heute bin ich auf dem Jahrmarkt gewesen und habe mir Seife gekauft. Nun hoffe ich aber auch, daß mein Allersuperbester auch ein Laubthälerchen an mich wenden wird, weil ich so ein großer tugendhafter Schatz bin. Für heute Abend leb wohl, morgen ein Mehres.« Die beiden pflegten eine Privatsprache, die sich besonders auf den Intimbereich bezog. Was mit »hasig« gemeint ist (Christiane im zitierten Brief), bedarf kaum der Erklärung. Beide sprechen auch vom »Schlampamps-Stündchen«, auf das sie sich freuen, wenn Goethe wieder zurück ist. Goethes Penis ist der »Herr Schönfus«, der Christiane gern besuchen komme. Christiane äußert ihre sexuelle Lust und Bereitschaft in den Briefen mindestens so häufig wie Goethe. Wenn Christiane schwanger ist, dann ist sie »krabskrällig« (woher das kommt, ist etwas unklar), und das Ungeborene nennen sie das »Pfuiteufelchen«.

Das Kinderkriegen war im Hause Goethe ein kontinuierliches Sterben. Am 14. Oktober 1791 bringt Christiane einen toten Jungen zur Welt. Zwei Jahre später, am 21. November 1793, wird ein Mädchen geboren, ein Töchterchen mit dem Namen »Caroline«, über das sich Goethe, wie Frau von Stein berichtet, unmäßig freut. Leider lebt das Kind nur knapp zwei Wochen; am 4. Dezember stirbt Caroline. Der dritte Junge, den Christiane zur Welt bringt, wird am 30. Oktober 1795 geboren, stirbt aber am 16. November. Im Dezember 1802 bekommt Goethe eine weitere Tochter, der er den ausgefallenen Namen »Kathinka« gibt. Doch auch Kathinka stirbt, wenige Tage nach der Geburt. Die Schmerzen der Eltern über den Verlust ihrer Kinder ist nur in kurzen Aufzeichnungen überliefert. Ungewöhnlich war die hohe Sterblichkeit von Neugeborenen in dieser Zeit nicht, wie man etwa auch am Beispiel der Charlotte von Stein sieht, die sieben Geburten hatte, von denen nur die drei Söhne überlebten, oder am Beispiel von Goethes Mutter, welche zehnmal niederkam und nur zwei Kinder behielt, Wolfgang und Cornelia. Trotzdem war es hart für Christiane und Goethe, vier Kinder beerdigen zu müssen. Wie viele Fehlgeburten es zwischendurch noch gegeben hat, wissen wir nicht. Nur August, der Erstgeborene, überlebt.

Als Goethe anläßlich des französischen Feldzugs 1792 in Frankfurt haltmacht, um seine Mutter zu besuchen, wird er ihr erstmalig von seinem neuen Familienstand berichtet haben.

Hier erweist sich nun wieder das unbefangene und vorurteilsfreie Gemüt der »Frau Aja«. Sie freut sich darüber, daß ihr »Hätschelhans« nun einen »Bettschatz« hat und es ihm an Leib und Seele wohlergeht, und sie kümmert sich nicht im geringsten darum, ob die Weimarer Christiane Vulpius für gesellschaftlich angemessen halten oder nicht. Und ein Enkelkind habe sie jetzt auch, phantastisch! Ob ehelich oder nicht, was tut's zur Sache ... Fritz von Stein, der vormalige Enkel in Ermangelung eines richtigen, tritt bald in den Hintergrund. Als Goethe im Jahr darauf bei der Belagerung von Mainz ist, schreibt Christiane ihrer Frankfurter »Schwiegermutter« einen Brief, gleich entschuldigend, daß sie »das Buchstabieren« nicht richtig beherrsche. Die aber antwortet herzlich und hocherfreut, sie habe das Buchstabieren auch noch nie beherrscht, und es sei im übrigen ja ganz egal. Aufs Herz komme es an ... Als Goethes Mutter Christiane Jahre später in Frankfurt kennenlernt, lautet ihr begeistertes Urteil dem Sohn gegenüber: »Du kannst Gott dancken! So ein Liebes – herrliches unverdorbenes Gottes Geschöpf findet mann sehr selten – wie beruhigt bin ich jetzt, da ich Sie genau kenne, über *alles* was dich angeht – und was mir unaussprechlich wohl tat, war, daß alle Menschen – alle meine Bekandten Sie liebten – es war eine solche Hertzlichkeit unter ihnen –

die nach 10Jähriger Bekandtschaft nicht inniger hätte seyn können – mit einem Wort es war ein glücklicher Gedancke Sich mir und allen meinen Freunden zu zeigen *alle* vereinigen sich mit mir dich glücklich zu preißen – und wünschen Euch Leben – Gesundheit – und alles gute was Euch vergnügt und froh machen kan Amen.«

In Weimar tuschelt man dagegen noch immer unermüdlich über Goethe und seine »Mamsell«. Insbesondere die von Goethe hochverehrte Herzogin Luise fühlt sich durch Goethes Lebenswandel und die Wahl seiner Lebensgefährtin geradezu beleidigt, was Goethe nicht ganz gleichgültig sein kann, was er aber nicht versteht und woraus schon gar keine Konsequenzen ziehen will. Caroline von Dacheröden berichtet: »Die regierende Herzogin ist indelikat genug gewesen, ihm sagen zu lassen, sie fände es sonderbar, daß er ihr sein Kind alle Tage vor der Nase herumtragen ließe. Wie albern! Einige meinen, er werde sich wohl noch gar das Schätzchen antrauen lassen, um dem Kinde eine gesicherte Existenz zu verschaffen.« Aber Goethe macht keine derartigen Anstalten. Anläßlich seiner nächsten Auslandsreise faßt er sein Testament ab und setzt seinen mit seiner »Freundin und vieljährigen Hausgenossin« gezeugten Sohn August als Universalerben ein. Das ist im Sommer 1797, bevor Goethe zum dritten Mal gen Italien aufbricht, ohne daß seine Reise ihn diesmal aber ans Ziel bringen sollte. Ans Heiraten scheint er derweil nicht ernsthaft gedacht zu haben, aus welchen Gründen auch immer. Dieser zweifelhafte Stand der beiden führte mit sich, daß Christiane offiziell nicht existierte. Man zerriß sich zwar die Mäuler über sie, aber bei Goethes Soirées und Tee-Nachmittagen blieb Christiane in der Küche oder sonstwo versteckt in dem repräsentativen Haus am Frauenplan, das der Herzog Goethe 1794 schenkte. Die unstandesgemäße Geliebte hatte kein Anrecht auf gesellschaftliche Achtung, nur auf verleumderischen Klatsch. Ob Goethe klar war, was er der jungen Frau zumutete? Als er Christiane schließlich nach Jahrzehnten des Zusammenlebens ehelichte, mußte sie feststellen, daß sich allenfalls formal etwas änderte. »Die Vulpius« wurde nie als Frau an Goethes Seite akzeptiert, und wenn sie auch zur »Frau Geheimrat« durch die Eheschließung avancierte.

Zwischen Goethe und Charlotte von Stein herrscht seit den letzten Briefen im Sommer 1789 eine private Kontaktsperre. Beide sehen sich gelegentlich bei diesem oder jenem Gesellschaftsereignis, denn Weimar ist zu klein, um sich ganz aus dem Weg zu gehen. Aber diese distanzierten Begegnungen werden nicht zu mehr als höflicher Wahrung der Form geführt haben. Charlottes literarischer Entgleisung, die er im übrigen nicht kommentiert, stellt Goethe eine ausgesuchte Taktlosigkeit gegenüber, die allerdings aus seinem starken Bedürfnis nach Wahrhaftigkeit in der Beurteilung der eigenen Entwicklung resultiert. Am Jahresende 1795 schreibt Frau von Stein nach einer solchen »Salon«-Begegnung mit dem früheren Geliebten an ihren Sohn Fritz: »Der dritte Teil von ›Wilhelm Meister‹ ist sehr unterhaltend. Wie ich dem Autor sagte, ich wäre aufs Ende der Personnagen sehr neugierig, wie er es ausführen würde, so sagte er mir, im Leben brauche man nicht konsequent zu sein, aber freilich in einem Roman verlange man es. Ich stutzte ordentlich, daß er das Herz hatte, mir das zu sagen, und unsere Unterhaltung war am Ende.« An Einwände und richtungsweisende Fingerzeige anspruchsvoller Damen ist Goethe nicht mehr gewöhnt. Jede Erinnerung an eine vergangene Beziehung dieser Art stimmt ihn unleidlich und unbehaglich, als ob man ihm die neue Lebensform ankreiden wollte. Dabei hat er sich darin gerade so behaglich eingerichtet. Ob aber dieser Pfeilschuß Goethes, der bei Charlotte mitten in die alte Wunde traf, gezielt gesetzt war oder nur aus unüberlegter plumper Ehrlichkeit herausgeschleudert wurde? Gleichgültig, er traf. Charlottes Groll hatte noch andere Aspekte. Wie manchen ihrer Äußerungen aus der Zeit nach Goethe zu entnehmen ist, hatte sie ernsthaft (und wohl berechtigt) gehofft, Goethe mache ihren Liebling Fritz zu seinem Erben. Mit der Protektion des Geheimrats, einer Ausbildung unter seiner schützenden Hand und in der Aussicht auf das Vermögen des ledigen Mannes konnte einem Sohn aus altem, angesehenen, aber fast mittellosen Adel nicht mehr viel passieren. Goethe setzte sich auch jetzt noch für den Sohn der früheren Freundin ein, aber selbstverständlich nicht mehr mit dem gleichen Engagement wie ehedem. Er hatte nun ein eigenes Kind und tiefere Verpflichtungen dem natürlichen Sohn gegenüber. Was Charlotte in ihrem Kummer immerhin tröstet, wenn auch auf eher schadenfrohe Weise, ist, daß der Geheimrat so ganz aus der Form zu gehen droht. Von seiner Attraktivität scheint nicht mehr viel übriggeblieben zu sein, wenn man den Schilderungen der Charlotte und anderer aus dieser Zeit Glauben schenkt. An Fritz schreibt Charlotte im Februar des kommenden Jahres: »Ich hatte ihn seit ein paar Monaten nicht gesehen. Er war entsetzlich dick, mit kurzen Armen, die er ganz gestreckt in beide Hosentaschen hielt. Schiller hatte seinen schönen Tag und sah neben ihm wie ein himmlischer Genius aus; seine Gesundheit war leidlich, und die blasse Ruhe auf seinem Gesicht machte ihn interessant. Ich möchte nur wissen, ob ich dem Goethe auch so physiognomisch verändert vorkomme als er mir. Er ist recht zur Erde worden, von der wir genommen sind. Der arme Goethe, der uns sonst so liebhatte!« Charlottes Gewogenheit hält sich also in Grenzen, aber ihr Bedauern ist nicht unbedingt notwendig. Goethe fühlt sich gar nicht unbehaglich, wenn ihm auch, wie offenkundig ist, ein paar Illusionssphären abhanden gekommen sind, die sonst der Nährboden für sein dichterisches Schaffen waren. Er sehe mürrisch aus, konstatieren die Zeitgenossen. Sie haben nicht den Eindruck, daß er glücklich ist.

Eine rührende Wendung erfolgt in dieser Zeit der Kontaktsperre zwischen Goethe und Charlotte durch Goethes Sohn August. Schiller ist jetzt öfter mit seiner Familie in Weimar, und sein Sohn Karl ist etwa in Augusts Alter. Beide Kinder spielen gelegentlich zusammen, und da Frau von Stein mit Schillers Frau befreundet ist, lernt sie eines Tages auch Goethes Söhnchen kennen. Der Fünfjährige ist ein aufgeschlossener Junge und weiß nichts von dem Groll zwischen seinem Vater und Charlotte von Stein. Vertrauensvoll schließt er sich ihr an, und bald sind seine Besuche an der Ackerwand fast an der Tagesordnung. Charlotte ist sonst nicht ausgesprochen kinderlieb, und daher ist ihre wachsende Zuneigung für Goethes Kind ein besonderes Zeichen. Goethe sieht das gern und scheint zu meinen, daß der Einfluß der gebildeten Charlotte einen Ausgleich für den Jungen darstellt, der in der Gegenwart seiner Mutter allein nicht adäquat erzogen werden kann. »Erlauben Sie auch ferner meinem armen Jungen«, schreibt er Charlotte, »daß er sich Ihrer Gegenwart erfreuen und sich an Ihrem Anblick bilden dürfe. Ich kann nicht ohne Rührung daran dencken daß Sie ihm so wohl wollen.« Charlotte schreibt zurück: »August ist eben bei mir recht artig, es thut mir ordentlich weh mich so lang von ihm zu trennen, Sie müssens meinem Herzen eigentlich sehr natürlich finden daß ich Ihr Kind so lieb haben muß.« Der Bann ist gebrochen. Der Kontakt über die Kinder geht auch in die andere Richtung, denn Charlotte bittet Goethe um Rat und Hilfe im beruflichen Fortkommen ihres Fritz. Nach einigen Studiensemestern in Jena und einem Aufenthalt in London, den sich Mutter und Bruder gleichsam vom Munde abgespart hatten, ist Fritz im Auftrag und mit finanzieller Unterstützung des Weimarer Herzogs als Volontär an die preußische Domänenkammer nach Breslau gegangen. Nun will er ganz in schlesische Dienste treten und die Verpflichtungen nach Weimar und damit auch die dortigen Dienstaussichten aufgeben. Das wird eine Fehlentscheidung wie so manches im Leben dieses unter so glänzenden Voraussetzungen herangewachsenen Sohnes der Charlotte von Stein. Er war ein Scheidungskind in der Liebe seiner Mutter zu Goethe.

Nach Goethes kleinem Sohn erkundigt sich Charlotte gelegentlich bei dessen Vater, wenn er ein paar Tage nicht bei ihr war. Sie hat ihn liebgewonnen. Und eines Tages zieht der Kleine seinen Vater sogar an Charlottes Sommersitzplatz an der Ackerwand, vor ihrer Haustür, unter den Orangenbäumen. Da bleibt Goethe nichts anderes übrig, als sich neben seine frühere Freundin zu setzen und mit ihr zu verweilen. Es sei ihr noch immer unbegreiflich, äußert Charlotte in großer Nachdenklichkeit, wie ihr Goethe so fremd werden konnte. Sie muß aber doch noch ein paar Spitzen gegen Augusts Mutter abschießen, und so meint sie einmal: »Ich kann manchmal in ihm die vornehmere Natur des Vaters und die gemeinere der Mutter unterscheiden. Einmal gab ich ihm ein neu Stück Geld; er drückte es an seinen Mund vor Freuden und küßte es, welches ich sonst am Vater auch gesehen habe. Ich gab ihm noch ein zweites Stück, und da rufte[!] er aus: ›Alle Wetter!‹« Das ist der Vulpius-Einfluß, meint sie.

Eines ist offenbar: In dieser Zeit der Beziehung mit Christiane, wo alles Kreatürliche erstmals zusammenfließt, schafft Goethe keine Idealgestalten, keine mythisch stilisierten Frauen in der Dichtung und scheint sie auch nicht mehr im Leben zu suchen. Sein Ideal geht ganz ins Häusliche, und man ist als Leser dieser Schaffensphase Goethes manchmal ehrlich erstaunt und fragt sich, wie weit vielleicht auch Ironie in seinen Bekenntnissen enthalten ist. So heißt es etwa in »Wilhelm Meisters Lehrjahren«, »daß eine Frau, die das Hauswesen recht zusammen halte, ihrem Manne jede kleine Phantasie nachsehen und von seiner Rückkehr jederzeit gewiß sein könne«. Im gleichen Werk heißt es aber auch: »daß zwar der Verstand der Männer sich nach Haushälterinnen umsehe, daß aber ihr Herz und ihre Einbildungskraft sich nach andern Eigenschaften sehne.« Diese beiden Aussagen eröffnen zumindest eine doppelte Perspektive.

Goethe selbst ist zur Zeit nicht sehr auf Abenteuer aus. Er ist bequem geworden, häuslich und etwas biedermeierlich – da muß man wirklich nur die Goethe-Portraits dieser Phase betrachten. Er fühlt sich auch ein wenig verstört von den Turbulenzen der Zeitläufte rund um die revolutionären Wirren in Paris und in Europa. Er ahnt, und das von Jahr zu Jahr mehr, daß er den Kontakt mit den Entwicklungen der Zeit in einem globalen, historischen Sinne zu verlieren droht. Das bürgerliche Versepos »Herrmann und Dorothea« ist ein Produkt dieser Befindlichkeit. In die festgefügte Ordnung kleiner Bürger bricht das Elend deutscher Flüchtlinge als Folge der Französischen Revolution. Der Schauplatz ist das Rheinland, eine kleine rechtsrheinische Stadt, die von der Flucht der Deutschen aus den linksrheinischen Gebieten vor den französischen Revolutionstruppen betroffen ist. Herrmann ist der Sohn eines Gastwirts. Er ist Frauen gegenüber schüchtern, aber hilfsbereit gegenüber den Flüchtlingen, die in seine Stadt kommen. Als er Dorothea kennenlernt, kümmert diese sich ebenfalls aufopfernd um die Menschen. Herrmann ist über die Maßen beeindruckt und will das standhafte Mädchen zu gern in sein Elternhaus führen. Er tut das auch, doch schüchtern, wie er ist, weiß er seine Worte nicht richtig zu wählen, und es herrscht allgemeine Konfusion, weil seine Familie meint, er habe Dorothea als Magd ins Haus geholt. Da Dorothea heimat- und mittellos ist, wagt Herrmann auch kaum, sie seinem Vater als Schwiegertochter vorzuführen, doch mit den Zureden des »verständige(n) Pfarrherrn« klärt sich die Lage, und Herrmann, nach Ablauf eines halben Tages erstaunlich gereift, »trug mit Mannesgefühl die Heldengröße des Weibes«. Daß das tüchtige Mädchen Dorothea eine vorbildhafte Hausfrau wird, kann man sich denken. Entsprechende Glorifizierungen des aufopferungsvollen weiblichen Hausstandes beinhaltet das Versepos auch, und die folgende verbindet den Aufruf, daß die Männer diese Aufopferung würdigen sollen, mit dem Bekenntnis, daß selbst zwanzig Männer die Last einer Frau niemals tragen könnten.

»Dienen lerne beizeiten das Weib nach ihrer Bestimmung,/Denn durch Dienen allein gelangt sie endlich zum Herrschen.«

Alsdann werden detailgetreu die weiblichen Alltagspflichten geschildert, welche die bürgerliche Hausfrau bei vorbildhafter Erfüllung so tugendhaft machen. »Zwanzig Männer verbunden ertrügen nicht diese Beschwerde, / Und sie sollen es nicht; doch sollen sie dankbar es einsehn.«

Kein Wunder, daß das Epos, die Geschichte von Herrmann und Dorothea, im bürgerlichen 19. Jahrhundert so populär war! Die geschlossene Welt der bürgerlichen und häuslichen Werte ist geradezu ein Bollwerk gegen die revolutionären Turbulenzen und ihre ungewissen Ziele und Ausgänge. Aber die Ironie in Goethes Darstellung liegt in der implizierten Beschränktheit dieser kleinen, bürgerlichen Welt (schon die Charakterisierung des tappsigen Herrmann), welche von den großen Weltereignissen nichts als die unmittelbaren Folgen mitbekommt, da diese sich auf ihren eigenen Alltag auswirken. Auch die häusliche Zähmung der hochherzigen aber stolzen Dorothea, einer Jeanne d'Arc, die zur dienenden Hausfrau mutiert, geht ins Typisierende, weil eine im rauhen, feindlichen Leben sich bewährende Frau zuletzt doch in den häuslichen Kreis und die bestehenden Werte zurückgeholt wird. In dem Text, der sich an den Epenstil Homers anlehnt, wimmelt es ohnehin von Typisierungen: Es gibt den »trefflichen Herrmann«, den »menschlichen Hausherrn«, die »kluge, verständige Hausfrau«... Daß Goethe selbst in seinem derzeitigen häuslichen Leben mehr auf Allgemeintypisches wie Familie, Bürgertum und Gemeinwesen zu sprechen kommt als auf individuelle Konflikte, liegt nahe. Aber was die Revolutionsereignisse angeht, ist er ein wenig ratlos. Als die Revolution im Jahre 1789 ausbrach, stand er mit seiner ablehnenden Haltung unter den deutschen Geistesgrößen ziemlich allein. Jetzt, seit der Zeit der jakobinischen terreurs, sind manche anfänglichen Bewunderer (Knebel, Wieland und Herder in Weimar etwa) zu einer ähnlich distanzierten Haltung wie Goethe gelangt. Goethe setzt sich noch später kritisch mit den Inhalten und Forderungen der Revolution auseinander, und es sind nicht nur die gewaltsamen Ausschreitungen, die er ablehnt. In vielem denkt er konservativ, reform-konservativ, könnte man sagen. Das hat er als Minister in Weimar bewiesen, und das entspricht auch seiner Position als hoher Staatsbeamter. Freiheit und Gleichheit, eine Parole der französischen Revolutionäre, sind für Goethe beispielsweise nicht zusammen denkbar. Das demokratische Mehrheitsprinzip heißt er nicht gut, weil alles

Vernünftige nach Goethes Meinung in der Minorität liegt. Er denkt sowieso, daß sich die Verhältnisse in Deutschland zu sehr von denen in Frankreich unterscheiden, als daß die revolutionären Forderungen der Franzosen auf Deutschland übertragen werden könnten. Aber die Zeichen der Zeit sind mittlerweile, im Jahr 1797, nach den konterrevolutionären Feldzügen ohnehin wieder andere. Goethe sucht literarische Ausflüchte aus all dem unübersichtlichen Geschehen. Sein zweites Versepos aus diesen Jahren, der »Reineke Fuchs«, dokumentiert die List und Überlegenheit der Schelmenperspektive, die den Unbilden der Zeit noch ihren Vorteil abgewinnt. Gleichgesinnte, nahe Geistesfreunde hat Goethe in dieser Zeit nicht. Das schreibt er in der dreißig Jahre später entstandenen »Campagne in Frankreich«, die wie die »Belagerung von Mainz« als Zeitdokument ein Teil seiner autobiographischen Schriften werden sollte. Da schildert er, wie er nach dem Aufenthalt im Feldlager seinen ehemaligen Freund Jacobi in Pempelfort bei Düsseldorf besucht. Schon mitten im Kriegsgeschehen haben ihn hauptsächlich die Thesen seiner Farbenlehre beschäftigt, an denen er jetzt arbeitet. Diese und andere Seiten seines neuen »Realismus« können die alten Freunde nicht mehr nachvollziehen, die ihn noch immer als den »Götz«- und »Werther«-Dichter ansehen. Goethe stellt fest: »Man kann sich keinen isolirtern Menschen denken, als ich damals war und lange Zeit blieb.«

Die Freundschaft mit Schiller

Seine Begegnung mit Schiller und den Beginn ihrer Freundschaft bezeichnet Goethe selbst als »glückliches Ereignis«. Dabei hat sich diese Freundschaftsverbindung lange angebahnt und war von anfänglichem Zaudern und Berührungsängsten auf beiden Seiten geprägt. Jahrelang lebten beide Dichter fast in unmittelbarer Nachbarschaft, ohne sich einander anzunähern. Goethe empfand den zehn Jahre jüngeren Schiller, dessen damalige Sturm-und-Drang-Phase er selbst schon lange hinter sich hatte, als »unreifes Talent«. Schiller dagegen sah mit Bewunderung und zugleich mit Unbehagen auf den gefeierten, gesellschaftlich etablierten Dichter. Er selbst war in ärmlichen Verhältnissen aufgewachsen und hatte Jahre der Entbehrung und der Flucht vor seinem württembergischen Landesvater wegen »Freigeisterei« hinter sich, war umgetrieben von der Suche nach Anerkennung, einer gesicherten Existenz und der Verwirklichung seines literarischen Lebensplanes. Die Bemerkung über den in Rom behaglich malenden Goethe mit vollem Ministergehalt ist vor diesem Hintergrund verständlich. An seinen Freund Körner schreibt Schiller einmal: »Dieser Mensch, dieser Goethe ist mir einmal im Wege, und er erinnert mich so oft, daß das Schicksal mich hart behandelt hat. Wie leicht ward *sein* Genie von seinem Schicksal getragen, und wie muß *ich* bis auf diese Minute noch kämpfen!« Goethe hat sich damals zwar erfolgreich für Schillers Professur in Jena eingesetzt. Die beiden sind sich aber weiterhin nur sehr distanziert miteinander umgegangen. Goethes stets wachsames Auge, wenn er jungen, konkurrierenden Dichtern begegnete, mag dazu beigetragen haben, auf den anderen nicht gerade zuzugehen. Wenig wohlwollend klingt auch eine Einschätzung Goethes von Schillers Seite nach den ersten Begegnungen: »Öfters um Goethe zu sein, würde mich unglücklich machen: er hat auch gegen seine nächsten Freunde kein Moment der Ergießung, er ist an nichts zu fassen; ich glaube in der Tat, er ist ein Egoist in ungewöhnlichem Grade. Er besitzt das Talent, die Menschen zu fesseln, und durch kleine sowohl als große Attentionen sich verbindlich zu machen; aber sich selbst weiß er immer frei zu behalten. Er macht seine Existenz wohltätig kund, aber nur wie ein Gott, ohne sich selbst zu geben. [...] Mir ist er dadurch verhaßt, ob ich gleich seinen Geist von ganzem Herzen liebe und groß von ihm denke. Ich betrachte ihn wie eine stolze Prüde, der man ein Kind machen muß, um sie vor der Welt zu demütigen.« Abgesehen von Schillers nachvollziehbaren Ressentiments ist bei dem Urteil auch an Goethes damalige Verfassung nach der Rückkehr aus Italien zu erinnern, die ihn aus gesellschaftlichem Unbehagen steif und unzugänglich wirken ließ. Der private und der öffentliche Goethe war auch für andere Zeitgenossen nicht immer genießbar. Unverständlich und befremdend war für den spekulativen Geist Schiller, der sich zu dieser Zeit schon intensiv mit Kants Philosophie und ästhetischen Theorien beschäftigte, Goethes Naturforschungen und offensichtliche Indifferenz in diesen für Schiller so wichtigen Fragen. Eine »stolze

Friedrich Schiller

philosophische Verachtung aller Spekulation« und Beschränkung auf die fünf Sinne stellt er in der Zeit von Goethes Italienreise in den Weimarer Gesellschaftskreisen fest, die ganz von Goethes Geist geprägt sind. Schiller spottet: »Da sucht man lieber Kräuter oder treibt Mineralogie, als daß man sich in leeren Demonstrationen verfinge.« Seine Bedenken werden ihm dann bei der unmittelbaren Begegnung mit Goethe bestätigt. Zunächst ist Schiller einigermaßen ernüchtert beim Anblick von Goethes allzu irdischer Erscheinung und seiner offenbar illusionslosen Lebenshaltung, als er den aus Italien Zurückgekehrten erstmalig trifft. Nach einem Gespräch über Kant, das er mit Goethe führt, stellt Schiller fest: »Es fehlt ihm ganz an der herzlichen Art, sich zu irgend etwas zu *bekennen*. Ihm ist die ganze Philosophie subjektivisch, und da hört denn Überzeugung und Streit zugleich auf. Seine Philosophie mag ich auch nicht ganz: sie holt zu viel aus der Sinnenwelt, wo ich aus der Seele hole. Überhaupt ist seine Vorstellungsart zu sinnlich und *betastet* mir zu viel. Aber sein Geist wirkt und forscht nach allen Direktionen, und strebt, sich ein Ganzes zu erbauen – und das macht mir ihn zum großen Mann.« Schiller schreibt das in dem gleichen Brief an seinen Freund Körner in Dresden, in dem er sich abfällig über Goethes Mésalliance mit Christiane ausläßt. Die Gegensätze zwischen beiden Dichtern und Denkern, der ganz unterschiedliche Ansatz und Werdegang, werden bei Goethe und Schiller zuerst offenkundig. Die Polarität zwischen ihnen führt sie aber auch zusammen. Dabei verliert das Verhältnis von Schillers Seite nie ein gewisses Ressentiment. Der andere ist begünstigt in einem doppelten Sinn, und für die eigentliche Gunst der Natur diesem Dichtergenie gegenüber ist die soziale Begünstigung und eine von jeher sorgenfreie Existenz nur eine weitere Metapher. Goethe schafft, so prononciert Schiller mit seinem klaren analytischen Verstand, aus einem Ganzen heraus, vollkommen intuitiv, als Nachbildner der Natur, mit der er sich in untrennbarer Einheit weiß. Nach Homer und Shakespeare stellt Schiller Goethe in seinem Aufsatz »Über naive und sentimentalische Dichtung« in die Reihe der naiven Dichter, deren Schöpfungen aus einem Element sind, da sie ihre Stoffe aus der Sinnenwelt nehmen und der einfachen Natur und Empfindung folgen. Er selbst definiert sich abgrenzend als »sentimentalischen« Dichter, der aus der Einbildungskraft schafft, analytisch, betrachtend, und über den Eindruck reflektiert, den die Gegenstände der sinnlichen Welt auf ihn machen. Der sentimentalische Dichter sieht die Wirklichkeit als Grenze, eine unendliche Möglichkeit dagegen zur Verwirklichung der Dichtkunst in der Idee, im künstlerischen Ideal. Dagegen betrachtet sich der naive Dichter als Teil der Wirklichkeit und sucht nichts außer ihrer selbst. Der naive Dichter ist Natur, der sentimentalische sucht sie – auf diese prononcierte These läuft die Abhandlung hinaus. Dabei geht es wie bei allen programmatischen Überlegungen der Weimarer Klassiker letztendlich um eine Standortbestimmung der modernen Dichtkunst im bezug auf die Antike. So gesehen, sind alle modernen Dichter im Vergleich mit den Griechen, die sich noch in untrennbarer Einheit mit der Natur befanden, sentimentalische Dichter, die einen verlorengegangenen Naturzustand (auf dem Wege der Kunst) wiederherstellen müssen. Die These vom Verlust der Unschuld, eines verlorengegangenen Naturzustands, ist die Grundanschauung der modernen christlichen Welt. Persönlich geht es Schiller aber vorrangig um eine Abgrenzung zu Goethe, die ihm auch eine eigene Identität und Souveränität als Dichter verleiht. Er gewinnt aus seiner Einteilung eine gewisse moralische Überlegenheit, da der andere, wenn auch begünstigt und müheloser, so doch vielfach unbewußt, die Natur nachahmend, sinnlich und daher gleichsam ohne Programm und moralische Setzungen arbeitet. Die Libertinage des naiven Künstlers, die sich beispielsweise auch in Goethes bedenkenlos gelebtem Verhältnis mit Christiane Vulpius äußert, kommentiert Schiller damit, daß er sie vornehm ignoriert. In den neunziger Jahren ist er häufig zu Besuch bei Goethe, einmal wohnt er sogar einige Wochen bei ihm. Christiane wird sich meistenteils in den hinteren Wohnräumen aufgehalten haben, um allenfalls den Gast zu bekochen. Aber auch in späteren Zeiten wird Goethes Lebensgefährtin in Schillers Briefen praktisch überhaupt nicht erwähnt; sie ist und bleibt indiskutabel wie manche Unverträglichkeit im Wesen eines naiven Dichters, dessen Werk organisch entsteht, das aber auch der idealen Leitlinien entbehrt.

In Goethes Leben ist ein Vakuum entstanden, denn er besitzt im Grunde keinen Menschen mehr, mit dem er sich austauschen kann. Da ist der Freund Heinrich Meyer, der mit am Frauenplan wohnt, da sind die Freunde der Geselligkeitszirkel und die Gelehrten von Jena … Aber alles ist nur partikulär, nichts bündelt wie ein Prisma die eigenen

Kräfte, um sie in einem anderen zurückzuwerfen. Das Zusammenleben mit Christiane ist beinahe ganz aufs Kreatürliche beschränkt. Die Beziehung zwischen Goethes seelischem und geistigem Leben und seinem Gefühlsleben liegt brach. Ist das Konzept der »Ganzheit« also gescheitert? Die »Reinheit« mit Charlotte hatte sich als unlebbar erwiesen, weil ihr auf Dauer der physische Boden, der sinnliche Untergrund fehlte. Hier nun ist der sinnliche Bereich zu stark, zu einseitig, zu illusionslos, um noch befruchtend zu wirken. Aus dem Gefühl heraus, daß die physische Begründung und Beschränkung seines häuslichen Lebens der seelischen Anreize und Ideale entbehrt, richtet Goethe sein schöpferisches Tun nun nach außen, vollkommen weg von seinem häuslichen Leben. Die entstehende Arbeitsgemeinschaft mit Schiller bildet den anderen Pol seines Daseins. Goethes dichterische Arbeit wird wie niemals wieder objektiviert, denn das ist die Chance, die in dieser fruchtbaren Freundschaftsbeziehung liegt. Die intuitive und geniehafte Seite seines Dichtens gerät weitgehend in den Hintergrund, nachdem sie Schiller erneut und gültig konstatiert hat. Es folgt eine Zeit der Programmatik und des klärenden Theoretisierens, die eigentliche Zeit der »Weimarer Klassik«, die in den zehnjährigen »Werkstattgesprächen« und gemeinsamen Projekten von Goethe und Schiller ihren Höhepunkt erreicht.

Das »glückliche Ereignis«, von dem Goethe autobiographisch berichtet, findet im Sommer 1794 anläßlich einer Tagung der »Naturforschenden Gesellschaft« in Jena statt, in deren Anschluß Goethe und Schiller in ein lebhaftes Gespräch gekommen sind. Goethe berichtet: »Wir gelangten zu seinem Haus, das Gespräch lockte mich hinein; da trug ich die Metamorphose der Pflanzen lebhaft vor, und ließ, mit manchen charakteristischen Federstrichen, eine symbolische Pflanze vor seinen Augen entstehen. Er vernahm und schaute das alles mit großer Teilnahme, mit entschiedener Fassungskraft; als ich aber geendet, schüttelte er den Kopf und sagte: ›Das ist keine Erfahrung, das ist eine Idee.‹ Ich stutzte, verdrießlich einigermaßen: denn der Punkt, der uns trennte, war dadurch aufs strengste bezeichnet.« Er wurde jedoch eher zu einer Herausforderung als zur trennenden Grenze. Kurze Zeit nach diesem Gespräch bittet Schiller Goethe um die Mitarbeit an seiner Zeitschrift »Die Horen«, welche Goethe erfreut zusagt. Die Zeitschrift gibt sich betont apolitisch und will von den derzeit obwaltenden Tagesereignissen, den Revolutionskriegen, dem »Dämon der Staatskritik« nichts wissen. Vereinigen will sie dagegen die edlen Gemüter und die politisch geteilte Welt unter einem höheren Interesse: der Wahrheit und Schönheit. Damit ist schon eine Tendenz vorgezeichnet, die typisch wird für die Weimarer Klassik: Die erhabenen Begriffe des Guten, Wahren und Schönen sollen die Ereignisse des Tages transzendieren, ein überzeitliches Moment ausmachen und die nicht eingelösten Hoffnungen der revolutionären Bewegung stellvertretend, aber ewig gültig im Reich der Kunst entfalten: Ein höheres Menschsein und die Bildung des Charakters erfolgt durch den ästhetischen Zustand, den hervorzubringen der Dichter auf den Plan gerufen ist. Die »ästhetische Erziehung« ist die Grundlage aller Humanität, und diese ist die Grundlage jeder Entwicklung der Völker und Staaten. Diese idealistische Folgerung, die Utopie eines »ästhetischen Staates« und Verbesserung der Menschen durch Bildung und Kunst sowie die für einen Historiker wie Schiller erstaunliche Absehung von allen realen Gegebenheiten der Gesellschaft und den Lebensbedingungen der Menschen provoziert geradezu die genauso absoluten Gegenkonzepte, nach denen schließlich nur noch »das gesellschaftliche Sein das Bewußtsein bestimmt«. Der konfliktfreie Raum idealisch-erhabener Schönheit, in dem sich Schiller und Goethe in diesen Jahren bewegen, läßt dem Empirischen, der bloßen Wirklichkeit, nicht mehr viel Geltung zukommen.

Es ist die Zeit von Schillers großen ästhetischen Schriften: »Über Anmut und Würde«, »Über die ästhetische Erziehung des Menschen«, »Vom Pathetischen und Erhabenen«, »Über naive und sentimentalische Dichtung«. Und es ist die Zeit seiner bedeutenden Dramen, die Goethe zum Großteil am neueröffneten Weimarer Theater aufführen läßt: die »Wallenstein«-Trilogie, »Maria Stuart«, »Wilhelm Tell«, »Die Braut von Messina«, »Die Jungfrau von Orleans«. Für Schiller ist eigentlich das Drama das adäquate Terrain zur ästhetischen Erziehung der Menschen. Es geht Schiller inhaltlich um den Sieg der sittlichen Freiheit über die Naturnotwendigkeit. Der Zusammenprall der beiden Prinzipien Freiheits- und Naturgesetz führt zum dramatischen Konflikt und läßt den Freiheitsgedanken im Kantschen Sinne – die Selbstbestimmung des Menschen, die ihn dazu bringt, sich der sittlichen Weltordnung freiwillig zu fügen – einen metaphysischen Sieg erringen.

Johanna von Orleans stirbt auf dem Schlachtfeld und bringt sich damit selbst zum Opfer, weil sie ihren göttlichen Auftrag nicht erfüllt hat. Freiwillig nimmt sie ihre Schuld auf sich und wird dafür zur Heiligen verklärt. Maria Stuart wird für eine nicht begangene Verschwörung gegen ihre Rivalin Elisabeth unschuldig zum Tode verurteilt. Sie erlangt jedoch die innere Freiheit, ihren Tod als Strafe für eine frühere Blutschuld anzuerkennen. Trotz weltlicher Macht und Überlegenheit Elisabeths erweist sich Maria als moralisch Überlegene und als die eigentliche Königin von innerer Haltung. Versöhnt mit sich und dem Schicksal geht sie in den Tod und sühnt zugleich die Blutschuld Elisabeths. Auch in den Schiller-Dramen finden sich zahlreiche Weiblichkeitsmythen – Jungfrau, Amazone, Heilige –, die aber nicht wie bei Goethe für sich stehen, sondern in den dramatischen Vorgang, die Gestaltung der Freiheitsidee, funktionell eingebunden sind. Daß Schiller ein vollkommen anderes dichterisches Selbstverständnis hat als Goethe, läßt sich bereits an ihrer jeweiligen Arbeitsweise erkennen. Für Schiller ist die gedankliche Klärung, Gliederung und Besprechung der entstehenden Werke ein unbedingtes Bedürfnis. Goethe arbeitet organisch; sein Werk führt ein Eigenleben, und die letzten Zusammenhänge geheimnisvoller Gärung will er keineswegs ans Licht der Analyse zerren. Über Goethes »Wilhelm Meister«-Roman, zu dessen Fertigstellung er ihn übrigens antreibt, bemerkt Schiller, es fehle dem Roman die leitende Idee. Darauf kann Goethe wenig antworten, denn leitende Ideen sind ihm als Anlaß und Ansatz zum Dichten ganz fremd. Diese Auffassung markiert eine ähnliche Grenze zwischen beiden wie Schillers Bemerkung über die Urpflanze beim ersten Gedankenaustausch in Jena.

Die Anregung, die beide Dichter voneinander empfangen, ihr Gewinn ist wechselseitig. Schiller hat sich in den Jahren vorher zu sehr im Theoretischen verfangen und wird durch Goethe wieder zum eigentlichen Dichten angeregt. Goethe gerät durch Schillers Einfluß zu einer gedanklichen Klärung nicht zuletzt der eigenen Arbeitsweise, und beide verbünden sich in einem kulturellen Erziehungsprogramm gegen den Rest des gebildeten Deutschland. Die klassischen Formgesetze: strenge Gesetzmäßigkeit, die Einhaltung der Gattungsgrenzen, die Wahl überzeitlicher Stoffe und Gehalte, die Beherrschung des Stoffs durch die Form werden zu gültigen Mustern der Dichtkunst. Damit tritt auch der handwerkliche Aspekt der Kunst stärker hervor, denn Meisterschaft ersetzt oder ergänzt das intuitive Schaffen des Genies. Dabei wiederum wird deutlich, welcher von beiden stärker von seinen Eigenheiten abweicht und sich mit dem anderen auf ein Programm einschwört, das diesem deutlicher entspricht: Goethe rezipiert hier mehr als Schiller und gerät auf einen neuen Boden. Aber Goethe ist von jeher nicht nur produktiv. Er ist zugleich in einem ungewöhnlich hohen Maße rezeptiv und weiß alles, was er aufnimmt, in sein Weltverständnis einzufügen. Das zeigt sich nicht zuletzt in seinem großen Bildungsroman, dem »Wilhelm Meister«, der in seinen verschiedenen Teilen und Entwicklungsstufen eine fast ebenso lange Entstehungsgeschichte wie der »Faust« hat.

»Wilhelm Meisters Lehrjahre«

Der Roman »Wilhelm Meisters Lehrjahre« entsteht in einer Neufassung der ursprünglichen »Theatralischen Sendung« in den Jahren des Gedankenaustauschs mit Schiller und erscheint erstmals 1795/96 in vier Bänden. Er setzt Zeichen, was die Entwicklung neuer Erzählformen und die Aufwertung der erzählenden Gattungen angeht und gilt als Musterbeispiel, als das Urbild des klassischen deutschen Bildungsromans. Doch linear, zielgerichtet und zweckbestimmt ist nichts bei Goethe, auch nicht die Bildung seines Romanhelden, um die es ja geht. Wilhelm treibt und taumelt durch eine bunte Welt der Daseinsformen, nimmt auf, verarbeitet, immer auf der Suche nach sich selbst und seiner eigentlichen Bestimmung. Über die Kunst gelangt er zum Leben und zur Integration in ein soziales Gefüge, in dessen geheime Gesetze er auf rätselhafte Weise eingeweiht wird. Die Irrtümer zählen fast mehr als die glücklichen Errungenschaften dieses Bildungsweges, denn Goethe spricht vom »fruchtbaren Irrtum« in allem Streben, der auch für den »Faust« relevant wird. Leben ist »Gestaltung, Umgestaltung«, Überwindung des einen und Neugeburt im anderen. Es läuft auf kein Endziel hinaus, denn Leben ist und bleibt das Unzulängliche. Sein Wesen ist Streben – im Angesicht des Ewigen.

Nach dem Aufbruch des bürgerlichen Kaufmannssohnes in die Welt des Theaters besteht Wilhelm mannigfache Abenteuer. Er will zuerst Theaterautor werden und träumt von einer deutschen Nationalbühne. Der Dichter führe ein höheres Dasein, da er nur sich selbst und den geliebten Gegenständen lebe. Für sich selbst hegt Wilhelm den Anspruch einer universalen Bildung der Persönlichkeit, auf die eigentlich nur der Aristokrat ein Anrecht hat. Das bürgerliche Wertesystem seiner Herkunft ist auf Zweck und Leistung ausgerichtet, nicht auf zweckfreie Bildung. Die Welt des schönen Scheins ist die aristokratische Sphäre wie in Wilhelms Imagination das Reich der Kunst, die Illusionswelt der Bühne. Dem steht die Alltagswirklichkeit von Menschen gegenüber, die sich dieser Bühnenwelt als herumziehende Truppe verschrieben haben. Der Kaufmannssohn erfährt ihre wirtschaftliche Not, ihren niederen sozialen Status, ihre Abhängigkeit von wohlmeinenden Gönnern, ihr Leben von der Hand in den Mund. Das ist die Kehrseite des abenteuerlichen Lebens, das er mit ihren führt. Daß er dieser Welt schließlich nach vielfachen Erlebnissen den Rücken kehrt – das Theater des tüchtigen Serlo brennt ab, die Truppe löst sich auf – ist nicht die Aufgabe von Idealen, sondern eine Hinwendung zu neuen Bereichen für sein persönliches Fortkommen. Die doch letztlich subjektivistische Kunst wird durch praktische Lebensführung ersetzt, die dem künstlerischen Dilettanten, als der sich Wilhelm am Ende begreift, ein höheres Maß an innerer Freiheit ermöglicht. Wilhelms »unbedingte Existenz« wandelt sich um in soziale Bedingtheit, und die Anerkennung dieser Bedingtheit führt zur eigentlichen und höheren Freiheit. Im Kreis der geheimnisvollen »Turmgesellschaft«, die ihm die Rätsel des Lebens enthüllen und ihn zum praktischen Leben in der Gemeinschaft bewegen, findet Wilhelm auch die Frau, mit der er sich fürs Leben verbindet: Natalie, eine »schöne Seele«.

Dieser Partnerwahl und dem eher braven Schluß ist ein bunter Reigen weiblicher Figuren vorangegangen, die Wilhelms Lebensweg kreuzten und ihn deutlich mitbestimmten. Die Frauen bezeichnen die Anziehungskraft des Lebens und der Kunst auf jeweils verschiedene Weise, auf die sich Wilhelm kurzfristig einläßt. Das ist ein eher passives Geschehen, und so ist Bildung hier ein keineswegs aktiver und selbstbestimmter Vorgang, sondern ein Getriebenwerden durch die Wogen des Lebens und zufälliges Finden nach fruchtbarem Irrtum – auch wenn der Roman explizit auf etwas anderes hinauslaufen soll, wie der alte Oheim erklärt: »Des Menschen größtes Verdienst bleibt wohl, wenn er die Umstände so viel als möglich bestimmt und sich so wenig als möglich von ihnen bestimmen läßt.« Das kann sich nur im praktischen Leben bewahrheiten, kaum in einem abenteuerlichen Treiben, Suchen und Tasten im Bereich der Kunst. Dieses Treiben, Suchen und Tasten ist dagegen dem jungenhaften, offenen und begeisterungsfähigen, aber kaum selbstbestimmten Wilhelm weit eher wesenstypisch als die ihm vermittelte Lehre von der vernünftigen Selbstbestimmung. Der Held selbst ist konturlos, er steht gleichsam als Medium im Mittelpunkt der Handlung, ohne daß von ihm Impulse ausgehen. Er läßt sich treiben und besonders von den Frauen seine jeweilige Lebensrichtung geben. Sie sind Repräsentantinnen bestimmter Lebensräume. MARIANE, die Schauspielerin, Wilhelms erste Geliebte, ist die Muse, die Verkörperung des schönen Scheins der Kunst und seiner begeisternden Kraft, die SCHÖNE GRÄFIN die Verkörperung des schönen Scheins der Aristokratie. Die kokette PHILINE, die zur fahrenden Truppe gehört, repräsentiert das Leben für den Augenblick, die Gunst der Stunde, der Genuß der reinen Gegenwart, der sich ums Morgen nicht schert. Sie ist eine weibliche Schelmenfigur, die sich durch List und Unbekümmertheit die Vorteile des Lebens erbeutet und die sehr frei und unbekümmert sagen kann: »Und wenn ich dich liebe, was geht's dich an?« Eine Gegenfigur zu Philine ist MIGNON, das fremdländische Kind im pubertären Alter, das Wilhelm unterwegs aufgegriffen hat. Sie ist ein Zwitterwesen – ein Mädchen in Jungenkleidern, das kein Mädchen sein will, ein Mädchen auf der Schwelle zur Frau, das seine Weiblichkeit verleugnet. Ein düsteres Schicksal schwebt über Mignon und erfüllt sich an ihr. Sie entstammt, wie sich herausstellt, einer inzestuösen Verbindung. Dieser Umstand und ihr ungeklärtes Zwitterstadium sind Zeichen einer Verwundung, die nicht mehr zu heilen ist. Während die Androgynie in dem Roman sonst eher heilenden Charakter hat, als Versöhnung und Auflösung der Geschlechterpolarität dargestellt wird (Wilhelms Vision von der »schönen Amazone«, die in männlicher Reitkleidung dahergeritten kommt und den am Weg liegenden Wilhelm verarztet), verfängt sich bei Mignon diese Polarität in sich selbst. Sie führt zum Autismus, macht sie stumm und unfähig zur Kommunikation mit der Welt. In ihrer Sehnsucht nach der südlichen

Heimat Italien drückt sich zugleich die Sehnsucht nach antiker Ganzheit aus, die unwiederbringlich verloren ist.

In Mignon finden wir die romantische Welt lyrischer Innerlichkeit, die mit ihr in dem Roman untergeht. Die Kunst soll von einer derart befangenen Innerlichkeit herausgehoben werden zu einem Programm der bewußten Illusionierung, wie sie das Theater verlangt. Das ist Wilhelm Meisters »theatralische Sendung«: objektivierte und klassische Kunst. AURELIE, die Schwester des Theaterdirektors Serlo, die sich mit ihrem Schauspielerberuf identifiziert, ist ein weibliche Zerrissene und damit gleichsam eine Ausnahmegestalt in Goethes Werk. Unbedingt, das heißt besitzergreifend, liebt sie (auch auf weiblich »abnormale« Weise offensiv), und genauso unbedingt, zerstörerisch identifiziert sie sich mit ihren Rollen auf der Bühne. Nach dem Theaterbrand bringt sie sich um. Auf Wilhelm wirkte sie befremdlich, diese Anti-Frau auf ihrem Weg zur Selbstzerstörung. Gegenfigur zu Aurelie ist nun endgültig NATALIE, die sich Wilhelm am Romanende zur Lebenspartnerin wählt. In der Lebensgeschichte ihrer Tante, der Goethe ein eigenes Buch im »Wilhelm Meister«-Roman widmet, ist Natalies Naturell schon vorgezeichnet. Goethe hat die Memoiren seiner früheren »Beichtmutter« Susanna von Klettenberg aus Frankfurter Tagen zur Vorlage genommen und leicht umgewandelt. Nach Schillers Definition ist eine schöne Seele ein Gemüt, in dem die ungetrennte Harmonie von Pflicht und Neigung besteht. *Eine schöne Seele kann nur wollen, was sie soll.* In ihr gibt es keine Unausgewogenheiten, nur reine Übereinstimmung als Ausdruck reiner sittlicher Vollkommenheit. Mit pietistischen Anklängen schildern die »Bekenntnisse einer schönen Seele« den Weg eines jungen Mädchens von normalen weltlichen Gesinnungen und Erfahrungen zu frommer Einkehr. Die Stiftsdame erzählt von ihrem Werdegang und der Entscheidung, sich von ihrem Bräutigam zu trennen, um sich Gott zu weihen: »Nichts fesselte mich an die Welt, und ich war überzeugt, daß ich hier das Rechte niemals finden würde, und so war ich in dem heitersten und ruhigsten Zustande und ward, indem ich Verzicht aufs Leben getan hatte, beim Leben erhalten.« Ihre Nichte Natalie ist einer solchen Entscheidung, in oder außerhalb der Welt zu stehen, enthoben. Das natürliche Gleichgewicht ihrer Seele, die zwischen Pflicht und Neigung nicht trennt, ist dem ihrer Tante überlegen, denn diese mußte sich zum Bewahren ihrer seelischen Reinheit von der Welt trennen und ein gottgeweihtes Leben führen. Natalie ist die vollkommene sittliche Liebe, eine weltliche Heilige. Auch wenn sie dadurch etwas blutleer wirkt, so wird doch deutlich, welchem Prinzip Wilhelm, der ganz außerhalb steht und sich von Frauen »bilden« läßt, in Natalie begegnet. In der schönen Seele Natalie hat er auch eine vollkommene Mutter für seinen Sohn Felix aus der Verbindung mit Mariane und wird auf einen sittlich geradlinigen Weg geführt.

Vielschichtig und geheimnisvoll ist schließlich die Szene des nächtlichen Besuchs einer Frau in Wilhelms Schlafzimmer in der Zeit der ziehenden Truppe. Wilhelm weiß nicht: Ist es Philine, Aurelie, etwa Mignon – oder welche Gestalten ihm sonst noch traumhaft gegenwärtig sind, die Gräfin, die schöne Amazone, seine frühere Geliebte Mariane ..., die er im Arm hält? Willig überläßt er sich seiner wonnigen Phantasie, in der die weiblichen Gestalten ineinanderfließen. Diese Szene der erotischen Vermischung der Figuren in Phantasie und Wirklichkeit wird in den »Wahlverwandtschaften« wieder aufgegriffen und erhält dort eine besondere Bedeutung. Solche Szenen werden es denn auch gewesen sein, die Charlotte von Stein über den Roman urteilen läßt: »Übrigens sind seine Frauens drin alle von unschicklichem Betragen, und wo er edle Gefühle in der Menschennatur dann und wann in Erfahrung gebracht, die hat er all mit einem bißchen Kot beklebt, um ja in der menschlichen Natur nichts Himmlisches zu lassen.« Allerdings sagt sie auch: »Es sind mitunter schöne Gedanken drin im letzten Teil des ›Wilhelm Meister‹, besonders auf politische Verhältnisse des Lebens, und fängt mit einem Gefühle an, das ich dem Goethe als völligem Erdensohn gar nicht mehr zutraute; auch glaube ich, es ist aus alten Zeiten.«

Die Geschichte von Wilhelm Meisters Bildung ist die Geschichte vielschichtiger Welterfahrung in der Begegnung mit verschiedenen Prinzipien der Weiblichkeit und Typen von Frauen. Bildung unterliegt keiner linearen Bewegung, die auf ein irgend definiertes Endziel zuläuft. Es ist die Synthese des Treibens und Tastens im Strudel des Daseins und der autonomen Selbstbestimmung. Die Diskontinuität des Lebens bleibt jedoch bestehen. Was den Romanautor Goethe, der in dieser Zeit seine Frau zu Hause als »mein liebes Kind« bezeichnet, bewogen haben kann, die im Emotionalen wurzelnde Bildungskraft der Frauen am männlichen Helden erneut zum Thema zu machen, könnte ein Defizit aufdecken und den Ausdruck unüberbrückbarer Diskontinuität.

Unausgewogenes

Immer wieder ist Goethe mit sich selbst ins Gericht gegangen; immer wieder hat er den eigenen Bildungsweg auf Geradlinigkeit, Stringenz und Authentizität überprüft. Die Sehnsucht nach Ganzheit, nach einer Ausgewogenheit der seelischen, geistigen und sinnlichen Kräfte prägt ihn besonders seit Italien. In seinen tagebuchartigen Notizen klingt aber die Disharmonie stärker hervor als die Ganzheit, ist die Zerstreuung stärker als die organische Entwicklung, der Irrtum steht mehr für sich, als daß er »fruchtbar« ist. In einer Selbstschilderung der neunziger Jahre spricht Goethe, schon abstandnehmend in der dritten Person, von den »vielen falschen Tendenzen«, die in ihm liegen: »zur bildenden Kunst zu der er kein Organ, zum tätigen Leben wozu er keine Biegsamkeit, zu den Wissenschaften wozu er nicht genug Beharrlichkeit hat.« Drei falsche Tendenzen also. Nicht umsonst macht Goethe seinen Romanhelden Wilhelm, der in seiner blassen Mittelmäßigkeit so wenig wie möglich von ihm selbst hat, zu einer Art Universal-Dilettanten. Er will seinen eigenen Dilettantismus in den unterschiedlichsten Bereichen literarisch »erledigen«. Wo aber liegt die richtige Tendenz? Im »poetische(n) Bildungstrieb«, der die Basis seiner Existenz ausmache. Habe man diesen Mittelpunkt gefaßt, »so lösen sich alle übrigen anscheinenden Widersprüche. Da dieser Trieb rastlos ist so muß er um sich nicht stofflos selbst zu verzehren sich nach außen wenden und da er nicht beschauend sondern nur praktisch ist nach außen gerichtet entgegen wirken.« Damit sind aber auch, so Goethe, die vielen falschen Tendenzen zu erklären. »Der innere Mensch soll sich das äußere schaffen«, ist einer der »Wilhelm Meister«-Lehrsätze. Doch mit diesem Vorsatz wird man beinahe zwangsläufig zum Dilettanten, weil die Übereinstimmung von innerem Bildungstrieb und äußeren Betätigungsfeldern selten gegeben ist. An einer anderen Stelle resümiert Goethe: »Mein Leben ein einzig Abenteuer. Keine Abenteuer durch Streben nach Ausbildung dessen, was die Natur in mich gelegt hatte. Streben nach Erwerb dessen, was die Natur nicht in mich gelegt hatte. Ebenso viel wahre als falsche Tendenz. Deshalb ewige Marter ohne eigentlichen Genuß.« Der ewig unbefriedigt strebende Faust ist ein Goethe'scher Abglanz auf höherer Stufe, denn im Rahmen seines Strebens werden die Geschicke der Menschheit in mehreren Kulturepochen abgehandelt.

Der »Bildungstrieb« indessen, den Goethe als die Basis seiner Existenz ansieht, begreift er als Phänomen der gesamten Natur. Als die ewigen Gesetze der Bildung und Umbildung, Gestaltung und Erneuerung ist er ein dynamisches Prinzip, das in der Natur für sich besteht, im menschlichen Leben aber als »Dauer im Wechsel« bewußt erlebt und gefördert werden soll – in der Ausbildung und Förderung der naturgegebenen Anlagen. Diese Zusammenhänge schildert Goethe für Christiane auf anschaulichste Weise in dem Gedicht »Metamorphose der Pflanzen«. Einfühlsam lehrhaft spricht er da in Versen zu ihr, die ihm selbst so etwas wie ein Pflanzenwesen ist:

Wende nun, o Geliebte, den Blick zum bunten Gewimmel,
Das verwirrend nicht mehr sich vor dem Geiste bewegt.
Jede Pflanze verkündet dir nun die ew'gen Gesetze,
Jede Blume, sie spricht lauter und lauter mit dir.
Aber entzifferst du hier der Göttin heilige Lettern,
Überall siehst du sie dann, auch in verändertem Zug.
Kriechend zaudre die Raupe, der Schmetterling eile geschäftig,
Bildsam ändre der Mensch selbst die bestimmte Gestalt.

Das ist der dynamische Bildungsbegriff, den Goethe vertritt.

In der Einleitung zu seinen Schriften über Morphologie beklagt er die Abstraktion vom Beweglichen, die dem deutschen Wort »Gestalt« als Wesensbestimmung der Körper anhafte. »Betrachten wir aber alle Gestalten, besonders die organischen, so finden wir, daß nirgends ein Bestehendes, nirgends ein Ruhendes, ein Abgeschlossenes vorkommt, daß vielmehr alles in einer steten Bewegung schwanke. [...] Das Gebildete wird sogleich wieder umgebildet, und wir haben uns, wenn wir einigermaßen zum lebendigen Anschauen der Natur gelangen wollen, selbst so beweglich und bildsam zu erhalten, nach dem Beispiele, mit dem sie uns vorgeht.« »Dauer im Wechsel« ist das Lebensgesetz eines jeden Menschen, sofern er bewußt lebt und es versteht, Hindernisse, Widersprüche, Trennung, Leid als Steigerungsmöglichkeiten zu erfahren und aus den Spannungen heraus, welche die Erneuerung möglich machen, sich selbst seinem individuellen Gesetz nach auf Dauer zu erhalten. Aber sind das nicht nur hehre Wünsche, die selbst im Roman ganz unzureichend in Erscheinung treten und kaum verwirklicht werden? Ist die Polarität, aus der sich das Leben zusammensetzt, nicht schon das Leben selbst? Goethe gibt darauf keine endgültigen Antworten. Es bleibt bei der Dynamik der Gegensätze, die den »Bildungstrieb« hervorbringt, »Dualität der Erscheinung als Gegensatz«:

Wir und die Gegenstände,
Licht und Finsternis,
Leib und Seele,
Zwei Seelen,
Geist und Materie,

Gott und die Welt,
Gedanke und Ausdehnung,
Ideales und Reales,
Sinnlichkeit und Vernunft,
Phantasie und Verstand,
Sein und Sehnsucht.

Zwei Körperhälften,
Rechts und Links,
Atemholen.
Physische Erfahrung:
Magnet.

Als Goethe das schreibt, haben seine weltanschaulichen Gedichte und die Aussagen über das Geheimnis des Lebens schon die Form der Entdeckung von Einweihungsriten angenommen. Sein eigenes Leben begreift er als symbolisch.

Die Bildung und Erziehung seines Sohnes August verläuft indessen in ausnehmend lockerer Form. Goethe vertritt dazu dieselbe Einstellung, die er schon bei seinem »Ziehsohn« Fritz von Stein vertreten hat: Das Kind möge sich auf Reisen, bei der Anschauung verschiedener Lebensbereiche, durch seine Erlebnisse und deren Verarbeitung bilden. Er solle Fragen stellen und die Welt kennenlernen. Einer konsequenten und gründlichen Bildung, wie er sie selbst von seinem Vater Johann Caspar erhalten hat, kommt Goethe bei seinem Sohn August nur in unzureichender Weise nach. Eigentlich ist es eine Halbbildung, die August erhält. Sie entsteht beinahe als Zufallsprodukt der jeweiligen Lebenssituation seines Vaters und wird überhaupt nicht sorgsam begleitet. 1797 bekommt August einen Privatlehrer. Sehr oft ist der Neunjährige aber mit seinem Vater unterwegs, wo er aufschnappt, was die Reise gerade bietet: die Ilmenauer Bergwerke, Verwaltungsarbeiten, Gesteinskunde, die Sphäre der Jäger, der Landwirtschaft, der Schauspieler, der Gelehrten in Göttingen ... Im einst so geliebten Ilmenau ist für Goethe übrigens ein großer Traum zu Ende gegangen: Im Oktober 1796 hat ein großer Stollenbruch im Ilmenauer Bergwerk alle bisherigen und weiteren Arbeiten zunichte gemacht. Niemand denkt jetzt noch daran, das Bergwerk wiederaufzubauen. Die Investitionen wären zu groß.

Goethe ist Wochen, manchmal Monate in Jena, um wissenschaftlich und literarisch zu arbeiten. Christiane weiß das, und sie nimmt Rücksicht. Kaum, daß sie einmal erwähnt, wie sie und der Kleine den Hausvater vermissen und daß sie nun alle Probleme des Alltags allein bewältigen muß. Das ist schwierig genug in ihrer umstrittenen Stellung. Ihre Einsamkeit wird in den Briefen überdeutlich. Sie läßt sich wie selbstverständlich abwimmeln, wenn Goethe explizit erklärt, sie solle ja nicht unangekündigt in Jena erscheinen, da er sonst seine Arbeit nicht beenden könne. Sie meint dann, sie wisse ja, er komme um so fröhlicher zurück, wenn er entfernt von ihr gut gearbeitet habe. Aber sie erzählt dann auch genauso unbefangen von ihren Tränen und ihren nächtlichen Träumen, von ihrer Angst, eines Tages allein dazustehen. All das wird immer beschlossen mit dem Ausblick: Aber es wird schon wieder gehen, er werde sie nicht »gramselig« wiedersehen, sondern fröhlich und heiter, wie er sie wolle. Charlotte von Stein hat trotz ihres Grams und ihrer Vorbehalte einen scharfen psychologischen Blick, wenn sie mutmaßt: »Er mag wohl das arme Wesen recht drücken, dem's mit einer gemeinen Natur gewiß wohler gewesen wäre als mit dem Genie.« Als Goethe 1797 seine dritte Italienreise plant (unter anderem will er ein geschichtliches Werk über Italien verfassen), nimmt er Christiane und August bis nach Frankfurt mit, wo er beide erstmals seiner Mutter vorstellt. Er reist allein weiter und trifft zunächst seinen Freund Meyer in der Schweiz, der ihn begleiten will. Die politische Lage verhindert die Reise, und Goethe kehrt mit Meyer nach Weimar zurück. Unterwegs entsteht die Elegie »Amyntas«, worin sich Goethe mit seiner häuslichen und etablierten Beziehung zu Christiane auseinandersetzt: die Bindung, die zugleich erwünscht ist und doch allmählich als Fessel empfunden wird. Amyntas, eine Gestalt aus den »Idyllen« des Theokrit, sucht den Arzt Nikias auf, um ein Heilmittel gegen die Liebe zu finden. Der Arzt aber findet ein Gleichnis, um Amyntas die Ambivalenz der Liebe mit positivem Ausblick zu deuten. Ein Baum ist von Efeu umschlungen und wird von diesem Efeu seiner nährenden Kräfte beraubt. Der Arzt will mit dem Messer die Efeuranken entfernen, doch da trifft ihn die Klage aus den Wipfeln des Baumes, der zu ihm spricht. Nikias solle einhalten, denn mit der Entfernung der den Baum umschlingenden Ranken zerstöre er zugleich dessen eigenes Leben. Die Pflanze sauge ihm zwar das Mark, die Seele aus. Keine Nahrung aus den Wurzeln gelange zur Krone hinauf. Aber »in liebender Lust, willig gezwungen« verzehre er sich. »Wer sich der Liebe vertraut, hält er sein Leben zu Rat?«

Das Gedicht ist mehr als aufschlußreich. Trotz seines die Liebe bejahenden Endes überwiegt der Ausdruck einer fast hörigen Resignation angesichts der markverzehrenden Fesseln der rein sinnlichen Liebe. Der Baum hat die Fesseln »genährt« und »erzogen«. Beide Pflanzen sind so miteinander verschlungen, daß das Efeu die Hälfte der Nahrung verzehrt, bevor diese zum Wipfel des Baumes gelangt: »Nichts gelangt zur Krone hinauf.« Obwohl »der sonst so beladne [Baum]« kaum mehr Früchte trägt, und obwohl er weiß, daß die Umarmung der Fessel ihn töten wird, kann er nicht mehr auf sie verzichten: »die Verräterin [...] schmeichelt mir Leben und Güter, [...] schmeichelt die Hoffnung mir ab. Sie nur fühl ich, [...] freue der Fesseln, freue des tötenden Schmucks fremder Umlaubung mich nur.«

Die Symbiose ist so weit gediehen, daß der Baum eine Trennung von dem Efeu, das sich um ihn schlingt, nicht mehr zu wollen vermag. Hat er denn eine Wahl? Er müßte sein eigenes Leben zerstören, denn die

Efeuranken sind ein Teil von ihm. Er ergibt sich, »willig gezwungen«, der »süße(n) Verschwendung«. Nach Bejahung dieser Bindung klingt das nicht, eher nach unabänderlicher Hingabe an stärkere Elemente als die eigene Entschlußkraft. Goethe lebt in einer Art physischer Abhängigkeit von Christiane, die er gerade noch hinnehmen kann, weil auch Christiane von ihm abhängt und im übrigen ihm völlig unterlegen ist.

Goethe spricht stolz und entschieden von seinem »Ehstand«, in dem er sich seit soundsoviel Jahren befinde. Er kann aber diese enge Beziehung mit ihren Verpflichtungen nur aushalten, wenn sie sich sozusagen auf zwei Haushalte aufteilt. Christiane ist allein am Frauenplan, wenn Goethe wochenlang in Jena sitzt, und wehrt sich gegen die Gerüchte und Blicke der Weimarer. Einmal geht das Gerücht, Goethe werde die Dichterin Amalie von Imhoff heiraten. Christiane ist außer sich und schreibt Goethe nach Jena einen ergreifenden Brief: »Ich habe Dich lieb und ganz allein lieb, sorge für mein Bübchen und halte mein Hauswesen in Ordnung, und mache mich lustig. Aber sie können einen gar nicht in Ruhe lassen. Vorgestern in (der) Komödie kommt Meisel und fragt mich ohne Umstände, ob es wahr wär, daß Du heurathst, Du schafftest Dir ja schon Kutsche und Pferde an. Ich wurde den Augenblick so böse, daß ich ihm eine recht malicieuse Antwort gab, und ich bin überzeugt, der fragt mich nicht wieder. Weil (ich) aber immer daran denke, so habe ich heute Nacht davon geträumt. Das war ein schlimmer Traum, den muß ich Dir, wenn Du kommst, erzählen. Ich habe dabei so geweint und laut geschrien, daß mich Ernestine aufgeweckt hat, und da war mein ganzes Kopfkissen naß. Ich bin sehr froh, daß es nur ein Traum war.« Goethe geht darauf nicht weiter ein und berichtet im nächsten Brief vor allem von den Fortschritten seiner Arbeit. Sie solle ihm noch eine der gestreiften Westen senden. Die Würste, die sie ihm geschickt habe, haben ihm gut geschmeckt. Christiane greift des öfteren zur Flasche, wenn es einmal wieder »gar nicht gehen will«. Das ist sie gewohnt, und Goethe hindert sie nicht im geringsten daran, hat er doch selbst eine laxe und zusprechende Einstellung zum Alkohol. Der elfjährige August trinkt auch schon regelmäßig Wein, das ist im Hause Goethe ganz normal. Aber Christianes Frustrationen machen sich in einer mutwilligen Fröhlichkeit Luft: Sie geht oft allein tanzen, wenn Goethe nicht da ist, und da wird herumgedreht, wer gerade da ist: Offiziere, Studenten aus Halle und Jena ... Auch ein wenig »geäugelt« wird auf beiden Seiten dieser recht offenen Zweierbeziehung. Beide haben ihre Liebeleien: Christiane unter den Tänzern der Dorffeste, Goethe in den besseren Kreisen seines gesellschaftlichen Umfelds. Ein Affront ist die »Vulpia«, wie Christiane in auffälliger Anlehnung an das Wort »Vulva« genannt wird, in den Weimarer Hofkreisen so oder so. Aufgedunsen, rotgesichtig, alkoholisiert tanzt sie in einer Nacht die Schuhe durch, mit oder ohne Goethe. Schon die Genußfreude, die Christiane gegeben ist, ist dem Hof ein Dorn im Auge. Sie bekommt aber in diesen Jahren etwas Fieberhaftes, Aufgesetztes und muß Goethe mitunter auch peinlich gewesen sein. Christiane hatte viel zu kompensieren. Bezeichnend ist ebenfalls ein Brief Christianes aus den Tagen nach dem schrecklichen Traum und ihrer Angst um die gemeinsame Zukunft. Er zeigt, wie Goethe sie und August gemeinsam als »Kinder« betrachtete und wie Christiane diese Rolle annahm. »Lieber Schatz«, schreibt sie, »da wir von der Harmonika zurückkamen, hatten wir sehr großen Hunger; wir suchten lange in Deinem Zimmer, ob Du uns etwas mitgebracht hättest, und endlich entdeckten wir die schöne Düte und haben es uns recht wohl schmecken lassen und Dich immer sehr dabei gelobt, daß Du immer sehr, bei allen Gelegenheiten, vor Deine Kinder sorgtest und uns recht lieb hättest; und wir waren sehr vergnügt. Itzo hoffen mir nur, daß Du bald nach Hause kämst, und wir Dir sagen könnten, wie lieb mir Dich hätten. Ich wünsche mir nur immer, daß ich Dir auch so viel zu Lieb thun könnte, wie Du mir thuest, aber Verdruß will ich Dir gewiß mit meinem Wissen nie machen. Leb wohl und behalte mich nur lieb. Dein treuer Schatz.«

Gutmütig ist Christiane über die Maßen, als sie beispielsweise einmal der Frau von Stein mit den besten Absichten eine Geburtstagstorte schickt. Gedankt wird ihr das von dieser freilich nicht. Die Baronin fühlt sich blamiert und schreibt an die Schillerin: »Stellen Sie sich vor, daß die Jungfer Vulpius mir eine Torte zum Geburtstag geschickt hat! Goethe ist ein ungeschickter Mensch; er wollte, August sollte mich damit anbinden; konnte er nicht ein Zettelchen dazu schreiben, anstatt daß die Magd mit dem stattlichen Kuchen und einem Kompliment von der Mlle. V(ulpius), eben da ich Besuch hatte, mir ins Kabinett trat? Das gibt nun eine ordentliche Stadtgeschichte, wo ich drüber ausgelacht werde.« Und das war natürlich das Schlimmste in Weimar: ausgelacht werden. Klatsch in einer Kleinstadt. Charlottes ältester Sohn Karl ist im Klatschen fast noch boshafter als die Weimarer Damen. Im Juni 1799 schildert er Goethes Erscheinung: »Wen sie (die Zeit) aber von seiten des Körpers unkenntlich gemacht hat, ist Goethe. Sein Gang ist überaus langsam, sein Bauch nach unten zu hervorstehend wie der einer hochschwangeren Frau, sein Kinn ganz an den Hals herangezogen, von einer Wassersuppe dichte umgeben; seine Backen dick, sein Mund in halber Mondsform; seine Augen allein noch gen Himmel gerichtet; sein Hut aber noch mehr und sein ganzer Ausdruck eine Art von selbstzufriedener Gleichgültigkeit, ohne eigentlich froh auszusehen. Er dauert mich, der schöne Mann, der so edel in dem Ausdruck seines Körpers war.« Goethe als gefallener Stern, das ist die eigentliche Absicht der Aussage; der ehemals gefeierte Dichter-Apoll, der, wie Charlotte einmal sagte, »ganz zur Erde« geworden ist, »aus der wir genommen sind«. Die stereotypen Wendungen, um diesen Umstand zu beschreiben, wiederholen sich in den Aussagen derjenigen, die Goethe sehen und in den allgemeinen Tenor einfallen. Seine Züge hätten etwas »Sinnliches und zugleich Erschlafftes«, er sei selbstzufrieden, gleichgültig, unglücklich ... Solche Charakterisierungen tauchen im gleichen oder ähnlichen Wortlaut häufig auf, nachdem sie der eine oder andere ins Leben gerufen hat. Stereotyp ist auch die Einteilung: dick, sinnlich, gewöhnlich – mager, geistig, »sentimentalisch«. Charlotte von Stein, die selbst noch immer gertenschlank ist, beschreibt einmal eine Dame mit den Worten: »sie war lustig und munter und dick und fett. Vielleicht macht sie jetzt mehr Eindruck auf Goethe, als da sie mager und sentimentalisch war; sie sieht auch etwas gemeiner aus.« Ein andermal meint sie: »Es ist doch schade, daß der Goethe in so dummen Verhältnissen steckt. Er hat Verstand und eine Seite von Bonhomie, und nur sein dummes häusliches Verhältnis hat ihm etwas Zweideutiges im Charakter gebracht.« Diese angebliche Zweideutigkeit äußert sich gerade in Verschlossenheit, einem bewußten Verschließen seiner privaten und individuellen Existenz, für die Goethe bald berühmter ist als für seine bisherigen Werke. Er sei ziemlich kalt und allgemein, heißt es. Goethe gilt als der große Desillusionierte, der sich aufs grob-Irdische und auf die Position der Exzellenz zurückgezogen hat, weil er an keine höheren Ziele mehr glaubt.

Mit dem Dichter Goethe sei es sowieso zu Ende – was man ihm dann auch ganz unbefangen selbst in den Mund legt. Möglich, daß er dergleichen irgendwann aus trotziger Provokation und mephistophelischer Verwandlungslust gesagt hat. Aber solche Vexierspiele entstehen aus dem Unwillen, gesellschaftlich erwartungsgerecht zu erscheinen. *Den Dichter muß man akzeptieren, wie er ist – der Geheimrat gibt sich, wie er soll.* Besonders die nachfolgende Dichter-Generation muß ihre Freude daran haben, die Autorität des großen Vorgängers herabzusetzen. Der junge Jean Paul schreibt eine Art Realsatire über einen Besuch beim großen Goethe und spricht zunächst davon, was er bereits über Goethe gehört habe, worauf er sich einstellen mußte, bevor er ihn sah: »Die Ostheim (Charlotte von Kalb) und jeder malte ihn ganz kalt für alle Menschen und Sachen auf der Erde – Ostheim sagte, er bewundert nichts mehr, nicht einmal sich – jedes Wort sei Eis, zumal gegen Fremde, die er selten vorlasse – er habe etwas steifes, reichsstädtisches Stolzes – bloß Kunstsachen wärmen noch seine Herznerven an (daher ich Knebel bat, mich vorher durch einen Mineralbrunnen zu petrifizieren und zu inkrustieren, damit ich mich ihm etwan im vorteilhaften Lichte einer Statue zeigen könnte – (Ostheim rät mir überall Kälte und Selbstbewußtsein an). Ich ging, ohne Wärme, bloß aus Neugierde. Sein Haus frappiert, es ist das einzige in Weimar in italienischem Geschmack, mit solchen Treppen, ein Pantheon voll Bilder und Statuen, eine Kühle der Angst presset die Brust – endlich tritt der Gott her, kalt, einsilbig, ohne Akzent. Sagt Knebel zum Beispiel, die Franzosen ziehen in Rom ein. ›Hm!‹ sagt der Gott. Seine Gestalt ist markig und feurig, sein Auge ein Licht (aber ohne eine angenehme Farbe). Aber endlich schürete ihn nicht bloß der Champagner, sondern die Gespräche über die Kunst, Publikum etc. sofort an, und – man war bei Goethe. [...] Er hält seine dichterische Laufbahn für beschlossen. [...] Auch frisset er entsetzlich. Er ist mit dem feinsten Geschmack gekleidet.« Der Balladendichter Gottfried August Bürger, kein junger Schriftsteller, sondern zwei Jahre älter als Goethe, macht in Weimar ähnliche Erfahrungen, als er das Haus am Frauenplan betritt. Er dichtet hinterher:

Mich drängt' es in ein Haus zu gehn,
Drin wohnt' ein Künstler und Minister.

Den edlen Künstler wollt' ich sehn
Und nicht das Alltagsstück Minister.
Doch steif und kalt blieb der Minister
Vor meinem trauten Künstler stehn,
Und vor dem hölzernen Minister
Kriegt' ich den Künstler nicht zu sehn.
Hol' ihn der Kuckuck und sein Küster!

Auch Goethes Hausveranstaltungen mit geladenen Gästen verlaufen entsprechend steif. Frau von Stein berichtet an Charlotte Schiller, es habe ein »empfindsames Diner« bei Goethe gegeben. Jeder mußte sich nach seinem Namen auf dem Couvert setzen, wobei diejenigen zusammen oder vis-à-vis zueinander saßen, die »am schicklichsten zur Unterhaltung ausgesucht« waren. »Gegen das Dessert erhob sich eine unsichtbare sanfte Musik, und endlich trug man schöne Früchte und wohlgestaltete Kuchen auf den Tisch zwischen die Blumenstöcke.« Kühles Repräsentieren und andererseits ein exzessives, aber abgeschottetes Privatdasein. Im Kontrast zu seinen unterkühlten Diners muß Charlotte allerdings auch bei Gelegenheit miterleben, wie Goethe im alkoholisierten Zustand der Hofdame Emily Gore Avancen macht – ihr »mit Ausdruck süßen Weins« zuraunt: »Ma chère, seule, unique amie.«

Der Kontakt zu Charlotte läuft noch immer über Fritz von Stein, der sich im April des neuen Jahres 1800 über seine Mutter an Goethe wendet. Er will eine Inschrift für eine verstorbene Freundin verfassen und braucht dazu die Messingschablone lateinischer Buchstaben, von der er weiß, daß Goethe sie besitzt. Goethe sendet die Schablone wie gewünscht an die Ackerwand und bittet Frau von Stein, sie ihrem Sohn nach Breslau zu schicken. »Die Zeiten der Inschriften«, kommentiert er Fritzens Anliegen, »muß man nutzen solange sie dauern.« Dieser Satz, mit der Erinnerung an die ihr geweihten Inschriften, stimmt Charlotte sehr nachdenklich und sanft-melancholisch, und sie schreibt an ihren Sohn: »Also meint er, diese seien nur in der Zeit der Jugend. Armer Goethe, daß ihm mit seiner Jugend so alles vorübergegangen ist. Die schöne bleibende Liebe ist für jedes Alter geschaffen. In der Hermannshöhle steht mein Name von ihm in den Fels gegraben; der Fels hat ihn, aber er lange nicht mehr in seinem Herzen. Er dauert mich, denn er sieht nicht glücklich aus. Er hat auch einen besonderen Zufall, schon seit dem vorigen September; es ist ihm eine Empfindung, als wenn er immer in Spinneweben mit seinem Gesicht hineinführe.« Das mag eine Vorahnung seiner lebensbedrohlichen Krankheit gewesen sein. Im Januar 1801 erkrankt Goethe schwer. Ursache ist eine Gesichtsrose, die auch den Rachen befallen hat und zusammen mit einem Krampfhusten Goethe zu ersticken droht. Mehrere Tage und Nächte, in denen man um sein Leben bangt, liegt Goethe in Fieberphantasien, und wenn er bei Bewußtsein ist, weint er – besonders wenn August an sein Bett tritt. Sein linkes Auge ist herausgetreten und sondert Blut und Eiter ab. Die Ärzte tun, was sie können: Aderlaß, Senfbäder... Nach einer krisenreichen Zeit ist die Gefahr vorüber. Charlotte von Stein hat große Anteilnahme, ja Angst um Goethe empfunden, sich täglich erkundigt, Fritz in einem atemlosen Brief auf dem laufenden gehalten, nach einigen Tagen eine Suppe geschickt und Goethe zum nächstmöglichen Zeitpunkt am Krankenbett besucht. Sie schreibt an Fritz, über ihre eigenen Gefühle erstaunt: »Ich wußte nicht, daß unser ehemaliger Freund Goethe mir noch so teuer wäre, daß eine schwere Krankheit, in der er seit neun Tagen liegt, mich so innig ergreifen würde.« Nach dem Besuch bei Goethe mit Charlotte Schiller schreibt sie: »Er bat uns, mich und Charlotte Schiller, aufs neue um unsere Freundschaft, als wenn er wieder in der Welt angekommen wäre. [...] Fünf Tage wußte er nichts von sich und weiß sich nur eines sonderbaren Gefühls zu erinnern, als wenn er *etwas Ganzes* gewesen wäre: eine Landschaft, so etwas Allgemeines etc. Wie er sein Individuum wieder fühlte, war ihm die Empfindung unglücklich.«

Das »klassische« Friedensjahrzehnt

Zehn Jahre Frieden in Weimar, eine Ruhephase vor den weltpolitischen Ereignissen, waren dem Herzogtum von 1796–1806 gegeben. Diese friedliche Epoche wurde mit dem 1795 zwischen Preußen und Frankreich ausgehandelten Sonderfrieden von Basel eingeleitet, dem andere deutsche Staaten beitreten konnten. Carl August bemühte sich daraufhin sehr um den Beitritt seines Herzogtums zu diesem Friedensabkommen, was zunächst nicht ganz einfach war. Erst im Dezember 1796 wurde dies erreicht, und zehn kulturell fruchtbare Jahre zogen für Weimar ins Land, die erst die Schlacht bei Jena und Auerstädt im Oktober 1806 beenden sollte.

1796 entstand ein Gemeinschaftswerk Goethes und Schillers: die »Xenien«, eine Epigramm-Sammlung und satirisch-bissige Zeitkritik. Die in Hexametern geschriebenen »Xenien« sind Ausdruck eines übermütigen Dichter-Wettstreits, in dem sich beide Dichter selbstbewußt gegen die literarische Mittelmäßigkeit abgrenzen, das geistige Leben Deutschlands kritisieren, den schlechten Publikumsgeschmack – und direkte Angriffe auf Personen des öffentlichen Lebens formulieren. Gegen Anhänger der Französischen Revolution (wie Johann Friedrich Reichardt) richten sich die Angriffe, gegen religiöse Irrationalisten (wie die Brüder Stolberg), gegen pathetische Aufklärer (wie Friedrich Nicolai). »Kein Tag ohne Epigramm« heißt es. Auch heute noch ist bei einigen Epigrammen nicht mit Bestimmtheit zu sagen, ob sie von Goethe oder Schiller stammen. Etwa tausend sind im Laufe des Jahres entstanden, die »frechsten« sind gar nicht veröffentlicht worden. Die »Xenien« (griech.: »Gastgeschenke«) entwerfen neben der fiktiven Reise durch das literarische Deutschland auch Gespräche mit verstorbenen Autoren, die die deutsche Literatur kritisieren. Deutschlands größte und kleinste Männer seien in den ›Xenien« versammelt, heißt es: »Jene gaben den Stoff, diese die Worte des Buchs.« Zum Stichwort »Deutscher Nationalcharakter« ist zu lesen: »Zur *Nation* euch zu bilden, ihr hofft es, Deutsche, vergebens;/Bildet, ihr könnt es, dafür freier zu Menschen euch aus.« Oder unter dem Kapitel »Reichsländer«: »Wo ich den deutschen *Körper* zu suchen habe, das weiß ich,
Aber den deutschen *Geist*, sagt mir, wo findet man den?«

Goethe mußte sich noch vor wenigen Jahren von seinem Verleger Göschen sagen lassen, nachdem seine achtbändige Werkausgabe in acht Bänden erschienen ist und der Verkauf weit hinter den Erwartungen zurückblieb, seine Sachen seien »nicht so kurrent […] als andere an denen ein größer Publikum Geschmack findet«. In seinem in Schillers »Horen« erschienenen Aufsatz »Literarischer Sansculottismus« wendet sich Goethe nun explizit gegen die Anmaßung eines Kritikers, der in einem Berliner Blatt behauptet hat, die Deutschen seien armselig an »vortrefflich klassisch prosaischen Werken« mit dem massiven Gegenangriff, diese Aussage sei ungebildet und entstehe aus der Absicht, die wahrhaft Besseren zu verdrängen und sich an ihre Stelle zu setzen. Die Frage »Wann und wo entsteht ein klassischer Nationalautor?« beantwortet Goethe mit der Feststellung, die Bedingungen für eine solche Erscheinung seien in Deutschland schlichtweg nicht gegeben und man könne es im Grunde kaum wünschen, daß sie durch Umwälzungen Einzug halten. Eine wirkliche Nation, ein politisches und kulturelles Zentrum, ein vom Nationalgeist durchdrungenes Volk auf einem hohen Grade der Kultur, mustergültige Vorgaben, auf denen ein »Nationalautor« aufbauen könnte, fehlten in Deutschland. Im übrigen sei es ein Skandal von dem unwissenden Kritiker, »die besten Deutschen dieses Jahrhunderts« (womit er unter anderem sich selbst meint) derart zu tadeln. Auch solche Kritik bildet also den Hintergrund von Goethes und Schillers Offensiven in den »Xenien«. Angesichts der »vielen wäßrichten Speisen« mittelmäßiger Literaturproduktionen, die den Magen schwächen, wie es in den »Xenien« heißt, können nur »Pfeffer und Wermut« noch helfen.

In seiner praktischen Theaterarbeit kann sich Goethe einen derartigen Elitarismus nicht leisten. Er muß ein ausgewogenes, gemischtes Programm bieten, um dem Publikumsgeschmack gerecht zu werden: hier ein Stück vom »Trivialautor« Kotzebue, da ein Schiller-Drama oder Mozarts »Zauberflöte«.

Goethe ist als Theaterdirektor eifrig, ernsthaft und etwas verkrampft am Werke. Er ist autoritär und wenig aufgeschlossen gegenüber Vorschlägen, die auf eine Neuerung der Bühnenpraxis zielen – auch wenn sie von Leuten gemacht werden, die es besser wissen müssen. Besondere Probleme hat Goethe in den Jahren seiner praktischen Theaterarbeit mit einer Frau, die als Frau und als Schauspielerin in ihrer Haltung nicht ganz seinen Vorstellungen entspricht: die neue Geliebte des Herzogs Caroline Jagemann. Die Jagemann war in Weimar geboren, hatte aber, unterstützt von der Herzoginmutter Anna Amalia, bei dem berühmten Theatermann Iffland in Mannheim eine erstklassige Ausbildung als Sängerin und Schauspielerin genossen. 1797 kehrte sie nach Weimar zurück, um sich ins dortige Ensemble einzugliedern. Die Kluft zwischen der professionellen Mannheimer Bühne und den Gegebenheiten in Weimar erkannte die hochtalentierte Schauspielerin gleich, und weder versäumte sie, sich darüber auszulassen, noch akzeptierte sie einfach Goethes pedantische Autorität. Goethe war in diesen Jahren hochbeschäftigt wie immer. Er erledigte unzählige Aufgaben nebeneinander, und es entschied die jeweilige Notwendigkeit und der Bedarfsfall, welche Aufgabe den Vorrang erhielt. Seine Arbeit als Leiter des Theaters erledigte er unter anderem, doch immer, wenn er erschien, mußte alles nach seinen Anweisungen laufen. Von den Schauspielern erwartete Goethe vor allem, sich in das Ensemble ein- sowie seinen Weisungen unterzuordnen. Die Jagemann aber, die sich über die Kargheit der Mittel, der Kostüme, der Kulissen, über die mangelnde Begabung der Schauspieler mokierte und der Meinung war, Goethe könne den meisten der Probleme mit anderen Konzepten abhelfen, wollte ihr Talent anerkannt sehen und spielte eine sehr bewußte Sonderrolle. In ihren Memoiren erzählt sie über ihr Verhältnis zu Goethe: »Ich glaube [...] nicht, daß ihm meine Akquisition besonders angenehm war, denn meine Stellung, mein Talent und meine Neigung entzogen mich der sklavischen Unterwürfigkeit, in der er die Theaterdamen sich gegenüber zu sehen wünschte, doch war sein Empfang, als ich ihn als engagiertes Mitglied [am 26. Januar 1797] zum erstenmal besuchte, überaus freundlich und verbindlich. In seinem Wesen lag eine gewisse Pedanterie, in seiner Haltung eine Steifheit, die in früheren Jahren die Jugendlichkeit trotz seines klassisch schönen Gesichts nicht zu voller Erscheinung kommen ließ; der schön geformte Mund, der an den Apoll von Belvedere erinnerte, konnte lachen, ohne freundlich zu sein, das große dunkle, scharf geschnittene Auge blieb immer ernst, selbst wenn der Mund lächelte, und störte die Harmonie, die bei weniger schönen Zügen so angenehm berührt, das Ganze imponierte, sprach aber nicht zum Herzen.« Zu Eckermann hat Goethe angeblich im Alter mit einem Ausdruck der Bewunderung gesagt, die Jagemann sei für die Bretter geboren und habe seiner Anleitung nie bedurft. Das stimmte auch, in außerordentlichem Maße. Aber Goethe hatte Probleme mit der selbstbewußten Primadonna, die sich ihm auch in der Aufgabe der Leitung überlegen fühlte und das zeigte. Caroline Jagemann berichtet: »Ich kam von einer Bühne, die nach Regeln geleitet wurde und auch darin zum Muster dienen konnte, daß der Ton, der unter den Künstlern herrschte, anständig und fein war, während hier Willkür und Despotismus regierten. Das Personal war mit geringer Ausnahme von unglaublicher Roheit, der allgemeine Ton nicht viel von einer herumziehenden Truppe unterschieden. Wie ich früher schon sagte, gehörte es zu den Grundsätzen des Hofkammerrats, die Schauspieler durch Vorschüsse zu fesseln; die Abzüge versetzten dieselben in die drückendste Lage, und so mußte ich mit armen unzufriedenen Leuten und wenig bedeutenden Talenten [...] meine Aufgaben ausführen, daß mir alle Freude zu neuen Rollen verging. Diese Mängel schrieb ich dem Lenker des Theaters zu und war böse, daß er geschehen ließ, was so leicht besser gemacht werden könnte, auch, daß er für alle Nebendinge kein Interesse hatte, die dem Schauspieler gleichwohl wichtig sind, weil er bei der ersten Auffassung der Rolle sein Spiel daran anknüpft. Wenn zum Beispiel in einem Stücke eine Grotte vorgeschrieben war, die mit Kränzen geschmückt werden, eine Laube, in der man lauschen, ein Wasserfall, an dessen Rande man einschlummern sollte, so wurde in der Probe nichts von diesen Requisiten vorgeführt oder auch nur angedeutet, vielmehr rief Goethe aus dem Parterre, wo er zuweilen, aber nicht oft, den Proben beiwohnte: ›Das supponiere man!‹ Wenn man sich aber wirkungsvollere Aktionen bis zur Vorstellung supponieren soll, so ist das ein sehr großes Hindernis für die Darstellung und verdirbt dem Künstler die Freude an der Arbeit.« Zu diesen künstlerischen Meinungsverschiedenheiten trat ein weiterer Umstand hinzu, der die Jagemann in eine Ausnahmestellung brachte, aus der heraus sie Goethes Autorität untergrub: Sie war die Geliebte des Herzogs. 1802 willigt sie sogar endgültig in eine Verbindung mit Carl August ein, die ihr den offiziellen Status einer »Nebenfrau« zur regierenden Herzogin Luise verleiht, nachdem diese der Verbindung zugestimmt hat. Auf der Bühne wird dieser Status der »Star«-Schauspielerin und herzoglichen Nebenfrau nun aber zur großen Zerreißprobe zwischen ihr und Goethe. Herzog Carl August steht zwischen dem Freund und respektgewohnten Günstling und der Geliebten, die er mit Ehrungen versieht und zur offiziellen Persönlichkeit erhebt: Sie wird 1808 zu einer Frau von Heygendorf geadelt, erhält ein Rittergut und führt ein großes Haus mit illustrer Gesellschaft. In Weimar residiert sie im »Deutschritterhaus«, ebenfalls ein Geschenk des Herzogs, in dem auch ihre gemeinsamen Kinder aufwachsen. Es ist die Zeit, in der die vergrämte Herzogin Luise endlich und endgültig von ihrer geschlechtlichen Rolle erlöst wird ...

Seit Goethes Verbindung mit Christiane Vulpius war die Beziehung zwischen ihm und Carl August schon distanzierter geworden. Durch die Differenzen rund um Caroline Jagemann wird sie nun zusätzlich belastet. Unter den Weimarer Schauspielern hat sich auch Christiane bislang frei und offen bewegt. Es hat sich sogar ein fester Kreis gebildet, der vergnügte Feste für die Schauspieler und deren Kinder begeht, die oft im Hause Goethe abgehalten werden. Christiane, die selbst so viele Kinder verloren hat, organisiert manches bunte und lebhafte Kinderfest, an dem sie sich mit August begeistert beteiligt. So hat sie in den Schauspielerkreisen wenigstens eine Sphäre, in der sie sich bewegen kann und in der Goethe sie unterbringt. Die Jagemann freilich will mit diesem Bohème-Kreis nichts zu tun haben, noch weniger Schiller, der sich moralisch entrüstet sogar von der Gesellschaft um die fürstliche Geliebte distanziert. 1802 gründet Goethe im benachbarten Lauchstädt ein Sommertheater, in dessen Kreisen sich nun auch Christiane ganz ungezwungen und fern von der Weimarer Gesellschaft bewegen kann. Christiane geht leidenschaftlich gern ins Theater und informiert Goethe über die Resonanz des allgemeinen Publikums. Wieviele Taler der Eintritt gekostet hat, welche Schauspieler herausgerufen wurden, wer seine Sache gut gemacht hat, wer extemporieren mußte, überhaupt, wie das Stück ankam und ob sie selbst die Komödie zum Lachen oder die Tragödie ergreifend fand – all das berichtet Christiane Goethe nach Weimar oder Jena aus dem Sommerbad Lauchstädt. Von der Eröffnungsfeier des Theaters in Lauchstädt, bei der Goethe natürlich anwesend war, gibt Christiane dem gemeinsamen Freund Nicolas Meyer eine einprägsame Schilderung. Sie ist gerade wieder schwanger und verliert im Herbst ihr fünftes Kind. Ungeachtet der Beschwerden hat sie Vergnügen am Tanz und am Theater. »Ich tanze auf jedem Ball mit einem wie mit dem andern, weil sie mir alle gleich sind. Sie erweisen mir alle, wo ich bin, sehr viel Artigkeit. Das Theater ist hier sehr schön geworden, es können tausend Menschen zusehen, – im ersten Stück, das mit einem kleinen Vorspiel vom Geheimen Rat anfing, betitelt: ›Was wir bringen‹, waren achthundert Menschen – wir waren auf dem Balkon in einer sehr schönen Loge, und wie das Vorspiel zu Ende war, so ruften die

Studenten: ›Es lebe der größte Meister der Kunst, Goethe!‹ Er hatte sich ganz hinten hingesetzt, aber ich stand auf, und er mußte vor, und sich bedanken. Nach der Komödie war Illumination und sein Name brennt. Und wir speisten mit im Salon, wo auch wieder alles illuminiert war, und der ganze Saal mit Blumen-Girlanden geschmückt.«

Der etwas unsolide Goethe'sche Haushalt befremdet nicht nur die alteingesessenen Vertreter des Hofes: die dort verkehrende Theater-Szene, die rauschenden Feste, das Kind, das fast nebenher aufwächst und im Alter von elf Jahren schon zur Flasche greifen darf ... Charlotte von Stein berichtet, August habe sich in den Tagen der lebensgefährlichen Krankheit seines Vaters zu ihr geflüchtet. » Der arme Junge dauert mich; er war entsetzlich betrübt; aber er ist schon gewohnt, seine Leiden zu vertrinken. Neulich hat er in einem Klub von der Klasse seiner Mutter siebzehn Gläser Champagnerwein getrunken, und ich hatte alle Mühe, ihn bei mir vom Wein abzuhalten.« Es ist freilich nicht immer ganz einfach auseinanderzuhalten, was von solchen Aussagen üble Nachrede ist und was den Tatsachen entspricht, denn Charlotte hat natürlich Anlaß, den »armen Jungen« seiner Mutter zuzuordnen, um die schlimmen Folgen von Goethes fataler Verbindung festzustellen. Möglicherweise hat der Elfjährige nur an den Gläsern der Erwachsenen genippt und damit etwas geprahlt. Aber die Tendenz zu dem Gesagten ist sicher gegeben – der weitere Lebensweg von August Goethe sollte es zeigen .

Christiane hat es im Alltag mit dem Geheimrat nicht leicht. Nichts darf seine Ruhe stören, alles muß sie ihm vom Halse halten. Er ist empfindlich bis zur Hypochondrie: Gegen einen Weber in der Nachbarschaft, der wochentags seinem Gewerbe nachgeht, legt er Beschwerde beim Stadtrat ein, weil ihn die Lärmbelästigung stört. Er legt sogar eine Art Protokoll der Erschütterungen an, die angeblich die Webstühle des Nachbarn in seinen eigenen Räumen hervorrufen. Hundegebell auf der Straße kann ihn zur Weißglut bringen und zu vollkommen überzogenen Reaktionen verleiten. Da wird mit heroischen Gesten und Worten das Fenster aufgerissen und der Hund verbal »unschädlich gemacht«. Das große Haus am Frauenplan wird mehr und mehr zu einem Museum: Goethe, der Forscher und Sammler, besitzt breit angelegte Sammlungen: Münzen, Büsten, Gemmen, die Bibliothek, ein Naturalienkabinett ... Christiane muß im Haus Ordnung halten, darf aber von den Raritäten nichts anrühren. Zu ihrem Entsetzen präpariert Goethe eines Tages mit Freund Meyer sogar einen Mäusekadaver auf dem Küchenherd. Christiane muß natürlich nicht selbst die ganze Hausarbeit verrichten: Es gibt Dienstboten, Hausangestellte, eine Köchin, und Christiane ist in Goethes wohlhabendem Haushalt von der Not ihrer Herkunft in den Überfluß versetzt worden. Goethe lebt breit und behaglich und pflegt einen aufwendigen Lebensstil mit seinen Angestellten, mit Diener, Sekretär, Equipage, dem gut bestückten Weinkeller mit erlesenen Sorten, der auch nicht wenig kostspieligen Tafel, großen Gesellschaften, den teuren Sammlungen und den Badereisen, die er im neuen Jahrhundert fast alljährlich unternimmt. Er führt das Leben eines Grandseigneur und ist dafür auch auf den guten Stand mit seinem Herzog angewiesen, der ihm in Weimar nach wie vor ein ausgezeichnetes Gehalt bezahlt. Will Goethe diesen Lebensstil fortsetzen, so muß er manchesmal die Form wahren und Kompromisse machen – etwa mit der Jagemann, bei deren Gesellschaften im Deutschritterhaus er trotz aller Animositäten erscheinen und mit deren Allüren (oder was er dafür hält) er sich auf irgendeine Weise am Theater arrangieren muß. Man muß das Ganze auch aus Carl Augusts Perspektive sehen: Goethe war ein Spitzenverdiener im Staate Sachsen-Weimar-Eisenach und nahm für sich immer Sonderrechte in Anspruch. Carl August konnte es sich in seinem Zwergstaat nicht leisten, einen so hochbezahlten Mann auf Dauer nur für seine Liebhabereien und die Dichtung freizuhalten. Im Grunde war er über die Maßen wohlwollend, hatte aber gerade in der Zeit der Vulpius-Verbindung eigentlich wenig Verständnis für Goethes Werte, Ziele und Lebensschwerpunkte. Eine Frau wie die Jagemann hätte er sich auch für seinen Favoriten gewünscht, doch was sollte er tun?! Goethe war in der Zeit um 1800 – auch wenn sich seine Popularität gerade in Grenzen hielt – schon zu sehr zu einer kulturellen Instanz geworden, als daß Carl August es wagen durfte, sich von ihm zu trennen. Am Ende sollte schließlich die Freundschaft zwischen dem Fürsten und dem Dichter auch diese Krise überstehen.

Karl von Stein, Charlottes Sohn, empfand die Vulpius-Verbindung des bürgerlichen Parvenu, wie schon erwähnt, als besondere Beleidigung der Aristokratie. Er schreibt an seinen Bruder Fritz, als er von den Schlittenfahrten der Saison erzählt: »Niemand fährt aber mit einer triumphierenderen Miene und mit mehr Passion, scheint es, als der dicke Geheimrat Goethe, neben seiner Gattin sitzend [...] fährt aber nicht selbst, sondern läßt sich fahren. Bei den großen Gesellschafts-Schlittenfahrten aber gibt er den Platz seiner Füchsin an eine Dame der Gesellschaft ab. Zu einem Konzert bei Zobels frug ich ihn, wenn ich ihm gelegen käme, ihm einmal meinen Besuch abstatten zu dürfen. ›Meine Geschäfte‹, antwortete er, ›erlauben mir nicht, Ihnen eine Zeit zu bestimmen; aber schicken Sie nur einmal morgens um 9, mich fragen zu lassen.‹ Da sonst sein Haus und unser Haus wie eins anzusehen waren, er auch nicht in dem Fall ist wie Bonaparte, ein Land zu repräsentieren und den Geschäften zu unterliegen, so schien mir seine Antwort etwas eitel, er müßte denn meine Frage so genommen haben, als wenn ich ihm etwas Spezielles zu sagen hätte.«

Seine »Farbenlehre«, die 1810 endlich im Druck erscheint, widmet Goethe Herzogin Luise. Seitdem der Herzog mit der Schauspielerin Jagemann eine Beziehung unterhält, empfindet Goethe erneut eine starke Nähe zu der Herzogin. Luise hat ihre Zustimmung zu der »Nebenfrau« gegeben und ist im Grunde erleichtert. Aber eine gewisse Entwürdigung ist es doch. Manches von dem Werk kennt die Herzogin schon, denn Goethe hat die verschiedenen Abschnitte der »Farbenlehre« in großen Abständen den Damen seiner Gesellschaften vorgetragen. Erbittert polemisiert er darin gegen Newton, der als unbestrittene Autorität in der Lehre vom Licht und von den Farben gilt. Das Licht sei nicht aufteilbar in einzelne Farben, wie dieser behauptet. Vielmehr liegen die Farben schon in der Beschaffenheit des Auges, das sie aufteile: »und so bildet sich das Auge am Lichte fürs Licht, damit das innere Licht dem äußeren entgegentrete«. Goethes Theorien in der Wissenschaft sind immer im Zusammenhang mit seiner übrigen Weltanschauung zu betrachten; etwa die folgenden Zeilen zur Veranschaulichung seiner Farbenlehre:

Wär nicht das Auge sonnenhaft,
Wie könnten wir das Licht erblicken?
Lebt' nicht in uns des Gottes eigne Kraft,
Wie könnt uns Göttliches entzücken?

Das ist Platonismus, Spinozismus, Goethisch geprägte Naturphilosophie. Mit der wissenschaftlichen Beweisführung haperte es, und daß schon zu seinen Lebzeiten kaum jemand von seinen Theorien Notiz nahm, kränkte Goethe maßlos. Mit seiner Farbenlehre war er der festen Überzeugung, eine zweite kopernikanische Wende herbeizuführen. Newton sollte aber dennoch recht behalten.

Um die Jahrhundertwende haben sich Goethe und Schiller auch im Balladendichten gegenseitig übertroffen. Neben vielen anderen entstehen »Der Zauberlehrling«, »Der König in Thule«, Schillers »Lied von der Glocke«. In dieser Ballade zeichnet Schiller ein Bürgeridyll, jedoch im Gegensatz zu Goethes Epos »Herrmann und Dorothea« ohne den geringsten Beisatz ironischer Brechung. Da heißt es etwa zur Verherrlichung der bürgerlichen Frau:

Und drinnen waltet
Die züchtige Hausfrau,
Die Mutter der Kinder,
Und herrschet weise
Im häuslichen Kreise
Und lehret die Mädchen
Und wehret den Knaben
Und reget ohn' Ende
Die fleißigen Hände
Und mehret den Gewinn
Mit ordnendem Sinn
Und füllet mit Schätzen die duftenden Laden … (etc.etc.)

Schillers Frauenbild, wenn er nicht gerade eine Königin oder heroische Jungfrau in einem Trauerspiel darstellt, ist ausgesprochen konventionell. Wenn er über die »Würde der Frauen« dichtet, wird er sogar kitschig, und es scheint begreiflich, daß dergleichen Gedichte so gerne in Poesiealben des nachfolgenden bürgerlichen Zeitalters geschrieben wurden:

Ehret die Frauen! Sie flechten und weben
Himmlische Reben ins irdische Leben,
Flechten der Liebe beglückendes Band,

Und in der Grazie züchtigem Schleier
Nähren sie wachsam das ewige Feuer
Schöner Gefühle mit heiliger Hand.

Mit ihrem »stilleren Ruhme« zufrieden, leben die Frauen im häuslichen Kreis für den Augenblick, die Gegenwart und ohne große Ziele in der Ferne. In ihrem »gebundenen Wirken« sind sie aber »freier« und »reicher« an Wissen über des Daseins Beschränkung. Darauf laufen ähnliche Ausführungen auch bei Goethe hinaus. Man betrachte nur den Verlauf der »Wilhelm Meister«-Romane und die Entwicklung von bunten und komplexen Frauengestalten zu idealisierten Hausfrauen und selbstbeschränkten »schönen Seelen«.

Amalie von Imhoff war eine Nichte der Frau von Stein und sehr stolz darauf, sich eine Dichterin zu nennen. Entsprechend gab sie sich in Weimar, und entsprechend wurde sie verschiedentlich belächelt. Schillers Urteil über sie lautet: Sie sei »zur Poesie nicht durch das Herz, sondern nur durch die Phantasie gekommen«. Auch Goethe ist grundsätzlich nicht gut auf dichtende Frauen zu sprechen und kann sich der einen oder anderen herablassenden Bemerkung nicht enthalten. Was also hat es mit dem Vers im Faust II auf sich, in dem es heißt: »Denn das Naturell der Frauen ist so nah mit Kunst verwandt.« Hier wird – traditionell – die intuitive Komponente betont, die der Kunst im Gegensatz zur Wissenschaft und zum begrifflichen Denken eigen ist und die man auch dem weiblichen Gemüt zuordnet. Eine naturnahe Auffassung, die über die Sinne läuft, nicht über den Verstand – das ist Kunst und das ist weiblich. Man kann den Satz auch anders betrachten: Vielleicht impliziert er, daß die Frauen selbst ein Kunstprodukt sind, formbar, auslegungsfähig, Abbild-Charaktere, geschaffen in der Phantasie der Männer. Es falle ihnen aber ja nicht ein, selbst Kunst produzieren zu wollen und aus ihrer passiven Rolle herauszufallen!

Eine weitere Frau, die aus dieser Rolle fällt, ist die Französin Madame de Staël, die Weimar 1804 besucht. Sie schreibt an einem kulturkritischen Buch über Deutschland und will natürlich auch die Vertreter des klassischen Weimar kennenlernen. Madame de Staël ist eine Gesellschaftsdame, gewohnt an die Pariser Salons. Mit verbindlichem Charme sucht sie die Weimarer Geistesheroen in ihren Dichter-

Anna Louise Germanie de Staël-Holstein, geb. Necker

klausen auf und versucht sie ein ums andere Mal zum Gespräch zu ermuntern. Goethe findet die Dame bald lästig, die es liebt, einen plaudernden Kreis gewandt zu leiten und sich hier auch noch als eine Art Kulturdiplomatin betrachtet. Als sie nach etlichen Wochen endlich Weimar verläßt, bemerkt Charlotte von Stein: »Goethe hat aus lauter Freude, daß die Staël fort war, seine ihm bequemere Donna zwei Tage nacheinander durch alle Straßen auf dem Schlitten gefahren.« Das Buch der Madame de Staël »Über Deutschland« (»De l'Allemagne«) prägte übrigens das Deutschlandbild in Frankreich über hundert Jahre. Es ist sehr geistreich geschrieben, wenngleich etwas einseitig, da völlig auf den Gegensatz des deutschen Kulturlebens zur französischen Salonkultur aufgebaut. Es schafft zunächst eine Atmosphäre deutscher Romantik in den Beschreibungen der Trümmer alter Schlösser und Burgen und der Sehnsucht nach dem Mittelalter, woraus die Autorin die Tendenz des deutschen Geistes zur Spekulation ableitet. In alten Ritterschlössern auf Bergesgipfeln wie in kleinen Lehmhütten mit niedrigen Fenstern (um zwei Sphären, Epochen und Gesellschaftsklassen zu kennzeichnen) entstünden in schwüler Atmosphäre schwere und tiefe Gedanken, die der Tatkraft nicht förderlich seien. Germaine de Staël entwirft hier auch heute noch verbreitete Deutschland-Klischees: deutsche Innerlichkeit, mangelnde Tatkraft, Obrigkeitsdenken, Spekulation, Schwerfälligkeit, Tiefsinn, Erdgebundenheit, Treue und Redlichkeit. Dagegen steht die Feinkultur französischer Art, Esprit und Kapriziosität. In Paris haben die Dichter ein geistiges Zentrum und finden sich in den Salons zusammen, wo sie sich auch im Gespräch verwirklichen können. Deutsche Dichter arbeiten dagegen in der Einsamkeit. Über Goethe schreibt Madame de Staël: »Ich habe gesagt, daß sich in Goethe alle Hauptzüge des deutschen Geistes finden; ich setze hinzu, alle in einem ausgezeichneten Grade: eine große Tiefe der Ideen, eine Anmut, die in der Einbildungskraft ihre Quelle hat und viel eigentümlicher ist als die durch den Geist des Umgangs gebildete, endlich eine zuweilen an das Phantastische streifende Empfindungsfähigkeit, die aber eben aus diesem Grunde geeigneter ist, Leser zu interessieren, die sich an Bücher wenden, um Wechsel in ihr einförmiges Dasein zu bringen, und von der Poesie fordern, daß sie ihnen diese Stelle wahrer Ereignisse vertrete. Wäre Goethe ein Franzose, so ließe man ihn von Morgen bis Abend nur sprechen. [...] In Deutschland versteht man es nicht, sein Talent in der Unterhaltung zu verausgaben, und so wenige Menschen, selbst unter den Ausgezeichnetsten, haben die Fertigkeit zu fragen und zu antworten, daß die Gesellschaft dort fast für nichts gilt, Goethes Einfluß aber ist dessenungeachtet nicht minder außerordentlich.«

Schiller ermutigt Goethe schließlich auch zur Fortsetzung des »Faust«, und zu Beginn des neuen Jahrhunderts entstehen die Szenen »Prolog im Himmel«, »Vorspiel auf dem Theater« und »Walpurgisnacht«. Letztere ist so voll von pornographischen Elementen, daß sie selbst heute noch in den Schulausgaben zensiert wird. Ich zitiere sie nach der Edition von Albrecht Schöne in der Frankfurter Goethe-Ausgabe. Faust, der nach Wissenschaft, Magie, Rausch (die Sauferei in Auerbachs Keller) und der Verführung des unschuldigen Gretchens nun auch noch die Orgie kennenlernen soll, befindet sich mit Mephistopheles auf dem Brocken (Blocksberg), wo das wilde Hexenfest gefeiert wird. Da gibt es junge und alte Hexen (alle mit entblößten Brüsten), Tiere und Halb-Tiere mit Tierleibern und menschlichen Gesichtern – und den Satan, der zu den Böcken und den Ziegen spricht, Mann/Frau-Metaphern in Tierform. Zu den Böcken sagt der Satan:

Euch giebt es
zwey Dinge
So herrlich und groß:
Das glänzende Gold
Und der weibliche Schoos.
Das eine verschaffet,
Das andre verschlingt –
Drum glücklich wer beyde
Zusammen erringt.

Der Satan wendet sich darauf zu den Ziegen und spricht:

Für euch sind zwey Dinge
Von köstlichem Glanz:
Das leuchtende Gold
Und ein glänzender Schwanz –

Drum wißt euch, ihr Weiber,
Am Gold zu ergötzen
Und mehr als das Gold
Noch die Schwänze zu schätzen.

Goethe pornographisch, ein weiteres Mal. In diesen drastischen Zeilen ist eines bezeichnend: Die Männer sollen das Gold und den weiblichen Schoß gleichermaßen schätzen und erringen, den Frauen aber soll der »Schwanz« wertvoller sein als das Gold. Die Männer brauchen sozusagen den Erwerb des Goldes, der Vermehrung darstellt, weil sie die physische Vermehrung selbst nicht leisten können, dagegen der weibliche Schoß sie zu »verschlingen« droht. Die Frauen »ergötzen« sich am Gold, aber sie brauchen es nicht zur Kompensation der Vermehrung, denn diese leisten sie selbst. Männliche Ur-Ängste vor dem großen, verschlingenden Schoß? Auf jeden Fall sind jeder sexuellen Phantasie hier Türen und Tore geöffnet, auch aus dem Munde des homoerotisch orientierten (und an Faust interessierten) Mephisto.

Anfang 1805 erkranken Goethe und Schiller fast gleichzeitig. Goethe hat eine schwere Nierenkolik, Schiller fällt in sein altes »Brustübel« zurück. Er ist lungenkrank, seit vielen Jahren schon, und hält sich nur mit Disziplin noch mühsam aufrecht. Sein Schicksal war es – und auch das unterschied ihn von Goethe –, nicht zu werden, daß ihm zum Dichten und Wirken nicht sehr viele Jahre vergönnt waren. Wie ein Getriebener hat er in den letzten Jahren gearbeitet, denn er wußte, daß er nicht viel Zeit hatte. Am 9. Mai 1805 stirbt er, sechsundvierzig Jahre alt. Herder ist anderthalb Jahre vorher gestorben, von dem Goethe aber in den letzten Jahren vollkommen entfremdet war. Zu Schillers Tod bemerkt er nun: »Ich dachte mich selbst zu verlieren und verliere nun einen Freund und in demselben die Hälfte meines Daseins.« Er hat geweint, als man ihm die Todesnachricht ans Krankenbett brachte. Einige Monate später schreibt er, noch immer erschüttert, seinen »Epilog zu Schillers Glocke«, in dem es heißt: »Und hinter ihm, in wesenlosem Scheine, Lag, was uns alle bändigt, das Gemeine.«

Etwas wie eine kosmische Vision malt Goethe in dem Epilog, wenn er Schillers Geist wie einen Kometen entschwinden sieht, »unendlich Licht mit seinem Licht verbindend«. Der Epilog ist Ausdruck seiner Bewunderung für diesen Geist, der so anders war als der seine. Zum

Irdisch-Unzulänglichen zählt er sich im Vergleich mit dem Idealisten, der durch den Tod noch zusätzlich verklärt erscheint. Er bleibt der von Schiller durchgeführten Einteilung treu, wonach er selbst der »Realist«, der »Naive« ist, der übers Irdische indessen nicht hinausgelangt. Charlotte von Stein beweist auch hier ausgesprochenen Spürsinn, eine gute Kenntnis von Goethes Natur und einen herrlich trockenen Humor, wenn sie urteilt: »Daß Goethe die Welt lustig ansieht, macht, weil diese Seite seines Verstandes die klarste ist; er hat begriffen, daß ihre Natur von der Beschaffenheit sei, daß sie keine Philosophen je verbessern werden; und da er sich selbst wie billig auch zu der Welt rechnet, weiß er wohl, daß auch er nicht anders sein kann, und je mehr ihn diese Dinge sonst gequält und er sie durchdacht, hat er sich gemütlich darüber zur Ruhe gesetzt. Dabei hat er jetzt eine gute Gesundheit und mehr Fleisch im Topf als der arme Rousseau, um sich gute Bouillons kochen zu lassen.«

Schillers Tod empfindet Goethe als große Zäsur. Von einer besonders innigen Freundschaft kann man zwischen den beiden Männern wohl kaum sprechen. Respekt, gegenseitige Hochachtung, geistiger Ansporn und gemeinsame Arbeit prägten die Beziehung – bis zum Schluß blieb man beim distanzierten Sie. Schiller war für Goethe ein Weggefährte in einer persönlich orientierungslosen Zeit, in einer Zeit der inneren Leere und geistigen Einsamkeit. In den gemeinsamen Projekten, den hohen Zielen, die sich beide setzten, dem Bewußtsein ihrer kulturellen Repräsentanz und schließlich der geistigen Klärung, zu der ihn Schiller zwang, hat Goethe einen festen Rahmen für sein innerlich zersplittertes Leben gefunden, in dem die Sinne und die Seele nicht mehr eins gewesen sind. Das ist nun vorbei. Da der Weggefährte ihn verlassen hat, muß Goethe zu seinen eigenen Quellen zurückkehren, dem Dichten aus dem Gefühl heraus, aus der emotionalen Erschütterung, die er so lange nicht mehr zugelassen hat. Schiller hat ihm fürs Dichten andere Wege gezeigt: die Arbeit aus der Form, aus der Idee, mit moralisch-ideellem Anspruch. Ein neuer Lebensabschnitt beginnt, nur weiß Goethe noch nicht, welcher und wohin dieser geht. Die Ereignisse folgen rasch aufeinander. So bedeutet die Schlacht bei Jena und Auerstedt am 14. Oktober 1806, in der die Preußen von Napoleons Truppen vernichtend geschlagen werden, das Ende einer historischen Epoche. Goethe verfaßt am Anfang dieses Jahres ein

Gedicht mit einem wiederkehrenden Refrain, mit dem er bald in den Damenkreisen der Weimarer Gesellschaft identifiziert wird. Germaine de Staël hatte einmal festgestellt: Goethe spielt mit sich selbst und mit seinen Gesprächspartnern, er spielt mit Meinungen und Überzeugungen, mit Glaubensstatuten und Thesen, bis man zuletzt alles von zwei Seiten sehen und gegen Null reduzieren kann. Es kommt alles auf eins heraus, die Welt ist gleich null. Der mephistophelische Anteil in ihm muß diese Einsicht gewinnen. Die Jahre mit Christiane stehen bei Goethe für eine Fügung und Beschränkung auf die physische Welt, für den bewußten Verzicht auf alles »Sentimentale«. In dem Gedicht nun also, in dem einer erzählt, er habe erst alles auf Geld und Gut, dann auf die Weiber, aufs Reisen, dann auf Ruhm und Ehre, Kampf und Krieg gegeben, bis er zuletzt die Unzulänglichkeit von allem erkannte, worauf man »seine Sache« stellen kann, wird schließlich ein Kirchenlied parodiert, woraus der vergnügte Ausruf entsteht: »Ich hab mein Sach auf Nichts gestellt. / Juchhe!«

Viele Zeitgenossen fanden Goethe unmoralisch.

Sagt es niemand, nur den Weisen

Entsagung

Pandorens Wiederkunft

Ganz andere Zeiten kommen auf den Dichter zu. Er findet seine verlorenen Anteile wieder und wird damit erst wieder authentisch. Im Sommer 1806 fährt Goethe wie gewohnt zur Kur nach Karlsbad. Das gesellschaftliche Leben in dem vornehmen böhmischen Badeort besitzt eine große Anziehungskraft. Wer es sich leisten kann, fährt im Sommer in die böhmischen Bäder, und so geht es mit den Gesellschaftsständen bei der Promenade, beim Konzert, beim Tee dansant mitunter etwas durcheinander – anders als im sonstigen Leben, wo Adel und Bürgertum noch immer strikt getrennt sind. Ein Heiratsmarkt sind die Kurorte auch, und es wird eifrig geflirtet. Nicht zuletzt dieser Umstand macht Goethe das Kurbad so lieb. Er ist seit kurzem wieder aufnahmefähig für weibliche Reize in den unterschiedlichen Erscheinungsformen. In Karlsbad trifft er die Frau von Levetzow, deren Tochter er zwanzig Jahre später einen Heiratsantrag machen wird. Jetzt ist er von der Mutter begeistert und schreibt hinter der Erwähnung ihres Namens das Stichwort »Pandora« ins Tagebuch. Pandora, die im antiken Mythos eigentlich eine Unheilbringerin ist, da sie alle Übel aus ihrer Büchse entläßt, ist in Goethes Rezeption das Gegenteil: die Spenderin der schönsten Gaben, Muse, die Dichtkunst, göttliche Geliebte, die Verkörperung von Schönheit – ein Idealbild von Weiblichkeit, klassischer Weiblichkeit. Die Zeit, die jetzt für Goethe anbricht, ist die Zeit der Sehnsucht nach »Pandorens Wiederkunft«. So lautet der ursprüngliche Titel eines Festspiels, das Goethe auf die Bitte Leo von Seckendorffs um einen Beitrag für seine neugegründete Zeitschrift »Prometheus« zu schreiben beginnt. Was in dem überlieferten Fragment aber tatsächlich zum Thema wird, ist die Klage um den Verlust der Pandora, ein ewiger Abschied von ihr und allenfalls die Hoffnung auf Wiederkehr in einer anderen Zeit, in einem anderen Leben. Schon der Schauplatz des Symbolstücks liegt außerhalb von Raum und Zeit – vor allem Beginnen, vor der Morgenröte. Die von den Griechen überlieferte Unheilbringerin, die aus ihrer Büchse alle Übel und Leiden auf die Erde strömen läßt, wird bei Goethe zur Glücksbringerin, zum höchsten Gut, zur Poesie des Lebens. Ihre Büchse enthält die unvergängliche Schönheit der Kunst, »muntere Luftgeburten« der poetischen Inspiration, und wer Pandora mit Augen gesehen hat, wird ihre Idealgestalt nicht mehr vergessen. Aber die Göttliche kann nicht real besessen werden; sie kann sich nicht dauerhaft mit einem Mann vereinen. Der Dichter Epimetheus aus dem Geschlecht der Titanen war dereinst mit ihr verbunden. Doch eines Tages verschwand sie in den Lüften und ließ nur ihren Kranz zurück. Von den beiden Zwillingstöchtern hat sie die eine, Elpore, die Hoffnung, mit sich genommen, die andere, Epimeleia, die Fürsorge und Opferbereitschaft, hat sie dem Gatten gelassen. Dem untröstlichen Dichter bleibt nur die Klage um den Verlust der Pandora. Gelegentlich steigt seine Tochter Elpore vor dem Alten auf und verspricht ihm die Wiederkunft Pandoras. Doch eigentlich hat Pandora die Hoffnung mit sich genommen und dem Vater die andere Tochter gelassen. Er hatte Epimeleia, die Fürsorge, sogar selbst gewählt. So steigt die Hoffnung gleichsam wie ein Wahngebilde, täuschend und verführerisch vor seinen Augen auf. Epimetheus ist der Betrachtende, der Sorgenvolle und Rückwärtsgewandte. Er gehört der Nacht an, der Zeit der Versenkung ins eigene Ich. Sein Bruder Prometheus nennt ihn »Nachtwandler, Sorgenvoller, Schwerbedenklicher!«. Überhaupt ist das Stück ganz auf den Wesensgegensatz der beiden Brüder aufgebaut. Auch Prometheus, der Prototyp des Titanen, der dem Göttervater Zeus das Feuer geraubt hat, um es den Menschen zu bringen, erfährt hier bei Goethe eine entscheidende Umdeutung. In Goethes früher Lyrik war Prometheus der junge Rebell, der die Götter versucht, Ausdruck des genialen schöpferischen Menschen mit Titanen-Übermut. Hier ist er das nüchterne Gegenstück zu Epimetheus, die Verkörperung der Arbeit und des Tagewerks, ein Technokrat und Utilitarist – ein auch in unserem Sinn »moderner Mensch«. Die Fackel, die er Zeus geraubt hat, wird bei ihm zum Arbeits- und Herrschaftssymbol. Nichts mehr von zündender Genialität, sondern die Erwägung des Nützlichen, der Effektivität, einer fast sinnentleerten Arbeit als Selbstzweck. In dieser selbstgenügsamen Einordnung ins Ganze weist dieser Prometheus zugleich auf Zeiten voraus, von denen Goethe weiß, daß sie kommen werden. In »Wilhelm Meisters Wanderjahren« wird er sie thematisieren und das Bild einer

Zukunft entwerfen, in der das Individuum keine erhebliche Rolle mehr spielt. Das »Maschinenzeitalter« wirft seine beängstigenden Schatten voraus. Und doch hat die Zurücknahme des Individuums auch ihre heilsamen Seiten, die Goethe sogar pädagogisch propagiert. Der Abschied vom übersteigerten Subjektivismus Werthers und Tassos wird in dieser Werkphase Goethes eingehend vorbereitet. Die heilsame Bedeutung des tätigen Daseins gegen die Selbstentgrenzung ist für Goethe keine bloß theoretische Erwägung. Er selbst steht zwischen Prometheus und seinem unseligen Bruder, der ein Unbedingter ist und daher der Wirklichkeit verlorengeht: ein unbedingt Liebender, der die Schönheit der Geliebten nie mehr vergißt, der unbedingte Dichter, der das Ideal vor Augen hat und sich nicht mit dem Tagewerk einer makelhaften Wirklichkeit zufriedengibt. Er muß als Dichter unbedingt sein, doch als Lebender versagt er und wird alt in der Erinnerung. In seiner Tochter erscheint ihm Pandora in verjüngter Gestalt. Doch er kann nur noch klagen:

> Wer von der Schönen zu scheiden verdammt ist,
> Fliehe mit abegewendetem Blick!
> Wie er, sie schauend, im Tiefsten entflammt ist,
> Zieht sie, ach! reißt sie ihn ewig zurück.

In diesem Werk des fast sechzigjährigen Goethe kündigt sich an, was in der Elegie nach seiner letzten Liebe dereinst poetisch ganz durchgeführt wird: das Thema des nahenden Alters, Abschied von der Schönheit und Verzicht auf Liebesglück, endgültige Entsagung. Doch durch die Gleichsetzung von Liebe, Schönheit, Frauen- und Kunstideal ist der »Pandora«-Mythos zugleich das Sinnbild für ein Urerlebnis in Goethes Lebensgeschichte, das ihn auf urphänomenale Weise erschütterte und in diesem Sinn einen Ewigkeitsanspruch besitzt. Charlotte von Stein ist die erste, die das Werkfragment zu lesen bekommt, und das ist sicher kein Zufall. Die Verherrlichung Pandoras durch den Dichter Epimetheus gleicht der Verherrlichung »Lidas« beziehungsweise Charlottes durch Goethe in der Zeit ihrer Liebe. Auch die Bedeutung, die sie für den Dichter hat, ist dieselbe. »Ich gab mich selbst ihr, gab mich mir zum erstenmal!« Das sagt Epimetheus, und die Bedeutung dieser Zeile faßt das Urerlebnis gleichsam zusammen: Der Mann gelangt durch die Macht des weiblichen Wesens zu sich selbst. Die Seele der ebenbürtigen Frau und die Liebe, die er ihr entgegenbringt, setzen die besten Kräfte in ihm frei. Die gleichen Bilder wie in der »Lida«-Lyrik tauchen plötzlich wieder auf: die Klarheit, die aus den Nebeln der eigenen Verworrenheit aufsteigt und von ihr ausgeht, von ihr ganz allein, die hohen Begriffe, die ihre Gegenwart bildet, die besänftigende Wirkung ihres Wesens. Epimetheus beschreibt seine Verbindung mit Pandora mit den bei Goethe altbekannten Bildern.

Jetzt erst, nach dem Wiedererwachen einer alten Gefühlswelt, kann Goethe den Tatmenschen und den Liebenden, den Tüchtigen und den Unbedingten in den Brüdern Prometheus und Epimetheus nebeneinanderstellen, um beide ihre Grenzen erkennen zu lassen. Erbaulich ist ein Dialog der beiden, in dem jeder sein Wertesystem auseinanderlegt, der Tatmensch und der Unbedingte, der Vertreter der Macht und des tätigen Lebens und der träumende Dichter, der vom Ideal der Liebe und der Kunst beseelt ist. Prometheus hat Pandora abgewiesen. Er fand sie »gefährlich« und deutete ihre Halb-Zugehörigkeit zur titanischen Welt, die sie schließlich auch gezwungen hat, seinen Bruder zu verlassen, als »Wankelmütigkeit«. Prometheus ist aufs Künftige, auf den Erhalt bedacht, auf die Ordnung der Dinge und die Mehrung der Güter. Er kann von einem Ideal der Schönheit nicht gefangen werden. Epimetheus spricht vom »höchsten Gut« der Schönheit Pandoras, das auch das Leiden um sie rechtfertige. Prometheus setzt dagegen, alle Güter seien gleich, und »des Mannes Faust« könne sich täglich die Kleinode schaffen, derer er bedürfe. Auch meint er, er könne als Menschenerschaffer durchaus hübsche »Erdenweibchen« formen, die doch Epimetheus' Schönheitssinn hinreichend nachkommen müßten. Doch der Bruder will davon nichts wissen. Die »Erdenweibchen« sind austauschbar und werden, moniert er, zu Dienerinnen des Mannes geschaffen. Darauf Prometheus: »So werde Knecht, verschmähest du die treue Magd.« Eine klare Dialektik des Geschlechterkampfes! Der idealerfüllte Dichter Epimetheus will kein »Erdenweibchen«, sondern die hohe Geliebte, die ihm nicht nur ebenbürtig, sondern sogar über seiner Sphäre angesiedelt ist. Er will die Frau nicht als Dienerin, wie es das gemeine Leben vorsieht, sondern als Gefährtin und Leitstern: Die bewunderte Frau bedeutet die Orientierung am Höchsten. Es gibt nur die eine für ihn. »Treu blieb ihr Bild; noch immer steht es gegen mir.« Und auch hier erinnert die verwendete Metaphorik an die Zeit der Gedichte an »Lida«, vor allem die Sternenmetapher, Ausdruck von Unendlichkeit und schicksalhafter Verbundenheit.

Schwebt mir noch vor Seel und Sinnen,
Schwebt, da sie sich längst entzogen,
Wie ein Sternbild über mir.

Seit Pandora entschwunden ist, sind Epimetheus alle Gaben der Erde auf beschleunigte Weise vergänglich. Kaum pflückt er eine Blume, ist sie schon verwelkt. Es gibt keinen Zusammenhang mehr. Das ganze Leben zerfällt in seine Einzelbestandteile. Das alles erinnert an einen Brief, den Goethe Charlotte 1784 schrieb und in dem es hieß: »Die Artigkeit, Anmut, Gefälligkeit der Frauen die ich hier sehe, selbst ihre anscheinende Neigungen, sie tragen alle die Zeichen der Vergänglichkeit an der Stirne, nur du bist auf der beweglichen Erde bleibend und ich bleibe dir.« Dies hat sich für Goethes eigenen Werdegang »auf der beweglichen Erde« nicht erwiesen. Gleichwohl ist der »Bund mit Pandora« für Goethe eine urphänomenale Erfahrung, epochemachend für sein Leben und Ausdruck seiner größten Idealvorstellung von der »hinan«-ziehenden Kraft des Weiblichen. Was im Stück bleibt, ist, den Verlust der Pandora zu beklagen und auf ihre Wiederkehr zu hoffen. »Mich dünken alle Güter gleich«, sagt Prometheus, und darauf sein Bruder: »Mitnichten! Eines übertrifft. Besaß ich's doch!« Das Festspiel »Pandora« ist Fragment geblieben. Die Feier von Pandorens Wiederkunft sollte das Stück beschließen. Aber Goethe sagte im Alter, man könne das Fragment sehr wohl als ein Ganzes betrachten, und so ist wahrscheinlich, daß im Verlauf der Arbeit an dem Stück Pandoras Wiederkehr nicht mehr vorgesehen war. Das mythische Fest am Ende des Fragments ist Sinnbild der Versöhnungsfeier, der Vereinigung des Lebens mit der Kunst. Pandora selbst tritt im Stück nicht auf, und behält gerade dadurch ihre Idealgestalt: Schönheit, Liebe und Dichtkunst zugleich, das höchste Gut, die Poesie des Lebens, das, worauf sich alles Streben richten soll. Nur Charlotte von Stein war in Goethes Leben dieser Platz gegeben. Dabei besteht, als Goethe dieses Festspiel schreibt, kein konkreter Zusammenhang mit ihr. Charlotte von Stein ist mittlerweile fünfundsechzig – eine Greisin für die damalige Zeit –, und Goethe, auch fast sechzig, schaut nach jungen Mädchen oder deren Müttern im Kurbad, die selbst schon fünfundzwanzig Jahre jünger sind als seine ehemalige Geliebte. Goethe hat einen gesellschaftsfähigen, im Grunde förmlichen und nur manchmal die Form etwas aufbrechenden Kontakt zu Charlotte, die ihn in diesem Sinn erwidert. Keine wehmütigen Reminiszenzen an früher, zumindest nicht sichtbar und nicht in der Gegenwart ... Die Vergangenheit, die einzigartige Erfahrung mit Charlotte, das, wofür diese Beziehung steht, wird hingegen jetzt verewigt und auch in anderen Dichtungen aufgearbeitet. Insofern erlebt »Pandora« eine Wiederkehr... Die Frage, die Goethe sich stellt, inwieweit der »Prometheus«, inwieweit der »Epimetheus« die höchste Stimme in seinem Leben vertritt, welches Prinzip stärker wirkt und wie er einen Ausgleich dieser Positionen erreicht, kann er auch Jahre später nicht beantworten. An seinen Freund Zelter schreibt er: »Leider komme ich mir [...] wie eine Doppelherme vor, von welcher die eine Maske dem Prometheus, die andre dem Epimetheus ähnlicht, und von welchen keiner, wegen des ewigen Vor und Nach, im Augenblick zum Lächeln kommen kann.«

Durch Schillers Tod ist bei Goethe erneut eine schmerzliche Lücke entstanden. Die Freundschaft mit dem kongenialen Dichter, deren Hauptgewicht auf der gemeinsamen Arbeit lag, hatte ihm eine Zugehörigkeit in einer Welt gemeinsamer Kunstideale, Projekte und des dichterischen Selbstverständnisses gegeben. Die Idealwelt war ganz auf den Bereich der Arbeit begrenzt, die man als pädagogische Aufgabe verstand. In den nächsten Jahrzehnten sollte Goethe seine Arbeit wieder allein fortsetzen, nicht immer verstanden, nicht immer populär und allgemein beliebt, aber unangefochten in einsamer Größe. Die emotionale Öffnung für alles, was er früher, als junger Mann, im Werk und Leben »ideal« empfunden hatte, war die unmittelbare Folge dieses Zurückgeworfenwerdens auf sich selbst sowie der historischen Umbrüche, die in dieser Zeit erfolgten. Goethe erlebte mit sechzig eine offenkundige Verjüngung. Erschütternde Ereignisse von außen sind indessen diesen inneren Ereignissen vorausgegangen.

Umbrüche

Nachdem er ein paar Wochen in Karlsbad verbracht hat, fährt Goethe im August 1806 nach Jena. Die politische Lage ist in dieser Zeit gespannt, doch Goethe ist damit beschäftigt, seine Mineraliensammlung, die er in Karlsbad vervollständigt hat, zu katalogisieren. Das kann er am besten in Jena, wo er auch die entsprechenden Ansprechpartner hat. Sein wissenschaftlicher Umgang in der Universitätsstadt ist ein schöner Ausgleich zu dem Kurgeplänkel in der Societé des Badeortes. Nach Weimar und Christiane scheint er vorerst keine Sehnsucht zu haben. Ende Juli hat er ihr nach Lauchstädt geschrieben – übrigens nach der Bemerkung, wie reizend und angenehm die Frau von Levetzow sei: »Lebe übrigens recht wohl bei Deinen Frühstücken, Mittagsessen, Tänzen und Schauspielen.« Es scheint, als ob Goethe und seine einfache Lebensgefährtin die jeweils ihnen gemäßen, getrennten Gesellschaftsbereiche gefunden hätten.

Auf der Rückfahrt von Karlsbad erfährt Goethe von der Bildung des Rheinbundes der deutschen Fürsten im Süden und Westen. Fast alle von Preußen und Österreich unabhängigen deutschen Länder haben sich auf Geheiß Napoleons zusammengeschlossen und damit ihre Absage ans deutsche Reich erklärt. Es ist eine Allianz deutscher Staaten unter dem Protektorat Napoleons. Französische Tradition ist es von jeher gewesen, die deutschen Teilmächte gegen das Reich auszuspielen oder das Reich gegen die stärkste Teilmacht. So konnte man bislang auch in Frankreich von dem Antagonismus zwischen Preußen und Österreich profitieren. Napoleon Bonaparte, Kaiser der Franzosen, der nach der französischen Revolution ein europäisches Großreich mit Frankreich als Mittelpunkt plant, will ein von ihm abhängiges Staatensystem, lauter kleine deutsche Satellitenstaaten um die große Ordnungsmacht herum, und dazu gehört zunächst die Schwächung seiner Führungsmächte Österreich und Preußen.

Napoleons Großreichpläne sind gescheitert. Aber er hat die Grundlage für die staatliche Neuordnung in Europa geschaffen und den verzopften Feudalismus des deutschen Reiches beseitigt. Die von Napoleon geschaffenen deutschen Staaten entsprechen noch heute weitgehend den deutschen Bundesländern. Sinnvolle und effiziente Verwaltungsstrukturen traten hier an die Stelle der überkommenen Reichsstände, parlamentarische und liberale Strömungen ersetzten den alten Feudalismus des ehemals riesigen Staatskörpers. Goethe hat den positiven Einfluß Napoleons auf die innerdeutschen Strukturen später anerkannt, sich damit aber in Deutschland, in der Zeit der Befreiungskriege und des Franzosenhasses, äußerst unbeliebt gemacht. Jetzt, da er auf der Fahrt nach Jena von der Auflösung des Heiligen Römischen Reiches deutscher Nation hört, notiert Goethe ungerührt in seinem Tagebuch: »Zwiespalt des Bedienten und Kutschers auf dem Bocke, welcher uns mehr in Leidenschaft versetzte als die Spaltung des römischen Reiches.« Er hat im Kanonendonner von Valmy an den Theorien seiner Farbenlehre getüfelt. Jetzt will Goethe eben seine Mineraliensammlung ordnen und nicht über den Zerfall des deutschen Reiches nachdenken. Preußen hat inzwischen seine langjährige Neutralität aufgegeben und kämpft gegen Napoleon. Der Staat Sachsen-Weimar-Eisenach ist ein Verbündeter des preußischen Nachbarn, und Carl August ist als preußischer General mit einem kleinen Truppenkontingent betraut. Als Goethe nach Weimar zurückkehrt, ist die militärische Auseinandersetzung zwischen Preußen und den napoleonischen Truppen – auf Sachsen-Weimarischem Boden! – bald in vollem Gange. Am Tag der Entscheidungsschlacht, in der die Preußen bei Jena und Auerstedt von Napoleons Truppen vernichtend geschlagen werden, dem 14. Oktober, notiert Goethe in seinem Tagebuch: »Früh Kanonade bei Jena, darauf Schlacht bei Kötschau. Deroute der Preußen. Abends um 5 Uhr flogen die Kanonenkugeln durch die Dächer. Um 1/2 6 Einzug der Chasseurs. 7 Uhr Brand, Plünderung, schreckliche Nacht. Erhaltung unseres Hauses durch Standhaftigkeit und Glück.« Die »Standhaftigkeit« geht auf das Konto Christianes, denn Goethe lag im Bett, als die Marodeure ins Haus kamen. Erst als er den Lärm hörte, ist er aufgestanden und stand ehrfurchtgebietend im Schlafrock auf dem Treppenabsatz. Doch als die Plünderer ihn angreifen wollten, drängte Christiane sie couragiert aus dem Haus, nachdem sie ihnen noch ein paar Silberleuchter in die Arme gedrückt hatte. Weniger glücklich ist Charlotte von Stein davongekommen. Sie verlor in der

Nacht der Plünderungen ihr gesamtes Hab und Gut. Mitten in den Plünderungen hat sie noch einen verwundeten preußischen General, den Grafen Schmettau, versteckt und versorgt. Aus Sorge um ihn ist sie in ihrem Haus geblieben und ist den Aufforderungen der Herzogin Luise, die sie zu ihrem Schutz ins Schloß rufen ließ, nicht gefolgt. Charlotte schildert Fritz die Ereignisse: »Französische Kavallerie jagte beständig durch meinen Hof! Eine ganze Menge stürmte auf mein Haus zu; sie wollten Wein, forderten mit Wut, und da meine Jungfer nicht Französisch verstand, nahm ich mir das Herz, ihnen zu sagen, sie müßten warten, bis man den Schlüssel geholt habe. Sie nahmen gleich acht Pyrmonter Flaschen, mit Wein gefüllt. Nun kam ein zweiter Trupp; von denen wollte mich einer über den Kopf hauen; zum Glück kam ein Offizier gesprengt, der rief: ›Vite, vite! il n'est pas le temps à boire!‹ [Los, los, jetzt ist keine Zeit zum Trinken] – Nun brach die Nacht herein, das fürchterliche Kanonieren hörte auf. Mutter Seebach und Schach, der den armen Schmettau pflegte, waren noch im Haus, kein Mensch von uns dachte an eine Plünderung. Auf einmal drängten sich drei Franzosen herein, forderten Branntwein und Brot, und da ich nun mein Letztes hingegeben hatte, gehen sie endlich fort. Der eine nimmt mir die Uhr mit, verirrt sich in mein Zimmer, ich halt ihn fest zwischen einer Tür, er gibt mir sie wieder, sagt aber: ›Fermez votre porte! Ils en viendront d'autres qui vous la prendront.‹ [Schließen Sie Ihre Tür! Es werden andere kommen, die sie Ihnen abnehmen.] Ich schloß meine Tür also fest zu; auf einmal wurde Feuerlärm, die Fuhrwerkgasse brannte ab, niemand löschte. Nun ging es die ganze Nacht an ein Pochen und Lärmen; ich warf ihnen Geld zum Fenster hinaus, denn Viktualien und Wein hatte ich nicht mehr, und manche gingen. Endlich kam ein großer Haufe, brach meine Hautür auf und zwang Schach, er solle sie zum Magazin führen; den haben sie drittehalb Stunden mit sich herumgeschleppt, ehe er wieder kam. [...] meine Jungfer war indessen zum Tor hinaus nach Kochberg und hatte mir die vier Schlüssel mitgenommen. Nun hatte ich niemanden mehr; Schach war zur Wartung des unglücklichen Schmettau in's Schloß, kein Handwerksmann zu bekommen. Also ging ich mit dem französischen Offizier, den ich immer festhielt, und meinem Hausmädchen, die mir treu geblieben war, von meiner Wohnung und Habe.« Bis zum 23. Oktober ist Charlotte schließlich doch noch im herzoglichen Schloß zu ihrer

Sicherheit geblieben. Als sie zurückkehrt, findet sie ihre Wohnung in einem verheerenden Zustand vor: Alles ist demoliert, das Mobiliar zertrümmert, das Tafelsilber und im Grunde alles, was von Wert war, gestohlen. Die Baronin besitzt nichts mehr. Ihre Freundin, die Herzogin, muß ihr sogar Wäsche und Kleidung leihen. »Die Schiller hat wenig verloren, Goethe gar nichts«, berichtet sie Fritz nach Breslau. Luise von Sachsen-Weimar zeigt wie Christiane Vulpius und Charlotte von Stein in diesen aufgeregten Tagen Mut und Standhaftigkeit. Als Napoleon in Weimar erscheint und das Schicksal des Staates auf dem Spiel steht, hat die Herzogin ihre große politische Stunde. Herzog Carl August ist mit seiner Truppe von der preußischen Gegenpartei nicht unmittelbar an den Kampfhandlungen beteiligt gewesen, weil man ihn in den Thüringer Wald abgeordnet hatte. Dort ist er jetzt immer noch – keiner weiß so recht, wo – und versucht zu retten, was zu retten ist. Nach der für die Franzosen sieghaften Entscheidungsschlacht betritt der selbsternannte Kaiser das Weimarer Schloß. Napoleon fragt nach der Herzogin. Der dunkle Korse, der den Traum einer Wiederbelebung des Cäsarentums im Europa der Neuzeit träumt, steht vor der hoch aufgeschossenen und hageren, beinahe unbeweglichen Gestalt der Herzogin Luise. Mit einer Handbewegung könnte der Eroberer ihr kleines Herzogtum auslöschen. »Wo ist Ihr Mann?«, fragt Napoleon. »Bei seiner Pflicht, Sire.«, ist Luises Antwort – im Kampf der Gegenpartei. Offenbar voller Respekt und beeindruckt von der Herzogin verzichtet Napoleon auf weitere Drohungen, und die Einheit des Staates Sachsen-Weimar bleibt erhalten. Allerdings muß Weimar sich wie die anderen Gebiete für besiegt erklären, dem Rheinbund beitreten und eine erhebliche Kriegssteuer zahlen: zwei Millionen Taler Kontribution, für ein kleines Herzogtum kaum aufzubringen. Der Herzog wird indessen aus der Ferne aufgefordert, seinen Abschied aus preußischen Diensten zu nehmen.

Daß Weimar überhaupt soweit verschont wurde, ist neben Luises beherztem Auftreten wohl auch dem Status zu verdanken, den die Residenzstadt als Kulturzentrum der größten deutschen Dichter erlangt hatte. Zuvorderst Goethes Ruhm ist dieser Status zuzuschreiben. Napoleon wünscht Goethe zu sehen. Er fordert ihn auf, zu einer Audienz ins Weimarer Stadtschloß zu kommen. Goethes Ministerkollegen Voigt und Wolzogen sind schon dort und beteiligen sich an den Verhandlungen zwischen dem Kaiser und der Herzogin. Doch Goethe kommt nicht. Ihn ergreife sein »altes Übel«, schreibt er Voigt in einem Billett. Erst zwei Jahre später trifft er Napoleon in Erfurt zu der berühmten Unterredung. Jetzt hat Goethe vorerst anderes im Sinn. Er will Christiane seine Dankbarkeit beweisen und sie endlich zu seiner Ehefrau machen. An den Weimarer Hofprediger und Oberkonsistorialrat Günther schreibt er am 17. Oktober, wie es scheint, in großer Eile und Entschlossenheit: »Dieser Tage und Nächte ist ein alter Vorsatz bei mir zur Reife gekommen; ich will meine kleine Freundin, die so viel an mir getan und auch diese Stunden der Prüfung mit mir durchlebte völlig und bürgerlich anerkennen, als die Meine. [...] Sagen Sie mir würdiger geistlicher Herr und Vater wie es anzufangen ist, daß wir, sobald möglich, Sonntag, oder vorher getraut werden. Was sind deshalb für Schritte zu tun? Könnten Sie die Handlung nicht selbst verrichten, ich wünschte daß sie in der Sakristei der Stadtkirche geschähe. [...] Geben Sie dem Boten, wenn er Sie trifft gleich Antwort. Bitte! Goethe.« Der Zeitpunkt ist während all der Turbulenzen günstig. Man würde die Trauung beinahe unbemerkt, in aller Stille in der Stadtkirche vornehmen lassen. Der Herzog ist noch im Felde, und kann keine Einwände erheben, niemand fragt in den Wirren der Ereignisse nach Fristen oder Formalitäten, und die Welt hat sich um Bedeutenderes als die Heirat Goethes mit seiner »Mätresse« zu kümmern. Nach spontanem Entschluß oder gefühlsmäßiger Überwältigung klingt Goethes Vorhaben nicht – eher nach einem längst geplanten Unternehmen. Christianes Standhaftigkeit in den Stunden der Gefahr hat ihr übriges zu dem Entschluß gegeben. August ist inzwischen siebzehn Jahre alt und soll demnächst die Universität besuchen. Solange er der Sohn der »Demoiselle Vulpius« ist, wie es abschätzig heißt, ist seine Stellung und Zukunft vollkommen ungesichert. Die Tatsache, daß Goethe gerade jetzt seine langjährige Lebensgefährtin heiratet, hat noch noch eine andere Seite: In unruhigen Zeiten, in denen die äußeren Verhältnisse auseinanderfallen, muß man wenigstens die inneren zusammenhalten und sogar noch festigen. So äußert sich Goethe auch in seinem großen Rechtfertigungsbrief an den Herzog Carl August, den er im Dezember schreibt. Die Jagemann hat gerade wieder einen Sohn geboren, und an dieses Ereignis knüpft Goethe an, gratuliert dem Herzog zur Vaterschaft und berichtet von seinem eigenen Sohn. »Er läßt sich noch immer gut an und ich konnte mir Ew. Durchl. Einwilligung aus der Ferne versprechen als ich, in den unsichersten Augenblicken, durch ein gesetzliches Band, ihm Vater und Mutter gab, wie er es lange verdient hatte. Wenn alle Bande sich auflösen wird man zu den häuslichen zurückgewiesen, und überhaupt mag man jetzt nur gerne nach innen sehen.« Resignierend klingt Goethes Einschätzung der äußeren Verhältnisse allerdings nicht. Er hat in die Trauringe das Datum der Schlacht von Jena und Auerstedt gravieren lassen und die Trauung somit rückdatiert. Die Schlacht sieht er als Zeichen eines epochalen Neuanfangs, den er aufs Private übertragen möchte. »Wo wir jetzt einen Anfang des Lebens erblicken hat es einen besonderen Reiz der Hoffnung«, schreibt er dem Herzog. Noch sehr allgemein, aber deutlich spürt Goethe die positiven Veränderungen und Aussichten dieses Epochenwandels nach der verlorenen Schlacht, die doch die Neuordnung Europas zur Folge hat. Den Napoleon-Haß der besiegten Deutschen, besonders der eingefleischten Aristokraten, kann Goethe jetzt und auch später nicht teilen. Er sieht in Napoleon den bewundernswürdigen Vollstrecker eines Wandels, der in Deutschland, durch die »innere Fäulnis« des Reiches, längst im Gange war, sich aber aus sich selbst heraus nicht ereignete. Auch darin wird er mit seinem Herzog nicht einig sein. Er bittet diesen noch um die Eigentumsüberschreibung des Hauses am Frauenplan, was ja nur eine Formsache sei. Er habe in glücklicheren Zeiten »mehr als billig hinein verwendet«, habe sich des Hauses würdig erwiesen und es »nicht zum Wohlleben, sondern zu möglicher Verbreitung von Kunst und Wissenschaft« eingerichtet und genutzt. Das ist wieder Goethes bürgerliches Leistungsdenken, sein lebenslanger Rechtfertigungsdrang. Man kann ihn kaum stärker beleidigen, als wenn man mutmaßt, er habe keine ernste Lebensführung, in der die Leistung im Mittelpunkt steht. Entsprechend äußert er sich auch in einem Briefkonzept an seinen Verleger Cotta, nachdem in der von diesem verlegten »Allgemeinen Zeitung« einige satirisch-polemische Berichte über Goethes Heirat mit Christiane Vulpius erschienen sind. In einem hieß es beispielsweise: »Goethe ließ sich unter dem Kanonendonner der Schlacht mit seiner vieljährigen Haushälterin Demoiselle Vulpius trauen, und so zog sie allein einen Treffer, während viele tausend Nieten fielen.« Goethe antwortet darauf: »Ich bin nicht vornehm genug, daß meine häuslichen Verhältnisse einen Zeitungsartikel verdienen; soll aber was davon erwähnt werden, so glaube ich, daß mein Vaterland mir schuldig ist, die Schritte, die ich tue, ernsthaft zu nehmen; denn ich habe ein ernstes Leben geführt und führ' es noch.« Johanna Schopenhauer, eine reiche Kaufmannswitwe aus Danzig (die Mutter des Philosophen Arthur Schopenhauer), die sich gerade erst in Weimar niedergelassen und daselbst einen literarischen Salon eröffnet hat, ist die erste, die die gerade ernannte Frau von Goethe empfängt. Goethe hat sich nicht umsonst die liberale Schopenhauerin, die neu in Weimar ist und sich erst selbst einen Kreis schaffen muß, als Mittelsperson zur Einführung seiner Frau in die Gesellschaft ausgesucht. Johanna Schopenhauer schreibt nach dem Besuch, bei dem Christiane sehr verlegen war: »ich empfing sie, als ob ich nicht wüßte, wer sie vorher gewesen wäre, ich denke, wenn Goethe ihr seinen Namen gibt, können wir ihr wohl eine Tasse Tee geben.« Goethe sollte ihr das nie vergessen.

Für die nächsten Jahre bleibt Deutschland in drei Teile geteilt: die an Frankreich gebundenen Rheinbundstaaten, das ebenfalls mit Frankreich verknüpfte, bald auch verschwägerte Österreich – und Preußen, dessen Niederlage niemand erwartet hatte. Sie kam das Land auch teuer zu stehen, denn die hohen Kontributionen saugten es finanziell aus. Der Herzog Carl August ist noch immer dem besiegten Preußen eng verbunden und sieht mit einigem Groll auf die französische Fremdherrschaft. Er unterstützt sogar heimlich preußische Kriegskameraden, verwundete und ihres Soldes beraubte Offiziere – was Napoleons Geheimdienst allerdings bald herausfindet. Bei solcher Unvorsicht muß Goethe wieder bangen, inwieweit die Existenz des Sachsen-Weimarischen Staates gesichert bleibt und damit seine eigene Existenz. Ob Napoleon das Herzogtum nicht doch noch annektiert? Carl Augusts abenteuerliches Agieren unter französischem Protektorat, überwacht von französischer Zensur, Militär und Behörden, hält Goethe jedenfalls für äußerst unvorsichtig. Johannes Falk, ein Weimarer Schriftsteller, gibt eine völlig überzogene Darstellung der patriotischen Einstellung Goethes und seiner Äußerungen über die Schande der Deutschen, die ehrenvollen Taten des Herzogs, die edlen Preußen und die bösen Franzosen. Zumindest ansatzweise wird hier aber auch Goethes offizielle Haltung als Weimarischer Staatsminister deutlich. Natürlich muß er zu Weimar stehen, zu seinem Fürsten und zu den verbündeten Preußen. Aber so drastisch wie Falk es beschreibt, wird es dann wohl doch nicht gewesen sein: Bei ihm bekennt Goethe tief erschüttert, er werde den Herzog auch ins Elend begleiten und treu an seiner Seite aushalten. »Die Kinder und Frauen, wenn sie uns in den Dörfern begegnen, werden weinend die Augen aufschlagen und zu einander sprechen: das ist der alte Goethe und der ehemalige Herzog von Weimar, den der französische Kaiser seines Thrones entsetzt hat, weil er seinen Freunden so treu im Unglück war; weil er den Herzog von Braunschweig, seinen Oheim, auf dem Todbette besuchte, weil er seine alten Waffenkameraden und Zeltbrüder nicht wollte verhungern lassen.« Es kommt in dem Bericht noch schlimmer, wenn es heißt, Goethe rollten »die Thränen stromweise von beiden Backen herunter«, als er schwört, wie er als Bänkelsänger am Bettelstabe durch die Dörfer ziehen und »ums Brot« ein Schandlied der Deutschen singen wolle. Das ist nicht Goethe, das ist ein Zerrbild. Goethe war kein Patriot. Der deutschtümelnde Bericht Falks (ansonsten ein verdienter Mann, der viel Erhellendes zur Goethe-Überlieferung beigetragen hat, dessen Patriotismus aber hier leider mit ihm durchgeht), hat denn auch wenig Ähnlichkeit mit Goethes kosmopolitischer Sicht. Das wird Goethe auch von der nachfolgenden Generation trennen, die nach der preußischen Niederlage nach neuen Orientierungsmustern sucht und sich gegen Napoleon auflehnt, woraus die Grundlage eines neuen Nationalgefühls wird – und der Befreiungskriege. Goethe aber kann die ruhmvollen Absichten seines Fürsten Carl August würdigen und mit ihm die Niederlage Preußens bedauern, trotzdem aber Napoleons Größe bewundern, die ihn trotz allen Großmachtstrebens und despotischer Selbstherrlichkeit fasziniert. Ein Emporkömmling ohne Standesprivilegien und den überkommenen Strukturen nicht verhaftet, dafür mit der Kraft der Erneuerung erfüllt, gestaltend, »dämonisch« in einem moralisch wertfreien Sinn. Goethes Sekretär Riemer notiert 1807 eine Äußerung Goethes, die er über den Kaiser der Franzosen gemacht haben soll: »Außerordentliche Menschen, wie Napoleon, treten aus der Moralität heraus. Sie wirken zuletzt wie physische Ursachen, wie Feuer und Wasser.« Wie gefährlich es ist, die Größe – und auch noch eine politische – moralisch zu neutralisieren, wissen wir im 20. Jahrhundert besser als Goethe. Für Goethe war Napoleon in erster Linie ein Naturphänomen.

Im Frühherbst 1808 findet in Erfurt der »Fürstentag« unter Anwesenheit Napoleons statt. Dabei soll der Freundschaftspakt Napoleons mit Zar Alexander I. von Rußland zur Unterstützung der Kontinentalsperre gegen England gefestigt werden. Goethe ist mit Carl August erschienen und zur Audienz geladen. Zwei Legenden stoßen aufeinander. Unzählige Male ist die Begegnung Goethes mit Napoleon beschrieben worden. Wieland war auch dabei, aber den hat die Überlieferung vergessen. Der Kaiser der Franzosen hat gefrühstückt und nebenher Staatsgeschäfte erledigt, als der große Dichter Goethe vor ihm stand, aber das wird gemeinhin auch nicht erwähnt. Zwischendurch fragt er den Dichter ein wenig aus, den er wahrscheinlich als »größten Dramatiker« mit Schiller verwechselt. Immerhin weiß Napoleon, daß Goethe den »Werther« geschrieben hat. Er selbst habe ihn siebenmal im Felde gelesen. Napoleon kritisiert, daß Goethe in dem Briefroman zwei Motive durcheinanderwerfe, die nichts miteinander zu tun hätten: unerfüllte Liebe und gekränkter Ehrgeiz. Goethe verneigt sich und verspricht, darüber nachzudenken. Den brisanten Fragen Napoleons weicht er aus – wie die Stimmung der Bevölkerung sei, die Rolle Carl Augusts, ob er selbst sich in diesen bewegten Tagen nicht zur Geschichtsschreibung in seinem Sinne festlegen wolle... Dann geht es wieder ums Theater, das eine bedeutende, ja eine politische Aufgabe zu erfüllen habe. Man müsse nur die großen Stoffe aufgreifen – wie Voltaire den Tod Cäsars. Natürlich identifiziert sich Napoleon mit Cäsar, und er will, daß man seine gewaltige Rolle in der Weltgeschichte dramatisch verherrlicht. Abends beim Ball im Weimarer Schloß geht das Gespräch mit Goethe übers Theater kurz weiter. Napoleon will, daß Goethe große Geschichtsdramen schreibt, und Goethe behandelt die gestellten Fragen rein ästhetisch. Den Begriff des Schicksals als dramatisches Element wirft er ein. Napoleons Antwort lautet (vielzitiert): »Was will man jetzt mit dem Schicksal? Die Politik ist das Schicksal.« Vor Napoleons Abreise erhält Goethe – und neben ihm der Herzog, Wieland, der Bürgermeister von Jena, der verdiente Mediziner Dr. Starke und der Sekretär Vogel – in einem feierlichen Akt das Kreuz der Ehrenlegion.

Verjüngung

Im Juni 1809 bemerkt ein Durchreisender, daß Goethe »seine ehemalige Korpulenz [...] verloren« hat. Auch seine Gesichtszüge sind wieder feiner, vergeistigter geworden, und das sind nicht etwa Alterungserscheinungen (da das Vitale abnehmen würde), sondern das Gegenteil: Goethe erscheint allgemein verjüngt und vitalisiert. Die Hauptingredienz seiner jugendlichen Lebenseinstellung hat er nämlich mittlerweile wiederentdeckt: das erotisch inspirierte Dichten, die emotionale Begeisterung, die dem Geist und der Seele Flügel verleiht und die zur Dichtung wird. Die ganz jungen Mädchen versetzen den sechzigjährigen Goethe in Flammen, und bei diesem »Lolita«-Syndrom fließt zu dieser Zeit vieles zusammen: die Sehnsucht nach dem »Töchterchen«, das er nie hatte, die Lust zu einem neuen, jungen Leben nach den inneren und äußeren Krisen, die Sehnsucht nach Verjüngung seiner selbst und die Faszination an der »Mädchen-Frau«, die Goethe von jeher gehabt hat. Im Hause des Jenaer Buchhändlers Frommann, in dem Goethe während seiner Jena-Aufenthalte manchmal wohnt, lebt auch die achtzehnjährige Pflegetochter des Buchhändlers: Minna, »Minchen« Herzlieb. »Minchen« wird das Urbild der Ottilie in den »Wahlverwandtschaften«. Sie ist ein naturhaftes Geschöpf, ein wenig rätselhaft, madonnenhaft unschuldig, in sich gekehrt, der sinnlichen Welt scheinbar enthoben. Goethe sagt später, er habe das Mädchen »mehr als billig« geliebt – eine beliebte Wendung Goethes im Alter. Ein Sonetten-Wettstreit beginnt während der Anwesenheit des Dichters Zacharias Werner in Jena. Goethes Sonette sind ganz im Stile Petrarcas verfaßt. Sie handeln von der Überraschung durch die Liebe, vom Widerstreit der Gefühle, Mäßigung und Läuterung bis hin zur höchsten symbolischen Form. Schon das erste Sonett mit dem Titel »Mächtiges Überraschen« ist Ausdruck einer Wiedergeburt, die überwältigend und unerwartet ist, wie ein Naturwunder. Der Strom, der unaufhaltsam der Tiefe zueilt, um sich mit dem »Vater« Ozean, mit dem Element zu vereinen, begegnet plötzlich Oreas, der lieblichen

Bergnymphe, die seinen Lauf hemmt und den Strom zum See zurückführt.

Die Welle sprüht, und staunt zurück und weichet,
Und schwillt bergan, sich immer selbst zu trinken;
Gehemmt ist nun zum Vater hin das Streben.

Sie schwankt und ruht, zum See zurückgedeichet;
Gestirne, spiegelnd sich, beschaun das Blinken
Des Wellenschlags am Fels, ein neues Leben.«

Die Perspektive des Betrachters ist in den Sonetten immer dieselbe: Es ist der Blick des nahenden Alters, dem noch einmal ein Frühling beschert wird. Die im Gedicht sprechende Person läuft, bis ans Kinn in einen weiten Mantel gehüllt, einen »schroffen, grauen« Felsweg hinunter. In einer Aue scheint jedoch der neue Tag enthüllt, und ein Mädchen kommt dem Sprecher entgegen, der sich zunächst wegwendet und sich nur noch tiefer in seinen weiten Mantel hüllt. Schließlich folgt er ihr aber doch. »Sie stand. Da war's geschehen!« »In meiner Hülle konnt ich mich nicht halten,/Die warf ich weg, *sie* lag in meinen Armen.«

Besonders reizvoll ist auch das Sonett »Wachstum«, das alle Konfigurationen der Mann/Frau-Beziehung versinnbildlicht. Versucht man eine biographische Deutung, dann mag Goethe sich hier vielleicht auch auf die Haustochter Minchen der Frommanns bezogen haben, die er als Kind hat aufwachsen sehen, die heranreifte, von der »Schwester« zur imaginierten Geliebten wurde und nun im Gedicht schließlich als Fürstin vor ihm steht, vor deren Seelenhoheit er den Blick senkt. Als er das Kind sieht, denkt der Betrachter, »für solch ein Töchterchen« möchte er »als Vater segnend Häuser bauen«. Und als das Kind heranreift, gibt ihm das Mädchen schwesterliches Vertrauen und Geborgenheit. Die darauf in ihm aufkeimende Liebe ist eher ein beunruhigendes Toben und Schmerzen. Soll er die Geliebte wirklich »fassen«, um die Schmerzen zu beschwichtigen? Doch da wandelt sich ihre Erscheinung aufs Neue, und die Geliebte wird zur Petrarca'schen Fürstin. In unerreichbarer Höhe steht sie vor ihm, der sich vor ihrem »flüchtigen« Blick beugt. Die Wirren und Verstörungen der Liebe wandeln und läutern sich zu einem Prinzip des Lebens. Selbst der Abschied wandelt sich zu verklärter Erinnerung, nachdem der Sprecher im Gedicht seine Geliebte verlassen hat und auf das Meer hinausgefahren ist. Es ist ihm ja, so sagt er, nichts entgangen; er habe alles, was er je genossen ... Diese gleichsam verewigende Ansicht stellt sich der Vergänglichkeit entgegen, denn am Anfang des Sonetts »Abschied« hieß es noch: »War unersättlich nach viel tausend Küssen, / Und mußt mit *einem* Kuß am Ende scheiden.« Da herrschte zunächst der Abschiedsschmerz angesichts der bevorstehenden Trennung, dann aber die Einsicht: Es gibt kein Ende mehr – und keinen Anfang? Liebe ist das allgewaltige Prinzip des Lebens, Lebensursprung, Zündung, Geist – wie ein paar Jahre später im »West-Östlichen Diwan«: »Denn das Leben ist die Liebe / Und des Lebens Leben Geist.«

Dies ist schon Goethes Altersdenken. Die Erscheinungen werden zu höchsten symbolischen Formen, der Augenblick wird Ewigkeit.

Eine andere junge Frau erhob im nachhinein Anspruch auf ihre inspirierende Rolle bei der Entstehung von Goethes Sonetten: Bettina Brentano. Sie ist in Frankfurt aufgewachsen, Goethes Heimatstadt, und zu diesem Zeitpunkt zweiundzwanzig Jahre alt. Bettina ist die Enkelin der Dichterin Sophie von Laroche, in deren Haus der junge Goethe verkehrte, und sie ist die Tochter der Maximiliane Brentano, in die Goethe während der »Werther«-Zeit einmal verliebt war. So steht die junge Bettina – noch ohne Goethe persönlich zu kennen – in vielfacher Beziehung zu dem Weimarer Dichterfürsten, den sie über die Maßen verehrt. Sie hat von früher Jugend an seine Werke gelesen, mit ihrem Bruder Clemens und ihrem späteren Ehemann Achim von Arnim darüber diskutiert, Abschriften verfaßt und sich mit der Mignon im »Wilhelm Meister« identifiziert. Da entdeckt sie in Offenbach Goethes Briefe an Frau von Laroche, ihre Großmutter, und stellt daraufhin die Verbindung mit Goethe quasi als Familienerbin her. Bettina nimmt zunächst Kontakt mit Goethes Mutter auf, die noch in Frankfurt lebt. Diese erzählt ihr von der Jugend des großen Sohnes. Bettina ist eine exaltierte junge Frau. Eine schwärmerische Freundschaft hat sie mit der etwa gleichaltrigen Karoline von Günderode verbunden, einer Dichterin, die im Alter von sechsundzwanzig Jahren in Heidelberg Selbstmord beging. Aufgewachsen zwischen Klosterschule, empfindsamer Seelenkultur, christlich-moralischen Normen und deren weiblicher Rollenbestimmung und auf der anderen Seite den Exaltationen der empfindsamen Literatur, besitzt Bettina mit knapp über zwanzig ein abenteuerliches Innenleben und mindestens so abenteuerliche Ideen, wie sie ihr Leben gestalten will.

Sie hat Jahrzehnte später, als Goethe schon gestorben war, ein Buch veröffentlicht: »Goethe's Briefwechsel mit einem Kinde«, das eine sonderbare Mischung von Dichtung und Wahrheit ist. Die Briefe von und an Goethes Mutter, die am Anfang des Buches stehen, sind teilweise fingiert oder aus der Erinnerung rekapituliert mit einem gehörigen Schuß Poetisierung versetzt, denn die Originale lagen Bettina beim Abfassen des Buches nicht mehr vor. Ähnlich ist es mit den Briefen von und an Goethe selbst. Das Werk dient ausschließlich der Verherrlichung Goethes, seiner Werke, seiner Kunst, seiner Altersweisheit, seiner Persönlichkeit. Bettina stilisiert sich selbst als aufnahme- und begeisterungsfähiges »Kind«, das von Goethes Erscheinung ergriffen ist und von ihm liebevoll in seine Denkwelt aufgenommen wird und dort auch eine bestimmte Rolle als inspirierende Muse und reizende Geliebte spielt. Das letztere ist wohl hauptsächlich Wunschdenken. Bettina wäre gern Goethes Muse und Geliebte, und sie würde sich auf diese Weise gern der Nachwelt verewigen. Das ist schon ihr Ansinnen, bevor sie Goethe sieht. Dazu hat sie im Frühjahr 1807 erstmals Gelegenheit, als sie ihre Schwester und deren Gatten nach Berlin begleitet und dabei auch durch Weimar kommt. Der Schwager hat seiner Frau und Bettina geraten, die Reise in Männerkleidern anzutreten. Sie müßten Armeen passieren, und so sei es sicherer. Das ist nun ganz und gar nach Bettinas Geschmack! Eine Reminiszenz an Mignon, ein Rollenwechsel. Nachdem sie drei Nächte durchgereist sind und kaum geschlafen haben, zieht sich die Reisegruppe zunächst in einen Gasthof zurück. Der Schwager Jordis stößt Bettina ziemlich vor den Kopf, als er meint, der Goethe werde sich doch gar nichts daraus machen, daß sie ihn besuchen komme, und außerdem werde an ihm wohl auch nichts Besonderes zu sehen sein. Doch Bettina bleibt entschlossen. Sie wechselt noch die Kleider und begibt sich dann auf Weimars Straßen. Diese sind nicht besser als zur Zeit von Goethes Ankunft 1775. »Über den dicksten Morast« muß sich Bettina tragen lassen, doch am Ende landet sie bei Wieland, nicht bei Goethe. Sie erklärt diesem das Ziel ihres Weimar-Besuchs, spielt auch ein bißchen kleines Mädchen, um den alten Herrn für sich einzunehmen, und Wieland schreibt auf Bettinas stürmisches Gesuch ein Billett an Goethe, in dem es heißt: »Bettina Brentano, Sophiens Schwester, Maximilianens Tochter, Sophie La Rochens Enkelin wünscht Dich zu sehen, l(ieber) Br(uder), und gibt vor, sie fürchte sich vor Dir, und ein Zettelchen das ich ihr mitgebe, würde ein Talisman sein, der ihr Mut gäbe. Wiewohl ich ziemlich gewiß bin, daß sie nur ihren Spaß mit mir treibt, so muß ich doch tun, was sie haben will, und es soll mich wundern, wenn Dir's nicht eben so wie mir geht.«

Goethe ist durchaus entzückt von Bettinas wirbeligem Wesen, von ihrer Begeisterungsfähigkeit, ihrem jugendlichen Enthusiasmus – aber nichts deutet darauf hin, daß er mehr als ein »Töchterchen« in ihr gesehen hat. Bettina will es anders. Sie spürt instinktiv, daß Goethe ihre Mädchen-Rolle reizt, und sie spielt sie bis zum Äußersten aus. Sie himmelt Goethe an, wie nach heutigen Begriffen ein Teenager einen Popstar anhimmelt, und dabei erweist sie sich als seine gelehrige Schülerin. »Die Leidenschaft ist ja der einzige Schlüssel zur Welt, durch die lernt der Geist alles kennen und fühlen, wie soll er denn sonst in sie hineinkommen?« schreibt sie in der Briefausgabe. Weiter heißt es: » – und da fühl' ich daß ich durch die Liebe zu Ihm erst in den Geist geboren bin, daß durch Ihn die Welt sich mir erst aufschließt, da mir die Sonne scheint, und der Tag sich von der Nacht scheidet. Was ich durch diese Liebe nicht lerne, das werde ich nie begreifen. Ich wollt' ich säß' an seiner Tür, ein armes Bettelkind, und nähm'ein Stückchen Brot von ihm, und er erkennte dann an meinem Blick wes Geistes Kind ich bin, da zög' er mich an sich und hüllte mich in seinen Mantel, damit ich warm würde. Gewiß, er hieß' mich nicht wieder gehen, ich dürfte fort und fort im Haus' herumwandeln, und so vergingen die Jahre und das Leben, und in seinem Antlitz spiegelte sich mir die ganze Welt, ich brauchte nichts Anderes mehr zu lernen.« Diese Art der Selbstentäußerung angesichts eines bewunderten, fast vergötterten Menschen ist nicht gerade neu. Daß sich ihr, der Verehrerin, »in seinem Antlitz« die ganze Welt spiegelt, ist ein bewährter Bestandteil des ganzen Geniekultes. Aber Bettina fügt dem allen eine durchaus kreative Komponente hinzu. In virtuosen Wendungen entwirft sie Goethes Bild, ein Idol, an dem sie ihre eigene Entwicklung festmachen kann. Mit dem Entwurf dieses Spiegelbilds macht sie sich

Bettina Brentano (jung)

zugleich zur Schöpferin und scheint den Frauenmythos umzukehren, der normalerweise das Objekt von Projektionen und Verherrlichung ist. Bettina macht sich auf und will den Abglanz des »Göttlichen« sehen, um selbst daran teilzuhaben und es für sich selbst zu verwirklichen. Der Geniekult ist ihr dabei jedoch in Fleisch und Blut übergegangen, und sie wird sich später genauso an Beethoven heranmachen wie an Goethe. Der Bericht ihrer Begegnung mit Ludwig van Beethoven in der Karlsbader Kur gleicht dem einer Begegnung mit einem Gott. Goethe reagiert anfangs mit der lächelnden Nachsicht auf sie, mit der er im allgemeinen auf junge Frauen reagiert, die seine väterlichen und männlichen Instinkte berühren. Eigenwillig und energisch ist Bettinas ganze Erscheinung. Klein und zierlich, fast knabenhaft ist ihr Körper. Die dunklen Haare sind naturgelockt und nur durch einen Scheitel geordnet, ansonsten offen. Ihr Blick ist eine Mischung aus fast trotziger Entschiedenheit und Träumerei. Später trägt sie eine Brille, was in ihrer Zeit als wenig attraktiv empfunden wird. Bettina wirkt ein wenig androgyn, tatsächlich wie Mignon. Am Tag ihrer Begegnung mit Goethe hat sie ein Kleid angezogen, vielleicht ein ähnliches wie auf der Abbildung von 1809, weiß mit Rüschen, etwas mädchenhaft, wogegen dann ihre heftigen Bewegungen, ihr wenig damenhaftes Benehmen abstechen. Sie will Goethe angekündigt haben, daß sie eine Biographie über ihn zu schreiben gedenke. Goethe nickt lächelnd – das sei schön, ja, ja ... Später schreibt Bettina ihrem Bruder Clemens, sie habe da ein wenig viel versprochen; immerhin wolle sie das Material seiner Jugend sammeln – was sie schließlich auch tut. Sie versichert Goethe, daß sie notfalls auch allein nach Weimar gekommen wäre, um ihn zu sehen – in Männerkleidung und zu Pferde. Goethe ist amüsiert. Er schreibt seiner Mutter nach Frankfurt, daß Bettina einen guten Eindruck hinterlassen habe, auch bei Christiane. Das letztere zeigt ja nun, daß Goethe in Bettina kaum eine Gefahr für sein Gefühlsleben sah. Sehr viel Vergnügen bereiten ihm ihre virtuosen Briefe. Er beantwortet sie und regt sie an, daß sie nur immer weiter aufschreiben solle, was ihr in den Sinn komme. Ihr Ungestüm und ihre kreative Unbefangenheit, auch ihre träumerische Art, das Leben zu sehen und zu poetisieren, erinnern ihn an seine eigene Jugend. 1809 schreibt er: »Deine Briefe sind mir sehr erfreulich sie erinnern mich an die Zeit wo ich vielleicht so närrisch war wie Du, aber gewiß glücklicher und besser als jetzt.«

Er übernimmt in der Tat Motive und Wendungen aus Bettinas Briefen in die Sonette, und insofern hat Bettina recht, wenn sie sagt, sie habe die Sonette inspiriert. Doch es war anders als bei der geliebten Minna Herzlieb. Diese gab die Gefühlsgrundlage, Bettina die poetische Einstimmung. Unermüdlich spinnt sie die Bilder weiter, die in den Sonetten Einzug halten: vom blauen Gebirg, vom Staudamm des Stromes der Zeit, der ihre Liebe sein soll, vom letzten Abschiedskuß am nebligen Gestade, von stürzenden Gebirgsbächen und glänzendem Morgentau. Bettina weiß genau, in welche Stimmung sie Goethe versetzen will und welche Dienste sie ihm damit leisten kann: »O nur einen Augenblick in die eigne Jugend zurückgestiegen; was Himmel und Erde großes hat; Sonne Wolken Bliz Donner Regenbogen Nebel und Erdbeben zerrißne Tempel und stehende Wasserstrudel und Felsen, alles steht da in hoher heiliger Ordnung und dieß alles wird doch nur bewegt durch ein einzig lebend liebend Herz.« Das wäre sie sehr gerne selbst, das liebende und das geliebte Herz. Aber Bettina weiß: Ihr Abgott lebt als Geheimrat in Weimar, ist beinahe sechzig und verheiratet. Die stürmischen Schriften seiner Jugend hat er zu Zeiten verfaßt, als ihre Großmutter noch eine große Dame der Gesellschaft war und ihre Mutter eine hübsche junge Frau. Daß die poetische Stimmung sehr eng mit der Liebe und einer Art ewiger Jugend zusammenhängt, die immer wieder neu erlebt werden muß, weiß die zweiundzwanzigjährige Bettina. »Aber Göthe, Im Feuer der Jugend ist man gewohnt an die Sitten des warmen Landes; man will nicht, daß, wenn die Schattenfurchen sich über die Länder ziehen, daß die Nachtigallen schweigen, nein! singen soll alles, und was nicht singt, soll freudig das Leben herbeiziehen und schwätzen, die Welt soll uns werden ein üpiger Fruchtkranz, glühen sollen wir; und nicht umsonst! alles soll sich drängen im Genuß, und aller Genuß soll Plaz haben im Leben, er soll sich ausgießen über die Menschen, wie gährender Most, der braußend arbeitet, biß er zur Ruhe kommt, indem wir dann untergehen, wie die herrliche Sonne unter die Wellen geht, aber auch wieder kommen wie sie; Du hast es mehrmal so gemacht, Göthe, keiner weiß, wie Du mit Gott vertraut warst und was Du herrlichen Reichthum von ihm erlangt hast.« Das gefällt Goethe, das muß ihm gefallen. »Das Mädchen spricht«, so ist eines der Sonette überschrieben. Bettina spricht nicht, sie plaudert, plappert, nennt Goethe ganz hemmungslos

»Du« und stilisiert sich als naives Mädchen, das sich in seiner Naivität alles herausnehmen kann. »Kannst du so fortfahren Dich selbst zu überbieten so tu es«, schreibt Goethe und fordert Bettina zu weiteren Briefen auf. Andere Bemerkungen Bettinas übergeht er. Sie schreibt einmal: »Ich frag Dich? bist Du nicht wieder ganz jung bei mir? oder soll ich mehr als wahr seyn? soll ich täuschend wahr seyn? – Bettine.« Für Goethe ist das alles ein poetisches Spiel, Bettina ein flatternder Kobold, der in der Lage ist, gewisse Stimmungswelten in ihm freizusetzen. Ungehalten wird er nur, sobald Bettina anfängt, aus dieser dichterischen Stimmungswelt Übertragungen in die Wirklichkeit vorzunehmen. Aus der Ferne ist das noch schwer möglich. Aber bei der Begegnung mit Goethe in den Bädern Karlsbad und Teplitz im Sommer 1810 imaginiert Bettina einen Höhepunkt, der so wohl niemals stattgefunden hat. Christiane ist schon hellhörig geworden und schreibt Goethe ins Karlsbad, sie habe gehört, daß die »bediene« (ihre Schreibung von Bettina) im Kurort angekommen sei oder ihre Ankunft beabsichtige. Außerdem sei da ja wohl die Frau von Eybenberg, Silvie von Ziegesar, Pauline Gotter usw. »Was willst Du denn mit allen Äuglichen anfangen? Das wird zu viel. Vergiß nur nicht ganz Dein ältstes, mich, ich bitte Dich, denke doch auch zuweilen an mich. Ich will indeß fest auf Dich vertrauen, man mag sagen, was man will. Denn Du bist es doch allein, der meiner gedenkt. Lebe wohl und behalte lieb C. Goethe.« Goethe berichtet dann auch brav nach Hause, ja, die Bettine sei angekommen. Ganz ruhig habe er auf seinem Zimmer gesessen, da sei die Tür aufgegangen, und ein Frauenzimmer sei hereingesprungen – Bettine, »noch völlig [...], wie wir sie gekannt haben«. Sie habe erzählt und erzählt »von alten und neuen Abenteuern«. Am Ende werde wohl alles auf eine Heirat mit Achim von Arnim hinauslaufen. Diese Vermutung kann Goethe nach Bettinas Abreise bestätigen: »Mit Arnim ists wohl gewiß.« Das wird ihn erleichtert haben und Christiane sicher auch. Zugleich zeigt sich aber, daß Goethe eine quasi-väterliche Rolle bei Bettina spielte und seine von ihr imaginierte Liebhaber-Rolle als bewußte poetische Stilisierung zu sehen ist. Nur hat Bettina irgendwann die Ebenen durcheinandergebracht und wollte doch gar zu gern der Nachwelt als Muse und Geliebte des Meisters erscheinen. »Sie war wircklich hübscher und liebenswürdiger wie sonst«, stellt Goethe Christiane gegenüber fest, als Bettina wieder abgereist ist. Eigentlich ist sie gar nicht sein Typ. Ihre Jugend ist nicht ohne Reiz für ihn, aber weder ihr wirbeliges, aufgedrehtes Wesen noch ihre äußere Erscheinung sind das, was ihn bei Frauen und Mädchen besonders beeindruckt. Er hat sie sogar ein wenig karikiert in der oberflächlichen, vergnügungssüchtigen Luciane in den »Wahlverwandtschaften«, die gerade der Gegenpol zu der madonnenhaften Ottilie (Minna Herzlieb) ist. Bettina macht aber aus der Begegnung mit Goethe in Teplitz eine große Liebesszene, die darin endet, daß beide gerade noch dem Letzten entsagt haben. Es heißt da: »Es war in der Abenddämmerung im heissen Augustmonat, er saß am offnen Fenster, ich stand vor ihm, und hielt ihn umhalst den Blick scharf wie ein Pfeil ihm ins Aug gedrückt blieb drin haften. Vielleicht weil er's nicht länger ertragen mochte fragt er ob mir nicht heiß sei, und ob ich nicht wolle daß mich die Kühlung anwehe; ich nickte, so sagt er: ›mach doch den Busen frei daß ihm die Abendluft zu Gut kommt.‹ – Da ich nichts dagegen sagte obschon ich roth ward so öffnet er meine Kleidung; und sah mich an und sagte: ›das Abendroth hat sich auf deine Wangen eingebrennt.‹ – und küßte mich auf die Brust; und senckt die Stirne drauf. – Kein Wunder, sagt ich, meine Sonne sinckt mir ja im eigenen Busen unter. – Er sah mich lang an und waren beide still. Er fragt: ›Hat dir noch nie jemand den Busen berührt?‹ – Nein, sagt ich, mir selbst ists so fremd daß du mich anrührst. – Da drückte er viele viele und heftige Küsse mir auf den Hals; mir bangte er solle mich los lassen und war doch so gewaltig schön, ich mußte lächeln in der Angst daß mirs galt, diese zuckenden Lippen dies heimliche Athem suchen wie der Blitz wars erschütterte mich, meine Haare die sich natürlich locken hingen herunter. Er wollte Ruhe wieder, ich sah in seinem Gesicht wie er sich faßte, er sammelte mein zerstreutes Haar in der Hand, und war immer wieder still, als wolle er sprechen und hatte nicht Athem. [...] Dann sagt er so leise erst: ›Du bist wie das Gewitter, die Haare regnen die Lippen wetterleuchten und die Augen donnern.‹ – Und du wie Zeus winckst mit den Brauen und der Olymp erzittert. – ›Wenn du künftig abends dich entkleidest und die Sterne leuchten dir in den Busen wie jezt, willst du da meiner Küsse gedenken?‹ – Ja! – ›und willst dencken daß ohne Zahl wie die Sterne ich tausendfach das Siegel meiner Liebe dir in den Busen drücken möcht?‹ – Ja! – ›Und dencken daß es Unvergessliches ist, unsterbliches, was ich in dir erlebe, willst du das glauben?‹ – Ja! – sagt ich, ich wills glauben. – Er – ›ja wie wars doch?‹ [...] Er seufzte – so tief – und lehnt den Kopf an mich, ›und verzeih mirs‹, sagte er, ›daß ich so ganz stark nicht bin!‹ – und sah zu mir hinauf und drückte mir den Busen fest. – ich reichte über ihm weg nach einem Weinlaub am Fenster, ich riß eine Weinranke ab und schlug ihn auf die Hände: Wenn künftig die Reben Laub gewinnen und du stehst bei sinkender Nacht bei Sternhellem Himmel am Fenster, einsam, willst du da meiner gedenken? – fragt ich – er sagte auch: ›Ja!‹ – und willst du denken meiner Wehr gegen dich kühner Mann, und daß ich keine Macht hab dir zu widerstehen mit so feurigem Blick und mächtigen Liebesreden und Schönheit so groß die ich noch nie geahnt hab, daß sie das Antlitz durchleuchten könne, und willst dieser Schläge dich erinnern für dein unritterlich Betragen, dem unbewaffneten Knappen solche Schmach anzuthun? – er lachte laut auf, er ließ mich los und rief: ›so bändigend deine Unschuld! solche Gelassenheit in solcher Leidenschaft! Süsses, süsses Weib!‹ – Nun muß ich sagen dir dem ichs erzehle wie er diese Worte ausrief das machte mich Taumlen vor Wonne und Wehthum, und meine Seufzer wurden Laute ich umklammerte ihn fest. – er war bewegt glaub ich wie wenn er Thränen verhalte und sagte: ›Komm ich will dir den Busen wieder zudecken.‹ Er liebkoste aber wieder und fragte: ›Warum meinst du daß dies Strafe verdient? – soll man nicht das Schöne umfassen, und ists nicht meine Lebensaufgabe, bin ich nicht darum der Dichter?‹ [...] – Er seufzte tief, mich störte es nicht, alle Schweißtropfen sammelt ich, und biß ihm ganz leise in die Lippen, er drückte mich an seine Wange und meine Thränen liefen ihm übers Antlitz. – er sagte wieder: ›Weib! Weib! wüßtest du wie süß du bist? dann erst könntest dus begreifen wie streng die Fesseln sind die deine Unschuld mir anlegt, daß ichs nicht vermag sie zu zerreissen.‹ « Soviel zu Bettinas erotischen Tagträumen.

Mit Mitte fünfzig hat Goethe eine Bestandsaufnahme gemacht, wie er in seinem Alter auf den Reiz junger Frauen reagiert. Er entwarf eine Novelle mit dem Titel »Der Mann von funfzig Jahren«, die später in die »Wanderjahre« eingefügt wurde. Es geht um einen gesetzten Herrn von fünfzig Jahren, der sich in die Braut seines Sohnes, die noch dazu seine Nichte ist, verliebt. Nach mehreren Turbulenzen renkt sich die Sache aber wieder ganz »natürlich« ein, und Alter kommt zu Alter, Jugend zur Jugend, Lebenserfahrung zur Lebenserfahrung. Bei Goethe selbst ist das alles etwas anders. Bettina wird mit ihrer Behauptung, der Beruf des Dichters sei es, das Schöne zu umfassen, dem Selbstverständnis Goethes durchaus gerecht. Der Dichter muß die Jugend suchen und das Alter fliehen. Er muß der Schönheit, dem Genuß des Lebens so verbunden bleiben wie am Lebensanfang. Den Mythos Goethe hat Bettina nachvollzogen und in dieser wunderbaren Szene erdichtet. Dem Dichter ist die Liebe, jede Form der Liebe (also auch die körperliche) ein Anteil an der Unsterblichkeit. Bettina reflektiert: »O! dacht ich, was wär das für Seeligkeit ohne Ende eine ganze Nacht seinem Athem lauschen seinen süssen Reden und Liebkosungen erfinden mit Ihm dem die irdische Wirklichkeit keine gröbere war, der er beim Höchsten hätte entsagen mögen sondern der die süsseste Nahrung der Unsterblichkeit aus ihr sog.« Bettina schrieb das, wie gesagt, als Goethe schon viele Jahre tot war und das Erscheinen des »West-östlichen Divan«, das sublime erotische und poetische Spiel von Jussup und Suleika, ihr weitere Anschauung für die ersehnte Form der Beziehung zu ihm gab. Bekanntlich entstammen diese Liebesgesänge einer Beziehung Goethes mit einer anderen Frau, Marianne von Willemer. Doch auch sie nimmt Bettina für sich in Anspruch, indem sie im eben bereits zitierten Text behauptet: »Goethes herrlichste Lieder sind die an die Suleika da kannst du mein ganz Zusammensein mit ihm drinn wiederklingen hören.« Bettina macht im Grunde nichts anderes als der Dichter Goethe. Sie poetisiert die Wirklichkeit, aber darüber hinaus spiegelt sie auch noch eine künstliche und falsche Authentizität vor. Indem sie den Goethe'schen Mythos bekräftigt, will sie selbst mit ihm unsterblich werden. Ihre Absichten sind ganz offenkundig, und bei aller Schmeichelei der jungen Frau, die den Sechzigjährigen dann doch nicht ganz ungerührt lassen, bei aller Fähigkeit Bettinas, Goethes Empfindungs- und Denkwelt zu begreifen, zieht Goethe hier bald einen Schlußstrich. Er tut das wohlweislich erst, nachdem er in ausreichendem Maße von Bettina profitiert hat. Den Vorarbeiten Goethes für seine Lebensbeschreibung hat Bettina gute Dienste geleistet, als sie 1811 als frischverheiratete Frau von Arnim mit ihrem Ehemann nach Weimar kommt. Niemand weiß so recht, wie die Auseinandersetzung zwischen Bettina und Goethes Ehefrau Christiane in diesen Tagen zustandekam. Christiane ist eifersüchtig. Sie findet es ganz einfach dreist, wie dieses junge Ding in ihrem Haus ein- und ausgeht, Goethe anhimmelt und dabei die überhebliche Partei der Weimarer Gesellschaft aus vergangenen Tagen einnimmt, die in Goethes Ehe eine Mésalliance sieht. Bei einer öffentlichen Gemäldeausstellung geraten die beiden Frauen in Streit. Möglicherweise hat Bettina abschätzige Bemerkungen über die Arbeiten des mit der Familie Goethe eng verbundenen Johann Heinrich Meyer gemacht – einem der wenigen, der Christiane von Anfang an akzeptiert hat –, und die mittlerweile schließlich zur Geheimrätin avancierte Christiane fand das arrogant wie so vieles von Bettina. Jedenfalls riß Christiane im Laufe des heftigen Streits mit Bettina dieser die Brille von der Nase und zertrat sie auf dem Boden. Bettina behauptet später, Christiane habe sie sogar gebissen. Das Handgemenge der Damen ist in Weimar sogleich in aller Munde. Bettina von Arnim holt sich Schützenhilfe bei Charlotte Schiller und bei Frau von Stein, weil sie hier die Seite der aristokratischen »guten« Gesellschaft vertreten sieht und sich per se Unterstützung gegen die »dicke Geheimrätin« erhoffen kann. Eine andere Dame der Gesellschaft berichtet, Bettina habe in ganz Weimar erzählt, »es wäre eine Blutwurst toll geworden und hätte sie gebissen. Und wirklich soll die Goethe keinem Ding so ähnlich sehen als einer Blutwurst.« Goethe hält zu seiner Frau und bleibt eisern. Er will keinen Kontakt mehr mit den Arnims und gibt auch kein Zeichen von Versöhnungsbereitschaft. Bettina ist untröstlich und ergeht sich während ihres restlichen Weimar-Aufenthalts abwechselnd in Klagerufen, wie man ihr nun das Liebste aus dem Herzen gerissen habe und Lästereien über Goethes Christiane, diese gemeine Natur. Die Parteien, die sich bilden, fragen kaum nach dem Anlaß oder was tatsächlich vorgefallen ist. Wer zu Bettina hält, hält zur »guten Gesellschaft« und ist gegen die unstandesgemäße Frau an Goethes Seite. Achim von Arnim stellt den Fall folgendermaßen dar (und diskreditiert Frau von Goethe dabei auf drastische Weise): »Die Geheimräthin wurde gegen meine Frau auf der öffentlichen Ausstellung von Zeichnungen ohne deren Veranlassung so grob, daß auf der einen Seite ihr heimlicher Groll hervorging, weil meine Frau wahrscheinlich mit ihren häufigen Besuchen ihrer Hurerey mit Schauspielern Hindernisse in den Weg legte; vielleicht auch, weil sie ihre Art Erzählerey und Offenherzigkeit fürchtete, während sie Göthe's Briefe heimlich erbricht, die Leute ohne sein Wissen abweist, auf der andern Göthe's Schwäche, daß er, nachdem sie und ich ihm die

Geschichte geschrieben, gar nichts weiter von sich hören ließ, da doch wahrhaftig alle Liebe, die meine Frau ihm bezeugt, wohl ein Paar entschuldigende freundliche Worte verdient hätte. Es hat sie tief gekränkt und alle brave Leute in Weimar fühlten ihre Kränkung so tief mit, daß jeder mit Trostgründen aus seiner eignen Geschichte kam.«

Bettina hat bei Goethe Hausverbot, auch in den kommenden Jahren. Als Goethe im nächsten Jahr wieder in Karlsbad zur Kur weilt, schreibt er an Christiane: »Von Arnims nehme ich nicht die mindste Notiz, ich bin sehr froh, daß ich die Tollhäusler los bin.« In ihrer Not versucht Bettina dann, in Karlsbad Beethoven anzuschmachten, wenn Goethe schon nichts mehr von ihr wissen will – so daß ihr Ehemann schreibt: »Denk Dir Göthe und Beethoven hier und meine Frau doch nicht sonderlich amusiert, der erste will [...] gar nichts von ihr wissen und der letzte kann gar nichts von ihr hören, der arme Teufel wird immer tauber [...]. Göthe wurde von meiner Frau im Garten angeredet, wandte sich aber mit einem Lebewohl fort, was man sich lange nicht eingestehen will.«

Es gibt in diesen Jahren noch andere junge Frauen, die Goethe berücken und ihm einen Abglanz seiner eigenen Jugend vermitteln. Neben Minna Herzlieb ist das vor allem die junge Silvie von Ziegesar, deren Familie Goethe seit langen Jahren kennt. Im Sommer 1808 verbindet Goethe in den Wochen und Monaten der böhmischen Bäder eine leidenschaftliche Zuneigung mit Silvie, der dreiundzwanzigjährigen Tochter. Doch auch diese Beziehung ist von Entsagung getragen, von verhaltenem, mühsam zurückgenommenem Gefühl. Goethes Briefe an Silvie zeugen davon. Er ist ihr und ihrer Familie von Karlsbad nach Franzensbad gefolgt und hat sie zwei Wochen lang täglich gesehen. Zurück in Karlsbad, nachdem er die Nacht durchgefahren ist, schreibt Goethe: »Karlsbad, d. 22 Jul. 1808 früh sechse: Wie ich herübergekommen weiß ich selbst nicht. Die Nacht war herrlich, der Weg so gut er sein kann, die Pferde rüstig, der Kutscher brav. Ich war in Gedanken bei Ihnen geblieben und merkte nicht daß es fortging; endlich schlief ich abwechselnd und das liebe längliche Gesichtchen war mit aller seiner Freundlichkeit und Anmut gegenwärtig, von dem rundlichen war gar nichts zu spüren.« Das »längliche Gesichtchen« ist Silvies, und das »rundliche«?

Christiane, die Ehefrau, sitzt indessen in Bad Lauchstädt und hat

Verdauungsprobleme nebst anderer gesundheitlicher Übel. Goethe fragt darum den Karlsbader Kurarzt um Rat und schickt seiner Gattin eine Ferndiagnose des Doktor Kapp sowie eine Auflistung der von diesem empfohlenen Heilmittel: neben Schafgarbe, Enzian, Cajaputaöl und Pomeranzenrinde Rotwein mit Wasser. Von Silvie erwähnt er kein Wort; nur ganz allgemein und etwas scheinheilig meint er: »Äugelchen gibts unzählige, wer nur die kostbare Zeit daran wenden könnte und möchte.« Christiane und Goethe führen eine Art offene Zweierbeziehung, worin jedem das »Äugeln« zugestanden wird. Bezeichnenderweise beginnt Goethe sich unmittelbar nach der Heirat mit Christiane wieder für andere Frauen zu interessieren. Diese Frauen stellen immer einen Gegenpol zu ihr dar: die Sphäre der bloßen Inspiration, entsagungsvoller Verehrung, seien es nun Mädchen-Frauen wie Silvie und Minna oder Damen der Gesellschaft wie die Frau von Levetzow und Frau von Eybenberg aus Wien, die Goethe auch alljährlich auf den Badereisen trifft. Marianne von Eybenberg, eine schöne und geistreiche Frau, hatte schon ein bewegtes Leben hinter sich, als sie die böhmischen Bäder zum Auskurieren ihrer Leiden besuchte. Sie war eine geborene Meyer und entstammte einem reichen jüdischen Kaufmannshaus in Berlin. Ihren Adelstitel verdankt sie der Verbindung mit dem Fürsten Heinrich XIV. von Reuß. Nach dem Tode des Fürsten lebte sie ständig in Wien, wo sie sehr aktiv am kulturellen Leben teilnahm. Marianne bewunderte Goethe und verkündete seinen Ruhm in den Wiener Salons, ähnlich wie Rahel Levin und Henriette Herz in ihren Salons in Berlin. Das jüdische Groß- und Bildungsbürgertum, das sich in Berlin unter Friedrich dem Großen gebildet hatte, entwickelte in der preußischen Hauptstadt eine besondere Erscheinungsform: literarische Salons, die von wohlhabenden jüdischen Frauen geführt wurden. Alle diese Berliner Jüdinnen waren Goethe-Verehrerinnen und verbreiteten auf diese Weise seinen Ruhm. Nach der preußischen Niederlage erlebten die Salons in Berlin einen Niedergang. Nicht so in Wien, dem aufstrebenden kulturellen Zentrum Mitteleuropas. Marianne verkörpert in ihrer gewandten und charmanten Art das dortige Leben, die Berührung mit der »großen Welt« – auch im Bereich der Politik und Diplomatie. Ein überaus galanter Flirt beginnt zwischen Goethe und ihr, aus dem die galantesten und spielerischsten Briefe hervorgehen, die Goethe je einer bewunderten Frau geschrieben hat. Es sind nicht viele erhalten, und nur zwei sind bis heute herausgegeben worden. Ein wenig spielt Goethe bei der Dame Grandseigneur und nicht den steifen Geheimrat – vielleicht weil Marianne Jüdin war, nicht in die Aristokratie hineingeboren und weil ihr Charme vieles auflockerte. Eines stört Goethe aber bei Frauen von der Art der Frau von Eybenberg: ihre Selbstsicherheit und ihr Wille, eigene Akzente zu setzen, ein Gespräch gelegentlich zu dominieren, ihre Meinung ungeachtet von Goethes Autorität zu vertreten. An Christiane schreibt Goethe über seinen Umgang mit Marianne von Eybenberg: »Mit der lieben Hausfreundin bleibts wie ich Dir schon gesagt habe, so angenehm und liebreich sie ist, so gehn wir doch nicht auseinander daß sie nicht etwas gesagt hätte was mich verdrießt. Es ist wie in der Ackerwand.« Was er damit meint, ist klar. An der Ackerwand liegt das Haus der Charlotte von Stein, und Goethe fühlt sich durch Mariannes Eigenwilligkeit an unbehagliche Aspekte seiner Beziehung mit Charlotte erinnert. Vor einiger Zeit, kurz nach der Schlacht bei Jena, hatte auch Charlotte noch festgestellt: »Wir kommen oft in Streit. Das letztemal war's über Meyer. Ich tadelte, er mache Goethe nach. ›Den Teufel noch einmal, Dame!‹, sagte er. ›Ich will doch sehen, wer immer mit mir lebt und mir nicht ähnlich werden soll!‹ « Goethe als Geheimrat mit Star-Allüren … Da sind ihm die »Töchterchen« lieber. Sie lassen sich noch beeindrucken und haben ihren jungfräulichen Liebreiz behalten.

Goethes äußere Erscheinung um 1810 ist für den Betrachter interessant und aufschlußreich. Seine neue Lebensphase scheint sich, wie in der Zeit nach Italien, nach außen abgezeichnet zu haben. Seine Korpulenz hat er verloren, hieß es schon. Dafür sind die Gesichtszüge wieder feiner und vergeistigter. Dieser Umstand ist in vielen Portraits zu erkennen; zum Beispiel auf einem Ölgemälde des Gerhard von Kügelgen aus dem Jahre 1810, als Goethe einundsechzig ist. Die vielgerühmten ausdrucksstarken dunklen Augen stechen hervor, der schmale Mund, die hohe Stirn, der hohe Haaransatz einer schon etwas schütteren Mähne (»Geheimratsecken«, die Haare »schwarz und grau untermischt«), noch immer aber – und wieder, möchte man sagen – ist der apollinische in der Exzellenz zu erkennen, Tiefgang und repräsentatives Dasein, Goethes Lebenskonstellation. Am rechten Revers trägt er das von Napoleon verliehene Kreuz der Ehrenlegion. Eine andere

Abbildung dieser Zeit stammt von Riemer, Augusts ehemaligem Erzieher und Goethes Sekretär. Es ist eine Bleistiftzeichnung, die zwar von einem künstlerischen Laien angefertigt ist, aber einen gewissen Anspruch auf Authentizität erheben darf, weil Riemer zum intimen Kreis Goethes gehörte und hier ein sehr lebendiges Zeugnis von Goethe abgegeben hat. Goethe steht da in einem Gehrock-ähnlichen Überrock, der knapp geschnitten ist, mit langen Hosen, Stiefeln und einem Zylinder, den Blick geradeaus gerichtet, die Arme etwas steif vom Körper weggehalten. So läuft er durch Weimar, durch die Seifengasse, zum Park, ins Theater, zum Schloß. »Goethe auf der Straße«. Die Mode hat sich seit der Zeit der Reifröcke, Zopfperücken, Kniebundhosen und Seidenstrümpfe erheblich geändert: Puder und Perücken sind fast abgeschafft, ebenso die Schnallenschuhe, Culotte und Spitzenjabot, bei den Damen die Reifröcke und gepuderten Frisuren. Die Männer tragen jetzt die Haare kurzgeschnitten. Wer nach der Revolution besonders »in« sein wollte, trug sie sogar betont ungeordnet und künstlich zerzaust. Napoleon hat den »Tituskopf« ins Leben gerufen, ohne Scheitel und vom Wirbel her frisiert. Das kann man jetzt natürlich kaum mehr tragen, schon gar nicht in Weimar. Hier wird niemand französisch-napoleonischen Stil kopieren. Aber eine Auflockerung der strengen, manierierten Formen und die Orientierung am antiken Vorbild hat die Revolution allgemein in der Mode hervorgerufen. Die Damen tragen lockere Steckfrisuren mit losen Stirnlöckchen und »griechische« Gewänder aus hauchdünnen Stoffen, die unter der Brust gegürtet sind. Typisch wird das Chemisekleid mit hoher Taille und Schleppe, dazu Schals aus Kaschmir oder Seide und lange Handschuhe. Die Männer tragen lange Hosen, Stiefel, Überrock, Halsbinde und einen zylinderartigen Hut. In dieser Ausstattung ist hier auch Goethe abgebildet. Der Schriftsteller Falk, der in diesen Jahren des öfteren auf Goethes Gästeliste steht und der den Geheimrat auch formlos besucht, schildert Goethe in anschaulichen Szenen seines Alltags: wie er eines schönen Sommernachmittages einmal recht verstimmt »in einer weißen Sommerweste unter den grünen Bäumen auf einem schattigen Rasenplätzchen« seines Gartens sitzt, sich grimmig ein Glas Rotwein einschenkt und darüber lamentiert, daß ein Schauspieler für die Aufführung am kommenden Tag kurzfristig abgesagt hat. Als immer noch verantwortlicher Theaterdirektor ärgert ihn dergleichen, und er macht sich dem Besucher gegenüber in sehr allgemeinen Klagen Luft. Oder ein andermal, als Goethe mit Falk im Garten sitzt und Christiane hinzukommt. Ob der Besucher schon den schönen Feigenbaum gesehen habe, fragt die Geheimrätin den Gast. Noch zweimal weist sie nachdrücklich auf den in Blüten stehenden Feigenbaum hin, den sich Falk unbedingt ansehen müsse. Goethe war gerade mit Falk im Gespräch, doch nun sagt er lächelnd zu ihm: »Lassen Sie sich ja, und das auf der Stelle, den Feigenbaum zeigen, sonst haben wir den ganzen Abend keine Ruhe!« Dann zeigt er seiner Frau und dem Schriftsteller ein paar Kokons von eingesponnenen Raupen, die ihn faszinieren; und während er sie in die Hand nimmt und an sein Ohr hält, kommentiert er, »wie das klopft, wie das hüpft und ins Leben hinauswill! Wundervoll möcht' ich sie nennen, diese Übergänge der Natur, wenn nicht das Wunderbare in der Natur eben das Allgewöhnliche wäre.« Das alles ist Goethe: der Natur-Enthusiast und gefühlvolle Mensch, der Ehemann, Familienvater, der Dichter und Forscher, der geplagte Theaterdirektor und nach wie vor Weimarische Minister, der Gastgeber in günstiger Stunde. Ein Kostverächter ist Goethe nicht, gewiß nicht. Beim Wein zu allerletzt, aber auch sonst kaum. Er kann die Freuden der Häuslichkeit mit Christiane genießen und trotzdem anderwärts »äugeln«. Dabei ist er durchaus der Meinung, die Heiligkeit der Ehe zu achten, die er nur einfach etwas anders definiert. Sein Sohn ist erwachsen und studiert in Heidelberg. Christiane hat noch immer ihre Apfelbäckchen, ihre dunklen, unfrisierten Locken, ihre lebhaften Augen ... Aber sie wird breit und füllig und hat auch ihre körperlichen Leiden, deren Ursache und Stellenwert Goethe später nicht wahrhaben will. Von bedrohlichen Dingen will er nichts hören und sehen, vor allem, was Krankheit und Tod anbelangt. Das hält er ein Leben lang so. Den Tod seiner Mutter am 13. September 1808 hat man ihm erst hinterbracht, als es nicht mehr zu vermeiden war. Er ließ den Verlust beinahe unkommentiert und schickte Christiane nach Frankfurt zur Regelung der Erbschaftsangelegenheiten. Indem er den Tod ignoriert, meint Goethe, ihn nicht »statuieren« zu müssen. Das zieht sich bis ins Werk hinein, wo der Tod auch meist ausgeklammert bleibt. Angeregt durch die jüngsten Gefühlsbewegungen, durch die Mädchen und Frauen von Karlsbad und Jena, Wien und Franzensbrunn, gleichzeitig aber auch als Aufarbeitung seiner

Vergangenheit, schreibt Goethe einen Roman über die zwei polaren Frauentypen seines Lebens, über die Liebe überhaupt, über die Wirren der Gefühle, über die Ehe, Natur- und Sittengesetz, das Dämonische im Menschenleben, Zufall und Notwendigkeit, über die Macht des Schicksals und die vermittelnde Einflußnahme derer, die gleichsam »von außen« das Chaos betrachten.

Wahlverwandtschaften

»Eduard – so nennen wir einen reichen Baron im besten Mannesalter –, Eduard hatte in seiner Baumschule die schönste Stunde eines Aprilnachmittags zugebracht, um frisch erhaltene Propfreiser auf junge Stämme zu bringen. Sein Geschäft war eben vollendet; er legte die Gerätschaften in das Futteral zusammen und betrachtete seine Arbeit mit Vergnügen, als der Gärtner hinzutrat und sich an dem teilnehmenden Fleiße des Herrn ergetzte. ›Hast du meine Frau nicht gesehen?‹ fragte Eduard, indem er sich weiterzugehen anschickte. ›Drüben in den neuen Anlagen‹, versetzte der Gärtner. ›Die Mosshütte wird heute fertig, die sie an der Felswand, dem Schlosse gegenüber, gebaut hat. Alles ist recht schön geworden und muß Euer Gnaden gefallen. Man hat einen vortrefflichen Anblick: unten das Dorf, ein wenig rechter Hand die Kirche, über deren Turmspitze man fast hinwegsieht, gegenüber das Schloß und die Gärten.‹ «

So beginnt der Roman »Wahlverwandtschaften«, dessen Szenerie und Hintergrund damit schon entworfen sind: das müßige und eigentlich langweilige Leben des mittleren Landadels, der mit Beschäftigungen aller Art zugange ist, ein Ehepaar, Baron und Baronin – er »im besten Mannesalter«, sie, wie sich herausstellt, gleichaltrig. Beide haben viel Zeit und wenig Sorgen. Sie beschäftigen sich mit Gartenbau und der Gestaltung ihrer weitläufigen Parkanlagen, ein wenig mit Musik und Wissenschaft. Auf ihrem Landsitz ist nichts los, es gibt auch kaum Gesellschaften, weil alles sehr abgelegen ist. Das ist dem Paar, das nicht mehr jung ist, jedoch erst spät zueinander gefunden hat, gerade recht.

Der Baron und die Baronin sind beide zuvor mit älteren und ungeliebten Partnern verheiratet worden und konnten endlich als Verwitwete einander angehören. Eduard und Charlotte, die sich schon in ihrer Jugend geliebt haben, wollen nun in ihrem Landidyll harmonisch miteinander leben.

Die beiden sind in jeder Weise unabhängig und können frei über ihr Leben verfügen. Der dramatische Wendepunkt, der hier einsetzt, zeigt die Struktur des Romans, die den Handlungsverlauf dem des Dramas ähneln läßt, die aber auch deutlich macht, daß die »Wahlverwandtschaften« eigentlich als Novelle konzipiert waren, um in »Wilhelm Meisters Wanderjahre« aufgenommen zu werden. In einer Novelle bricht, so hat es Goethe selbst definiert, eine »unerhörte Begebenheit« in ein Geschehen ein und entwickelt sich zu einem enggedrängten Konflikt. Diese Begebenheit ist hier zunächst so etwas wie ein wissenschaftliches Experiment. Eduard hat sich mit den neuesten Theorien aus der Chemie und der Physik beschäftigt: Man redet in der Fachwelt von »Wahlverwandtschaften« der Stoffe in der organischen Welt, die einander anziehen und abstoßen, um sich zu trennen und mit neuen Elementen zu vereinigen. Wasser, Säure, Luft, Öl, Quecksilber... In Mußestunden wird über diverse Experimente gesprochen, mit denen man sich die Reaktion der chemischen Stoffe vorzustellen versucht. Die einen ziehen sich von Natur aus an, die anderen stoßen sich ab, einige verlassen ihre bisherige Form, um mit einem anderen Stoff eine neue Verbindung einzugehen. Lassen sich nun diese »Wahlverwandtschaften« auch auf die menschlichen Verhältnisse übertragen? Ist in dem »Fahrenlassen und Ergreifen, [...] Fliehen und Suchen [...] eine höhere Bestimmung zu sehen?« Ist daher das Trennen und Vereinigen ein unendlicher natürlicher Vorgang, den keine soziale Bindung, keine Ehe, kein Sittengesetz aufhalten kann? Wie unauflösbar und sicher ist eine partnerschaftliche Verbindung? Welche Eigendynamik und welche Legitimation haben die menschlichen Gefühle, die im Leben, wenn man es als ewige Bewegung definiert, eigentlich veränderlich sein müßten?

Charlotte und Eduard sind ein reichlich ungleiches Paar. Von gleichem Stand und Alter, außerdem von Jugend an miteinander vertraut, wirkt Eduard neben der selbständigen und souveränen Charlotte doch wie ein kleiner Junge. Charlotte ist eine erdgebundene Frau, die sich mit dem Leben arrangiert hat. Eduard ist ein liebenswürdiger Mensch, entwaffnend spontan, charmant, enthusiastisch. Aber er ist ein ewiges Kind und ganz und gar der lebenshungrige, verwöhnte Aristokrat. Das dramatische Geschehen nimmt seinen Lauf, als beide sich entschließen, zwei Freunde in ihrem Kreis aufzunehmen: den Hauptmann, einen Jugendfreund Eduards, und Charlottes Nichte Ottilie. Anders als ursprünglich erwartet, verlieben sich nicht die beiden neuen Personen des Kreises ineinander, sondern Eduard ist von der ätherischen Ottilie fasziniert und verfällt einer leidenschaftlichen Liebe zu ihr, während der honette Hauptmann sich sich in Charlotte verliebt. Beide Partner erwidern die Liebe, gehen aber unterschiedlich damit um. Charlotte und der Hauptmann entsagen – aus Respekt vor der Ehe, die Charlotte mit Eduard verbindet. Der ungestüme Eduard aber will seine Liebe zu der jungen Ottilie um jeden Preis zur Erfüllung bringen. Die ebenbürtige und gesetzte Charlotte ist ohne Reiz für ihn, sobald er Ottilie sieht, und in dieser Mädchen-Frau, diesem Naturwesen mit magischen Zügen, erkennt er eine völlig andere Erscheinungsform von Weiblichkeit als die der Frau, mit der er verheiratet ist.

In Ottilie liegt etwas Madonnenhaftes, Überirdisches. Ihre Jungfräulichkeit, ihre jugendliche Unreflektiertheit sowie eine besonders feinsinnige Veranlagung machen sie aufnahmefähig für die Zwischentöne des Lebens, für die Geheimnisse der Natur, die nicht immer in klaren, allgemeinverständlichen Lettern spricht. Als Schülerin des Pensionats, aus dem Charlotte sie zu sich nimmt, hat sie versagt. Ein wohlmeinender Lehrergehilfe setzt es der Pflegemutter auseinander: Sie begreift nichts, wenn sie keine unmittelbaren Zusammenhänge erkennen kann. Den Forderungen der Lehranstalt nach der Wiedergabe faktischen Wissens ist Ottilie nicht gewachsen. Sie hat aber künstlerische Anlagen, die im Stillen gedeihen. Und wenn man ihr die Mittelglieder einer Sache sichtbar macht, kann sie selbst das Schwerste begreifen, das einfachste aber nicht, wenn es abstrakt bleibt. Sie leidet häufig an einem halbseitigen Kopfweh, das sie vor ihrer Umwelt verheimlicht, und das sie in den entsprechenden Momenten völlig aufnahmeunfähig macht und sie wie in eine eigene Welt eintauchen läßt. Später auf Eduards und Charlottes Landsitz stellt sich bei einem Pendelversuch heraus, daß sie starke Schwingungen über ausgebreiteten Metallen verspürt und daß an der Stelle im Park, in deren Nähe

Ottilies linksseitiges Kopfweh besonders stark auftritt, in der Tiefe Steinkohle lagert. Eduard hat ein rechtsseitiges Kopfweh, und das ist ihm sofort ein Zeichen ihrer metaphysischen Zusammengehörigkeit und ursprünglichen Bestimmung füreinander. Doch im Gegensatz zu Ottilie, die ihre Liebe zu Eduard wie ein Naturgesetz empfindet, dem sie selbstverständlich folgt, ohne jedoch dabei die Entwicklungen aus den Augen zu lassen – nur auf ihren Wunsch hin lassen sich Eduard und Charlotte in einer Phase der Ereignisse nicht scheiden –, handelt Eduard im Grunde nur als blinder Egoist, an dem Ottilie recht eigentlich das unidealistische und nur selbstbezogene Moment der Liebe erkennt: daß alle die Liebe nur für sich wollen und niemand dabei an einen Gesamtzusammenhang denkt, auch nicht an das Seelenheil des anderen, den er angeblich liebt. Ottilie büßt für alle anderen, indem sie bewußt dem Tod entgegengeht, nicht mehr spricht, keine Nahrung mehr aufnimmt und sich buchstäblich zu Tode hungert. Bis dahin ist es allerdings ein weiter Weg.

Eine Szene ist die Schlüsselszene in dem ganzen Roman, die allerdings wenig zur Harmonisierung des Geschehens beiträgt, als vielmehr dazu, die Tragweite des ganzen Konflikts zu beleuchten. Nach einem geselligen Abend landet Eduard wie zufällig vor der Schlafzimmertür seiner Frau. Er hat Ottilies Bild im Kopf, als er an Charlottes Tür anklopft, Einlaß begehrt, sie auf die altbewährte Weise umwirbt und schließlich verführt. Charlotte hingegen denkt die ganze Zeit an den Hauptmann. *»In der Lampendämmerung sogleich behauptete die innre Neigung, behauptete die Einbildungskraft ihre Rechte über das Wirkliche. Eduard hielt nur Ottilien in seinen Armen, Charlotten schwebte der Hauptmann näher oder ferner vor der Seele, und so verwebten, wundersam genug, sich Abwesendes und Gegenwärtiges reizend und wonnevoll durcheinander.* Und doch läßt sich die Gegenwart ihr ungeheures Recht nicht rauben. Sie brachten einen Teil der Nacht unter allerlei Gesprächen und Scherzen zu, die um desto freier waren, als das Herz leider keinen Teil daran nahm. Aber als Eduard des andern Morgens an dem Busen seiner Frau erwachte, schien ihm der Tag ahnungsvoll hereinzublicken, die Sonne schien ihm ein Verbrechen zu beleuchten; er schlich sich leise von ihrer Seite, und sie fand sich, seltsam genug, allein, als sie erwachte.«

Es ist die Szene eines doppelten indirekten Ehebruchs, die hier beschrieben wird. Goethe präsentiert ein kühnes Gedankenspiel und geht in diesem bis zur letzten Konsequenz: Wenn die tatsächliche Vereinigung von nicht verheirateten Partnern als Ehebruch gilt, wie sieht es dann mit Ehepaaren aus, die sich »rechtmäßig« vereinigen und währenddessen an den eigentlich geliebten Menschen denken? Gibt es nicht auch einen geistigen Ehebruch? Und woran ist dieser festzumachen? Charlotte und Eduard schlafen als rechtmäßige Eheleute miteinander, aber involviert sind vier Personen. Jeder von beiden schläft in seiner Phantasie mit dem eigentlich geliebten Mann beziehungsweise der eigentlich geliebten Frau. Charlotte wird von diesem Liebesakt schwanger. Doch das Kind, das sie zur Welt bringt, ist ein Monstrum, das die Züge aller vier beteiligten Personen trägt. Es stirbt noch im Säuglingsalter bei einem tragischen Unfall.

Ganz offenkundig sind hier die unterschiedlichen Seelenhaltungen und Verhaltensweisen von weiblicher und männlicher Seite: Bei den Männern, Eduard und dem Hauptmann, gibt es nur zwei, einander entgegengesetzte Extremerscheinungen: trotzige Unbedingtheit oder Vernunftbestimmtheit, Egoismus oder Moral, Individuelles oder Allgemeines. Bei den Frauen, so unterschiedliche Welthaltungen und Wesenstypen Charlotte und Ottilie auch verkörpern, sind Vernunft und Gefühl, Allgemeines und Persönliches, nie so weit voneinander entfernt wie bei den Männern. Im Grunde fließt beides unweigerlich zusammen, und das Verhalten der Frauen entsteht aus einem Verständnis für das Allgemeine heraus, aus einem Gefühl für den Zusammenhang, wie es zwischen Eduard und Charlotte schon gleich am Anfang der Erzählung thematisiert wurde. Da hieß es, das Zusammenhängende sei das Element der Frauen. »Die Männer denken mehr auf das Einzelne, auf das Gegenwärtige, und das mit Recht, weil sie zu tun, zu wirken berufen sind; die Weiber hingegen mehr auf das, was im Leben zusammenhängt, und das mit gleichem Rechte, weil ihr Schicksal, das Schicksal ihrer Familien an diesen Zusammenhang geknüpft ist und auch gerade dieses Zusammenhängende von ihnen gefordert wird.« Bei Ottilie nimmt dieser Aspekt eine metaphysische Tragweite an. Als naturmagisches Wesen hat sie für die inneren Zusammenhänge aller natürlichen Dinge ein besonderes Gespür. Ohne die Nähe des geliebten Mannes, schreibt sie später in ihr Tagebuch, gibt es für sie keinen Zusammenhang mehr. Und weil ein Dämon sie zum Schluß aus ihrer Lebensbahn geworfen hat, ist sie aus dem natürlichen Kreislauf, der das Leben zusammenhält, herausgefallen und kann nicht mehr weiterleben. Charlotte ist gegenüber Ottilie eine ganz und gar bodenständige Frau. Sie will die Verhältnisse zusammenhalten, will die Harmonie herstellen, möglich machen, alles und was möglich ist, erhalten. Sie tut das sowohl intuitiv als auch vernunftgemäß. Will man die vier Figuren vorherrschenden Eigenschaften und Prinzipien zuordnen, dann ergibt sich: Charlotte und Hauptmann: Vernunft, Ottilie und Eduard: Gefühl. Die vier Personen, die miteinander wie vier Elemente A, B, C und D in Beziehung treten, tanzen eine Quadrille, und man kann tatsächlich fast alle Kombinationen herstellen. Ottilie ist die vollkommen »weibliche« Frau, Charlotte die Frau mit »männlichen« Anteilen, der Hauptmann ist einpolig männlich, Eduard ist der Mann mit starken »weiblichen« Anteilen. Damit sind Rein- und Mischformen des Männlichen und des Weiblichen gegeben. Nur zwischen Ottilie und dem Hauptmann, den einpoligen Figuren, entsteht keinerlei Verbindung. Die beiden Männer stehen etwas außerhalb des komplexen Geschehens. Entweder die Entscheidung läuft rein sittlich und vernünftig ab (Hauptmann) oder ein ungebremster Durchsetzungswille geht seinen egoistischen Trieben nach (Eduard). Einer, der nun vollkommen außerhalb steht, ist der dubiose Mittler, der Nachbar und Rechtsgelehrte mit diplomatischen Ambitionen. Um jeden Preis will der mürrische Mann Ehen kitten und Scheidungen vermeiden helfen. Er führt sich als Sittenrichter auf mit erhobenem Zeigefinger und kategorischem Imperativ, predigt den heiligen Ehestand und das Sittengesetz und richtet mit seinen unsensiblen und zuweilen gehaltlosen Phrasen nur Unheil an. Der rationalistische Mittler ist geradezu eine Gegenfigur zu der magisch-intuitiven Ottilie, die im übrigen als einzige in dem Roman den Tod nicht verdrängt, sondern ihn mit ihrem ungebrochenen Weltverständnis ins Leben einbezieht. Ottilie übersieht das Ganze aus ihrem individuellen Schicksal heraus, weil sie jedes Ereignis in seiner Verknüpftheit mit dem Ganzen erkennt. Sie hat einen kosmischen Weltbezug. Charlotte handelt persönlich, aber in einem allgemeinen Sinn, immer das Allgemeine im Auge behaltend. Beide Frauen befinden sich deshalb *innerhalb* der Ereignisse, die Männer *außerhalb* und tendenziell nur in sich selbst beziehungsweise in den äußeren Normen.

Nur Charlotte und der Hauptmann gehen lebend aus dem tragischen Geschehen hervor. Sie werden dann getrennte Wege gehen. Ottilie stirbt als Märtyrerin und verklärt sich zur Heiligen, die vom Sarge aus Wundertaten verrichtet. Eduard kann auch hier nur dilettieren und Ottilies Märtyrertod den traurigen Abklatsch eines Pseudo-Selbstmords, eines allmählichen Dahinsiechens entgegensetzen.

Nicht nur die Apotheose der beiden Toten Ottilie und Eduard mit ihren katholischen Reminiszenzen hat Goethes Zeitgenossen an diesem gewagten Roman irritiert. Er sorgte für großes Aufsehen und für überaus konträre Urteile, als er 1809 erschien. Die einen sahen darin einen Sittenroman, der die Unauflöslichkeit der Ehe propagiere, die anderen die Aufforderung zur freien Liebe, zumindest eine moralisch indifferente und dadurch empörende Darstellung, rein »materialistisch«.

Goethe plädiert weder für das sittliche Prinzip der Ehe als einzig legitime Form der Verbindung noch für die Liebe als dämonisches Naturgesetz, dem man blind folgen muß, egal, wie die Umstände und Verhältnisse sind. Die Figur des Mittler, der das Sittengesetz als Selbstzweck fordert, ist eine Karikatur, eine kalte, hölzerne Vernunftstimme, die keinerlei Zugang zu den inneren Erlebnissen der Beteiligten hat. Ebensowenig gilt aber das dämonische Naturgesetz, verkörpert in Eduard, als Markstein, an dem man sich ausschließlich orientieren sollte. Goethe zeigt, wie eines zum anderen gehört, wie das Naturgesetz sich gelegentlich emanzipiert und, je nach Veranlagung eines Individuums, zerstörerische Formen annehmen kann. Er verlangt, daß man versuchen sollte, eine Harmonie von beiden zu erlangen (die Ehe als ein Korrektiv und positives Bindeglied im menschlichen Zusammenleben), daß aber ein Rest von Dämonie, Gefährdung des Menschen, ein Zerstörungspotential in den Gefühlen bleibt – daß am Ende alles das geheimnisvolle Wirken des Lebens ist, das für sich steht und intuitiv erfaßt werden will, um aus ihm Gesetze abzuleiten. Noch vor Erscheinen des Buches hat Goethe im September 1809 in Cottas »Morgenblatt für gebildete Stände« eine Ankündigung des Romans verfaßt, worin er den Titel des Werks und damit das Programm des Ganzen erläutert. Seltsam distanziert spricht er von sich selbst als vom »Verfasser« in der dritten Person. »Es scheint, daß den Verfasser seine fortgesetzten physikalischen Arbeiten zu diesem seltsamen Titel veranlaßten. Er mochte bemerkt haben, daß man in der Naturlehre sich sehr oft ethischer Gleichnisse bedient, um etwas von dem Kreise menschlichen Wesens weit Entferntes näher heranzubringen; und so hat er auch wohl, in einem sittlichen Falle, eine chemische Gleichnisrede zu ihrem geistigen Ursprunge zurückführen mögen, um so mehr, als doch überall nur eine Natur ist und auch durch das Reich der heitern Vernunftfreiheit die Spuren trüber, leidenschaftlicher Notwendigkeit sich unaufhaltsam hindurchziehen, die nur durch eine höhere Hand, und vielleicht auch nicht in diesem Leben, völlig auszulöschen sind.« Keine Rede ist da mehr von der klassischen Ausgewogenheit, der Harmonie von Pflicht und Neigung, Vernunft und Gefühl. Goethe selbst emanzipiert sich von den klassischen Prinzipien und tritt damit in die Phase seines Spätwerks ein. Das Göttliche, das Schicksalhafte, Unsagbare wird wieder zum Thema. Das Dämonische bleibt für sich stehen. In gewissem Sinne sind die »Wahlverwandtschaften« ein romantisches Werk, Ottilie ein romantisches Geschöpf, ihr Liebestod ganz in der Tradition der Romantik. Aber Goethe hat zu dieser Zeit schon ein gespaltenes Verhältnis zu den Programmen der Romantiker wie Schlegel, Tieck, Novalis – die sich von der Formenwelt der Klassik abgrenzen und ihre eigene Welt des Phantastischen, Geheimnisvollen bilden, die auch die Nachtseiten menschlicher Existenz einbezieht. Trotz seines ambivalenten Verhältnisses zu den Romantikern, sind die romantischen Elemente in seinen eigenen Werken nicht zu übersehen, und er selbst bemüht sich schließlich in »Faust II« um eine Versöhnung klassischer und romantischer Tendenzen.

Goethe äußerte später, es sei kein Zug in den »Wahlverwandtschaften«, den er nicht selbst erlebt habe. Hingegen sei aber auch keiner so, wie er ihn erlebt habe. Da es nicht die tatsächlichen Ereignisse in dem Roman sind, die Goethe erlebt hat, muß das Erlebte psychologisch übertragen werden und wird sich vor allem auf die weiblichen Typologien sowie die thematisierten Konflikte beziehen. Der unbedingte Mann zwischen der schwesterlichen Seelen-Geliebten und der ganz anders begehrten naturhaften Mädchen-Frau. Goethe hat weder eine seiner Jugendlieben nachträglich geheiratet noch seine große Seelenliebe Charlotte von Stein. Aber er fingiert in der Romanerzählung eine irdische und legitime Verbindung mit der Frau, die er sich in einer letzten, klärenden Phase seiner hinausgezögerten Jugend zum Halt und Angelpunkt, zur Muse und erhöhten Gestalt gewählt und gemacht hat. Und hätte die Verbindung mit »Lida« – Charlotte –, die er so lange gewünscht und doch nicht gewünscht hat, wirklich eine Chance gehabt? Sie hätte es wohl nicht, denn die Liebe zu diesem Frauentyp läßt die Sehnsucht nach dem anderen weiblichen Pol offen. Die Bereitschaft und die Tendenz zur Unbedingtheit ist das Bekenntnis zu einem Leben ohne Sicherheiten, zu einem Leben, das ein ewiger Prozeß ist, zu den nie stillgestellten Wirren der Gefühle. Ein Eduard ist auch mit seiner vergötterten Ottilie nicht für die Ewigkeit glücklich. Er bildet es sich für den Augenblick ein, da das holde Ziel so herrlich unerreichbar ist. Doch dieser Wunsch wäre im Fall der Erfüllung so relativiert wie der frühere, Charlotte endlich zu erobern. Der Prozeß, den Eduard durchmacht, als er sich erst mit der ebenbürtigen und weltsicheren Charlotte verbindet, dann aber von der intuitiven Anmut und Jugend eines zarten jungen Mädchens berückt wird, worauf die andere, die seelisch begründete Liebe, ganz ihren Boden entzogen bekommt, ist bei Goethe ähnlich abgelaufen. Nicht in dieser Reihenfolge, denn die Frau, die »Lida« ablöste, hat nichts mit dem Typ der Ottilie gemeinsam. Seine Frau Christiane hat Goethe auch als einzige nie stilisiert; sie war das »Blumenmädchen«, ein sinnliches Naturgeschöpf, mehr aber nicht. Die Zeit der Erkenntnisse, wie es mit den beiden weiblichen Polen in seiner Gefühlswelt bestellt ist, kam für Goethe erst nach dieser sinnlichen und kreatürlichen, so ausnehmend wirklichkeitsnahen und vermeintlich »ganzheitlichen« Phase von der Italienreise bis zu seiner Eheschließung. Erst jetzt tauchte das Ideal-Weibliche wieder vor seinem inneren Auge auf und konnte sich aufteilen in den Pol der Charlotte und den der Ottilie. Ottilie trägt die Züge Minna Herzliebs. Die Erschütterung, die Goethe im Hause der Frommanns durch das junge Mädchen erfuhr, als er selbst schon ein gesetzter Mann war und gerade erst seine langjährige Lebensgefährtin geheiratet hatte, löste einen Prozeß der Verarbeitung und Klärung aus, welche »zwei Seelen« in seiner Brust liegen, was die Liebe und die weiblichen Urbilder angeht. Der unbedingte Anteil in Goethe will und braucht im Grunde beide: Ottilie für die sinnlich-emotionale Faszination und Hingerissenheit, Charlotte zur Läuterung und zum inneren Halt, um die unwägsamen Bezirke in sich selbst zu neutralisieren. Das liefe auf eine Doppelehe hinaus wie bei dem frühen Drama »Stella«.

Dies wird in den »Wahlverwandtschaften« aber nicht zum Thema, sondern vielmehr die Prozeßhaftigkeit der Gefühlsbindungen, die Veränderungen, nicht zuletzt in den verschiedenen Lebensaltern, und da außerdem die Frage nach der Möglichkeit von lebenslänglichen Bindungen überhaupt gestellt wird, gehen die Paarkonstellationen aus der Sicht von Eduard in eine Abfolge von Charlotte und Ottilie über. Obwohl sich der unbedingte Eduard, mit dem man Goethe tendenziell identifizieren kann, ausdrücklich von Charlotte trennt, ist auch klar, daß er mit dieser Trennung jeden Lebenshalt verliert und sich völlig in dem naturhaften Element verlieren wird, das Ottilie verkörpert. Für Ottilie als Frau ist das Natürliche, also auch die Liebe, eine sichere Gesetzmäßigkeit, für Eduard als Mann ist es bedrohlich, elementargewaltig und unwägbar. Das ist wieder die ausschlaggebende Typologie. Ottilie und Eduard gehen schließlich auch aus verschiedenen Gründen ins Verderben: Eduards Dämon kommt von innen, das dämonisch Naturhafte in ihm selbst verschlingt ihn. Ottilies Dämon kommt von außen, nicht zuletzt durch Eduards haltloses und egoistisches Drängen. Beide Frauen, Ottilie und Charlotte, sind geschlossene Charaktere, wenn auch auf unterschiedliche Art. Eduard ist der Tendenz nach zerrissen, und der bisherige glückliche Verlauf seines Lebens lag nur an den glücklichen Umständen und seinem ungeheuren Narzißmus, mit dem er die Welt um sich her ordnete. Sowie sich seinem Begehren etwas in den Weg stellt, scheitert er – zum ersten Male zwar, aber dafür vollständig und endgültig. Die Roman-Charlotte ist in ihrer unerschütterbaren Liebenswürdigkeit und ihrem Harmoniebedürfnis weicher gezeichnet als die reale Charlotte. Die imaginierte Höhe, in die Goethe ihr Urbild gehoben hat, um sie zum Teil und Movens seines Dichtens werden zu lassen, kommt bei der Romanfigur hingegen nicht zum Ausdruck. Er betrachtet nur noch die Tendenzen ihres Wesens, um sie der unbewußten Ottilie entgegenzusetzen. Der Dichter Goethe braucht beide weibliche Pole, um zu glühen und geheilt zu werden, um sich zu verlieren und um sich zu finden, um die Inspiration seiner poetischen Bildwelt zu erhalten, aber nicht selbst ein Teil davon zu sein, um zu erwecken und erweckt zu werden. Der Ausweg aus dieser Doppelung, die im Leben kaum durchzuführen ist, sowenig wie eine Ehe zu dritt oder die konsequent gelebte freie Liebe, kann nur eins sein: **Entsagung**, die Läuterung der idealen Weiblichkeit zum stehenden Bild, was auch heißt: der Verzicht auf Verwirklichung im Leben. Weder mit dem einen noch mit dem anderen weiblich idealen Typus hat Goethe schließlich eine wirkliche Beziehung oder Ehe geführt, sondern mit einer ganz gewöhnlichen Frau.

Goethe und die Romantiker

Freie Liebe, Ehebruch, Ehe zu dritt und zu viert – das alles gab es sozusagen »live« im benachbarten Jena. Konsequent und abenteuerlich werden in den frühromantischen Kreisen die romantischen Ideale gelebt und neue Formen des Zusammenlebens ausprobiert.

Die Frauen spielen in diesen Kreisen, wie auch andernorts, eine besondere Rolle. Sie sind häufig älter als ihre Lebensgefährten, haben bereits eine in jungen Jahren von den Eltern arrangierte Ehe hinter sich, ein ihnen nicht gemäßes Leben, Kinder, Scheidung, eventuell den Tod des ersten Gatten. Sie finden erst spät zu sich selbst, auch intellektuell, um schließlich in den romantischen Kreisen den ebenbürtigen Partner zu finden, dem sie Gefährtin und geistige Wegbegleiterin sein können. Selbst schöpferisch tätig sind sie seltener.

Caroline Schlegel-Schelling besaß einigen Einfluß in Jena. Schiller mochte sie nicht und hat sie nur die »Dame Luzifer« genannt. Ihr Leben ist ein großes Abenteuer: Die Tochter des Göttinger Orientalisten Michaelis heiratete zunächst einen langweiligen Mediziner, doch nach dessen frühem Tod beginnt ihr aufregender Werdegang. Nach einigen Umwegen stürzt sie sich in den Taumel des von den Franzosen belagerten Mainz in den Nachklängen der Französischen Revolution. Wegen revolutionärer Umtriebe wird sie von der kurfürstlich mainzischen Regierung verhaftet und gefangengesetzt. Caroline erwartet zu dieser Zeit ein Kind von einem jungen französischen Offizier, mit dem sie nur eine kurze Affäre verband. August Wilhelm Schlegel, den Caroline schon in Göttingen kennengelernt hat, kann sie aus der Gefangenschaft befreien. Er bringt sie nach Jena, wo Caroline auch August Wilhelms Bruder Friedrich kennenlernt.

Beide Brüder Schlegel lieben Caroline, die lebenssicher und fest genug ist, daß keine Lebenskatastrophe sie im Kern verletzen kann. August Wilhelm ist weicher als sein jüngerer Bruder, auch konturloser und nachgiebiger. Friedrich hat ein schwerblütiges und zerrissenes Wesen. Er ist gerade einundzwanzig Jahre alt, als die drei zusammentreffen, sein Bruder sechsundzwanzig, Caroline dreißig.

Friedrich verewigt Caroline in seinem skandalträchtigen Roman »Lucinde« als erhabene Freundin, die seinem Geist einen festen Mittelpunkt und den Boden einer neuen Welt gegeben habe. Er hat inzwischen Dorothea Veit geheiratet, nachdem Caroline sich für August Wilhelm entschieden hat – aus Dankbarkeit, vielleicht aus freundschaftlicher Verbundenheit.

Einige Jahre später lernt Caroline in Jena, seit Jahren mit August Wilhelm Schlegel verheiratet, den Philosophen Schelling kennen, der sich ihrem Kreis anschließt. Zwischen dem Vierundzwanzigjährigen und der zwölf Jahre älteren Frau entwickelt sich eine tiefe Liebe, die dem in Friedrich Schlegels Roman propagierten romantischen Liebesideal einer sinnlichen und geistigen Einheit zu entsprechen scheint, jedoch am Anfang etwas merkwürdig anmutet, weil Carolines zwölfjährige Tochter Auguste, ein frühreifes Mädchen, als potentielle Verlobte Schellings angesehen wird und beide Frauen ihm zärtliche Briefe schreiben. Auch diese Geschichte endet tragisch, denn die junge Auguste stirbt urplötzlich an einer ungeklärten Krankheit, und zu dem Schmerz über den Tod ihres Kindes treten Schuldgefühle, die Caroline mit dem geliebten Mann teilt. Schelling ist vollkommen verstört, will sich das Leben nehmen, und wieder ist es die Frau, Caroline, die ja ihre Tochter verloren hat und selbst großem Leid ausgesetzt ist, die den Mann tröstet, ihn rettet und aufrichtet. Sie schreibt an Goethe, mit dem sie Schelling geistig tief verbunden weiß, und bittet ihn darum, zu helfen. Schon eine Begegnung August Wilhelms mit Goethe hatte sie geschickt herbeigeführt; damals war es mehr um literarische Bestrebungen und den entsprechenden gesellschaftlichen Rahmen gegangen. Jetzt wendet sich Caroline an Goethe als »Anwalt des Lebens«, als der er die zerrüttete Seele des geliebten Mannes wieder aufrichten soll. Goethe antwortet verständnisvoll und tröstend. Er wird sich nicht wenig gewundert haben: Caroline, mit August Wilhelm Schlegel verheiratet, mit Schelling liiert, früher mit dem anderen Schlegel eng verbunden, inzwischen mit diesem fast verfeindet wegen der Antipathien zwischen ihr und Friedrichs Frau Dorothea, dazwischen ein frühreifes pubertierendes Kind, mit Schelling so gut wie verlobt, das den Gefühlswirren nicht gewachsen ist, in die es einbezogen war, und das ganz plötzlich stirbt. Vielleicht hat Goethe aus all diesen verwirrenden Verhältnissen auch einige Anregung zu seinen »Wahlverwandtschaften« bezogen. Ausgeschlossen ist das nicht. Mit Anteilnahme und ohne moralische Entrüstung beobachtet Goethe jedenfalls, was in den Kreisen der Romantiker auf der Gefühls- und Beziehungsebene vor sich geht. Er ist Caroline auch später behilflich, als diese ihre Scheidung von August Wilhelm Schlegel durchsetzen will, um schließlich Schelling zu heiraten. Goethe mag sich aber von dem Treiben allein durch sein Alter schon leicht distanziert haben. Daß ein solcher Umgang innerhalb der Geschlechterbeziehungen einer Generation vorbehalten blieb, die nicht die seine war, wird ihm bewußt gewesen sein. Ob er ihn grundsätzlich guthieß, ist eine andere Frage. Carolines Beziehung zu Schelling – sie fast eine Vierzigerin, er siebenundzwanzig – entbehrt nicht der mütterlichen Komponenten, die sie ganz bewußt einbringt. Sie schreibt an Schelling – noch vor der Scheidung von Schlegel -:»Ich muß doch auch probieren, ob ich nicht aus Tod Wonne Schmerz Liebe Leben und Frieden herausbringen kann. Woher mir die Ursätze kommen, darum wirst Du mich wohl nicht so scharf befragen.« Daraufhin berichtet sie Schelling ganz euphorisch, daß Goethe ihm sein »Natur«-Gedicht gewidmet habe. »Goethe tritt Dir nun auch sein Gedicht (Die Natur) ab, er überliefert Dir seine Natur. Da er Dich nicht zum Erben einsetzen kann, macht er Dir eine Schenkung unter Lebenden. Er liebet Dich väterlich, ich liebe Dich mütterlich – was hast Du für wunderbare Eltern! Kränke uns nicht.«

Ein ganz anderer Frauentyp als die hochherzige Caroline ist Friedrich Schlegels Frau Dorothea. Die Tochter des großen jüdischen Gelehrten Moses Mendelssohn heiratet zunächst den Bankier Veit, der intellektuell weit unter ihrem und dem Niveau ihres Elternhauses steht. Die Salonkultur des Berliner Geisteslebens – in dem bedeutende Frauen wie Rahel Varnhagen oder Henriette Herz im Zentrum stehen – kann Dorothea etwas entschädigen. Hier lernt sie schließlich auch den acht Jahre jüngeren Friedrich Schlegel kennen, mit dem sie auch nach ihrer Scheidung von Veit im Jahre 1799 noch lange Zeit frei zusammenlebt. Friedrich beschreibt seine Beziehung zu Dorothea in dem erwähnten Roman »Lucinde« als Ideal der Liebe in einer körperlich-seelisch-geistigen Einheit. Der problematische Held Julius, der ein abenteuerliches und zerstreutes Leben geführt hat, findet in der geliebten Partnerin, in der Glücksgemeinschaft mit ihr die Vollendung seines bisher halt- und ziellosen Wesens. Die Liebesgemeinschaft erhält in dem Roman geradezu religiöse Bedeutung. Das darin propagierte Menschenbild läuft auf »Vollendung des Männlichen und Weiblichen zur vollen ganzen Menschheit«, auf Ergänzung und Vervollkommnung durch den adäquaten Partner hinaus. Es gibt aber auch hier einen Haken wie bei allen »idealen« Weiblichkeitskonzepten. Die von Julius verherrlichte Frau, die ihn zu menschlicher und künstlerischer Reife hinführt, geht ganz in ihrer ergänzenden und erlösenden Rolle auf. Sie selbst wird nicht ergänzt und erlöst, ihre Rolle ist sekundär, komplementär. Es heißt, daß Lucinde früher Malerin war, doch es kann keine Rede mehr davon sein, daß sie diesen Künstlerberuf fortsetzt, nachdem sie den geliebten Mann gefunden hat. Sie dient ihm als Stütze seines Lebensplans, und das ist genug. Dorothea hat zeitweise den Lebensunterhalt für sich und Friedrich verdient, um Friedrichs Arbeit zu ermöglichen. Sie hat selbst einen Roman geschrieben, der – selbstverständlich – unter Friedrichs Namen erschien, wie übrigens alles, was sie verfaßte: Gedichte, Kritiken und Übersetzungen französischer und mittelhochdeutscher Romane. Die Übersetzungen nahm Friedrich in seine gesammelten Werke mit auf. Der »Florentin«, Dorotheas Roman, erzählt ähnlich wie Friedrichs »Lucinde« die Geschichte eines vagabundierenden Müßiggängers, die jedoch stark von Goethes »Wilhelm Meister« geprägt ist. Die Erzählweise selbst ist um einiges frischer und strukturell bündiger als das Romanfragment ihres Lebensgefährten, dessen Thematik allerdings bahnbrechender ist. Goethe und Schiller betrachteten den »Florentin« aufgrund der offenkundigen Entlehnungen aus »Wilhelm Meisters Lehrjahren« als Epigonenwerk; er sei aber technisch recht geschickt gemacht. 1808 sind Dorothea und Friedrich, nun seit einigen Jahren verheiratet, gemeinsam zur katholischen Kirche übergetreten. Zu Goethe hatten beide mittlerweile keinen Kontakt mehr.

Die Auseinandersetzung zwischen Goethe und der Romantik, die schließlich auch eine Auseinandersetzung mit den eigenen Tendenzen ist, erstreckt sich über die letzten drei Jahrzehnte seines Lebens. Dabei hat sich in den ersten romantischen Zirkeln, auch in Jena, durchaus so etwas wie ein Goethe-Kult herausgebildet, denn man glaubte, bei Goethe die Einleitung zu der ersehnten romantischen Universalpoesie finden zu können: Es gibt einen ursprünglichen Sinn im Universum, der jedoch erst wieder neu zu erschließen ist, da viele verborgene Fähigkeiten des Menschen durch eine einseitige Verstandeskultur verschüttet worden seien. Die Romantik ist eine Gegenbewegung gegen den Rationalismus der Aufklärung und gegen die klassischen Normen und Werte. Was beschworen wird, ist das freie Spiel der Einbildungskraft, das Aufspüren des Unbewußten, Unsichtbaren, Unfaßbaren. Traum und Wirklichkeit, Kunst und Leben werden zu einer untrennbaren Einheit verschmolzen, was auch das Skurrile und Phantastische, die unbewußten Seiten des Menschen, Dämonie und Groteske mit einschließt. Besonders die späteren Romantiker haben diese Seiten ausgebaut. Novalis, einer der Frühen, drückt das »romantische Weltverhältnis« in den Zeilen aus:

Schläft ein Lied in allen Dingen,
die da träumen fort und fort.
Und die Welt hebt an zu singen,
triffst du nur das Zauberwort.

Die Welt, so Novalis, müsse »romantisiert« werden, »transzendiert«, »poetisiert«. Unendlichkeit wird hier zum neuen Schlagwort, denn Normen und Grenzen werden von den Romantikern ästhetisch und weltanschaulich bekämpft. Es ist auch ein religiöser Begriff, denn das Weltverhältnis der Romantiker ist von grundauf religiös. Es steigert sich bei einigen bedeutenden Vertretern zu einer Verherrlichung des Mittelalters und des Katholizismus, einer Beschwörung des Eingebundenseins in den göttlichen Kosmos, fern aller rationalistischen Skepsis. Diese Rückwärtswendung ist auch aus einem veränderten Geschichtsverständnis zu erklären, weil man erkannt hatte, daß jede Epoche ihren Eigenwert hat und alles schon einmal gedacht worden ist. Dem Fortschrittsglauben der Aufklärung steht diese Sichtweise diametral entgegen. Nach rückwärts, nach innen, in eine mystische

Schau, in die verborgenen Tiefen des menschlichen Wesens und göttlichen Kosmos' geht der Weg der Romantiker. Die Klassiker strebten nach oben, nach vorne, zur Klärung, zur reinen Form, zum Licht und zur Humanität. Hier zeichnet sich der Gegensatz von Klassik und Romantik ab.

Die romantische Bewegung in Deutschland hat auch eine politische Ebene. Ein neues deutsches Nationalgefühl entwickelte sich in dem von napoleonischen Truppen besetzten Deutschland, und auch dazu wurde das Mittelalter beschworen: Das mittelalterliche deutsche Reich erschien als Idealschauplatz einer geschlossenen und doch auch universalen Einheit unter christlichen Vorzeichen. So wie die Klassik die griechisch-römische Antike rezipiert hat, rezipierten die Romantiker das christliche Mittelalter. Die ursprünglich negative Besetzung des Wortes »romantisch« (»romanhaft«) als Ausdruck des Bizarren, Regelwidrigen wurde umgedeutet und zum poetischen Zauberwort erhoben. In der Landschaftsästhetik wurde es gleichbedeutend mit dem Wilden, Ungegliederten, der Naturschönheit. Die Ruine erfreute sich großer Popularität im romantischen Zeitgeist und wurde zum Symbol der Romantik, besonders als Motiv der romantischen Maler (Philipp Otto Runge, Caspar David Friedrich). Als Teil einer Landschaft ist sie Ausdruck des Verfalls, geschichtsträchtiger Vergangenheit, das Sentimentalische schlechthin. Der Rückgriff auf das literarische Volksgut, auf Märchen, Sagen, Legenden und Volkslieder, wurde in diesem Sinne ebenfalls zum Programm. Die Liedersammlung von Achim von Arnim und Clemens Brentano: »Des Knaben Wunderhorn – Alte deutsche Lieder«, die Goethe gewidmet war, ist eine populäre Sammlung altdeutscher Volksdichtung, die aus diesem Programm hervorgegangen ist. Im Rahmen der Philosophie des Idealismus (Fichte, Schelling, Schleiermacher) hatte das romantische Kunstprogramm auch eine erkenntnistheoretische Komponente: Die Kunst kann das Unbewußte befreien und so die ursprüngliche Einheit von Bewußtem und Unbewußtem herstellen, woran die Philosophie innerhalb ihrer eigenen Grenzen der Vernunft- und Verstandeskonzentration scheitert. Ein romantisches Frühwerk von Wilhelm Heinrich Wackenroder ist ein besonders inbrünstiges Zeugnis dieser Kunstauffassung, wonach die Kunst ein Abglanz höherer Harmonie, der Kunstgenuß ein Vorgang frommer Hingabe ist. Die »Herzensergießungen eines kunstliebenden

Klosterbruders« erzählen die Geschichte eines Geistlichen mit einer besonderen Liebe zur Musik, die Geschichte einer subjektiv verinnerlichten Existenz. Der Klosterbruder versetzt sich besonders gerne in die altdeutsche Zeit, in Dürers mittelalterliches Nürnberg. Er verehrt die alten Meister und bricht eine Lanze für die nordisch-germanische Welt gegenüber den klaren Formen der Antike. Die Kunst wird zum Religionsersatz. Durch die Musik, so der Klosterbruder, erschließe sich ihm ein harmonischer Weltzusammenhang. Aber dieselbe erhebende Größe wird hier schon zur zerstörerischen Macht, denn die Verinnerlichung, in die der Klosterbruder durch seine Musikleidenschaft und seine ganz nach innen gewandte Existenz gerät, entfremdet ihn vom Leben. Somit zeigt dieses romantische Frühwerk schon die Grenzen der romantischen Weltsicht auf, alles das, was die Kritiker der Bewegung für gefährlich hielten: die Weltlosigkeit der Romantik, ihre Ichflucht und heimlichen Todestendenzen, das Zersetzende und implizit Lebensfeindliche. Friedrich von Hardenberg, genannt Novalis, hat seine Erschütterung über den Tod seiner dreizehnjährigen Braut Sophie von Kühn zu den Todesgesängen »Hymnen an die Nacht« verarbeitet. Die sich steigernden Hymnen besingen die Vereinsamung des zurückgebliebenen Bräutigams, seine Todessehnsucht und den Wunsch nach jenseitiger Vermählung, nach einer Unio mystica mit der Geliebten in einer jenseitigen Welt. Die beiden Urprinzipien Licht und Nacht werden einander gegenübergestellt, doch nicht das Licht ist das Erste, Ursprüngliche, das erlösungsfähige Reich, sondern die Nacht, die wahre Heimat der Romantiker. Die Nacht ist die Mutter der Welt, des wahren Seins. Die Bereiche von Wachen und Schlafen, von Leben und Tod erscheinen kontrastiv, doch der Tod erringt in diesen Gegenüberstellungen immer einen sehnsuchtsvollen Sieg. Er wird als Wollust dargestellt, als Geliebter, Begehrter. Zum Schluß verschwimmt er mit dem christlichen Erlösungsgedanken und der Gestalt Christi als Todesüberwinder. Die Erlösung vom Licht durch die Nacht bleibt die seltsame Forderung der Hymnen. In seinem Aufsatz: »Die Christenheit oder Europa« hatte Novalis die Vision eines im Christentum vereinigten Europa entworfen und sich dabei am vermeintlich geeinten christlichen Mittelalter orientiert. Das Lichtprinzip, das in den »Hymnen an die Nacht« bekämpft wird, ist die Aufklärung, die nach Novalis' Meinung zum Verfall der christlichen Idee und einer einheitlichen

Kultur in Europa geführt hat. Was er meint, ist der Abfall des Religiösen und die Vereinseitigung in einer rationalistischen Verstandeskultur. Novalis ist keine dreißig Jahre alt geworden. Ein romantisches Leben, ein romantischer Frühtod.

Der Kreis, mit dem Goethe um 1800 unmittelbar in Berührung kommt, ist der Jenensische. Dieser Kreis war es, der in Goethes Roman »Wilhelm Meisters Lehrjahre« einen begeistert gepriesenen Ausdruck romantischer Universalpoesie sah. Friedrich Schlegel stellte 1798 fest: »Die Französische Revolution, Fichtes Wissenschaftslehre und Goethes Meister sind die größten Tendenzen des Zeitalters.« Der »Wilhelm Meister« wurde geradezu zur Bibel der frühen Romantiker. Doch die Dinge veränderten sich. Nur wenige Jahre später emanzipiert sich Friedrich Schlegel von Goethes ästhetischem Programm und setzt ihm polemisch das romantische entgegen. Goethe polemisiert entsprechend zurück (die Auseinandersetzungen finden in den Literaturzeitschriften unterschiedlicher Couleurs statt). Goethe tritt jedoch erst in dem Moment als öffentlicher Gegner der Romantiker auf, als sich deren Programm immer mehr durchsetzt und massiv die klassische Tradition kritisiert. Die Unterschiede liegen auf der Hand: Goethe mißfällt die subjektivistische Verabsolutierung der romantischen Kunstauffassung. Für Goethe ist das Kunstwerk an einen harmonischen Bezug zur Wirklichkeit gebunden und kann nur aus diesem entstehen. Für die Romantiker liegt im »poetischen Weltverhältnis«, aus dem allein Kunst möglich wird, in der Poesie, der subjektiven Einbildungskraft das eigentlich Reale. Die daraus entstehende Innerlichkeit kann Goethe, der schon in den empfindsamen Strömungen seiner eigenen Jugend, die mentalitätsgeschichtlich in dieselbe Richtung gingen wie die Programme der Romantiker, nicht billigen. Was ihn vor allem beunruhigt und wogegen er sich explizit ausspricht, auch weil es ihm selbst keineswegs fremd ist, ist *das Romantische im pathologischen Gewand.* Goethes Werther ist ein solcher Romantiker mit pathologischen Zügen, ebenso Tasso, auch Mignon, das androgyne Wesen, das mit seiner Weltlosigkeit zum Untergang verurteilt ist. Auch Ottilie hält dem Leben nicht stand und geht als romantische Verklärungsgestalt unter. Doch bei Goethe entbehrt diese Darstellung nie des Korrektivs und der Verweise aufs gesunde und tatkräftige, zu bejahende Leben. Vor allem die Autoren des späten 19. Jahrhunderts haben diese lebensbejahende Komponente bei Goethe betont, besonders Anhänger der von Nietzsche geprägten Lebensphilosophie bzw. deren Erben. Ein Autor der vierziger Jahre unseres Jahrhunderts überschreibt seine Goethe-Biographie mit dem pathetischen Titel: »Goethe als Künder des Lebens«. In der Tat sah sich Goethe selbst als Anwalt alles Gesunden und Kräftigen im Leben, und je mehr die gegenteiligen Tendenzen in der Literatur und Kunst à la mode werden, um so mehr fühlt er sich in der Pflicht, dagegen anzugehen. Goethe spricht von der »Lazarett-Poesie« der Romantiker (gegenüber Eckermann, am 5.9. 1829). Er moniert das Phantastische, Unwirkliche und Willkürliche, die Darstellung des Kranken und Weltflüchtigen. Goethes Sichtweise kulminiert in dem Ausspruch, den er viele Jahre später macht, knapp drei Jahre vor seinem Tod: »Das Klassische nenne ich das Gesunde und das Romantische das Kranke.« Damit ist der Gegensatz von klassisch und romantisch, den die Romantiker selbst auch auf den Schild gehoben haben, noch einmal ausgesprochen und betont. Die Antithese: Antike und Moderne, parallel zu Klassik und Romantik, haben die Romantiker selbst auch entworfen, denn sie sahen sich als die Modernen. Gegenüber seinem Sekretär Riemer äußert Goethe 1808: »Das Antike ist plastisch, wahr und reell; das Romantische täuschend wie die Bilder einer Zauberlaterne, wie ein prismatisches Farbenbild, wie die atmosphärischen Farben. Nämlich eine ganz gemeine Unterlage erhält durch die romantische Behandlung einen seltsamen wunderbaren Anstrich, wo der Anstrich eben alles ist und die Unterlage nichts.« Diese Unterlage aber ist das Leben selbst, die Wirklichkeit, deren Eigenwert zu untergraben, Goethe nicht nur für ästhetisch fragwürdig hält, sondern für moralisch verwerflich. Daß eine Kunstform den natürlichen Gesetzen des Lebens bewußt zuwiderläuft und sich dieses »Widernatürliche« auch noch zum Programm erhebt, kann der Prophet des Natürlichen in ihm nicht akzeptieren. »Das Romantische ist kein Natürliches, Ursprüngliches«, meint Goethe, »sondern ein Gemachtes, Gesuchtes, Gesteigertes, Übertriebenes, Bizarres bis ins Fratzenhafte und Karikaturartige.« Gegen den Mittelalterkult der Romantiker führt er dieselben Argumente ins Feld wie andere Gegner der Romantik, etwa der Altphilologe Johann Heinrich Voß, der in Heidelberg fast Tür an Tür mit Brentano und Arnim lebt, sich aber in absoluter Opposition zu diesen befindet. Der Mittelalterkult sei Ausdruck einer Rückwärtsgewandtheit, sagen die kritischen Stimmen. Er gefährde alle kulturellen Errungenschaften der Aufklärung, den Entwicklungsgang seit der Reformation: die Aussöhnung von Individuum und Wirklichkeit, Selbstbestimmtheit, Vernunftorientierung, Humanität. Für Goethe ist das Mittelalter durchaus anerkennenswert. Er hat es nie als barbarisch abgetan wie viele seiner Zeitgenossen in einer vom Rokoko geprägten Kultur oder in der Blütezeit der Klassik. Aber es ist ihm eine kulturelle Durchgangsstufe, die ihren Eigenwert hat, nicht mehr und nicht weniger. Geradezu suspekt ist dem Freigeist Goethe die Hinwendung der romantischen Dichter zur katholischen Kirche. Nach Friedrich Schlegels Konversion kühlt die Beziehung zwischen dem Romantiker und Goethe und damit auch zu dem Jenaer Kreis endgültig ab. Nach Erscheinen des Wackenroder-Romans, den Ludwig Tieck überarbeitet und herausgegeben hat, sprach Goethe vom »neu-katholische(n)« und »klosterbruderisierende(n)« Unwesen. Inzwischen hat sich auch herumgesprochen, daß Goethe doch nicht, wie erhofft, der Statthalter des romantischen Geistes auf Erden ist. Novalis sieht nach anfänglichem Enthusiasmus in dem Roman »Wilhelm Meisters Lehrjahre« eine »minus-Poesie«, weil das romantische Element darin untergegangen sowie die Handhabung des Stoffes viel zu praktisch-ökonomisch sei. Antike und moderne Elemente fallen auseinander, statt zusammenzufinden. An all dem wird deutlich, daß Goethe, der längst zur etablierten, unbezweifelbaren Autorität geworden ist, an der einfach niemand mehr vorbeikommt, dieser jungen Dichtergeneration auch zur Auseinandersetzung mit sich selbst dient, stellenweise Spiegelfunktion hat, eine Möglichkeit, sich zur eigenen Klärung an ihm zu reiben. In Goethe sieht jeder, was er sehen will – das war und ist nichts Neues. Offenbar eignet sich dieser letzte große universale Geist in ganz besonderer Weise dazu, auf eine je eigene Weise rezipiert und damit auch vereinnahmt zu werden. In Goethes klassischer Phase, in der Zusammenarbeit von Goethe und Schiller mit all den von ihnen gesetzten kulturpolitischen Akzenten sieht die Romantik »eine Bildung ohne positive Religion«. Das stellt Eichendorff in einer seiner späten Schriften fest, als Goethe schon tot und auch die Romantik bereits überwunden ist. Ludwig Tieck konstatiert ähnliches. In seiner Einleitung zu Lenz' Schriften (»Goethe und seine Zeit«) meint Tieck, Goethes Weg nach der Rückkehr aus Italien, ja seine ganze Weimarer Existenz und Werkentwicklung nach dem stürmischen Frankfurter Jugendwerk sei eine Fehlentwicklung gewesen, die ihn von der deutschen Vergangenheit zum »Jagen nach dem Antiken, Fernen, Idealen« verleitet habe. Goethe wird erneut als unbehaglicher Indifferentist angesehen, als Freigeist ohne positive Religion, als Kosmopolit ohne nationales Bewußtsein und Vaterlandstreue, als Künstler übergreifender Epochen und daher nirgends wirklich anfechtbar. Man hat sich schließlich auch im Nachhinein darauf verständigt, die Bezeichnung »Goethezeit« als übergreifende Epochenbezeichnung zu gebrauchen, die auch die Auseinandersetzung zwischen den beiden großen Tendenzen der Klassik und Romantik unter Goethes Namen zusammenführt. Was Goethes Ruf in den Romantikerkreisen nach der Entfremdung betrifft, möge ein Zeugnis von bedingtem Authentizitätsgehalt erhellen, das aber daher so aufschlußreich ist, weil es von Dorothea Schlegel in Umlauf gebracht wurde: »Goethe hat«, so Dorothea, »einem Durchreisenden offenbart, er sei in der Naturkunde und Philosophie ein Atheist, in der Kunst ein Heide und dem Gefühl nach ein Christ.« Das mag Goethe so oder ähnlich gesehen haben. Aber ob er es wirklich gesagt hat, und wenn, ob dies nicht nur im alten Geist des Widerspruchs geschah, um einen »Durchreisenden« zu provozieren, bleibt dahingestellt.

Tatsache ist, daß Goethes Auseinandersetzung mit der Romantik auch eine Auseinandersetzung mit der eigenen Jugend sowie mit der nachfolgenden Generation von Dichtern ist. Zum ersten ist klar, daß er die für ihn überwundenen Grenzgänge pathologischer Befindlichkeiten nicht wieder auferstehen und auch noch programmatisch neu begründet sehen will. Für Goethe hat es keine Weimarer Phase auf der Suche nach »Reinheit« und Klärung und keine Weimarer Klassik zur Begründung eines Humanitätsideals gegeben, um wieder in die Gefühlswelt der »Werther«-Zeit einzustimmen und diese absolut zu setzen. Er hatte das hinter sich und war der Meinung, dieses Hinter-sich-Lassen einer pathologischen Sentimentalität habe allgemeine kulturelle Konsequenzen gezeitigt. Dem war wohl nicht so. Die Prämissen der Empfindsamkeit wurden in gewissem Sinn mit der Romantik noch gesteigert. Goethe sieht hier vor allem die Rückwärtsbewegung auf den verschiedensten Ebenen. Die nachfolgenden Autoren empfindet er als Angriff der eigenen Werk-Chronologie, weil sie nicht unmittelbar in seine Fußstapfen treten. Das ist ein natürlicher Vorgang und wäre auch bei einer anderen Konstellation von Dichtertypen so oder ähnlich gelaufen. Goethe hat sich auch keineswegs grundsätzlich den neuen literarischen Produktionen und Tendenzen verschlossen. Die Briten Lord Byron und Walter Scott schätzte er hoch, obwohl deren Dichtungen auf denselben Maximen beruhten wie die Werke der deutschen Romantiker. Auch nach Frankreich und Italien sah Goethe voll Anerkennung; nur in Deutschland wurde die Konfrontation zu direkt. Hölderlin und Kleist hat Goethe völlig verkannt. Über Eichendorff hat er sich weitgehend ausgeschwiegen. E.T.A. Hoffmann, Jean Paul, Clemens Brentano waren ihm neben Hölderlin und Kleist das, was er als »das Romantische im Gewande des Pathologischen« bezeichnete. In den Noten und Abhandlungen zum »West-Östlichen Divan« spricht Goethe von der »charakter- und talentlosen Sehnsucht«, als die er das Schweifen und Träumen der Romantiker, den Unendlichkeitsmythos, die »blaue Blume« der Romantik bezeichnet. Wenn Goethe »Talent« sagt, dann setzt er es immer auch in Beziehung zum Leben (Tasso ist an seiner »Disproportionalität« des Talents mit dem Leben gescheitert). Er hat etwas gegen den Innerlichkeitswahn und den weltflüchtigen Künstler. Er bekämpft ihn schließlich ein Leben lang in sich selbst. Und wenn er in zunehmendem Alter vermehrt seine weltliche Tüchtigkeit und physische Robustheit hervorkehrt, dann ist das hauptsächlich, um den salonfähig gewordenen und durch die Romantiker erneut beschworenen Weltschmerz und die in ihm enthaltenen anti-vitalen Tendenzen abzuweisen. Über Clemens Brentano sagt Goethe am Ende seines Lebens: »Ja [...] der Brentano, der war auch so Einer, der gerne für einen ganzen Kerl gegolten hätte. [...] Aber es war und wurde nichts. Zuletzt warf er sich in die Frömmigkeit, wie denn überhaupt die von Natur Verschnittenen, nachher gern überfromm werden, wenn sie endlich eingesehen haben, daß sie anderswo zu kurz kamen, u. daß es mit dem Leben nicht geht.« Ein hartes Urteil! Goethe geht nicht zimperlich mit den »Zu-kurz-Gekommenen« um, die aus ihrer Lebensferne auch noch eine ästhetische Tugend machen. Eine »Natur« zu sein, ist dagegen aus Goethes Mund ein wahres Kompliment. Er sagt es über Herzog Carl August oder über Napoleon Bonaparte, der gerade seinen Rußland-Feldzug beginnt, während das letzte romantische Grüppchen sich in Deutschland in dem schwäbischen Dichterkreis bildet und die Brüder Schlegel in Jena ihre soundsovielte Literaturzeitung herausgeben. Goethe nimmt in solchen Äußerungen – wieder durchaus oppositionell – die Partei des Vitalen ein. Wäre die Zeitströmung aber eine andere gewesen als die romantische, so hätte Goethe vielleicht die romantischen Prinzipien vertreten. Die »Dualität der Erscheinung als Gegensatz« bestimmte sein Leben.

Sich selbst »historisch« werden …

Spätestens seit seiner Begegnung mit Napoleon weiß Goethe, daß er eine historische Persönlichkeit ist. Er beginnt nun für sich selbst den Zusammenhang zwischen individueller Entwicklung und historischer Bedingtheit zu erschließen, zwischen seinem persönlichen Leben und den Umständen seiner Epoche. Sein Leben und sein Werk zu ordnen und den eigenen Entwicklungszusammenhang nachzuzeichnen, bedeutet für Goethe nicht nur die Sichtung und Ordnung des Materials – das auch, und dazu stellt er andere an: die Sekretäre Riemer und Eckermann, die Jugendfreunde, Bettina Brentano –, sondern vor allem das Freilegen des roten Fadens, der seinen Werdegang durchzieht. An diesen glaubt er letzten Endes immer, bei allem Irren und bei den »vielen falschen Tendenzen«, die er an sich wahrnimmt. Der rote Faden ist seine Entelechie, die Gestaltungskraft und Bestimmung seines Genies, »geprägte Form, die lebend sich entwickelt.« Goethe hat sich schon lange vor dem Entschluß, seine eigene Lebensbeschreibung zu verfassen, mit dem Genre der Autobiographie befaßt. Das 18. Jahrhundert erlebte eine große Konjunktur von Autobiographien durch die Entdeckung der Individualität als literarischen Topos: Die Bildungs- und Entwicklungsgeschichte der eigenen Seele (Rousseaus »Bekenntnisse«), pietistisch angehauchte Innenschau und religiöse Konfession (Jung-Stilling), die eigene Lebensbeschreibung als Abenteuer- oder Reiseroman, Gelehrten- und Künstlerbiographien, alles boomte und wurde gern gelesen. In der einen Form überwog die lebendige Erzählung, in der anderen die Reflexion, der Beichtgestus und die Introspektion oder die gelehrte Entwicklung. Was Goethe oft an den Beschreibungen stört, ist ihr narzißtischer Zug, die einseitige Innenschau. Sein Konzept ist von Anfang an, eine Verbindung zwischen individueller Entwicklung und historischer Bedingtheit herzustellen, die in der gesamten Darstellung gewahrt bleiben soll. Die Harmonie von Innen und Außen, Individuum und Geschichte, Besonderem und Allgemeinem herzustellen, ist das Ziel dieser Lebensbeschreibung. Ein Genie wird geboren und tritt in den Zeitkontext: »Die Konstellation war glücklich«, lautet der prägnante erste Satz. Sie war insofern glücklich, als sich alle Anlagen harmonisch entfalten konnten und die Außenwelt als Spiegel, Betätigungsfeld und fruchtbarer Reibungspunkt dem begnadeten Individuum entgegentritt. Nichts ist zufällig oder heterogen. Jeder Umstand, jedes Zeitereignis hat persönlichkeitsbildende Wirkung. Goethe selbst hat es als Hauptaufgabe der Biographie bezeichnet (also nicht nur der Autobiographie), den Menschen in seinen Zeitverhältnissen darzustellen, »und zu zeigen, in wiefern ihm das Ganze widerstrebt, in wiefern es ihn begünstigt, wie er sich eine Welt- und Menschenansicht daraus gebildet, und wie er sie, wenn er Künstler, Dichter, Schriftsteller ist, wieder nach außen abspiegelt. Hierzu wird aber ein kaum Erreichbares abgefordert, daß nämlich das Individuum sich und sein Jahrhundert kenne, sich, in wiefern es unter allen Umständen dasselbe geblieben, das Jahrhundert, als welches sowohl den willigen als Unwilligen mit sich fortreißt, bestimmt und bildet, dergestalt, daß man wohl sagen kann, ein Jeder, nur zehn Jahre früher oder später geboren, dürfte, was seine eigene Bildung und die Wirkung nach außen betrifft, ein ganz anderer geworden sein.« Eine solche Ansicht und Vorgehensweise enthüllt auch die Absicht, sich selbst zum historischen Faktor zu machen.

Goethe äußert nach 1808 vermehrt im persönlichen Umfeld, er beginne sich nun selbst historisch zu werden. Seine Aufzeichnungen über sich selbst dienen fortan der Chronologisierung und schon lange nicht mehr dem spontanen und emotionalen Bekenntnis zur Selbstklärung wie in seinen frühen Tagebucheinträgen. Die Fäden laufen hier mehrfach zusammen: Die »Tag- und Jahreshefte« dienen der chronologischen Ergänzung der Lebensbeschreibung, die bekanntlich mit Goethes Abreise nach Weimar 1775 abbricht. Die »Italienische Reise« und die Kriegsberichte »Campagne in Frankreich« und »Die Belagerung von Mainz« werden als Teile der Autobiographie angesehen, obwohl sie aufgrund der verschiedenen Schauplätze und des unterschiedlichen biographischen Kontextes ganz andere Perspektiven aufbringen als »Dichtung und Wahrheit«. Es gibt so etwas wie den Kommentar zum Kommentar, eine Verstärkung der Historizität, autobiographische Erläuterungen zu autobiographischen Schriften. Es ist, als wolle Goethe bei der Nachwelt im voraus jede Tendenz verhindern, ihn zu mißdeuten oder ihn nicht auf adäquate Weise aus seinem historischen Kontext heraus zu verstehen. Für Goethe sind seine autobiographischen Schriften ein unabdingbarer Teil seines Gesamtwerks. Alle seine Werke sind, so sagt er schließlich, »Bruchstücke einer großen Konfession«. Die »Bekenntnisse« in »Dichtung und Wahrheit« sind gewiß keine Seelenergüsse. Der Tonfall der Lebensbeschreibung ist heiter, beschaulich, in ganz erstaunlich hohem Maße objektiviert. Individuelles Leben erscheint eingebunden in die schöne Symbolik des allgemeinen Lebendigen. Auch das ist ein typischer Zug des späten Goethe: Vom Individuellen kommt er zum Generischen, zum allgemein Menschlichen. Spruchdichtung, Lehrgedichte und Sentenzen werden allgegenwärtig und ins Erzählwerk integriert. Es kommt aber auch die Zeit der großen weltanschaulichen Gedichte. Die typischen Grundphänomene des Lebens zu erfassen wird dringlicher als die Problematik der individuellen Existenz, die gewissermaßen transzendiert wird. Gott, Mensch und Welt – das Göttliche, der Zufall, die Nötigung, Hoffnung und Liebe sind die Themen. Das Dämonische ist der Urgrund der Welt, der im Letzten nicht erfaßbar ist. Auf diesem Urgrund gibt es aber eine Position der Heiterkeit, die auch die Perspektive in »Dichtung und Wahrheit« ist – die der »Heiterkeit auf dunklem Grunde«: Die nachträgliche Sinngebung des Lebens im Rückblick, die die Autobiographie ermöglicht, ist in der Lage, alle Hindernisse und Leiderfahrungen als unabdingbare Bestandteile der eigenen Entwicklung anzuerkennen und in einem höheren Sinnzusammenhang aufzuheben. Es geht um »Totalität«, die in der Lebensbeschreibung als Kunstwerk hervortreten soll. Und so erweisen sich die »pathologischen« und die »morbosen« Zustände, die Hindernisse und »Retardationen« durch äußere Einwirkungen letztendlich als Stufen der Metamorphose, der Gestaltung und Umgestaltung individuellen Lebens auf dem Weg zur eigenen Vollendung. Ein solch ausgewogener Blick gelingt nicht immer in Goethes autobiographischen Schriften. In den Kriegsberichten wirkt er manchmal gezwungen und stellenweise unangemessen, wenn das Häßliche, Archaische, das Unverträgliche und jeden Sinn Verschließende die Harmonie der Darstellung zu überwältigen droht. Die »Italienische Reise« dagegen, die die ästhetischen Normen der Antike zur Grundlage hat, ist in ihrer nachträglich redigierten Version der Ausdruck einer selektiven Wahrnehmung – einer Reise, eines Lebensabschnitts, einer Kultur, eines Landes und der griechisch-römischen Geschichte. Der Blick ist einseitig, die Schönheit wird zur Forderung. So kann keine »Metamorphose« gelingen, die auch auf Dissonanzen beruht. Und in der eigentlichen Lebensbeschreibung? Sie ist voll von Literarisierungen und Halb-Wahrheiten, historischen Fakten, die Goethe im Lexikon nachgeschlagen hat und an die er sich selbst nicht mehr erinnern konnte, die er aber als einprägsame Kindheits- und Jugenderinnerungen darstellt. Wie authentisch ist »Dichtung und Wahrheit«? Ist die »Totalität« des Textes nicht ein Konstrukt, das mit dem gelebten Leben nichts zu tun hat? Sieht Goethe seinen Lebensgang tatsächlich so organisch und geschlossen? Die organische Geschlossenheit wird bewußt zum Programm, sonst hätte Goethe nicht im Gespräch mit Riemer, aus dem schon zitiert wurde, vor dem Stichwort »Metamorphose« die Forderung nach einer »befriedigende(n) Totalität« ausgesprochen, die zuletzt in der Autobiographie hervortreten müsse. Der Totalitätsbegriff ist ein Begriff aus der Klassik. Er bedeutet das Aufeinanderbezogensein aller einzelnen Bestandteile eines Kunstwerks bei gleichzeitiger Eigenständigkeit der Teile. Auch die Lebensbeschreibung Goethes ist ein Kunstwerk und keine faktisch-chronologische Bekenntnisschrift. Man weiß, daß das Idyll von Sesenheim nach dem Vorbild des Romans von Oliver Goldsmith »The vicar of Wakefield« komponiert und stilisiert wurde und daß die Stilisierung des Frankfurter Gretchens ein poetischer Kunstgriff ist wie das eingeschobene Märchen »Die neue Melusine« in der Sesenheimer Laube. Dennoch ist »Dichtung und Wahrheit« authentisch, gerade durch seine Objektivierung und poetische Distanz zum Faktischen und nur Individuellen. Goethe erläutert den Titel, der nur aus klanglichen Gründen »Dichtung und Wahrheit« und nicht, wie ursprünglich vorgesehen, »Wahrheit und Dichtung« lautete: »Ich nannte das Buch Wahrheit und Dichtung, weil es sich durch höhere Tendenzen aus der Region einer niedern Realität erhebt.« Das klingt nun wieder fast romantisch, nach »Poetisierung der Welt«. Die Dichtung macht die »höheren Tendenzen« des Lebens sichtbar, den Sinngehalt einer vermeintlich »niedern Realität«. Um diesen sichtbar zu machen, sind alle dichterischen Kunstgriffe erlaubt, und es geht nicht darum, das vollkommen Wirklichkeitstreue der biographischen Darstellung von den poetischen Zusätzen streng zu scheiden. Im Leben eines Dichters, das impliziert Goethe damit, wird so streng nicht geschieden. Das, wonach der Dichter strebt – die harmonische Ausbildung der Persönlichkeit und ein Aufeinanderbezogensein der Teile zum Ganzen, das heißt die fruchtbare Wechselwirkung von Innen und Außen, individueller Verwirklichungskraft und »zufälliger« äußerer Lebensmomente, die bestimmend wirken, soll sich wie ein roter Faden durch die Lebensbeschreibung ziehen, gleich dem Erzählfaden eines Romans. So läuft die Darstellung in »Dichtung und Wahrheit« über die Frankfurter Kindheit und Jugend, die Leipziger und Straßburger Studienzeit, das Sesenheimer Idyll, Wetzlar, das »Werther«-Erlebnis bis zur Abreise nach Weimar innerhalb dieses Wechselverhältnisses ab, persönlichkeitskonstituierend, wie immer wieder betont wird, und gipfelt im Grunde in der Feststellung, die im neunten Buch des zweiten Teiles fällt, »daß die Menschheit zusammen erst der wahre Mensch ist und daß der Einzelne nur froh und glücklich sein kann, wenn er den Mut hat, sich im Ganzen zu fühlen.« Die Selbstschilderung von Goethes Leben, die auch auf das Dichter-Genie und den Universalmenschen Goethe zugeschnitten ist, erscheint vollkommen objektiviert. Es ist die exemplarische Darstellung eines schöpferischen Lebens, das bei allen Krisen und Gefährdungen durch eine sensibilisierte Innenwelt stets den harmonischen Bezug zur Wirklichkeit sucht und darin ein Kompendium hat. Daher der heitere Tonfall, der hier bewußt kultiviert wird. Allen hypochondrisch gefärbten Introspektionen zeitgenössischer »Bekenntnis«-schriften setzt Goethe die Forderung entgegen, »daß der Mensch eigentlich nur berufen ist, in der Gegenwart zu wirken.« Das sagt er in einem anderen Zusammenhang, um die charismatische Wirkung der Rede gegen das stille Lesen und Schreiben abzusetzen, aber es ist von jeher sein eigenes pädagogisches Programm gegen die Gefahren des Empfindsamen: Tätigkeit und Wirken in der Gegenwart. Das hat durchaus auch erzieherische Absichten.

Nach dem Erscheinen seiner zwölfbändigen Werkausgabe bei Cotta 1808 hatte Goethe erstmals sein Lebenswerk vor sich, ein Ganzes, die Erträge seiner Arbeit im Überblick. Die historischen Ereignisse taten ihr übriges, um ihn zum Verfassen seiner Lebensbeschreibung zu veranlassen, bei deren Entstehung er es unternehmen konnte, wie er sagt, »mich in mir selbst historisch zu bespiegeln.« Das hatte einen besonderen Reiz, auch für die Zukunft der eigenen Arbeit. »Ich« und »Geschichte« werden aufeinander bezogen, in wechselseitiger Spiegelung, denn das Ich bespiegelt sich im Rückblick selbst und wird sich seiner eigenen Bedingtheit bewußt. So ist »Wahrheit« auch »Geschichte«, das objektiv Gegebene; »Dichtung« ist die konstituierende Macht der Persönlichkeit, die sich auf schöpferische Weise in das Gegebene einbringt.

Die Frauenfiguren haben in Goethes Lebensbeschreibung, die ja nur die ersten sechsundzwanzig Jahre umfaßt, eine ausgesprochen funktionale Bedeutung. Die stereotype Beschreibung der Mädchen und Frauen, von denen sich der junge Goethe angezogen fühlte und an die er sich als Sechzigjähriger erinnert, verweisen darauf, daß den Frauen hier hauptsächlich eine poetisch stimulierende Funktion zugeschrieben wird, daß sie als Verkörperungen der Poesie fungieren – ob Gretchen, Friederike oder die Wetzlarer Lotte. Die Schilderungen strotzen vor Diminutiven, Anmut und Lieblichkeiten; alles ist zierlich, lieblich, kindlich und gehört ganz in eine passive Sphäre der Inspiration, des bloßen So-Seins, kontrastiv zur Entwicklungsgeschichte des männlichen Helden. Ausnahmen bilden Goethes Mutter, Goethes Schwester und Lili. Sie alle haben ihn durch ihre Persönlichkeiten geprägt und auch nicht wenig beunruhigt. Was bleibt, ist ein unauflösbarer Rest, der nicht in die Beschreibung zu integrieren ist, ein letztes großes Schweigen über die energische geliebte Lili oder die problematische Schwester. Das funktional Weibliche hat auch im Leben seine Grenzen. Gelegentlich widerspricht sein lebendiges Gegenbild aber auch den formalen Gesetzen der Autobiographie.

Von den Mächten, die das Leben des Menschen bestimmen, handeln in lyrischer Form die »Urworte. Orphisch« von 1817, fünf Stanzen, die Goethe als »uralte Wundersprüche über Menschenschicksale« bezeichnet. Er hat sich im Vorfeld mit den griechisch orphischen Weisheitslehren beschäftigt und seine eigene Weltanschauung in griechische

Begriffe gekleidet. Je eine Macht, mit der die Stanze überschrieben ist, entspricht einem Lebensalter, doch ein Menschenleben ist von allen fünf Mächten durchzogen, wechselweise und zu jeder Zeit. Es beginnt mit dem Dämon, Anfang und Ende jeder Existenz:

Wie an dem Tag, der dich der Welt verliehen,
Die Sonne stand zum Gruße der Planeten,
Bist alsobald und fort und fort gediehen
Nach dem Gesetz, wonach du angetreten.
So mußt du sein, dir kannst du nicht entfliehen.
So sagten schon Sibyllen, so Propheten;
Und keine Zeit und keine Macht zerstückelt
Geprägte Form, die lebend sich entwickelt.

Das Individuum mit seiner unverwechselbaren Wesensart, seinem Verwirklichungswillen wird mit Tychem, dem Zufälligen konfrontiert, das es dahin und dorthin treibt, sich in der Geselligkeit einrichten läßt, sein Handeln zu einem austauschbaren macht. Es »harrt der Flamme, die entzündet«, und das ist: Eros, die Liebe, Ausdruck des dritten Lebensalters. Ihre fokussierende Kraft wird beschworen, wenn es heißt: »Gar manches Herz verschwebt im Allgemeinen,/Doch widmet sich das edelste dem Einen.«

Dem steht Ananke, die Nötigung entgegen, die dunkle Schicksalsgewalt, die den Lauf des Lebens hemmt, zurückweist und einschränkt.

Da ist's denn wieder, wie die Sterne wollten:
Bedingung und Gesetz; und aller Wille
Ist nur ein Wollen, weil wir eben sollten,
Und vor dem Willen schweigt die Willkür stille;
Das Liebste wird vom Herzen weggescholten,
Dem harten Muß bequemt sich Will und Grille.
So sind wir scheinfrei denn nach manchen Jahren
Nur enger dran, als wir am Anfang waren.

Die letzte Macht der Urworte, Elpis, die Hoffnung, überschreitet alle irdischen Bedrängnisse, Schranken und Nötigungen. Sie ist ein symbolischer Ausdruck der Befreiung und trägt transzendente Züge, dieses beflügelte Wesen, das die Sphäre des Menschlichen mühelos durchbricht. Hier hat Goethe auf der Schwelle des Alters auch seine eigene irdische Hoffnung ausgedrückt. »Ein Flügelschlag – und hinter uns Äonen!«

Der einsame Dioskur

Spätestens seit 1813 befand sich Goethe auf gefährtenlosem Wege. Schiller und Herder waren tot, ebenso Lavater, der Weggenosse seiner Jugend, wenngleich seit längerem gemieden; dann starb Wieland Anfang 1813. Die Herzoginmutter Anna Amalia lebte ebenfalls nicht mehr. Ihr Musenhof war bereits zur Legende geworden. Zu dem jungen Erbprinzenpaar, Carl Augusts Sohn und der russischen Schwiegertochter, hatte Goethe ein ganz anderes Verhältnis als damals zu Luise und Carl August. Es war viel distanzierter, förmlicher, auf Trennung ihrer Lebensbereiche gegründet. Im Grunde unterhielt Goethe in seinem Haus am Frauenplan eine Art eigene Hofhaltung. Illustre Gäste, Durchreisende, Gelehrte, Schaulustige und Menschen des öffentlichen Lebens suchten Goethe auf, und er kam seinen gesellschaftlichen Aufgaben im Sinne einer Pflichterfüllung nach. Mancher hat das bürgerliche Haus mit der imposanten Einrichtung mit unbehaglichen Gefühlen betreten – und es ebenso unbehaglich wieder verlassen. Der Hausherr, seine Exzellenz, im steifen Frack am Treppenaufgang, der verschüchterte Gast steigt die Treppe empor, besieht den Deckenstuck, die klassischen Skulpturen, die Ildefonso-Gruppe der Dioskuren Kastor und Pollux, die großzügigen Räume, angefüllt mit Kunstgegenständen …

Goethes Alltag ist weit weniger aufsehenerregend. Erich Trunz beschreibt so einen Tag in Goethes Leben aus den Quellen, einen zufällig herausgegriffenen Arbeitstag, den 12. April 1813. Goethe ist jetzt dreiundsechzig Jahre alt, Christiane siebenundvierzig, August, der Sohn, der nach seiner Rückkehr von der Heidelberger Universität in Weimar als Kammerassesor arbeitet, ist dreiundzwanzig. Goethe ist wie immer gegen sechs Uhr aufgestanden und hat nach dem ersten

Frühstück gleich mit dem Diktieren angefangen. Der Sekretär namens John, der zur Zeit bei ihm arbeitet, macht sich immer schon in aller Frühe bereit. Manchmal diktiert Goethe bereits vom Bett aus. Wahrscheinlich trägt er dann im Arbeitszimmer, wo er beim Diktieren auf und ab geht und die Hände hinter dem Rücken verschränkt hält, einen seiner Schlafröcke, die er zu Hause und beim Arbeiten oft trägt. Er ist jetzt beim dritten Teil von »Dichtung und Wahrheit«, mitten in der Wetzlar-Episode. Danach kommt die Frankfurter Zeit in der Lebensbeschreibung, als seine Verbindungen mit Weimar ihren Anfang nahmen, und um dazu seine Erinnerung aufzufrischen, lädt er seinen alten Freund Knebel zum Mittagessen ein, der damals, 1774, die Bekanntschaft von Goethe und dem Weimarer Herzog initiiert hat. Knebel kommt am späten Vormittag vorbei und bleibt zum Essen. Das ist ganz in Goethes Sinn. Er lädt eigentlich immer nur Leute zum Mittagessen ein, die ihn bei der poetischen und wissenschaftlichen Arbeit fördern, Interessantes zu erzählen haben, weitgereist sind oder sonstwie mit Erzählungen und Informationen seine Denkwelt befruchten können. Im Leben Goethes hat alles seinen Platz, und die ökonomische Nutzung der Zeit und der Arbeitskraft sind ein wichtiger Bestandteil seines Lebens.»Nach Tische das Gespräch fortgesetzt«, heißt es in Goethes Tagebuch. Im Goethe'schen Haushalt schwirrt noch ein kleines »Nebengeschöpf« herum, die Gesellschafterin seiner Ehefrau Christiane, Caroline Ulrich. »Uli« ist dreiundzwanzig Jahre alt, also so alt wie August von Goethe. Sie ist eine Waise gutbürgerlicher Herkunft, und sie soll die Geheimrätin ein wenig unterstützen, den Geheimrat unterhalten. Sie nimmt Christiane oft das Briefeschreiben ab, das dieser so schwerfällt und gibt der in mancher Beziehung überforderten Geheimrätin gelegentliche Winke in punkto Tonfall und Auftreten – und sie erheitert den alternden Goethe. Goethe mochte immer »Töchterchen« in seiner Nähe, um so mehr, da er selbst keine hatte. Caroline Ulrich sollte später seinen Mitarbeiter Riemer heiraten. Diesen trifft Goethe noch am selben Abend zum Gespräch – eine Art Arbeitstreffen, kein Freundschaftsbesuch. Riemer ist Altphilologe, ein gewissenhafter Gelehrter, aber leicht phlegmatisch und mit einer Neigung zum Trübsinn. Zu dieser Zeit ist er Professor am Weimarer Gymnasium und lebt nicht mehr in Goethes Haus. Die Gesprächsthemen zwischen Goethe und Riemer sind meistens im voraus vereinbart und von beiden Seiten vorbereitet. Goethe studiert zur Zeit ein Werk über griechische und römische Rhetorik und unterhält sich darüber mit Riemer. Als der Professor gegangen ist, geht Goethe ein wenig im Mondschein spazieren. Er läuft die Seifengasse entlang, erreicht den Park und geht bis zum Römischen Haus, dem im Stil einer römischen Villa gehaltenen Sommerhaus des Herzogs am Ausgang des Parks zur Belvederer Allee. Als er zurückkehrt, befaßt er sich mit seiner Abendlektüre, einem Aufsatz des Physikers Seebeck über ein Spezialgebiet der Optik. Ein Tag in Goethes Leben. Ein arbeitsames, gewissenhaftes und streng gegliedertes Leben. Doch es gibt auch ein anderes Leben. In den Kurbädern Karlsbad und Teplitz präsentiert man Goethe schon die »Töchterchen«, weil man weiß, wie gewogen man den Geheimrat in der Nähe hübscher junger Frauen stimmen kann. Hier flirtet er, hier frönt er seiner Lust an einfachen Vergnügungen und an der leichten Muse, den Augen- und Sinnenreizen, Bällen und Tanzmusik. Die Welt der Frauen ist ihm in erster Linie behaglich-heiterer Gegenpol zu seinem ernsthaften, arbeitsamen Leben. An seiner Arbeit, seinen Forschungen, seinen gelehrten Gesprächen nehmen Frauen im Grunde nicht teil. Zwar liest er auch aus »Dichtung und Wahrheit« wie ehedem im Kreise der Damen des Weimarer Hofes, aber das ist für ihn nicht mehr als eine unterhaltsame Geselligkeit und eine Möglichkeit, sich mitzuteilen. Zu Einwürfen und Diskussionen kommt es dabei nie. Die Damen bewundern ihn. Auch die mittlerweile über siebzigjährige Charlotte von Stein bewundert Goethes Schaffen nach wie vor. Nach einer Aufführung des »Tasso«, die sie im Weimarer Theater besuchte, schreibt sie an Goethe ein enthusiastisches »Zettelchen« und gibt sich ungewohnt herzlich, spontan und begeistert wie ein junges Mädchen. Als »Ihre treue Verehrerin« bezeichnet sie sich selbst nach dem Besuch des »Tasso« und wiederholt dies auch in anderen Briefen. Aber sie unterbricht den Meister auch einmal in einem der geselligen Lesekränzchen, stellt eine Frage, äußert Zweifel oder nur Verwunderung. Das macht Goethe regelmäßig ungehalten, denn das ist er nicht gewohnt – nicht mehr. Man begreift dann sehr leicht, wie gespannt die Beziehung zwischen beiden in den Jahren nach Italien oder auch kurz davor gewesen sein muß. Als Goethe 1816 mitten in seiner orientalischen Phase im Zuge der »Divan«-Dichtung ist und die Gedichte des persischen Dichters

Hafis vorträgt, bemerkt Charlotte nachträglich in einem Brief an Knebel: »Auf das Geringste, was man nicht ganz in seiner Vorstellung sagt, hat man einen Hieb weg. Ich frug ihn, ob diese Gedichte von einem oder verschiedenen orientalischen Dichtern wären [...] erwiderte er: ›Liebes Kind, das wird mir niemand erforschen.‹ Als wenn ich ein Mädchen von zehn Jahren wäre! Ich weiß gar nicht, wie man ohne Herzlichkeit eigentlich leben kann. Er braucht diesen Lebenspunkt gar nicht.« Auch das ist typisch für den späten Goethe: Alle sind »liebe Kinder« neben ihm, selbst wenn sie gleichaltrig oder sogar älter sind als er; er hat die wohlwollende und manchmal gönnerhafte Art des alten Weisen angenommen, der nur belehren und selbst nicht mehr belehrt werden kann. Auch Friedrich von Müller, ein junger Jurist in herzoglichen Diensten, berichtet das in seinen »Unterhaltungen mit Goethe«. Im Gegensatz zu anderen zeitgenössischen Goethe-Berichten, etwa zu Eckermanns legendenbilden der Darstellung der Gespräche mit Goethe oder den nationalpatriotischen Entgleisungen des Johann David Falk entsprechen die »Unterhaltungen« des Kanzlers von Müller einer distanzierten, kritischen und trotzdem anschaulichen Berichterstattung. Goethe erscheint in all seiner Brillanz wie ein geschliffener Diamant in allen Farben leuchtend, von den verschiedensten Seiten betrachtet: lehrhaft-gediegen über Kupferstichmappen, Landschaftszeichungen und physikalischen Versuchen, verschmitzt, wenn er über Liebschaften in Karlsbad spricht oder daß er sich als Theaterleiter nie eine Schwäche gegenüber einer Aktrice gestattet habe, auch wenn er manche Gelegenheit gehabt hätte, onkelhaft (»Seht, liebe Kinder, was wäre ich denn, wenn ich nicht immer mit klugen Leuten umgegangen wäre und von ihnen gelernt hätte? Nicht aus Büchern, sondern durch lebendigen Ideenaustausch, durch heitere Geselligkeit müßt ihr lernen.«), heiter-gelöst im angeregten Gespräch in freier Natur oder im Umgang mit der jungen Malerin Julie von Egloffstein, unleidlich in seinen Animositäten, wenn man zu schlecht über Napoleon spricht oder zu viel über Politik allgemein – »Neue Lehre, wie schwer es ist, mit Goethe umzugehen«, bemerkt Müller einmal –, interessiert und offen, teilnehmend am Weltgeschehen, als er einen Amerikaner aus Boston, der auf der Durchreise ist, zum Mittagessen bei sich hat und über die Kolonialisierung Nordamerikas redet; zum »Kunschd-Meyer«, der auch dabei ist, meint er da, man würde auch wohl noch hinübersegeln, wenn man zwanzig Jahre jünger wäre. Auch die Befremdung, die den Besucher befällt, wenn Goethe erst heiter-gesellig ist und sich dann plötzlich völlig in sich selbst zurückzieht, die Geheimratsmaske aufsetzt und abweisend wird, klingt in der Darstellung von Müllers an. Ganz ohne übertriebene Weihe und Ehrfurcht beschreibt dieser Zeitgenosse Goethe im Gespräch und im gesellschaftlichen Umgang. Bei Müller erfahren wir, daß Goethe meinte, seit er Rom verließ und über den Ponte Molle heimwärts fuhr, habe er keinen rein glücklichen Tag mehr gehabt, daß er einst vorhatte, für immer in Italien zu bleiben »und das Leben in Rom Tag für Tag in großen Gemälden zu schildern wie den Korso«, daß er schon aus dem Bett frühmorgens das Diktieren anfängt, daß seine Zimmer meistens überheizt sind, was die Besucher oft unerträglich finden. Müller bestätigt, daß Goethe »über die heiligsten und wichtigsten Anliegen der Menschheit«, sittliche und religiöse Fragen, über Moral, Gott, Tod und Unsterblichkeit selten zu einer Aussage zu bewegen ist, zu einer entschiedenen schon gar nicht, und der Chronist vermerkt die Besonderheit jener Momente, in denen sich Goethe doch dazu äußert. Es klingt recht authentisch, was Müller berichtet: »Der Mensch«, so Goethe, »wie sehr ihn auch die Erde anzieht mit ihren tausend und abertausend Erscheinungen, hebt doch den Blick forschend und sehnend zum Himmel auf, der sich in unermeßlichen Räumen über ihm wölbt, weil er es tief und klar in sich fühlt, daß er ein Bürger jenes geistigen Reiches sei, woran wir den Glauben nicht abzulehnen noch aufzugeben vermögen. In dieser Ahnung liegt das Geheimnis des ewigen Fortstrebens nach einem unbekannten Ziele; es ist gleichsam der Hebel unseres Forschens und Sinnens, das zarte Band zwischen Poesie und Wirklichkeit.«

Ein Altersfreund Goethes ist Carl Friedrich Zelter. Goethe hat den Berliner Musiker, der zunächst das Maurerhandwerk erlernte und im väterlichen Betrieb mitarbeitete, um sich schließlich in der zweiten Lebenshälfte ganz der Musik zu widmen, über Kompositionen Zelters zu Liedern aus »Wilhelm Meisters Lehrjahren« kennengelernt. Der Kontakt zwischen Goethe und Zelter entstand auf brieflichem Wege zunächst über die Musik, weitete sich aber zu einer wirklichen Freundschaft aus, die weit über gemeinsame Interessen hinausging. Als Goethe 1813 vom Selbstmord von Zelters Sohn erfährt – einer der

Karl Friedrich Zelter

zahlreichen Tragödien im Leben des Freundes –, bietet er ihm das brüderliche »Du« an. Das kommt in seinen späten Jahren kaum noch vor, es ist eine Ausnahme, fast eine Auszeichnung. Musikalisch hat Goethe, der im Bereich der Musik nicht allzu versiert war, Zelter völlig überschätzt. Er mochte Zelters Vertonungen seiner Lieder und Gedichte, weil sie dezent waren und den sprachlichen Gehalt der Verse nicht überlagerten. Der kompositorische Niveauunterschied zwischen den Liedvertonungen eines Zelter und eines Franz Schubert ging Goethe nicht auf. Er hat die Arbeiten, die Schubert ihm zusandte, teilweise unausgepackt liegengelassen und den Absender mit Höflichkeitsfloskeln abgefertigt. Ähnlich war es mit Beethoven, den Goethe in Teplitz kennenlernte. Den bahnbrechenden Genius in ihm erkannte Goethe nicht. Er verehrte aber Mozart, dessen »Zauberflöte« er als Weimarer Theaterdirektor in jeder Saison ins Programm nahm. Die Musik war also die Brücke zu Zelter. Goethe schätzte den bodenständigen Berliner, der die verschiedensten Aspekte in seinem stets tätigen Leben vereinigte, uneingeschränkt. Auch Zelter war eine »Natur«, das Gegenteil eines kunstbeflissenen Empfindsamen und Hypochonders. Er war tüchtig, solide und originell. Keine abgehobenen Ideen und Gefühlszustände prägten sein Leben. Er war Pädagoge und Organisator im Bereich der Musik, gründete Liederkreise und leitete die Berliner »Singakademie«. Es ist kein Zufall, daß Goethe sich diesen Mann, der so ganz aufs Wirkliche gestellt war, zum Freund seines Alters auserwählt. Seit 1802 haben sich die beiden immer wieder persönlich getroffen. Zelter wird schließlich teilnahmsvoller Zeuge von Goethes Gefühlskrise als über Siebzigjähriger nach der Begegnung mit Ulrike von Levetzov. Es war eine gleichrangige und austauschende Freundschaft, die Goethe mit Zelter verband, obwohl der andere keineswegs kongenial war, aber schlicht, aufrichtig und unverbildet genug, um aus einer lebenssicheren Mitte heraus Goethes Größe und Produktivität anzuerkennen und neidlos zu fördern. Zelter wirkt in Goethes letzten Lebensjahrzehnten wie eine Figur aus »Wilhelm Meisters Wanderjahren«, wo es auch hauptsächlich darum geht, tätig zu sein, sich als Individuum in ein Ganzes zu fügen und einem übertriebenen Subjektivismus zu entsagen. Es ist eine epochale Wegweisung, die Goethe mit solchen Forderungen vollzieht. Die lyrischen Zeiten, die Zeiten des individuellen Genius sind vorbei. Diesseitigkeit und Gemeinsinn werden zu unablässigen Forderungen des Tages.

Ein anderer Altersfreund Goethes ist der um einige Jahrzehnte jüngere Sulpiz Boisserée. Boisserée entstammte einer Kölner Kaufmannsfamilie. Er und sein Bruder Melchior waren Kunstsammler und Kunstgelehrte, die in Heidelberg eine Sammlung spätmittelalterlicher, altdeutscher Kunst beherbergten. Sulpiz brach auch eine Lanze für die gotische Baukunst. Er setzte sich für die Restaurierung des Kölner Doms ein und verfaßte entsprechende Gutachten zu seiner Architektur für die preußischen Behörden. Mit dem romantischen Kunstprogramm waren die aufs deutsche Mittelalter konzentrierten Brüder Boisserée durchaus verbunden, und so ist es kaum verwunderlich, daß Goethe, der sich bereits in deutlicher Oppositionshaltung zur Romantik befand, zunächst reserviert reagierte, als sich Sulpiz Boisserée 1810 erstmals brieflich an ihn wandte. Er kam dennoch in Weimar vorbei und brachte Kupferstiche vom Kölner Dom mit. Eine respektvolle Freundschaft entstand, die Goethe auch Anlaß gab, sich erneut mit dieser von ihm schließlich nie verworfenen Kunstepoche zu beschäftigen.

Es sind einzelne Namen, wie hingestreut, die Goethes letzte Lebensjahrzehnte begleiten. Der Kanzler von Müller hat ein einprägsames Bild übermittelt, das Goethe von sich selbst gezeichnet hat und das er auch in einem Brief an Zelter gebraucht: Er sieht sich als den alten Merlin, den Zauberer der Artussagen, der sich mit den Elementen vereinigt. Müller schildert ein heiteres Beisammensein bei den Dornburger Schlössern, über dem Saaletal. Julie von Egloffstein ist dabei, wahrscheinlich Falk, Müller selbst, vielleicht noch andere. Die Zeit vergeht unter »Scherzen«, »Neckereien« und Gesprächen über Poesie und Wirklichkeit und die höheren Tendenzen im irdischen Streben des Menschen. »Doch nur allzu rasch entschlüpften so köstliche Stunden. Laßt mich, Kinder, sprach er plötzlich vom Sitz aufstehend, laßt mich einsam zu meinen Steinen dort unten eilen; denn nach solchem Gespräch geziemt dem alten Merlin, sich mit den Urelementen wieder zu befreunden. Wir sahen ihm lange und frohbewegt nach, als er, in seinen lichtgrauen Mantel gehüllt, feierlich ins Tal hinabstieg, bald bei diesem, bald bei jenem Gestein, aber auch bei einzelnen Pflanzen verweilend, und die ersteren mit seinem mineralogischen Hammer prüfend. Schon fielen längere Schatten von den Bergen, in denen er uns wie eine geisterhafte Erscheinung allmählich entschwand. Wir aber fuhren unter traulichen Erinnerungsgesprächen durch das blühende Jenaische Tal froh und heiter nach Hause.« Das war im Jahr 1818, als Christiane schon tot ist und Goethes Einsamkeit noch größer wird als zuvor. Das Bild, das Müller wiedergibt, ist dasselbe wie in einem der Sonette von 1807: der Dichter im langen, weiten Mantel, der einen schroffen Felsenweg hinuntergeht. Vielleicht hat sich der Kanzler in seiner Beschreibung auf dieses Bild in Goethes Gedicht bezogen. In dem Sonett »Freundliches Begegnen« wird der Vorgang einer Verjüngung geschildert – dem Dichter im verhüllenden Mantel kommt ein junges Mädchen entgegen, und es »enthüllt« sich der Tag, worauf der Mantel fällt und der Dichter in den Armen des Mädchens liegt. Dem alten Merlin aber soll sich kein Tag mehr enthüllen. Er ist schon halb wieder mit den Elementen vereinigt.

Napoleons Rußland-Feldzug von 1812 war dessen letzter großer Feldzug. Die endgültige Einigung Europas unter einem Kaiser war das große Ziel Napoleons, dessen Reich inzwischen den ganzen europäischen Raum zwischen Nordsee und Adria, Ostsee und Ebro im nordöstlichen Spanien umfaßte. Seine Statthalter herrschten in Italien, Spanien, Neapel, Westfalen, Schweden, in den Rheinbundstaaten und im Großherzogtum Warschau. Dänemark, Bayern und Sachsen waren Vasallenstaaten. Preußen war unterjocht und Österreich zwangsverbündet. Rußland, das selbst in einen Krieg mit der Türkei verwickelt war, war ein letztes großes Ziel, um Europa zu vereinigen. Doch da erfolgte der Umschwung. Die Napoleonischen Truppen drangen bis Moskau vor, wurden aber nach dem Brand der Hauptstadt beim Rückzug geschlagen. Die Befreiungskriege der verbündeten Russen, Preußen und Österreicher gegen Napoleon begannen. Als der Kaiser der Franzosen nach dem verlorenen Rußland-Feldzug nachts durch Deutschland fährt und wissen will, in welcher gottverlassenen Gegend sie gerade seien, antwortet man ihm: »Weimar«. Man möge Monsieur Goethe grüßen, bemerkt er.

Zwei Jahre dauern die Befreiungskriege, bis der Länderschacher auf dem Wiener Kongreß 1815 stattfindet, der die Neuordnung Europas bedeuten soll. Die Völkerschlacht bei Leipzig vom 16. – 18. Oktober 1813 bringt die einstweilige Entscheidung durch die Niederlage der

Napoleonischen Truppen. Napoleon ist besiegt, sein Rückzug über den Rhein beginnt, es ist das Ende des Rheinbunds. Im April 1814 dankt Napoleon ab und zieht sich auf die Insel Elba zurück, wo man ihm immerhin ein Fürstentum läßt. Das bleibt im Grunde auch der Stand der Dinge, wenn der ehemalige Kaiser der Franzosen auch im Folgejahr noch einmal von der Insel flieht und nach Paris zurückkehrt, in der Schlacht bei Waterloo aber von den Engländern besiegt, gefangengenommen und auf die Insel St. Helena verbannt wird. Das Napoleonische Abenteuer ist 1815 endgültig vorbei. Im Oktober 1813, vor und während der Leipziger Kampftage, als es auch in Weimar militärische Bewegungen gibt, ist Goethe mit gepackten Koffern zur Flucht bereit. Er bekommt eine Leibgarde, und wieder gibt es Einquartierungen (diesmal der Alliierten), die Christiane organisatorisch bewältigen muß. In einer Zeit, als Europas Schicksal wieder einmal auf dem Prüfstand steht, flüchtet sich Goethe ins Fernste, Entlegenste. Das sagt er selbst. Es ist eine Art Selbstschutz, um den eigenen kulturellen Status Quo nicht von den politischen Zeitwirren verdrängen zu lassen. Goethe treibt chinesische Studien und liest die Reiseabenteuer Marco Polos. Die Zeitungsmeldungen über die Schlachten und Siege, über die Erschütterung ganz Europas interessieren ihn nicht. Das Wichtige erfährt er ja doch.

Eine ganz andere Welt nimmt ihn bald gefangen, in der sein größter Gedichtzyklus sich abspielen wird: die Welt des Orients, die arabische Welt. Während sich im Frühsommer 1814 die Kunde von Napoleons Verbannung verbreitet hat und allgemeine patriotische Stimmung in Deutschland herrscht, liest Goethe die Gedichtsammlung »Divan« des persischen Dichters Hafis aus dem 14. Jahrhundert, die in der Übersetzung des Wiener Orientalisten Joseph von Hammer-Purgstall erschienen ist. Als der Herzog Carl August im November des Jahres 1813 zur Bildung eines Freiwilligen-Korps aufgerufen hat, um sich an den Befreiungskämpfen zu beteiligen, ist August von Goethe auf Wunsch des Vaters zurückgeblieben. Goethe glaubte nicht an die Erhebung und hat wenig später Knebel gegenüber geäußert, er habe die Deutschen nie einig gesehen – nur im Hasse gegen Napoleon. Er wolle nun sehen, was sie anfangen würden, wenn dieser über den Rhein vertrieben worden sei. Ein Patriot war Goethe sicher nicht. Charlotte von Stein schreibt im April 1814 an ihren Sohn Fritz:

»Goethe, wie man sagt, hat seinen Sohn nicht wollen mit den Freiwilligen gehen lassen, und er ist der einzige junge Mensch von Stand, der hier zu Hause geblieben. Sein Vater scheint gar unsern jetzigen Enthusiasmus nicht zu teilen; man darf nichts von politischen Sachen bei ihm reden. Und doch ist gewiß seit Jahrhunderten nichts Interessanteres vorgekommen! Er liest auch keine Zeitungen. Wohl sind sie nicht allemal wahr, aber doch nicht so lügenhaft, wie sie auf Befehl Napoleons geschrieben wurden. Wir hören hier die Neuigkeiten von den durchgehenden Kurieren ziemlich bald.« Der dickliche, träge August von Goethe, der über keinerlei herausragende Talente verfügte und wenig Chancen hatte, bedeutend mehr als der Sohn des großen Goethe zu sein, tat indessen, was der Vater wollte. Wie er selbst zu den Ereignissen stand und ob er die unpopuläre Meinung des Vaters teilte, ist ganz unklar. Eine schwärmerische Napoleonverehrung, die er sich möglicherweise vom Vater abgeschaut hatte, stand neben einer ganz ungewissen Einstellung zu seiner eigenen Position, seinem Werdegang und zu sich selbst. Er tat, wie ihm geheißen, und der Vater erledigte alles über geschliffene Briefe an Serenissimus Carl August. Der Eklat kam, als es zwischen August Goethe und dem Wortführer der Freiwilligen, einem Rittmeister von Werthern, zu einem Wortgefecht kam, woraufhin ein Duell vereinbart wurde. Aber mit Hilfe der väterlichen Intervention wurde auch das beigelegt, es kam nicht dazu. Blamiert war Goethes Sohn bei seinen Altersgenossen nun so oder so.

Der große Theatermann Iffland, der mittlerweile das Theater in Berlin leitet, bittet Goethe nach Napoleons Niederlage und zur Feier der Rückkehr des preußischen Königs nach Berlin, ein Friedensfestspiel zu schreiben. Es entsteht »Des Epimenides Erwachen«, ein hochallegorisches Stück, in dem die Dämonen des Krieges, der List und der Unterdrückung gegen Glaube, Liebe und Hoffnung auftreten und am Ende bezwungen werden. Die Selbstbefreiung Deutschlands sollte in diesem Auftragsstück zum Thema gemacht werden, und die Geschichte vom Nymphensohn Epimenides, der in einer Höhle vom Schlaf überfallen wurde und nach vierzig Jahren als Weiser, als Prophet erwacht, konnte Goethe hinreichend über diese Forderung des Tages hinweghelfen, da er sie symbolisch deuten konnte, und da sie wiederum ins Allgemeine ging. Der Blick des Alters wird allgegenwärtig in Goethes Dichtung.

Goethe selbst ist dagegen nach Aufbruch zumute. Die Siegesfeiern zum Ende der Franzosenherrschaft können ihn zwar nicht über die Maßen mitreißen. Aber er nimmt diese historische Zäsur ein weiteres Mal als allgemeines Zeichen der Erneuerung, die ihn von innen erfaßt. Für den Sommer plant er eine Reise in die Rhein-Maingegenden. Die Reise hat verschiedene Gründe und Ziele. In Wiesbaden will Goethe dieses Jahr seine Badekur abhalten. Irgendwie zieht es ihn wieder in das mildere Klima seiner Heimat. Viele alte Freunde, Bekannte und Verwandte kann er bei der Gelegenheit besuchen, die er schon lange nicht mehr gesehen hat. Beim Tod seiner Mutter im Jahre 1808 hatte Christiane in Frankfurt den Nachlaß geregelt. Goethe selbst ist seit der Kampagne in Frankreich, wo er auf der Durchreise Frankfurt besuchte, nicht mehr in der alten Heimat gewesen. Etwas Drittes schließlich, das er mit der Reise auch verbinden kann, ist die Gemäldesammlung der Brüder Boisserée in Heidelberg, die er sich endlich ansehen will. Er hat es den Freunden versprochen.

Die persischen »Divan«-Gedichte haben Goethe in ihren Bann gezogen. »Divan« heißt »Versammlung« und meint in der arabischen Kultur sowohl den Versammlungsort der Ratgeber des persischen Herrschers, als auch die Gedichtsammlung selbst. Goethe sieht in dem Dichter Hafis einen Geistesverwandten und will selbst Gedichte im persischen Stil schreiben. Er treibt in der Folgezeit orientalische Studien, liest den Koran, lernt etwas Arabisch. Aber die fremde Welt dieser Lyrik ist das, was ihn eigentlich anzieht: das Land der Patriarchen, Karawanen, glänzenden Paläste, die Gärten von Schiras und die Lieder von Wein, Liebe und Lebensgenuß. Die Liebe von Hatem und Suleika ist die eines alternden Mannes zu einer jungen Frau, einer Morgenblüte im Herbst des Lebens. Auch die zusammenstürzenden und sich erneuernden Reiche, das Auf und Ab der Mächtigen und der Geschichte, das Auftauchen des großen Eroberers Timur, der auch der Dämon des Krieges und der Unterdrückung aus »Des Epimenides Erwachen« sein könnte, erinnern Goethe an die Wirren seiner eigenen Zeit, der zu entfliehen er gerade im Begriff ist. Um gedanklich in den Osten, ins Morgenland zu gelangen, fährt Goethe mit seiner Reisekutsche nach Westen – ein wenig Widersinn und doppeltes Versteckspiel. Im Wagen von Weimar nach Wiesbaden und in die Rhein-Maingegenden schreibt Goethe Gedichte im persischen Stil. Es ist eine

Verkleidung, eine Anverwandlung – und die Vorbereitung zu einem geistigen Aufbruch. Verjüngung lautet von neuem die Forderung im Goethe'schen Lebensrhythmus. Gezielt und bewußt schafft Goethe sich die Atmosphäre und den Hintergrund dazu, er dichtet sich in eine fremde Welt hinein und kultiviert eine offene Gefühlsgrundlage für das »Buch der Liebe«, einen der Abschnitte des »West-östlichen Divans« nach dem Vorbild des persischen Dichters. Ein wenig Flucht ist wohl immer die Voraussetzung für eine derartige Erlebniskultivierung und die Verschmelzung von Dichtung und Wahrheit, Flucht aus dem Gegebenen und aus den Rollen, die damit verbunden sind. So hat die Aufbruchstimmung dieser Reise manche Ähnlichkeit mit der Italienreise. Auch in den literarischen Erträgen beider Reisen gibt es Ähnlichkeiten, denn beide Gedichtzyklen, die »Römischen Elegien« und der »West-östliche Divan«, sind Ausdruck von Kulturrezeptionen, Begegnung und Verschmelzung. Die »Römischen Elegien« waren das Abbild der Begegnung des nordischen Dichters mit dem antiken Süden. Im »West-östlichen Divan« findet die Begegnung des westlichen Dichters mit dem Orient statt. Wiederholte Spiegelungen mit dem Reflex auf sich selbst. Goethe erläutert die Perspektive der »Divan«-Gedichte: »Der Dichter betrachtet sich als einen Reisenden. Schon ist er im Orient angelangt. Er freut sich an Sitten, Gebräuchen, an Gegenständen, religiösen Gesinnungen und Meinungen, ja er lehnt den Verdacht nicht ab, daß er selbst ein Muselmann sei.« Ein Mummenschanz beginnt, für Goethe Ausdruck der Reise schlechthin. Wie ein Paukenschlag präsentiert sich das erste Gedicht, das mit »Hegire« (»Flucht«) überschrieben ist und das Absicht und Tonfall beider Reisen verkündet, der wirklichen und der im Gedicht. Da heißt es:

Nord und West und Süd zersplittern,
Throne bersten, Reiche zittern,
Flüchte du! im reinen Osten
Patriarchenluft zu kosten.
Unter Lieben, Trinken, Singen
Soll dich Chisers Quell verjüngen.

Aufbruch nach Westen

Goethes Reisewagen war für damalige Verhältnisse geradezu luxuriös. Heute ist er im Hof von Goethes Haus am Frauenplan zu sehen. Er hatte sogar eine Federung, was durchaus nicht selbstverständlich und angesichts der holprigen Straßen, an denen auch Goethe als jahrzehntelanger Vorsitzender der Straßen- und Wegebaukommission nicht viel hatte ändern können, eine Wohltat war, eine nennenswerte Verbesserung der nicht gerade komfortablen Reisebedingungen des 18. und 19. Jahrhunderts. Die Kutsche war innen gepolstert, und in seinem »Fahrhäusgen«, wie Goethe es nannte, saß er mit dem Rücken zum Kutscher, gegen die Fahrtrichtung, saß da überaus behaglich und schrieb. Das war mit ein Grund, warum Goethe sich noch im hohen Alter auf manche anstrengende Reise einließ: Er konnte die Zeit der Reise nutzen, sie war ihm kein mühsamer und lästiger Begleitumstand. Er beherrschte die Kunst der Entspannung und der größtmöglichen Nutzung der Zeit auf außerordentliche Weise. Goethes Reisestrecke in seinem gesamten Leben hat man auf vierzigtausend Kilometer geschätzt – was einer Äquatorumrundung entspricht. Auf seinen Reisen konnte Goethe seinen Gedanken nachhängen, schreiben, seine Eindrücke verarbeiten, auch einmal schlafen.

Als er sich am 25. Juli 1814 auf die große Fahrt nach Wiesbaden macht, läßt Goethe Christiane natürlich in Weimar zurück. Sie hat ihm zu der Fahrt geraten, und als er unterwegs ist, deutet er brieflich ungeniert seine Flirtbereitschaft mit jungen »Misels« an. Christiane soll Goethe aber auch gelegentlich Eifersuchtsszenen gemacht haben, wenn er es gar zu weit trieb. Sie selbst geht nach wie vor alleine tanzen und stürzt sich weinselig ins pralle Vergnügen. Es gibt Porträts von Christiane aus ihren letzten Lebensjahren. Krank ist sie schon lange; zwei Jahre später wird sie an einem Nierenleiden sterben. Auf den Bildern wirkt sie aufgeschwemmt, und der bittere Zug um ihren Mund ist nicht zu übersehen und widerspricht dem Klischee von der unveränderbaren »Frohnatur«, die Goethe in ihr sehen will. Erst vor kurzem hat er das

Gedicht vom Blümchen geschrieben, das er im Wald gefunden hat, um es in seinem Garten einzugraben, rückblickend auf die erste Begegnung mit Christiane und auf ein fünfundzwanzigjähriges Zusammenleben. Das Bild stimmt nicht mehr mit ihr überein.

Goethe hat ein paar Jahre vor der Reise in die Rhein-Maingegenden ein schlüpfriges »Lehrgedicht« geschrieben, das er zeitlebens unter Verschluß hielt und das man erst in diesem Jahrhundert wieder ausgegraben hat. Es handelt von Reisen und erotischen Gelegenheiten, die bekanntlich Diebe machen, von Treue, Ehebruch und Impotenz und gipfelt in einer überschwenglichen Huldigung der Herrin zu Hause, die doch allein über das sinnliche Leben des Reisenden herrscht. Auch hier ist der Reisende, der Dichter, Goethe wieder im weiten Reisemantel vorzustellen. Nicht mehr jung an Jahren, renommiert, unterwegs im Dienste des Herzogtums oder in eigenen Angelegenheiten, Goethe dürfte hier ein Erlebnis schildern, von dem mindestens die Ausgangsbasis realistisch ist. Der Reisende nähert sich dem heimischen Ziel und seiner Angetrauten, auf deren Wiedersehen er sich freut. Da aber zwingt ihn ein Achsenbruch seines Wagens, die Nacht in einem Gasthof zu verbringen und das Wiedersehen mit seiner Frau auf den nächsten Tag zu verschieben. Unleidlich schickt er sich in die Gegebenheiten, betritt den Gasthof und läßt sich von einer jungen Magd sein Zimmer zeigen. Er setzt sich an den Schreibtisch und holt sein Tagebuch und einige Briefe hervor. Da kommt das Mädchen zurück und serviert ihm das Abendessen. Der Reisende betrachtet die Schönheit des Mädchens, auch ihre gewandte Art, ihn zu bedienen und das Huhn zu zergliedern. Die Lust nach einem Abenteuer überkommt ihn unversehens. »Genug, ich bin verworrner, bin verrückter,/Den Stuhl umwerfend, spring' ich auf und fasse/Das schöne Kind; sie lispelt: ›Lasse, lasse!‹« Sie flüstert ihm dann aber zu, sie werde nach Mitternacht wiederkommen. Unten warte ihre alte Tante, die jeden ihrer Schritte kontrolliere und die keinen Verdacht schöpfen dürfe. Er solle also seine Tür für das nächtliche Treffen unverschlossen lassen. Gesagt, getan. Die junge, noch unerfahrene Magd zeigt ein erstaunliches Selbstbewußtsein. Es ist fast als emanzipatorischer Akt zu begreifen, daß sie ihrem männlichen Gegenüber erklärt, sie habe sich aus freien Stücken entschlossen, heute nacht seine Geliebte zu werden.

Sie macht sich los: ›Vergönne, daß ich rede,
Damit ich dir nicht völlig fremd gehöre.
Der Schein ist wider mich; sonst war ich blöde,
Stets gegen Männer setzt' ich mich zur Wehre.
Mich nennt die Stadt, mich nennt die Gegend spröde;
Nun aber weiß ich, wie das Herz sich kehre:
Du bist mein Sieger, laß dich's nicht verdrießen,
Ich sah, ich liebte, schwur, dich zu genießen.

Du hast mich rein, und wenn ich's besser wüßte,
So gäb ich's dir; ich tue, was ich sage.‹
So schließt sie mich an ihre süßen Brüste,
Als ob ihr nur an meiner Brust behage.
Und wie ich Mund und Aug' und Stirne küßte,
So war ich doch in wunderbarer Lage:
Denn der so hitzig sonst den Meister spielet,
Weicht schülerhaft zurück und abgekühlet.

Eine mißliche Lage ... Zum Glück ist das Mädchen ahnungslos genug, um deren Ausmaß gar nicht zu begreifen. Nach einigen Küssen und Umarmungen, in denen sie dem fremden Mann »des süßen Körpers Fülleform gewährte«, schläft sie befriedigt ein und merkt gar nicht, daß eigentlich nichts passiert ist. »So ruht' ich auch, gefällig sie beschauend, / Noch auf den Meister hoffend und vertrauend.«
Der reisende Erzähler ist wütend, er flucht innerlich, dann lacht er wieder über dieses Mißgeschick. Er kann aber nicht schlafen, zumal die junge Frau in seinem Bett sich furchtbar ausbreitet und ihn an die Wand drückt. Aufwecken will er sie auch nicht, und so hält er den Atem an, was auch nicht sehr entspannend und schlaffördernd ist. In seiner Verzweiflung denkt der Reisende an die lustvollen Stunden mit der vertrauten Gefährtin. Noch nie ist ihm ein derartiges Mißgeschick passiert! Nicht bei der ersten Begegnung, nicht bei den vielen gestohlenen Schäferstündchen im Freien, wo es ihm und der Geliebten besonders viel Spaß machte, auch später nicht im heimischen Bett. Immer war der »Meister Iste« zur Stelle. Daß Goethe hier seine sinnlich ausgelassene Beziehung zu Christiane beschreibt, ist auch daran zu erkennen, daß der Erzähler im Gedicht seine Gefährtin erst

nach einiger Zeit, vielleicht erst nach Jahren zum Altar führt. Die Hochzeit wird in einem blasphemischen Satz beschrieben, mit dem Bild von der Erektion in der Kirche, unterm Christuskreuz, die den Bräutigam überfällt, als er mit seiner Geliebten getraut wird. »Und als ich endlich sie zur Kirche führte, / Gesteh ich's nur, vor Priester und Altare, / Vor deinem Jammerkreuz, blutrünstiger Christe, / Verzeih mir's Gott, es regte sich der Iste.«

Der unglückliche Liebhaber im Gasthof neben der schlafenden Dienstmagd führt sich verzweifelt all die Erinnerungen an lustvolle Stunden vor Augen, die er mit seiner Frau zu Hause verbrachte. Das verstärkt aber nur seine Unzufriedenheit für den Moment. »Verfluchter Kerl, wie unerwecklich liegst du! / Und deinen Herrn ums schönste Glück betrügst du.« Er muß erkennen, daß man dem Meister Iste (»Iste« heißt wörtlich »dieser da, jener da«) nicht immer befehlen kann, daß man sogar mitunter seinen Launen folgen muß, weil sie womöglich einen tieferen Seelenzustand des Mannes enthüllen:

Doch Meister Iste hat nun seine Grillen
Und läßt sich nicht befehlen noch verachten,
Auf einmal ist er da, und ganz im stillen
Erhebt er sich zu allen seinen Prachten;
So steht es nun dem Wandrer ganz zu Willen,
Nicht lechzend mehr am Quell zu übernachten.
Er neigt sich hin, er will die Schläferin küssen,
Allein er stockt, er fühlt sich weggerissen.

Das Bild der geliebten Frau zu Hause nämlich, der Herrin seiner Sinne, war es, was den »Meister Iste« wieder zum Leben erweckt hat. Der abtrünnige Reisende empfindet diese Erinnerung als Mahnung genug, um sich dem »holden Zauberkreise« des Mädchens zu entziehen. Er steht auf und setzt sich an den Schreibtisch. Seiner Gattin macht er im Brief und Tagebuch eine erneute Liebeserklärung, indem er die Gegebenheiten verschleiert und während die junge Frau in seinem Bett ahnungslos und immer noch unschuldig in den Tag hineinschlummert.

Sitzt, schreibt: Ich nahte mich der heimischen Pforte,
Entfernen wollten mich die letzten Stunden,
Da hab' ich nun, am sonderbarsten Orte,
Mein treues Herz aufs neue dir verbunden.
Zum Schlusse findest du geheime Worte:
Die Krankheit erst bewähret den Gesunden.
Dis Büchlein soll dir manches Gute zeigen,
Das Beste nur muß ich zuletzt verschweigen.

So weit also Goethes ausgefallener Beweis von Treue.

Auf der Reise nach Wiesbaden über Gotha, Eisenach, an der Wartburg vorbei, über Hünfeld und Fulda, Gelnhausen, Hanau und Frankfurt, wo er kurz haltmacht, mag Goethe dieses Reiseerlebnis im Gedicht wieder eingefallen sein. Es sagt einiges aus über die sexuelle Macht Christianes in dieser langen Beziehung, auch wenn sie jetzt alternd, aufgeschwemmt und krank ist.

Sich zu entziehen, um sich »reinzuhalten«, räumliche oder gedankliche Flucht, eventuell beides, Flucht in die Krankheit, in ein anonymes Dasein wie auf der Italienischen Reise, Flucht in neue geistige Welten – all das war für Goethe unumgänglich zur inneren Erneuerung und zur lebenslangen Authentizität. Nicht das Ministeramt oder sein Leben in Weimar, in den Kurbädern, im Umgang mit den höheren Gesellschaftskreisen, auch nicht seine Dichter- und Denker-Rolle, sondern dieser Selbstentzug durch Flucht war Ausdruck seines wahren Selbst und seines dichterischen Lebens. Darin war Goethe Lebenskünstler und war doch gerade dadurch zur Entsagung gezwungen, weil er, um sich zu bewahren, den Becher nie zur Neige austrinken konnte. Selbstbewahrung, Selbstentzug, das heißt in vielen Fällen: Verzicht und Flucht.

Nie zuvor hat Goethe derart gezielt eine poetische Stimmung kultiviert, so daß Poesie und Leben miteinander verschmelzen und die Vorbereitung für das folgende Erlebnis schon gegeben ist. In der Kutsche sitzend, transzendiert er gleichsam seine fünfundsechzig Jahre und seine irdische, bedingte Existenz. Er befindet sich am morgenländischen Hof des Hafis, der ein Höfling wie er ist und den wechselnden Herrschaftskreisen unterworfen, und der zugleich wie er ein Dichter ist. Er taucht ein in die östlichen Mysterien, und der Tonfall der Lyrik, die daraus entsteht, ist leicht und tändelnd, doch vor eingeweihtem Hintergrund. Auch darin ist der »West-östliche Divan« ein Alterswerk: daß er leichthin von hohen Dingen spricht, vom Göttlichen, von Leben, Liebe und Geist. Das exotische Gewand hilft Goethe, zu den Quellen, »Chisers Quell« zurückzukehren. Zwischen heilig und profan wird nicht getrennt. »Naturheilig« ist der Ausdruck, mit dem das Leben in seinem vollen Umfang gepriesen wird – auch der Wein, der Rausch des Weines wie die Liebe und die schönen Frauen, die Rose, die Natur, die Nachtigall. Die Anordnung der Gedichte, die Gedichtform selbst ist zyklisch wie das ganze Spätwerk Goethes, worin die Einzelwerke einander spiegelhaft zugeordnet sind. Sechs Jahre später äußert Goethe in einem Brief an Zelter über den »Divan«: »Diese mohammedanische Religion, Mythologie, Sitte geben Raum einer Poesie wie sie meinen Jahren ziemt. Unbedingtes Ergeben in den unergründlichen Willen Gottes, heiterer Überblick des beweglichen, immer kreis- und spiralartig wiederkehrenden Erdetreibens, Liebe, Neigung zwischen zwei Welten schwebend, alles Reale geläutert, sich symbolisch auflösend.«

Die Gedichte des »West-östlichen Divan« sind in 12 Bücher eingeteilt. Es gibt ein »Buch der Liebe« und ein »Buch der Freunde«, ein »Buch der Betrachtung« und ein »Buch des Unmuts«. Das »Buch des Timur«, so Goethe in seinen Erläuterungen, »faßt ungeheure Weltbegebenheiten, wie in einem Spiegel auf, worin wir, zu Trost und Untrost, den Wiederschein eigner Schicksale erblicken.« Schließlich ist Timur die Gestalt des Welteroberers; die Verse in diesem Buch spielen auf Napoleons Rußland-Feldzug an. Kernstück des Ganzen wird jedoch das »Buch Suleika«, dessen Entstehungsgeschichte eine ganz besondere ist. Goethe selbst hat diese noch vor sich. Im Wagen nach Frankfurt entstehen ein paar einzelne Gedichte für das erste Buch, das »Buch des Dichters«. Es ist das Buch der Aufbruchstimmung und Verwandlung, der west-östlichen Kulturbegegnung.

Talismane

Gottes ist der Orient!
Gottes ist der Okzident!
Nord- und südliches Gelände
Ruht im Frieden seiner Hände.

»Name ist Schall und Rauch.« In hundert Gestalten und unter hundert Namen bleibt Gott doch immer derselbe, ebenso wie seine Welt dieselbe bleibt, gleich welchem Glauben man auch immer angehört.

Indessen sehnt sich der Dichter, der fast schon ein Greis ist, nach der Lebensverschwendung der Jugend. Ein »Phänomen« am Himmel, ein Regenbogen, weissagt ihm da das freudige Ereignis, das ihn auf seiner Reise erwartet.

Der Dichter schreibt aus der Fülle, aus dem Überschwang des Lebens, und sein Dichten ist Naturäußerung. »Derb und tüchtig« ist die Diesseitigkeit seines Lebensgefühls. Denn:

Dichten ist ein Übermut,
Niemand schelte mich!
Habt getrost ein warmes Blut,
Froh und frei wie ich.

Den höchsten Ausdruck findet Goethes naturmystische Weltsicht in dem Gedicht: »Selige Sehnsucht«, das vom Kreislauf und vom Rausch des Lebens spricht, vom hohen Augenblick, von der Vergänglichkeit und von der Selbstverschwendung.

Und solang du das nicht hast,
Dieses: Stirb und werde!
Bist du nur ein trüber Gast
Auf der dunklen Erde.

Hatem und Suleika

Am 28. Juli kommt Goethe in seiner Heimatstadt Frankfurt an. Er trifft dort mit den Schlossers zusammen, der Familie seines Schwagers. Die Stadt ist illuminiert, denn der König von Preußen befindet sich in Frankfurt, erfährt Goethe. Mit seinem Diener Carl Stadelmann, der mitgereist ist, spaziert Goethe durch die alte Heimatstadt und erkennt sie kaum wieder. Wie jeder Ort, an dem man lange nicht gewesen ist, an den sich aber starke Erinnerungen knüpfen, erscheint dem Dichter Frankfurt unglaublich verändert. Er läuft auch an seinem Geburtshaus am Großen Hirschgraben vorbei, das längst verkauft worden ist. Da der nachfolgende Besitzer die alte Standuhr, mit der Goethe in dem Haus aufgewachsen ist, auf einer Auktion erworben hat, hört Goethe auf der Straße den bekannten Ton und fühlt sich für einen Augenblick in seine Kindheit versetzt. Weiter geht es am nächsten Tag nach Wiesbaden. Dort angekommen, ist Goethe von neuem fasziniert von der schönen Gegend, dem milden Klima des Rheingaus, den Weinbergen, der heiteren Muse des Kurortes. An Christiane schreibt er: »Zuvörderst also wirst Du abermals gerühmt, mein liebes Kind, daß Du mich in diese Gegend zu gehen bewogen. Erde, Himmel und Menschen sind anders, alles hat einen heitern Charakter und wird mir täglich wohltätiger.«

Ein »sauberes, kühles Quartier« bezieht der Badegast im Gasthof »Weißer Adler«. Später zieht er in den »Bären« um, weil im »Adler« die Poststation mit fünfundzwanzig Pferden ist, und da ist es ihm zu laut. Seinen Freund Zelter trifft Goethe verabredungsgemäß in Wiesbaden. Zusammen mit dem Oberbergrat Cramer soll Zelter sein Hauptumgang während der Badekur sein. Hinaus aufs Land geht es natürlich so häufig wie möglich: in den Rheingau, nach Biebrich, in das Schloß des Herzogs Friedrich August von Nassau, wo sich Goethe beinahe jeden Sonntag zur Mittagstafel einfindet, nach Rüdesheim und Bingen, zu den Brentanos nach Winkel am Rhein (Bettina lebt dort nicht mehr, sie ist mit Arnim nach Berlin gezogen), zu Schiff den Rhein entlang wie in seiner Jugend, in der Zeit des »Götz« und »Werther«... Bei Bingen erlebt Goethe eine Wallfahrt mit, ein buntes katholisches Fest, das dem heiligen Rochus gewidmet ist, zugleich ein Weinfest mit heiterem Antlitz, das er in einer heiter-behäbigen, zugleich etwas biedermeierlichen Schrift zu einem Natur-Idyll verklärt: »Sankt-Rochus-Fest bei Bingen«. Am 4. August, vier Tage nach der Entstehung des Gedichts »Selige Sehnsucht«, bekommt Goethe in Wiesbaden Besuch von seinem alten Freund Johann Jakob Willemer aus Frankfurt. Der Bankier Willemer ist Geheimrat wie Goethe, schriftstellerisch ein wenig dillettierend, zudem ein Kunst- und Theaterliebhaber. Besonders eng ist der Kontakt zwischen Willemer und Goethe nicht. Beide kennen sich seit den achtziger Jahren und stehen seitdem in einem lockeren brieflichen Kontakt. Willemer ist ein paar Jahre jünger als Goethe, zweimal verwitwet, nach einem arbeitsreichen Leben zu Ansehen und Vermögen gelangt, aber dennoch nicht ganz zufrieden mit sich. An ihm haftet das Stigma des Emporkömmlings, der sich seine gesellschaftliche Stellung hart erarbeitet hat und sie immer wieder unter Beweis stellen muß. Etwas schwerblütig ist er zudem. Er leidet an Ressentiments gegen die Gesellschaft, an innerer Leere, besonders seit dem Tod seiner zweiten Ehefrau, den er nie ganz verwunden hat. Es zieht ihn zu den Wanderbühnen hin, zu den Träumen der Bühnenwelt und zu den jungen Talenten. Vierzehn Jahre ist es her, daß Willemer bei einer Aufführung der Frankfurter Bühne ein sechzehnjähriges Mädchen, Schauspielerin, Sängerin, Tänzerin, je nach Bedarf der Bühne, entdeckt hat, um sie darauf in sein Haus aufzunehmen. Willemer begriff diese Tat durchaus als Akt der Nächstenliebe und der Kunstförderung. Er wollte das Mädchen dem bedenklichen Theaterumfeld entziehen und ihm eine vernünftige Ausbildung zukommen lassen. Als »Pflegetochter« sollte sie dann im häuslichen Kreis ihren musischen Neigungen nachgehen können. Willemer ist stolz auf seinen Kontakt mit dem berühmten Goethe. Als er erfährt, daß dieser in Wiesbaden ist, sucht er ihn kurzentschlossen auf. Der Bankier ist nicht allein gekommen, sondern in Gesellschaft einer attraktiven jungen Frau: Marianne, die er noch immer seine »Pflegetochter« nennt, obwohl sie mittlerweile 30 ist und jeder sich im übrigen denken kann, in welchem Verhältnis der kunst- und schönheitsliebende Bankier zu der langjährigen Hausgenossin steht. Auch Goethe denkt sich sein Teil, als der Frankfurter Freund ihm seine »Pflegetochter« vorstellt, seine »kleine Gefährtin«, wie Goethe in vielsagendem Ton an Christiane berichtet. In der Zeit seiner wilden Ehe mit Christiane hat er die Geliebte auch oft in Ermangelung eines besseren offiziellen Ausdrucks als seine »Gefährtin« bezeichnet. Willemer drängt Marianne zu nichts, auch nicht zur Ehe mit ihm, obwohl er sie sich wünschte. Er leidet ein wenig um die junge Frau, die seine Gefühle nicht in dem Maße erwidert, wie er es gern hätte. Indessen hat sich eine Gewohnheitsbeziehung entwickelt, gegen die Marianne keinen Widerstand leistet. Sie hat ihrem Gönner und Ziehvater viel zu verdanken, und sie respektiert ihn. Mehr ist kaum zu sagen über das Verhältnis zwischen Marianne und dem Bankier Willemer. Mariannes

Marianne von Willemer

Herkunft ist denkbar abenteuerlich: Irgendwo in Oberösterreich ist sie geboren, ihr Vater ist unbekannt. Ihre Mutter stammt aus der Theaterwelt. In Wiener Vorstadttheatern hat sie gespielt, dann ist sie nach Frankfurt gegangen und hat auch die Tochter auf der Frankfurter Bühne auftreten lassen. Unter dem Namen »Marianne Jung« hat das Töchterchen gesungen, getanzt und gespielt, bevorzugt als Harlekin, der einem Ei entschlüpft, in einem Ballett, das in Frankfurt gut ankam. Willemer, der Marianne so sah, tat das für einen Bankier Nächstliegende: Er kaufte der ärmlichen Mutter Marianne ab und nahm sie in sein Haus. Die Mutter konnte mit dem Geld, das sie für Marianne erhielt, in ihre österreichische Heimat zurückkehren und verschwand auf Nimmerwiedersehen. Die »Pflegetochter« bekam einen Hauslehrer, Unterricht in Sprachen, Zeichnen, Gesang und Gitarre. Clemens Brentano verkehrte bei den Willemers und hat die junge Marianne feurig angedichtet, dann ist er seines romantischen Weges gezogen, denn der Hausherr wurde eifersüchtig.

Von diesen Zusammenhängen dürfte Goethe bereits unterrichtet worden sein, bevor er Marianne in Wiesbaden zum erstenmal begegnete. Das Künstler- und Theaterblut in ihr vermischte sich mit österreichischem Charme und einer Art träger Laszivität. Dunkle Haare hatte sie und dunkle Augen, ihr Körper war weich und fließend, ebenso ihre Bewegungen. Von ihren lose aufgesteckten Locken fiel immer eine in die Stirn – verwirrend für Goethe wie die ganze in sich ruhende Erscheinung Mariannes, die sich am Tisch zurücklehnt und sich an der höflichen Konversation beteiligt. Ja, sie habe »Das Römische Carneval« von Goethe gelesen, und sie freue sich, ihn endlich persönlich kennenzulernen. Im Grunde habe die illustrierte Ausgabe des »Carnevals« aus der »Italienischen Reise« ihre Kindheit begleitet; die Abbildungen und die Schilderung der Masken und des bunten Treibens hätten immer ihre Phantasie beflügelt. Goethe antwortet auf angemessene Art und wird nachdenklich. »Pflegetochter«, »Gefährtin«... Marianne war eine Frau mit Erfahrung, daran konnte er nicht zweifeln. Sie war ein Künstlerkind und wenig geeignet, nach bürgerlichen Maßstäben beurteilt zu werden, auch wenn sie an der Seite des vermögenden Bankiers ein bürgerliches Leben führte. Sie hatten ein Haus am Stadtrand von Frankfurt, auf dem Weg nach Offenbach: die »Gerbermühle«. Dahin lädt der Bankier seinen Freund Goethe im

Anschluß an seinen Wiesbadener Kuraufenthalt ein. Und nun passiert das Sonderbare: Goethe, bald geheimnisvoll ergriffen von der Frau seines Freundes, bestärkt diesen in seinem Entschluß, Marianne zu heiraten. Er hat vielleicht Sätze geäußert wie der »Mittler« in den »Wahlverwandtschaften«: Man müsse den »Ehstand« ehren, er sei heilig (was Goethe eigentlich nicht so unbedingt meint), der Freund kompromittiere Marianne mit dem unsicheren Status, den er ihr auferlege.

Bisher war die Eheschließung, in die Marianne offenbar inzwischen mehr resignierend eingewilligt hatte, an organisatorischen Problemen gescheitert. Man hatte Mariannes Papiere nicht beibringen können, die zur Heirat notwendig waren. Es gab keine Geburtsurkunde und der Name ihres Vaters fehlte. Dank Willemers öffentlichem Einfluß waren die Hindernisse aber schließlich aus dem Weg geräumt, und nicht zuletzt auf Goethes Drängen hin fand die Hochzeit von Willemer und Marianne noch in den Wochen von Goethes Aufenthalt in Frankfurt statt, zwei Wochen nachdem Goethe die Gerbermühle zum erstenmal betreten hat. Hier sollte die Geheimrätin Willemer fortan die offizielle Hausherrin sein. Es folgte der Höhepunkt ihrer ersten Begegnung am Jahrestag der Schlacht bei Leipzig. Marianne und Goethe sitzen zusammen am Abend des 18. Oktober auf dem Mühlberg bei Frankfurt in Willemers Weinberghäuschen, und betrachten die Freudenfeuer über der Stadt. Aus diesen Stunden stammt das Gelöbnis, einander bei Vollmond zu gedenken, auch wohl das erste Bewußtsein einer großen gemeinsamen Zeit. Der 18. Oktober 1814 sollte immer ein Gedenktag für beide bleiben. Zunächst reist Goethe im Oktober wieder ab nach Weimar. Er hat alles erledigt, was er wollte. Auch in Heidelberg ist er gewesen, um die Gemäldesammlung der Boisserées anzusehen. Er hat erste »Divan«-Inspirationen gesammelt und trägt nun das Bild einer »Suleika« mit sich, das er in der Entfernung zur Genüge verarbeiten kann. Bis zum nächsten Sommer, den er verspricht, erneut im Rhein-Maingebiet zu verbringen, kann er sich zu Hause von den Wirren erholen und zum Fortgang der »Divan«-Gedichte orientalische Studien betreiben. Und so geschieht es auch.

Willemer schreibt Goethe im Dezember einen freundlichen Brief, in dem er die Abreise des Freundes bedauert, verspricht, ihm seinen Lieblingswein (den 1811er »Würzburger Stein«) nachzuschicken, und in dem er sich auch über Marianne ausläßt, in einem Tonfall, als sei sie ein Kind. Beide Herren und wohl auch sie selbst haben mit diesem Tonfall kokettiert. Man weiß, daß Goethe die »lieben Kleinen« mag, es ist ein üblicher Kosename. Auch Marianne ist die »liebe Kleine«, weil es so harmlos tändelnd klingt, weil man diese Liebkosung auch in Gegenwart ihres Ehemannes anwenden kann; es ist nicht verdächtig. Marianne greift es auf und macht ein anmutiges Gedicht darauf, indem sie ein paar Gelegenheitsverse Goethes für das Stammbuch der Willemers paraphrasiert. Es beginnt:

Zu den Kleinen zähl ich mich,
Liebe Kleine nennst Du mich.

Worauf Willemer den Kommentar abgibt: »Meine Frau, die sich, so wie ich, Ihrer Gemahlin und dem klugen August empfiehlt, will, seitdem sie von Ihnen die Kleine genannt worden, durchaus nicht mehr wachsen, es wäre dann in Ihrem Herzen.«

Daß es sich hierbei um eine dreißigjährige Frau handelt, würde man wirklich nicht vermuten.

Goethe ist nun doch auch wieder von seinen Weimarer Verhältnissen eingeholt worden, so sehr er sich in der persischen Dichterwelt aufhalten möchte. Anfang des Jahres 1815 wird Sachsen-Weimar aufgrund der Wiener Neuordnungspläne zum Großherzogtum. Carl August selbst befindet sich in Wien, wo der Kongreß zwar nicht tanzt, dafür aber parliert, berät, verwirft und schwadroniert und noch immer ohne wirkliches Ergebnis ist, als die Nachricht von Napoleons Flucht aus Elba die Runde macht. Die Angst vor neuem Aufruhr in Europa verbreitet sich, doch schon ein knappes Vierteljahr später kann die Nachricht von der Schlacht von Waterloo am 18. Juni, die das endgültige Ende der napoleonischen Ära bildet, die Gemüter beruhigen. Christiane ist im Februar erneut bedenklich krank. Im März ist sie in Jena zur ärztlichen Behandlung. Goethe äußert sich in diesen Wochen widersprüchlich über seine geplante Reise an den Rhein, Main und Neckar. Er könne jetzt nicht weg, er müsse die Rückkehr des Herzogs abwarten. Ja, doch, eigentlich brauche er die Kur in Wiesbaden, der Glanz und die Heiterkeit der Gegend seien doch etwas ganz anderes als das hiesige Klima. Letztlich sei der Aufenthalt aber nur Zeit- und

Geldverschwendung. Genug, er reist am 29. Mai 1815 nach Wiesbaden ab. In die Dichterwelt des Hafis hat er sich längst wieder eingefunden. Das schwebende Verhältnis zwischen Geist und Sinnlichkeit, zwischen Diesseitigkeit und Mysterium, Dichtung und Lebensgenuß, ganz unsakral, naturheilig, wie Goethe sagen würde, überwältigt ihn und regt ihn zur poetischen Nachahmung an. Im »Buch Hafis« dichtet Goethe:

Du aber bist mystisch rein,
Weil sie dich nicht verstehn,
Der du, ohne fromm zu sein, selig bist!
Das wollen sie dir nicht zugestehn.

Im Wagen nach Westen erfolgt die Entstehung des »Buches Suleika«. Die Gestalt der Suleika vermischt sich auf wundersame Weise mit Mariannes Gestalt, die auch als Dichterin bald ihre große Stunde haben wird. Zu gleicher Höhe wie ihr Gegenüber wird sie sich aufschwingen, einmal im Leben. »Das Buch Suleika«, kommentiert Goethe, »leidenschaftliche Gedichte enthaltend, unterscheidet sich vom Buch der Liebe dadurch, daß die Geliebte genannt ist, daß sie mit einem entschiedenen Charakter erscheint, ja persönlich als Dichterin auftritt und in froher Jugend mit dem Dichter, der sein Alter nicht verleugnet, an glühender Leidenschaft zu wetteifern scheint.« Suleika wird zunächst mit dem jugendschönen Jussuph zusammengebracht, bereits im »Buch der Liebe«, doch, wie der Dichter jetzt sagt, war das keine Kunst, nur Jugendgunst und Jugendschönheit. Die Liebe zwischen Hatem und Suleika aber, der jungen Frau und dem älteren Mann, ist die eigentlich geistdurchleuchtete.

Daß Suleika von Jussuph entzückt war,
Ist keine Kunst;
Er war jung, Jugend hat Gunst,
Er war schön, sie sagen: zum Entzücken,
Schön war sie, konnten einander beglücken.
Aber daß du, die so lange mir erharrt war,
Feurige Jugendblicke mir schickst,
Jetzt mich liebst, mich später beglückst,

Das sollen meine Lieder preisen,
Sollst mir ewig Suleika heißen.

»Du, die so lange mir erharrt war...« Goethe weiß, warum er gezögert hat, erneut nach Wiesbaden zu fahren. Er ahnt Verhängnisse, Entscheidungen, Trennung und Schmerzen. Denn so sehr er hier auch im Gedicht im orientalischen Gewand die Fülle des Lebens preist, um so vorsichtiger geht er im tatsächlichen Leben damit um. Goethe hat nie aus der Fülle gelebt. Er hat immer abgewogen und die Kunst mit dem Leben in ein ausgewogenes Verhältnis gebracht. Und wie in den Theorien von der Erdentstehung hat er auch in seiner eigenen Existenz einen Abscheu vor dem Eruptiven, vor dem gewaltsamen Umbruch. Das ist seine Sache nicht. Freilich, solange alles Episode bleibt, halb dichterisch und halb real, ein Teil seines Werkes und der Ansporn dazu, solange ist es gut. Einen enormen Kraftzuschuß, Überwältigung, fast trunkene Lebensfreude und Erwartung fühlt der Dichter Hatem-Goethe auf der Schwelle des Alters, wieder im Wagen, auf der Fahrt zu Suleika-Marianne. Dieses Gefühl wird in den Versen seinen Ausdruck finden:

Du beschämst wie Morgenröte
Jener Gipfel ernste Wand,
Und noch einmal fühlet Hatem
Frühlingshauch und Sommerbrand.

»Hatem« ist Goethe, das verlangt nicht nur der Reim. Der Name »Hatem« ist nur eine weitere, verschämte Verhüllung.

Goethe begibt sich aber keineswegs umgehend zur Gerbermühle, nachdem er in Wiesbaden angelangt ist. Erst weilt er etliche Wochen zur Kur, dann macht er Ausflüge in die unterschiedlichsten Gegenden. Im Juli begegnet er dem Reformer Freiherr vom Stein, mit dem er einen ausgiebigen Umgang pflegt und sogar eine Reise nach Köln unternimmt, um sich den Dom anzusehen. Mehr oder weniger bedeutungsvolle Gesellschaftskontakte schließen sich an, mit Offizieren und Aristokraten, Politikern und Künstlern, einem Staatsrat, einem Erzherzog oder dem Dichter Ernst Moritz Arndt. Im Wiesbadener Kursaal wird Goethe schließlich noch ein weiterer Orden für seine Sammlung verliehen – das Kommandeurkreuz des österreichisch-kaiserlichen Leopoldi-Ordens durch einen Freiherrn von Hügel. Soweit der offizielle Goethe. Er weiß, was er sich und dem Land wert ist, hat er doch in dem vor kurzem abgeschlossenen Vertrag mit seinem Verleger Cotta zur Herausgabe einer neuen Gesamtausgabe seiner Werke das stolze Honorar von 16.000 Talern gefordert – und anstandslos erhalten. Am 2. August sucht Sulpiz Boisserée Goethe in Wiesbaden auf. Auf einfühlsame Weise schließt sich der jüngere Freund Goethe an, gerade jetzt, in den kommenden Wochen, in denen er Goethe die ganze Zeit zur Seite steht. Beide fahren am 11. August zusammen nach Mainz und dann nach Frankfurt auf die Gerbermühle. Lang erharrtes Wiedersehen mit Marianne von Willemer.

Die nächsten fünf Wochen, die Goethe bei den Willemers verbringt, entsprechen fast einer Lebensgemeinschaft mit der jungen Frau seines Freundes. Es gibt dichterische, musikalische Annäherungen, ein ungeahntes Einverständnis mit geheimen Zeichen und Worten. Bald ist Marianne in die poetische Welt des »West-östlichen Divan« eingeweiht. Das Liebesgespräch zwischen Hatem und Suleika beginnt, mit fernen östlichen Motiven. »Bulbul« ist die Nachtigall, »Hudhud« der Liebesbote Salomons und der Königin von Saba. Vom Sichelmond, von der Zypresse, vom Turban, Gewürz und Weihrauch, Karawanen ist die Rede in dem Liebesdialog; in dieser Welt bewegen sich die beiden Liebenden. Entzückt stellt Goethe fest, daß er mit seinem Dichten nicht allein ist, denn Marianne greift die Worte auf, die Verse, die Motive, spielt mit ihnen und antwortet – bald auf gleicher Höhe. Der Vorgang des wechselseitigen und gegenseitig sich steigernden Dichtens ist in dem spielerischen Bild vom Ball eingefaßt, den beide sich zuwerfen, in leichter, hoher Heiterkeit. Liebe und Dichten, Dichten und Spiel, Rede und Gegenrede, Spiel und Leidenschaft durchdringen einander.

Freude des Daseins ist groß,
Größer die Freud am Dasein,
Wenn du, Suleika,
Mich überschwenglich beglückst,
Deine Leidenschaft mir zuwirfst,
Als wär's ein Ball,

Daß ich ihn fange,
Dir zurückwerfe
Mein gewidmetes Ich;
Das ist ein Augenblick!

Die Liebesbegegnung und der hohe Augenblick. Hier kündigt sich schon die Begegnung zwischen Faust und Helena an, auch in dem wechselseitigen Dichten im Liebesdialog.

Dies alles spielt sich weitgehend zwischen Goethe und Marianne allein ab. Die andere Seite während dieser Wochen auf der Gerbermühle ist die gesellschaftliche in dem kleinen, bald vertrauten Kreis: Marianne und Goethe zwischen Willemer und Boisserée, Rosette Städel, Willemers Tochter, abends beim geselligen Beisammensein. Marianne singt und spielt die Gitarre dazu, auch die Vertonung der Goethe-Ballade: »Der Gott und die Bajadere«. Auch dieser Stoff ist nicht ohne Symbolkraft in der spannungsgeladenen Beziehung zwischen Goethe und Marianne von Willemer. Das Lied erzählt die indische Legende einer Bajadere, einer Tempeltänzerin und Kurtisane, die ein Gott aufsucht, um sich mit ihr zu vermählen. Am Morgen nach der Hochzeitsnacht ist der Gott tot. Die Bajadere springt ins Feuer, um mit dem Geliebten zu verbrennen. War nicht in der »Seligen Sehnsucht« schon die Rede vom Flammentod, wonach sich alles Lebendige sehnt?

Zwischendurch zieht sich Goethe eine Woche in Willemers Frankfurter Stadthaus zurück. Am 28. August wird Goethes Geburtstag auf der Gerbermühle im inzwischen beinahe familiären Rahmen gefeiert. Bis zum 18. September bleibt Goethe in Frankfurt. Zwischen ihm und Marianne gehen Verse hin und her, ein Frage- und Antwortspiel – Hatem und Suleika ... Marianne hat später als sehr alte Frau das Geheimnis verraten: Einige der Suleika-Verse stammen von ihr, nicht von Goethe, der sie in den »West-östlichen Divan« aufgenommen hat. Sie sind künstlerisch auf gleicher Höhe wie die anderen, ein wenig geschmeidiger noch und weniger ironisch-hintergründig, aber im gleichen Tonfall, im gleichen Versmaß und aus dem gleichen Geist geboren.

Hatem:

Nicht Gelegenheit macht Diebe,
Sie ist selbst der größte Dieb;
Denn sie stahl den Rest der Liebe,
Die mir noch im Herzen blieb.

Dir hat sie ihn übergeben,
Meines Lebens Vollgewinn,
Daß ich nun, verarmt, mein Leben
Nur von dir gewärtig bin.

Suleika antwortet:

Hochbeglückt in deiner Liebe
Schelt ich nicht Gelegenheit;
Ward sie auch an dir zum Diebe,
Wie mich solch ein Raub erfreut!

Und wozu denn auch berauben?
Gib dich mir aus freier Wahl;
Gar zu gerne möcht ich glauben –
Ja, ich bin's, die dich bestahl.
[...]

Scherze nicht! Nichts von Verarmen!
Macht uns nicht die Liebe reich?
Halt ich dich in meinen Armen,
Jedem Glück ist meines gleich.

Verschwendung, Reichtum, Überschuß an Kraft, Gefühl und dichterischer Produktivität, das geistige Erfassen einer Welt durch das Medium der Liebe klingen aus sämtlichen Versen hervor. Hatem spricht:

Allein sobald ich dein gedenke,
Dehnt sich mein Geist erobernd aus.

Zwischen Geist und Sinnlichkeit wird nicht geschieden. Die Lebenskraft kommt aus Seele und Körper, und es ist ein Rausch, sich derart zu verschwenden, die Zurückhaltung aufzugeben, die Vorsicht, zu der ein langes Leben Anlaß gab, in der Liebe fallen zu lassen. Der Literaturwissenschaftler Max Komerell meint: »Beides wird auffällig gerühmt. Vielleicht darum, weil Goethes Maxime in späteren Jahren auf dem Gegenteil beruhte.« Ist also diese Enthüllung, dieses Rühmen nur eine weitere Maske? Wird, was in den Versen gerühmt wird, auch gelebt? Oder sind die Verse Ersatz für Nicht-Gelebtes?

Suleika dichtet (wieder sind es Mariannes Verse):

Nimmer will ich dich verlieren!
Liebe gibt der Liebe Kraft.
Magst du meine Jugend zieren
Mit gewalt'ger Leidenschaft.
Ach! wie schmeichelt's meinem Triebe,
Wenn man meinen Dichter preist.
Denn das Leben ist die Liebe.
Und des Lebens Leben Geist.

Das ist die endgültige Aussage dieser betont unklassischen Verse. »Der Schleier irdischer Liebe scheint höhere Verhältnisse zu verhüllen«, kommentiert Goethe das »Buch Suleika«. »Auch hier dringt sich manchmal eine geistige Bedeutung auf.«

Am 12. September entsteht das Gedicht: »Gingo biloba«. Den ostasiatischen Ginkgo-Baum mit seinen eigenartig geformten Blättern, dem in den Ländern seiner Herkunft besondere Heilkraft zugesprochen wird, verwendet Goethe in diesem Gedicht als Symbol für die Dualität der Geschlechter. Das in der Mitte gespaltene, halbrunde Blatt wirft die Frage auf, ob es sich hier um *»ein* lebendig Wesen« handelt, »das sich in sich selbst getrennt« oder um zwei, die einander bestimmt sind und sich in vollendeter Einheit befinden.

Solche Frage zu erwidern,
Fand ich wohl den rechten Sinn;
Fühlst du nicht an meinen Liedern,
Daß ich eins und doppelt bin?

Doch nicht nur die Polarität der Geschlechter, sondern die Frage nach der Individualität schlechthin wird anhand dieses Bildes gestellt. Die Blätter des Gingko-Baums sind in der Mitte tief eingekerbt, als ob zwei Blätter zusammengewachsen seien. Wo sind die Grenzen der Individualität? Hebt sie die Liebe nicht auf? Kann sie sie aufheben?

Das Spiel mit den geheimen Zeichen geht zwischen den beiden realen Hauptpersonen weiter, teils unter den Augen der anderen. Marianne erwirbt auf der Frankfurter Messe einen türkischen Orden mit Sonne und Mond und schenkt ihn Goethe. Zum Geburtstag hat er einen Musselinstreifen bekommen, den sie ihm als Turban um den Kopf gewickelt hat. Es war ein Amüsement am Abend, wie die Liederstunden oder ein Gedichtvortrag des namhaften Gastes. Die Tage auf der Gerbermühle neigen sich dem Ende zu. Goethe hat da keine Zweifel, er muß weiter, beinahe fluchtartig zur nächsten Station: Heidelberg, ins Haus von Boisserée, wohin dieser ihn begleiten wird. Recht unterschiedlich haben die drei »Nebenpersonen« auf das offensichtliche Geschehen reagiert: Willemer ist stolz, vor allen Dingen stolz auf den berühmten Gast, der seinem Haus die Ehre seines Aufenthalts erweist. Er fühlt sich dadurch selbst gesellschaftlich erhöht. Daß sich zwischen diesem Gast und seiner Frau so etwas wie ein geheimes Einverständnis entwickelt, erfüllt ihn ebenfalls hauptsächlich mit Stolz. Der arme Willemer ist der Dritte in Goethes Biographie, der nur als kaum erwähnter Ehemann in die Geschichte eingeht. Nach Kestner in Wetzlar und Josias von Stein nun auch er, Johann Jakob Willemer, in dessen Frau Goethe verliebt ist. Merkwürdig genug auch Goethes Reaktion auf die Verhältnisse und auf die Ehemänner: Bei Lotte und Kestner, die einander fest verbunden sind, geht er umgehend in die Defensive. Bei Herrn von Stein, der in Goethes Beziehung zu Charlotte offenbar kaum eine Rolle spielte, scheint er selbst keine Lösung der Beziehung angestrebt zu haben. Und bei Willemer hat er bekanntlich selbst die Heirat zwischen Marianne und dem Freund initiiert. Goethe sichert sich ab, immer wieder. Er will die im Gedicht sehnsüchtig beschworene Einheit nicht im Leben. Wo sie dichterisch am gehaltvollsten ist und seine Phantasie anregt, die Verklärung ermöglicht, soll sie bleiben, was sie ist, und das heißt Dichtung. Wo Kestner anstandslos seinen Besitzstand sicherte und Josias von Stein sich lächelnd heraushielt, da feuert nun Willemer das Geschehen geradezu an. Der Ausdruck »anfeuern« ist vielleicht etwas zu heftig, denn Willemers Temperament entspricht er nicht. Willemer ist fasziniert, begeistert von den Blicken Goethes, von den Blicken Mariannes (von der poetischen Zwiesprache bekommt niemand etwas mit), aber er ist auch etwas überfordert, emotional und intellektuell. Manchmal schläft er in der abendlichen Runde ein, so auch am letzten Abend, der sehr lange in geselliger Runde verläuft, am Tag vor Goethes Abreise nach Heidelberg. Sulpiz Boisserée, der enthusiastische Kunstliebhaber und Vertraute Goethes, beobachtet, begreift und ahnt. Er spricht Goethe nicht auf die Ereignisse an. Die beiden Freunde stehen an dem Abend noch bei Vollmond auf dem Balkon nachdem die Runde sich aufgelöst hat, und unterhalten sich über optische Phänomene – was Marianne von ihrem Fenster aus beobachtet. Rosette Städel ist eine Art neutrale Vermittlerfigur, mit der Goethe unverbindlich schäkern kann und über die schließlich die aussagekräftige, aber unverbindlich-förmlich getarnte Kommunikation in Briefen verläuft. Sie ist auch eine Vertraute Mariannes und wird sich manches denken und manches mitbekommen. Der Abschied von Marianne dürfte noch an diesem Abend erfolgt sein, denn Goethe reiste wie gewöhnlich am Morgen sehr früh ab.

Am 20. September kommt Goethe mit dem Freund Boisserée in Heidelberg an. Er will hier auch Herzog Carl August treffen, der sich auf der Rückreise von Wien befindet. Weimar ist durch die auf dem Wiener Kongreß beschlossene Neuordnung beinahe doppelt so groß wie zuvor und hat die doppelte Einwohnerzahl. Über die Fahrt zwischen Frankfurt und Darmstadt, während der Wagen durch den Wald fuhr, notierte Boisserée in seinem Tagebuch: »Gespräch über die Willemer«. Nahezu das erste, was Boisserée nach der Ankunft in Heidelberg macht, ist einen kurzen Briefes an die Willemers zu verfassen. Sie sollen nachkommen, es sei in Goethes Sinne. Und so steht Goethe völlig unverhofft drei Tage später erneut Marianne gegenüber. Ein großes Nachspiel dieser Dichterliebe, vielleicht den Höhepunkt, gibt es in den folgenden Heidelberger Tagen. Heidelberg zwischen Sommer und Herbst. Die Atmosphäre dieser Stadt, die besonders die jungen Romantiker zum Sehnsuchtsort verklärt haben, scheint besonders dazu angetan, den Schauplatz dieser letzten Begegnung auszumachen. Das »Palais Boisserée«, das heute das Germanistische Seminar der

Heidelberger Universität beherbergt, liegt am Karlsplatz, mit wunderbarem Blick auf die Schloßruine. Goethe hat seine Morgenspaziergänge dorthin gemacht, den Schloßberg hoch in den weitläufigen Park im englischen Stil.

»Auf der Terrasse hoch gewölbtem Bogen / War eine Zeit sein Kommen und sein Gehn;«, so dichtet Marianne nachträglich, als ihre Heidelberger Tage mit Goethe schon wieder fast zehn Jahre zurückliegen. Das Spiel mit den Chiffren geht weiter, wird bedeutungsvoller. Willemer ist mitgekommen, auch Rosette, und Boisserée ist wie vorher dabei, doch »Hatem« und »Suleika« treffen sich allein im Schloßpark. Vielleicht ist sie ihm morgens nachgegangen, um ihn unverhofft im Park zu treffen. Eichen und Buchen verwandeln sich zu Zypressen, die Brunnen des Schloßparks zu zierlichen Wasserspielen an fernöstlichen Höfen.

Schon auf der Fahrt nach Heidelberg, im Wagen auf der Bergstraße, hat Marianne die Suleika-Verse vom Ostwind gedichtet, der ihr frohe Kunde bringt. Frisch und erwartungsvoll ist der Rhythmus dieser Verse, die beginnen:

Was bedeutet die Bewegung?
Bringt der Ost mir frohe Kunde?
Seiner Schwingen frische Regung
Kühlt des Herzens tiefe Wunde.

Sie enden in dem Ausruf:

Ach, die wahre Herzenskunde,
Liebeshauch, erfrischtes Leben
Wird mir nur aus seinem Munde,
Kann mir nur sein Atem geben.

Marianne ist sehr alt geworden und hat in ihrem langen Leben die Tage mit Goethe in Heidelberg nie vergessen. Sie hat ein Menschenalter später im Schloßpark die geheimen Zeichen gesucht, in denen sich beide verewigt haben. »Hier war ich glücklich, liebend und geliebt!«, lautet die letzte Zeile ihres Heidelberg-Gedichts, das sie anläßlich Goethes fünfundsiebzigsten Geburtstags schrieb. Zu gleicher Höhe wie in den »Divan«-Gedichten hat sich aber die Dichterin Marianne von Willemer nie wieder aufgeschwungen. Nachdem Goethe sie im Anschluß an die Heidelberger Tage verlassen hat, hat sie zunächst nicht nur das Dichten, sondern auch die Lebensfreude, Musik und Singen verloren.

Im »Buch der Liebe« des »West-östlichen Divan« ist etwas von Goethes körperlicher Faszination an Marianne festgehalten – vom runden Leib, den Locken, die gefangennehmen, »Stirne, Bogen, Aug und Mund«, die geküßt werden. Vom Küssen ist auch im »Buch Suleika« immer wieder die Rede. Das Buch der Liebe scheint indessen eine Momentaufnahme abzubilden, atemlos und überwältigt, gar nicht betrachtend wie so oft an anderen Stellen.

Ja, die Augen waren's, ja, der Mund,
Die mir blickten, die mich küßten.
Hüfte schmal, der Leib so rund
Wie zu Paradieses Lüsten.
War sie da? Wo ist sie hin?
Ja! sie war's, sie hat's gegeben,
Hat gegeben sich im Fliehn
Und gefesselt all mein Leben.

Ein abruptes Ende findet die Zeit mit Marianne mit der Abreise der Willemers am 26. September. Goethe will den Herzog wenig später treffen, um ihn nach Mannheim zu begleiten. Wieder ein Abschied von Marianne am Vorabend, nun ein endgültiger Abschied. Goethe schreibt im Anschluß daran einen Brief an Rosette Städel, der voller Mehrdeutigkeiten steckt und eigentlich an Marianne gerichtet ist. Das nicht darin Ausgesprochene wiegt schwerer als das, was gesagt wird (wie so oft in Goethes Altersbriefen). »In Hoffnung daß Sie den theuren Freunden alles getreulich ausrichten werden, wovon ich nicht den tausendsten Theil auszusprechen im Stande bin, schreib ich, liebe Rosette, diesen Brief«, so fängt das Schreiben an. Von gesundheitlichen Unpäßlichkeiten schreibt Goethe – und meint den Abschied von Marianne, sein Leiden darum. Von der »Heidelberger Zugluft« schreibt er (merkwürdig genug für das milde, fast südliche Klima der Neckarstadt) und meint die zermürbende Aufbruchstimmung, all das

Ungesagte und Empfundene, den Trennungsschmerz. »Nachdem uns denn die Freunde verlassen hatten, fingen die bisher nur drohenden Übel an förmlich auszubrechen, es entstand ein Brustweh, das sich fast in Herzweh verwandelt hätte, natürliche Folge der Heidelberger Zugluft und veränderlichen Schloßtemperatur, worüber mir unberufen und ungefragt HE. Dr. Nägeli die genauste Auskunft gab, so daß ich, mit einiger Resignation die gegenwärtigen, mit einiger Vorsicht die künftigen Gebrechen in lauter Heil und Glück umwandlen könnte. Inwiefern es gelingt kann ich vielleicht zukünftig vertrauen.« Es folgt kurz darauf die Niederschrift des Gedichts »Gingo Biloba«. Gesundheitlich fängt sich Goethe schnell wieder, seelisch aber nicht. Herzog Carl August trifft am 28. September in Heidelberg ein, und Goethe begleitet ihn am 30. nach Mannheim. Am 1. Oktober kehrt Goethe nach Heidelberg zurück und begibt sich mit Boisserée im herzoglichen Auftrag nach Karlsruhe. Boisserée hat ein Tagebuch über diese Tage mit Goethe geführt, das mit seinen kurzen, aber vielsagenden Notizen einigen Aufschluß über Goethes aufgewühlten Seelenzustand gibt. »Wahlverwandtschaften«, lautet zum Beispiel eine lapidare Notiz. Daraufhin berichtet der Freund, wie Goethe auf der abendlichen Fahrt von Karlsruhe nach Heidelberg, nachdem die Sterne aufgegangen sind, in traumverlorener Stimmung vom Urbild der Ottilie (Minna Herzlieb) sprach, »wie er sie lieb gehabt, und wie sie ihn unglücklich gemacht.« »Wurde zuletzt fast räthselhaft ahndungsvoll in seinen Reden.« Und nun beginnen rätselhafte innere Abläufe bei Goethe, die recht eindrucksvoll dokumentiert sind. Goethe soll – das ist Carl Augusts Wunsch – nach seiner Rückkehr aus Karlsruhe den Herzog in Frankfurt treffen. Dabei sein würde auch die Jagemann, geadelt Frau von Heygendorf, die herzogliche Mätresse, die bei Goethe schon so viel Unbehagen ausgelöst hat. Einige Dinge kommen wohl jetzt zusammen, um Goethes Nerven bis zum Zerreißen anzuspannen; streckenweise erinnert sein Zustand sogar an einen totalen Zusammenbruch mit Todesangst und Todesahnung. Die drohende Gegenwart der Jagemann – in ihrer höfischen und schauspielerischen Kapriziosität ein weibliches Gegenbild zu Marianne –, die Konfrontation mit der ganzen höfischen Sphäre, die Goethe an sein Rollendasein erinnert, egal, wie ihm persönlich ums Herz ist, die Abreise sowieso, der Schlußstrich, der unter die Marianne-Begegnung zu ziehen ist und schließlich

Erinnerungen an einen früheren Wendepunkt in seinem Leben, auch in Heidelberg, vor vierzig Jahren – all das trägt zu Goethes Krisenstimmung bei. Vor vierzig Jahren, auf dem Weg nach Italien, als die herzogliche Kutsche ihn bei der Handelsjungfer Delph in Heidelberg einholte, um ihn doch noch, wie versprochen, nach Weimar zu bringen, damals war die eruptive Wende und Wandlung in seinem Leben noch fruchtbar und positiv, mit sechsundzwanzig Jahren, als »die Sonnenpferde der Zeit« noch mit seines »Schicksals leichtem Wagen« durchgingen. Aber jetzt, mit sechsundsechzig, da sind die Umbrüche bedrohlich. Goethe vertraut sich dem Freund Boisserée nur in Andeutungen an. Das Folgende, das Boisserée in sein Tagebuch schreibt, wird sich wohl auf Caroline Jagemann beziehen. »Einige Personen seyen, die einen ganz unheilbringenden Einfluß auf ihn hätten. Lange habe er es nicht gemerkt. Immer wenn sie ihm erschienen, sey ihm auch ganz unabhängig von ihnen irgend etwas unangenehmes Trauriges oder Unglückliches begegnet.« Dann aber, am 6. Oktober: »Morgens Goethe will plötzlich fort; sagte mir ich mache mein Testament; wir bereden ihn mit großer Mühe noch einen Tag auszuruhen und übermorgen zu reisen.« Die Jagemann habe ihn von Mannheim aus gedrängt, heißt es in Boisserées Tagebuch, »zu Tableaux und Attituden« in die Kurfürstliche Residenz zu kommen. Goethe fürchte die Begegnung mit dem Herzog, sei angegriffen, habe nicht gut geschlafen. Wieder äußert er Pläne zur Abreise, und zwar so schnell wie möglich. »Morgens ganz früh Goethe unruhig – fürchtet eine Krankheit, will schon zu Mittag fort. Ich biethe mich zum Begleiter an, und bereite mich vor, (ihm) nach Weimar zu folgen. Trauriger, schwerer Abschied. [...] Im Wagen erhohlt sich der Alte allmählig. Die Sicherheit nicht mehr vom Herzog oder der Jagemann erreicht zu werden, beruhigt ihn sichtbahrlich.« Sonderbares und befremdendes Geschehen. Eine Mischung aus Trennungs- und Entsagungsschmerz, sozialer Verweigerung, ganz ungewissen und physisch unbegründeten Schicksals- und Todesängsten, eine schwere Krise, Depressionen, all das peitscht auf Goethe ein, der sich gerade noch vor sich selbst retten kann, der aber außerstande ist, mit der verhaßten Jagemann ostensible Höflichkeitsfloskeln zu tauschen. Daß er jedoch derart verzweifelt vor ihr und Carl August flüchtet und sich, wie Boisserée berichtet, erst wieder beruhigt, als der Herzog und die Jagemann ihn nicht mehr einholen können, muß noch einen anderen Grund haben: die Furcht vielleicht, durch einen weiteren Frankfurt-Aufenthalt mit der herzoglichen Reisetruppe erneut in den Bannkreis Mariannes gezogen zu werden. Überstürzt, in Hast bricht Goethe nach Weimar auf, den besorgten Boisserée immer um sich, der ihn noch bis nach Würzburg begleitet. Fiebrig aufgewühlt schickt er noch eine Reihe von Briefen an die verwundert Zurückgebliebenen. Dem Herzog, dessen Aufforderung an Goethe, ihn in Frankfurt zu treffen, eigentlich ein fürstlicher Befehl war, erklärt Goethe, er habe zu Hause dringende Angelegenheiten zu erledigen, da seine Denkschrift »Über Kunst und Altertum« baldmöglichst in Druck gegeben werden müsse. Schon seit Wochen warte man in Jena auf das Manuskript. Das ist vorgeschoben, wie sich denken läßt, aber immerhin eine Erklärung für den Herzog, der nicht verärgert werden darf.

Während der Rückreise über Neckarelz, Würzburg und Meiningen nach Weimar schreibt Goethe ähnlich rätselhafte und versteckt-gehaltvolle Briefe an die Willemers wie den nach dem Heidelberger Abschied – er schreibt an Rosette Städel, an das Ehepaar Willemer, an Rosette und Marianne zusammen, nie aber an Marianne allein. Er beschreibt seine Reiseroute und suggeriert dabei eine große und bedeutsame Schicksalhaftigkeit, die aus den Gegebenheiten im Grunde nicht erklärt werden kann. Es ist, als ob der Dämon seines Lebens ihn zu dieser überstürzten Heimfahrt treibt, zu dem Abschied und zu der Trennung für immer. »Nun kommts aber! und ich eile über Würzburg nach Hause, ganz allein dadurch beruhigt, daß ich, ohne Willkür und Widerstreben, den vorgezeichneten Weg wandle und um desto reiner meine Sehnsucht nach denen richten kann die ich verlasse.« Da hat sich nun schon sein Wille vollzogen: das »Erlebnis Marianne« zum Gedicht zu verklären, zu verewigen, es gewissermaßen zu entstofflichen. Nur das ist sein »vorgezeichneter Weg«. Was zwingt ihn zu solch schmerzhaftem Losreißen? Zu so hoffnungsloser Entsagung? Er hat zu Hause seine Ehefrau, sein Weimarer Leben, die Geheimratsexistenz, die Pflichten, Marianne ist verheiratet; tausend nachvollziehbare Gründe – die sich aber alle relativieren in der nächsten Zeit, ohne daß sich an Goethes Entschluß etwas ändert. Wie Orakel, wie Mysterien sind seine brieflichen Äußerungen während der hastigen Rückreise. Von Meiningen aus schreibt er an Marianne und Rosette Städel (die eigentlich

»Rosine« heißt, Goethe verwendet die Koseform des Namens): »Am 9ten, früh, gings an ein Scheiden, wo ich denn ganz eigentlich die Trennung fühlte, denn bisher war es noch immer eine Fortsetzung des glücklichsten Zustands. Auch, wie es zu geschehen pflegt, waren die letzten Stunden die interessantesten. Eine gewisse Scheu verliert sich wenn man das unvermeidliche vor sich sieht und man sucht im offensten Vertrauen einen Ersatz für den drohenden Verlust.« Wir sehen den »alten Merlin« im langen, weiten Reisemantel, im verhüllenden Mantel des Dichters, der wieder einmal Abschied vom Lebendigen nimmt und sich mit den Elementen vermählt. Über Gotha erreicht Goethe am 11. Oktober Weimar. Es ist kalt. Eine andere Klimazone als die der milden Rhein-Maingegend betritt Goethe in Thüringen wieder. Die heiteren Tage im Heidelberger Spätsommer sind unwiederbringlich vorbei. Schon auf der Reise klagte Goethe über die schlecht oder gar nicht geheizten Räume in den Gasthöfen, von denen aus er seine Schicksals- und Abschiedsbriefe an die Willemers schrieb. Er hüllt sich tiefer in seinen Mantel ein. Der Herbst seines Lebens beginnt.

Nachspiel und Abschied

Ohne Übergang und kommentarlos widmet sich der Weimarer Geheimrat seinen Pflichten. In den Briefen an Boisserée etwa oder an Zelter fällt in der Folgezeit kein Wort über das »Suleika-Erlebnis« und über die Erschütterungen in den letzten Heidelberger Tagen. Dafür um so mehr über die Vorbereitung seiner kunsthistorischen Schrift über Kunst und Altertum am Rhein und Main. Er braucht noch Material und Informationen, um die er Boisserée bittet: ein paar Details über Mannheim, einen Grundriß vom Kölner Dom … Goethe professionell; den Liebenden in sich hat er umgestaltet, ausgetrickst. Er gesteht Marianne im Gedicht, im »Buch Suleika«, was sie ihm war und was ihm die Begegnung mit ihr bedeutet hat: Inspiration in reinster Form, der zündende Lebensfunke für ein Werk, ohne den er nicht dichten kann. Dafür ist er ihr dankbar, und er drückt diese Dankbarkeit aus:

Behramgur, sagt man, hat den Reim erfunden,
Er sprach entzückt aus reiner Seele Drang;
Dilaram schnell, die Freundin seiner Stunden,
Erwiderte mit gleichem Wort und Klang.

Und so, Geliebte, warst du mir beschieden,
Des Reims zu finden holden Lustgebrauch
[…]
Hast mir dies Buch geweckt, du hast's gegeben;
Denn was ich froh, aus vollem Herzen sprach,
Das klang zurück aus deinem holden Leben,
Wie Blick dem Blick, so Reim dem Reime nach.

Goethe bemüht sich nach Kräften, es bei dieser Deutung zu belassen. Er schreibt noch immer Briefe und Gedichte an die Willemers nach Frankfurt. Die Briefe sind für die ganze Familie, die Gedichte sind für Marianne allein. »Der lieben Kleinen« heißt es einmal wieder. Willemer fällt in den Tonfall ein, hat ihn vielleicht ursprünglich initiiert. Wenn er von seiner Frau spricht, die inzwischen zweiunddreißig ist, dann spricht er noch immer wie von einem Kind. Er macht sich Sorgen, denn Marianne hat nach Goethes Abreise jede Lebensfreude verloren. Sie will vor allem nicht mehr musizieren, womit sie sonst viele Stunden des Tages verbracht hat. Goethe antwortet: »Die liebe Kleine nicht am Clavier dencken zu können ist mir sehr peinlich. Wie glücklich sind Sie, zu ihrer Erheiterung allerley Liebes und Gutes anwenden zu können.« Drei Tage später schreibt Goethe an Marianne und Rosette: »Bitte um Nachricht ob Marianne wieder singt?« Viel Erfreuliches wird man ihm darauf nicht geantwortet haben. So richtig zum Blühen kommt diese Frau an der Seite des ältlich-biederen Bankiers nicht mehr; sie träumt vergangenen Stunden nach. Goethe weigert sich, die Tragweite seiner Begegnung mit Marianne von Willemer anzuerkennen, für sich und für sie. Er verharmlost das Ergehen der »lieben Kleinen«, die nicht mehr singen und nicht mehr Gitarre spielen mag. Schon hat sich »Suleika« aus der persischen Dichtungswelt wieder in Willemers Pflegetochter verwandelt, nach dem man sich besorgt erkundigt, das man aber in dieser Rolle auch belassen und einschränken kann. Bei der großen Krise in Heidelberg hat Goethe schon alles Leid der Entsagung auf einmal ausgestanden. Aus der Entfernung schließlich gibt es für ihn keine wirkliche Beziehung, auch kein Nachempfinden. Noch einmal bricht er auf nach Frankfurt, im folgenden Sommer, doch unter veränderten Bedingungen, denn Christiane ist inzwischen gestorben. Die Kutsche wird nach nur zweistündiger Fahrt umgeworfen, Freund Meyer leicht verletzt, und Goethe sieht dies als Zeichen des Schicksals, daß er nicht zur Gerbermühle, in den Bannkreis Mariannes fahren soll. Beinahe erleichtert kehrt er um, nach Hause zurück; er sieht Frankfurt und Marianne nicht wieder.

Daß er gerade vor dieser Frau flüchtet, flüchtet wie noch nie, zeigt doch recht deutlich, daß es Goethe um die imaginären Gehalte der Liebe weit mehr gegangen ist als um ihre Realisierung. Bald sprechen keinerlei Umstände mehr dagegen, sich mit Marianne zu verbinden: Goethe ist Witwer, und Willemer, der die »Kleine« sich verzehren sieht und den die Größe dieser Verbindung und des bewunderten Freundes über Eifersucht erhaben macht, bietet Goethe quasi seine Frau an. Er hätte nichts dagegen einzuwenden, würde es natürlich finden. Zwei Jahre später versucht Willemer dann endlich den Freund zu überreden, nach Frankfurt zu ziehen – ganz oder nur über die Sommermonate, frei nach Belieben. Er bereitet sein Haus für ihn vor, setzt neue Öfen für den wärmesuchenden Freund, läßt einhundertfünfzig Bäume auf der Südseite der Gerbermühle abschlagen, damit die Sonne in die Räume dringen kann. In der Stadt steht eine ganze Wohnung für ihn leer -»Damit die ewigen Gefühle nicht zu verstumen brauchen und die Liebe alles zu geben habe, was sie vermag. So weit sey es dem Hertzen vergönnt, sein Inneres zu entfalten. Nach ihm ist an dem Verstand die Reihe, das Wort zu führen.« Willemer malt den möglichen Altersruhesitz Goethes am Main in den wärmsten Farben: »Weibliche Pflege, wenn allein die Liebe sie biethet und kein Eigennutz im Hintergrund lauert, Weibliche Anhänglichkeit, Freundes Achtung im Vatterland sind doch auch Güther. Mit dem Bundestag und den Langweiligen der Erde, den Großen, hätten wir nichts zu schaffen, dabey lebten Sie den Wisenschaften und bearbeiteten mit dem genanten Tonkünstler, für dessen Inneres wie Äusseres ich mich verbürge, eine Tonlehre, wodurch die Music in ihre verlohrnen Recht wieder eingesetzt würde. Komt, Freund, und gönt dem Vatterland die Ehre, die es so lang vermißt, damit es stolz das Haupt erhebe und sage: er gehört uns wieder!«

Willemer lockte natürlich umsonst. Wie hätte er sich das beschriebene Zusammenleben vorgestellt? Wäre er wieder zum »Vater« Mariannes geworden, indem er seine Frau an Goethe abgetreten hätte? Oder träumte er von einer bloßen Geistesbeziehung zwischen Marianne und Goethe, in der beide Männer eine quasi-väterliche Funktion bei ihr erfüllten? Hat er die Tragweite der Begegnung zwischen seiner Frau und dem Dichter vielleicht nicht erfaßt und war deshalb so arglos? Es klingt alles sonderbar genug. Wenn Willemer Mariannes Reaktion auf einen Brief von Goethe diesem wieder schildert (»Ein Brief von Göthe – ein Brief von Göthe! ruft Marianne auf der untersten Stufe, und damit die Treppe hinauf!«), klingt es, als ob der verzückte Vater die Reaktion des Töchterchens auf die Ankunft des lieben Onkels schildert.

Traurige Umstände trifft Goethe nach seiner Rückkehr aus Heidelberg zu Hause an. Christianes Krankheit wird immer quälender. Noch im vergangenen Jahr, als Goethe in Wiesbaden war, ist sie zur Kur nach Karlsbad gegangen, auf Besserung hoffend. Im Mai 1816 hat sie wieder einen Anfall, erholt sich, nimmt ihre Arbeit wieder auf, erleidet einen Rückfall. Urämie, Harnvergiftung, hat man im Nachhinein diagnostiziert. Als die Krankheit Anfang Juni wieder auf besorgniserregende Weise ausbricht, reist Goethe von Jena an und bleibt im Haus am Frauenplan. Aber er steht seiner Frau nicht zur Seite. Er kann ihr Leid ebensowenig wie August mitansehen. Beide kommen nicht mehr an ihr Bett; sie sehen Christiane nicht wieder. Zwei Tage vor Christianes Tod begibt sich Goethe selbst mit einem heftigen Fieberanfall aufs Krankenlager – Flucht in die Krankheit, wie so oft in seinem Leben. Vom Bett aus hört er die Schreie seiner Frau, die sich in Krämpfen windet. Es wird so schlimm, daß selbst die Wartefrauen nicht mehr zu ihr gehen, da sie den Anblick und die Schreie der Leidenden nicht mehr ertragen. Als sie nach qualvollem Todeskampf am 6. Juni stirbt, hat sie sich vor Schmerz die Zunge durchgebissen. Eine Frau hat sich in diesen Tagen zu der Sterbenden begeben, ungeachtet des wenig ehrenvollen Verhaltens selbst der engsten Familienangehörigen: »die Jagemann«, Caroline von Heygendorf, von Goethe in so schlechtem Licht betrachtet. Sie wagt sich in das Krankenzimmer, tröstet die Kranke und setzt sich den furchtbaren Eindrücken aus. Caroline ist zusammen mit Christiane aufgewachsen. Sie kann sich an die Kinder-

und Jugendjahre der späteren Geliebten und Ehefrau Goethes in Weimars engen Gassen erinnern. Beide haben ähnliche Schicksale gehabt: den sozialen Aufstieg durch eine Liebesbeziehung zu einem der Großen des Landes. Zwar kann Caroline auf einen eigenen »Aufstieg« und künstlerisch beruflichen Werdegang vor ihrer Beziehung mit dem Herzog zurückblicken. Beide, sie und Christiane, sind aber Kinder dieser Stadt und haben gemeinsame bürgerliche Wurzeln. Mitleid, Anstand, Solidarität – »die Jagemann« erspart sich diesen schweren Gang an Christianes Krankenlager nicht. Am Mittag des 6. Juni ist alles vorbei. Goethes Tagebucheintrag ist tonlos, wie gelähmt: »Nahes Ende meiner Frau. Letzter fürchterlicher Kampf ihrer Natur. Sie verschied gegen Mittag. Leere und Totenstille in und außer mir.«

Goethe geht dem Tod aus dem Wege, wo er kann. Der Tod entfremdet den Dichter von seinem Glauben ans Leben. Die prosaische Wirklichkeit ist hier die Wirklichkeit des qualvollen Todes der eigenen Ehefrau. »Meine Frau um zwölf nachts ins Leichenhaus«, berichtet das Tagebuch weiter. »Ich den ganzen Tag im Bett.« Christiane wird nicht aufgebahrt. Man begräbt sie schon am nächsten Morgen in aller Frühe und offenbar im kleinsten Kreis, beinahe heimlich und inoffiziell. Goethe bleibt dem Begräbnis fern. Er geht grundsätzlich nicht zu Beerdigungen. Der Verzicht auf die Aufbahrung mag vielleicht damit zusammenhängen, daß die Züge der Verstorbenen durch die Krämpfe, Schmerzen und epilepsieartigen Anfälle entstellt waren. Aber man hat selbst heute noch Schwierigkeiten, das unscheinbare und versteckte Grab auf dem Weimarer Jakobsfriedhof zu finden, wo man Goethes Ehefrau begraben hat. Goethe selbst liegt in der Fürstengruft auf dem Historischen Friedhof, inmitten der fürstlichen Familie, neben Schiller in einem prachtvollen Sarg. Diesen vornehmen Friedhof gab es 1816 noch nicht, als Christiane starb, so daß sie auch nicht in ein Goethe'sches Familiengrab kam, das später dort angelegt wurde. Man hätte sie wohl aber im Nachhinein in diesem ehrenwerten Familiengrab zur Ruhe betten können. Das ist nicht geschehen. Christiane blieb »die Vulpius«, nicht die Frau an Goethes Seite, auch im Tod wurde sie diskriminiert und versteckt, nicht für wert befunden. Nur ein Vierzeiler ziert ihre Grabplatte, den die Goethe-Gesellschaft später hat einmeißeln lassen. Goethe hat die Verse noch am Tag von Christianes Tod gedichtet, und sie lauten:

Du versuchst, o Sonne, vergebens
Durch die düsteren Wolken zu scheinen!
Der ganze Gewinn meines Lebens
Ist, ihren Verlust zu beweinen.

Einsame Jahre beginnen für Goethe nach Christianes Tod. Er lebt jetzt allein in dem riesigen Haus am Frauenplan mit seinen Bedienten, Sekretären und Helfern. August ist meist unterwegs, er hat seine »wilde Phase« und genießt keinen besonders guten Ruf. Vom Umgang mit Damen zweifelhafter Reputation ist die Rede, und sein Alkoholkonsum macht schon seit Jahren die Runde. Leicht hat es der Sohn Goethes gewiß nicht. Kammerrat ist er geworden, weil nach der Erweiterung des Herzogtums zum Großherzogtum die Staatsbedienten gefördert worden sind und Goethes Sohn auch davon profitieren sollte. Nebenbei (und eigentlich hauptsächlich) hilft er dem Vater bei dessen diversen Tätigkeiten. Seit dem vergangenen Jahr betrifft dies auch die Zusammenfassung der verschiedenen von Goethe und dem Kollegen Voigt betreuten Institute unter der Bezeichnung »Oberaufsicht über die unmittelbaren Anstalten für Wissenschaft und Kunst«. Goethe hat sich im Großherzogtum zu einer Art Kulturminister gewandelt. Unermüdlich bemüht sich August Goethe schon seit Jahren um die junge Ottilie von Pogwisch. Er tut das um so mehr, als er feststellt, wie sehr den bedrückten, vereinsamten Vater die Gegenwart einer Schwiegertochter freuen würde. Ottilie stammt aus altem, doch verarmtem Adel, und ihre Familie ist abhängig vom Weimarer Hof, wohin es sie zuletzt verschlagen hat. Von Seiten der Mutter stammt sie von den Grafen Henckel von Donnersmark ab, preußischen Militärs und Großgrundbesitzern. Ottilies Vater, Major von Pogwisch, hatte den Besitz der Eheleute durch riskante finanzielle Transaktionen verspielt, worauf die Mutter den aufwendigen Hausstand auflöste und sich von ihrem Mann trennte. Ottilie und ihre Schwester Ulrike waren in Danzig geboren, nach dem Desaster ihrer Familie in Berlin, Ansbach und Dessau bei verschiedenen Verwandten aufgewachsen und gelangten mit der Mutter 1809 nach Weimar, wo Henriette von Pogwisch Hofdame bei der Herzogin Luise wurde. Die zwanzigjährige Ottilie hatte ein bewegtes Leben hinter sich und eine ähnlich planlose Erziehung wie August von Goethe genossen. Ottilie war ein schwärmerisches und schillerndes Geschöpf. Vollkommen unbeständig und unberechenbar, zog sie doch die Menschen stark an, die von ihrem weiblichen Charme und der Mischung von Anmut, Narzißmus und Zerfahrenheit angetan waren. Sie war klein und zierlich und hatte ein Puppengesicht mit großen Augen, in der Mitte gescheitelte goldbraune Haare. Von August Goethe war sie anfangs wenig begeistert. Ottilie schwärmte für einen preußischen Offizier, der in den Kriegswirren nach Weimar geraten und dort verwundet worden war. Er zog weiter mit seinem Regiment, kam aber noch einmal durch Weimar, und Ottilie war wieder Feuer und Flamme. Zusammen mit ihrer Freundin Adele Schopenhauer betrieb sie einen Preußen-Kult, zu dem auch die Neigung zu diesem Offizier beitrug. Die Sache verlief sich, nicht zuletzt wegen des Widerstands ihrer Familie. In dieser Lage nähert sich August der enttäuschten und »verlassenen« Ottilie. Der Goethe-Sohn ist immerhin eine gute Partie, und was die begeisterungsfähige und literarisch interessierte junge Frau vielleicht noch mehr als der Bräutigam selbst bewogen hat, sich auf die Verbindung einzulassen, war die Aussicht auf das Renommee des Goethehauses und die Hausgemeinschaft mit dem alten Goethe, zu dem sie gleich eine liebevolle Beziehung entwickelt. Das Verhältnis zu August ist mehr freundschaftlich, gewiß nicht leidenschaftlich – nicht Liebe, sondern »Liebhaben«, wie ihre Freundin Adele Schopenhauer vermerkt. Ottilie hat eine eigenartige Vorstellung von Liebe, und dieser wird August nicht gerecht: Sie muß zu einem Mann »hinaufstreben« können, er soll sie »erheben«, wie sie es von Ferdinand Heinke, dem preußischen Offizier, geglaubt hat. August Goethe könne das nicht, sagt sie hochmütig. Er stehe nicht hoch genug über ihr – sagt sie und nimmt ihn dann doch. Man kann sich vorstellen, was bei dieser Ehe herauskommen wird. Goethe jedenfalls ist vollauf zufrieden. Ein »Töchterchen« bekommt er, ein schmeichelndes, zierliches Schwiegertöchterchen, das die weiblich-gesellschaftliche Lücke im Goethehaus ausfüllen wird, die auch zu Christianes Lebzeiten immer bestanden hat, denn Christiane war zum Repräsentieren nicht geeignet und hielt sich einvernehmlich im Hintergrund. Verlobung und Hochzeit von August und Ottilie dürfen nach dem Willen der Familie der Braut erst nach dem Tod der »Mamsell Vulpius« stattfinden, denn eine solche Schwiegermutter hätte sich für eine von Pogwisch, eine angestammte Henckel von

Donnersmark nicht geschickt. Der alte Adelsstolz der ebenfalls verarmten Großmutter sieht das nun einmal nicht anders.

Am 17. Juni 1817 heiraten Ottilie und August. Am 9. April des nächsten Jahres bekommt Goethe seinen ersten Enkel, Walther Wolfgang. Ganz und gar milde wird der Großvater und Schwiegervater, auf dem die Enkelkinder in den nächsten Jahren herumklettern dürfen und der sich – wie Gäste verblüfft feststellen – in einer auffällig zärtlichen Beziehung zu dem »Töchterchen« befindet. Dabei ist er bereit, so einiges zu übersehen. Ottilie ist gewandt, geschickt und unterhaltsam – eine gute Gastgeberin, eine Art Vorzimmerdame auf dem Weg ins Allerheiligste, zu Goethe, da sie die Gäste aussortiert und vorbereitet. Anders als der Sohn, der eine Buchhaltermentalität besitzt, ist sie durchaus von intellektueller Wendigkeit. Doch ihre Kaprizen und ausgefallenen Vergnügungen, ihre Ruhe- und Rastlosigkeit und ihre Verschwendungssucht werden bald außerhalb des Hauses wahrgenommen. Goethe schweigt. Die jungen Eheleute leben in der Mansardenwohnung über ihm. Mit Geld umgehen kann vor allem Ottilie nicht, die unbedenklich ihren Vergnügungen frönt. Ihr Leben ist unregelmäßig, ohne Plan und Halt. Ottilie sucht sich bald ihren eigenen Umgang, weil ihr Gatte sie langweilt. Es gibt häufig Streit, unerträglich für Goethe, der früher eine rasselnde Kutsche vor seinen Fenstern moniert hat, dem seine Ruhe heilig war und der Gott und die Welt in Bewegung setzte, damit ihm ein ungestörtes Arbeiten ermöglicht werde. Er schweigt hier und wendet sich ab. In diesen Jahren hält er sich oft in Dornburg auf, in den einsam gelegenen Schlössern über dem Saaletal, wo er in seiner Weimarer Anfangszeit oft mit Carl August war. Oder er ist in Jena, eingespannt in seine Pflicht, der Oberaufsicht über die kulturellen Anstalten. Sein einziger näherer Umgang ist Zelter in Berlin, dessen Briefe aber meist die Gegenwart des Freundes ersetzen müssen. Wenige Monate nach Christianes Tod war Zelter in Weimar, und Goethe hatte ihm die Nachricht vom Tod der jüngsten Tochter überbringen müssen. Die Gegenwart und Anteilnahme des anderen in Stunden des Leids und der Prüfung vertieft die Freundschaft der beiden noch. Doch meist sind sie eben entfernt voneinander, in ihrem jeweiligen Wirkungskreis in Berlin und Weimar. Zu Hause hat der alte Goethe bald keinen Vertrauten mehr.

Einen großen Eklat hat es noch zwei Monate vor Augusts Hochzeit in der Theaterleitung gegeben. Die Spannungen mit Caroline Jagemann, der Freifrau von Heygendorf, spitzten sich immer mehr zu. Frau von Heygendorf ist zur »Mitdirektorin« auf der Opernbühne avanciert, mehr oder weniger offiziell. Sie trifft Entscheidungen, hat ihre Anhänger; Intrigen hinten und vorne. Amtsmüde ist Goethe so oder so. Er hat genug von dem Treiben, der »Zigeunerwirtschaft«, wie er das Theater ein paar Jahre später bezeichnet, den vielen Kämpfen und personalen Auseinandersetzungen. Frau von Heygendorff beanstandet – und sie schreibt das auch in ihren Memoiren –, daß Goethe sich aufs Altenteil zurückgezogen habe, »das es im Leben eines Theaterdirektors schlechterdings nicht geben darf«, und damit den Fortschritt der weimarischen Schule, an dem ihr so viel liegt, behindere. »Statt des früheren tätigen Mitarbeitens schrieb er jetzt Akten und Reglements, und seine letzten Inszenierungen – nach jahrelanger Untätigkeit – erbrachten in ihrer formalen Erstarrung den Beweis, daß er den Zusammenhang mit der Schauspielkunst verloren hatte.« Ein gemeinsames Arbeiten dieser beiden Konkurrenten war im Grunde nicht mehr möglich; der Anlaß, der zum Eklat führen sollte, schien fast eine Lächerlichkeit. Ein Schauspieler namens Karsten aus Wien, der an mehreren deutschen Hoftheatern mit seinem Pudel aufgetreten ist, bietet Goethe ein Gastspiel an: »Der Hund des Aubry de Mont-Didier oder Der Wald bei Bondy. Historisch-romantisches Drama«. Goethe lehnt ab. Er kann Hunde nicht leiden und ist der Meinung, diese hätten nichts auf der Bühne zu suchen. Um den Gehalt des Stückes geht es dabei kaum, denn Goethe muß bei allen Ansprüchen auch mitunter den Gesetzen des Marktes gehorchen. Reine Unterhaltungsstücke sind ein fester Teil im Programm des Weimarer Theaters. Karsten geht mit dem gleichen Ansinnen zu Frau von Heygendorf, die durchaus interessiert ist (schon wegen der Opposition zu Goethe) und den Antrag unverzüglich an den Großherzog weiterleitet. Carl August, ein Hundenarr, ist begeistert und läßt der Theaterleitung ausrichten, das Gastspiel werde angesetzt. Man muß lächeln, wenn man von Goethes Reaktion auf den verhaßten Hund auf der Bühne liest: »Schon unsere Statuten bestimmen, daß kein Hund auf dem Theater erscheinen darf«, wettert er. Er hat Angst, daß mit der Einführung von Tierstücken das Theater zur Dressur- und Gauklerveranstaltung verkomme. Kläffende Hunde, ihr Winseln, ihre devote Anhänglichkeit sind Goethe ein Greuel. Diesbezüglich hat er auch ein besonders unliebsames Erlebnis im Hinterkopf, denn Charlotte von Stein, auch eine große Hundenärrin wie der Herzog, allerdings mehr auf Schoßhundniveau, hat immer sehr ostentativ ihren Hund gestreichelt, wenn sie Goethe gefühlsmäßig kurzhalten wollte – so auch bei ihrem ersten Wiedersehen nach Goethes Italienreise. Goethe also bleibt dabei: Kein Hund auf der Bühne, solange ich Theaterdirektor bin! Aufgeregte Auseinandersetzungen finden daraufhin in den Weimarer Theaterkreisen statt. Ob der Hund mimisch begabt sei und wie man das erkennen könne, ob er als Schauspieler auf der Bühne anzusehen sei oder nur als dressiertes Tier, wie es überhaupt mit der Intelligenz eines Hundes stehe und inwieweit sein Instinkt die Schauspielkunst bereichern könne. Der Kommentar der Jagemann ist folgender: »Es ist mir nicht in den Sinn gekommen, den Pudel für einen denkenden Schauspieler zu erklären, noch sein Auftreten für eine Entweihung des weimarischen Theaters zu halten, das genug Stücke zur bloßen Unterhaltung gab. Und wenn der Fürst sich gelegentlich von seinen Leuten eine Komödie vorspielen ließ, die ihm Vergnügen versprach, so war das keine Benachteiligung des Publikums, zumal er oft genug hinter diesem zurückstehen mußte, wenn Stücke gegeben wurden, denen er keinen Geschmack abgewann. Bezüglich des Hundes gab es allerdings keinen größeren Gegensatz als ihn und seinen Jugendfreund. Dieser erklärte die Hundeliebe der Menschen aus der servilen Natur des Tieres, litt in seinem Hause weder Hund noch Katze und schloß sie ebenso vom Theater aus. Dagegen freute sich der Großherzog an den geistigen Fähigkeiten (vulgo Instinkt) der Hunde, hatte immer eine Menge um sich und gestattete ihnen die größten Freiheiten [...]. Alle Bücher, in denen die Natur- und Entwicklungsgeschichte seiner Lieblinge behandelt wurde, ließ er sich herbeischaffen; kein Wunder, daß ihn auch die mimischen Fähigkeiten interessierten und er von Dragon nur zu hören brauche, um das Gesuch seines Meisters zu genehmigen.« So hat der Pudel »Dragon« für Goethes Ausscheiden aus der Weimarer Theaterleitung gesorgt. Der Schauspieler Oels sucht Goethe am Nachmittag des 20. März in seinem Garten auf, um ihn versöhnlich zu stimmen und das Schlimmste zu verhindern. Er kommt aber kaum zu Wort und erhält nur die Aufforderung, am nächsten Tag wiederzukommen. Da ist Goethe aber schon nach Jena abgereist, zornbebend, in alter Verweigerungshaltung. Carl August, den Großherzog, hat er wieder einmal vor den Kopf gestoßen, was dieser seiner Meinung nach mit dem Beschluß, das Stück aufzuführen, ebenfalls getan hat. »Zieh hin in Frieden, und wenn du wiederkömmst, so besuche mich.«, schickt Seine Hoheit ihm nach, der Jugendfreund im alten, burschenhaften Sprachstil. Die Freundschaft mit dem Großherzog wird auch an dieser Angelegenheit nicht zerbrechen. Aber peinlich ist es doch, peinlich für Goethe, peinlich wohl auch für den Hof, der zwischen der »Nebenfrau« des Landesherren und dem großen Goethe vermitteln muß. Charlotte von Stein ist außer sich, als sie erfährt, was jetzt von herzoglicher Seite zu erwarten ist: Goethes Entlassung als Theaterdirektor. Völlig aufgelöst setzt sich die Fünfundsiebzigjährige für den ehemaligen Geliebten ein. Sie will ihm die Peinlichkeit der Entlassung ersparen und schreibt an Knebel nach Jena, daß er Goethe überreden solle, selbst zurückzutreten und anzubieten, dem Theater fortan mit seinem Rat beizustehen. »Sagen Sie ihm, daß er dieses mir zuliebe tun soll! Gar inniglich ließ' ich ihn drum bitten, weil ich fest überzeugt bin, daß es zu seinem Besten ist.« In ihrem nächsten Brief an Knebel kommentiert Charlotte tonlos: »Es kann sich niemand drein finden, daß unsere brillante Epoche vorbei ist, selbst Goethe nicht. Es herrscht bei uns nichts wie Stolz und Schein, und dabei gar kein Gemüt.« Beschließt die Hundeaffäre um den Pudel Dragon das Ende des klassischen Weimar? Die Malerin Julie von Egloffstein bemerkt, halb schockiert, halb belustigt, sie hätte nie geglaubt, daß der große Goethe vor einem Hund die Flucht ergreifen würde. Der Journalist, Schriftsteller und Redakteur Stephan Schütze parodiert Schillers Verse vom Sieg der Natur über die Kunst mit den Worten:

Es soll die Bühne nie dem Hundestalle gleichen,
Und kommt der Pudel, muß der Dichter weichen.

Ein Skandal, ein Amusement; Klatsch und Empörung verbreiten sich schnell. »Der Hund des Aubry« wird am 12. April 1817 aufgeführt. Einen Tag später wird Goethe von der Leitung des Weimarer Theaters entbunden. Carl August drückt es diplomatisch, höflich und gewunden aus – er sei überzeugt, der Herr Geheimrat wünsche von der Hoftheaterintendanz dispensiert zu werden. Er danke für sein Engagement im Theaterwesen und hoffe weiterhin auf seine »Einwirkung durch Rat und Tat« –, aber es bleibt eine Entlassung. Charlotte hätte ihm das gerne erspart. Karl von Stein schreibt im Sommer dieses Jahres an Fritz: »Der Theaterkrakeel ist Mutter sehr nahegegangen. Goethe soll schwer darunter leiden, aber Karolinchen brüstet sich als ein Pfau und würde wohl radschlagen, wenn sie es könnte. Es ist ein Skandal! Verstehe den Großherzog, wer kann!« Nun hatte die Geliebte des Großherzogs, Weimars »zweite Frau« und offizielle Nebenfrau, gegen den Dichter, gegen den Günstling, gegen Exzellenz gesiegt. Caroline blieb die erste Frau auf der Bühne – und das weit über Weimars Grenzen hinaus. Sie hatte Gastspiele in Berlin, Leipzig und Wien, die ihren Ruhm verbreiteten. Ihre Paraderollen waren die Lady Macbeth, die Elisabeth in Schillers »Maria Stuart« und die Sappho in Grillparzers gleichnamigem Stück. Einen Auftritt der Jagemann als Sappho beschreibt Stephan Schütze folgendermaßen: »Die erste Szene, in der Sappho-Jagemann im Triumphwagen, den Lorbeerkranz im Haar und die goldene Leier im Arm, im Purpurmantel einzieht, wird nur von dem Schlußbild übertroffen, wenn sie nach der Selbstüberwindung in seliger Verklärung, in demselben Kostüm und gleich hoheitsvoller Haltung die Treppe herabsteigt. Aber auch innerhalb des leidenschaftlichen Kampfes zeichnet sich die reife, jedoch mit körperlichen Reizen noch sattsam geschmückte Frau durch breite Rhetorik und abgedämpften Affekt aus, die zu der naiven Rosenszene des Mädchens und dem rasch zufahrenden Pathos des Jünglings in wirksamen Gegensatz treten.« Solche Beschreibungen erklären leicht, warum Goethe mit dieser Frau solche Schwierigkeiten hatte. Er mochte keine Heroinen und Frauen großer Auftritte. Wenn sie begabt waren und künstlerisch tätig sein wollten, dann sollte sich das mit Bescheidenheit und Anmut paaren, wie im Fall der Julie von Egloffstein, einem weiteren fingierten »Töchterchen«. Eine gewisse Wendigkeit und Geschmeidigkeit der Frau, sich im Gespräch und im Auftreten anzupassen und zurückzunehmen, war für Goethe Voraussetzung im Umgang mit Frauen. Taten sie das raffiniert genug wie Ottilie, die Schwiegertochter, die bei Goethe fast alles erreichte und ihren Willen durchsetzte, dann war es gut, es ging unmerklich, bereitwillig durch. Nur die zeichensetzende, die entschiedene, auf sich selbst verweisende Frau war ihm ein Greuel – und diese Heroine auf der Bühne ganz und gar. In der zitierten

Beschreibung des Kritikers und auf Gemälden im wechselnden Theaterkostüm erscheint Caroline Jagemann, wie sie wohl auch Carl August gesehen haben muß: reich und üppig, eine Frau von satten körperlichen Reizen, um die sie weiß, und die sie einsetzt, geistreich und hochtalentiert – eine große Künstlerin, eine bedeutende Frau. Der Großherzog ist im Grunde der Meinung, daß Goethe nichts von Frauen versteht, weil er diesem herrlichen Typus nichts abgewinnen kann und immer nur blasse Idealfiguren anschmachtet – Minna Herzlieb, Frau von Stein, später Fräulein von Levetzow –, die er andichtet, doch an die er nicht herankommt, an die er gar nicht herankommen will. Carl August sieht das schon alles ganz richtig, ganz scharfsinnig – Goethe in dem Bereich, der ihn wohl am meisten von seinem fürstlichen Freund trennt, und der am Ende auch immer die Krisen in ihrer Freundschaft auslöst: die Frauen. Kanzler von Müller überliefert, daß Carl August am Ende seines Lebens und nach einer beinahe lebenslangen Freundschaft mit Goethe über diesen folgendes geäußert haben soll: Goethe habe stets zu viel in die Frauen hineingelegt, seine eigenen Ideen in ihnen geliebt, eigentliche Leidenschaft dagegen nie empfunden. Das ist ein kenntnisreiches und nicht eben unsensibles Urteil von einem, der den Dichter aus der Nähe kannte. Es kann dem aufgebauschten Bild vom großen Liebes- und Lebenskünstler, vom Frauenhelden Goethe durchaus zur Seite gestellt werden, und in der Mitte liegt dann irgendwo die Wahrheit.

Querelen, Spannungen und unerfreuliche Konflikte in und außer Haus – Goethe geht mehr denn je in sich und findet Zuflucht in der Arbeit. In den folgenden Jahren widmet er dem Aufbau der Jenaer Bibliotheken viel Zeit und Kraft. Dorthin verzieht er sich, und läßt sich von zu Hause das Nötige nachschicken – die benötigten Bücher, den optischen Apparat zum Experimentieren, Champagner, mittwochs zwei kalte gebratene Hähnchen ... Es ist wie in der Zeit mit Christiane; in Jena befindet sich ein zweiter Goethe'scher Haushalt, der organisiert werden muß. Nur gibt es keine wackere Hausfrau mehr, die alles in der Hand hat. Um alles muß sich August kümmern, weil Ottilie, unpraktisch bis ins Innerste, schon an den ersten Versuchen gescheitert ist, den großen und anspruchsvollen Haushalt der Goethes in den Griff zu bekommen, ja auch nur den Überblick zu behalten. August, dessen Selbstverständnis, Maßstab und Funktion sich zeitlebens darin erschöpft, Sohn zu sein, ist dreifach belastet, während die Belastungen seines Selbstwertgefühls schon gefährliche Formen annehmen: Als Staatsdiener am großherzoglichen Hof ist er durchaus gefordert. Er macht seine Sache gut, ist ordentlich, gewissenhaft, perfektionistisch wie der Vater. Sein zweiter Beruf ist aber, das »Goethe'sche Unternehmen« zu betreuen. Sämtliche Zubringerarbeiten als Sekretär, Verwalter, Vermittler in schwierigen Angelegenheiten trägt ihm Goethe auf, alles Dinge, die im Rahmen seiner eigenen Tätigkeiten stehen, mit denen er sich selbst jedoch nicht aufhalten will. Er hat den Sohn auf diese Weise früh verbraucht und ihm gerade das nicht gewährt, was er selbst doch als Sohn seines Vaters für sich so glühend gefordert hat: einen eigenen Weg zu gehen, sich von den Vorgaben und Erwartungen des Elternhauses loszumachen. Hinzu kommt, wie gesagt, bei August, daß er sich auch noch um den Haushalt kümmern muß – um Keller und Küche, Bestellungen, Finanzen und Personalfragen, all das also, was vorher Christiane gemacht hat. Selbst bei einer psychisch günstigeren Ausgangslage wäre das zu viel für ihn gewesen. August von Goethe wirkt mit seinen hektisch geröteten Wangen unter dem Backenbart und mit seinen glasig-glänzenden Augen nicht gesund, sondern besorgniserregend, bereits jetzt, mit Ende zwanzig. Der Alkohol ist ihm ein alltäglicher, kurzfristiger Trost. Auch im Essen ist er unmäßig. August leidet und schweigt. Er frißt seine Sorgen in sich hinein. Sein frühes Stigma durch die verfemte Geburt, die Unselbständigkeit, das mangelnde Selbstwertgefühl machen ihm das Leben schwer. Ottilie flirtet indessen mit durchreisenden Fremden und empfängt sie in der Mansardenwohnung. Es ist anzunehmen, daß es gelegentlich mehr war als Flirt. Sogar ein Kunstreiter ist dabei. Meist sind es aber auf Kontinentaltour befindliche Engländer, für die Ottilie eine besondere Vorliebe hat. Sie hat das England-Fieber ihrer Generation und schwärmt natürlich auch für Lord Byron, über dessen Werke sie sich mit ihrem Schwiegervater unterhält. Goethe ist Ottilie gegenüber nachgiebig und übersieht die Vorgänge in der Mansardenwohnung, die unregelmäßige Lebensführung, das schleichende Leiden seines Sohnes. Mit dem geliebten Schwiegervater führt Ottilie während ihrer Abwesenheit eine weit innigere Korrespondenz als mit dem Gatten, den sie nur grüßt und dem sie die wichtigsten Ereignisse mitteilt. Nur einmal hat Goethe über Ottilie etwas Kritisches geäußert, sogar ein abschätziges, im Grunde aber realistisches Urteil. Ihr Treiben sei hohl und leer, äußerte er in Gegenwart des Kanzlers von Müller, ein abenteuerliches Treiben ohne Leidenschaft, Neigung und wahres Interesse, »nur eine Wut aufgeregt zu sein«. Er meint damit konkret eine Affäre der Schwiegertochter mit einem weiteren Engländer, über die ihm mehr nicht zu sagen bleibt, als daß sie der Tiefe entbehre.

Goethe liest in diesen Jahren Belletristik und Sachliteratur aus den unterschiedlichsten Kulturkreisen. Schon im »West-östlichen Divan« war seine Botschaft die der interkulturellen Begegnung, der Einigung und wechselseitigen Befruchtung entgegen nationalistischen Parolen, Fremdenhaß und Kriegsgeschrei gewesen. Und jetzt entwickelt Goethe im Laufe seiner Lektüre über die Vereinigten Staaten, über die von vielen verklärte Neue Welt, eine Sympathie für das demokratische Amerika, während er im eigenen Land und im eigenen Großherzogtum den bürgerlich-demokratischen Freiheiten, wie sie die junge Generation fordert, mehr als kritisch gegenübersteht. Zu den Studentenbewegungen hat Goethe eine ähnlich ambivalente Haltung wie anfänglich zur Französischen Revolution: Er kann die Beweggründe der Erhebungen verstehen, akzeptiert jedoch die Konsequenzen nicht. An der Jenaer Universität hat er sich noch für eine studentische Selbstverwaltung eingesetzt. Das Treiben der Burschenschaften aber bereitet ihm größtes Unbehagen. Nach dem Wartburgfest am 18. Oktober 1817 zur 300-Jahr-Feier der Reformation und zum Gedenken an die Schlacht bei Leipzig kommen die Dinge ins Rollen. Der Trivialautor Kotzebue, von dem Goethe über achtzig Bühnenstücke am Weimarer Theater hat aufführen lassen, spielt bei den folgenden Ereignissen eine entscheidende Rolle. Er hat sich den Haß der Studenten zugezogen, weil er sich kritisch zu den Burschenschaftsbewegungen geäußert hat und angeblich Berichte darüber nach Rußland weiterleitete. Im März 1819 wird er in Mannheim von einem Burschenschaftler ermordet. Eine Ministerkonferenz wird von Metternich einberufen, deren Ergebnis die »Karlsbader Beschlüsse« sind. Sie dienen der Unterdrückung liberaler und nationaler Bestrebungen (die in den Burschenschaften zusammenlaufen), Verbot der Burschenschaften, Verfolgung der »Demagogen«, Überwachung der Hochschulen und der Presse. Goethe steht diesen restriktiven Beschlüssen keineswegs ablehnend gegenüber. Er spricht mehr und mehr von »Preß*frech*heit« statt Pressefreiheit und ist nach wie vor der Meinung, alles Vernünftige liege in der Minorität; Demokratie erfordere Sachverstand, Detailkenntnis, Betroffenheit und könne sich schon gar nicht in großflächigen Nationalstaaten umsetzen lassen. Wenn er zugleich von der Zukunft des demokratischen Amerika schwärmt, der Zukunft einer weiten, freien Welt, die eben nicht mit überlebten Herrschaftsformen belastet sei, aus denen die Revolutionen hervorgehen, erkennt man Goethes altbewährte Flucht ins Ferne und Weite, um in der Gegenwart nicht Stellung beziehen zu müssen und im Allgemeinen bleiben zu können – und zugleich einen deutlichen Widerspruch in der Hochschätzung des demokratischen Amerikas und der Ablehnung demokratischer Bestrebungen in Deutschland. Sein Fürst Carl August war weitaus liberaler eingestellt als Goethe. Er sorgte nach 1813 für Pressefreiheit und gab dem kleinen Staat eine Verfassung, wie es dem Volk vor den Erhebungen versprochen worden war. Er sei der einzige deutsche Fürst, der sein Wort gehalten habe, hieß es nachher. Er hat sich damit in Wien, Berlin und Petersburg sehr unbeliebt gemacht und mußte den Karlsbader Beschlüssen schließlich nachgeben. Seine und die in ganz Deutschland angefachten liberalen Hoffnungen hat er aber bis zum Schluß nicht verloren. Die Beziehung Weimars zum russischen Zarenhaus durch die Erbfürstin Maria Pawlowna, die der Erbprinz Carl August (gleichen Namens wie der Vater) geheiratet hatte, war schließlich auch ein bedeutendes Bollwerk gegen Angriffe von außen.

Goethe merkt, wie im Alter üblich, daß die Zeit einen schnelleren Lauf nimmt, daß die Welt eine andere wird. Im Februar 1818 sieht er erstmals Studenten auf Laufrädern, den Vorläufern des Fahrrads. Im nächsten Jahr macht er die bereits erwähnte Bemerkung zu Meyer, er würde auch noch nach Nordamerika segeln, wenn er nur zwanzig Jahre jünger wäre. Das »Mitternacht«-Gedicht, das er 1818 schreibt, ist schon ein Rückblick auf die Lebensalter, eine Erinnerung an Kindheit, Jugend, Mannsein, die hohe Zeit der Liebe bis ins Alter – ein Gedicht, dem es angesichts des Mondes um Vergangenes und Künftiges, nicht mehr um die Gegenwart geht. Aber zu gerne würde Goethe noch einmal in »des Lebens Weite« ziehen, zur Geliebten, die ihn an sich zieht zur Mitternacht. Die Mitternacht verbindet alle Lebensalter, alle Zeiten, Künftiges, Vergangenes und auch die Gegenwart, die dem Alten ein stehender Augenblick ist.

Um Mitternacht

Um Mitternacht ging ich, nicht eben gerne,
Klein kleiner Knabe, jenen Kirchhof hin
Zu Vaters Haus, des Pfarrers; Stern am Sterne,
Sie leuchteten doch alle gar zu schön;
Um Mitternacht.

Wenn ich dann ferner in des Lebens Weite
Zur Liebsten mußte, mußte, weil sie zog,
Gestirn und Nordschein über mir im Streite,
Ich gehend, kommend Seligkeiten sog;
Um Mitternacht.

Bis dann zuletzt des vollen Mondes Helle
So klar und deutlich mir ins Finstere drang,
Auch der Gedank willig, sinnig, schnelle
Sich ums Vergangne wie ums Künftige schlang;
Um Mitternacht.

Die Entsagenden

Im Sommer 1819 fährt Marianne von Willemer allein zur Kur nach Baden-Baden. Zuvor ist Willemer auf der Durchreise nach Berlin bei Goethe eingekehrt und hat bei diesem ungeplanten Wiedersehen wohl letzte Versuche unternommen, Goethe zu einem erneuten Besuch zu überreden. Bange Minuten waren es für Goethe, als Freund Willemer so unerwartet im Haus am Frauenplan erschien und der Hausherr erst nicht wußte, ob Marianne mitgekommen war. »Den schönsten Augenblick der Täuschung erlebt ich. Der verehrte Freund tritt in's Zimmer, die geliebte Freundinn hofft ich im Hinterhalte. Da fühlt ich recht daß ich ihr noch immer angehöre«, schreibt Goethe am nächsten Tag an Marianne, als Willemer schon auf dem Weg von Weimar nach Berlin ist. Dem Frankfurter Ehepaar wird klar, daß alle Aufforderungen, wieder in die Rhein-Maingegend zu reisen, vergebens sind. Unvergeßlich seien ihm die gemeinsamen Tage, schreibt Goethe wiederholt an beide, aber dabei sollte es bleiben. Nun aber schreibt Marianne Goethe aus Baden-Baden einen ergreifenden Brief. Sie ist allein und kann sich ihm ganz öffnen. »Daß ich so lange gezögert«, schreibt sie, »für Ihre herzlichen Worte zu danken, ist kaum zu entschuldigen, denn ich fürchte, meine Schuld zu vergrößern, wenn ich mich auf ein Gefühl berufe, was mich im Augenblick unfähig machte, so viele Güte zu erwidern; [...] Ich war überrascht, gerührt, ich weinte bey den Erinnerungen einer glücklichen Vergangenheit; es kam mir fast alles wie ein Traum vor, den ich mir in der Gegenwart wiederholte, um ihn nicht zu vergessen. Daß Willemer Sie gesehen, gesprochen hatte, vermehrte das Unbegreifliche meines Zustandes, ja selbst was er mir von Ihnen schrieb und Ihr eigener Brief vollendete meine Verwirrung; ich konnte oder ich wußte nicht zu antworten; können Sie mir verzeihen, was sich nicht entschuldigen läßt? – - Lassen Sie mir immer die angenehme Täuschung, daß Sie mir nicht aus Großmuth nur verzeihen.« Darauf beschreibt sie die herrliche Gegend ihres derzeitigen Aufenthaltsortes, die badische Landschaft, die Nähe zu Straßburg – nicht zuletzt in der vagen Hoffnung, Goethe könne doch noch den Weg zu ihr finden und für eine Kur in Baden-Baden dieses Jahr auf Karlsbad verzichten. Schließlich schreibt sie sogar: »Und wie viele schöne Mädchen gibt es nicht hier! Hudhud läuft in einem fort über den Weg; auch hohe Herrschaften genug, wenn man will, und hohe Berge und Thäler, und – doch Sie können ja nicht kommen. Ich würde mich sehr freuen, wenn ich noch einige Zeilen in Baden erhielt'.« Sie gibt Goethe ihre Badener Adresse, resignierend, kaum hoffend, daß er antworten würde. Doch das tut Goethe. In dem nun folgenden Brief redet er Marianne zum ersten und einzigen Mal brieflich mit »Du« an und gibt der Frau in diesem einmaligen Bekenntnis den Trost und die Bestätigung, ihre Gefühle voll und ganz zu erwidern, aber die Dinge nicht ändern zu können. »Nein, allerliebste Marianne, ein Wort von mir sollst du in Baden nicht vermissen, da du deine Lieben Lippen wieder walten lässest und ein unerfreuliches Stillschweigen brechen magst. Soll ich wiederhohlen daß ich dich von der Gegenwart des Freundes unzertrennlich hielt und daß bey seinem treuen Anblick alles in mir rege ward was er uns so gern und edel gönnt. Ob du gleich schwiegst hatte ich allerley zurecht gelegt, der Rückkehrende vermied (uns) und es blieb liegen. [...] Nun da du sagst, und so lieblich, daß du mein gedenckst und gern gedencken magst; so höre doppelt und dreyfach die Versicherung daß ich jedes deiner Gefühle herzlich und unabläßig erwiedre. Möge dich dies zur guten Stunde treffen, und dich zu einem recht langen Commentar über diesen kurzen Text veranlassen. Wäre ich Hudhud ich liefe dir nicht über den Weg, sondern schnurstracks auf dich zu. Nicht als Boten, um mein selbst willen müßtest du mich freundlich aufnehmen. Zum Schluß den frommen liebevollen Wunsch: Eja wären wir da! G.« Größere Reisen unternimmt Goethe bis zu seinem Lebensende nicht mehr. Er fährt noch einige Male in die böhmischen Bäder und bleibt ansonsten in der Nähe des Großherzogtums. Die Zeiten der Wanderschaft scheinen vollends vorüber und sind nur noch Thema der Fortsetzung seines »Wilhelm Meister«-Romans, »Wilhelm Meisters Wanderjahre«. Der junge Johann Peter Eckermann, der 1823 nach Weimar kommt und die berühmten Gesprächsaufzeichnungen macht, beschreibt Goethe meist als behaglichen Alten, der entweder in den eigenen geheizten Räumen sitzt, im Garten oder in der Kutsche auf einer Spazierfahrt ins Grüne. Da ist er nun immer noch in seinem Element, nimmt Anteil an allem und zieht sich die Gesprächspartner heran, die ihn am meisten anregen können. Wie nützlich ihm der tüchtige Eckermann sein kann, der sich aus ärmlichen Verhältnissen hochgearbeitet und sich seine beachtliche Bildung weitgehend autodidaktisch angeeignet hat, erkennt Goethe gleich, und er behält ihn bei sich. So hat er wenigstens im alltäglichen Austausch über seine Werke, übers Weltgeschehen, übers Theater, für das Eckermann eine besondere Vorliebe hat, einen fast ständig verfügbaren Gesprächspartner. Den Aufzeichnungen Eckermanns zufolge muß dieser unentwegt mit dem Notizblock hinter dem Meister gestanden haben, um jede Äußerung von ihm für die Ewigkeit zu fixieren. Daß dem großen, weisen Olympier, zu dem Eckermann den alten Goethe stilisiert, noch immer die Augen leuchten angesichts attraktiver junger Frauen, bemerkt er auch. Was Goethes Schwiegertochter betrifft, die Eckermann bei einer Teegesellschaft im Hause Goethe kennenlernt, bestätigt ihre Gegenwart die Reizempfänglichkeit des über Siebzigjährigen. »Frau von Goethe«, heißt es, »kam oft und hängte und schmiegte sich an ihn und küßte ihn. [...] Er trat mit Frau von Goethe zu mir heran. ›Das ist meine Schwiegertochter‹, sagte er; ›kennt Ihr beiden Euch schon?‹ Wir sagten ihm, daß wir soeben unsere Bekanntschaft gemacht. ›Das ist auch so ein Theaterkind wie Du, Ottilie‹, sagte er dann, und wir freuten uns miteinander über unsere beiderseitige Neigung. ›Meine Tochter‹, fügte er hinzu, ›versäumt keinen Abend‹.« Mit vollendeter Höflichkeit wird Ottilie Eckermann als Gast unter den übrigen Gästen in die Teegesellschaft eingeführt haben. Als Mann konnte sie aber der blasse Gelehrte mit dem ernsten Gesicht und den zurückgekämmten dünnen Haaren kaum begeistern. Da mußte sie nach anderen Exemplaren Ausschau halten.

Die Entwicklung einer neuen Zeit nimmt unaufhaltsam ihren Lauf. Die Dampfmaschine ist erfunden. 1825 fährt die erste Eisenbahn in England. Das heraufkommende Maschinenzeitalter, die sich steigernde Mobilität und Kommunikation, die sich hier bereits ankündigende Schnellebigkeit und Massenkultur, hat Goethe durchaus bewußt erkannt und in sein Zukunftsbild einbezogen. An der Expansion der Welt bis zur Kolonialisierung Nordamerikas, den großen Unternehmen des Suez- und des Panamakanals nahm er genauso regen Anteil wie an den technischen Neuerungen und Entdeckungen des aufkommenden Industriezeitalters. Aber es erfüllte ihn natürlich auch mit Sorge – und wie sollte es nicht?! Der unaufhaltsame Verlust eines geschlossenen Weltbildes und fester Sinnbezüge kündigte sich an. Es machte einer Welt der Kontingenz, der Rastlosigkeit, der Expansion als Selbstzweck und des Zufalls Platz. Goethe bezeichnet diese Epoche als »veloziferisch«, als unaufhaltsame, fast maskenartige Veränderung, die des tieferen Grundes entbehrt, weil sie sich immer nur selbst überholt. »Vor der Revolution war alles Bestreben; nachher verwandelte sich alles in Forderungen«, heißt es in den »Maximen und Reflexionen«, einer in die »Wanderjahre« eingebundenen Sentenzensammlung. Goethe weiß, daß die Jugend, die Generationen nach ihm es schwerer haben als er selbst zu seiner Zeit. Während er und mit ihm die Stürmer und Dränger noch von Idealen erfüllt waren, veraltete Strukturen geistig aufbrechen und die Selbstbefreiung des Individuums feiern konnten, sieht sich der junge Mensch um 1820 in einer orientierungslosen, expandierenden Welt, in der die alten Sinnbezüge ihre Geltung verloren haben, aber noch keine neuen gefunden sind, aufgeregt und hin- und hergerissen von ungeheuren Eindrücken und Möglichkeiten zur Verwirklichung, doch gleichsam ohne den roten

Faden zur Gestaltung eines Lebensromans, ohne den doch das Individuum verloren ist. In den »Betrachtungen im Sinne der Wanderer« reflektiert Goethe: »Sowenig nun die Dampfmaschinen zu dämpfen sind, sowenig ist dies auch im Sittlichen möglich: die Lebhaftigkeit des Handels, das Durchrauschen des Papiergelds, das Anschwellen der Schulden, um Schulden zu bezahlen, das alles sind die ungeheuern Elemente, auf die gegenwärtig ein junger Mann gesetzt ist. Wohl ihm, wenn er von der Natur mit mäßigem, ruhigem Sinn begabt ist, um weder unverhältnismäßige Forderungen an die Welt zu machen noch auch von ihr sich bestimmen zu lassen!«

Die Forderungen, die nun an den Einzelnen gestellt sind, sind völlig andere als noch vor einigen Jahrzehnten. *Individuelle Selbstausbildung* lautete noch Wilhelm Meisters Anspruch an sein Leben in den »Lehrjahren« (erschienen 1795/96), um dessentwillen er seine bürgerliche Existenz aufgab. Das Paradigma gelebter Individualität war die Kunst, Wilhelms Theaterwelt und die mit ihr verbundenen Ideale, Tätigkeiten, Utopien. Aber hat das Individuum, von Goethe und seinen Mitstreitern kaum durch das Medium der Dichtung befreit, überhaupt noch eine Chance in einer sich täglich verändernden Welt, die keineswegs weiß, worauf sie hinaus will? Die nach der Französischen Revolution, ihren Folgen und anderen Entwicklungen zwar expandiert, aber, wie Goethe feststellen muß, zugleich sittlich stagniert? Das absolute Individuum hat nur in der Opposition eine Rechtfertigung – etwa als Selbstbefreiung des Geistes in feudalen Herrschaftsstrukturen, wo die weltlichen Mächteverhältnisse dem ringenden Geist entgegengesetzt sind. In Zeiten fortschreitender Demokratisierung muß sich das Individuum zurücknehmen zugunsten eines angestrebten Allgemeinen. In unübersichtlichen Zeiten muß es der Übersicht und Ordnung dienen, nicht der geistigen Emanzipation und lyrischen Innerlichkeit. In Prozessen massenhafter Informationsflut und der Potenzierung des Wissens schließlich steht es dem Einzelnen nicht an, sich universell zu bilden; umso mehr dagegen, sich in einem begrenzten Gebiet einzurichten und darin sein Fortkommen zu finden. Goethe weiß: Er war der letzte »Uomo Universale«. Würde er in unserer Zeit der Spezialisierungen und des enormen Wissenswachstums leben, in dem in wenigen Jahren schon das Wissen vorheriger Jahrzehnte und Jahrhunderte vervielfacht wird, er hätte vielleicht manchen universalen

Drang unterdrückt und ihn als Liebhaberei, als Marotte erkannt: die Morphologie und Mineralogie neben der Dichtung, Botanik, Optik und Staatskunst, Evolutionstheorie neben Bibliotheksverwaltung und Theaterleitung, Wetterbeobachtungen neben Bergbautheorien und klassischen Dramen.

Daß die neue Zeit »nichts reif werden« läßt, erkannte Goethe schon vor einhundertachtzig Jahren. Und es ist erstaunlich, wie er die Tendenzen zur heutigen Welt ausgemacht, vorausgesehen hat. »Für das größte Unheil unserer Zeit, die nichts reif werden läßt, muß ich halten, daß man im nächsten Augenblick den vorhergehenden verspeist, den Tag im Tage vertut und so immer aus der Hand in den Mund lebt, ohne irgendetwas vor sich zu bringen. Haben wir doch schon Blätter für sämtliche Tageszeiten! Ein guter Kopf könnte wohl noch eins und das andere interkalieren. Dadurch wird alles, was ein jeder tut, treibt, dichtet, ja was er vorhat, ins Öffentliche geschleppt. Niemand darf sich freuen oder leiden als zum Zeitvertreib der übrigen, und so springt's von Haus zu Haus, von Stadt zu Stadt, von Reich zu Reich und zuletzt von Weltteil zu Weltteil, alles veloziferisch.« Solche Diagnosen sind für uns von erstaunlicher Aktualität – wie eben Goethes »Wanderjahre« als Ganzes und in seinen Einzelteilen, den eingeschobenen Erzählungen, den Reflexionspassagen und Sentenzen, der modernen Struktur, die ein Werk des 20. Jahrhunderts sein könnte. Fast einhundertfünfzig Jahre lang blieb der Roman weitgehend unverstanden und wurde von der Rezeptionsgeschichte vernachlässigt. Er widersprach den ästhetischen Begriffen, die man von einem Erzählwerk hatte. Der radikale Verzicht auf Geschlossenheit – der Erzählstruktur, des Werkes, eines Weltbilds – frappierte und verwirrte; er war mit den gewohnten Begriffen nicht zu vereinbaren. Eine Haupthandlung läuft neben unzähligen Nebenhandlungen. Mitunter aber überwiegen diese die ursprüngliche Haupthandlung, und schließlich geht alles ineinander über. Die Figuren aus den eingeschobenen Novellen treten in die Haupthandlung über, so daß sich die Fiktionsebenen überlagern. Der Erzähler gibt sich ein ums andere Mal als solcher zu erkennen; er kommentiert, schafft Abstand und bricht die Fiktion auf, indem er behauptet, nur Herausgeber und Redakteur vorgefundener Papiere zu sein. Der Abdruck von Briefen erhellt die verwirrenden Verhältnisse unzähliger Paarbildungen und Konstellationen, und die Briefe wiederum archiviert eine geheimnisvolle Tante, die sich im weiteren Verlauf als das »obere Leitende«, als kosmisch-symbolische Figur darstellt – die alte Tante, in der späteren Fassung »Makarie« genannt, die die Fäden des Schicksals in der Hand hält. Die Einzelteile des Romans sind nach einem komplexen Baukastensystem zusammengestellt. Sie können ausgetauscht und neu zusammengesetzt werden. Das Motiv eines rätselhaften Kästchens, zu dem der Schlüssel fehlt, der schließlich unter den Romanfiguren abenteuerliche Wege geht, ist sinnbildlich – darauf läuft die Deutungsperspektive hinaus. Führerlos muß sich der Leser in diesem Geflecht von Geschichten, Erläuterungen, Aphorismensammlungen, essayistischen Einschüben und narrativen Perspektiven den Weg durch die epische Landschaft bahnen. Das entspricht nun wiederum Goethes Begriff von Individualität in der von ihm vorgefundenen Welt seines Alters und seiner aktuellen Zeitdiagnose. In dem vielschichtigen Geflecht von Veränderungen und veloziferischer Bewegung kann sich der einzelne nur behaupten, indem er sich zurücknimmt und sich einen bescheidenen Platz innerhalb eines Ganzen, der Gesellschaft sucht. Wie Montan sagt (der Jarno der »Lehrjahre«, der sich im Fortsetzungsteil des Romans in die Einsamkeit der Bergwelt zurückgezogen hat): »es ist jetzo die Zeit der Einseitigkeiten; wohl dem, der es begreift, für sich und andere in diesem Sinne wirkt.« Von schöpferischer Produktivität und allseitiger Bildung ist nicht mehr die Rede, schon gar nicht bei Wilhelm, der in den »Wanderjahren« die letzten charakterlichen Konturen verliert, und der nur als Medium und Spiegel vielfacher Einflüsse und Lebenswelten erscheint und seine künstlerischen Ideale, seine Theatertätigkeit wie Jugendflausen aufgibt und sich zum Wundarzt ausbilden läßt. Dieser Beruf mit den beiden Komponenten Handwerk und Heilung hat zivilisatorische Bedeutung. Überhaupt sind die Ereignisse der »Wanderjahre« eine unentwegte Folge von Verletzungen und Heilungen – narrativ bildhaft im wörtlichen und übertragenen Sinn. Übertragen ist es die Verwundung des Subjekts durch die Herrschaft des Gefühls und die Verabsolutierung des eigenen Ich – meist in der Liebe. Die Einbeziehung der objektiven Welt und des gesellschaftlichen Ganzen ist schon der erste Schritt zur Heilung. Die Wirren und Verirrungen der Liebenden, die sich finden und wieder verlieren, lösen sich im Fortgang des Geschehens auf, und jeder findet nach fruchtbarem Irrtum den richtigen Partner und die ihm gemäße Bestimmung im gemeinschaftlichen Leben. So gesehen sind die »Wanderjahre« auch eine Sozial-Utopie, in die pädagogische Theorien von Pestalozzi, Basedow und Fellenberg, ökonomische und soziale (die Entstehung von Arbeitergenossenschaften, die soziale Frage im Industriezeitalter, der Entwurf von Plänen zur Gründung von Kolonien in Nordamerika), die Vorstellung von neuen Formen des sozialen Lebens, kurz: ein Sammelsurium von Zukunftsvisionen aller Art eingebunden sind. Der Struktur des Romans entspricht eine Weltanschauung, welche die einzig gemäße in den so schnell sich verändernden modernen Zeiten ist: die der *beweglichen Ordnung*. Das Motiv der Wanderschaft drückt diesen Umstand hinreichend aus. Von der Turmgesellschaft hat Wilhelm die Auflage bekommen, sich auf Wanderschaft zu begeben, die verhindern soll, »daß auch nicht die geringste Versuchung des Ansiedelns« sich bei ihm finde. Nicht länger als drei Tage darf er unter einem Dach bleiben. Keine Herberge soll er verlassen, ohne daß er sich wenigstens eine Meile von ihr entfernt. So streift er mit seinem Söhnchen Felix durch die Landschaft und Wälder, besucht das Kloster St. Joseph, die handwerkliche Welt der Köhler, Spinner und Weber, die Denkwelt des aufgeklärten, philanthropischen Oheims, das Erziehungsterrain der Pädagogischen Provinz, wo er Felix zurückläßt, die Gemeinschaft der Auswanderer im Bund von Lenardo und die Handwerkergemeinschaft Odoards. All diese Erlebniswelten sind für Wilhelm pädagogische Stationen. Daß er sich nirgendwo ansiedeln darf und sich immer in Bewegung halten muß, ist ein wesentlicher Teil seiner Bildung, die längst eine andere Bedeutung hat als in den »Lehrjahren«. Sie entspricht gerade aufgrund des medialen, beinahe überindividuellen Charakters der Person Wilhelm etwa dem, was der Autor in den »Betrachtungen im Sinne der Wanderer« resümiert: »Wohl ihm, wenn er von der Natur mit mäßigem, ruhigem Sinn begabt ist, um weder unverhältnismäßige Forderungen an die Welt zu machen noch auch von ihr sich bestimmen zu lassen.« Es geht nicht mehr um die individuelle Ausbildung der schöpferischen Person – mit hohen Idealen »sich die Welt anzueignen«. Genausowenig geht es um eine rezeptive Prägung durch die Welt, ein reines Bestimmtwerden. Die Bezirke des Oheims, der Handwerker, der heiligen Familie im Kloster, der Pädagogischen Provinz und der Auswanderer spiegeln sich in Wilhelm, dem Medium aller Bildungserfahrungen, und wenn er sich beweglich hält, dann bleibt er zugleich offen für Erfahrungsgehalte und für den perspektivischen Wechsel. Eine expandierende Welt erfordert flexible, bewegliche Menschen. Ebenso erfordert diese Welt eine entschlossen-tätige Diesseitigkeit und keine Verinnerlichung. Die lyrisch-verinnerlichte Welt der Mignon, die noch einmal aufleuchtet in dem Bild vom Großen See in italienischer Landschaft (dem Lago Maggiore), ist eine Welt des Untergangs und der nostalgischen Verklärung. Nur der diesseitig orientierte Mensch, der sich auf tätige, praktische Weise in die Gemeinschaft einordnet, ist den anbrechenden Zeiten gewachsen.

Ein großer Leitbegriff ist in den »Wanderjahren« zugleich der Untertitel der Romanfortsetzung: »Die Entsagenden«. Das Motiv der Entsagung ist programmatisch, ein anthropologisches Motiv. Entsagung ist Selbstbegrenzung und conditio sine qua non. Wilhelm entsagt seiner Kunstleidenschaft, dem Theater, zwischendurch auch den Frauen und einem selbstverständlichen, alltäglichen Beisammensein mit der ihm bestimmten Gefährtin, zu deren Erlangung seine Wanderschaft auch eine Bewährungsprobe ist. Er entsagt einem Leben in den Tag hinein und seinem Anspruch auf eine nur subjektiv geprägte Existenz. Alle entsagen in irgendeiner Form – der Seßhaftigkeit und anderen, vordergründigen Bequemlichkeiten menschlichen Zusammenlebens (Montan, Odoard, der Auswandererbund), einer zu egoistischen und kurzsichtigen Liebe, dem ersten kindlichen Verwirklichungswillen, der zum eigentlichen Lebensziel erst hingeführt werden muß, der Kunst, dem carpe diem und so weiter. Dem liegt etwa folgender Gedankengang zugrunde: Das Leben in einer modernen Gemeinschaft fordert früher oder später die Abkehr von rein subjektiv geprägten Lebensvorstellungen. Die Begrenzung eines unbedingten, subjektivistischen Strebens freiwillig auf sich zu nehmen, bedeutet eine Freiheit höheren Grades, Steigerung, die Einordnung des einzelnen ins Kosmische. Die Existenz des Menschen ist von Grund auf bedingt durch körperliche Leiden, »ökonomische und sonst bürgerliche Beschränktheit«, geistige und sittliche Verdüsterung. Die Bedingtheiten grundsätzlich anzuerkennen und darüber hinaus nach einem sinnvollen Platz in der Gemeinschaft zu suchen, bedeutet letztendlich die höchste Form der Selbstbestimmung und ist durchaus konterkarierend zur faustischen und prometheischen Hybris zu sehen, zum Unbedingtheitsstreben eines Werther, Tasso, Faust, Prometheus, kurz: zu den Figuren aus Goethes früher und mittlerer Phase. Das Motiv der Entsagung steht immer im Zeichen der Überwindung eines übersteigerten Subjektivismus, der langfristig ohnehin keine Überlebensmöglichkeiten bietet und der in dieser Zeit zudem grundsätzlich krisenhaft geprägt ist. Das Individuum steckt in der Krise, es muß sich zurückführen lassen auf menschliches Maß, weg von Allseitigkeit, Hybris und Dilettantismus. Universalismus und Dilettantismus liegen eng zusammen, das weiß auch Goethe, das »Universalgenie«, das aus einer Vielzahl von Anlagen, Talenten und Interessen und aus der Fülle seiner Lebensmöglichkeiten letztlich auch zur Entsagung und Beschränkung gezwungen ist, um seinen Lebensplan nicht vollkommen zu überdehnen und an der Zersplitterung seiner Pflichten und Aufgaben nicht zugrundezugehen. Wie weit er da schon in die Irre gegangen war, erkennt er mindestens für die ersten zehn Weimarer Jahre.

Schließlich bedeutet Entsagung auch Objektivierung, eine Abstandnahme von den Gefährdungen der romantischen Innerlichkeit. Die Verweisung auf das Reich des Tätigseins, aufs Tagewerk, auf Pflicht und Alltag ist der Gegenpol zu der lyrisch-selbstbezogenen Welt der Mignon, die noch einmal traumhaft aufersteht und erneut untergeht. Lenardo reflektiert in seinem Tagebuch, wie bedingt, begrenzt der Mensch doch von den frühesten Momenten seines Lebens an sei. Niemand kenne Zweck und Ziel seines Daseins, das Geheimnis desselben sei vielmehr »von höchster Hand verborgen«, so daß der Mensch nur taste, zugreife, fahrenlasse, um sich dann doch im Irrtum gefangen zu finden. All diese Wirren und Verletzungen kann aber doch die *Tat*, das unermüdliche Tätigsein innerhalb der Forderungen des Tages bereinigen. Sie heilt alle Wunden der Unbedingtheit, die dem menschlichen Streben anhaftet, während es im Moment des Tuns bedingt wird und sich im Augenblick erschöpft. Alle Unzulänglichkeiten werden aufgehoben. Die zweifelnden Fragen nach dem Sinn und Zweck des Daseins heben sich auf. »Glücklicherweise sind alle diese und noch hundert andere wundersame Fragen durch euren unaufhaltsam tätigen Lebensgang beantwortet. Fahrt fort in unmittelbarer Beachtung der Pflicht des Tages, und prüft dabei die Reinheit eures Herzens und die Sicherheit eures Geistes. Wenn ihr sodann in freier Stunde aufatmet und euch zu erheben Raum findet, so gewinnt ihr auch gewiß eine richtige Stellung gegen das Erhabene, dem wir uns auf jede Weise verehrend hinzugeben, jedes Ereignis mit Ehrfurcht zu betrachten und eine höhere Leitung darin zu erkennen haben.« Also erschöpft sich doch nicht alles Tun in Kontingenz? Die »bewegliche Ordnung« hat eine »höhere Leitung«. Diese zu verstehen, bedarf es der Betrachtung einer ganz besonderen Figur. Makarie ist in der Fassung von 1821 noch die fürsorgliche Tante und Beraterin der Familie des Oheims. Sie ist die weise alte Vertraute, zu der die Jüngeren in ihren Lebens- und Liebeswirren gerne gehen, um sich Rat zu holen. Alle Fäden laufen bei ihr zusammen, sie sammelt Briefe und Tagebücher und entwirrt komplexe Zusammenhänge und Mißverständnisse durch Indiskretion – indem sie vertrauliche Briefe öffentlich macht und den Betroffenen zeigt. Ihre einheitsstiftende und harmonisierende Wirkung ist also von Anfang an angelegt, nur beschränkt sie sich in der Erstfassung noch auf rein irdisches Wirken. 1829 schließlich entsteht die überirdische, ja geradezu heilige Figur der Makarie, die aus der Tante entwickelt wird. Ihre naturhafte Verbundenheit mit der Gesetzlichkeit des Lebens, ihre kosmische Mittlerfunktion hebt sie weit übers Irdische hinaus. Sie ist selbst schon ein Teil des Sternenreichs, das »obere Leitende«, Personifikation des Unendlichen, des Transzendenten, und damit ein metaphysisches Korrektiv zu der beschworenen Diesseitigkeit, dem handwerklichen Geist, der Goethe als Endaussage seines Altersromans dann wohl doch zu grau und dürftig erschien. Eine verklärte weibliche Gestalt mußte zum Schluß noch den Blick ins Unendliche gewähren, das Göttliche, dem man sich anvertrauen darf.

Der perspektivische Blick des zurückgenommenen und gleichzeitig selbstbestimmten Individuums auf die Welt seiner Gegenwart und auf die Welt der Zukunft ist der spezifisch moderne Gehalt in Goethes Altersroman. Auch hier kann man von »wiederholten Spiegelungen« sprechen, doch in weit komplexerer Hinsicht als bisher. 1827 schreibt Goethe in dem berühmten Brief an den Privatgelehrten Carl Jacob Ludwig Iken: »Da sich gar manches unserer Erfahrungen nicht rund aussprechen und direkt mitteilen läßt, so habe ich seit langem das Mittel gewählt, durch einander gegenübergestellte und sich gleichsam ineinander abspiegelnde Gebilde den geheimern Sinn dem Aufmerkenden zu offenbaren.« Und das nicht nur innerhalb der Werke. Alle Spätwerke Goethes sind einander gegenüberzustellen, in wechselseitiger Spiegelfunktion. Der Bescheidung Wilhelms, der sich einsichtig in die Gemeinschaft einordnet und das Entsagungsprinzip verinnerlicht hat, steht das Streben Fausts gegenüber, das bis ins Unendliche reicht und auch mit dem Tod noch nicht aufhört. Der organischen Entwicklung in Goethes Lebensbeschreibung ist die Kontingenz der »Wanderjahre« gegenüberzustellen, die den Bildungs- und Entwicklungsgedanken im Grunde ad absurdum führt. Aber nirgendwo in seinen späten Werken spricht Goethe die ganze Wahrheit aus. Wie Wilhelm Flitner in seiner Untersuchung des Goethe'schen Spätwerks sagt, verweisen die Werke in ihrer Deutung des Daseins aufeinander, und man muß sich mit ihnen allen beschäftigen, um die vollständige Ansicht des Autors zu erfassen.

Nun aber, 1823, ist noch ein Höhepunkt im Leben Goethes angesagt. Das Jahr beginnt mit einer schweren Krankheit, doch als er sich davon erholt hat, bricht er auf zu neuen Ufern – ein letztes Mal noch.

Marienbader Elegie

Eine »Herzbeutelentzündung«, wie es damals hieß, bedroht am Jahresanfang 1823 Goethes Leben. Der Dreiundsiebzigjährige hat furchtbare Schmerzen in der Brust, dazu Atemnot und Schüttelfrost. Entsprechend den Möglichkeiten der Medizin seiner Zeit werden Blutegel angesetzt, läßt man den Patienten zur Ader, verabreicht Heilkräuter, legt man Kompressen an. Bei starken Schmerzen wird mitunter sogar Opium verabreicht oder Bilsenkraut, von dem Goethe sagt, daß es ihm »heitere Träume« bereite. August und Ottilie lösen sich in diesen Tagen bei der Krankenwache ab. In einem dieser dämmernden Zustände flüstert Goethe einmal, als das »Töchterchen« Ottilie an sein Bett tritt: »Nun, ihr Seidenhäschen, wie schleicht Ihr so leise herbei?« Fern aller Duldsamkeit hat er aber auch über Schmerzen und eine kaum verhüllte Todesangst geklagt. »Allmächtiger Gott, was muß ich ausstehen!«, »Ich bin verloren« und ähnliche Ausrufe verzeichnet Kanzler von Müller.

Die Ärzte mögen nur ihre Künste mit ihm treiben, jammert er, sie werden ihn ja doch nicht retten. Der mächtige Körper ist aber noch immer von einem unbändigen Lebenswillen getrieben. Am 24. Februar ist die Krise vorbei. Zwar ist er in den nächsten Monaten noch stark geschwächt – Müller muß bei einem Besuch im Sommer erleben, daß Goethe im Juni den Salon einheizen läßt, was dem Besucher schlecht bekommt, der Gastgeber aber völlig angemessen findet –, doch Goethe trägt sich schon wieder mit Reiseplänen ins böhmische Kurbad. Marienbad ist gerade im Aufschwung begriffen und scheint eine echte Alternative zu Karlsbad zu werden. Schon die letzten beiden Sommer hat Goethe in Marienbad verbracht.

Eine besondere Familie reizt ihn, die in dem böhmischen Kurbad zu Gast ist. Schon 1806 hat ihn in Karlsbad Freifrau von Levetzow, damals gerade frischverheiratet mit einem mecklenburgischen Hofmarschall, fasziniert. Damals schrieb er das Stichwort »Pandora« hinter ihren Namen in sein Tagebuch. Die schöne Dame inspirierte ihn zu diesem herrlichen weiblichen Urbild, zu der Spenderin der schönsten Gaben nach seiner Deutungsweise des Pandora-Mythos, die er kurz darauf poetisch umsetzte. Inzwischen ist Frau von Levetzow über vierzig und noch immer schön, geschieden, in zweiter Ehe verwitwet und in einer aufsehenerregenden Liaison mit einem böhmischen Grafen begriffen, was ihren Ruf etwas anfechtbar macht. Reizvoll ist aber für Goethe in erster Linie der Umstand, daß Madame über drei heranwachsende Töchter verfügt, die in diesem Sommer alle Ferien vom Pensionat haben und die Zeit in Marienbad genießen: Ulrike (neunzehn), Amalie (siebzehn) und Bertha (sechzehn). Zu der Ältesten, Ulrike, hat Goethe schon in den vorangegangenen Marienbader Sommern eine zunächst väterlich erscheinende Neigung gefaßt. Ein merkwürdiges Bild des alten Goethe, der mit diesen drei Teenagern schäkert. Jedes der drei Mädchen könnte seine Enkelin sein – und so benehmen sich die drei anscheinend auch. Goethe ist der väterliche Freund des Hauses, der große Gelehrte, der so interessant erzählen kann und sich manchmal mit seinem Geologenhammer von der Gesellschaft wegstiehlt, um unterwegs Steine zu klopfen und sie der staunenden Runde dann unter mineralogischen Erörterungen zu zeigen. Amalie erzählt jung-mädchenhaft von den Marotten ihrer Lehrerin im Pensionat – alles lacht, und Goethe besonders in dieser heiter-jugend-

Ulrike von Levetzow

lichen Runde, die er außerordentlich genießt. Vor einem halben Jahr erst stand er mit einem Fuß im Grab! Nachdenklich sitzt er auf der Terrasse der Brösigkes, im Elternhaus der Frau von Levetzow, und beobachtet das Treiben der Mädchen auf der Wiese, besonders Ulrike. Eine Lebenswut nach der kaum überstandenen Krankheit ist es, die ihn sich in die Zerstreuungen der Kurstadt stürzen läßt, als könnte er damit die Endlichkeit seines Daseins und sein Alter überwinden. Keinen Ball und keinen Tanztee läßt er aus. Anläßlich eines solchen Thé dansant notiert er in seinem Tagebuch: »Zu der Schlußpolonaise forderte mich eine polnische Dame zum Tanz auf, den ich mit ihr herumschlich und mir nach und nach die meisten hübschen Kinder in die Hand kamen.« Die Sphäre der »hübschen Kinder«, der betont als einfach und unverdorben gedachten jungen Mädchen à la Gretchen und Clärchen ist noch immer das beste Bollwerk gegen trübe Gedanken und Lebensüberdruß, gegen das Grübeln und Zweifeln, gegen seelische und geistige Tiefen und Untiefen. Die ungeheure Idee, sich mit dieser Sphäre, einem jungen Leben noch einmal irdisch zu verbinden, nimmt in Goethe Gestalt an. Die neunzehnjährige Ulrike, die ihn in diesen Wochen so betört, entspricht aber kaum dem heiteren Urbild eines unbeschwerten jungen Mädchens. Sie ist fast das Gegenteil ihrer Mutter, der weltlichen und lebenssicheren Freifrau. Ein blasses, beinahe farbloses, ernstes Gesicht ohne Elan und ohne Konturen tritt uns aus den Ulrike-Porträts entgegen. Mit der weltlichen Sphäre hat sie wenig im Sinn. Sie wird später Stiftsdame wie auffallend viele der von Goethe angebeteten Frauen und stirbt als uralte Frau im Jahre 1899. Hier aber springt sie noch ganz unschuldig und unbedenklich dem »großen Gelehrten« entgegen, der ihr Teile seines Werks zu lesen gibt, über Steine doziert, dann wieder mit ihr lacht und spaziert und ihr Süßigkeiten mitbringt. Wieder gibt er sich als lieber Onkel, der die reizenden jungen Geschöpfe in dieser Weise kontaktiert und für sich einnimmt.

Die Begegnung Goethes mit einer anderen Frau durchdringt in diesen Marienbader Sommertagen auf wundersame Weise das Ulrike-Erlebnis. Es ist die polnische Pianistin Maria Szymanowska, die sich in dem Kurbad aufhält und Konzerte gibt, welche auch Goethe besucht. Die Szymanowska ist um die dreißig, eine schöne Frau und große Künstlerin, Virtuosin und Komponistin, die von der Fachwelt gerühmt

Maria Szymanowska

wird und auf Konzertreisen im großen Stil unterwegs ist. Sie ist nun wieder fast ein Gegenbild zu der spröden und keuschen Ulrike – eine reife Frau und selbstbewußte Künstlerin, mit konturierten dunklen Zügen, großen Mandelaugen und gewandter französischer Konversation, vor allem aber einem unvergleichlich virtuosen und ergreifenden Pianospiel. Die Doppelung im Goethe'schen Gefühlshaushalt kann hier wieder ihre Blüten treiben, und Goethe wird in diesem Sommer ganz allgemein »aufgefaltet« (er selbst verwendet das Bild), ein letztes großes Mal gefühlsmäßig erschlossen. Eine besondere Bedeutung hat in diesem Umfeld die Musik, nicht nur im Spiel der Szymanowska, aber wohl durch dieses angeregt. Goethe hat sich bisher mehr theoretisch und beiläufig mit Musik beschäftigt. Eine gewisse musikalische Erziehung für den geselligen Umgang, drei Jahre Klavierunterricht, Lieder und Tänze, waren ihm durchs Elternhaus gegeben. Als Leiter des Weimarer Hoftheaters unterstand ihm auch die Opernbühne, die Auswahl der Stücke und Sänger, Inszenierungsfragen und so weiter. Er bewunderte Mozart und hat in den neunziger Jahren versucht, »Der Zauberflöte zweiter Teil« zu verfassen, den Plan aber schließlich aufgrund von Verhandlungsschwierigkeiten mit dem Wiener Hoftheater und in Ermangelung eines geeigneten Komponisten aufgegeben. Er bewunderte ebenso Händel und Haydn, die wohl auch zum Repertoire der höfischen Musikpflege in Weimar zählten. Bei Beethoven aber war schon die Grenze des Goethe'schen Musikverständnisses gegeben. Er sah die Möglichkeiten der Musik in einer dienenden Funktion sich erschöpfen, und er verwendet zur Beurteilung der Musik den merkwürdig anmutenden Begriff der »Mäßigkeit«, derer sie stets eingedenk sein solle. Entsprechend war ihm die Musik als Hintergrundgestaltung angenehm. Sie beruhigte, inspirierte ihn; er ließ in den ersten Weimarer Jahren Musikanten in den Garten kommen, um mit leichter Kammermusik zum »Tasso« oder zur »Iphigenie« dichterisch eingestimmt zu werden. Im Austausch mit Zelter hat Goethe schließlich versucht, sich der Musik auf naturwissenschaftlichem Wege zu nähern – eine »Tonlehre« sollte als Gegenstück zu seiner »Farbenlehre« fungieren. Goethe weiß jedoch, daß er selbst nicht in musikalischen Sphären beheimatet ist. Kaum kann er Geniales von den mittelmäßigen und braven Zelter-Liedern unterscheiden. Die Musik soll der Geselligkeit dienen, erheitern und lösen. Den Eigenwert reiner Instrumentalmusik erkennt er genausowenig wie ihren dämonischen Urgrund. Die innere Bewegung und Erschütterung durch Musik sind ihm eigentlich fremd. Auf einmal, unverhofft, in dieser wunderbaren Stimmung des Marienbader Sommers wird das anders. An Zelter schreibt er im August aus dem benachbarten Eger, nach der verschmitzten Bemerkung, wie er sich von politischen Dingen und ästhetischen Gesprächen freigemacht habe, um sich »auf sechs Wochen einem sehr hübschen Kinde in Dienst gegeben« zu haben: »Nun aber doch das eigentlich Wunderbarste! Die ungeheure Gewalt der Musik auf mich in diesen Tagen! Die Stimme der Milder, das Klangreiche der Szymanowska, ja sogar die öffentlichen (musikalischen) Exhibitionen des hiesigen Jägerkorps falten mich auseinander, wie man eine geballte Faust freundlich flach läßt. Zu einiger Erklärung sag ich mir: du hast seit zwei Jahren und länger gar keine Musik gehört (außer Hummeln zweimal), und so hat sich dieses Organ, insofern es in dir ist, zugeschlossen und abgesondert; nun fällt die Himmlische auf einmal über dich her, durch Vermittlung großer Talente, und übt ihre ganze Gewalt über dich aus, tritt in alle ihre Rechte und weckt die Gesamtheit eingeschlummerter Erinnerungen. Ich bin völlig überzeugt, daß ich im ersten Takte Deiner Singakademie den Saal verlassen müßte. Und wenn ich jetzt bedenke, was das heißt, alle Woche nur einmal eine Oper zu hören, wie wir sie geben, einen Don Juan, Die heimliche Heirat in sich zu erneuern und diese Stimmung in die übrigen eines tätigen Lebens aufzunehmen; so begreift man erst, was das heiße, einen solchen Genuß zu entbehren, der wie alle höheren Genüsse den Menschen aus und über sich selbst, zugleich auch aus der Welt und über sie hinaus hebt.« Der noch einmal dem Tode Entronnene trinkt durch Vermittlung der Himmlischen, der Musik, in vollen Zügen und mit verschärftem Bewußtsein aus dem Kelch des Irdischen: Schönheit, Liebe und Kunst, die Schönheit des Mädchens, die Schönheit der Frau, die Sonne dieser böhmischen Tage, das Lachen der Mädchen – und nun den »Strudel der Töne«, ihm im hohen Alter endlich erschlossen. Fast schon ist es zu viel für ihn, die Flucht kündigt sich bereits an, und manche Erfahrungen, begreift auch Goethe, macht man im Leben zu spät. Die Szymanowska besucht ihn häufig während dieser Tage. Er sieht sie fast so regelmäßig wie die Levetzow. Hier wieder die Societé und tiefe Blicke, französische Konversation, Gespräche über Kunst, da das Mädchen im Schottenkleid, das ihm auf der Terrasse entgegenläuft … »Konziliante Träume«, meldet das Tagebuch am 20. August. Aber es soll nicht beim Träumen bleiben, Leben ist Gestaltung, Umgestaltung, bis zum Ende. An den Vormittagen diktiert Goethe seinem Schreiber Korrekturen der Novelle »Der Mann von fünfzig Jahren«, die in veränderter Form in die endgültige Fassung der »Wanderjahre« eingefügt werden soll. Vor beinahe zwanzig Jahren hat Goethe diese Erzählung von dem Fünfzigjährigen, der sich in ein junges Mädchen verliebt und sich darauf kosmetisch verjüngen läßt, um ihr zu gefallen, zum erstenmal durchdacht. Damals war die junge Minna Herzlieb seine Angebetete. Doch mittlerweile ist eine neue Generation herangewachsen. Goethe überspringt die mittlere und wendet sich der jüngsten zu, er erhofft sich das äußerste – und fragt zunächst den Arzt um Rat. Es ist Hofrat Rehbein, der Goethe aus Weimar stets zur Kur begleitet und der auch in seinem Hause freundschaftlich verkehrt. Der Hofrat schluckt und lächelt, reagiert dann mit gewohnter Bonhomie. Exzellenz tragen sich mit dem Gedanken an Heirat. Ob der Arzt ihm, eingedenk seines Alters, dazu raten könne? Aber ja doch, sagt dieser, wenn er Lust habe, warum denn nicht? Er sei ja gesund und rüstig, die Rekonvaleszenz nach der Krankheit sei zufriedenstellend verlaufen. Darauf geht Goethe zum Großherzog, Carl August, dem alten fürstlichen Kumpan, der auch in Marienbad weilt. Zwar wird dessen »altburschenhafte« Erscheinung in diesem vornehmen Kurbad, in dem sogar Mitglieder des russischen und österreichischen Kaiserhauses verkehren, nicht sehr wohlwollend zur Kenntnis genommen – er sehe aus wie ein Bäcker, urteilt eine Dame lakonisch über Carl August, der den inzwischen fülligen Leib in eine ungeheuer breite weiße Weste gehüllt hat. Aber er ist eben doch der Großherzog. Serenissimus soll zu den Levetzows gehen und für seinen Freund, Geheimrat Goethe, um die Hand der neunzehnjährigen Ulrike anhalten. Das ist kein Witz, obwohl es die Beteiligten zunächst so sehen. Am 28. August feiert der Geheimrat im böhmischen Bade seinen vierundsiebzigsten Geburtstag; zu dieser Zeit macht er den ersten, ernstgemeinten Heiratsantrag seines Lebens – vielmehr läßt er ihn machen. Mama von Levetzow, in weltlichen Dingen durchaus bewandert, ist als erstes sprachlos, äußert zögerlich, sie fühle sich geehrt, ja, es sei in der Tat eine große Ehre. Aber das Kind sei ja erst neunzehn (ein durchaus heiratsfähiges Alter

Großherzog Carl August

damals, überhaupt kein Einwand), und Ulrike habe eigentlich gar kein Interesse an der Männerwelt und bestimmt noch keine Lust zum Heiraten. Sie werde sie aber natürlich fragen. Carl August verspricht Ulrike eine hohe Pension im Falle des Ablebens des Herrn Geheimrat. Außerdem werde man dem Paar selbstverständlich ein eigenes Haus in Weimar einrichten. Die Mutter erbittet sich und dem Töchterchen Bedenkzeit und schlägt wahrscheinlich die Augen gen Himmel, als der Großherzog gegangen ist.

Nach Weimar gehen währenddessen nur ganz ungewisse Nachrichten, eher Andeutungen seitens Goethes, der auf Freiersfüßen wandelt. Goethe solidarisiert sich wieder mit Ottilie, die inzwischen in ein nahes Verhältnis mit dem Engländer Sterling eingetreten ist. Ohne weiter wissen zu wollen, welcher Art dieses Verhältnis denn sei, beglückwünscht Goethe sie im Brief aus Marienbad dazu und meint im übrigen, sie und er und August seien doch alle verständige und geistreiche Menschen, und es müsse doch ein Zusammenleben in verschiedenster Form möglich sein – »es fehlte ein Drittes oder Viertes, um den Kreis abzuschließen«, meint er. Mit anderen Worten: Er bereitet seine Schwiegertochter auf seine künftige Frau, eine acht Jahre jüngere »Schwiegermutter«, vielleicht sogar auf zukünftigen Nachwuchs vor. Wie August von diesen waghalsigen Plänen des Vaters erfuhr – von seiner Frau, von Goethe, auf dem Weg der Gerüchte aus den böhmischen Bädern, die auch längst schon kursieren …-, Tatsache ist, daß er empört ist, aufgebracht; es ist der Ausbruch eines lebenslangen Grolls, der sich aus diesem Anlaß Luft macht. Zu viel hat er mitansehen und hinnehmen müssen, zu viel ist in diesem schief angelegten Leben fehlgelaufen. Der Name Goethe, der für August mehr Ballast und schwere Mitgift, eine nicht einlösbare Verpflichtung war, hat ihm zumindest eines in Aussicht gestellt: ein sicheres Erbe. Und nun ist auch das noch gefährdet. Er, der kaum ein Leben führen kann, der den Alkohol dazu braucht und den Selbstbetrug, muß sehen, wie dieser Über-Vater die Energie mehrerer Existenzen besitzt, über eine unversiegbare Kraftquelle zu verfügen scheint. Die Solidarität des Vaters mit Ottilie, während Ottilie ihren Ehemann betrügt und die unausgesprochene Billigung des Schwiegervaters dazu hat – welche Erniedrigung für August! Noch weilt der Vater in den böhmischen Bädern, abwechselnd in Karlsbad, Eger und Marienbad, was nicht zuletzt abhängig von Ulrikes Aufenthalt ist. Ulrike geht mit ihrer Mutter und den Schwestern von Marienbad nach Karlsbad; Goethe zieht sich nach Eger zurück, dann reist er den Levetzows nach. Die andere Seite seiner Begeisterung gilt der Pianistin Szymanowska. Er schreibt ihr in den Tagen ihres beinahe täglichen Zusammenseins ein Gedicht in ihr Stammbuch, das er später als dritten Teil der »Trilogie der Leidenschaft« einordnet. »Aussöhnung« heißt es, und es hat einen positiven Ausblick, deswegen wird es ans Ende gestellt. Die vorangehenden verdienen die Bezeichnung »tragisch« und sind ein Abbild der Erschütterung durch eine Liebe, für die es zu spät ist, Ausdruck unlösbarer Disharmonie. Hier aber ist vom »Doppelglück der Töne wie der Liebe« die Rede, das für sich steht, weil es ein Ja zum Leben und zur Liebe ist.

Wäre es möglich, daß Goethe seine Gefühle für die Pianistin und für die junge Ulrike gar nicht unterscheiden kann? Mit vager Hoffnung, aber tiefer gegründeter Verzweiflung verläßt er Karlsbad und das Mädchen am 5. September. Seinen Antrag hat sie nicht angenommen, sie hat ihn aber auch nicht ausdrücklich abgelehnt. Mutter, Tochter und Bräutigam in spe überlassen alles einem ungewissen Ausgang. Goethe hofft noch einige Wochen und stellt die von ihm erwünschte Heirat auch zu Hause in Weimar durchaus als geplantes Unternehmen dar, aber als er sich von Ulrike verabschiedet, ahnt er doch, daß dies das Ende ist – das Ende der Liebe, der letzten, verzweifelten Hoffnung auf Erfüllung seines Lebensglücks vor dem einsamen Alter und dem endgültig trennenden Tod. Die Verse, die er im Wagen während der Rückreise schreibt, sind ein einziger großer Abschied von der Fülle des Lebens. Besondere Kraft hat der letzte Vers der »Marienbader Elegie«, worin es heißt:

Mir ist das All, ich bin mir selbst verloren,
Der ich noch erst den Göttern Liebling war;
Sie prüften mich, verliehen mir Pandoren,
So reich an Gütern, reicher an Gefahr;
Sie drängten mich zum gabeseligen Munde,
Sie trennen mich, und richten mich zugrunde.

Nie zuvor hat Goethe derart starke Bilder der Verzweiflung und der Hoffnungslosigkeit in seiner Lyrik eingesetzt. »Pandora« wird wieder beschworen, aber nur, um die Spenderin der schönsten Gaben, dieses Urbild weiblicher Idealität auch als Quell von abgrundtiefem Leiden zu zeichnen – des Leidens, das jetzt ohne Hoffnung ist, da das lyrische Ich dieser Verse die Endlichkeit seines Daseins zu fühlen beginnt.

»An Werther« lautet der erste Teil der »Trilogie der Leidenschaft«. Hier taucht die Gestalt des unglücklichen Werther als Wiedergänger aus seinem Schattenreich auf. Der Autor nähert sich noch einmal der Gefühlswelt Werthers und beschwört ein letztes Mal seine dunkle Gestalt. »Zum Bleiben ich, zum Scheiden du erkoren, / Gingst du voran – und hast nicht viel verloren.«

Dunkle Töne sind das. Lebensmüde, schwere Verse fließen Goethe aus der Feder, während seine Kutsche sich der Heimat nähert. Er wirft Zeilen hin, die aus einem einzigen dumpfen Seelenschmerz entstehen. Wieder streift der Blick über das Lebensganze, über die Epochen der Jugend, des Mannseins bis ins Alter, das sich von den Wechselgängen des Daseins in anderen Lebenszeiten dadurch unterscheidet, daß es eine letzte Stufe hinnehmen muß, daß es irgendwann ein Scheiden gibt.

> Dem Scheiden endlich – Scheiden ist der Tod!
> Wie klingt es rührend, wenn der Dichter singt,
> Den Tod zu meiden, den das Scheiden bringt!
> Verstrickt in solche Qualen, halbverschuldet,
> Geb ihm ein Gott zu sagen, was er duldet.

Die »Elegie« im zweiten Teil beginnt mit einem abgewandelten »Tasso«-Zitat. Des Dichters Göttersegen, daß er sein Leiden aussprechen und es zum Gedicht verklären kann, vermag ihn zu retten. Auch Goethe rettet dies ein letztes Mal.

Als er am 17. September nach Weimar kommt, hängt zunächst einmal der Haussegen schief. Goethe schmollt und zieht sich in seine Arbeit zurück, während August seine Vorwürfe offen ausspricht. Nach einigen Tagen hat sich alles wieder halbwegs eingerenkt. Man redet nicht über das Heiratsprojekt, das Goethe noch keineswegs aufgegeben hat. Aber er langweilt sich in seinem gewohnten Weimarer Leben und macht seiner Unzufriedenheit Luft. Der Kanzler von Müller kommt zu Besuch und will ihm gut zureden. Er solle doch etwas spazierenfahren, meint er. Goethe kontert unleidlich und aufgebracht. »Dieser sein Unmut«, schreibt Müller, »sich nach dem heiteren Aufenthalt in Marienbad wieder hier eingeengt zu befinden, machte sich den ganzen Abend vielfach bemerkbar. Als ich ihn zu täglichen Spazierfahrten antrieb, sagte er: Mit wem soll ich fahren, ohne Langeweile zu empfinden? Die Staël hat einst ganz richtig zu mir gesagt: ›Il vous faut de la seduction‹ [Sie brauchen die Verführung]. Und als ich Ottilien und Ulrike anführte, erwiderte er: Wen man täglich von Früh bis Abend sieht, der kann uns nicht mehr verführen. Ja, ich bin wohl und heiter heimgekehrt, drei Monate lang habe ich mich glücklich gefühlt, von einem Interesse zum anderen, von einem Magnet zum anderen gezogen, fast wie ein Ball hin und her geschaukelt, aber nun ruht der Ball wieder in der Ecke, und ich muß mich den Winter durch in meiner Dachshöhle vergraben und zusehen, wie ich mich durchflicke.« Goethe hat Selbstmitleid und Langeweile. Er will kein Rentnerdasein führen. Er will junge Frauen um sich sehen und eine davon heiraten und in sein einsames Schlafzimmer holen. Er will Zerstreuung, Bälle und Konzerte, Anregung, Gesellschaft. Die Beschreibung Müllers zeigt auch, daß der tragische Tonfall der »Marienbader Elegie«, auch wenn erst wenige Tage vergangen sind, seit er sie nach dem Abschied von Ulrike verfaßte, sich noch sehr im Allgemeinen bewegt und erst später zur tatsächlichen Erfahrung wird. Dieser Umstand zeigt vielleicht auch, daß es nicht nur Ulrike ist, die Goethe gefühlsmäßig aufwühlt, sondern auch die Szymanowska, die im Oktober zu Besuch nach Weimar kommt. Den Marienbader Tagen im »Doppelglück der Töne wie der Liebe« schließt sich damit ein Nachspiel an. Die Pianistin bleibt zwei Wochen. Sie gibt Konzerte und besucht Goethe gelegentlich allein, wo sie nur für ihn auf dem Klavier spielt. An den »Urfreund« Knebel in Jena schreibt Goethe: »Da bin ich nun wieder in den Strudel der Töne hingerissen, die mir, modern gereiht, nicht immer zusagen, mich aber doch diesmal durch soviel Gewandtheit und Schönheit gewinnen und festhalten, *durch Vermittelung eines Wesens, das Genüsse, die man immer ahndet und immer entbehrt, zu verwirklichen geschaffen ist.*« Die Pianistin ist mehr als eine wegen ihrer Kunst bewunderte Virtuosin für Goethe. Er sieht eine Verkörperung »Pandoras«, wie sie für ihn geschaffen gewesen wäre, aber er sieht sie zu spät. Er träumt von einer ebenbürtigen Frau, deren Reich auch eine Kunstform ist wie die Dichtung für ihn. Die große Krise kommt erst jetzt, nach diesen Tagen, als die Szymanowska ihre Abreise plant. Müller schildert das Abschiedssouper im Hause Goethe, die letzten Tage und Stunden: »Heute endlich, nach vielen Bemühungen und sich durchkreuzenden Hindernissen kam das öffentliche Konzert der Mad. Szymanowska zu stande. Noch wenig Stunden vorher wäre das Unternehmen fast aus Mangel eines guten Instrumentes gescheitert, hätte nicht die Frau Großfürstin selbst das ihrige großmütig dargeliehen. Nach dem Konzert soupierten wir mit Egloffsteins bei Goethe, der von der liebenswürdigsten Gemütlichkeit war. Als unter mancherlei ausgebrachten Toasten auch einer der Erinnerung geweiht wurde, brach er mit Heftigkeit in die Worte aus: Ich statuiere keine Erinnerung in eurem Sinne, das ist nur eine unbeholfene Art, sich auszudrücken. Was uns irgend Großes, Schönes, Bedeutendes begegnet, muß nicht erst von außen her wieder erinnert, gleichsam erjagt werden, es muß sich vielmehr gleich vom Anfang her in unser Inneres verweben, mit ihm eins werden, ein neueres besseres Ich in uns erzeugen und so ewig bildend in uns fortleben und schaffen. Es gibt kein Vergangenes, das man zurücksehnen dürfte, es gibt nur ein ewig Neues, das sich aus den erweiterten Elementen des Vergangenen gestaltet und die echte Sehnsucht muß stets produktiv sein, ein neues Besseres erschaffen. Und, setzte er mit großer Rührung hinzu, haben wir dies nicht alle in diesen Tagen an uns selbst erfahren? Fühlen wir uns nicht alle insgesamt durch diese liebenswürdige, edle Erscheinung, die uns jetzt wieder verlassen will, im Innersten erfrischt, verbessert, erweitert? Nein, sie kann uns nicht entschwinden, sie ist in unser innerstes Selbst übergegangen, sie lebt in uns mit uns fort und fange sie es auch an, wie sie wolle, mir zu entfliehen, ich halte sie immerdar fest in mir.« Daß Goethe hier regelrecht aus der Rolle fällt und mit einer derartigen Emphase auf einen harmlosen Trinkspruch reagiert, zeigt, daß sein Lebensnerv getroffen ist. »Der letzte Kuß«, wie es im Gedicht von Marienbad heißt, »die letzte Liebe«, Scheiden und Trennung und sogar die Erinnerung, die auf die Vergänglichkeit des Lebens verweist, sind eine Grunderfahrung, deren letzte Konsequenz Goethe fürchtet: eine Entsagung, die nun auch die »letzte« ist. Die kleinste Andeutung von Vergänglichkeit, die jemand machen kann, ruft die heftigste Gegenreaktion hervor. Es gibt kein Ende, und wer dies behauptet, den »statuiert« Goethe nicht. Das Leben ist immer Steigerung, und wenn die irdische Form der Entelechie erfüllt, verbraucht ist, so wird ihm die Natur eine andere geben. Zu Eckermann sagt Goethe ein paar Jahre später: »Die Überzeugung unserer Fortdauer entspringt mir aus dem Begriff der Tätigkeit, denn wenn ich bis an mein Ende rastlos wirke, so ist die Natur verpflichtet, mir eine andere Form des Daseins anzuweisen« – eine ungemein selbstbewußte, fast narzißtische Anschauung spricht aus dieser metaphysischen Betrachtungsweise. Die besondere Verpflichtung des Dichters verweist grundsätzlich hinaus aus der Alltagswirklichkeit – »zum Höheren und Höchsten«, wie Goethe sagt, nach oben, zum Ewigen, zur Schönheit und ins Unvergängliche. Er darf den Tod nicht »statuieren«, und deshalb will Goethe auch vom Ende, vom Scheiden, von Erinnerungen nichts wissen.

Den folgenden Tag der Abreise von Madame Szymanowska beschreibt der Kanzler ebenfalls. Zu Goethes Enkelkind Wolfgang hat die Pianistin in den vergangenen zwei Wochen ihres Aufenthalts in Weimar eine herzliche Beziehung entwickelt. Sie selbst hat eine Tochter aus ihrer geschiedenen Ehe. Sie kommt an diesem Tag zum Mittagstisch zu Goethes. Anschließend erscheint sie zur Abschiedsaudienz bei der Großfürstin. Wie es der Zufall will, wird an diesem Tag bei Hofe Trauer getragen, weil es einen Todesfall gab. Goethe, der die Szymanowska so noch einmal sieht – Müller notiert in seinem Tagebuch: »Im schwarzen Hofkleide mit der weißen Mütze und einer blassen Blume darauf war sie fast schöner als je« – gibt diesem Umstand natürlich eine besondere Bedeutung; die letzte Begegnung und der endgültige Abschied werden zu einem tragischen Schauspiel. Er hat Frau Szymanowska zurückholen lassen, denn die Pianistin war bereits nach der fürstlichen Audienz im Aufbruch begriffen. Als sie dann vor ihm steht, schließt er sie tränenüberströmt in seine Arme. Die Niederschrift des Kanzlers, der den Nachmittag zusammenfaßt, lautet: »Als ich Nachmittags zu Goethe kam, traf ich ihn noch mit Mad. Szymanowska zu Tische sitzend; sie hatte eben an die ganze Familie bis zu dem kleinen Wolf herab, ihrem Liebling, die zierlichsten kleinen Abschiedsgeschenke, zum Teil eigener Hände Arbeit, ausgeteilt, und der alte Herr war in der sonderbarsten Stimmung. Er wollte heiter und humoristisch sein, und überall blickte der tieffste Schmerz des Abschieds durch. Unentschiedenes Hinundherziehen nach Tische, Verschwinden, Wiederkommen, Goethes Abschiedsschmerz. [...] Um 5 Uhr war sie zur Abschiedsaudienz bei der Frau Großfürstin bestellt, wo sie, der Hoftrauer entsprechend, ganz schwarz gekleidet erschien, was für Goethe den Eindruck noch erhöhte. Der Wagen fuhr vor und ohne daß er es bemerkte, war sie verschwunden. Es schien zweifelhaft, ob sie noch einmal wiederkäme. Da trat das Menschliche recht unverhüllt hervor; er bat mich aufs dringendste, zu bewirken, daß sie nochmals wieder erscheinen, nicht ohne Abschied scheiden möchte. Einige Stunden später führten der Sohn und ich sie und ihre Schwester zu ihm. Sie haben mir den Glauben an mich selbst bestätigt, ich fühle mich besser und würdiger, da Sie mich achten. Nichts von Abschied, nichts von Dank; lassen Sie uns vom Wiedersehen träumen. O, daß ich doch schon viel älter wäre und hätte einen Enkel bald zu hoffen, er müßte Wolf heißen, und das erste Wort, das ich ihn stammeln lehrte, wäre Ihr teurer Name. Comment, erwiderte Goethe, vos compatriotes ont eu tant de peine à chasser des loups d chez eux, et vous voulez les y reconduire? [Wie, Ihre Landsleute haben soviel Mühe gehabt, die Wölfe aus ihrem Land zu vertreiben, und Sie wollen sie dort wieder einführen?] Aber alle Anstrengungen des Humors half nicht aus, die hervorbrechenden Tränen zurückzuhalten, sprachlos schloß er sie und ihre Schwester in seine Arme und sein Blick begleitete sie noch lange, als sie durch die lange offene Reihe der Gemächer entschwand.«

In derselben Nacht wird Goethe krank. »Heftigster Husten mit Brustfieber«, notiert Müller, und diese »Flucht in die Krankheit« nimmt wieder lebensbedrohliche Formen an. Es entwickelt sich ein Krampfhusten. Goethe muß vierzehn Tage und Nächte im Sessel verbringen, er hat Erstickungsanfälle. Schon wenige Tage nach der größten Gefahr kommt Wilhelm von Humboldt zu Besuch, der als einer der ersten die Marienbader Elegie zu lesen bekommt. Dann erscheint Freund Zelter; wie ein rettender Engel taucht dieser liebenswürdige und lebenstüchtige Mann am Frauenplan auf. Er ist irritiert, besorgt. Bei seiner Ankunft trifft er nur den Diener Stadelmann an, der keine Aussagen macht und die Ratlosigkeit noch vermehrt. Die Atmosphäre ist beängstigend. In seinem Tagebuch notiert Zelter: »Ich stehe noch an der Haustür, soll man wieder gehen? Wohnt hier der Tod? Wo ist der Herr? – Trübe Augen. – Wo ist Ottilie? – Nach Dessau. – Wo ist Ulrike? [Ulrike von Pogwisch, Ottilies Schwester] – Im Bette. – August kommt: Vater ist nicht wohl, krank, recht krank. – Er ist tot! – Nein, nicht tot, aber sehr krank. – Ich trete näher, und Marmorbilder sehn und sehn mich an. So steig ich auf. Die bequemen Stufen scheinen sich zurückzuziehen. Was werde ich finden? Was finde ich? Einen, der aussieht, als hätte er Liebe, die ganze Liebe mit aller Qual der Jugend im Leibe. Nun, wenn das ist, er soll davonkommen! Nein! er soll sie behalten, er soll glühen wie Austernkalk!« Der resolute Freund weiß Goethe zu behandeln. Er therapiert seine Liebeskrankheit, seine bestürzende Angst vor dem Abschied und vor dem Tod, die den Hintergrund der Krankheit bildet. Goethe zeigt dem Freund das reinlich abgeschriebene Gedicht, die »Trilogie der Leidenschaft«, wie der Gedichtkreis in der letzten Gesamtausgabe seiner Werke heißt. Zelter liest ihm die Zeilen vor, Goethe meint, er lese gut. Er will sie noch einmal hören, und wieder, immer wieder, bis er sie auswendig kennt. Der Dichter gestaltet seinen Schmerz und überlebt ihn dadurch, hier funktioniert dies auf wundervolle Weise zum allerletzten Mal. »Der alte Narr«, meint Zelter in einem Brief an eine Bekannte, habe nicht gewußt, daß er selbst bei dem innigen Vortrag an seine eigene Liebste gedacht habe. Den Ärzten bleibt nichts mehr zu tun, denn Goethe hat auf diesem Weg auch seine letzte große Krise überstanden. Beruhigt und ohne Sorge kann Zelter drei Wochen später nach Berlin zurückkehren.

Stimulanzien

Ob Goethe den Plan, Ulrike Levetzow zu heiraten, wegen des Widerstands seiner Familie aufgegeben hat, wie mancherorts behauptet wird, ob er selbst, wie Zelter meint, daran gar nicht ernsthaft gedacht hat – wer wird schließlich gleich heiraten, nur weil er einmal verliebt ist?! –, ist wohl nicht erheblich. Das Mädchen wollte nicht, das war offensichtlich der Grund des Scheiterns. Zwar äußert Goethe Müller gegenüber zu dieser Zeit noch immer eine skeptische Ansicht zur Ehe –

Liebe sei etwas Ideelles, Heiraten etwas Reelles, »und nie verwechselt man ungestraft das Ideelle mit dem Reellen.« Ein andermal sagt er zum Kanzler – und dies kann man als seine Grundüberzeugung werten –, der Begriff der Heiligkeit der Ehe sei eine kulturelle Errungenschaft des Christentums von unschätzbarem Wert; eigentlich sei die Ehe aber unnatürlich. Im Fall der kleinen Levetzow ist diese Meinung gewiß ganz ohne Belang. Goethe hat den Heiratsantrag ernst gemeint. Hier haben Bindungsängste und Skepsis, die sorgfältige Bewahrung der Dichter-Idealität auf Kosten der Bereitschaft zur »reellen« Bindung keine Rolle mehr gespielt, da etwas anderes viel stärker war: die Sehnsucht danach, sich noch einmal mit einem jungen Leben zu verbinden, um dem zu trotzen, was für den schönheitsliebenden Dichter das schlimmste ist: Alter und Tod. Er warf in die Idee dieser Heirat mit dem ahnungslosen jungen Mädchen viel hinein, was eigentlich gar nicht Ulrike selbst galt – daher der Zusammenbruch nach dem Besuch der Szymanowska, nicht früher und nicht später. Goethe hat diese Heirat aber gewollt und war entzückt von dem Gedanken, noch einmal eine Frau zu haben und Kinder in die Welt zu setzen – die dann jünger als seine Enkelsöhne Walther und Wolfgang gewesen wären. Charlotte Schiller, deren Sohn Ernst gerade seine Heirat plant, gibt zu den Gerüchten über Goethe spöttische Kommentare ab. Schwer werde er erraten, schreibt sie an Ernst, wer es ihm gleichtun und ebenfalls heiraten wolle: »Vater Goethe, der in Böhmen ein Fräulein liebt.« Was Frau von Stein zu Goethes Heiratsplänen sagte, weiß man leider nicht. Charlotte ist inzwischen einundachtzig Jahre alt. Sie kränkelt viel – die Migräneanfälle ihrer mittleren Jahre sind noch schlimmer geworden, hinzu kamen Sehstörungen und eine zunehmende Taubheit –, doch das Alter und ihre Leiden haben sie milder gestimmt. Mit Goethe ist sie seit langem ausgesöhnt. Er hat ihr ein Denkmal mit den Versen »Zwischen beiden Welten« gesetzt, in denen er sie und seine Verbundenheit mit »Lida« neben sein künstlerisch fruchtbarstes Erlebnis stellt: Shakespeare zu lesen:

Einer Einzigen angehören,
Einen Einzigen verehren,
Wie vereint es Herz und Sinn!
Lida! Glück der nächsten Nähe,

William! Stern der schönsten Höhe,
Euch verdank ich, was ich bin;
Tag' und Jahre sind verschwunden,
Und doch ruht auf jenen Stunden
Meines Wertes Vollgewinn.

1820 wurde das Gedicht gedruckt, und Charlotte hat es sicherlich gelesen und verstanden. Ihr Blick zu den Sternen ist verklärter denn je, wenn sie auch noch immer in ihrem Haus an der Ackerwand einen gesellschaftlichen Mittelpunkt darstellt. Charlotte Schiller schreibt an Fritz von Stein: »In schmerzensfreien Stunden nimmt sie an allem teil und sitzt mit ihren schönen festen Zügen und ihrem anmutigen Wesen in ihrem Lehnstuhl wie vor vierzig Jahren.« Von ihrer Umwelt wird Charlotte indessen als uralte Frau betrachtet, während Goethe, der ehemalige Geliebte gerade noch auf Freiersfüßen wandelte. Ob es doch nicht ganz so ist, wie Goethe sagt – daß die Männer altern und die Frauen sich verändern? Ein größerer Handlungsspielraum scheint doch den Männern vorbehalten zu sein. Einmal noch werden Charlotte und »Lida« von Goethe dichterisch verklärt. Die alte sternengläubige Charlotte in ihrem Lehnstuhl verwandelt sich in die geheimnisvolle Gestalt der »Makarie« in der letzten »Wanderjahre«-Fassung. Dann gibt es Anklänge in mehreren Gedichten, die an »Lida« und an die seelenvolle Stimmung der ersten zehn Weimarer Jahre erinnern. Es wird die große Stunde des Rückblicks, die Goethe ansetzt, »zwischen beiden Welten«.

Bemerkenswert ist die Aufteilung von Goethes Haus in die prächtigen Gesellschaftszimmer auf der Vorderseite und seine kargen Wohn- und Arbeitsräume zum Garten hinaus. Goethes letzte Lebensjahre spielen sich hauptsächlich in diesen dunklen und kargen Hinterzimmern ab: dem großen Arbeitszimmer, das samt Feder und Tintenfaß heute noch so erhalten ist, wie Goethe es verlassen hat, dem engen Flur, dem Vorzimmer mit den vollgestopften Schränken und Regalen, der ebenso schmalen und niedrigen Bibliothek und endlich der Schlafkammer – wenige Quadratmeter mit Bett, Waschtisch und Lehnstuhl –, alles von größter Einfachheit, niedrige Räume mit niedrigen Fenstern, in die wenig Licht fällt, das der Meister doch so liebte. »Mehr Licht!« soll er ja – so lautet eine Legende – auf dem Totenbett zuletzt gefordert haben. Das Licht entsteht innerlich in diesen Räumen, in denen Goethe seine letzten Werke verfaßt – vor allem sein »Hauptgeschäft«, wie er es nun nennt: den zweiten Teil des »Faust«. Der Aufhellungsprozeß verläuft in Goethes Spätwerk, wie man auch in den Gedichten erkennen kann, den »Urworten«, den Mitternachts-, den Dornburger Gedichten, den »Chinesisch-deutschen Tages- und Jahreszeiten« – *von der Materie zum Licht*, das eine höhere Hoffnung ausdrückt, die Wendung zum Ewigen, die Lösung des Geistes aus irdischer Befangenheit. Das ewige Licht und die dunkle Materie. Dazwischen liegen die Trübungen des Daseins, in denen das Individuum um seine Steigerung ringt. Im Alterswerk Goethes verklärt sich das Gesetz des Lebens, das er stets beschworen hat, zu höchster Vollendung. Die transzendente Hoffnung des Alters drückt es zugleich aus.

Zwei Bilder lassen sich aus dieser Spätzeit von dem alten Goethe einholen, wie im Film einblenden und herüberholen in unsere Vorstellung: der Alte, wie man ihn zuletzt gesehen hat, im langen Mantel meist, mit hohem Stehkragen, immer noch lebhaften Augen und weißem Haarkranz wie auf dem Ölgemälde von Johann Joseph Schmeller von 1829/30, in seinem Dichter-Laboratorium, in das nur ein Lichtstrahl fällt, am Schreibtisch, am Stehpult, schreibend am »Faust«. Oder das andere, das Müller andeutet, schildert: wie sich die Gestalt der Szymanowska durch die Fluchten der Gesellschaftszimmer im vorderen Teil des Hauses fortbewegt, wie sie entschwindet, die letzte irdische Gestalt seiner Sehnsucht, durch die lange offene Reihe der Gemächer, von Goethes Blick begleitet. Für dieses Leben, das sich nun dem Ende zuneigt, das sich vollendet und verklärt nach den Maßgaben seines Werks und seiner Seinsgewißheit, sind diese beiden Bilder bedeutungsvolle Szenen. Von nun an muß Goethe aus dem Fundus schöpfen, um die Inspiration für sein Werk, die implizit erotisch ist und um die Idealität in weiblicher Gestalt zu erreichen. Nichts kommt mehr von außen; es ist tiefer Winter. Aber im Innern verklären und verdichten sich die Bilder zur letztgültigen Aussage.

Goethe hat seine Gesprächspartner, die er eifrig an sich bindet: den fleißigen Eckermann, den Kanzler von Müller, Riemer, den »Kunschd-Meyer«, den jovialen Arzt Rehbein (der allerdings schon 1825 stirbt), den geistreichen Prinzenerzieher Frédéric Soret, den ambitionierten Architekten Coudray. Und Goethe braucht den Austausch, die Gespräche, mehr denn je. Er will nun aber auch wieder eine regelmäßige Gesellschaft in seinem Haus unterhalten. Folgendermaßen stellt er sich das vor: »Jeder käme und bliebe nach Belieben, könnte nach Herzenslust Gäste mitbringen. Die Zimmer sollten von sieben Uhr an immer geöffnet, erleuchtet, Tee und Zubehör reichlich bereitet sein. Man triebe Musik, spielte, läse vor, schwatzte, alles nach Neigung und Gutfinden. Ich selbst erschiene und verschwände wieder, wie der Geist es mir eingäbe.« Man erinnert sich da an Schillers erste Eindrücke von Goethe, als er ihn nach dessen Italienreise kennenlernte – er bringe sich ins Gespräch wie ein Gott, ohne sich selbst zu geben, meinte der junge Dichter über Goethe. Ein Ansinnen wie hier die »Wintergeselligkeit« in seinem Haus scheint diesen Eindruck zu bestätigen. Woran das Unternehmen aber, wie Goethe selbst weiß, scheitern wird, ist die Ermangelung einer Dame des Hauses als Mittelpunkt einer solchen Gesellschaft. An Ottilie oder deren Schwester denkt er dabei schon gar nicht mehr. Er stellt sie vorsorglich fürs Theater und andere Zerstreuungen ihres aufgeregten Lebenswandels frei und überlegt noch, ob er die Frau von Fritsch darum bitten soll, diese Aufgabe der »Patronin« zu erfüllen. Wie dem auch sei – es kommt nicht zu der Teegeselligkeit, die von Goethes Seite doch etwas zu unverbindlich angelegt war.

Die Familie ist für Goethe auch nicht gerade ein angemessener Ersatz. Unregelmäßig und zerfahren, konfliktträchtig und streitsüchtig geht es da zu. Ottilie braucht ständige Abwechslung und lebt nur ihren Vergnügungen. August ist ein gewissenhafter Beamter, hat aber privat schon längst resigniert. Der Alkohol ist sein einziger Trost geworden. Ohne irgendjemanden zu fragen, fährt Ottilie eines Tages nach Berlin. Mann und Kinder bleiben natürlich in Weimar. Als sie zurückkommt, ist sie gesundheitlich so angeschlagen, daß sie eine monatelange Kur in Bad Ems unternimmt. Das Ganze kostet Unmengen an Geld, das August nicht unbedingt zur Verfügung hat. Er selbst lebt sparsam und hält seine Mittel zusammen. Während der Abwesenheit seiner Frau pflegt er im übrigen einen freundschaftlichen Umgang mit Ottilies Geliebtem, Charles Sterling. Längst führen die Ehepartner ihr jeweils eigenes Leben, und da kann dieser abstruse Begleitumstand auch nicht mehr Verwunderung hervorrufen als die zerfahrene Ehe an sich. Auch kehrt Sterling bald nach England zurück, was Ottilie gesundheitlich noch mehr angreift, zugleich aber ihren Entschluß bekräftigt, sich von

August zu trennen – was, wie sie behauptet, nichts mit Sterling zu tun habe. Sie denkt über Scheidung nach und schreibt ihrer Mutter davon. Die wiederum beruhigt sie mit der Aussicht, der alte Goethe werde ja nicht ewig leben; zwei Jahre solle sie in der Ehe noch ausharren. Aus welchen Gründen sie so rät, mit welchen Hintergedanken, ist klar. Ottilie werde doch nicht auf das Goethe'sche Erbe oder zumindest einen angemessenen Teil davon verzichten und zudem dem Alten unnötigen Kummer machen wollen. Ottilie kehrt in die Mansardenwohnung am Frauenplan zurück, und die zerrüttete Ehe zwischen ihr und August nimmt ihren freudlosen Fortgang. 1827 wird sie sogar noch einmal schwanger von dem ungeliebten Gatten (niemand hat bisher darüber Zweifel erhoben, ob das Kind tatsächlich von August ist und nicht von einem von Ottilies zahlreichen Galans), was Ottilies Depressionen zunächst verschlimmert. Goethe bekommt so auch noch eine Enkelin, die kleine Alma, die im Alter von siebzehn Jahren sterben wird.

Um sich in die Helena-Welt seines »Faust« zu versetzen, gebraucht Goethe nun andere Stimulanzien als die, die er endgültig nicht mehr bekommt. Das poetische Bild ersetzt die Wirklichkeit, eine Vielzahl von Bildern, die sich überschneiden und ein einziges, gereinigtes herauskristallisieren. Der Helena-Mythos von der Schönheit als Vital-Potenz, als höchste Lebendigkeit, höchste Form der Entelechie gewinnt seine letzte Gestalt. Mit dieser Distanz zur wirklichen Erfahrungswelt kann Goethe 1828 zu Eckermann sagen: »Die Frauen sind silberne Schalen, in die wir goldene Äpfel legen.« Seine Idee von den Frauen sei ihm angeboren und nicht von den Erscheinungen der Wirklichkeit abhängig. Als angeborene Idee gewinnt ihm das Bild eine größere Symbolkraft. Andere, altbekannte Bilder stimulieren ihn: die Darstellung der mythischen Hochzeit von Gott Jupiter und Leda zum Beispiel, die in Goethes Sammlungen erotischer Zeichnungen, Gemmen, Reliefs und Gipsabgüsse in vierfacher Version enthalten ist. 1831 gelangt die letzte dieser Darstellungen in seine Sammlung, der Gipsabguß eines antiken Basreliefs als Geschenk des preußischen Staatsrats Beuth. Es ist die Szene der erotischen Vereinigung Ledas mit dem Schwan, in der Leda eine durchaus aktive Rolle spielt. Sie steht in gebeugter Haltung, die Beine angewinkelt, und neigt sich dem sie umklammernden Schwan zu, der die Flügel ausgebreitet hält. Goethes

Tagebuch verzeichnet für den 17. Februar 1831: »War der Abguß eines höchst interessanten antiken Basreliefs als Gabe des höchst gefälligen Beuth von Berlin angekommen. Ernsthafte Betrachtungen darüber, ganz esoterisch.« Über die erotische Darstellung geht diese Szene samt ihres mythologischen Hintergrundes selbstverständlich weit hinaus. Zweimal taucht sie im »Faust II« auf: als Phantasie des Homunculus und als Phantasie Fausts vor seiner Begegnung mit Helena. Zeus naht sich Leda, der Königin, in Gestalt eines Schwans, und sie geht in ruhiger Sicherheit auf den göttlichen Liebhaber zu. In der Homunculus-Phantasie begibt sich Leda ins Wasser, wo »die lieblichste von allen Szenen« stattfindet. In den beiden Traumszenen werden unterschiedliche Perspektiven beschrieben: In Homunculus' Traumbild ist es die Sphäre der Königin, Ledas Erhabenheit und göttlicher Ursprung, ihre Bereitschaft zur Vereinigung mit dem Element des fremden Gottes, bei Faust ist es die Sicht des Gottes in Schwanengestalt, dessen Vordringen zu dem heiligen Ort, die in dem Traumgeschehen geschildert wird. Leda und der Schwan sind ein hohes, ein göttliches Paar, deren erotische Vereinigung eine sowohl den antiken Mythos als auch die Wirklichkeit transzendierende Bedeutung hat. Derartig »esoterische« Betrachtungen, die Goethe noch bei Erhalt seines letzten Sammelstücks, das den Leda-Mythos abbildet, anstellt, sind nun allerdings nicht bei allen Stücken seiner erotischen Sammlungen angemessen. Gerhard Femmel hat sie zusammengestellt, die Zeichnungen (auch eigenhändige), Gemmen und Reliefs aus dem unter Verschluß gehaltenen »Walpurgissack«, jene »Erotica und Priapea aus den Sammlungen Goethes«. Sie sind mitunter gar nicht esoterisch, sondern drastisch und phallisch, wie Goethes eigenhändige Bleistiftzeichnung einer Priap-Herme mit Riesen-Phallus und einem Schilfrohr als Zepter, auch gelegentlich brutal wie eine Zeichnung unbekannten Ursprungs (Karl Ludwig von Knebel wird als Urheber in Erwägung gezogen), auf der ein Kavalier mit Stock und Dreispitz von einer Priap-Herme (Priap ist der altrömische Gott der Zeugungskraft; Hermes, der Götterbote, ein phallischer Gott) von hinten vergewaltigt wird. Ein Großteil der Gemmen mit erotischen Motiven, geschnittenen Edelsteinen beziehungsweise deren Gipsabdrücken, dient der Abbildung koitaler Szenen – aus der römischen Kaiserzeit, aus der hellenistisch-römischen Periode. Auch isolierte Phallus-Symbole sind darunter. Goethe selbst experimentiert in einigen Zeichnungen mit Phallus-Chiffren für seine Sammlung Priapeia, Carmen und die »Camera Obscura«. Die starke Phallus-Zentriertheit ist auffällig. Auf einer eigenhändigen Zeichnung Goethes aus der Zeit der italienischen Reise oder später sind drei Satyrn mit einer Schlange abgebildet; ein animalisches Bild voller Bewegung und viriler Kraft. Die Satyrn, dämonische Mischgestalten mit Menschenkörper und Bocksbeinen, sind mit Schwanz und Phallus ausgestattet, was zusammen mit der Schlange den phallischen Eindruck noch verstärkt. Einer der Satyrn präsentiert eine Schildkröte, die er auf der ausgestreckten linken Hand wie eine Schale hält. Die sich aufreckende Schlange züngelt gleichzeitig am Geschlechtsteil des Satyrs. Der zweite Satyr flieht entsetzt, aber anscheinend mehr vor der dargebotenen Schildkröte als vor der Schlange. Der dritte Satyr versucht die Schlange an ihrem hinteren Ende zurückzuziehen. Was bedeutet diese phallische Fixierung? Gelegentlich – und auch in neueren Untersuchungen – werden Goethe homosexuelle Neigungen nachgesagt. Abgesehen davon, daß diese Untersuchungen sehr oft zu weit gegangen sind, abgesehen auch von der derzeitigen Modeerscheinung des homosexuellen »outing«, eingedenk der Tatsache, daß häufig Kommunikationsrituale vergangener Kulturepochen (in diesem Falle der Empfindsamkeit) mißverstanden und überinterpretiert werden und schließlich auch in Erinnerung daran, daß Goethe eine überaus offene Gesinnung hatte und im Erfahrungshorizont des Lebens wenig Grenzen setzte, wird man auf jeden Fall in Goethes Werk homoerotische Anklänge finden. Für sein Liebesleben hatte das mit Sicherheit keine Bedeutung. Es spricht überhaupt nichts dafür. Aber der »freie Geist« Goethe, dem, wie er selbst sagt, nichts Menschliches fremd ist, läßt auch hier seine Phantasie schweifen, läßt schöne Knaben auftreten, deren Schönheit er durchaus mit Wohlgefallen beschreibt, oder den Schenken im »West-östlichen Divan«, der ebenfalls jung, schön und anmutig ist und der dem Dichter den Genuß des Weins durch gefällige Bedienung versüßt. Dies bezeichnet zugleich einen ästhetischen Standpunkt – den des interesselosen Wohlgefallens im Gegensatz zum physischen Begehren der »verschmitzten Dirne«, einer Verkörperung des Elementar-Weiblichen.

Die phallisch-erotischen Zeichnungen Goethes entstammen fast ausschließlich der Zeit, in der Goethe als phallischer Gartengott im

»Gärtchen« seiner Geliebten Christiane am aktivsten war – oder, wie im Falle der Satyr-Zeichnung, unmittelbar davor, der Zeit des »Faustina«-Erlebnisses in Rom. So sind diese drastischen Abbildungen vielleicht auch ganz einfach ein Ausdruck der Begeisterung über die endlich erlangte sexuelle Erfüllung, die Verwirklichung lang gehegten und verdrängten Begehrens, das sich in solchen grenzsprengenden und animalischen Bildern Luft macht. Das Liebesleben mit Christiane muß jedenfalls – das bestätigen alle offenen und versteckten Bemerkungen Goethes – äußerst zügellos und tabufrei gewesen sein. Goethe kannte die leidenschaftliche körperliche Liebe, und sie war für ihn mit einer Frau besetzt, wahrscheinlich zeitlebens. 1812 äußerte er gegenüber Zelter (damals lebte Christiane noch) als Antwort auf dessen Vorschlag, die alttestamentarische Geschichte des Simson als Opernlibretto zu gestalten: »Zu dem Simson hätte ich im Augenblick kein Zutrauen; die alte Mythe ist eine der ungeheuersten. Eine ganz bestialische Leidenschaft eines überkräftigen, gottbegabten Helden zu dem verfluchtesten Luder, das die Erde trägt, diese rasende Begierde, die ihn immer wieder zu ihr führt, ob er gleich bey wiederholtem Verrat, sich jedesmal in Gefahr weiß, diese Lüsternheit, die selbst aus der Gefahr entspringt, der mächtige Begriff, den man sich von der übermäßigen Prästanz dieses riesenhaften Weibes machen muß, das im Stande ist auf den Grad einen solchen Bullen zu fesseln.« Nichts als die Namen, so meint er, blieben von dem Stoff übrig, wenn man ihn »nach den Konvenienzen unserer Zeit und unseres Theaters« produzieren wollte.

Was können jetzt dem fast Achtzigjährigen derartige Bilder sagen und bedeuten? Goethe führt seine Sammlungen erotischer Bilder und Motive bis ins hohe Alter fort, das zeigt die Tagebuchnotiz nach der Geschenksendung des preußischen Staatsrats. Als August 1830 seine Reise nach Italien unternimmt, schreibt er seinem Vater aus Pompeji, daß er das liederliche Haus mit den obszönen Wandgemälden gesehen habe, von dem der Vater ihm erzählt habe. Seine Gemmensammlungen betrachtete Goethe als Teil seiner Kunstsammlung. Er verhielt sich dabei freilich etwas diskreter und übte Zurückhaltung im Kauf dieser Kunstgegenstände, um nicht eine besondere, frivole Vorliebe nachgesagt zu bekommen. Daß der kunsthistorische Hintergrund wirklich gegeben war und die Sammlung nicht primär einer visuellen Ersatzbefriedigung diente, beweist eigentlich schon die Tatsache, daß Goethe gerade dann vermehrt sammelte und zeichnete, als auch sein eigenes Sexualleben ausgesprochen lebhaft war (in den neunziger Jahren).

Der Wein war ein anderes lebenslanges und ständiges Stimulans für Goethe. Zu Eckermann sagt er 1828: »Da Sie übrigens meinen Divan so gut kennen, so wissen Sie, daß ich selber gesagt habe: ›Wenn man getrunken hat, weiß man das Rechte‹, und daß ich Ihnen also vollkommen beistimme. Es liegen im Wein allerdings produktiv machende Kräfte sehr bedeutender Art; aber es kommt dabei alles auf Zustände und Zeit und Stunde an, und was dem einen nützet, schadet dem andern.« Goethe hat der Wein offenbar meistens genützt und selten geschadet. Bis ins hohe Alter konsumierte er Mengen, die man heute zumindest als problematisch ansehen würden – wenn Goethe nicht gar als Alkoholiker eingestuft würde. Selbst während seiner lebensgefährlichen Erkrankungen verlangte er früher oder später Wein zu trinken – und dann wußte man, er war auf dem Weg der Besserung. Täglich zwei bis drei Flaschen waren keine Seltenheit bei Goethe; gewöhnlich trank er die erste schon zum Frühstück. Am liebsten mochte er bekanntlich die Frankenweine, vor allem seinen geliebten »Würzburger Stein« aus dem Jahrhundert-Weinjahr 1811. Wie der Pfälzer Weinbauer Friedrich von Bassermann-Jordan 1932 in einer bibliophilen kleinen Betrachtung namens »Goethe und der Wein« herausfand, liebte Goethe aber auch die Abwechslung bei den Rebsorten, und er war sehr offen und flexibel, was ihm bisher unbekannte Weine angeht. Französische Weine aus dem Languedoc, ein roter Elsässer, der liebliche Malaga-Wein, Rheinpfälzer und Moselweine gehörten zu seinem Repertoire. Auch auf Champagner verzichtete er nie, selbst nicht in Kriegs- und Krisenzeiten, in denen Champagner ein unerhörter Luxus, beinahe unerschwinglich war. Jede Vermischung des Weins, vor allem Verwässerung, hat Goethe abgelehnt. Er empfand es geradezu als Sünde an »des Weinstocks herrlichen Gaben«. Bassermann-Jordan zitiert eine weitere Legende der angeblich letzten Worte auf dem Totenbett, die Coudray, der Oberbaudirektor, von Goethe überliefert haben soll: »Du hast mir doch keinen Zucker in den Wein getan?«, habe der sterbende Goethe gefragt.

Mit seinem Verleger Cotta plant Goethe die endgültige Gesamtausgabe seiner Werke, die »Ausgabe letzter Hand«. Vierzig Bände soll die Werkausgabe umfassen; der »Faust II«, sofern er fertig wird, ist Goethes Vermächtnis, das er versiegelt der Nachwelt übergeben wird. Die Honorarforderungen Goethes sind immens (ursprünglich forderte er hunderttausend Taler), und Sulpiz Boisserée, der mit beiden Parteien befreundet ist, muß sich einschalten und vermitteln. Am 25. August 1825 macht Cotta ein neues Angebot, das schließlich die Grundlage des Vertragsabschlusses darstellt, der im März 1826 zustandekommt: sechzigtausend Taler Grundhonorar für die ersten zwanzigtausend Exemplare der Gesamtausgabe und ein zusätzliches Honorar für weitere verkaufte Exemplare. Für Goethe ist das Abkommen vor allem eine Existenzabsicherung für seine Familie, denn ihm selbst kommt das Honorar nicht mehr zugute. Positive Folgen für die Nachwelt in einem größeren Umfang hat Goethes Gesuch an die deutsche Bundesversammlung, in dem er um ein Privileg nachsucht, das ihn vor unrechtmäßigen Nachdrucken der neuen Werkausgabe schützen soll. Im Namen der »k. k. Bundestags-Präsidial-Gesandtschaft« antwortet Fürst Metternich persönlich auf Goethes Gesuch und kann ihm durchaus positive Mitteilung machen: »Seine Majestät der Kaiser, mein allergnädigster Herr, Allerhöchstwelchen ich über diese Lage des Geschäfts Vortrag erstattete, haben nun mein hierwegen vorgelegtes alleruntertänigstes Gutachten zu genehmigen, und Eurer Exzellenz ein Privilegium gegen den Nachdruck der von Ihnen veranstalteten neuen Ausgabe Ihrer sämtlichen Werke taxfrei, und zwar nicht nur für die zum deutschen Bunde gehörigen Provinzen der österreichischen Monarchie zu erteilen, sondern dasselbe aus besonderer Rücksicht auf den ganzen Umfang derselben auszudehnen geruht.« In »Anerkenntnis« Goethes »um die deutsche Literatur erworbenen Verdienste« spricht der Fürst Goethe seine Hochachtung aus. Das Privilegium ist eine absolute Novität, ein Präzedenzfall, der zum erstenmal die Misere der Schriftsteller angeht, die von den Verlegern nicht nur übervorteilt, sondern zudem noch durch unrechtmäßige Nachdrucke um ihre Einnahmen gebracht werden. Goethe argumentiert in seinem Bittschreiben auch, daß die Regelung, die ihm selbst seine verdienten Einnahmen sichere, der »ganze(n) deutsche(n) Literatur« zugute kommen werde. Zumindest ist es ein Anfang.

Drei Sekretäre hat Goethe mittlerweile: den jungen Schuchardt, Kräuter und John. Die Mitarbeiter der »Ausgabe letzter Hand« sind maßgeblich der Philologe Carl Wilhelm Göttling, dem Goethe die abschließende Redaktion der Werkausgabe überträgt, sowie Riemer und Eckermann, der die Ehre, die ihm da zuteil wird, kaum fassen kann und sich noch mehr ins Zeug legt als bisher. Bedauerlicherweise hat Goethe nie daran gedacht, dem Menschen, der ein volles Jahrzehnt, über Goethes Tod hinaus dem Werk gewidmet hat, auch materiellen Dank zukommen zu lassen. Ein paar Zuwendungen gelegentlich bekommt er wohl, sonst aber nichts. Eckermann ist ganztägig verfügbar und wühlt sich jetzt durch die Berge von Manuskripten, Entwürfen und Papieren, die für die Werkausgabe zu redigieren sind. Goethe kümmert sich eigentlich nur noch um die Reihenfolge seiner Werke in der neuen Ausgabe; die Fleißarbeit überläßt er seinen Mitarbeitern. Eine armselige Unterkunft hat Eckermann unweit des Frauenplans, damit der Weg zum Meister nicht so weit ist. In Hamburg ist er mit einem Hannchen verlobt, das jedoch acht Jahre auf ihn warten muß, weil Eckermann die Mittel fehlen, um einen Hausstand zu gründen. Für Goethe wäre er als Hausvater und Ehemann ja auch nicht mehr in der Weise verfügbar, in der er es jetzt ist, und so stellt Eckermann auch dieses Bedürfnis zurück. Zur Kompensation hält er sich Raubvögel in seiner engen Wohnung, die genauso eingesperrt leben wie er. Eckermann hat wie Riemer nach Goethes Tod keinen Boden mehr unter die Füße bekommen, kein selbständiges Leben geführt. Der Dienst bei Goethe hat ihn verbraucht, und er kann danach nur noch der Erinnerung leben.

Goethe ist eine nationale, man kann sagen: eine europäische Persönlichkeit. Selbst aus dem fernen Rußland warten die Besucher ihm auf. König Ludwig I. von Bayern schreibt im Februar 1826 einen Brief an Goethe und äußert den Wunsch, den »Erhabene(n)« »mit offenen Armen« in München empfangen zu dürfen. Der König beendet den Brief mit den Worten: »Überflüssig wäre's meine Gesinnungen gegen Sie zu wiederholen der ich meine Heimat preise daß sie einen Göthe besitze.« Da Goethe aber nicht mehr daran denkt, eine so strapaziöse Reise auf sich zu nehmen (und im übrigen in Bayern sonst nichts zu suchen hat), erscheint der König ein Jahr später persönlich in Weimar, um Goethe das Großkreuz des Verdienstordens der Bayrischen Krone zu überreichen. An Kreuzen und Orden mangelt es Goethe am Ende seines Lebens wirklich nicht.

Bettina von Arnim mit Goethe-Denkmal

1822 hat der Sekretär Kräuter mit der Sammlung und Ordnung sämtlicher Handschriften und Drucke Goethes begonnen. Allerorts werden Porträts und Denkmäler Goethes entworfen – das der Bettina von Arnim, das im September 1824 in Modellform am Frauenplan eintrifft, ist besonders vom Klischee des »Olympiers« gezeichnet, und wenn man es heute sieht, dann weiß man nicht, ob man lachen oder weinen soll. Es kann aus heutiger Sicht nur noch als Karikatur angesehen werden, die es ganz sicher nicht war. Das Sammeln und Errichten für die Ewigkeit beginnt – am »Mythos Goethe« bauen viele und mit vollem Eifer mit.

Zwei Ereignisse beschäftigen Weimar im Jahre 1825: Zunächst der Theaterbrand in der Nacht vom 21. zum 22. März. In dieser Nacht brennt das Weimarer Theater bis auf die Grundmauern ab. Obwohl Goethe zu dem Schauplatz seines fast dreißigjährigen Wirkens durch seinen Abschied und die Jagemann-Affäre schon gehörige Distanz gewonnen hat, ist er von der Zerstörung tief betroffen. Zusammen mit Coudray werden bald Pläne zu einem Neubau des Theaters entworfen, doch der Staat will die Kosten im Rahmen halten, und so herrscht zunächst Unstimmigkeit.

Ein Höhepunkt wird das fünfzigjährige Regierungsjubiläum des Großherzogs Carl August am 3. September. Um sechs Uhr früh macht Goethe als erster Gratulant im Römischen Haus dem Freund und Fürsten seine Aufwartung. Beide sollen Tränen in den Augen gehabt haben, als sie an diesem bedeutungsvollen Tag einander gegenüberstanden. Als eigentlichen Gedenktag seines Regierungsantritts, so äußert der Großherzog in einem feierlichen Brief an Goethe, betrachte er jedoch den Tag von Goethes Ankunft in Weimar, zwei Monate später. »Die fünfzigste Wiederkehr dieses Tages erkenne ich sonach mit dem lebhaftesten Vergnügen als das Dienstjubelfest Meines ersten Staatsdieners, des Jugendfreundes, der mit unveränderter Treue, Neigung und Beständigkeit Mich bisher in allen Wechselfällen des Lebens begleitet hat, dessen umsichtigen Rat, dessen lebendiger Teilnahme und stets wohlgefälligen Dienstleistungen Ich den glücklichen Erfolg der wichtigsten Unternehmungen verdanke und den für immer gewonnen zu haben, Ich als eine der höchsten Zierden Meiner Regierung achte.« Carl August und Luise feiern im gleichen Jahr ihre goldene Hochzeit: Auch diese beiden ungleichen Menschen haben sich miteinander arrangiert und ihr aus so unterschiedlichen Maßstäben gesetztes Leben zugebracht; das Arrangement mit Caroline Jagemann war seit einiger Zeit die Voraussetzung dafür. Das großherzogliche Paar gehört zu Goethes engsten Weggefährten früherer Zeit in den letzten Jahren seines Lebens. Die allerletzten Jahre geht er schließlich allein.

Mit dem Oberbaudirektor Coudray bespricht Goethe den Plan einer gemeinsamen Gruft für Schiller und sich selbst auf dem Weimarer Friedhof. Das ist eigentlich die einzige Gelegenheit für Goethe, von seinem eigenen Ableben zu sprechen; der Tod hat noch immer keinen Raum in seinem Leben. Schillers Leiche wird nun aus diesem Anlaß dreißig Jahre nach dem Tod des Dichters aus ihrem nicht allzu ehrenhaften Grab geholt, dem Kassengewölbe auf dem Jakobsfriedhof. Den Schädel Schillers läßt sich Goethe bringen. Er betrachtet ihn sehr aufmerksam, macht ein Gedicht darauf und behält ihn eine Weile in seinem Haus, wo er ihn täglich in die Hand nimmt und betrachtet. Eine merkwürdig morbide Art, des Freundes zu gedenken. Ottilie begeht einmal den Fehler, zu bemerken, Schillers Werke langweilten sie. Da antwortet Goethe: »Ihr seid alle viel zu armselig und irdisch für ihn.«

Ein weiterer, ein aktueller Todesfall veranlaßt Goethe zu einem nostalgischen Rückblick, zu einer Bestandsaufnahme besonderer Art: Im Januar des Jahres 1827 stirbt Charlotte von Stein im fünfundachtzigsten Lebensjahr. Im vorletzten Juli hat sie ihm geschrieben, nachdem er ihr sein Medaillon verehrt hat: »Lieber verehrter Geheimderath! Für das schöne Medaillon mit Ihren Bildniß das mich samt den kleinen allerliebsten Überbringers sehr erfreut hat, wolte ich Ihnen gleich herzlich dancken, aber ich wurde durch viele Besuche gehindert und so fort durch mancherley, bis mir in den Augenblick eine ruhige Stunde erscheint. *Vielleicht wenn wir uns in den großen Weltall wo wiederfinden* – [...] Ihre treue Verehrerin: v.Stein.«

Zu seinem Geburtstag 1826 gratuliert sie ihm mit den folgenden Zeilen:» Tausend Glück und Segen zum heutigen Tag. Mögen die Schutzgeister auf den himmlischen Reichstag befehlen daß alles liebliche und Gute Ihnen *Geliebter Freund* erhalten werde und mit aller Hoffnung aufs künfftige ohne Furcht verbleibe, mir aber erbitte ich verehrter Freund Ihr freywilliges Wohlwollen auf meiner noch kurzen Lebensbahn.« Das sind die letzten Zeilen Charlottes an Goethe, vier

Goethe 1791

Monate später stirbt sie einen sanften Tod. Charlottes Sternenglaube appelliert in diesen letzten Äußerungen an die kosmische Weltsicht des früheren Geliebten. So bleibt doch noch die Hoffnung auf ein Wiedersehen, in einem anderen Leben, zu einer anderen Zeit, wie in dem frühen Briefgedicht. Goethes Antwort auf die Gratulation Charlottes war – im Anschluß an ein Gedicht, das er jeder Gratulationsdanksagung beilegte: »Beyliegendes Gedicht, meine Theuerste, sollte eigentlich schließen: ›Neigung aber und Liebe unmittelbar nachbarlich-angeschlossen lebender, durch so viele Zeiten sich erhalten zu sehen, ist das allerhöchste was den Menschen gewährt sein kann.‹ Und so für und für! Goethe.«

Zwischen beiden Welten

Am 12. Mai des Jahres 1827 verläßt Goethe sein Wohnhaus am Frauenplan und begibt sich in sein Gartenhaus am Stern, das er seit vielen Jahrzehnten nicht mehr bewohnt und seit einigen Jahren nicht mehr aufgesucht hat. Das Häuschen steht gänzlich vernachlässigt, beinahe verwahrlost in dem einst geliebten Garten beim Park an der Ilm. Eigentlich wollte er nur wieder einmal hinuntergehen, um ein paar müßige Stunden dort zu verbringen. Doch dann bleibt er, provisorisch eingerichtet, weil er kaum die nötigsten Dinge mitgenommen hat. Ganz Weimar wundert sich: Was hat der Alte vor? Sein komfortables Wohnhaus zu verlassen, um in diese baufällige Hütte zu ziehen – ohne Dienerschaft und ohne ein Wort der Erklärung. Nur die Streitigkeiten der jungen Eheleute August und Ottilie können dafür, so meint man, verantwortlich sein. Möglicherweise war dies tatsächlich der Auslöser für Goethes Auszug, gewiß aber nicht der tiefere Beweggrund. An den Freund Zelter schreibt Goethe: »Kund und zu wissen sei hiermit dem teuersten Freund, daß ich Sonnabend den 12. Mai ganz unschuldigerweise in meinen untern Garten fuhr, ohne auch nur irgendeinen Gedanken als daselbst eine freundliche Stunde zu verweilen. Nun gefiel es mir aber daselbst so wohl, die Frühlingsumgebung war so unvergleichlich, daß ich blieb ohne bleiben zu wollen und heute am Himmelfahrtsfeste mich noch hier befinde, diese Tage her immer tätig und ich hoffe andern wie mir erfreulich.« Goethe arbeitet hier an der zweiten Fassung der »Wanderjahre« und schreibt einige Szenen am »Faust«. Er befinde sich wohl, schreibt er an Zelter, in seiner »separat-extemporierte(n) Studentenwirtschaft«, und das ist bekanntlich nicht das erste Mal. Goethe flieht einmal wieder, um sich selbst zu leben. Er lebt hier der Vergangenheit. Der Ilmpark im Frühling ruft für ihn Erinnerungen wach – die unglaubliche Stille und der Frieden dieses Parks, die Sphinxgrotte, das Borkenhäuschen und der Schlangenstein, dann über den Brücken sein verlassenes Häuschen und die »Bäume, die ich ahndevoll gepflanzt«... Vor fünfzig Jahren war das. Damals zog er im selben Monat Mai in dem Gartenhaus ein, das ihm der Herzog geschenkt hatte, um ihn an Weimar zu binden. Den ersten Abend, die erste Nacht und den ersten Morgen in dem neuen Domizil schilderte er dem fernen Gustchen von Stolberg, warm und trunken von dem nie erlebten Naturgefühl, da draußen »vor den Toren«: die Wiesen im Tal, das Grün, das dem Auge so wohltut, das Blühen überall, die Vögel, der Wind und von ferne das Wehr. Die Schlüssel zu den Brücken besitzt er noch, und so kann ihn auch jetzt niemand stören. Gelegentlich besucht ihn hier jemand in seinem einsamen Idyll der kommenden Wochen, und als man ihm das Erstaunen schildert, in welches seine Übersiedelung das Städtchen versetzt habe, da antwortet Goethe: »Wir haben hier in diesem Gartenhäuschen tüchtige Jahre verlebt, und weil es denn mit uns sich auch dem Abschlusse nähert, so mag sich die Schlange in den Schwanz beißen, damit es ende, wo es begonnen.« Die »tüchtigen Jahre« waren die Jahre einer offenen Seele, mit der ganzen »Dumpfheit« der Jugend zwar noch, auf der Suche nach Klärung eines noch unausgewogenen Gemüts, doch unwiederbringlich gehoben, wie seine Stimmung, seine Liebe damals war. Es war die Zeit seiner großen Liebe zu »Lida«, die mit dem Gartenhaus so eng zusammenhängt. Hier schrieb er die täglichen Briefe an sie und die Gedichte, die seine Liebe in Verse setzten. In einem Kommentar zu einer Rezension seiner Lyrik hat Goethe dem Philologen Carl Ernst Schubarth 1818 geschrieben: »So hat mich Delbrück [ein weiterer Rezensent] aufmerksam gemacht daß meine kleinen, wenigen Gedichte an *Lida* die zartesten unter allen seien. Das hatte ich nie gedacht noch viel weniger gewußt und es ist wahr! es macht mir jetzt Vergnügen es zu denken und anzuerkennen.« In diesem Jahr 1818, neun Jahre vorher also, muß Goethe noch mehr Erinnerungs- und Aufräumarbeit an der »Lida«-Phase unternommen haben, denn er schenkte Zelter einen Brief, den er beim Stöbern in seinen italienischen Papieren gefunden hatte; es war der Brief aus Palermo, den Goethe Charlotte 1787 vor seiner Rückkehr nach Rom geschrieben hatte und worin es hieß: »Leb wohl Geliebteste mein Herz ist bey dir und jetzt da die Weite Ferne, die Abwesenheit alles gleichsam weggeläutert hat was die letzte Zeit zwischen uns stockte, so brennt und leuchtet die schöne Flamme der Liebe der Treue, des Andenckens wieder fröhlich in meinem Herzen.« An den Freund schrieb er im Februar 1818, als er ihm das Blatt von Jena nach Berlin schickte: »Da ich so manches Liebe von Deiner eignen Hand empfange und dagegen wenig erwidre, so sende ich Dir ein uralt Blättchen, das ich nicht verbrennen konnte, als ich alle Papiere, auf Neapel und Sizilien bezüglich, dem Feuer widmete. Es ist ein so hübsches Wort auf dem Wendepunkt des ganzen Abenteuers, und gibt einen Dämmerschein rückwärts und vorwärts. Ich gönne es Dir! Bewahre es fromm. Was man doch artig ist wenn wir jung sind!«

In den »Dämmerschein rückwärts und vorwärts« blickt er nun erst recht. Aus dem Fenster seines Schlafzimmers im Gartenhaus sind noch immer die Zimmer der Freundin in ihrem Haus an der Ackerwand zu sehen. Die Lichtzeichen von beiden Fenstern erfolgten zur verabredeten Stunde. Ob Goethe der Verstorbenen in diesen Tagen ein stilles, verborgenes Andenken widmete? Damit »es ende, wo es begonnen.«, sagt er. Ein Gedicht besitzt einen vernehmbaren Anklang an das »Lida«-Erlebnis: »Der Bräutigam«, 1829 in Ottilies neugegründeter Zeitschrift »Chaos« erstmalig abgedruckt. Es ist wahrscheinlich im Sommer 1828 in Dornburg entstanden, also über ein Jahr nach diesem nostalgischen Aufenthalt im unteren Garten. Das ihm zugrundeliegende Erinnerungserlebnis kann aber sehr wohl aus diesen Tagen stammen, die unter anderem Charlotte gewidmet sind. Das Gedicht lehnt sich an die anderen »Mitternacht«-Gedichte Goethes an und beschäftigt sich wie diese mit den Lebensaltern. Der Bräutigam hält eine Rückschau auf sein Leben, auf das Zusammensein mit der geliebten Braut, die er verloren hat, weil sie (wie angenommen werden kann) gestorben ist. Alle Dimensionen verschwimmen in dem Rückblick; Zeit und Raum verschmelzen ineinander, Lebensalter, Tag und

Nacht. Alles wird eins und trifft sich nur in einer tiefen Sehnsucht wieder, die zum Schluß die Sehnsucht nach der letzten Ruhestätte ist. Die Bilder, die das Zusammensein mit der entschwundenen Braut ausdrücken, erinnern an Goethes Zeit mit Charlotte – wie er sie nach den Mühen des Tages am kühlen Abend traf, »Hand in Hand« bei sinkender Sonne, hier an diesem zauberhaft beseelten Ort. Diese Liebe war ein ewiger Brautstand; ihr gehörte der Abend, die Ruhe und die Kühlung, Sonnenuntergang und »Segensblick«, nicht die »heiße Stunde« und die »Glut«. Das war das Tagewerk, das in der Nähe der Geliebten abgestreift wurde. Die Ebene, auf der sich die Beziehung bewegte, kann nahtlos in die andere, die unbekannte Welt Einzug halten, in der die Geliebte von damals nun schon ruht. »Vielleicht daß wir uns in dem großen Weltall wo wiederfinden …« Die Frage bleibt so offen wie die nie erfüllte Liebe.

Der Bräutigam

Um Mitternacht – ich schlief, im Busen wachte
Das liebevolle Herz, als wär es Tag;
Der Tag erschien, mir war, als ob es nachte –
Was ist es mir, soviel er bringen mag.

Sie fehlte ja, mein emsig Tun und Streben,
Für sie allein ertrug ich's durch die Glut
Der heißen Stunde; welch erquicktes Leben
Am kühlen Abend! lohnend war's und gut.

Die Sonne sank, und Hand in Hand verpflichtet
Begrüßten wir den letzten Segensblick,
Und Auge sprach, ins Auge klar gerichtet:
Von Osten, hoffe nur, sie kommt zurück.

Um Mitternacht – der Sterne Glanz geleitet
Im holden Traum zur Schwelle, wo sie ruht.
O sei auch mir dort auszuruhn bereitet,
Wie es auch sei, das Leben, es ist gut.

Man kann nun freilich nicht mit Sicherheit sagen, an welche Frau Goethe in diesem Gedicht dachte, ob er an eine bestimmte Frau in seinem Leben dachte, als er es schrieb. Es könnte Christiane sein, es könnte Lili sein (die einzige, der Goethe wirklich ein »Bräutigam« war), oder die Gestalten überlagerten sich zu der einen Figur der Geliebten an sich, für die man das Tagewerk erträgt, durch die das Leben seinen größten Anreiz erhält. Charlotte von Stein erfuhr als Geliebte die größte überzeitliche Verklärung; sie war streckenweise mehr poetische Gestalt als individuelle Person, sie wurde zum Leitstern, zum Schicksalsbegriff. Sie machte Epoche, war die Verkörperung eines Lebensabschnitts, einer Seelenhaltung. Schon zu der Zeit, als diese Liebe lebendig war, schien sie seltsam losgelöst von Zeit und Raum. So wäre es denn verständlich, wenn der Blick des Alters, der die jenseitige Welt bewußter einbezieht, sich gerade an diese Liebe erinnerte. Frau von Stein war ja auch auch erst vor wenigen Monaten gestorben. Alter ist Rückblick, jetzt auf das Unwiederbringliche. Da die Liebe sich nicht mehr wiederholt, bleibt nur die Sehnsucht nach der letzten Ruhestätte, doch, »wie es auch sei, das Leben, es ist gut.« Die Abendsonne ermöglicht noch einmal einen letzten, beruhigenden Blick über das Lebensganze; mit Gewißheit und Vertrauen schweift dieser Blick über das Leben hin, das gut ist, wie es ist, weil es ist. Die Hoffnung behält das letzte Wort bei Goethe, auch im tragischen Gedicht wie in der Marienbader Elegie und auch bei der Thematisierung des Todes wie hier. In den Orphischen Urworten bildet das Hoffnungsthema den zyklischen Abschluß des Gedichts und zugleich die höchste Steigerung. Bei einem nachweislichen Ertrag dieser Tage und Wochen im Garten am Stern, den »Chinesisch-deutschen Jahres- und Tageszeiten«, ist das Thema der Hoffnung wieder mit der Lichtmetapher verbunden – wie ja auch im Gedicht »Der Bräutigam« die Rede vom Osten ist, wohin sich das Auge richtet (im Osten geht die Sonne auf; Charlottes Haus lag, von Goethes Gartenhaus betrachtet, im Osten, sie wurde außerdem mit der Sonne identifiziert). Hier also, in den »chinesischen« Gedichten, heißt es:

Hoffnung breitet lichte Schleier
Nebelhaft vor unsern Blick;
Wunscherfüllung, Sonnenfeier,
Wolkenteilung bring uns Glück.

In eine Welt des Lichts versetzt sich Goethe in diesen einsamen Tagen, die das Gegenwärtige transzendiert, die Zeit und Raum verschwimmen läßt. Er selbst lebt hier schon »zwischen beiden Welten«.

Kaum zufällig läßt er in solcher Stimmung eine weibliche Gestalt entstehen, die das Irdische schon überwunden hat: die Makarie der »Wanderjahre«, die erst in dieser späten Fassung in den Roman Einzug hält. Erst- und einmalig erscheint hier das Ideal-Weibliche in der Gestalt des Alters, nicht in berückender Jugendschönheit. Makaries Zentrum ist geistiger Natur; die alte Tante entspricht der »Ursibylle«, der weisen und weissagenden Frau. Von ihrem ganz eigenen Verhältnis zu den Sternen ist häufig die Rede. Der Mathematiker und Astronom, der sich mit den wundersamen Zuständen und Erscheinungen Makaries befaßt, stellt irgendwann fest, Makarie trage nicht nur das ganze Sonnensystem in sich, sondern bewege sich darin gleichsam als integraler Teil. Der Erzähler vergleicht diese Entsprechung von Mikro- und Makrokosmos mit der träumend ahnenden Empfindungskraft des Dichters, von dem man sage, »die Elemente der sichtlichen Welt seien in seiner Natur innerlichst verborgen und hätten sich nur aus ihm nach und nach zu entwickeln, daß ihm nichts in der Welt zum Anschauen komme, was er nicht vorher in der Ahnung gelebt«. An Schiller hat Goethe 1797 geschrieben, er habe von bestimmten Dingen die Entdeckung gemacht, »daß sie eigentlich symbolisch sind. [...] Das heißt, wie ich kaum zu sagen brauche, es sind eminente Fälle, die, in einer charakteristischen Mannigfaltigkeit, als Repräsentanten von vielen andern dastehen, eine gewisse Totalität in sich schließen, eine gewisse Reihe fordern, Ähnliches und Fremdes in meinem Geiste aufregen und so von außen wie von innen an eine gewisse Einheit und Allheit Anspruch machen.« Das sind die Stichworte: Einheit und Allheit, Mannigfaltigkeit und Totalität als dichterische Welterfahrung. Auch in der Gestalt Makaries wird diese Entsprechung, die wechselseitige Durchdringung von Mikro- und Makrokosmos manifest. Diese Art des *ganzheitlichen Weltempfindens* charakterisiert in Makarie das Ideal-Weibliche, wie es Goethe vorschwebt, ins Kosmische verklärt. Makaries geistiges Wesen aber, ihre lichtklare, sternenhafte Geistigkeit, ist eigentlich traditionell männlich besetzt und bei ihr darum von besonderer Prägung. In ihrer Jugend hat sie sich mit Astronomie beschäftigt, bei dem Vergleich der inneren Erscheinungen mit dem äußeren Gewahrwerden aber keine Entsprechung gefunden. Erst bei der Versenkung in ihre inneren Zustände, die sie nach außen als Krankheit deklariert (und die von ihrer Umwelt auch als solche wahrgenommen werden), erfüllt sich ihre Entelechie, die natur-magische Verbundenheit mit der Gesetzlichkeit des Wirklichen. Der Mathematiker und Astronom, der Makarie in ihrem späten Leben kennenlernt, ein nüchterner und analytischer Geist, zweifelt an Makaries Visionen von den Vorgängen im Sonnensystem. Er glaubt zunächst an ein Kalkül von ihrer Seite, das von ihr ausgeht, und in seinem Zweifel stellt er entsprechende Berechnungen an. Diese beweisen aber gerade, daß die Visionen wahr sind: die Verhältnisse des Sonnensystems sind Makarie eingeboren; intuitiv kann sie Angaben machen, die sonst nur der Berechnung zugänglich sind und weit über diese hinausgehen. »Ihr, der Seherin, erschien unsere Sonne in der Vision um vieles kleiner, als sie solche bei Tage erblickte; auch gab eine ungewöhnliche Stellung dieses höheren Himmelslichtes im Tierkreise Anlaß zu Folgerungen.« Makarie sieht in ihren Visionen Gestirne, Planeten, die von der Astronomie noch gar nicht entdeckt worden sind. Sie ist von einem leuchtenden Wesen durchdrungen, und so sieht sie oft zwei Sonnen, eine innere und eine außen am Himmel, sowie zwei Monde, einen inneren, der sich vermindert, und einen äußeren, der bei allen Phasen in seiner Größe völlig gleich bleibt. Innere Erscheinungen und äußeres Gewahrwerden erlebt sie gesondert. *Makarie hat den inneren und den äußeren Blick, ist zugleich innerhalb und außerhalb des Naturgeschehens.* Sie selbst empfindet sich in den himmlischen Kreisen des Sonnensystems fortgezogen. Seit ihrer Kindheit wandelt sie um die Sonne, »in einer Spirale, sich immer mehr vom Mittelpunkt entfernend und nach den äußeren Regionen hinkreisend. [...] Wenn man annehmen darf, daß die Wesen, insofern sie körperlich sind, nach dem Zentrum, insofern sie geistig sind, nach der Peripherie streben, so gehört unsere Freundin zu den geistigsten; sie scheint nur geboren, um sich von dem Irdischen zu entbinden, um die nächsten und fernsten Räume des Daseins zu durchdringen.« Zum Schluß verklärt sich Makarie zum Sternbild, das sich in einer Spiralbahn durchs Weltall bewegt. Dieses Bild der Verklärung einer weiblichen Figur, die dem geistigen Element zugeordnet wird, mag man nun verglichen mit dem Bild der Verklärung einer männlichen Figur, die Goethe ebenfalls dem geistigen Bereich einer lichtklaren und überirdischen Reinheit zuordnet: Schillers Geist nach seinem Ableben, den Goethe in seinem »Epilog zu Schillers Glocke« verherrlicht. Darin heißt es bekanntlich: »Und hinter ihm, in wesenlosem Scheine, / Lag, was uns alle bändigt, das Gemeine.«

Dann entschwindet der männliche Lichtgeist der Erde wie ein glänzender Komet, und es heißt: »Er glänzt uns vor, wie ein Komet entschwindend, / Unendlich Licht mit seinem Licht verbindend.«

Während der männliche Lichtgeist geradlinig nach oben strebend im Universum verschwindet, entfernt sich das weibliche Lichtwesen *in wachsenden, spiralförmigen Kreisen* von der Erde. *Auch hat Makarie* – wie man an den Visionen von den zwei Sonnen und den zwei Monden erkennen kann – *die Innen- und Außenperspektive der Dinge. Sie ist den Dingen immanent und sieht darum ihre wahre Beschaffenheit*, nicht nur, wie sie sich dem menschlichen Auge darstellen. Weibliche Immanenz erlebt ein weiteres Mal eine Verklärung, die nicht zuletzt die Erkenntnismöglichkeiten des Menschen behandelt. In diesem Sinne stellt die Figur der Makarie einen Höhepunkt dar. Sie kann dies nur als alte Frau, die dem Sinnlichen völlig enthoben ist, als Weise, als Seherin, als rein geistiges Wesen, das auch selbst keine sinnlichen Reize aussendet, als irdisch Entrückte. Sie wird als Heilige beschrieben, die wie ein Engel auf Erden wandelt, in Wilhelms Traum als emporsteigender Stern erscheint und Philine und Lydie von ihren Sünden freizusprechen vermag. In den vielfachen, verklärenden Bildern, die von ihr entworfen werden, besitzt dieses göttliche weibliche Wesen die Gestalt einer künftigen Apotheose. Das »obere Leitende« wird so in dem Roman allem Zufälligen und Kontingenten, der Notwendigkeit und selbst dem diesseitsverpflichteten Geist der Tätigkeit gegenübergestellt. Es ist dort angesiedelt, wo alles Irdische aufhört, in der Höhe, in der Dichtung, in der Transzendenz.

Am 8. Juni verläßt Goethe den Garten am Stern und kehrt an den Frauenplan zurück, weil ihn Gesellschaftsverpflichtungen zurückbeordern. Er wäre gern länger geblieben, doch er reißt sich los. Weder könne noch solle man, so schreibt er an Zelter, in frühere Zustände zurücktreten. Im folgenden Frühjahr hält sich Goethe aber wieder gelegentlich in seinem Garten auf, genießt den Rückzug und die

Einsamkeit. Ein weiterer Abschiedsschmerz und die Erinnerung an gemeinsame frühere Zeiten geben allerdings im Sommer Anlaß zu neuerlichem Rückzug: Carl August stirbt am 14. Juni 1828 auf der Rückreise von Berlin in Graditz bei Torgau. Der Tod kam ganz unerwartet, eruptiv wie das Leben des Großherzogs. Ende Mai haben die Freunde noch ein paar Tage gemeinsam verbracht, nicht ahnend, daß es die letzten sein würden. Goethe begibt sich Anfang Juli nach Dornburg, um in den romantisch gelegenen Schlössern über dem Saaletal einige einsame Wochen zu verbringen. »Bei dem schmerzlichsten Zustand des Innern mußte ich wenigstens meine äußern Sinne schonen«, schreibt er an Zelter, der ihm als einer der letzten bis zum Schluß bleibt. Zelter allerdings, der einige Jahre jünger ist als Goethe, lebt nach Goethes Tod auch nur noch wenige Wochen. Es scheint, als ob danach sein Leben ebenfalls seinen Sinn verloren hätte. (Der vertraute alte Freund gehört im übrigen, zusammen mit Eckermann und dem »Töchterchen« Ottilie, zu den einzigen Menschen, denen Goethe Teile aus »Faust II« vorträgt beziehungsweise zu lesen gibt.)

Seinem ehemaligen Diener Götze schreibt Goethe aus Dornburg, er habe in dem anmutigen Schlößchen leider keinen wohlversorgten Keller, und so bitte er ihn um ein paar Flaschen Würzburger Stein. Den Blick über das Saaletal gerichtet, sitzt er an einem Schreibtisch mit eingebautem Spiegel in dem ältesten der drei Schlösser am südlichsten Ende und dichtet. In dem Gedicht »Dornburg« vom September 1828 wird wieder ein Prozeß der Aufhellung beschrieben, eine das Irdische überschreitende Hoffnung, die doch so ganz im Irdischen wurzelt. Die Nebelschleier des Morgens werden durch den Tag vertrieben, der den Blick auf bunte Blumenkelche richtet. Der Ostwind (wieder Osten, das Hoffnungsbild der aufgehenden Sonne) vertreibt die schweren Wolken und bereitet eine blaue Sonnenbahn. Am Ende vergoldet die Sonne, obwohl es auch hier schon die scheidende Abendsonne ist, den Horizont. Mit leichter Sprache und einfachsten Bildern erreicht die Goethe'sche Alterslyrik eine letzte große Höhe. Die Motive werden der Natur entnommen, und es sind die einfachsten Motive: die Lilie, die Rosenknospe, Kuckuck und Nachtigall, Mond und Abendsonne, Nebel, Wolkenteilung, wie in den »Chinesisch-deutschen Jahres- und Tageszeiten«, die unmerklich und leicht in einen kosmischen Zusammenhang gestellt werden. Tändelnde Zartheit, verbunden mit der

Goethe 1828

Weisheit des Alters. Und immer wieder das Licht, das auftaucht aus dem Dunkel, aus den Nebelschleiern, aus den Wolkenmassen und das die Gewißheit gibt – eine Gewißheit von Liebe, die längst eine symbolische Form angenommen hat und von Unsterblichkeit am Ende des Lebens.

Mit dieser Gewißheit lebt Goethe in den letzten Lebensjahren. Auch der Tod, den er ein Leben lang verdrängte, wird nun poetisch verklärt. Schillers Gebeine sind mittlerweile samt Schädel, den Goethe wieder herausgerückt hat, in der Fürstengruft beigesetzt worden. Den Schlüssel zum Sarg besitzt Goethe. Er selbst wird dereinst neben dem einzigen geistigen Weggefährten beigesetzt werden. Im Februar 1829 stirbt auch Luise, die alte Großherzogin. Goethe aber ist noch eine Aufgabe beschieden. Die letzten Jahre gehören dem »Hauptgeschäft«, »Faust II«. Er ist sein Vermächtnis.

Faust und Helena

An der »Helena« arbeitet Goethe bereits seit Jahrzehnten. Die Begegnung Fausts mit dem Urbild griechischer Schönheit ist schon in der ersten Arbeitsphase Goethes am »Faust«, in Frankfurt 1775, konzipiert. Auf Schillers Anregung begann er dann 1800 den »Helena-Akt« von »Faust II«, und siebenundzwanzig Jahre später wird dieser Akt als »Zwischenspiel« aus der ansonsten geheimgehaltenen Dichtung herausgenommen und isoliert veröffentlicht. Im vierten Band der »Ausgabe letzter Hand« erscheint »Helena. Klassisch-romantische Phantasmagorie«. Der Titel mit der Gegenüberstellung von »klassisch« und »romantisch« verweist auf die Vermittlung polarer Tendenzen in der Kunst und im Leben, die im zweiten Teil der »Faust«-Dichtung behandelt werden. Angestrebt wird die Vereinigung von Klassik und Romantik, antikem Formsinn und romantischem Geist, Schönheit und Reflexion, plastischer Gestaltungskraft und seelischer Erlebnisfähigkeit. Diese offenbaren Gegensätze zu vereinigen, dient die Begegnung zwischen Faust und Helena.

»Faust II« ist großes Illusionstheater, ein bombastisches Szenario, das die Möglichkeiten der Bühne im Grunde übersteigt. Wenn Goethe seinen Zeitgenossen, etwa Kleist, vorwarf, sie schrieben »für eine Bühne, die da kommen werde«, dann kann das mindestens ebenso für den »Faust II« gelten. Ein großer Mummenschanz mit Maskenzug und mittelalterlichen Allegorien, Opernhaftes, Chor- und Tanzeinlagen, Trauergesänge, auch Elemente aus der Commedia dell'Arte, dem italienischen Improvisationstheater mit dem Auftritt des Pulcinell oder des Trunkenbolds aus dem römischen Karneval, die Wechselgesänge der antiken Philosophen, Bibelzitate, sogar eine Art von Mysterienspiel des späten Mittelalters, gekrönt von der gewaltigen Erlösungsszene Fausts zum Schluß mit dem Auftritt des Pater Seraphicus, der Engel und der Mater Gloriosa. Alles ist da, und nichts wird ausgespart. Goethe wartet hier mit dreitausend Jahren Theater- wie Kulturgeschichte auf; er durchschreitet die Zeiten vom Standpunkt seiner Gegenwart aus. Illustre Gestalten haben ihren Auftritt: Hofgesellschaft und Gespenster, antike Philosophen, christliche Heilige und die Jungfrau Maria persönlich, mythologische Gestalten aus der griechischen Antike: Chiron, Pluto, Galatee, Grazien, Parzen und Furien, ein mittelalterlicher Kaiser, ein Wanderer, der Tod, ein paar Ameisen, die Furcht, die Hoffnung, die Klugheit, dazwischen Faust, der Teufel, Helena. Die Szenen sind ebenso abwechslungsreich: »Am unteren Peneios«, »Rittersaal«, »Laboratorium«, »Anmutige Gegend« (Arkadien), »Palast des Menelas zu Sparta«, »Mitternacht«, »Bergschluchten«. Dabei ist die Szenenfolge im wechselseitigen Ausdruck von Licht und Finsternis gereiht: Fausts nordische Welt ist ins Dunkel getaucht, im düsteren Laboratorium oder hochgewölbten und engen gotischen Zimmer, im inneren Burghof, im Rittersaal des kaiserlichen Hofes, zum Schluß in der raum- und zeitlosen ewigen Nacht. Die antike Welt dagegen ist der Schauplatz offener und weiter Gegenden, eine Welt des Lichts, der Schönheit und Anmut. Licht und Finsternis, Antike und Mittelalter erscheinen im Wechsel und befruchten sich gegenseitig. Dies bildet den Hintergrund der »klassisch-romantischen Phantasmagorie«, deren Höhepunkt die Begegnung Fausts mit der griechischen Helena ist.

Beschworen hat Faust die Urbilder menschlicher Schönheit, Paris und Helena, bereits am mittelalterlichen Kaiserhof. Doch bei dem Versuch, die Gestalt Helenas an sich zu ziehen, warf ein betäubender

Schlag ihn zu Boden. Die Schönheit der hellenischen Klassik läßt sich nicht gewaltsam in die Gegenwart zwingen. Sie bleibt ein lebloses Phantom, wenn sie nicht anverwandelt wird – durch die Gestaltungskräfte der Natur und durch den schöpferischen Eros. Mephisto offenbart Faust auf dessen Drängen hin den geheimnisvollen Weg in die gestaltenreiche Tiefe der Urbilder, den Weg, den er gehen muß, um Helenas Schönheit wiederzubeleben. Er muß zu den »Müttern« hinab. »Wohin der Weg?«, fragt Faust. Mephistopheles antwortet:

> Kein Weg! Ins Unbetretene,
> Nicht zu Betretende; ein Weg ans Unerbetene,
> Nicht zu Erbittende. Bist du bereit? –

Faust ist bereit – obwohl es ihn schaudert vor diesem fremdesten aller Bezirke. Mephisto überreicht ihm den Schlüssel, und er steigt hinab *zu den Müttern*, in den »allertiefsten Grund« des Seins, den Bereich ewiger Verwandlung. Das Reich der Mütter ist das der »Gestaltung, Umgestaltung«, in dem das Gegenständliche nur schemenhaft ist und die flüchtigen Gestalten des Seienden wolkenartig ständiger Veränderung unterworfen sind. Die Mütter verleihen dem Lebenshauch Gestalt, bilden das Formlose zur Verkörperung. »Versinke denn!«, sagt Mephistopheles. »Ich könnt auch sagen: steige!« Denn Raum und Zeit sind im Reich der Mütter aufgehoben, dem Reich des organischen Werdens, in dem der Zyklus der Natur die Verwirklichungen des Seienden hervorbringt. Das Gegenbild dieses organischen Werdens ist der Homunculus, der künstliche Mensch, den Fausts Famulus Wagner im Laboratorium erschaffen hat – der nicht auf organischem Wege entstanden ist, und der sich in der klassischen Walpurgisnacht ins Meer ergießt, um sich in den Kreislauf von »Stirb und werde« einzureihen.

Man hat immer wieder versucht, die philosophischen Quellen des Mythos von den Müttern ausfindig zu machen. Goethe selbst sagt dazu, er habe die Erwähnung von Göttinnen mit diesem Namen bei Plutarch gefunden. Alles übrige sei seine eigene Erfindung. Zu Eckermann äußert er: »So, in ewiger Dämmerung und Einsamkeit beharrend, sind die Mütter schaffende Wesen, sie sind das schaffende und erhaltende Prinzip, von dem alles ausgeht, was auf der Oberfläche der Erde Gestalt und Leben hat. Was zu atmen aufhört, geht als geistige

Natur zu ihnen zurück, und sie bewahren es, bis es wieder Gelegenheit findet, in ein neues Dasein zu treten. Alle Seelen und Formen von dem, was einst war und künftig sein wird, schweift in dem endlosen Raum ihres Aufenthaltes wolkenartig hin und her; es umgibt die Mütter, und der Magier muß also in ihr Reich gehen, wenn er durch die Macht seiner Kunst über die Form eines Wesens Gewalt haben und ein früheres Geschöpf zu einem Scheinleben hervorrufen will.« Auch diese Hervorbringung der Helena, ihre Wiederbelebung durch das Reich der Mütter wird auf ein »Scheinleben« hinauslaufen. Aber die Annäherung gelingt doch, da Faust sie auf dem Weg der Anverwandlung vollzieht. Schönheit, Helenas Schönheit, ist kein »starres Bild«, sondern die höchste Lebendigkeit, wie es sie einmal in der einzigartigen, gesunden Formenwelt des Griechentums gegeben hat. Durch den allbeherrschenden Eros, der am Ende der Klassischen Walpurgisnacht gefeiert wird, kann diese Zeugung des Schönen im Schönen geschehen. Eine weitere weibliche Gottheit, die Wahrsagerin Manto, die selbst vollkommen ruht, während die Zeit sie umkreist, hat Faust den Weg in die Unterwelt Persephones gewiesen, wo er sich Helena erbittet, die Neugeburt Hellas. Helena kann nun endlich erscheinen.

»Bewundert viel und viel gescholten«, mit diesem sich selbst charakterisierenden Eingangssatz betritt die sagenhafte Frau, Gemahlin des Königs Menelaos von Sparta, den Vorplatz des Königspalasts. Wie alle Idealgestalten Goethes ist auch diese nicht ganz frei von Zweifelhaftem oder Schuld – als antike Idealgestalt schon gar nicht. Schließlich war Helena der Anlaß des Trojanischen Kriegs, als sie von Paris entführt wurde. Helenas sagenhafte Schönheit verbindet sich von Anfang an mit Unheil und Aufruhr. In Hederichs »Gründlichem mythologischen Lexikon«, das Goethe für seine Arbeit am »Faust II« benutzte, ist eine Liste von Freiern der noch unverheirateten Helena aufgeführt, die sich über mehrere Spalten erstreckt. Man befürchtete, daß es unter den Heiratskandidaten unnötigen Aufruhr geben würde, und so versprach man sie im jugendlichen Alter dem Menelaos, der jedoch bekanntlich nicht viel Glück mit ihr hatte. Jetzt, zum Zeitpunkt von Helenas Auftritt im Goethe'schen Drama, ist der Trojanische Krieg beendet, Menelaos hat Helena zurückerobert und ist nach manchen Irrfahrten wieder in der Heimat gelandet. Doch kaum läßt er sie einen Augenblick allein – er schickt die Gemahlin voraus nach der Königsstadt, während er am Strand noch seine Krieger mustert –, kommt ihm die schöne Gattin schon wieder abhanden, weil sie sich mit einem mittelalterlichen Ritter einläßt, den es zu ihrer Zeit noch gar nicht geben kann: Faust. So ist es mit den allzu schönen Frauen ... Goethe wußte schon, warum er die »Überschönen« zeitlebens gemieden hat. Wie suspekt, mitunter unheilbringend ihm solche Schönheit gilt, offenbart sich nicht zuletzt auch in Helenas Satz, als sie Faust nach dem Tod ihres gemeinsamen Kindes endgültig entschwindet: »Ein altes Wort bewährt sich leider auch an mir:Daß Glück und Schönheit dauerhaft sich nicht vereint.« Einen Ansatz von Maskenhaftigkeit hat solche Schönheit, und so wird sie auch von außen wahrgenommen. Sie ist gleichsam überindividuell, das heißt: nicht zum Lebendigen, zum individuellen Schicksal bestimmt. Zu ihrer Verbindung mit Achill kann Helena denn auch nachträglich sagen: »Ich als Idol ihm dem Idol verband ich mich.«

Dieser Gefahr ist die Verkörperung von Schönheit ausgesetzt: Sie wird sich selbst am Ende zum Idol – wie Helena kurz darauf sagt, nur eine Hülle, Schein, »ein Traum«, dem Glück verschlossen. In Faust aber erlebt sie eine für sie bisher unbekannte Beseelung. Und sie erhält in seinem Beisein eine neue Gegenwärtigkeit. »Da bin ich! da!« sagt sie zu diesem Glück des Augenblicks. Beide begegnen sich von Anfang an als Ebenbürtige: die Königin von Sparta und der germanische Heerführer, als der Faust hier auftritt. Die erotische Wechselrede bewegt sich auf der Ebene einer lyrischen Sprache der Anverwandlung – aber umgekehrt diesmal; nicht die nordische Welt nimmt das antike Griechenland auf, sondern die Griechin, die erst in den sechshebigen Jamben der Antike spricht, stimmt in Fausts Sprache ein. Sie will das Reimen lernen, Ausdruck des Einverständnisses in sprachlicher Form.

HELENA: »So sage denn, wie sprech ich auch so schön?«
FAUST: »Das ist gar leicht, es muß von Herzen gehn.
Und wenn die Brust von Sehnsucht überfließt,
Man sieht sich um und fragt -«
HELENA: »Wer mitgenießt.«
FAUST: »Nun schaut der Geist nicht vorwärts, nicht zurück,
Die Gegenwart allein -«
HELENA: »Ist unser Glück.«

Als Angetraute leben Helena und Faust in Arkadien. Ihrer Verbindung ist ein Sohn entsprungen: Euphorion, in dem der Byron-Bewunderer Goethe auch diesen neuzeitlichen Dichter, der ihm als Figur der Synthese von Klassik und Romantik erscheint, darstellen will. Doch das Söhnchen ist vorwitzig, frech, ungeduldig, frühreif – eine Hermes-Figur. Euphorion hält es nicht in der selbstgenügsamen Welt des idyllischen Arkadien. Er will sich im tatsächlichen Leben unter realen Bedingungen verwirklichen, und bei einem solchen Versuch des Ausbruchs kommt er in der harmonischen, aber begrenzten Welt Arkadiens ums Leben. Helena entschwindet dem ihr nachblickenden Faust, der nur noch Kleid und Schleier der Entschwundenen in den Armen hält.

So bleibt die Verkörperung der Schönheit also doch nur ein Idol? Sind Inspiration und Urbild zur kurzfristigen Vereinigung in der Sphäre der Kunst, in zeitlosem Raum und im Leben nicht zu verwirklichen? Als urphänomenale Erfahrung von Schönheit, Liebe und Kunst verkörpert Helena die Sehnsucht nach Dauer, die Verewigung des Augenblicks. Faust ist derjenige, der sonst die Dauer flieht. Sein Wesen ist rastlos, ewig muß er streben, um dem Augenblick zu entfliehen, der ihn binden, seine Tatkraft lähmen könnte, denn nur tätig fühlt er sich lebendig. Auch dies ist eine Einseitigkeit des unbedingten männlichen Wesens, das die Schönheit des Augenblicks flieht. In Helena erscheint sie ihm, doch sie entschwindet wieder, wie alle Urphänomene in verwirklichter Gestalt. Auch die Schönheit des antiken Griechenland ist dauerhaft nicht in die Gegenwart zu holen. Sie kann nur als »Urbild« erschaut und dann in der Dichtung in die eigene Welt integriert werden.

Der dies tut, schreibt an den alten Knebel im Jahr der Veröffentlichung des »Helena«-Aktes: »Es ist mir, teurer verehrter Freund, höchst wohltätig, wenn ich erfahre, daß meine ältesten edelsten Zeitgenossen sich mit Helena beschäftigen, da dieses Werk, ein Erzeugnis vieler Jahre, mir gegenwärtig ebenso wunderbar vorkommt als die hohen Bäume in meinem Garten am Stern, welche, doch noch jünger als diese poetische Konzeption, zu einer Höhe herangewachsen sind, daß ein Wirkliches, welches man selbst verursachte, als ein Wunderbares, Unglaubliches, nicht zu Erlebendes erscheint.«

Goethe gibt sich sonst prosaischer denn je in seinen hohen Jahren, wenn nicht gerade von den höchsten Gegenständen die Rede ist oder die vertrautesten Freunde um ihn sind. Das bildet den Gegenpol zu seinem Dichten. Die Briefe an Zelter haben aber ihren eigenen Tonfall, ihren Mutterwitz und warmen Humor; verspielt und realistisch, herzlich und derb zugleich, sind sie grundbodenständig wie der Adressat, der Freund. Goethe vergleicht den Freund einmal mit einer Mühle, die zum Umschwung ihres Räderwerks Wasser braucht »und, damit ihre Steine sich nicht selbst aufreiben, Weizen die Fülle nötig hat. Ob Du nun gleich, als ein organisches Wesen, dies alles selbst besitzest und hegst, so forderst Du doch von außen Zufluß in Deinen Mühlgraben und zahlreiche Mahlgäste. Dafür mag denn das Theater und das ergo bibamus [also laßt uns trinken] gelten. Den besten Weizen wünschen wir Dir auch, an gelehrigen Schülern, die Du freilich nicht zermalmen, aber desto erwünschter schroten und zurichten mögest.« Aber ja doch, der Weizen und das klare, reine Wasser des Lebens sind die Quintessenzen ... Alles andere ist Tand und verzichtbares Beiwerk. Im März 1831 ersteht Goethe auf einer Auktion einen eleganten grünen Lehnstuhl. »Ich werde ihn jedoch wenig oder gar nicht gebrauchen«, sagte er, »denn alle Arten von Bequemlichkeit sind eigentlich ganz gegen meine Natur. Sie sehen in meinem Zimmer kein Sofa; ich sitze immer in meinem alten hölzernen Stuhl und habe erst seit einigen Wochen eine Art von Lehne für den Kopf anfügen lassen. Eine Umgebung von bequemen, geschmackvollen Möbeln hebt mein Denken auf und versetzt mich in einen behaglichen passiven Zustand. Ausgenommen, daß man von Jugend auf daran gewöhnt sei, sind prächtige Zimmer und elegantes Hausgeräte etwas für Leute, die keine Gedanken haben und haben mögen.«

Das Leben hält noch Überraschungen bereit, auch der schmerzlichsten Art, egal wie Goethe der Behaglichkeit entgegensteuert. Nicht alles kann man durch Tätigkeit und »strebendes Bemühen« abwenden. Die Eheprobleme von August und Ottilie sind Anfang 1829 zu einem regelrechten Zerwürfnis gediehen. Augusts Wunsch, nach Italien zu reisen, um Abstand zu bekommen und dabei vielleicht die gleichen wohltätigen Erfahrungen zu machen wie damals sein Vater, reift im Laufe des nächsten Jahres zum festen Entschluß. Am 22. April 1830 fährt er los. Der Vater hat ihm den emsigen Eckermann zum Reisegefährten mitgegeben, was beiden nicht unbedingt das angenehmste ist.

August von Goethe

Eckermann, der diese kostenlose Luxusreise in seiner sozialen Situation eigentlich als Glücksfall seines Lebens auffassen müßte, will jedoch viel lieber weiter am Frauenplan in den Papieren herumwühlen und Goethes Lebenswerk ordnen. August hingegen kann sich einen unterhaltsameren Gefährten für die Reise vorstellen als ausgerechnet Eckermann. In Genua schon trennen sich die beiden. August von Goethe reist weiter gen Süden, Eckermann zieht es nach Weimar zurück – insbesondere nach dem Erhalt der Nachricht, daß Meister Goethe zu Hause die »Klassische Walpurgisnacht« beendet hat. August von Goethe stirbt am 26. Oktober in Rom an den Folgen einer Leberzirrhose. Goethe erfährt davon am 10. November, und wiederum zwei Wochen später erleidet er selbst einen Blutsturz. Noch einmal kommt er davon; auch dieser Schmerz zerstört ihn nicht. Eckermann ist am 23. November mit hängenden Schultern zurückgekommen, hoffend, daß man ihn wie vor dem Unglück wieder aufnehmen werde. Ein wenig Sohn-Ersatz ist Eckermann jetzt um so mehr für den Alten. Zu Ottilie, die relativ unbeteiligt auf den Tod ihres Gatten reagiert hat und wie eh und je in Liebschaften verwickelt ist, sagt Goethe, sie beide müßten jetzt eben fest zusammenhalten. Dem Vater Goethe ist Ottilie wirklich treu. Sie betreut seinen Lebensabend. Zwei Jahre später hält sie ihm die Hand am Totenbett und verläßt Weimar erst nach Goethes letztem Atemzug, als das Gastspiel dort mit Goethes Tod für sie endgültig beendet ist. An Zelter schreibt Goethe in der altbekannten derben Sprache der Freunde, das Schicksal, das sie beide prüfen wolle, habe wohl eher die Überzeugung, man sei aus Draht und nicht aus Nerven, Venen und Arterien zusammengeflochten. Dann streift er die humoristische Hülle ab und äußert, in sich gehend: »Hier nun allein kann der große Begriff der Pflicht uns aufrecht erhalten. Ich habe keine Sorge, als mich physisch im Gleichgewicht zu bewegen; alles andere gibt sich von selbst. Der Körper muß, der Geist will, und wer seinem Wollen die notwendigste Bahn vorgeschrieben sieht, der braucht sich nicht viel zu besinnen.« Im nächsten Brief ist das Motto einfacher und kürzer: »Deshalb denn, manchmal zurückschauend, in diesem Gänsespiel getrost *vorwärts*!« Schließlich ist der »Faust« noch zu vollenden.

Das Ewig-Weibliche zieht uns hinan

»Die Konstellation war glücklich«, so lautet der erste Satz in Goethes Lebensbeschreibung. War dieses Leben auch glücklich? Wie sieht es Goethe rückblickend in seiner spätesten Zeit? Glück ist ihm stets die harmonische Verkettung von Begünstigung und Verdienst, der guten, der »glücklichen« Anlage und dem erfolgreichen Streben des begünstigten Ich. In diesem Sinn empfand er gewiß sein Leben als gelungen – auch wenn das Streben manchmal »Irrtum« war und sein mußte. Goethe pochte auf seine gewaltigen Leistungen, aufs hinterlassene Werk, auf die vielfach verschlungenen Wege und Pfade, die er eingeschlagen hatte und die doch alle Teile eines großen Bildungsprogramms waren: der Erfüllung seiner Entelechie, seiner Anlagen und Möglichkeiten. Goethe scheint grundsätzlich mit zweierlei Maß zu messen, was die Wesensbestimmung des Menschen betrifft: Nur die »Wilhelm Meister-Kandidaten müssen sich beschränken; Universalgenies wie er selbst können sich nach wie vor ausbreiten und in die Vielfalt gehen, sie haben regelrecht die Verpflichtung dazu. Ihre Entsagung ist eine andere als die des Durchschnitts. Und wenn er, Goethe, in diesem Leben seine Existenz beendet haben wird, dann möge die Natur ihm zu weiterem rastlosen Wirken eine andere Daseinsform geben. So sieht es Goethe. Bis zum Ende bleibt das expandierende, rastlose Lebensgefühl, die Entdeckerfreude, die Lust an der Tätigkeit. Auch Faust hört niemals auf zu streben. Leben ist Tätigsein und hat in diesem schon seine Erfüllung erlangt. Zu Eckermann sagt Goethe allerdings auch einmal: »Man hat mich immer als einen vom Glück besonders Begünstigten gepriesen; auch ich will mich nicht beklagen und den Gang meines Lebens nicht schelten. Allein im Grunde ist es nichts als Mühe und Arbeit gewesen, und ich kann wohl sagen, daß ich in meinen fünfundsiebzig Jahren keine vier Wochen eigentliches Behagen gehabt habe. Es war das ewige Wälzen eines Steins, der immer von neuem gehoben sein wollte. Der Ansprüche an meine Tätigkeit, sowohl von außen als innen, waren zu viele.« Das ist nicht zuletzt auch eine bewußt moralisierende Relativierung; bürgerlich-protestantisches Leistungsethos soll darin kundgetan werden. Man möge nur nicht denken, es sei ihm etwas zu leicht gemacht worden. Die meiste Mühe hatte Goethe aber wohl hinsichtlich der Ansprüche und Konflikte »von innen«, der Krisenhaftigkeit seines Gemüts, der immer wieder auftauchenden »Werther«-Krankheit, die im Werk zugleich die Zerrissenheit des modernen Menschen darstellt. Die Bilder irdischer Paradiese, die Goethe in seiner Dichtung erstellt, sind nicht nur traditionsgemäß die Phantasiegemälde eines ewigen Friedens und ewigen Frühlings der Menschen ohne Mangel, Neid und Krieg, ein Goldenes Zeitalter. Goethes Arkadien ist zugleich der Ort gesunder »Ganzheit«, wie er sie in Italien erlebte, ein vorreflexiver Status der Unschuld, der dem nordischen Menschen, wie er wohl meint, grundsätzlich nicht gegeben ist. Daher sucht Faust, der Zerrissene, der Unbedingte, der Mensch des germanischen Mittelalters, das Land der Griechen mit der Seele. Die mittelalterliche Faust-Figur transzendiert natürlich bei Goethe das Mittelalter und reicht bis in Goethes eigene Zeit hinein. Die Problematik des Menschen nach der Aufklärung wird abgebildet, die Emanzipation seines Geistes, sein prometheischer Wissenswahn und seine Loslösung vom Göttlichen.

Goethes Weg ist stets ein Weg zurück vom Standpunkt der Modernität in einen gewissermaßen vor-modernen Zustand der Unschuld – ein Weg zurück ins Göttliche, wie auch immer definiert, in die All-Einheit der Gott-Natur, zu einem gottseligen Vertrauen in die als harmonisch und grundsätzlich »gut« empfundene Natur, Vertrauen auch in die positive Schicksalhaftigkeit der eigenen Existenz. Das, was für uns Heutige kaum noch faßbar und spätestens nach Nietzsche obsolet geworden ist, versucht Goethe noch einmal zu retten: eine geschlossene Weltsicht, Totalität und umfassende Sinnbezüge. Wir haben indessen erfahren, wie er diese in den »Wanderjahren« aufgelöst hat, wie auch er hier der Geschlossenheit entsagt – nicht ohne aber in der Schlußfassung des Romans in der Gestalt der Makarie eine Figur einzusetzen, die auch diese moderne Sicht, diese Loslösung wieder relativiert. Es gibt danach doch das »obere Leitende«, das die Schicksalsfäden in der Hand hält und Gewißheit verleiht.

Vom reinen Geistesmenschen, vom grübelnden Intellektuellen, als der er im ersten Teil eingeführt wurde, entwickelt sich Faust im zweiten Teil zum Mann der Tat. Zunächst kommt er an den kaiserlichen Hof, in die Welt politischen und sozialen Handelns. Das ist auch Goethes Weg von Frankfurt nach Weimar, vom nur sich selbst lebenden jungen Genie und aufstrebenden Dichter zur politischen und sozialen Verantwortlichkeit. Auch um Macht und Einfluß geht es da selbstredend. Faust avanciert zum Berater des mittelalterlichen Kaisers, dessen Misere von innen und außen (Finanzprobleme und Auflösung von innen, militärische Bedrohung von außen) er beheben hilft. Immer ist dabei auf dubiose Art der Teufel mit im Spiel. Mephisto erfindet das Papiergeld zur Behebung der Finanzmisere, das als inflationistisch dem plutonischen Gold, dem legitimen Reichtum gegenübergestellt wird. Sein und Schein, Legitimität und Machtmißbrauch, Urbild und Truggestalt, Natur und Magie, Wahrheit und Lüge – dazwischen bewegt sich Fausts Wirken und Werdegang. Das Falsche, Trügerische gehört dem Bereich des Mephistopheles an, der kurzzeitige, trügerische Erfolg mit illegitimen und widernatürlichen Mitteln. Faust wird zum Unternehmer, zum Fürsten und Großgrundbesitzer. Um seinen Plan der Landgewinnung in die Tat umzusetzen, benötigt er Meeresufer, an denen er Dämme bauen will. Er erwirbt sie, indem er sich führend an einem sinnlosen Krieg zwischen Kaiser und Gegenkaiser beteiligt und von ersterem nach gewonnener Schlacht mit Grundeigentum großzügig ausgestattet wird. Von hier aus kann Faust auf fast feudaler und unabhängiger Grundlage seine unternehmerischen Aktivitäten entfalten. Ein Reicher und Mächtiger ist er am Ende seines Lebens, dem der Erdenkreis »genug bekannt« ist und der in seinem rastlosen, ungenügsamen Leben nur eines nicht gekannt hat: die Sorge, Fürsorge für sich und andere, den verweilenden Blick aufs Ganze seines Tuns, die Ehrfurcht vor allem Lebendigen. Die Sorge sucht in allegorischer Gestalt als altes, graues Weib den ebenfalls alten Faust in einer mitternächtlichen Szene auf. Zum Schluß hat Fausts Wirken noch zwei unschuldige Opfer gefordert: ein frommes altes Ehepaar, Philemon und Baucis (antike Sagenfiguren), das in seiner einfachen Hütte unweit des Meeresstrandes lebte, war Fausts Landgewinnungsplänen im Wege. Als seine Helfershelfer die Hütte der Alten abbrannten, um die »offene Gegend« ihres Lebensraums der begradigten Landschaft Fausts einzuverleiben, sind sie entseelt zu Boden gesunken. Dieser Frevel, der in Fausts Namen geschah, bewegt ihn jetzt zu innerer Einkehr – nach folgendem Geschehen: »Die Sorge« haucht ihn an, und Faust erblindet. Das alte, graue Weib wendet sich von ihm mit den Worten: »Die Menschen sind im ganzen Leben blind, / Nun, Fauste! werde du's am Ende.«

Die Blindheit ermöglicht es Faust, das »innere Licht« zu erblicken. Eine Vision von freiem Volk, das auf freiem Grund und Boden lebt, in gesunder Arbeit tätig und frei, verhilft ihm jetzt zum »höchsten Augenblick« und zum letzten, wahren Ziel: ein Land zu kolonisieren, vielen zum Wohl, einem ganzen Volk zu einem sorglosen, unabhängigen Leben zu verhelfen – diese Tat wird seinem Wirken Dauerhaftigkeit verleihen. Faust sinkt zu Boden und verscheidet. Der Kampf zwischen Mephisto und den himmlischen Mächten um seine Seele beginnt, aus dem die himmlischen den Sieg davontragen. Das große Szenario von Fausts Himmelfahrt ereignet sich: ein stufenhafter Aufstieg in immer höhere geistige Regionen. Er ist erlöst, gerettet und kann dem früher schon erlösten Gretchen, das in die Gemeinschaft der Muttergottes aufgenommen worden ist, in die »höheren Sphären« folgen.

Ein besonderer Umstand ist für die ganze Dichtung entscheidend: Zu Beginn des Dramas, im ersten Teil bildet Gott, Gottvater, die alleinige himmlische Instanz. Am Schluß des zweiten Teils ist der Gottvater vollständig durch ein weibliches Prinzip ersetzt, das Goethe, geheimnisvoll die göttliche Sphäre umkreisend, das »Ewig-Weibliche« nennt. Bevor der Chorus Mysticus den Schlußsatz aussprechen kann, in dem das »Ewig-Weibliche« als »hinan«-ziehende Macht gepriesen wird, fordert die Mater Gloriosa das bereits verklärte Gretchen auf: »Komm! hebe dich zu höhern Sphären;/Wenn er dich ahnet, folgt er nach.«

Es ist wie in den »Wahlverwandtschaften«, wo der von selbst nicht erlösungsfähige Eduard der schon zu Lebzeiten heiligen Ottilie nachfolgte – im vollen Bewußtsein seiner eigenen Unzulänglichkeit und seines nur nachahmenden Tuns, als er Ottilies Märtyrertod einen dilettantischen Talmi-Selbstmord entgegensetzt. Faust folgt Gretchen in die »höheren Sphären« nach. Entzückt zeigt sich der Doctor Marianus, der Gelehrte, der sich mit den Geheimnissen um die Muttergottes befaßt, angesichts der glänzenden Erscheinung der wahrhaftigen Himmelskönigin. Er spricht die Worte aus:

Höchste Herrscherin der Welt!
Lasse mich, im blauen,
Ausgespannten Himmelszelt,
Dein Geheimnis schauen.
Billige, was des Mannes Brust
Ernst und zart beweget
Und mit heiliger Liebeslust
Dir entgegenträget.

Das Göttliche ist eine weibliche Instanz. Die besten Kräfte im Mann liegen in seiner Liebe zu dem Abglanz dieses »Ewig-Weiblichen« in jener Frau, die diesen Namen verdient. So mag es Goethe gesehen haben. Seine »Lida«-Liebe in der Mitte seines Lebens hat davon Zeugnis abgelegt, und da spielt es letzten Endes keine Rolle, inwieweit das »Urbild« diesem Abglanz tatsächlich entspricht, auch für Goethe selbst im Lebensrückblick. Es ist eine Kartharsis, eine Reinigung und Läuterung des Ich im Namen des »Anderen«, eines ferngesetzten, idealisierten Besseren gewesen. Kulturgeschichtlich ist die Idealisierung des Weiblichen zugleich ein Vorgang der Anverwandlung dessen, was der einseitig männliche Mensch, der historisch allein eine Rolle im Weltgeschehen spielte, bisher nicht in sein Selbstverständnis integriert hatte. Der Gang zum Element des Weiblichen, der in der »Faust«-Dichtung so sinnfällig wird, ist eine Hin- und Rückwendung zu einer verlorenen Ganzheit, worin ein zyklisches, ein allumfassendes Naturprinzip den Mann aus vertikal aufstrebender Einseitigkeit zu erlösen vermag. Sämtliche weibliche Figurationen der »Faust«-Dichtung, von Gretchen über den erdhaft-dunklen Bereich der »Mütter«, über Helena und Galatee zur Mater Gloriosa, die Wahrsagerin Manto und selbst die Allegorie der »Sorge« sind dem männlichen Typus, der in Faust paradigmatisch erscheint, als Prinzipien gegenübergestellt: Das Rastlose steht gegen das Verweilende, das linear aufstrebende gegen das zyklische Prinzip, das Expandierende gegen das Integrierende, Aktivismus gegen Rezeptivität. Daß das Weibliche hier eine derartige Erhöhung und Stilisierung erfährt, ist wohl auch dadurch bedingt, daß es als nicht eingelöster und daher auch verpflichtungsloser Sehnsuchtsort für alles dienen konnte, was in den Existenzfragen des Menschen in der Goethezeit noch nicht veranschlagt worden war. Man könnte dieses idealisierte »Weibliche« wertfrei als allgemeinmenschlichen Anteil behandeln, der in beiden Geschlechtern vorhanden und aufgrund einer einseitigen kulturellen Entwicklung unterdrückt worden ist. So würde es für alle Zeiten und Kulturen ein Wegweiser sein.

Nachdem Goethe seinen »Faust« beendet hat, ist sein irdisches Wirken beendet. Zu Eckermann sagt er, nachdem das Manuskript geheftet und eingesiegelt worden ist: »Mein ferneres Leben [...] kann ich nunmehr als ein reines Geschenk ansehen, und es ist jetzt im Grunde ganz einerlei, ob und was ich noch etwa tue.« Er läßt die versiegelte Handschrift zwischendurch wieder öffnen, weil er Ottilie daraus vorlesen will. Dem Publikum bleibt Goethes »Vermächtnis« aber während seiner Lebenszeit verschlossen.

Rüstig ist Goethe noch immer. Er siecht nicht, und seine Kräfte nehmen bis zum Ende kaum ab. Ein wenig gibt Goethe damit an, daß er sich so gut halte, während andere nicht so viel Ausdauer hätten – als ob Gesundheit, Lebenskraft und Alter Verdienste wären. Der Segen des »Götterlieblings«, der so viele Lebensjahre benötigte, um mit dem gegebenen Potential sein Werk zu vollenden. Zwei Tage vor seinem letzten Geburtstag, dem zweiundachtzigsten am 28. August 1831, fährt Goethe noch einmal nach Ilmenau. Er nimmt seine Enkelsöhne mit, Walther und Wolfgang, mittlerweile elf und dreizehn Jahre alt, die er mit dem Kammerdiener in die Berge schickt. Mit dem Wagen läßt er selbst sich am Jagdschloß Gabelbach vorbei auf den Kickelhahn fahren. Oben angekommen, läuft er auf die alte Jagdhütte zu, in der er früher häufig in einsamster Waldumgebung übernachtet hat. Er weiß, er hat vor einem halben Jahrhundert ein paar Verse an die Bretterwand geschrieben, an die er sich dunkel erinnern kann – ja, da sind sie, verwittert, aber noch immer zu entziffern. Tränen strömen dem Alten über beide Wangen, als er »Wandrers Nachtlied« nach einem halben Menschenalter wieder liest:

Über allen Gipfeln ist Ruh',
In allen Wipfeln spürest du
Kaum einen Hauch.
Die Vöglein schweigen im Walde,
Warte nur, balde
Ruhest du auch.

Goethe auf dem Totenbett

Karte von Goethes Lebensreise

Am 14. März des nächsten Jahres macht Goethe seine letzte Spazierfahrt. Die letzte Besucherin ist die Großherzogin Maria Pawlowna. Den letzten Brief schreibt Goethe an Wilhelm von Humboldt. Er ist sanft gestorben, ohne Schmerzen, auch eigentlich ohne wirklich krank zu sein. Mit einem unbestimmten »Unwohlsein« hat er sich am 16. März zu Bett begeben. Am 22. März 1832 um zwölf Uhr mittags stirbt Goethe. Man weiß nicht, mit welchen letzten Worten das geschah. Die Legenden umranken Goethes letzte Lebensminuten, und der ergebene Eckermann hat Goethes Leichnam auf dem Totenbett wie den eines apollinischen Jünglings beschrieben. Die Version, daß Goethe den Diener aufgefordert habe, er solle doch den Fensterladen öffnen, daß mehr Licht hineinkomme, stammt aus mehreren Quellen. Der angebliche Ausspruch wurde mitunter stark verkürzt wiedergegeben (»Mehr Licht!«) und symbolisch gedeutet. Die Malerin Louise Seidler bietet eine andere Version der letzten Worte Goethes: »Setz dich zu mir, liebe Tochter, ganz nahe«, habe er zu Ottilie gesagt. Und später: »Gib mir dein liebes Pfötchen.«

Die letzten Worte seiner Dichtung, die als Ganzes »Konfession« gewesen ist, spricht der Chorus Mysticus nach Fausts Verklärung und seiner Aufnahme in die höheren Sphären:

Alles Vergängliche
Ist nur ein Gleichnis;
Das Unzulängliche,
Hier wird's Ereignis;
Das Unbeschreibliche,
Hier ist's getan;
Das Ewig-Weibliche
Zieht uns hinan.

Zeittafel

1749 28. August: Johann Wolfgang Goethe in Frankfurt am Main geboren
1750 7. Dezember: Die Schwester Cornelia Goethe geboren
1759 Besetzung Frankfurts durch die Franzosen im Zuge des Siebenjährigen Krieges. Graf Thoranc quartiert sich in Goethes Elternhaus ein
1764 Doppelkrönung Franz I. und Josephs II. in Frankfurt. Der junge Goethe als Zuschauer bei den Krönungsfeierlichkeiten
1765 30. September: Abreise des sechzehnjährigen Goethe zum Studium der Jurisprudenz nach Leipzig
1766 Freundschaft mit »Käthchen« Schönkopf (»Buch Annette«)
1768 28. August: Rückkehr Goethes von Leipzig nach Frankfurt
1769 In Frankfurt. Gesundheitliche Probleme
1770 April: Studienbeginn in Straßburg
Mitte Oktober: Erster Besuch im Pfarrhaus Brion zu Sesenheim im Elsaß
Lernt Friederike Brion kennen (»Sesenheimer Lieder«)
1771 6. August: Prüfung zum Lizentiaten der Rechte an der Universität Straßburg
September: Rückkehr nach Frankfurt
1772 Mai bis September: Praktikant beim Reichskammergericht in Wetzlar. Begegnung mit Charlotte Buff
Frühjahr und Herbst: Im Darmstädter Freundeskreis um Johann Heinrich Merck
1773 »Von deutscher Baukunst«
»Götz von Berlichingen mit der eisernen Hand«
1774 Juli: Rheinreise. Mit Lavater und Basedow in Koblenz, danach in Köln und Pempelfort bei Düsseldorf bei den Brüdern Jacobi
Dezember: Besuch Knebels in Frankfurt. Erste Begegnung mit dem Weimarer Herzog Carl August
»Die Leiden des jungen Werthers«
»Clavigo«
»Götter, Helden und Wieland«

1775 Verlobung in Frankfurt mit der Bankierstochter »Lili« Schönemann
Mai bis Juli: Erste Schweizer Reise mit den Brüdern Stolberg
Lösung des Verlöbnisses mit Lili
30. Oktober: Abfahrt nach Heidelberg
3. November: Von Heidelberg aus mit dem herzoglichen Reisewagen nach Weimar
7. November: Ankunft in Weimar
11. November: Erstes Zusammentreffen mit Charlotte von Stein

1776 April: Der Herzog schenkt Goethe das Gartenhaus am Stern (dauerhafter Wohnsitz bis 1782)
Mai: Erstmals in Ilmenau
11. Juni: Als Geheimer Legationsrat tritt Goethe in den Weimarischen Staatsdienst ein.
Herders Berufung nach Weimar
»Stella. Ein Schauspiel für Liebende«

1777 »Lila«
»Die Mitschuldigen«
»Triumph der Empfindsamkeit«
8. Juni: Goethes Schwester Cornelia gestorben
29. November bis 10. Dezember: Harzreise
»Harzreise im Winter«

1778 Mai: Offizielle Reise mit Carl August und dem Fürsten Leopold von Dessau nach Berlin und Potsdam

1779 Januar: Übernahme der Kriegskommission und der Wegebaudirektion
»Iphigenie« (Prosafassung)
28. August: Ernennung zum Geheimen Rat
September: Zweite Schweizer Reise (mit Carl August)

1780 10. Januar: Zurück in Weimar
Beginn der naturwissenschaftlichen Studien, besonders der Mineralogie
6. September: »Über allen Gipfeln ist Ruh«

1781 März: Bund mit Charlotte von Stein
»Nachtgedanken«
»Der Becher«
»An Lida«

1782 10. April: Erhebung Goethes in den Adelsstand durch Kaiser Joseph II.
25. Mai: Goethes Vater Johann Caspar gestorben
2. Juni: Einzug in das Haus am Frauenplan
3. Juni: Empfang des Adelsdiploms
Juli: Bruch mit Lavater

1783 25. Mai: Fritz von Stein zieht zu Goethe, der ihn erzieht. Reisen mit Fritz nach Ilmenau und in den Harz.
September/Oktober: Naturwissenschaftliche Gespräche in Göttingen (Lichtenberg) und Kassel (Sömmering)

1784 27. März: Goethe entdeckt den Zwischenkieferknochen
»Zueignung«
Von nun an häufig in Jena.
»Kennst du das Land, wo die Zitronen blühen ...?«

1785 Beginn der botanischen Studien.
»Nur wer die Sehnsucht kennt ...«
Juni bis August: erstmals zur Kur in Karlsbad

1786 3. September: Abreise von Karlsbad und Beginn der italienischen Reise
28. September bis 14. Oktober: Venedig
29. Oktober: Ankunft in Rom

1787 22. Februar: Nach Neapel mit dem Maler Wilhelm Tischbein
29. März bis 14. Mai: Sizilien
7. Juni: Beginn des zweiten römischen Aufenthalts
Umarbeitung »Iphigenie auf Tauris«

1788 23. April: Abreise von Rom
18. Juni: Ankunft in Weimar
Unter Beibehaltung der Titel und Würden Entlastung von allen Regierungsgschäften. Kulturelle Aufgaben
12. Juli: Beginn der Lebensgemeinschaft mit Christiane Vulpius

1789 »Römische Elegien«
Bruch mit Charlotte von Stein
25. Dezember: Goethes Sohn August geboren

1790 März bis Juni: Zweite Reise nach Italien, diesmal in offizieller Mission. Aufenthalte in Venedig und Norditalien mit der Herzoginmutter Anna Amalia

Juli: Reise ins schlesische Feldlager, wo Carl August an den preußischen Manövern teilnimmt
»Faust. Ein Fragment«
»Torquato Tasso«
»Venezianische Epigramme«

1791 Goethe übernimmt die Leitung des Weimarer Hoftheaters (bis 1817)

1792 Goethe begleitet den Herzog auf den Feldzug nach Frankreich

1793 Goethe im Gefolge des Herzogs bei der Belagerung von Mainz
»Reineke Fuchs«

1794 Der Herzog schenkt Goethe das Haus am Frauenplan
Schiller zu Gast bei Goethe in Weimar

1795 Goethes Mitarbeit an Schillers Zeitschrift »Die Horen«
Beginn der Zusammenarbeit zwischen Goethe und Schiller
»Wilhelm Meisters Lehrjahre«, I. bis III. Band
Entfremdung zwischen Goethe und Herder

1796 Goethes Mitarbeit an Schillers »Musenalmanach«
»Alexis und Dora«
»Xenien«

1797 30. Juli bis 19. November: Dritte Schweizer Reise
Auf der Hinreise mit Christiane und August in Frankfurt
Das »Balladen-Jahr« von Schiller und Goethe

1798 »Hermann und Dorothea«
Kauf eines Landgutes in Oberroßla (Verkauf 1803)
»Die Metamorphose der Pflanzen«
Goethes Kunstzeitschrift »Propyläen« erscheint (bis 1800)

1799 Schillers Übersiedelung nach Weimar

1800 Der »Helena«-Akt von »Faust II« entsteht

1801 Arbeit am Drama: »Die Natürliche Tochter«

1802 Von Januar bis Juni: In Jena

1803 September: »Akademische Händel« in Jena
18. Dezember: Herder gestorben

1804 Madame de Staël in Weimar

1805 Zu Jahresanfang: Goethe schwer krank
9. Mai: Schiller gestorben

1806 Zu Jahresanfang: »Ich hab' mein Sach' auf nichts gestellt«
Juli: Karlsbad

14. Oktober: Schlacht bei Jena und Auerstedt
Preußische Niederlage. Plünderung Weimars
19. Oktober: Trauung mit Christiane Vulpius
»Goethes Werke«, Erster bis Vierter Band (erschienen bei Cotta)

1807 Begegnung mit Minna Herzlieb in Jena
10. April: Herzoginmutter Anna Amalia gestorben

1808 13. September: Goethes Mutter gestorben
2. Oktober: Goethe vor Napoleon in Erfurt
»Faust I« erscheint bei Cotta
»Pandorens Wiederkunft«

1809 »Die Wahlverwandtschaften«

1810 Beginn der Schriften zur Farbenlehre

1811 September: Achim und Bettina von Arnim in Weimar.
Beginn der Arbeit an »Dichtung und Wahrheit«

1812 Juli und August in Teplitz und Karlsbad. Begegnung mit Beethoven

1813 11. Februar: Wieland gestorben

1814 25. Juli bis 27. Oktober: Reise in die Rhein-Maingegend. Erste Begegnung mit Marianne von Willemer
Entstehung erster Gedichte des »West-östlichen Divan«
Im September bei Sulpiz Boisserée in Heidelberg

1815 30. März: Aufführung des Festspiels »Des Epimenides Erwachen« in Berlin zur Friedensfeier
Mai bis Oktober: am Main und Rhein (Wiesbaden, Köln, Frankfurt, Heidelberg). Wiedersehen mit Marianne
28. August: Geburtstag auf der »Gerbermühle«
Ende September: Mit Marianne von Willemer in Heidelberg
12. Dezember: Ernennung zum Staatsminister

1816 6. Juni: Christiane gestorben
»Wilhelm Meisters Lehrjahre«

1817 Mehrere Monate des Jahres in Jena
August von Goethe heiratet Ottilie von Pogwisch
Goethe wird seines Amtes als Leiter des Weimarer Hoftheaters enthoben

1818 9. April: Goethes erster Enkel Walter geboren
Goethes Neuorganisation der Universität Jena

1819 August und September: in Karlsbad
»West-Östlicher Divan«
1820 18. September: Goethes Enkel Wolfgang geboren
1821 Marienbad. Eger. Jena.
»Wilhelm Meisters Wanderjahre oder: Die Entsagenden«
1822 »Campagne in Frankreich«
1823 Besuch Wilhelm von Humboldts
Johann Peter Eckermann kommt nach Weimar und wird als Sekretär von Goethe aufgenommen
Juni bis September Marienbad, Karlsbad und Eger
Bekanntschaft mit Ulrike von Levetzow
Der Heiratsantrag
Krise (Beginn der »Marienbader Elegie«)
1825 3. September: 50-jähriges Regierungsjubiläum des Großherzogs Carl August
»Marienbader Elegie«
7. November: 50. Jahrestag von Goethes Ankunft in Weimar
Wiederaufnahme der Arbeit am »Faust«
1827 6. Januar: Charlotte von Stein gestorben
28. August: Goethes Enkelin Alma geboren
»Goethes Werke. Vollständige Ausgabe letzter Hand« (I bis X)
1828 14. Juni: Carl August auf der Rückreise von Berlin gestorben
7. Juli bis 11. September. Goethe auf den Dornburger Schlössern (»Dornburger Gedichte«)
1829 Februar: »Vermächtnis«
Überarbeitung von »Wilhelm Meisters Wanderjahre«
13. Juli bis 25. August: Goethe wohnt zum letzten Mal im Gartenhäuschen
1830 14. Februar: Großherzogin Luise gestorben
26./ 27. Oktober: Goethes Sohn August in Rom gestorben
1831 20. Juli: Goethe vollendet »Faust. Der Tragödie zweiter Teil« (wird versiegelt der Nachwelt übergeben)
28. August: Goethes letzter Geburtstag. Mit den Enkeln Walter und Wolfgang in Ilmenau
1832 20. Februar: zum letztenmal im Gartenhaus
14. März: letzte Spazierfahrt
22. März: Goethes Tod

Auswahlbibliographie

Sofern nicht anders gekennzeichnet, entstammen die Werkzitate aus epischen und dramatischen Werken der Münchner Ausgabe von 1985, die Gedichte und Tagebuchaufzeichnungen Goethes der Zürcher Gedenkausgabe von 1949 und die Briefe von und an Goethe der vierbändigen Hamburger Briefausgabe von 1988.

Die zensierten Stellen aus »Faust I« (Paralipomena zum »Faust«) sind der Edition von Albrecht Schöne entnommen.

Die Briefe an Charlotte von Stein werden aus der Petersen-Ausgabe von 1907 zitiert; ebenso gelegentliche Gedicht-Einstreuungen aus dieser Korrespondenz.

Die Briefe und Briefbestandteile, ebenso die Tagebucheinträge, sind wegen stärkerer Authentizität zum Großteil in der Original-Orthographie abgedruckt (wie in den verwendeten Ausgaben).

Gelegentlich wurde aus fremdsprachigen Schriften (frz. Briefstellen etc.) übersetzt.

Unveröffentlichte Schriften des Goethe- und Schiller-Archivs Weimar und des Freien Deutschen Hochstifts Frankfurt am Main sind als solche gekennzeichnet.

Werkausgaben

Johann Wolfgang Goethe: Sämtliche Werke nach Epochen seines Schaffens, Münchner Ausgabe, hrsg. v. Karl Richter in Zusammenarbeit mit Herbert F. Göpfert, Norbert Miller und Gerhard Sauder, München 1985.

Johann Wolfgang Goethe: Gedenkausgabe der Werke, Briefe und Gespräche, hrsg. von Ernst Beutler, Zürich 1949.

Johann Wolfgang Goethe: Sämtliche Werke, Briefe, Tagebücher und Gespräche, hrsg. v. Albrecht Schöne, Frankfurt/M. 1994.

Briefe von und an Goethe, hrsg. v. Karl Robert Mandelkow, Hamburg 1988.

Die Briefe der Frau Rath Goethe, hrsg. v. Albert Köster, Neuauflage der Ausgabe Leipzig 1911, Frankfurt/M. o. J.

Goethes Ehe in Briefen, hrsg. v. Hans Gerhard Gräf, Frfm. 1994.
Goethes Briefwechsel mit Marianne von Willemer, hrsg. v. Max Hekker, Leipzig 1922.
Goethes Briefe an Charlotte von Stein, hrsg. v. Julius Petersen, 3 Bde., Leipzig 1907.

Quellen und Hilfsmittel

Blumenthal, Lieselotte (Hrsg.): Ein Notizheft Goethes von 1788, Weimar 1965 (Faksimile).
Dobel, Richard (Hrsg.): Lexikon der Goethe-Zitate, München 1995.
Falk, Johannes: Goethe aus näherm persönlichen Umgang dargestellt, Leipzig 1832 (Reprographischer Druck, Hildesheim 1977).
Femmel, Gerhard u. Michel, Christoph (Hrsg.): Die Erotica und Priapea aus den Sammlungen Goethes, Frankfurt/M. 1993.
Gajek, Bernhard u. Götting, Franz: Goethes Leben und Werk in Daten und Bildern, Frankfurt/M. 1966.
Göres, Jörn u. Schaefer, Emil: Goethe. Seine äußere Erscheinung. Literarische und künstlerische Dokumente seiner Zeitgenossen, Frankfurt/M. 1980.
Göres, Jörn (Hrsg.): Goethes Leben in Bilddokumenten, München 1981.
Herwig, Wolfgang (Hrsg.): Goethes Gespräche. Eine Sammlung zeitgenössischer Berichte aus seinem Umgang, 4 Bde., Zürich/ Stuttgart 1965.
Mandelkow, Karl Robert (Hrsg.): Goethe im Urteil seiner Kritiker, Teil III und IV, München 1979.
Müller, Kanzler von: Unterhaltungen mit Goethe. Kritische Ausgabe, besorgt von Ernst Grumach, Weimar 1956.
Zeitler, Julius (Hrsg.): Goethe-Handbuch, 3 Bde., Stuttgart 1916.

Sekundärliteratur/ Biographien/ Kulturgeschichte

Bassermann-Jordan, Friedrich von: Goethe und der Wein, Deidesheim 1932.
Baumann, Gerhart: Goethe. Dauer im Wechsel, München 1977.
Becker-Cantarino, Barbara (Hrsg.): Die Frau von der Reformation zur

Romantik. Die Situation der Frau vor dem Hintergrund der Literatur- und Sozialgeschichte, Bonn 1980 .
Bennent, Heidemarie: Galanterie und Verachtung. Eine philosophiegeschichtliche Untersuchung zur Stellung der Frau in Gesellschaft und Kultur, Frankfurt/M. 1985.
Biedrzynski, Effi: Goethes Weimar. Das Lexikon der Personen und Schauplätze, Zürich 1992.
Bode, Wilhelm: Charlotte von Stein, Berlin 1920.
Bode, Wilhelm: Der weimarische Musenhof, Berlin 1917.
Borchmeyer, Dieter: Die Weimarer Klassik, Weinheim 1994.
Borchmeyer, Dieter: Höfische Gesellschaft und französische Revolution bei Goethe. Adliges und bürgerliches Wertesystem im Urteil der Weimarer Klassik, Kronberg/Ts. 1977.
Brion, Marcel: Goethe. Génie et Destinée, Paris 1949.
Bruford, Walter H.: Kultur und Gesellschaft im klassischen Weimar 1775–1806, Göttingen 1966.
Chiarini, Paolo (Hrsg.): Bausteine zu einem neuen Goethe, Frankfurt/M. 1987.
Debon, Günther: Goethes Begegnung mit Heidelberg, Heidelberg 1992.
Damm, Sigrid: Cornelia Goethe, Frankfurt/M. 1988.
Eissler, Kurt R.: Goethe. Eine psychoanalytische Studie, 1775–1786, 2 Bde., München 1987.
Flitner, Hans: Goethe im Spätwerk, Hamburg 1947.
Friedenthal, Richard: Goethe. Sein Leben und seine Zeit, München 1963.
Göres, Jörn (Hrsg.): Goethe in Italien. Ausstellungskatalog einer Ausstellung des Goethe-Museums Düsseldorf, Mainz 1986.
Gräbner, Karl: Die Grossherzogliche Haupt- und Residenz-Stadt Weimar, Weimar 1830 (Reprint, Leipzig 1987).
Grimm, Hermann: Das Leben Goethes, Stuttgart 1949.
Grüning, Uwe u. Pietsch, Jürgen: Goethes Garten am Stern, Berlin 1989.
Gundolf, Friedrich: Goethe, Darmstadt 1963.
Heckmann, Herbert u. Michel, Walter: Frankfurt mit den Augen Goethes, Frankfurt/M. 1982.
Hehn, Viktor: Über Goethes Gedichte (1848), Stuttgart und Berlin 1912 (hrsg. v. Eduard von der Hellen).

Henkel, Arthur: Entsagung. Eine Studie zu Goethes Altersroman, Tübingen 1954.
Hoffmeister, Gerhart: Goethe und die europäische Romantik, München 1984.
Hof, Walter: Goethe und Charlotte von Stein, Frankfurt/M. 1979.
Hoock-Demarle, Marie-Claire: Die Frauen der Goethezeit, München 1990.
Horneffer, Ernst: Goethe als Künder des Lebens, München 1947.
Huschke, Wolfram: Musik im klassischen und nachklassischen Weimar (1756–1861), Weimar 1982.
Klauß, Jochen: Alltag im »klassischen« Weimar, 1750–1850, Weimar 1990.
Klauß, Jochen: Charlotte von Stein, Zürich 1995.
Klauß, Jochen: Goethe unterwegs. Eine kulturgeschichtliche Betrachtung, Weimar 1989.
Korff, Hermann August: Goethe im Bildwandel seiner Lyrik, Bd. 1 u. 2, Leipzig 1958.
Krippendorf, Ekkehart: »Wie die Großen mit den Menschen spielen«. Goethes Politik, Frankfurt/M. 1988.
Kühnlenz, Fritz: Weimarer Porträts. Männer und Frauen um Goethe und Schiller, Rudolstadt/Leipzig 1967.
Leppmann, Wolfgang: Goethe und die Deutschen, München 1994.
Lewes, G.H.: Goethes Leben und Werke, übers. v. Julius Frese, Stuttgart 1877.
Mann, Thomas: Goethes Laufbahn als Schriftsteller. Zwölf Essays und Reden zu Goethe, Frankfurt/M. 1982.
Maurer, Doris: Goethe und Charlotte von Stein, München 1985.
Matzen, Raymond: Goethe und Friederike Brion, Kehl/Strasbourg/Basel 1995.
Mayer, Hans (Hrsg.): Goethe im 20. Jahrhundert. Spiegelungen und Deutungen, Frankfurt/M. 1987.
Menzel, Adolf: Goethe und die griechische Philosophie, Wien/ Leipzig 1932.
Meyer, Heinrich: Goethe. Das Leben im Werk, Zürich 1994.
Metz, Adolf: Friederike Brion, München 1924.
Mog, Paul: Ratio und Gefühlskultur. Studien zu Psychogenese und Literatur im 18. Jahrhundert, Tübingen 1976.

Pfotenhauer, Helmut: Literarische Anthropologie. Selbstbiographien und ihre Geschichte – am Leitfaden des Leibes, Stuttgart 1987.
Pikulik, Lothar: Leistungsethik contra Gefühlskult. Über das Verhältnis von Bürgerlichkeit und Empfindsamkeit in Deutschland, Göttingen 1984.
Prandi, Julie D.: Spirited Women Heroes. Major Female Characters in the Dramas of Goethe, Schiller and Kleist, Bern 1983.
Pyritz, Hans: Goethe und Marianne von Willemer. Eine biographische Studie, Stuttgart 1941.
Raabe, Paul: Spaziergänge durch Goethes Weimar, Zürich 1990.
Schlaffer, Heinz: Faust, zweiter Teil. Die Allegorie des 20. Jahrhunderts, Stuttgart 1981.
Schöne, Albrecht: Götterzeichen – Liebeszauber – Satanskult. Neue Einblicke in alte Goethetexte, München 1982.
Seele, Astrid: Frauen um Goethe, Hamburg 1997.
Seitz, Erwin: Talent und Geschichte. Goethe in seiner Autobiographie, Stuttgart 1996.
Sengle, Friedrich: Das Genie und sein Fürst. Die Geschichte der Lebensgemeinschaft Goethes mit dem Herzog Carl August von Sachsen-Weimar-Eisenach. Ein Beitrag zum Spätfeudalismus und zu einem vernachlässigten Thema der Goetheforschung, Stuttgart 1993.
Simmel, Georg: Goethe, Leipzig 1918.
Spranger, Eduard: Goethes Weltanschauung, Frankfurt/M. 1940.
Staiger, Emil: Goethe, 3 Bde., Zürich 1958.
Stotz, Gerhard: Klassik und Romantik. Eine stilgeschichtliche Darstellung, Zürich 1972.
Susman, Margarete: Frauen der Romantik, Frankfurt/M. 1996.
Truntz, Erich: Ein Tag aus Goethes Leben. Acht Studien zu Leben und Werk, München 1990.
Truntz, Erich: Studien zu Goethes Alterswerken, Frankfurt/M. 1971.
Truntz, Erich: Weimarer Goethe-Studien, Weimar 1984.
Tümmler, Hans: Goethe als Staatsmann, Göttingen 1976.
Zabka, Thomas: Faust II – das Klassische und das Romantische. Goethes »Eingriff in die neueste Literatur«, Tübingen 1993.
Schriften der Goethe-Gesellschaft, Weimar 1886f.
Jahrbuch der Goethe-Gesellschaft, Weimar 1914f.

Andere Werke

Arnim, Bettina von: Goethes Briefwechsel mit einem Kinde, Frankfurt/M. 1984.
Nietzsche, Friedrich: Werke. Kritische Gesamtausgabe, hrsg. v. Giorgio Colli und Mazzino Montinari, Berlin 1972.
Mann, Golo: Deutsche Geschichte des 19. und 20. Jahrhunderts, Frankfurt/M. 1992.
Schiller, Friedrich: Werke. Nationalausgabe, Weimar 1962.
Stael, Anne Germaine de: Über Deutschland, Frfm. 1985.
Stein, Charlotte von: Dido. Ein Trauerspiel in fünf Aufzügen (1794). Hrsg. v. Heinrich Düntzer, Frankfurt/M. 1867.

Bildnachweis

Freies Deutsches Hochstift, Frankfurter Goethe-Museum 14, 29, 34, 46, 67, 139, 144, 161, 166, 223, 279, 325, 347, 379, 454, 471, 517, 519, 523, 543, 546, 556, 564, 407, 572, 573
Goethe-Museum Düsseldorf 23, 70, 164, 300
Stiftung Weimarer Klassik 216, 218
Städelsches Kunstinstitut, Frankfurt (Copyright der Aufnahme Ursula Edelmann) 267
Ullstein Bilderdienst 134

Personenregister

(kursive Ziffern verweisen auf Abbildungen)